U0648729

Research
on
Advanced
Auditing

高级审计
研究

刘明辉
胡波
汪寿成
韩小芳
何敬
（第四版）

著

东北财经大学出版社
Dongbei University of Finance & Economics Press
·大 连

图书在版编目（CIP）数据

高级审计研究 / 刘明辉等著 . —4 版 . —大连：东北财经大学出版社，2024.3（2025.8重印）

ISBN 978-7-5654-5068-6

Ⅰ. 高… Ⅱ. 刘… Ⅲ. 审计学 Ⅳ. F239.0

中国国家版本馆 CIP 数据核字（2023）第 255758 号

东北财经大学出版社出版

（大连市黑石礁尖山街217号 邮政编码 116025）

网 址：http://www.dufep.cn

读者信箱：dufep@dufe.edu.cn

大连金华光彩色印刷有限公司印刷 东北财经大学出版社发行

幅面尺寸：185mm×260mm 字数：757千字 印张：32.25 插页：1

2024年3月第4版 2025年8月第2次印刷

责任编辑：王 莹 吴 奂 责任校对：刘贤恩

封面设计：张智波 版式设计：原 皓

定价：72.00元

教学支持 售后服务 联系电话：（0411）84710309

版权所有 侵权必究 举报电话：（0411）84710523

如有印装质量问题，请联系营销部：（0411）84710711

第四版前言

党的二十大擘画了以中国式现代化全面推进中华民族伟大复兴的宏伟蓝图，吹响了在新时代新征程上继续创造新伟业的前进号角，蓝图鼓舞人心，号角催人奋进。审计监督是党和国家、组织内部和市场主体监督体系中的重要组成部分，在推动党和国家、组织内部、市场治理体系和治理能力现代化方面具有重要作用。中国式现代化的推进必然对审计理论研究和审计教学提出新要求、新挑战、新命题，要求我们以推进中国式现代化为切入点和发力点，认真做好新时代中国特色社会主义审计工作的思想提炼、经验归纳、方法创新和理论升华，积极探索和尽快建立新时代中国特色社会主义审计学术体系、理论体系和话语体系。

一、指导思想

在修订过程中，本书第四版进一步提高政治站位，增强书稿的思想性和实用性，聚焦于反映最新审计理论研究成果和审计实务创新动态，引领审计理论研究，指导审计实务创新。

1.以马克思主义的中国化时代化为理论领航，以习近平文化思想、习近平法治思想、习近平总书记关于审计工作的重要讲话和重要指示批示精神为指导，着力构建中国式现代化视域下的中国特色审计理论体系，引领审计理论研究。

2.基于审计理论最新研究成果的学术挖掘，介绍审计理论主流学派和主流观点，系统构建审计理论架构及其基本要素。

3.归纳总结最新的审计实际经验，对中国审计的实践智慧进行学理提取、原理提炼和哲理提纯，做好新时代中国审计经验的理论解释。

4.做好中国审计制度文本的学理研究，介绍相关审计法规、审计准则和审计制度的注评和阐释，积极推动中国特色审计"政策–制度"话语向"学术–理论"话语的创造性转化。

5.客观介绍并阐述域外最新的理论研究成果和前沿研究方法，对西方审计的相关范畴、概念和术语进行批判性借鉴、选择性吸收、独立性思考、平等性对话，并使之融入中国特色审计话语体系之中。

二、修订目标

1.提升书稿质量。努力提升书稿的质量和水平，消除可能存在的各种错误、过时或存在争议的内容，在"高级"和"研究"上下足功夫，对含金量不高、不符合中国国情、时代感不强的部分进行调整或删减。

2.体现时代要求。书稿内容面向新时代新征程，面向中国式现代化，面向人类命运共同体建设，体现审计学科的新发展，体现中国式现代化建设的新要求，体现国家治理、公司治理、社会治理的新变化，着力于中国自主审计知识体系的建设。

三、修订原则

1.稳定性原则：对书稿主体框架、篇章安排、核心观点和逻辑主线不做颠覆性的调整和改变。适当增加审计研究方法、审计责任、前沿审计技术与新兴鉴证领域、国家审计与内部审计等内容。

2.适应性原则：充分体现新环境、新格局、新模式、新技术（尤其是审计管理体制和大智移云等信息技术）对审计理论和审计实务的影响。根据审计学科发展趋势、审计实践需求变化，进一步体现审计理论研究与审计实践创新、相关法律法规和标准发展、审计实务要求变化的融合。

3.先进性原则：充分体现党的二十大精神，积极采纳和吸收国际、国内审计理论研究与审计实务创新的最新成果。注重相关内容的含金量，不囿于法规和准则条文的照抄和字面解释。

4.科学性原则：彻底修正有悖审计原理的、不符合现行法律法规规定的、审计实践证明不科学的、经不起推敲的内容。

5.全局性原则：在维持原有的主要介绍注册会计师审计、风险导向审计、财务审计的前提下，适当兼顾其他类型的审计，反映国家审计与内部审计、资源环境审计与自然资源资产负债表审计等的最新发展，以介绍审计理论框架和前沿审计理论为主，适当反映审计实务创新和审计研究方法。

四、修订内容

本次修订的主要内容有：

1.在第一章增加第三节"审计产品特征"，系统阐述注册会计师审计产品的各种特殊性。

2.新增第二章"注册会计师审计制度的确立"，阐述注册会计师法定审计的历史逻辑、理论逻辑和现实逻辑，回应学界对独立审计制度的质疑。

3.在第三章增设第二节"审计理论研究方法"，简要介绍审计理论研究的常用方法。

4.在第四章增加"环境变化对审计准则和审计实务的影响以及新挑战"，以强调当前审计环境变化对审计现状的影响。

5.将"审计模式及其演进"单列成章，增加了对审计模式的未来发展——大数据导向审计的探讨。

6.在第十二章增设第三节"审计期望差距与审计报告模式的演变"，介绍在审计期望驱动下审计报告内容的改变。

7.新增第十五章"审计责任"，系统介绍了注册会计师的职业责任和法律责任。

8.新增第十八章"新兴鉴证领域"，简要介绍了环境审计、领导干部自然资源资产离任审计、社会责任审计和信息系统审计等内容。

9.新增第二十章"国家审计"和第二十一章"内部审计"，简要介绍了国家审计与内部审计的性质、目标、特色与内容等。

10.在第二十二章增设第四节"洗钱交易的审计技巧"，介绍反洗钱的法律法规和审计技术方法。

11.新增第二十三章"前沿审计技术"，简要介绍了大数据审计技术、智能审计技术和区块链审计等前沿审计技术。

12.根据2022—2023年发布的最新审计准则，全面对照并更新全书涉及准则的相关内容。根据2023年相关法律法规和政策出台及修订情况，增加相应内容。

五、本书分工

本书由财政部会计名家、中国注册会计师协会审计准则委员会委员、中国会计学会第七届及第八届理事会审计专业委员会主任刘明辉教授领著，由刘明辉、胡波、汪寿成、韩小芳和何敬共同完成。刘明辉教授主笔开篇序言，中华女子学院副教授胡波博士负责第一章至第六章；湖北大学副教授汪寿成博士负责第七章至第十一章、第二十章、第二十一章；北京国家会计学院副研究员何敬博士负责第十二章、第十五章、第二十二章、第二十三章；南京财经大学副教授韩小芳博士负责第十三章、第十四章、第十六章至第十九章。胡波、汪寿成、何敬和韩小芳提供了各章思考题及相关参考答案。最后由刘明辉、胡波总纂、修改、定稿。

六、致谢

《高级审计研究》出版发行近18年来，得到了广大审计学者的大力支持，本书作者对此表示衷心感谢！本次修订从2021年年初启动，修订工作历时三年。尽管作者付出了很多努力，但囿于水平，难免存在诸多错漏之处，诚请各位学界同仁和实务界朋友多加指正，不胜感谢！

作　者

2024年1月

开篇序言

中国自主审计知识体系之建构

目录

第一编
审计理论概述

第一章　审计的动因与供求分析

第一节　审计的动因与社会角色 ▇————————————

审计作为一种社会活动，其伴随着社会环境的变迁而经历了从简单到复杂、由低级到高级的发展过程。从历史的角度去考察审计的起源与发展有助于了解审计动因。

一、审计起源与发展的简要回顾

审计的历史十分悠久，审计史学家 Richard Brown 曾指出"审计的起源可追溯到与会计起源相距不远的时代"[①]。在古埃及、古巴比伦、古希腊和古罗马这些人类文明的发源地进入奴隶制经济发展阶段之时，奴隶主统治者授权各级官吏管理国家事务，统治者为保持其统治地位，发展财政经济，防止官吏腐化堕落，设置了专门负责经济监督的审计官员。同为文明古国的中国，在强盛的奴隶制国家——西周，设有从事政府审计的"宰夫"官职。宰夫负责审查各官吏的财政收支，监视官吏严格遵守和执行法令，对发现的违法乱纪行为，可以向上级甚至周王报告，请求加以诛罚。这些都是最初的审计活动，也是国家审计的雏形。

进入封建社会后，随着社会政治经济的发展，为适应封建专制中央集权的需要，国家开始颁布法律，要求实行审计监督，审计组织也逐步独立于财政部门。在我国的官制中出现了源于三国时期、兴旺于隋唐的比部。比部是独立于财计部门——户部的专职审计机构，对国家的财政收入、财政支出及公库系统的出纳进行审核。比部的设立被认为是中国审计史上的一座里程碑，对后世国家审计组织的建设产生了积极的影响。

18世纪下半叶至19世纪末，在欧洲工业革命的推动下，产业规模日益扩大，企业开始大量涌现，并诞生了股份有限公司。股份有限公司的所有权和经营权开始分离，公司的股东和债权人不能直接参与经营，为了保护自身的经济利益，专门聘请独立于公司所有者和经营者的审计师对公司的账目进行审核，以查实公司提供的财务信息。1862年，英国的公司法规定，股份有限公司应依法进行年度审计，股东可以聘请会计师或其他专家对公司的会计记录和财务报表进行审查，向股东提交审查报告。注册会计师审计的形成将审计发展纳入了一个新的经济框架之内，迅速成为审计发展的主流，也揭开了现代审计的篇章。

20世纪40年代后，特别是第二次世界大战以后的数十年里，作为"社会经济细胞"的企业，其外部经营环境和内部组织结构日益复杂。一方面，经济全球化、一体化催生了众多的跨国公司；另一方面，跨国公司的内部管理层次快速分解。企业内部的管理人员和内部审计人员面对骤变的经济环境，为了降低成本、在激烈的竞争中取得理想的经济效益，开始在内部审计的理论和实务方面进行积极探索，促进了现代内部审计的形成。

简要回顾审计的起源与发展历程，我们可以得到如下启示：审计是社会环境尤其是经济、政治和法律环境变迁的产物。环境的改变推动着审计呈现出多样发展态势，审计总是力求不断地适应社会发展的需求。

———————————

① BROWN R. A history of accounting and accountants ［M］. Edinburgh: T. C. and E. C. Jack, 1905: 74.

二、审计动因的经济学分析

任何事物都是基于某种客观需要，在特定条件下产生并遵循一定的规律向前发展演进的，作为社会经济生活重要组成部分的审计亦是如此。审计动因是指审计产生、存在与发展的动力和原因。利用经济学的基本理论来探求审计动因，研究社会对审计服务的需求，将从根源上认识审计本质、审计目标、审计假设、审计规范等理论问题，从而有助于构建一个具有完整性和逻辑性的审计理论结构体系，因此具有重要的理论意义和实际价值。主要的审计动因理论包括信息理论、代理理论、受托责任理论、保险理论、冲突理论等。

（一）信息理论

信息理论认为，之所以需要审计，是由于审计的结果可以使信息更加可靠，减少出现于管理层和投资者之间潜在的信息不对称，使市场更具效率。审计的本质在于增进财务信息的价值，也就是提高财务信息对信息使用者决策的正确程度。

此理论认为，资本市场的参与者面临着信息不对称，即参与经济活动的经济当事人拥有不同信息的情况，通常卖方掌握的信息比买方掌握的信息要多。一般说来，信息不对称分为两种：一种是事前信息不对称；另一种是事后信息不对称。

1.事前信息不对称

事前信息不对称导致了"逆向选择"的出现，造成了市场失灵。逆向选择产生的原因是委托人在签订契约以前不知道代理人的类型（道德是好还是坏，能力是高还是低）。

外部投资者在购买公司股票之前存在信息不对称。例如外部投资者对反映公司价值的信息——公司管理人员的能力情况不是十分了解。如果股东无法区分经理人的能力高低，那么有能力的经理人就难以获得与其能力相称的报酬，他们可能会退出经理人市场，最终的结果是公司难以雇用到高水平的人才。针对事前的信息不对称，需要解决的是双方在签约前如何获得有用的信息。通过市场发出传递产品质量信息的信号有助于解决逆向选择问题。比如，委托人可通过调查经理人以前所在公司的经营业绩来衡量经理人的能力高低，取得有关代理人能力的更多信息；经理人也可主动向委托人提供自己从前良好的经营能力的证明信息等。

2.事后信息不对称

事后信息不对称引发的"道德风险"问题也造成了市场失灵。当契约签订以后，委托人无法观察到（或者虽能观察到但成本太高）代理人的行动时，事后的信息不对称就可能会产生道德风险问题。

类似地，外部投资者在购买公司股票的时候相信公司会有效率地使用资金，而实际上公司在资金到手后，经理人却可能出现工作不求有功、但求无过，害怕承担风险，或者懒惰，甚至经理人有可能以权谋私，侵吞公司的资产等，但外部投资者对公司管理人员的行为却并不知情。这种事后的信息不对称容易导致道德风险的产生。在这种事后信息不对称的情况下，偷懒者占便宜。为解决这种问题，委托人可以设计一个最优的激励方案，诱使代理人选择委托人所希望的行动。比如，股东可以将经理人的薪酬与公司的盈利挂钩或者给予经理人一定的股票购买权，以促进经理人努力工作、提高公司的盈利能力，进而使代理人的目标与委托人的目标尽量保持一致。

利用信息理论，我们可以对审计动因进行如下分析：

（1）审计可以降低信息不对称的成本

在信息不对称的情况下，委托人希望实现在事前信息不对称的情况下让人说真话、在事后信息不对称的情况下让人不偷懒。在资本市场中，公司通过发行股票或向债权人借款的方式来取得所需的经营资金。公司筹集资金时一定会许诺这个项目有多好，会赚取多少盈利来返还给投资者和债权人，并写下诸多保证。但公司的承诺能否兑现，其真实的偿债能力又如何，公司的管理层更清楚，而外部投资者和债权人无从知晓。投资者和债权人需要获得高质量的信息，降低信息不对称带来的损失，最终作出适当的决策。为此，投资者和债权人应对公司管理层所提供的财务信息进行查实，但是如果每一个人都去检查，那么，获取可靠的信息成本就太高了，通过聘请专职的外部审计师来为全体委托人对公司管理层进行审计可以大大降低这一成本。

（2）审计可以减少信息不对称的发生

除了受到成本的制约外，由于自身能力以及时间、空间及法律等条件的限制，投资者和债权人已无法胜任或不能亲自直接检查，这就需要聘请具有专门技术的人来检查，于是这种审计工作就自然而然地成了具有会计专长的审计师们提供专业服务的机会。审计师的职责是运用专业技术和方法，对由管理部门编制的反映其受托责任的财务报表，是否真实公允地反映了公司的财务状况和经营成果进行审查和判断，进而作出适当保证，并向公司股东及利害关系人报告。从这个角度来说，审计实际上就是为降低信息不对称的发生，满足全体委托人进行查账的需要，由审计师替所有的出资者来检查公司的一种经济活动。当然，对于管理层而言，通过审计师的审计也可以向市场发出传递服务质量信息的信号，而此时，"经审计"就成为一种标签，提高了财务信息的可信性。因而，无论是对委托人还是代理人而言，审计均起到了缓解信息不对称的作用，促使信息使用者作出合理的经济决策，从而提高资本市场的资源配置效率。

（3）现实经济生活与信息论的逻辑一致性

信息论的盛行与股份有限公司的兴起与发展是分不开的。17世纪，随着欧洲经济的发展，许多国家相继出现了股份有限公司这种组织形式。股份有限公司的一个基本特征是经营权与所有权相分离，公司由全体股东共同拥有，各股东根据所占股份多少分享盈利或分担亏损，公司的经营管理则由股东大会选举产生的公司董事会负责。公司董事会是公司的最高管理机构，它向股东代表大会承担受托管理公司的经济责任。在股份有限公司中，针对作为公司所有者的股东不直接参与公司经营管理的特点，要求公司管理部门有义务通过一定媒介向股东报告其履行经济责任的情况和业绩。这种媒介就是公司的财务报表。信息理论认为审计可以提高财务信息的可信性，降低信息风险，从而可以增进财务信息的价值。这也是各国的法律和政府法规常常对财务信息进行独立审计作出规定的原因所在。

（二）代理理论

代理理论认为，企业的股东与债权人和管理层之间符合委托-代理关系，为了减少这种委托-代理关系下的代理成本，委托代理双方签订一系列契约，契约条款的实施需要外部独立第三方的监督，所以就产生了对独立审计的需要。因此具有良好声誉的独立审计师在审计工作中既代表委托人的利益，也代表代理人的利益。审计的本质在于促使股东利益和企业管理人员的利益达到最大化。

现代经济学家Jensen & Meckling认为，"把代理关系定义为一种契约，在这种契约下，一个人或者更多的人（即委托人）聘用另一人（即代理人），代表他们来履行某些服务，包括把若干决策权托付给代理人。如果这种关系的双方当事人都是效用最大化者，就有充分的理由相信，代理人不会总以委托人的最大利益而行动"。为了解决代理人的道德风险，使代理人偏离委托人的利益差距有限，就必须付出一定的代价，这种代价就是代理成本，它是一种交易成本。代理成本包括三种：其一，委托人监督和激励代理人、使代理人为委托人的利益尽力而发生的成本；其二，代理人为担保不损害委托人的利益而支付的成本，或者对委托人遭受损害的补偿成本；其三，即便发生了监督和担保成本，代理人的决策与使委托人效用最大化的决策仍会有差异，由此造成的委托人的利益损失，称为"剩余损失"。

利用代理理论可以解释审计发挥作用的机制。代理理论认为，企业是一系列契约（包括与股东、经营者、债权人、雇员的契约关系，而且还有与供应商和客户等的契约关系）的联结，企业中的相关各方存在相互抵触的利益冲突。企业的股东与债权人和管理层之间完全符合委托-代理关系。

1. 目标不一致

企业的股东与债权人和管理层的目标函数并不总是一致，他们在组织设置与契约关系框架内追求各自特定的目标。股东仅对其投资能否产生货币收益感兴趣，而管理者不仅重视财富，也重视休闲、地位等，债权人关注如期地收回本息。由于公司投资者的责任有限，这会使股东选择风险较高的项目，但是这些项目债权人和管理层可能不会选择。不仅如此，不同权益所有者所享有的权利也是不同的。投资人虽然有剩余追索权，但股利分配的方案未被股东大会通过之前，投资人并不能享有公司的利润。公司由一群可能未持有公司股票但却控制着公司财产和信息流的管理人员所管理。

2. 代理成本

在出现利益抵触的情况下，为了保护自己的权益不受侵害，出资者可以通过监督方式使管理层与自己的目标趋于一致。然而股东与债权人作为出资者无法直接观测到管理层的行为，除了通过管理部门的报告外，没有其他途径来考察管理部门的工作业绩与自己的目标之间的内在联系程度，也无法考察管理部门做了哪些工作导致这一盈亏情况。为此，出资者会考虑，如果将管理部门的报酬与其工作业绩相挂钩，那么就会激励管理部门将工作做好的积极性，但与此同时也可能会产生管理部门虚报业绩的情况。但如果管理部门的报酬是固定的，那么，管理部门虽然没必要去歪曲报告，但工作积极性势必下降，这对出资者也不利。由此认为，如果用有刺激的报酬合同再加上对财务报告进行独立审计，就会使股东利益达到最大化。聘请外部审计师来对企业的财务报表进行审核的费用成为出资者激励和监督管理层的一部分代理成本。于是就产生了委托外部审计师作为出资者的代理人对管理部门的财务报告进行审查的需求，这是代理理论对审计的最初解释。

随着代理理论的发展，也出现了新问题，由于管理部门的报酬与其绩效相挂钩，投资人可通过减少报酬的方式，允许管理人员有偏离投资人利益的范围和自由。因此，为避免这种情况发生，精明的管理人员就会主动去聘请审计师对其业绩报告的真实性进行鉴定，以向出资者说明其付出的努力及其有效性。美国在证券交易委员会（SEC）作出审计要求以前就已经有很多公司自愿进行审计了，例如1926年在纳斯达克上市的82%的公司都进行审计，1934年94%在纳斯达克上市的公司都自动进行审计。审计学家W. A. Wallace也指出："由代理人而不是主人（由董事会而不是由投资人或其他使用人）提出审计的要求，其原因在于投资人能够通过支付低报酬给管理人员的方式保护他们的利益不受损失。如果接受监督的收益（由外部审计向投资人提供保证，以免管理人员报酬减少）大于监督的成本（监督或审计费），则管理人员会要求审查他们受托的资产。①"可以看出，在代理理论中，对审计需求已不是财产所有者的单方需求，而已成为财产所有者和财产经营者的共同需求。

实证研究为代理理论提供了支持。通常认为，代理成本包括两种类型，一是所有者与经理人之间的代理成本，二是债权人与经理人之间的代理成本。针对第一类代理成本，Chow（1982）验证了经理人员持股比例越低，股东与经理人代理冲突越高，两者之间代理成本越大。为了降低这类代理成本，企业自愿聘请外部审计师的概率增大。Tauringana & Clarke（2000）以英国自愿接受审计的小企业为样本，验证了经理人持股比例越小，企业接受自愿审计的可能性越高。②对于第二类代理成本，Chow（1982）研究表明，外部审计师具有降低企业与债权人之间利益冲突的作用。可以说，审计的确能够促使出资者和企业管理人员的利益达到最大化，审计的出现是社会选择所致。③

（三）受托责任理论

受托责任理论认为，审计因受托责任的产生而产生，并伴随着受托责任的发展而发展。当受托责任关系确立后，客观上就存在授权委托人对受托人实行监督的需要，审计的本质是一项独立的经济监督活动。

虽然中外学者对受托责任（accountability）的理解不尽相同，但是从一般意义上讲，它是指一种报告说明责任，是责任承担人向有关方面说明其行为过程与结果的责任。受托责任因授权而产生；受托方负有必须就其行为过程向授权者作出说明的责任，授权方也负有不随意改变授权的责任。这种责任最主要的内容是经济责任，虽并不局限于此，但其他责任都是依附于经济责任的。受托责任的内容可以通过法律、协议和惯例甚至口头合约来确定。

受托责任在不同的历史条件下有着不同的内涵与外延，但都适应了当时的社会环境特点。在奴隶社会和封建社会中，奴隶主、封建庄园主将财产委托给管家经营，管家成为受托人，主要承担受托财务责任。随着股份有限公司的发展，财产所有者（众多的股东和债权人）开始委托公司的管理层进行经营管理，而管理层又代表财产所有者将部分财产给下级管理者经营，权力不断被分散下去。此时的受托责任出现了交叉，且存在多个委托人，受托责任变得十分复杂。不仅如此，现代社会条件下的受托责任已经不再局限于财产的托付，还包括社会资源的委托，不仅要承担依照授权合法经营管理财产，保护财产安全完整的责任，还要努力提高管理效率、履行相应的社会责任。

① WALLACE W A. The economic role of the audit in free and regulated markets [M]. New York: Touch Ross, 1980.
② TAURINGANA V, CLARKE S. The demand for external auditing: Managerial share ownership, size, gearing and liquidity influences [J]. Managerial Auditing Journal, 2000, 15 (4): 160-168.
③ CHOW C W. The demand for external auditing: Size, debt and ownership influences [J]. The Accounting Review, 1982, 57 (2): 272-291.

受托责任理论对审计动因的解释如下：在委托人将财产的经营权转移给受托人的情况下，必定形成一种受托责任。当受托责任关系确立后，客观上就存在委托人对受托人实行监督的需要。这是因为，委托人与受托人存在潜在的利益冲突，如果没有委托人的监督、检查，追求个人利益最大化的受托人可能会耗费更多的资源来完成任务，资源就无法实现最优配置，所以财产所有者为了维护其利益，有必要对财产经营管理者因经营管理其财产所负的受托经济责任履行情况进行审查，以评价受托经济责任的履行。但是，受托责任日益复杂，使得委托人由于受到法律、时间、空间、自身能力以及成本等条件的限制，不能或无法亲自监督受托人的活动，这就需要具有相对独立身份的第三者对受托人进行检查，这就是审计。不仅如此，对于受托人而言，他们为说明其对自身机会主义的行为作出了监督，同样有建立监控机制的动机，聘请独立的审计师实施审计能有效地发挥监控作用。审计师与受托责任双方的审计关系如图1-1所示。

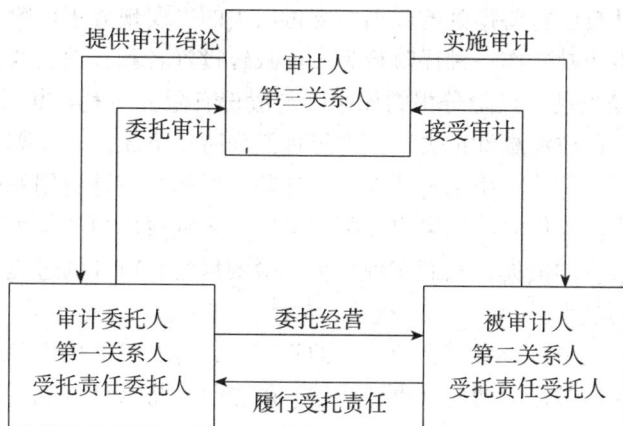

图1-1　审计关系图

总之，受托经济责任关系的确立是审计产生的前提条件，审计这种独立的经济监督方式，是维系受托经济责任关系的根本。著名审计学家 Andrew D. Chambers 对此作出的结论是："各种受托经济责任，包括社会的、道德的、技术的等，只有在某种审计活动方式存在时才能存在。"在现代经济社会中，由于审计的发展，受托人明确地感觉其受托责任的存在，从而使受托责任的贯彻成为名副其实、不容推诿的经济责任。

（四）保险理论

保险理论认为审计是降低风险的活动，即审计是一个把财务报表使用者的信息风险降低到社会可接受的风险水平之下的过程，甚至认为审计是分担风险的一项服务。审计的本质在于分担风险。

保险理论的立论依托于信息风险的存在。信息风险是指制定经营风险决策所依赖的信息不正确的可能性。产生信息风险的原因有：

第一，信息的距离。在现代社会，决策者几乎不可能大量地获取他所在单位的第一手资料，而必须依赖他人提供的信息。信息一旦由他人提供，被有意或无意错报的可能性就会增大。

第二，信息提供者的偏见和动机。如果信息由目标不同于决策者的人提供，就有可能出现有利于提供者的偏差。其原因可能是对未来事项的盲目乐观，或是有意以某种方式对信息使用者施加影响。无论是哪种情况，都将导致信息的错报。

第三，信息量过大。随着组织规模的扩大，其业务量也随之增大，这就增加了记录不当信息的可能性——这种不当信息很容易被大量的其他信息所掩盖。

第四，复杂的交易业务。近几十年来，各组织之间的业务日趋复杂，从而加大了正确记录的困难。

上述原因都会使财务信息使用者得到可靠财务信息的不可能性与日俱增。降低信息风险的方式有三种：一是报表使用者自行查证信息；二是报表使用者与管理者分担信息风险；三是提供经审计的财务报表。但是除了存在查证信息的成本与其他限制条件外，管理者承担风险能力低也促使依靠审计师来降低信息风险的做法日益普遍。

保险理论对审计动因的解释是建立在风险转移论基础上的。保险理论认为，保险费用是风险决策者愿意从自己将要得到的收入中支付出去的、实现分担风险目的的费用。在这一理论下，审计的本质被看作一种保险行为，可减轻投资者和其他关联人的风险压力。审计费用的发生纯粹是贯彻了风险分担的原则。与股份有限公司利益相关的各集团和股东，为防止经理们舞弊而造成灾难性损失，或者经理们为防止下属从中作弊，都愿意从自己将要得到的收入中支付一部分费用来聘请外部审计师，这部分审计费用就称为保险费用，同时把审计的效果视为保险价值。如果审计师因失职而未觉察出财务报表不可靠，他们就有责任赔偿因失职而造成的损失，从而实现分担风险的目的。审计的过程就是搜集证据以把风险降到合理程度的过程。

保险理论认为，凡是直接参与企业经营的管理者，都有可能出于私利来欺骗远离公司的利益相关者，现在通过保险费用（审计费用）的支付，将这种可能的损失转嫁到审计师身上，因而在这一理论下，审计的作用就被看作是一种保险行为，可减轻投资者的压力。这正如沃勒斯所说："审计师对破产或濒临倒闭的公司负有'深口袋'责任。在美国，法院多起判决均认为，审计师有能力避免未保险的投资人的营业风险。法院的倾向性观念是，审计师有义务为向他们寻求避免财务损失的投资人担保财务报表的准确。法院明显地视审计为使风险社会化的一种手段。换句话说，因为审计师对揭示营业失败负有责任，审计师转而通过收取高额费用把成本转嫁给客户，进而通过提高产品价格和降低投资报酬转嫁给社会。"沃勒斯这段话的主旨在于审计被认为是风险分担过程的一部分，这个过程旨在使较大的无法承受的风险变为较小的可接受的风险。

保险理论的产生有着深刻的历史背景。20世纪后期，审计职业一直受到种种冲击，指控审计师诉讼案件有"爆炸"的趋势。在20世纪80年代，仅美国最大的会计公司就为与审计有关的诉讼支付了约2.5亿美元。进入20世纪90年代，以审计师为被告的诉讼案件日益增多，且赔偿标的越来越大。美国会计师职业界需要花费9%~12%的审计与会计收入来解决法律诉讼。社会各界要求加强调控、扩大审计师责任的呼声，加重了审计师的责任。规定审计师对财务报表可靠性应负责任的程度，不仅是审计职业的事，而且是整个社会的事。审计师应当为所获得的报酬、利润和威信承担足够的风险。对那些行为不当乃至行为不忠的审计师来说，风险的存在无疑是一种重要的威慑力量。法庭在对几桩大案的审理中，都判会计师事务所败诉，必须承担赔偿的责任，而不问错在何方。显然，人们认为审计是分担社会风险的过程，审计的目的就是把风险降到社会可接受的水平之下。

（五）冲突理论

冲突理论认为，审计存在的根本原因就是"人跟人之间存在利害冲突"，就是因为财务报表的提供者和使用者之间、使用者和使用者之间的利益并不一致，他们之间存在实际或潜在的利害冲突，正是因为存在利害冲突才导致财务报表存在不实报告的可能性，而审计是协调冲突的活动。审计的本质在于通过独立的合理保证业务来维护各个利益集团的利益。

冲突理论认为利益冲突是普遍存在的。

1.就财务报表的提供者和使用者来讲，他们之间存在着利益冲突。例如，债权银行对于借款公司的资产，会采取比较稳健的做法；借款公司却对于本身的经营前途具有乐观的信心。由于两者存在利害冲突，管理层所提供的财务报表及有关资料可能存在粉饰财务状况与经营成果的情况。因此，财务报表使用者期望外部独立专家对财务报表实施独立、客观、公正的鉴证，发表意见，以合理地保证财务报表不受利害冲突的影响。

2.财务报表的使用者之间也可能存在利害冲突。比如，公司股东可能期望得到丰厚的现金股利，而债权人则更倾向于不发放股息。为了使财务报表被每一个预期使用者所信赖，财务报表必须保持中立，即不能以牺牲一方利益为代价而使他方受益。基于这一考虑，也要求有一独立于利害关系各方的审计师对财务资料予以鉴证，以维护各个利益集团的利益。

冲突理论认为，利害冲突的存在，使人不能轻易相信别人的话，在没办法直接了解事实，却又必须设法知道的情况下，我们就需要找一个可靠的第三者来查证。协调冲突各方的利害关系是审计存在的关键，至于认为审计很专业、很复杂，可能只有专家才会做，或者一般人看不到公司的账，只有审计师才可以查账，这些并不是主要的原因。因为即使有这样的专业能力，也有机会能看到账簿，只要立场不对，别人也会不相信所出具的意见。比如，某公司的总会计师既懂会计，又能看到账簿，而且很专业。但如果他说"本公司的报表很公允"，别人往往难以完全相信，原因就在于他的立场问题，他很可能会倾斜于公司管理层的利益。

美国著名会计学家Michael Chatfield[①]认为："17世纪，公司的出现使有利害关系者对与账簿分离的独立的财务报表的需求更为强烈，这是因为，债权人和股东均需要得到与他们投资有关的资料。但是，由于公司管理部门与股东之间潜在的利害冲突，股东对公司管理部门提供的财务报表常常抱有怀疑态度，因此需要进行审查，以证实其可靠性。"1946年，John Carey[②]肯定了审计对于调节利益冲突的重要作用："当注册会计师验证一份财务报告时，他们向利益相互冲突的两方以上的当事人提供服务，这些利益冲突方包括管理层和股东，借款人和贷款人，购买方与销售方。注册会计师可以并且经常向同一行业的众多竞争者同时提供服务，而任何一方都不必担心他会厚此薄彼……他以得之不易的职业声誉来担保他能够提供各方利害关系人均可信赖的公允和公正的意见。从广义上讲，他是为整

---

① 迈克尔·查特菲尔德. 会计思想史 [M]. 文硕，董晓柏，王骥，等译. 上海：立信会计出版社，2017.
② CAREY J. Professional ethics of public accounting [M]. New York：AICPA，1946：13-14.

个社会提供有益服务的公仆。当注册会计师基于其高超的技艺和富于经验的判断而提出一份被各方均视为公正意见的报告时，他是在充当各种利害关系人之间的仲裁人、解释者或裁判员。基于此，各方利害关系人均不必进行费时费力的单独调查，在经济生活中随处可见的怀疑、延误、误解和争议也可就此消除。"总之，外部独立的审计师对财务报表进行审计，使财务报表保持中立，不受利益冲突的影响，从而有助于财务报表使用者作出适当的决策。表1-1对上述主要的审计动因理论作了比较。

表1-1 主要的审计动因理论比较表

审计动因理论	主要的观点	对审计本质的认识
信息理论	使信息更加可靠，降低信息不对称程度，使市场更具效率	增进财务信息的价值，提高财务信息有用程度
代理理论	是代理成本的构成部分，审计既代表委托人的利益，也代表代理人的利益	审计促进股东和管理人员的利益最大化
受托责任理论	审计因受托责任的产生而产生，并伴随着受托责任的发展而发展	审计是一项独立的经济监督活动
保险理论	审计是降低风险的活动，是分担风险的一项服务	审计是风险的分担

三、现代审计动因的进一步考察

上述审计动因理论主要从某个角度出发，对审计动因进行论述，在某种程度上都具有一定的合理性，但是衡量一种理论是否能很好地解释审计动因不应仅看某一方面的合理性，而应运用系统、全面的观点加以剖析。为此，我们认为，在对现代审计动因进行考察时有必要建立一定的客观标准，这一客观标准体系的建立应结合审计理论结构研究，并能充分体现历史性、逻辑性、系统性的原则。按照审计动因的衡量标准探寻审计产生的基础，将有助于我们得出恰当的审计动因结论。

（一）审计动因衡量标准体系

基于以上考虑，我们认为审计动因衡量标准体系应该做到：

1.能回答审计源于并满足了何种社会需求

社会学家 Herbert Spencer 认为，"一个系统的存在与发展满足了社会的某种需求，任何一个系统里的动力过程都可视为满足这些基本需求的功能过程，一个系统对其环境的适应程度取决于它满足这些功能需求的程度"。因而，研究审计起源就必须能够回答审计源于何种社会需求，研究审计的发展就必须解释审计在多大程度上适应了该种社会需求。

2.不但能解释审计产生的原因，而且能解释审计发展的推动力

在不同的社会形态、经济形态下，审计的内容、形式、目的、方法等都随着社会的发展起着变化，无论是最初产生的政府审计还是独立审计，都已经有了与当初不同的含义，因而，审计动因理论不仅应能解释审计产生的原因，而且要能解释审计发展的推动力。

3.能由该种理论推导出审计本质、审计职能、审计目的和审计责任

理论界对于审计本质、审计职能、审计目的和审计责任的理解，一直颇有争议，而审计动因是对审计活动理论研究上的追根溯源，这一根本上的探究应有助于整个审计理论体

系的构建，使其具有同样的理论内涵。

4.能解释从各个不同角度划分的所有类型的审计

审计作为一个体系（同一本质），从不同角度划分可以有多种类型，如从不同审计主体来看，审计可以划分为政府审计、独立审计和内部审计；从不同审计目的来看，审计可以划分为财务审计、管理审计、法规审计等。解释审计动因的理论应能回答不同审计主体的存在原因，能说明不同审计对象（审计客体）需要审计的理由，还应能界定不同目的审计的动因。

5.能解释对审计进行管制的合理性

审计活动自产生以来就伴随着对其进行的管制，这一点在独立审计上体现得尤其明显。解释审计动因的理论若不能对这一相伴相生的现象作合理解释，便很难具有说服力。

6.能说明审计为什么需要保持独立性

独立性是审计活动的最本质属性，审计的产生、审计行业的生存与发展都与审计的独立性息息相关，因而解释审计产生、存在、发展的原因和动力的理论必须能够回答审计为什么需要保持独立性。

7.能解释不同时期、不同国家审计发展水平存在差异的原因

每一种理论的产生都是置于一定的假设前提下的，而审计正是对有差异的社会环境下的社会需求的一种满足，在不同的条件下，理论假设前提的完备程度就会不同，故解释审计动因的理论在解释不同时期、不同国家审计发展水平存在差异的原因时不应改变该种理论的假设，而只能通过这种假设的完备程度作出解释。

（二）运用多因决定论思维框架探求现代审计动因

审计同其他任何一门科学一样，追根溯源，它的产生是有着特殊的前提和条件的，而且这些前提和条件会随着社会的发展、环境的变迁而改变。探求审计动因，具有重要的理论意义和实际价值。在遵循审计动因衡量标准的基础上，我们认为，审计的起源、产生、存在、发展不是由单个因素决定的，而是由多个因素共同决定的。审计活动的复杂性与重要性，决定了审计的产生必然是由于多个因素共同的影响。按照审计动因衡量标准体系的要求，运用多因决定论思维框架，我们认为以下是推动现代审计不断发展的主要因素：

1.权力分散的结果

随着社会环境的改变，组织规模的不断扩大，无论是由财产所有者还是由少数管理人员直接控制组织的全部经营管理工作都变得越来越不现实，这时就出现了权力的分散。权力分散既包括财产所有权与财产管理权的分离，也包括经营管理权的不断分解、下放。权力分散使得财产所有者或者有关管理人员在获取信息时可能面临风险，因此有必要进行监督检查。

就政府审计而言，不论社会制度如何，财产所有者都需要对财产管理者，即政府行政部门的管理活动进行监督；就内部审计而言，由于决策权和其他管理权的部分下放，有些部门或分支机构要实行独立经营，最高管理层的许多决策活动就要转变为监督活动，根据管理跨度原则，最高领导层直接控制的人员相对于间接控制的人员越来越少，因而也就越来越需要专职的监督人员来协助自己完成对企业的总体控制；就独立审计而言，由于公司

所有者——股东不参与管理，管理权交由公司管理部门如董事会等执行，公司所有者同样需要聘请独立的审计师对管理部门的管理活动予以监督。所以，权力的分散是审计产生的原因之一。

2.客观条件的约束

在理论上，组织中的财产所有者和高层管理人员可以获得有关经营管理的信息，也有权对经营管理者和中下层管理人员的活动进行检查，但由于受到在权力分散基础上的法律、时间、空间、成本等一系列条件的限制，他们不能直接取得完整、可靠的信息，或者无法进行直接监督，因而聘请具有某种资格（独立性、专业训练）的人来对相关信息进行验证、代为检查成为一种必然。

就政府审计而言，现代政府收支巨大，政府职责日益扩大，政府活动、政府项目日趋复杂，使得立法部门无法有效履行自己的监督职责，因而有必要建立政府审计组织，聘请各种专家，来对政府行政部门的活动进行检查监督；就内部审计而言，现代企业规模不断扩大，分权式管理方式不断深化，企业的管理层无法对下属的活动实施直接监控，于是，设置内部审计部门的方式被广为采用；就独立审计而言，股份有限公司的结构使财产所有权与管理权实现了分离，股东不但不能直接参与公司管理，而且无权亲自检查公司财务报表，这就需要有人代表股东验证财务报表，这种限制是通过法律来明确的，属于法定的限制。所有这些约束都是促使审计产生的原因。

3.复杂技术的约束

现代社会下的经济业务日益复杂，错误和舞弊的可能性都在增加，账务处理和报表编制需要专门的技术，信息使用者为了得到真实准确的信息，在自己不具备对财务信息鉴证能力的情况下，有必要雇用独立的第三者对财务报表进行审计。愈加复杂的技术因素无论在过去、现在还是未来都是影响审计的一个重要因素。不难推断，如果决策者自己可以轻易地对信息的真实可靠性进行鉴证，那么审计就没有产生的必要。未来经济业务会更加复杂，计算机技术的广泛应用使信息存取方式发生变化。经济的发展需要更多样的信息，对信息的鉴证需要更多样的知识，一个决策者不可能同时具备这些专业知识，因此有必要利用独立专家对信息质量进行鉴证。

4.趋利动机的存在

信息提供者在提供信息给使用者时总有一定利己的动机。比如，公司希望得到银行贷款而向银行提供财务报表，为了能得到贷款，管理者就有高估资产、低估负债的倾向，银行需要对财务报表的真实可靠性进行鉴定。或者，为了使其业绩更加突出乃至使股票期权顺利实现，管理者在向社会公众公布财务报表时，会有虚增利润的动机。总而言之，人性的贪婪和自私使得信息提供者只要有机会就会选择利己的方式处理信息，而这一方式很可能是对信息使用者不利的。正是由于趋利动机的存在，信息使用者为了避免决策失误要求对信息进行鉴证，同时有些信息提供者为了证明自己并未由于趋利动机而使信息发生歪曲也要求对信息鉴证。双方的要求只能由一个独立的第三方完成才更公正，这样就产生了对独立审计的需要。

5.调和矛盾的需要

根据经济学的原理，任何一个人或一个集体都有自己相对独立的利益，而在社会经济资源一定的前提下，不同利益主体之间必定存在着一定的矛盾。这种矛盾既体现在公司股东和公司管理部门之间，也体现在公司管理部门与债权银行之间。

就政府审计而言，财产的所有者希望作为财产管理者的政府行政部门能以最小的成本来从事最高效的经营活动，而财产管理者可能会要求较高的报酬，即较大的成本，在两方利益冲突的情况下，客观上就需要对管理者的经营活动予以审计，使得所有者和管理者对所需合理成本尽量达成一致；就内部审计而言，高层管理人员与中下层管理人员之间同样存在着局部利益的对立，于是，也就产生了内部审计，使高层和中下层管理人员对所需合理的经营成本达成一致；就独立审计而言，股东和经营管理人员更是存在着利益上的冲突，因为对股东来说，企业的经营管理所需费用归根到底是他们所支付的费用中的一部分，是利润的减项，而对管理人员来说，企业的经营管理费用正是他们主要的收入来源，这也就是他们冲突的根本原因，这样，客观上需要独立审计对他们在此类利润分配等问题上的矛盾予以调节。

6.降低风险的需要

由于经济上或营业上的原因，如经济衰退、决策失误和意外同业竞争等，企业面临严峻的营业风险，所有者的投资极有可能成为泡影。为减少营业风险所带来的损失，就要求企业提供更多的财务与非财务的信息，而且投资者更关心的是关于企业前景的信息。但信息风险的存在，使得向投资者提供不可靠信息的可能性与日俱增。为了把信息风险降到一定水平，就要由审计师对信息进行审核，并提供评价，因而产生了对审计的需要。

未来技术创新将使企业产品科技含量越来越高，高科技产品种类越多，经营风险也就越大，金融创新使企业投资风险不断加大；企业经营更趋复杂，错误处理的概率提高。未来决策所需信息与目前会有所不同，知识经济下无形资产、人力资本将会得到确认，确认的风险性使财务信息打破了传统的稳健原则，信息风险在21世纪将有加大的趋势。面对这种趋势，决策者为了减少自身风险，更有必要聘请审计师先对信息进行鉴证。如果审计师未能发现信息的不真实之处，他们应为自己的失职而作出赔偿，这样也就达到了转嫁风险的目的。

总而言之，权力的分散构成了现代社会的基本特征，而日益复杂的现代经济环境使建立在权力分散基础上的组织面临严重的信息风险问题。社会需要审计师以独立的身份对代理人提供的财务信息进行验证，监督代理人活动，调和冲突各方的矛盾，从而降低信息风险，确保委托–代理关系的有效维系。审计在纷繁复杂的现代社会环境之中变得愈发重要。随着社会和学科发展，采用多种学科理论阐释审计存在的理由并验证审计的社会价值这一工作将会一直持续下去。尤其是结合中国注册会计师审计制度的诞生发展历程，考察这一制度存在的导因，可能会具有独特贡献。因此，对审计动因的理解将会"一直在路上"。

四、审计的社会角色

社会需求是推动审计发展的源泉，而审计所承担的社会角色正是审计满足了社会需求的体现；不仅如此，其社会角色也是随着社会需求的变化而发生变化的。审计的社会角色随着社会经济发展状况发生着变化。注册会计师审计、国家审计和内部审计还受到各国制度环境的深刻影响。本节以注册会计师审计为例，讨论其社会角色的转变。国家审计和内部审计相关论述请参考本书相应章节。

（一）警犬

在审计发展初期到20世纪30年代之前，审计师被赋予"警犬"（watchdog）的功能，发挥着查错防弊职能。这一阶段，委托人通过审计了解受托人的履职情况。在受托责任确立的情况下，财产委托人对受托人有实行经济监督的需要，即委托人为了维护其利益，有必要对财产经营管理者因经营管理其财产所负的受托经济责任履行情况进行审查，以评价受托经济责任的履行。而审计被视为一种独立的经济监督方式，就承担起了这种监督检查的职能。当时的审计主要是审核、检查财产受托人是否存在贪污、渎职或者伪造、遗漏、篡改报告信息的情况，将结果报告给财产委托人，从而满足财产委托人的需要，保护财产委托人的利益。审计作用和价值在于发挥查错防弊的职能。从20世纪初期开始，社会环境发生了变化，审计业务的主要受托人从股东扩展到了债权人，以银行为主的债权人需要了解企业真实的偿债能力，需要利用审计后的资产负债表。这一时期审计师的角色仍然以查错揭弊的"警犬"为主。需要说明的是，英国在1845年颁布的《公司法》要求股份公司的账目必须经董事以外的人员审计，确立了审计师为出资人和社会公众检查公司财务记录的责任，开始承担公众利益看门人的职责。但Tom Lee（1986）[1]指出，"自1854年爱丁堡会计师协会开始，公司审计目标仍然是查错揭弊"。"在1900年《公司法》修订版颁布后的20年时间内，查错揭弊仍然是公司审计的主要部分"。1925年美国"Graig V Anyon"一案中，法官认定审计师未能查出雇员重大舞弊行为，判决其赔偿相关损失。从这些经典文献和著名判例中可以看出，这一时期的审计师主要承担的是查错揭弊任务，发挥着委托人赋予的"警犬"功能。

（二）看门人

20世纪30年代之后，资本市场的发展推动着审计师成为公众利益的看门人。真正推动审计师角色转化的力量在于资本市场的迅猛发展。主要表现之一是企业受托责任范围的扩大，从股东和债权人扩展到利益相关者主体，利益相关者对企业财务信息的需求日益增加。表现之二是企业筹资从银行转向了资本市场。1929—1933年美国经济危机进一步加快了政府对资本市场投资者的保护，法定审计制度随着《证券法》和《证券交易法》的出台被确定下来。法律要求审计师对财务报表的真实性和公允性负责。1936年，美国会计师协会与证券交易所联合成立的专门委员会发布了修订后的《独立注册会计师对财务报表的审查》，明确规定应审查财务报表，特别是损益表，并向股东报告。1939年，美国注册会计师协会（AICPA）发布《审计程序公告》第一号，明确指出，"为对财务报表发表一个意见而进行的审查，不是也不可能去揭露贪污盗窃和其他舞弊"。1951年，AICPA在《审计程序汇编》中指出"独立注册会计师对财务报表实施验证的主要目标"。

从审计实务来看，查错揭弊已经是不太现实的目标。原因在于，大量信息集中涌现，检查信息的高昂成本令审计师无法实施详细审计。在实践中，审计师发现财务信息的产生是个过程，过程的好坏直接影响到信息的质量；检查产生信息的过程、发现信息过程的薄弱环节，对其进行重点检查，可以有效地完成审计任务。而企业为了加强管理，建立了内部控制制度。于是，审计师在实务中对财务报表实施在审查企业内部控制制度基础上的抽样审计，通过发现内部控制制度的不足之处来确定审计资源，有重点、有目标地进行审计，确保审计结论在一定可靠性水平的前提下提高审计效率。尽管如此，依赖企业自身内

① LEE T. Company auditing ［M］. 3rd edition. New York：Van Nostrand Reinhold Co. Ltd.，1986：22-23.

部控制基础上的抽样审计方式仍会给审计师带来更高的风险。特别需要指出的是，此时的财产委托人范围不断扩大，不仅包括了众多的股东，而且包括企业的债权人和许多利益相关者，审计师承担的责任范围由委托方向已知第三者延伸。有鉴于此，审计师否定了自己"警犬"的角色，强调只是"看门人"，仅仅对财务报表的真实公允发表意见，不对查找账簿中的错误与舞弊负责。

（三）信息风险降低者和分摊者

20世纪后期，审计师角色逐渐过渡到"信息风险降低者"和"信息风险分摊者"。这一阶段经济和法律环境与以往有显著不同，社会公众对审计师角色提出了新要求。因企业经营失败或者因管理层舞弊破产倒闭的事件大量出现，出资人遭受了重大损失，由此而对审计师形成了日渐提高的期望。社会公众不仅要求审计师对财务报表的真实公允发表意见，还要求审计师查找重大的错误与舞弊，而且一旦出现信息使用人因信息不当而遭受的损失，审计师必须承担足够的风险、对信息使用人作出相应的赔偿。这种期望给法庭判决带来了很大压力，促使审计师承担的法律责任进一步扩大到其他第三者。毫无疑问，仅仅履行"看门人"的职能已经无法满足人们对审计的需求，审计师需要承担起"信息风险的降低与分摊者"的责任。这两种观点的理论依据主要是"信息论"和"保险论"的结合。

1.信息风险降低论

这种观点认为审计师的作用之一在于通过审计减少会计信息中可能存在的故意或非故意的错报，降低信息使用人的信息风险。它强调审计师只是作出合理保证，而不是绝对的保证。"审计师有责任计划和实施审计，以便为财务报表中是否不存在因错误或舞弊事项而引起的重要错报取得合理保证。由于受审计证据的性质和舞弊事项的特性的影响，审计师只能为查出错报取得合理的保证，而不是绝对的保证。"审计师应以重要性作为衡量标准，能否查出重要错报而不是所有错报是确定审计师是否作出合理保证的依据。"合理保证而非绝对保证这一概念表明，审计师不是财务报表正确性的保证人或保险人。"如果要求审计师对所有报表信息予以保证，则高昂的审计成本将使审计行为在经济上不可行。信息风险的复杂性决定了审计师只能是降低信息风险，而无法完全分担这种信息风险。

2.信息风险分摊论

这种观点认为审计师要对欺诈和错误行为承担足够的责任，审计行为被视为分担社会风险的过程。这种风险分担的角色类似于保险人，不分享成功决策的利益而分担损失。按照保险理论，如果发生了损失，审计师就必须赔偿，但如果没有损失，审计师的利润就是其得到的审计公费。信息风险的复杂性，要求审计师对每一个错报事项都负法律责任是不合情理的，这样将导致社会所支付的成本超过其收益，更为重要的是，即使增加社会成本，也未必能够发现那些经过周密策划的欺诈行为，同时也不可能完全排除判断失误。审计师所面临的风险可分为重大错报风险和检查风险，但其中只有检查风险是审计师有能力控制的风险，因而信息风险分摊论将审计师视为由多种因素综合作用形成的信息风险的"信息风险分担者"，使得审计师的社会责任压力过重，从而使得这种审计期望无法实现。

（四）其他观点

对于审计的社会角色，还存在其他观点。例如，有观点认为，审计师是财务信息披露过程中的"法官"。在财务信息披露过程中，审计师充当着法官角色，要对信息的真实公允作出裁决。但是这种观点的缺陷在于，审计师的决定及其过程并不公开，审计需要大量专业判断，没有精准的标准可以衡量。另外，Porter（1990）指出，不同的报偿体系使得审计的独立性和法官的独立性有所区别。还有观点将审计师比喻成企业的"保健医生"，认为审计工作的作用就是提前发现隐藏在企业内部的问题，并且把这个问题揭露出来。在我国注册会计师制度恢复重建的初期，也有观点将注册会计师定位于"不领国家工资的经济警察"。

总之，审计以何种方式存在以及如何发挥作用是多因素共同作用的结果，现代审计可能受自身审计技术、审计成本、审计时间以及外在的审计环境，甚至包括社会公众和客户等构成的社会信用体系的制约。实际上无论审计师多么勤勉尽职，也无法保证其审计后的会计数据绝对真实公允。审计师的定位不能仅仅迎合人们的主观愿望，审计师不是警察，他们并不具有警察那样的强制性，审计师的作用不能被盲目夸大。但是，如果审计师不能向使用者提供有助于降低风险的信息，不能查找出重大错误与舞弊，不能对审计信息使用者因信息不当而遭受的损失进行赔偿，则审计师这一职业最终将会丧失存在的空间。因此，我们认为，审计师在现代社会中应当扮演"信息风险降低者"的角色，同时也应承担相应的社会责任。

第二节　审计的供给与需求

经济理论是指导实践的基础，它为经济领域的研究提供了基本框架。利用微观经济学枢纽——供求论——可以对审计服务这种商品进行深入的分析。

根据审计主体不同，审计可以分为国家审计、内部审计和注册会计师审计。这三类审计分别在不同的制度领域和经济关系中发挥作用。这里主要讨论注册会计师审计的供给和需求。注册会计师审计的供给主体是会计师事务所及其注册会计师，还包括审计项目团队成员。需求主体涉及面非常广泛，包括各类企业和社会组织、国家和政府各级机构等。从企业来看，需求主体至少包括股东、债权人、管理层和雇员、潜在投资者以及与财务报告相关的各种利益相关者。这里的利益相关者范围很广，包括供应商、消费者、政府部门、地方团体、银行、税务机关等。

一、审计的需求

根据微观经济学对需求的定义，我们可以将审计需求方在某一特定时间内在每一价格下对审计服务愿意而且能够购买的数量称为审计需求。审计服务的购买意愿和支付能力必须同时具备才构成有效的审计需求。如果仅有审计需求，不具备货币支付能力，则不能形成现实的审计需求。

审计需求的因素是多方面决定的。根据经济学原理对于一般商品需求分析模式，可以从以下几个方面开展分析：审计服务的价格、替代品的价格、审计需求方的支付能力、审计需求方的偏好。

（一）审计服务的价格

审计服务的价格是决定审计服务需求量的重要因素。在一般的情况下，审计服务价格与需求量呈负相关状态。也就是说，审计服务的价格越低，需求量就会越大；反之，当审计服务的价格越高，需求量就会越小。

只研究审计服务价格和需求量的关系，可以将审计服务的需求函数表示为$q_d=f(p)$，这说明审计服务的需求量是价格的函数。图1-2可以表示审计服务的需求曲线。

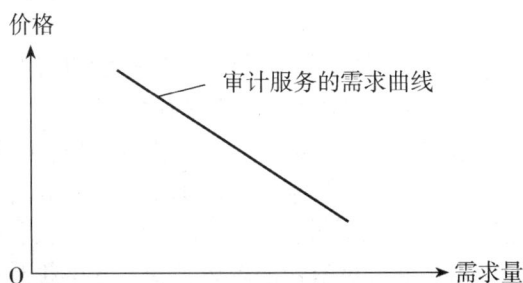

图1-2 **审计服务的需求曲线（仅考虑价格因素）**

以上模型可以作为自愿审计需求曲线。与自愿需求不同的是，法定需求的需求量相对稳定，不受市场供给和价格等因素的强烈影响。这一强制要求稳定了审计的需求数量。企业想要满足合法、合规要求，首要就是寻找审计师，获得审计报告。因此，在短期内，法定审计需求是一条比较平稳的直线。

（二）替代品的价格

审计师不能提供有价值的信息，审计服务的有用性就必然会衰退甚至被取代。审计师没有天赋的权利在竞争的信息市场中生存。在资本市场上，审计师除了提供有助于增进财务信息价值的服务，还在和其他信息提供者竞争，例如，认证服务公司、财务分析师、媒体等。如果具有替代性质的相关服务的价格上升，就会引起审计服务的需求量增加；反之亦然。当然从审计发展历史来看，在长时期内审计尚未被其他服务取代，因此替代品的价格仅仅可以作为一个理论参考。

（三）审计需求方的支付能力

审计需求方的支付能力是对审计服务购买意愿的一种限制。缺乏支付能力的购买意愿只是反映了需求者的良好愿望，并不能形成现实有效的审计需求。在审计对资本市场发挥着日益重要作用的前提下，一般来说，审计需求方的支付能力强，对审计服务的需求量会增加；当审计需求方的支付能力较弱时，会受到审计服务价格的制约而使一些审计服务的购买意愿无法实现，所以对审计服务的需求量会减少。

（四）审计需求方的偏好

审计需求方的偏好引导着审计服务供给的方向，是推动审计服务供给发展的内在动力。审计需求方对某种审计服务的偏好程度增强，则这种审计服务的需求量就会增加；偏好程度减弱，需求量就会降低。从审计的社会角色演变历程来看，由最初的查错纠弊"警犬"，到仅对资本市场上财务报表真实性发表公允意见的"看门人"，以及现代风险社会里"信息风险降低者和分摊者"的变化。这些都说明审计需求与偏好的变化，导致了审计服务供给的变化。

根据以上分析，可以确定审计服务的需求函数，即在某一特定时期内审计服务的各种可能的购买量和决定这些购买量的因素之间的关系。假定审计服务的需求量由上述因素决定，那么审计服务的需求函数公式如下：

$q_d=\phi(p,\ p_r,\ y,\ w)$

其中：q_d表示审计服务的需求量；p表示审计服务的价格；p_s表示替代品的价格；y表示审计需求方的支付能力；w表示审计需求方的偏好。

二、审计的供给

供给和需求是相对的概念，审计供给是指审计师在某一特定时间内在每一价格下对审计服务愿意而且能够提供的数量。只有在审计师既有能力又有意愿提供时才构成有效的审计供给。

审计服务的供给量是由许多因素决定的。在随机因素之外，通常起作用的因素有：审计服务的价格、替代品的价格、审计的技术能力、提供审计服务的成本。

（一）审计服务的价格

审计服务的价格是决定审计服务供给量的重要因素。基于获取利润的基本前提，在一般的情况下，审计服务价格与供给量呈正相关关系，即审计服务的价格越高，供给量就会越大；相反，当审计服务的价格越低，供给量就会越小（如图1-3所示）。

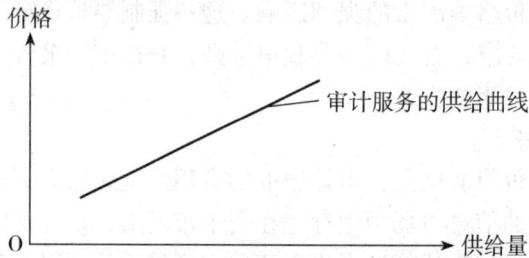

图1-3 审计服务的供给曲线（仅考虑价格）

（二）替代品的价格

如果具有替代性质的相关服务的价格上涨而审计服务的价格没有变动，或者审计服务的价格上涨的幅度小于其他服务价格的涨幅，那么审计师就会减少审计服务的供给量，转而投产于其他的相关服务，使得相关服务的供给量增加。

（三）审计的技术能力

需求能否得到满足，还要受到来自技术上的制约。如果在技术方面无法实现，那么这种需求也不能成为有效的需求。回顾审计的发展历程可以明显地感觉到，相对于旺盛的审计需求来说，审计的供给能力始终处于被动的状态。例如，我们在考察审计模式变迁时发现，从早期的账项基础审计，到后来的制度基础审计，再发展到风险导向审计，如果审计技术无法为满足审计需求提供保障和支持，则审计需求只能成为一种愿望，只有在技术具有可行性时，审计需求才有可能实现。审计技术与审计需求的矛盾推动着审计技术不断发展。

（四）提供审计服务的成本

审计师在向需求者提供服务时必然要耗费一定的资源，存在提供审计服务的成本。为了使这个职业能够正常地生存、发展，需要保证提供审计服务的审计师能够收回成本并获取一定的盈利。审计需求最终得以实现，不仅要有提供审计服务的技术保障，还需要符合"成本—效益"的原则。提供审计服务的成本主要包括：提供信息的成本、行为管束成本、诉讼成本和政治成本等。

根据以上分析，可以确定审计服务的供给函数，即在某一特定时期内审计服务的各种可能的供给量和决定这些供给量的因素之间的关系。假定审计服务的供给量由上述因素决定，那么审计服务的供给函数公式如下：

$q_s = v(p, p_r, t, c)$

其中：q_s 表示审计服务的供给量；p表示审计服务的价格；p_r 表示替代服务的价格；t表示审计的技术能力；c表示提供审计服务的成本。

三、供求矛盾与期望差距

根据经济学的均衡理论，我们能够得出"均衡的审计服务量和价格是由审计供给和需求共同决定"的结论。然而，现实生活中的审计信息呈现出公共物品性质。这造成了：一方面，审计结果的不可排他性，可能使审计信息使用者采取"搭便车"行为；另一方面，审计结果的不可观察性，使审计市场的价格很难建立在可观测的基础之上。不仅如此，由于审计结论是针对不同公司的情况作出的，这会导致审计结果的异质性，从而使审计结果具有不可加性。因此，审计供给相对于审计需求不足，这种审计供给与审计需求之间的矛盾是造成审计期望差距存在的经济学动因。

我们应当认识到，在现实中审计期望差距是始终存在的。在整个审计的发展历程中，当伴随着企业经营失败而出现重大的财务丑闻时，社会总会针对审计师的执业能力、独立性和应承担的责任展开广泛的争论。而经历危机后，社会和审计界都会对审计作出重新的认识。也正是这种由于审计供求之间矛盾而产生的审计期望差距，才驱动着审计的不断延伸与发展。对于审计期望差距的内容，在书中后面的章节会作详细阐述。

四、审计供求关系的影响因素

分析审计供求的互动关系可以从微观因素和宏观因素两个方面开展。

（一）微观影响因素

从现实来看，审计供给与需求之间存在相互影响的互动过程。通过建立一个价格谈判模型，可以模拟双方的讨价还价过程。通过分析需求者的偏好，可以为理解审计供给行为提供一个理论参照。

1.价格谈判

如图1-4所示，审计收费谈判的基本过程可简化为：假设会计师事务所的生产成本为S，客户具有支付意愿的价格为B，则双方进行交易的必要条件是客户具有支付意愿的价格大于企业的生产成本，即B>S。谈判的均衡价格为P［S，B］，最终P的具体数值将取决于买卖双方的相对谈判能力，这里可以将其理解为讨价还价能力[1]。

图1-4　买卖双方契约价格协商区域

① 骆品亮. 定价策略［M］. 上海：上海财经大学出版社，2005.

当买方和卖方讨价还价的实力相当时，均衡价格满足：

P　Max p ｛Us（P-S）×Us（B-P）｝

如果买卖双方实力不对等，则均衡条件满足：

P　Max p ｛Us（P-S）R×Us（B-P）Q｝

其中，R、Q分别代表供求双方的市场力量。

在审计市场中，上市公司在聘用关系的建立和解除、审计收费的确定和支付方式等方面具有更大的主动权，因此，这是一个典型的买方占优市场。当前我国证券审计市场的集中度较低，大型会计师事务所能否收取溢价还存在争议；上市公司出于某些经济动机，偏好于那些"讨价还价"能力更弱的事务所。即便是发展时间较长的成熟审计市场，上市公司也拥有强大的市场力量。理论上，这种市场力量源自审计产品的定价机制，尤其是管理层决定审计师的聘用、审计公费的支付方式等方面是上市公司具备强大讨价还价能力的主要来源。

2.需求者偏好对供给者行为的影响

购买者所拥有的市场力量，即Q的具体取值还要受到客户类型的影响。这是因为不同类型的客户在审计服务搜寻过程中的价值趋向以及价格谈判等过程中具体表现各不相同。按照消费者更为偏好认知价格还是认知价值，Harmer（1989）将消费者划分为两大类共四种类型，分别是：价格敏感类，他们关注的是价格变动而不是价值，包括价格型购买者和便利型购买者；价值敏感类，他们重视价值而不是价格变动，包括价值型购买者和关系型购买者。

在审计市场中，价格型购买者总是寻找报价最低的事务所。此类客户对产品质量要求不高，只要事务所能够满足可接受的最低质量水平即可。在与价格型客户谈判时，事务所往往处于非常被动的地位，通常无法说服客户改变其只注重价格的采购行为。人们往往将审计产品价格战的导因归咎于事务所缺乏独立性，事实上，客户属于价格型购买者也是价格战的原因之一。

便利型购买者对品牌之间的差异不太关注，也不太关注价格。他们一般会选择最方便的方式进行购买，比如就近购买，或者向比较熟悉的供应商购买。在我国审计市场上，此类客户也比较常见，他们往往选择同一地区的事务所，而不太关注事务所声誉和审计产品的质量。便利型的购物倾向逐渐稳定之后即形成区域性壁垒，上市公司往往选择本地事务所，外地事务所很难进入本地市场。打破区域性壁垒还要从改变消费者类型入手，最主要的是要培养他们对于价格和品质的关注。

关系型购买者注重产品声誉，对某些品牌已经形成强烈偏好，除非价格大大超过其心理承受范围，否则他们不会轻易更换供应商。此类购买者是比较成熟的客户类型。在谈判时，会计师事务所可以利用声誉优势，以及良好客户关系来获取更多主动权。但是，出于对事务所与客户之间关系密切从而有损独立性的担忧，中外监管机构对于过于密切的售卖关系均予以禁止，这也是审计轮换制度出台的原因。

价值型购买者关注产品的性价比，他们愿意为产品性能的提升支付相应的溢价。此类客户是激励事务所培养声誉以获取溢价的主要来源。事务所可以在价格谈判时凸显自身与竞争对手相比的差异性价值。尽管存在强制轮换制度，供求双方可能无法重复买卖审计服务，但是，与价值型购买者的谈判不失为培育积极审计需求的途径。

成熟审计市场之所以存在对于高质量审计服务的需求，原因在于关系型和价值型购买者占据主要比例。这两类客户看重品牌和声誉，对事务所树立品牌、维护声誉产生激励。

（二）宏观影响因素

1.法律和监管环境

从长期看，法律和监管环境直接影响审计供求，不断改变着审计供求关系。

1720 年，英国爆发了南海公司破产事件，使公司股东和债权人遭受了巨大经济损失。会计师查尔斯·斯内尔受议会聘请对其会计账目进行了检查并以"会计师"名义出具了一份"查账报告书"，指出南海公司的财务报告存在着严重的舞弊行为，这标志着独立会计师——注册会计师——的正式诞生。随后，为保护投资者和债权人的利益、监督股份公司的经营管理，英国议会在 1844 年颁布了《公司法》，规定股份有限公司必须设立监事来审查会计账簿和报表，并将审查结果报告给股东；次年又对《公司法》进行了修订，规定股份有限公司必要时可以聘请会计师协助办理审计业务。该法案使公司有聘请外部审计师的选择权，从而有力地促进了独立会计师的发展。1862 年修改的《公司法》又确定会计师为法定的公司破产清算人，进一步明确了独立会计师的法律地位。

19 世纪末期至 20 世纪初期，美国的注册会计师审计得到了迅猛发展。1896 年，美国通过了《注册会计师法案》，标志着经济立法的开端；1917 年，美国公共会计师协会编制了《关于资产负债表的备忘录》，从而开创了信用审计的时代。1933 年颁布的《证券法》和 1934 年颁布的《证券交易法》，标志着法定审计制度的到来，同时也确立了注册会计师的法律责任。21 世纪之初，美国相继曝出一系列会计造假丑闻，严重打击了投资者的信心和美国资本市场。美国政府对会计造假丑闻作出了快速反应，2002 年 7 月 25 日通过了《萨班斯–奥克斯利法案》（Sarbanes-Oxley Act of 2002）。该法案主要涉及公众公司会计检查委员会的设立及运作，审计师独立性的强化，公司责任的细化，增加信息披露内容及加强证券分析师的管理等内容，并对已有的证券法规条款作出修订。该法案的出台直接拉动了审计需求的迅猛提升，并间接影响到审计人才的供给。托马斯·金（2006）指出，2001—2004 年，伊利诺伊大学会计学本科生的人数增加了 66%，密歇根大学的会计学研究生人数增加了 76%。

我国注册会计师审计制度直接受到政策和法规的影响。近年来，随着政府"放管服"政策的逐步落实，证券市场发展和监管制度创新步伐大大加快，直接改变了法定审计制度要求，并影响到了审计供给行为。例如，A 股 IPO 和再融资的需求直接推动了对法定审计服务的需求。2020 年生效的修订后的《中华人民共和国证券法》以注册制替代了核准制，直接拉动了大量公司的 IPO 需求；将会计师事务所从事证券服务业务由资格审批改为备案管理，放松了对于证券审计市场的准入要求，除了大型会计师事务所之外，中小型事务所也能够进入该市场执业，而在此之前，证券审计市场的准入门槛是比较高的。从这个方面看，审计供求的最主要影响因素是法律和监管制度。

2.社会经济发展水平

作为一项经济活动和制度安排，审计是社会经济发展到一定阶段的产物。在人类社会形成的早期，生产力水平低下，社会分工尚未出现，不存在审计萌芽的土壤。直到 15 世纪—16世纪，地中海沿岸城市地区处于资本主义萌芽阶段，合伙制企业的诞生导致了最早的所有权和经营权分离，为自愿的审计需求提供了必要条件。18世纪—19世纪中叶，英国工业革命促使资本主义经济迅速发展，股份公司制度的兴起使得企业规模扩大，进一步导致了所有权和经营权的分离，并且出现了控制权的集中，经理人市场开始发展，代理成本和信息不对称问题日渐显著。从1720年到1900年，这一期间是自愿审计为主导的时代，最终1900年英国的股份公司法正式确立了法定审计制度。在这一时期，股份公司制度创立的"所持份额"自由转让的特别设计催生了股票交易市场，并推动了资本市场的迅速发展，强化了审计需求及其相关制度建设。19世纪后25年，英国资本受到美国经济高速发展的吸引，英国审计师随着其客户登陆北美大陆开展审计监督工作，并在当地开设了办事机构。由此，美国审计职业得以发展起来。美国审计职业界在履行公众利益"看门人"职责和维护行业自身利益的过程中，先后成立内部会计程序委员会（CAP）、会计准则委员会（APB）以及财务会计准则委员会（FASB）等行业内监督机构以约束成员的行为，并积极应对涉及行业发展的各种公共危机事件。

20世纪60年代之后，信息成为一种重要资源，随着资本市场的发展，这一资源在经济决策中的重要地位更加凸显。越是发达的资本市场，对信息的可靠性、相关性和及时性要求越高，对高质量信息的高度依赖就越强烈。为了维护市场经济秩序，确保信息的可靠性，世界上大部分国家和地区都通过立法明确要求企业聘请独立注册会计师对财务报表进行审计，并发表审计意见，以提升财务信息的可靠性。在这一过程中，审计职业界也作出了积极回应，并更新审计技术和相关执业标准，指导职业界更好地适应社会需求。

社会经济的发展也促成大型会计师事务所的出现。大型会计师事务所和中小型会计师事务所共同构成的审计市场结构处于不断变化之中。第一，客户公司的全球化发展要求会计公司的业务也要在全球扩展。第二，随着会计师事务所经营的现代化，他们希望能获得更大的规模效益，储备更多的人力资源，扩充资本以分散风险。第三，随着其客户多种经营及其经营活动日益复杂，一些会计师事务所也想积累一些针对专业领域的特殊技能。第四，一些会计师事务所通过合并增加或保住了其市场份额并得以存在于顶级行列之中。国际"八大"所在1989年合并为国际"六大"所，而在1997年又进一步合并为"五大"所。在2002年，美国安达信被休斯敦地方法院作出妨碍司法调查的处罚，安达信解体，"五大"又变成了"四大"。由于合并导致的趋于集中的审计市场结构也引发了诸多监管问题。大型会计师事务所的出现，使得规模经济、多元化经营和行业专长等竞争策略得以产生，并对消费者（审计需求方）剩余产生诸多影响。

3.其他因素

随着社会生产技术的进步，审计模式依次经历了账项基础审计模式、制度基础审计模式和风险导向审计模式，呈现出对于社会生产技术的适应性特征。当前，大数据时代、移动互联网以及人工智能和云计算等信息技术的突飞猛进，又让审计技术面临全新挑战，促使审计供给尽量适应不断变化的审计需求。

19世纪以前，由于企业规模小，经济业务单一，审计人员的主要任务是查出错报和防止舞弊，以详细审计为主。工业革命之后，随着企业规模的扩大以及企业经济业务的复杂化，审计人员逐步对账表的核对采用抽查法。19世纪末，企业经营规模和经营业务发生了巨大变化，从以前的小规模到大规模，从简单的经济业务到复杂经济业务，企业的这些转变迫使企业所有者建立完善的内部控制制度和体系，以解决"事必躬亲"的状态。审计人员也随之将审计的重心转移到对企业内部控制的合理性和有效性进行了解、测试和评估上。因此，在20世纪40年代，制度导向审计成为审计人员的主要审计方法。同时，由于民间审计的注册会计师资格考试也在当时广泛推行，审计人员的专业素质得到了普遍的提高，审计准则也开始拟定，审计工作逐步走向标准化和规范化。但是，进入20世纪后半期，制度导向审计存在的缺陷渐渐暴露出来了。20世纪80年代随着经济全球化、市场一体化的发展，一种新的、以风险防范和风险评估为基础的传统风险导向审计模式逐渐兴起。此审计方法开始强调被审计单位所处的经济环境和经营环境，并在此基础上对内部控制进行控制测试，从而来评估审计风险。传统风险导向审计已经能够较好地适应当代企业的要求，但由于其只注重对报表进行分析，忽略了企业的经营风险，这不可避免地会导致审计资源在一定程度上的浪费，传统风险导向审计最终会被现代风险导向审计所取代。现代风险导向审计从源头上和宏观层面去判断和发现会计报表存在的重大错报，它着眼于全面的控制测试，而不仅仅局限于测试内部控制制度的执行效果。现代风险导向审计模式引入"重大错报风险"概念，为整个审计工作找到了正确的起点及导向，已经成为当前审计技术的中流砥柱。

目前人类社会经历了三次工业革命。随着科学技术进步，人类社会正在步入第四次工业革命，即大数据时代。数据的大规模、高速增长与多样化给社会生产方式和生活方式以及思维方式都带来了巨大冲击，更是将审计技术置于一个关键的变革阶段。

综上所述，从历史来看，审计服务的需求来源于股东和经营者之间的契约关系，而近些年经济、社会和法律的发展趋势产生了增加并扩展了的审计服务需求。当前，世界处于信息技术突飞猛进，全球经济一体化日益加强，公司经营者承担社会责任，环保意识日渐增强，以及人口的老龄化加剧的阶段。信息技术改变着生产和生活方式，与公众生活和工作息息相关。信息在各种媒介上出现，呈现出爆炸式的增长。这也要求对生成信息的可靠性、真实性进行过滤和鉴别，提升公众对于信息的信任程度。近年来，互联网的飞速发展极大改变了社会公众的消费习惯，对传统商业模式产生了深刻影响。移动互联网的出现和变革进一步推动了生产和消费以及服务的转型。社会环境的变化直接对审计服务提出了新要求，审计也顺应着这些变化和趋势不断推陈出新，向前发展。

第三节　审计产品特征

审计产品，对外主要表现形式是审计报告。审计报告是审计产品生产者，即会计师事务所提供的审计产品的最终表现形式。根据不同的理论框架及其观察角度，审计产品具有不同的特征。为了全面考察审计产品特征，有必要从多个理论流派、多个不同视角、多个维度进行立体化分析。

一、审计产品的投入—产出系统

根据生产理论，任何产品或服务的生产都可以模型化为一个投入—产出系统。对于审计服务生产而言，投入的生产要素主要包括生产一定审计产出所耗费的智力资本、人力资源等变动成本与固定成本，包含审计投入数量、审计投入质量和审计投入配置三个维度。

显然，审计属于劳动密集型的服务产品，智力资本和人力资源投入占比很大，资本支出占比相对较小。由于审计产出涉及对审计产品质量的衡量，即审计质量，其影响因素和衡量指标非常复杂，通常将其简化为经过审计后财务报表不存在重大错报或漏报的保证程度。

（一）审计产品的投入要素及生产过程

审计生产要素的投入存在明显差异。在投入数量、投入质量和投入配置方面，受到生产繁忙程度、事务所人力资源管理状况、人力资源管理特点、审计项目团队分工合作、各个层面（总所、分所、签字注册会计师和项目团队等）的质量控制制度建设和实施情况等方面的影响。这种以人力资源为主要生产要素的投入特征具有双刃剑效应，其优势在于能够充分体现审计的知识和智力密集型产品特征，实现审计产品的社会价值；其劣势在于人并非完全理性，人本身存在固有局限等。

在审计投入—产出系统中，审计投入经过一系列生产阶段，以及每一生产阶段的各种生产程序转化为审计产出。审计服务生产一般可以划分为四个阶段：计划阶段、风险评估阶段、风险应对阶段和完成阶段，而每一生产阶段又包含各种具体的生产程序，例如，风险评估阶段包括针对客户五个维度的评估，并评估出报表层次和认定层次的重大错报风险；风险应对阶段需要执行控制测试和实质性程序，实施包括函证、检查文件、询问相关人员等生产程序。

审计产品生产过程的核心是获取和评价审计证据。审计证据来自企业内部和外部，涉及财务报告生产系统的各个方面。由于来自企业内部的审计证据在可靠性方面不及外部审计证据，审计师还需要利用函证等重要程序获取来自第三方的外部证据。如果第三方提供的外部证据具有瑕疵，甚至第三方和企业存在串通舞弊，审计证据的可靠性就会大受影响，甚至会误导审计师。

审计产品属于定制服务产品，必须根据客户具体特征量体裁衣，定制完成。因此，客户特征直接影响着审计产品的投入—产出系统。即使投入相同数量和质量的智力资本、人力资源等变动成本和固定成本，所获得的边际产出也可能存在显著差异。另外，在生产过程中需要大量使用职业判断，频繁与客户进行沟通。生产成员内部的信息沟通和知识共享对于生产过程和最终产品质量也存在重要影响。因此，为了提高审计投入产出比，审计投入—产出系统应随着客户特征的变化而不断地进行调整。

（二）审计产品的产出结果

1.产出的不确定性

审计产品的产出结果具有不确定性。这里不确定性指的是对财务报告合理保证的程度通常难以精准量化。产生不确定性的原因主要在于：一是服务产品本身特质决定的；二是审计生产过程的复杂性；三是审计本身存在的固有局限性。前两点在本节中已做阐述，此处重点论及第三点。

2.固有局限性

审计的固有局限性主要来自以下方面：

一是财务报告质量限制。审计报告是审计产品的主要表现形式。审计质量是财务报告质量的组成部分。尽管财务报告质量难以界定，但财务报告是由公司财务报告系统和固有特征决定的，这一系统将企业根本的经济情况勾勒在财务报告中，固有特征又决定了它的根本经济情况。由此，公司固有特征和财务报告系统共同决定了审前财务报告质量，并限制了财务报告可以达到的质量高度。据此，审计质量是对财报如实反映根本的经济情况更大程度的保证，受限于公司的财务报告系统和固有特征。管理层编制财务报表需要作出判断，许多财务报表项目涉及主观决策、评估或一定程度的不确定性，并且可能存在一系列可接受的解释或判断。

二是审计程序的性质。审计产品生产过程是一个降低信息不对称的过程，但是这一过程无法完全降低信息风险。注册会计师获取审计证据的能力受到实务和法律上的限制。例如，管理层或其他人员不提供与财务报表编制相关的或注册会计师要求的全部信息；舞弊可能涉及精心策划和蓄意实施以进行隐瞒。例如，伪造文件，使得注册会计师误以为有效的证据实际上是无效的；审计不是对涉嫌违法行为的官方调查。因此，注册会计师没有被授予特定的法律权力（如搜查权），而这种权力对舞弊调查是非常重要的。

三是受限于现实条件，在合理的时间内以合理的成本满足审计需要。要求注册会计师处理所有信息是不切实际的，追查每一个事项也是不切实际的。

四是存在影响审计固有限制的其他事项。例如，舞弊，特别是涉及高级管理人员的舞弊或串通舞弊；关联方关系和交易的存在和完整性；违反法律法规行为的发生；可能导致被审计单位无法持续经营的未来事项或情况。

（三）审计产品投入—产出的影响

审计产品的生产过程具有高度复杂，强烈的专业判断和显著的互动式生产特征。这一投入—产出系统对审计产品的直接影响包括如下几个方面：

第一，对产品结果陈述产生影响。审计报告作为审计产品的直观体现，具有高度抽象特征。审计报告主要包括两大部分，一个是审计意见，即审计产品的核心部分。另一个是审计意见的使用说明，即除意见段之外的部分。为了说明产品使用要点和注意事项，审计报告中涉及对审计生产过程的详细解释。为了进一步提高审计报告的可读性和质量，审计报告相关审计准则进行了多次修订，最新的修订要求审计报告中增加关键审计事项段，以期向审计报告使用者提供更多决策信息。

第二，审计生产过程对于外部证据的依赖，使得外部证据质量成为关键问题。由于审计师受到各方面限制，他们难以判断和鉴定外部证据的真伪，根据外部证据进行审计判断、得出的审计结论也会受到影响。因此，有必要在外部证据的获取途径、获取方式等方面进行技术突破，以提高审计证据和审计结论的可靠性。

第三，对审计责任的界定产生影响。由于审计过程主要是基于客户特征定制完成的，其间涉及与客户的大量互动，审计师比外部信息使用者更加了解客户具体情况，由此会让外部使用者认为审计可以查找一切错弊，可以预测企业持续经营能力等。一旦发生财务舞弊，外部使用者往往将会计责任和审计责任混为一谈，或者扩展审计责任。审计生产过程中大量使用专业判断，进一步增大了审计责任的界定难度。

第四，审计产出结果的不确定性增加了审计职业界与外界的沟通成本，客观上加大了审计责任。信息使用者往往认为审计属于一种担保服务或者一种保险服务，一旦发生违约或者出险事件，审计师就应当承担赔付责任。但事实上，审计结果的不确定性是审计生产过程的本质属性决定的。

以上考察了审计产品生产系统的短期特征，还可以从其他角度分析审计产品生产系统的特征。第一，从长期来看，审计产品的生产系统具有一定连续性，在法律政策允许的时间范围内，可以为同一客户提供连续审计服务。在这一法定生产期间，客户也可能由于各种原因提出中断要求，当然会计师事务所也能够根据自身情况选择接受、连续或者中断服务。因此，审计产品的生产过程受到法律规范和供求双方的多重影响。第二，从长期成本理论来看，随着审计服务生产规模的增加、范围的扩展和时间的延长，其长期生产成本可能呈现出逐渐下降的趋势，从而表现出某些经济特性，主要包括规模经济、范围经济和行业专长。第三，从产业层面来看，根据产业组织理论，审计产品生产者的市场地位会影响其市场行为并决定其市场绩效。在垄断市场结构中，处于垄断地位生产者可能会利用其生产优势，降低消费者剩余，削弱技术创新，抑制产业的自由竞争。在竞争市场结构中，过度竞争导致的低价竞争等行为，不仅降低了产品质量，也会剥夺消费者剩余。这些都为审计生产外部监管的必要性提供了合理理由。需要说明的是，为了简化问题，以上分析未将道德要素纳入，道德要素也是影响审计质量的重要方面。

DeFond，Mark & Zhang，Jieying（2014）[1] 提出了审计质量研究框架。他们指出，在过去15年中，大多数审计研究聚焦于审计质量问题。但是，审计质量的本质、审计质量与财务报告质量之间的关系至今未被彻底认识。尽管各种文献使用了大量代理变量来衡量审计质量，但对于哪种方法是最佳的，学术界没有达成共识。变量之间的替代性或可比性也缺乏系统的梳理。他们认为，审计质量由客户需求和审计师供给共同决定，取决于客户和审计师的激励和能力。审计质量的需求源于客户激励，由代理成本和监管等因素决定，以及客户满足这一需求的能力，如审计委员会和内部审计职能等因素所反映。审计质量的提高受到审计师独立性激励的影响，这是由声誉、诉讼和监管关注等因素决定的，以及审计师在提高审计质量方面的能力，具体包括审计专业知识和专长等因素。因此，客户和审计师的激励和能力的差异导致审计质量的差异。重要的是，监管介入在形成激励和能力方面发挥着关键作用。两位作者将审计质量视为客户需求和审计师供给的函数，两者都受到监管介入的影响。

二、审计产品的公共物品属性

（一）公共物品

经济学中的公共物品理论根据产品使用过程中是否具有排他性和竞争性将其区分为私人物品和公共物品两类。其中，公共物品是指具有消费非竞争性和非排他性的产品。非竞争性是指一个人的消费效用与他人的消费量无关，即每增加一个消费者的边际成本都为0，这里的边际成本指的是边际生产成本。非排他性是指一个人在消费该产品的同时并不排斥他人的消费，原因在于要么技术上不可行，要么即使技术上可行，由于排斥他人消费的成本太高，在经济上也不划算。

以此标准来看，审计产品完全符合公共物品的标准。因为审计产品一旦生产出来，就可以被众多的消费者所同时使用，很难将谁排除在外；另外，增加一个人的消费也不会导致生产成本上升。审计产品的这一特点使得信息需求者大多感受不到来自生产者的直接压

---

① DEFOND M，ZHANG J. A review of archival auditing research [J]. Journal of Accounting & Economics，2014，58 (2/3)：275–326.

力，自然没有必要通过正当的市场交易来购买他所需要的消费量，一般倾向于成为"搭便车者"从而免费使用审计产品。这使得生产审计产品的私人成本和社会成本产生背离，生产者成本得不到公平分摊和有效补偿。长此以往，审计产品的私人生产者在生产信息过程中自然不会考虑非购买者的需求，造成信息生产不足，导致市场失灵。

在经济学上，解决由于公共物品生产不足导致市场失灵的方法一般是由国家来提供这一类产品，那么审计产品能否由国家来提供呢？答案是要根据情况决定。如果是国家审计产品，则可以由国家授权相关审计机构或者通过政府采购行为获得审计产品；如果是内部审计产品，则由企业所有者或者产品需求方利用内部审计机构或者通过外部审计师获取；对于注册会计师审计产品来说，审计产品只能交由各个企业自行购买相关注册会计师审计服务进行生产，但为了避免信息生产不足情况的出现，政府需要从宏观角度通过强制性披露要求对其进行监管。

（二）特殊的公共物品

审计产品不仅是一种公共物品，它还是一种特殊的公共物品。其特殊性主要表现在以下几个方面。

1.审计产品信息具有外部性

首先，审计产品具有传导或影响效应。当公司经营状况不佳时，为维持公司的"良好形象"，经营者可能会铤而走险，操纵会计报表并贿赂审计师出具虚假审计报告来骗取投资者信心。当市场上弄虚作假的公司越来越多的时候，披露真实信息的公司就会处于不利地位，从而也倾向加入提供虚假信息的公司之列。结果，具有负外部性的虚假信息充斥市场，社会资源难以得到优化配置。

其次，审计产品外部性不通过价格机制体现。一般产品是通过影响供求进而影响价格，从而形成市场均衡的。审计产品并不通过影响价格而影响他人福利。某个审计需求者的经济活动对该审计产品价格系统之外的人员产生外部影响，这类外部影响所造成的外部损益（具体地表现为外部成本或外部收益）是客观存在的，但难以通过价格形式计量出来，或者计量成本极为高昂以至于不值得去计算。因此，审计产品具有特殊的外部性。

2.审计产品质量不可观察且分布不对称

审计产品信息可以被利益对立的委托代理双方同时使用，却是由代理人单方面提供的，而且质量不可观察。这往往会促成审计师"机会主义"行为的产生，并可能引起以下两个问题：第一，审计师相机生产审计产品，审计产品存在偷工减料或者价高质低现象；第二，审计师胜任能力不足或者存在独立性问题导致审计产品存在严重瑕疵，甚至出现审计失败等严重质量问题，但产品使用者无法观察或者难以检查。

3.监管的必要介入

市场交易的本质在于"自愿和互利"，市场中的每个人在交易的时候都会遵循成本—效益原则。在审计产品市场中，一方面由于审计产品公共物品的属性，每个消费者都期望逃避付费而无偿使用信息，从而导致生产成本无法得到有效补偿，信息提供者在无利可图的情况下，结果自然是信息供给不足（数量和质量）。另一方面，审计产品又是一种特殊的公共物品，具有经济后果，具有外部性且质量不可观察，这又为劣质审计产品的生存提供了动机和可能。长此以往，一旦产品需求者了解到真实情况，必然会对审计产品失去信心。审计是资本市场有效运行的基础，审计产品市场的失灵必将最终导致资本市场的失灵。可见，在审计产品市场上，单凭市场的自我调节，"自愿和互利"的原则根本无法确立，市场失灵难以避免，这为外部力量的介入提供了必要理由。为弥补并避免审计产品市场失灵，一般是通过法规和相关标准制度等一些技术性的手段主要针对生产企业，即会计师事务所和注册会计师进行监管，可选择的手段则包括注册会计师行业自律或外部监管，其中外部监管又可分为政府监管和第三方独立监管。

（三）审计产品的道德属性

前文基于审计产品投入产出系统和公共物品属性进行了分析。但尚未涉及审计产品的道德属性。与其他标准化产品显著不同的是，审计产品具有显著的道德属性。

1.道德属性的由来

首先，审计产品的公共物品属性意味着审计是一种具有公共代理性质的职业。当公众利益与个人利益发生冲突时，审计师必须具有强大的精神力量，利用外在的制度压力，促使其回归公众利益的本位。审计产品的生产过程是基于财务报告生产系统的，其间涉及大量利益冲突和利益诱惑，审计师必须基于清醒头脑，近乎严苛的道德自律，才能抵制压力和诱惑，最终形成高质量的产品。因此，道德因素在生产过程中起到重要约束作用。

其次，会计师事务所是一种典型的专业化组织，其产出是对复杂知识的无形应用，外界难以评价和衡量产品之间的相对优势。这使得生产过程中机会主义和道德风险发生的概率大大提高。美国注册会计师协会在解释其制定职业道德准则时就说："通常那些依赖注册会计师的人士感到难以评价审计人员的服务质量。然而他们有权要求这些审计人员合格、正直。"作为审计产品的使用者，社会公众显然是知道上述问题的。可以想见，如果没有品德、义务、良心、荣誉等作为生产要素投入到审计的生产过程，审计产品的可信度会有多低。最终结果是，缺乏可信性的审计报告对社会来说毫无意义，审计产品缺乏用户，审计职业最终消失。因此，审计产品必须具备道德属性，必须向社会公众昭示道德水准，提高公信力。

2.道德属性的维护

为保证产品质量，必须对审计产品的生产过程，即审计师行为进行规范。主要通过两种强制要求实现。一是可以通过法律的形式作出明文规定；二是借助职业道德规范的形式来要求，例如审计人员执业时的精神状态。审计法规只是对审计人员的最低要求，职业道德则升华了这种要求。除了审计人员的独立性、专业胜任能力外，职业道德操守对审计产品质量也起着决定性的作用。

道德要求涉及审计生产的全过程。从客户的承接、生产过程，到最终形成审计产品，即审计报告，道德要求无所不在。从会计师事务所的日常经营到战略发展，也与道德要求息息相关。例如，在承接客户时，一项重要的要求就是考虑客户的诚信而非客户的经济实力，考虑审计师的独立性和专业胜任能力而非审计收费的高低。在会计师事务所保守商业秘密，在营销广告等行为中，道德约束更是非常有力。

三、审计产品的品牌声誉

前文已经阐述了审计产品的公共物品属性使得外部监管介入具有合理理由。这里需要进一步说明的是，除了外部监管之外，审计产品生产者自身也具有重要的自律机制，能够维护审计产品的质量，这种机制就是品牌。透过信息理论，可以进一步理解审计产品的品牌特征。在审计研究领域，大多用声誉表达品牌的实质含义。本节将根据具体语境，交叉使用品牌和声誉这两个词。

（一）品牌声誉的重要性

根据信息理论，公司能够通过审计产品的品牌进一步向市场传递关于自身质量的信息，以将自己与其他公司区别开来。购买高品牌价值的审计产品，意味着公司自身具有良好的财务状况和持续经营能力，能够获得股东认可并吸引更多的投资者关注。需要思考的一个问题是，公司及其内部人为什么不能凭借自己的声誉取信于投资者和股东呢？也就是说，为什么投资者和股东会认可审计师的声誉？

1.声誉对于购买者的重要性

声誉是降低组织之间信息不对称的重要资产。这种资产的形成绝非一朝一夕，更不是轻松能够取得的。

首先，声誉的形成需要投入大量时间和资源，投入成本很高。声誉的维护也需要众人共同努力，并建立相应制度防范有损声誉的行为发生。对于资本市场的新进入者而言，凭借一己之力建立良好的声誉，需要为此支付相当高的成本，耗费大量时间，显然这是不现实的。通过购买高品牌价值的审计产品，即借助聘请高声誉审计师，可以向外界传递关于自身诚信经营和雄厚经济实力的信息，从而培育并呈现自己的实力声誉。这一成本和时间远远低于自身建立声誉的成本和时间耗费。尤其是首次公开发行股票的公司，这一点表现得更为明显。高声誉审计师拥有丰富的执业经验，协助公司满足合乎法律法规的要求，能够显著降低信息不对称造成的市场间（一级和二级市场）价格差异。这些都是高品牌审计产品的价值体现。因此，可以把聘请具有高品牌价值的审计师进行外部审计看作公司树立自己声誉的捷径。

其次，声誉机制存在的前提假设是市场参与者的多次重复博弈。只有当下一次交易发生概率值足够大时，参与者才会注重声誉。因此，声誉机制在一次购买或者偶然购买的市场中难以存在。在理论上，公司与审计师确实存在"最后一击"的可能，但两者很少会同时发生。对于公司来说，假设公司打算"骗了就跑"，不再重复博弈。对于高声誉审计师而言，他们要么配合公司，要么阻止公司。配合公司即审计师"最后一击"，意味着放弃之前在声誉领域的所有投资，显然这是不划算的交易。因此声誉机制会持续制约审计师行为，要求其提供高品牌价值的审计产品。如此一来，投资者和股东就可以通过审计师来阻止公司向公众进行虚假陈述。

最后，虽然审计师和公司在决定是否维护声誉时都会受到对未来利益贴现值的估计的影响，但由于通常审计师提供审计服务要比公司融资更加频繁，审计师对贴现因子的估计通常要比公司的估计高，因而，审计师会比公司更看重未来利益，更注重声誉。因此，投资者和股东更信任审计师。

2.声誉对于生产者的重要性

（1）职业特征

审计产品的生产者，是会计师事务所（含人员）。会计师事务所是典型的专业化组织，具有显著的职业特征。职业特征是指用来描述或者标志一个职业或者从事职业的人士在行为、目的或者品质方面的特征。相对于商业性投机而言，职业特征具有四个方面的特征：一是专业教育，即通过培训和教育，在一种特殊知识和技能方面具有优势；二是职业证书，即取得职业证书（通常是指对独享某一称谓或获得某一资格的回报），接受政府监督；三是职业自律，即从业人员固守由其管理机构制定的共同的价值和行为守则，包括制定客观的发展目标；四是社会责任，作为一个整体承担一定的社会责任。会计师事务所及其执业人员拥有显著的职业特征，例如审计师的职业道德、专业胜任能力、职业纪律和职业责任，相对于其他职业而言尤为重要。在长期的行业发展演进过程中，审计职业已经积累了称职的专业胜任能力，建立了结构化和系统化的职业纪律，履行了严格的职业道德要求，更是以维护公众利益作为自身的职业责任。其中有一部分审计师在上述四个方面尤为突出，由此建立了高声誉。

（2）品牌声誉优势

高声誉可以为审计产品的生产者带来切实利益。第一，高声誉可以吸引优质的审计产品购买者，客户主动追寻拥有高品牌价值的生产者，前文已经述及。第二，高声誉能够提高对客户的议价能力，能够增强在行业竞争市场中的竞争优势，并借助成本降低和声誉优势获取超额收益。第三，高声誉能够吸引更多的高水平专业人士，进一步维护、增强其声誉优势。因此，对于审计产品生产者而言，声誉或者说品牌能够衍生出可持续的人力资源、优质客户资源及后续其他资源，为会计师事务所更好地生存和发展提供基础，可以理解为会计师事务所最核心的资源。

（二）品牌声誉管理

1.品牌声誉的核心地位

声誉的形成需要持续不懈的长期资源投入。声誉是会计师事务所的核心资源，而如何在庞大的体量中管理并维护好声誉，就成为声誉管理乃至产品质量管理的核心问题。具有声誉的审计产品生产者，往往是在长期激烈的市场竞争和严格的客户管理中形成的大型会计师事务所。它们往往具有规模大的共同特征。但是，规模大并不一定意味着其产品质量高。其背后的原因主要在于声誉管理问题。声誉管理涉及会计师事务所内部治理和组织结构，尤其是分所管理问题。

2.品牌声誉的现实问题

包括我国在内的主要市场国家，分所与总所共同分享会计师事务所的整体声誉。分所执业的潜在声誉损失和法律责任最终都由整个会计师事务所承担。分所属于会计师事务所为了开展业务而设置的代理人，因此在承接客户、执行业务和出具报告方面具有相当程度的自主性，对总所而言便会产生相当程度的信息不对称。分所具有潜在动机，为了赚取客户收入而向客户妥协并牺牲整个会计师事务所的声誉，由此会产生分所的机会主义和代理问题。一旦发生一次较为严重的低质量审计产品，就预示着该会计师事务所审计质量系统性偏低。员工行为模式和业务质量控制制度存在缺陷的会计师事务所，其审计质量系统性低于其他会计师事务所的审计质量。从根本上看，声誉管理问题属于会计师事务所内部治理问题的一部分。

3.品牌声誉的管理思路

品牌声誉资源是以会计师事务所为产权主体的无形资产，只要是会计师事务所成员都可以使用，因此具有非排他性。从长期看，在多次博弈的情况下，市场参与者具有足够时间对品牌价值的变动作出反应，任何市场参与者对品牌的使用不影响其他参与者的使用。品牌声誉的高低取决于市场参与者对产品质量的感知。市场参与者感知到的产品质量主要源自产品的真实质量，产品真实质量取决于每个专业人员的专业胜任能力和职业道德。如果一些专业人员的能力和道德出现问题，导致品牌声誉下降，则必然导致其他专业人员从品牌声誉中获得的效用降低。由于审计产品的异质性，因此合理推测品牌声誉在长期多次博弈中具有竞争性。综上所述，从长期来看，品牌声誉具有竞争性和非排他性，因此属于会计师事务所的公共物品。由此可见，品牌声誉管理是生产者对一种准公共物品进行的内部管理过程，属于私人部门出现的公共治理问题。

在审计实务中，大量审计失败的案例表明产品质量控制制度的重要性。21世纪之初发生的安达信解体事件，究其根源也与审计产品的品牌声誉管理失败有关。近期在我国审计市场中发生的涉及本土大型会计师事务所的客户流失等情况，也反映出品牌声誉管理的迫切性和必要性。除了依靠会计师事务所加强内部治理，提高审计产品质量之外，加大对于分所以及执业个人的品牌声誉管理，尤其是通过强化事后惩戒措施也非常重要。

综上所述，本节从三个维度考察了审计产品的特征。第一，基于产品投入产出分析框架，分析了审计产品生产要素投入、生产过程以及产出的相关特征。这些特征的存在，对于审计理论和实务产生了显著影响。第二，从审计产品的公共物品属性出发，考察了审计产品的特殊性，由此外部监管得以介入。审计产品的道德属性时刻要求审计师提高专业胜任能力和独立性，否则审计产品就会失去社会价值。第三，基于审计产品的投入产出特征、公共物品属性，衍生出品牌声誉对于审计产品质量的重要价值。

第一章学习指南

第二章　注册会计师审计制度的确立

注册会计师审计制度发展的社会环境不同，决定了制度确立和演进过程存在差异。中国和英美等国家注册会计师审计制度确立的历史起点不同，发展路径不同，代表了两种制度演进模式：一是政府充分发挥作用，主动设立制度，积极推动社会需求，努力提供市场化发展的路径，这是一种自上而下为主导的制度演进模式；二是市场发挥主导作用，制度演化和变革路径清晰，通过立法调整市场关系，这是一种自下而上为主导的制度演进模式。当前各国注册会计师审计制度多是法定要求，在法律框架和政府指导下运行。如何更好地适应快速变化的环境，弥合日益增长的审计期望差距，是各个国家法定审计制度面临的重大挑战。

1844年英国首次确立了法定审计制度，开启了强制审计时代。星移斗转，时空变迁。一百多年来，伴随着财务舞弊、经济萧条和金融危机，针对法定审计制度的讨论、质疑从未停止。2002年美国爆发"安然、世通"等事件，《萨班斯–奥克斯利法案》（简称SOX法案）空前强化了法定审计制度。随后在英国和欧盟等国家和地区掀起了重塑注册会计师审计制度的浪潮。2008年国际金融危机再度对注册会计师审计制度提出了彻底改革的要求。2018年英国发起了关于审计改革问题的大辩论①，拟采取措施对审计职业作出前所未有的变革。2019年我国通过的修订后的《中华人民共和国证券法》②，2022年财政部发布《会计师事务所一体化管理办法》《会计师事务所监督检查办法》等一系列监管文件，已经向外界释放出全面加强监管的信号。当前的资本市场监管制度高度密集复杂，审计职业的技术能力空前发达，仍然未能彻底解决舞弊和造假问题，对于注册会计师审计制度的质疑和改革的呼声更是从未停止。注册会计师审计制度的全面改革时代已然来临。站在这一关键时刻，不禁提出一个基本问题，为什么需要法定审计制度？

现代社会面临的挑战和问题可能起源于遥远的过去。要考察当代的法定审计制度，必然要沿着历史长河逆流而上，回溯到法定审计制度诞生的萌芽时期。英国是现代公司制度的发源地，是第一个提出法定审计制度的国家，自然成为考察的起点和重点。为什么在当时审计职业尚未正式诞生，甚至会计技术和会计原则尚未发展的时代，英国立法者选中了审计制度，并将其纳入公司法？建立法定审计制度后，是强制执行还是自愿执行？强制或者自愿的法定审计制度的合理性、合法性究竟为何？本章的研究内容由此展开，以期能够回应相关问题。

第一节　法定审计制度溯源

法定审计制度为何会诞生在英国？英国议会立法时为什么会选择审计制度？本节对这两个问题进行分析。

---

① 2018年以来，一场围绕审计行业的大辩论在英国轰轰烈烈上演。在这场辩论中，英国政府委托开展了三次独立审查，发布了3份重量级报告。在此基础上，英国议会下议院商业、能源和工业战略委员会发布《审计的未来》的报告，英国政府商业、能源和工业战略部发布《恢复对审计和公司治理的信任》的政府咨询文件。5份文件共同构成了英国审计行业改革的一揽子方案，涉及150多项具体改革建议。详见王鹏程《迈向高质量审计》一文。
② 证券法明确全面推行证券发行注册制、提高证券违法成本、完善投资者保护制度、强化信息披露等。

一、英国法定审计的历史必然性

法定审计制度的诞生与资本主义的兴起密不可分。资本主义率先兴起于英国，它处于资本主义发展的领先位置。与西欧其他国家（例如法国）相比，英国的政治权力更为分散，经济发展相对更加自由，这就为资本主义以及法定审计制度的诞生提供了土壤。

在英美法的世界，没有一项制度会在产生时不受法律的规制，因为不论一种制度如何新颖，法官和立法者都会立刻将其作为与之相近的制度放入同样的概念分类中。这是典型的英美法律变化的模式①。沿袭这一立法模式的思路，在选取财务报告的控制制度时，很自然会考虑到现有的控制模式——审计。审计制度长期存在于英国社会经济制度之中，一直在发挥着作用。经过调查，议会认可了审计制度并将其纳入1844年公司法中。正如利特尔顿所言，"英国审计制度萌芽于16世纪英国庄园和城市财政中对掌管会计事项者诚实性的检查。进入19世纪以后，又经英国社会急速工业化和当时议会的一再立法的培育而得到显著发展，最终作为会计师制度开花结果。"

（一）审计制度的酝酿

1844年公司法确定的法定审计制度，其实从中世纪英国庄园审计开始，甚至在更早的时期已是草蛇灰线，伏脉千里。

1.早期的审计

作为一种古老的经济监督方式，审计一直伴随着人类社会的经济发展。早在古希腊和古罗马已经实施了城邦审计。英国亨利一世时期（1100—1135）开展了王室岁入审计。1311年，伦敦市政府市长租金和费用记录就需要接受审计。一些大型企业也接受审计，例如Worshipful白镴器皿公司的财务账目需要定期审计。13世纪庄园审计存有相关文字记录。16世纪庄园收支账目必须接受审计。可以这么说，无论是政府官员还是私人企业和庄园，只要承担着受托责任，就可能会受到检查或者审计。早期审计人员的主要任务包括：一是作为王室或者市政公民代表，公开听取或者检查政府官员财政收支结果的报告；二是作为庄园审计人员，检查"收费与偿债"账目。概而言之，就是检查受托责任的履行情况，主要目的在于查错揭弊。采用的审计方法除了检查文件资料之外，还可以听取账目汇报。

值得注意的是，当时的审计活动已经出现明文规定和具体要求。例如，Worshipful这家公司（1564年）公司章程中列示了审计要求："按照规定，每年需选出4名审计人员对行会账目进行审查，他们通过对这些账目的检查来保证账目完美无缺。"②再如，在英国庄园审计中，检查人员已经有具体分工安排。主要包括：检察员（surveyor）负责详细了解庄园主土地状况、佃户情况和位置，并据此登记一本租金收费账；租金收费账交给"总收款员"（receivor-general），由他负责收回款项并做明细记录，根据庄园主许可书支付相应款项；审计员（auditor）负责对收款员提供的收支账目进行详细检查，与检查员提供的租金账、庄园主的许可书核对无误后，汇总处理。③

需要说明的是，当时的审计人员享有较高社会地位和权力。1605年一位无名氏的记

---

① BANNER S. Anglo-American securities regulation: Cultural and political roots, 1690-1860 [M]. Cambridge: Cambridge University Press, 1998.
② 利特尔顿 A C. 1900年前会计的演进 [M]. 宋小明，等译. 上海：立信会计出版社，2014：248.
③ 利特尔顿 A C. 1900年前会计的演进 [M]. 宋小明，等译. 上海：立信会计出版社，2014：248.

录，充分说明了审计员在庄园审计中的重要作用："审计员是所有官员中的压轴者，是庄园主与会计师人员之间的裁判官，他需要正确处理各方当事人之间的关系，还要以自己的审查结果为基础，以账簿或摘要的形式向主人报告有关其收入、费用、预付款以及资金剩余情况……"①Worshipful公司的审计人员根据1851法令，在必要时可以向最高官员处以罚款。爱德华一世1825年颁布的一项法律规定，如果审计人员发现仆人账目上有任何"欠款"，则应将其送进监狱。即使是当今世界各国的公司法或者证券法也未能赋予审计人员或审计委员会如此的权力。

2. 经济发展的推动

17世纪和18世纪的英国经济重心发生改变。从传统自给自足的封建庄园转向城镇。工场主取代了封建时代的行业协会组织。发现新大陆之后，海上贸易兴起，市场空前扩张，资源供给日益旺盛。市场经济的规模效益开始出现，以保险业和银行业为代表的金融业开始出现，并迅速崛起。伴随着私人业主的出现，簿记面临着产权清算、损益计算等新型问题。当时处理破产、遗嘱执行或者涉及法律的报表编制等事务主要由律师负责，但律师并不擅长处理复杂的账目编制及核对检查等工作。他们倾向于雇用精通簿记的人员处理。由此在这一时期出现了兼职会计师。众所周知的南海公司查账人员——查尔斯·斯内尔本是一名教师，兼职簿记工作。这一时期的市政公务人员兼任会计师的情况很常见，例如，著名的苏格兰首位执业会计师George Watson（1645—1723）曾任职爱丁堡啤酒税总监，同时兼任另一家私人企业的出纳。一些广告中出现了对"会计账目处理问题"的宣传，这些人员能够"审计、编制会计报告"，擅长"大型账目和公共账目"的计算或者矫正。从1773年开始，"会计师"这一称谓越来越多见。利特尔顿高度评价这些早期的审计师："从某种意义上讲，他们确实连通了过去与现在，将中世纪在贵族个人家中提供服务的'审计员'与当今时代在其专业领域中为社会公众服务的'特许会计师'联系在了一起。"②

3. 时代的召唤

19世纪英国经济繁荣和萧条交替出现。1815年发生了一次严重的经济衰退，10年之后再度爆发了更为严重的经济危机。历史再度重现，又是间隔10年之后，席卷英伦的危机来临，伴随着更长时间、更加萧条的经济衰退。频频爆发的危机使得大量企业在短暂繁荣之后迅速破产。为了应对危机，议会不断修订相关破产法律，以期保护债权人利益，减轻破产对社会公众的冲击，维护社会稳定。1831年破产法首创破产法庭并设立官方代理人，由大法官选定的"商人、银行家、会计师或交易商"，负责收受和处置财产。如前所述，在此之前的会计师已经广泛地参与到破产事务之中，破产当事人雇用会计师处理账目和财产已经成为民间惯例。破产法及其后续一系列的修订为熟悉簿记、精通账务的会计师提供了生存和发展的机会。这些人不能被称为现代意义的审计师，但是他们的活动已经呈现出现代审计的一些特点和品质；这些人的长期存在表明，社会确实需要这种职业活动。Worthington报告对一位资深从业人员的访谈中提到，在1847—1848年，最大的成就就是给职业会计奠定了坚实而稳固的基础。1849年破产法编制要求，让许多知名的会计师变

---

① 利特尔顿 A C. 1900年前会计的演进 [M]. 宋小明，等译. 上海：立信会计出版社，2014：248.
② 利特尔顿 A C. 1900年前会计的演进 [M]. 宋小明，等译. 上海：立信会计出版社，2014：253.

得更有声望①。

Greif（2006）认为，制度是一个包含了信念、价值、预期、社会规范等元素的体系，这些元素共同在社会里生成一套规律性的人类行为。②制度和人类行为互相影响，互相转化。如前文所述，自中世纪起，英国审计制度自身形成了逻辑自洽的闭环：公司章程中明确说明了审计要求；审计师具备了簿记和破产清算业务的专长，并享有较高的社会地位；社会公众广泛认同受托者应当接受公众审查。从11世纪到19世纪，审计制度根据环境的变化，不断作出适应和改变，为法定审计制度的到来做好准备。

（二）法律制度的变迁

1.议会的立法权

与审计制度一样，法律制度在英国存在已久，其源头可以追溯至1215年《大宪章》、1627年《权利请愿书》，以及在上述基础上1689年颁布的《权利法案》。《大宪章》第12条规定：国王在没有征得贵族同意时，不可随意收取贡赋，不能任意向臣民索要财款。该文件确定议会具有征收国家税赋、监督国家财政的政治权力，国王必须遵守法律，受到法律约束。《大宪章》后来成为资产阶级要求权力分设、相互制约的法律依据，同时也为英国乃至世界现代审计的发展，奠定了政治基础③。

17世纪—18世纪，英国处在从封建经济向原始资本积累和资本主义经济转型阶段。在政治领域，1688年的光荣革命确立了君主立宪制。1689年《权利法案》进一步限制王权，巩固了议会权力。1714年德国人乔治一世成为英国国王，他缺乏掌控国家的能力。由此议会在政治上获得了更大的影响力。贵族们占据着英国上议院，新兴的地主阶层和商人们占据了议会下院。议会通过立法确立其对社会经济的控制地位。

为了争夺海外资源，英国也多次参与西欧诸国的战争，耗费了大量财力。战争耗资主要来自政府发行的长期国债和年金。长期国债须由议会法律授权方可发行，因此具有很高的信用。1700—1713年，每年政府债务利息支出占税收收入的30%~50%。为了解决国债问题，1711年财政大臣Robert Harley建议成立南海公司。

2.南海泡沫

南海公司④及《泡沫法》是研究法定审计制度问题不可或缺的重要部分。该法案还与1844年公司法有着密切关系。南海公司的泡沫破裂时，股价暴跌约87%，这是世界历史上最严重的金融危机之一。一位金融历史学家甚至将1720年称为一个时代的高潮和结束，以及一个新时代的开始。⑤

南海公司成立表面上是为了承担巨额英国国债⑥，从而减轻因连年战争不堪重负的政府债务负担；实质上是保守党用于制衡辉格党派英格兰银行和东印度公司的工具。南海公司成立后即获得了从事南海（即南美洲）贸易的垄断权，将950万英镑的国债转换为南海

① WORTHINGTON B. Professional accountants [J]. Notes and Queries, 1894 (12): 448; BROWN R. History of accounting and accountants [M]. New York: Cosimo Classics, 1968: 324.
② GREIF A. Institutions and the path to the modern economy: Lessons from medieval trade [M]. Cambridge: Cambridge University Press, 2006.
③ 文硕. 世界审计史 [M]. 修订版. 上海: 立信会计出版社, 2018: 70.
④ 全名为"大不列颠商人与南海及其他美洲各地通商并促进渔业公司"(The Governor and Company of Merchants of Great Britain trading to the South Sea)。
⑤ HARRIS R. The Bubble Act: Its passage and its effects on business organization [J]. The Journal of Economic History, 1994, 9: 610—627.
⑥ 一种说法是南海公司承担1 000万英镑的国债；另一说法是接受了政府为战争所发行的900万英镑国债。

公司股票，由政府支付6%的利息；政府以葡萄酒、醋、烟草、东印度公司货物、丝织品、鲸须及其他商品的关税作担保。①南海公司向公众广泛宣传其南美属地遍地黄金。事实上，在它成立后的三年时间内，一艘航船都没有真正抵达南海。1714年和1717年仅派出了三艘商船。1714—1718年，它在南美贸易中仅仅赚取了10万英镑，利润率几乎为零。

1719年，受法国实施"密西西比计划"的影响，南海公司也开始筹划大型换股计划，南海公司将承担大约一半的国家债务，总价值高达3100万英镑。南海公司承诺年利率仅为5%，并将一直持续到1727年。1720年1月21日南海公司正式向议会提出方案，这便是有名的"南海计划"。当时，议会支持派和反对派之间发生了激烈的争议，其中罗伯特·沃波尔②坚决反对通过方案，他声称：南海计划是一次危险的股票投机，英国精英们将抛弃工商业，而被股市所主宰。股票的价值将被人们随意地操控，直到高得看不到顶，它那些口头承诺的红利，将永远不可能被兑现。

南海公司事先行贿议员和邮政大臣等人员。1720年4月27日，议会最终通过了"南海法案"③，规定债权持有人可以将其投资换成南海公司股票。对于债券持有人来说，这种股票上涨的前景以及股息的支付将比旧的国债更为吸引人，因此，兑换的人蜂拥而至，南海股票价格暴涨。1720年1月100英镑的股票在3月份时涨到330英镑，5月份涨到550英镑，6月涨到1000英镑以上，很多人一夜暴富。根据亚当·安德森的回忆：人群涌到南海大厦，高声呼叫要求新的认购，甚至叫喊着每股1000英镑的价格。④

1720年春，法国发生密西西比危机，金融危机不断扩大，终于影响到了英国。南海公司的操作手法是通过不断提高股价以支撑更多新股票发行的循环过程，类似于现代的庞氏骗局。1720年8月24日开始的第四次货币认购，成为南海泡沫破灭的起点。南海股价开始出现下跌，公司尽量回购也无法挽回态势。9月9日股票报价550英镑⑤。深陷困境的南海公司开始向东印度公司、英格兰银行寻求帮助，但未能达成解决方案。到11月中旬，南海公司股票价格跌到135英镑⑥。国王、贵族、下院议员和商人等投资者损失惨重。许多商业公司陷入困境。曾经向南海公司提供大笔贷款的剑刃公司，由于大量客户挤兑硬币不得不于9月24日关门歇业⑦。整个伦敦城弥漫着沮丧、愤怒、绝望、报复、哀伤的氛围，甚至有人要求国王退位。社会上要求惩办南海公司的呼声日益高涨。

1720年12月8日，新的议会会期开始，国王要求议会以有效措施恢复国家信用。议会成立了调查委员会并冻结了南海公司的所有交易。在调查的关键时刻，南海公司出纳奈特潜逃出境，并带走了一本记录着公司行贿的关键证据的绿皮账簿。于是，议会决定聘请一位精通会计实务的会计师对南海公司分公司的会计账目进行检查。经过查证，发现该公司的会计记录严重失实，明显地存在着蓄意篡改数据的舞弊行为。1721年2月16日，调

---

① MACPHERSON D. Annals of commerce, manufactures, fisheries and navigation, Vol.III［M］. London: Nichols and Son, 1805: 19.
② 他支持英格兰银行与南海公司竞争。南海公司泡沫破灭后，他负责处理南海事件，后任英国第一任首相。
③ 6. Geo.I, c.4.
④ ANDERSON A. A historical and chronological deduction of the origin of commerce from the earliest account, Vol.III ［M］. London: J. White, 1801: 97.作者曾经是南海公司的职员，亲历了整个事件。
⑤ MELVILLE L. The South Sea Bubble［M］. London: Daniel O' Connor, 1921: 114-117, 120.
⑥ CARSWELL J. The South Sea Bubble［M］. London: The Cresset Press, 1960: 205.
⑦ CARSWELL J. The South Sea Bubble［M］. London: The Cresset Press, 1960: 184.

查委员会报告显示，一些上下两院的议员接受了贿赂①。随后涉及受贿人员被关入伦敦塔。

3.《泡沫法》②

《泡沫法》是18世纪英国一部重要法律，在审计史上具有划时代的意义。对该部法律作用存在不同观点，一种认为《泡沫法》是英国议会为了防止泡沫公司而制定的；另一种观点则认为，这部法案是南海公司为了维护自身利益，游说议会而出台的。考察该法颁布时间线及其具体内容，有助于客观认识该法案。

1720年1月21日南海公司正式向国会提交换股计划，同年2月22日下议院成立《泡沫法》的法案起草委员会③。5月27日法案起草委员会报告修改后的草案，将一些保险公司项目纳入法案。与此同时，南海计划已经迅速展开，南海公司已经举行了两次认股募集，并且发放了第一次的认股股利。《泡沫法》草案快速顺利地通过了议会上下两院审议。最终在1720年6月11日，国王乔治一世签署并颁布了这份法案。在此期间，6月上旬南海公司股价达到750英镑。《泡沫法》通过之后，南海公司股价在6月24日达到每股1 050英镑，直到7月底，南海公司的股价都在每股950英镑到1 000英镑徘徊。《泡沫法》实施后的2个月，即8月份，南海公司才迎来泡沫破灭时刻。

《泡沫法》共有29条，内容可以分为两个部分。第一部分是前17条，主要规定通过法案授权成立两家新的海洋保险公司，与泡沫公司无关。第二部分从第18条开始。第18条是整个法案的核心。议会声称近期发现"数家声名狼藉的企业或项目……公开地策划与实施"大量的项目，使得"公民们在贸易、商业以及其他事务中呈现明显的不公的趋势"，因此颁布规定。所有的商业组织并未取得合法的特许授权，这种合法的特许授权可以是通过国会立法的形式，也可以是通过国王颁布特许状的形式，而以公司的组织形式运营或试图以公司的组织形式来运营……发行可转让的股票……在股票市场上进行流通股票……以及任何在股票市场上需要特许授权的行为而并未试图取得特许……或者任何所获的特许授权已经过期的行为……都将永久地视为非法并加以禁止。

第19条至第21条规定了相关的惩罚以及赔偿性措施。第22条和第25条规定的是法案的适用范围。值得一提的是第22条规定：它不适用于任何一个在1718年6月24日之前成立的商业组织；该法案设立的两个公司；南海公司；东印度公司；至今以合伙形式经营的正常合法的国内外贸易（海上保险除外）；之前成立的任何公司④。显然，第22条的规定已经将南海公司和东印度公司等排除在泡沫公司之外，不受该法案的制约。第25条则规定了不适用该法案的相关行为。第23条、第24条和第26条至第29条都是保护南海公司、东印度公司以及两个新成立的保险公司各种利益的条款。

综上可知，南海公司一边鼓吹自身的泡沫，一边打压那些模仿自身商业模式的小型泡

①　CARSWELL J. The South Sea Bubble［M］. London：The Cresset Press，1960：165-173.
②　法案全称是"为了更好地确保特定的需由国王授权的权力和特权，为了确保船舶和海上贸易的安全，为了规范基于船舶抵押而实施的借贷，以及为了限制在上述活动中的浪费或不当的行为而颁布的法案"（An Act for better securing certain Powers and Privileges intended to be granted by His Majesty by Two Charters，for Assurance of Ships and Merchandize at Sea，and for lending Money upon Bottomry，and for restraining several extravagant and unwarrantable Practices therein mentioned）。从这一法案的全名不难发现，其仅有最后一部分标题"限制在上述活动中的浪费或不当的行为"涉及后世所称的反对泡沫或者说反金融诈骗和投机行为的含义。
③　HARRIS R. Industrializing English Law：Entrepreneurship and business organization，1720-1844［M］. Cambridge：Cambridge University Press，2000：66.
④　6 Geo. I，c.18.

沫公司。为了将资金吸引过来，维持高股价。与其说《泡沫法》是反对泡沫行为，还不如说是为了使南海公司垄断筹资市场，以便保全其更好地完成承担政府债务的任务。该法案不仅否认了所有未得到国王或议会赋予法人资格的公司，而且成为约束新的股份公司成立的手段。令南海公司董事们始料不及的是，该法案的实施不仅加速自身泡沫的破灭，更是导致了投资商将大量资金转移海外，尤其流向了那些对股份公司限制不甚严格的国家和地区，巨额资本流失引起了伦敦市场股价下挫。

4.后果

1720年《泡沫法》颁布之后的105年之内，成立股份公司只能通过议会立法或者国王特许。但事实上，极少有企业能够通过这些方式设立成功，到1740年时，英国各行各业中获得授权的股份公司仅24家[①]。这一时期的企业组织形式主要是合伙与信托。工业革命推动经济进入前所未有的快速增长和结构巨变，合伙和信托受限于其规模，难以满足规模经济对于资本的需求。《泡沫法》本身固有缺陷使得其难以真正防止泡沫。最终，1825年《泡沫法》被废止了。

（三）法定审计制度的诞生

1.投机和泡沫盛行

受到南海事件和《泡沫法》的影响，在长达数百年的时间内，英国股份公司一直受到抑制。如果想在英国设立股份公司，要么向王室申请特许权，要么向议会请愿。两种方式都需要业主进行积极游说，付出高昂的申请成本并且支付高昂的经济对价，才有可能获得成功。

在拿破仑战争期间，英国利用地缘优势，远离战场，扩张了海上势力，工商业发展速度加快。工业革命释放了巨大的生产力，工业产能得以很大提升。但是，政府对于市场经济过度放任，实施宽松的信贷政策，银行业乘机滥发钞票。纺织品制造市场高度竞争，动力织布机等制造技术的出现和广泛采用进一步加剧了竞争局面。1825年《泡沫法》的废止极大推动了股份公司的发展。1826—1836年期间至少成立了200多家股份公司。股份制银行将业务扩展到美国大陆，并投身于西部土地投机活动。股票投机活动再度出现，股票交易所人潮涌动。危机破产频频发生。例如，1817年破产委托数量高达2 311例，1825年破产数量为3 307例，是1824年的两倍多。

2.对传统企业的挑战

一些受过良好教育的中产阶级对议会制度和司法制度发起挑战。这些新兴的资本家们需要吸收大量资金，摆脱现行企业设立方面的各种限制。他们积极传播自由主义思想，一方面发起各种改进公共利益项目，提供比政府股票更高的投资回报机会；一方面抨击操纵市场和股价行为，痛斥那些享受垄断福利并且腐败盛行的垄断企业[②]。与之相反，传统保守的垄断企业认为，竞争性投资将削弱政府储备，降低保障国防需求的能力，并使收入有限的人面临赌博的道德风险，从而使国家储蓄容易被投机性转移。当时的英国政府急需扩大收入，以满足对外军事扩张和国际贸易结算的需要。英国铁路业和港口业面临的资金缺口压力最大。

---

① HARRIS R. Industrializing English Law：Entrepreneurship and business organization，1720–1844 [M]. Cambridge：Cambridge University Press，2000：171.

② 例如，17世纪成立东印度公司，18世纪早期成立的金融公司，如英格兰银行、南海公司或皇家交易所保险公司；18世纪晚期的运河公司等。

3.发展和稳定的冲突

一方面是工业繁荣对于资金需求的压力，一方面是缺乏市场规则和投机盛行；一方面是保守的传统审批制度，一方面是新兴的自由经济思潮。在繁荣、投机、泡沫交替出现的英国，尤其是在缺乏有效的立法条款约束、通畅的信息沟通渠道的情况下，破产事件和经济泡沫对于政府和议会施加了巨大的压力，使得其不得不努力寻求债权人和投资者的保护机制，减轻因这些事件社会产生的震荡和损失。必须有某些人或者组织承担检查的责任，尽可能地控制公司制度带来的风险以及破产损失，而不是单纯依靠破产清算的财产分配。这些人必须能够检查股东或者董事的账目，能够合理处理破产企业的财产，具有诚信和专业能力，才能够维护所有人员的利益。因此，各种可能的控制手段和措施被纳入法律。

文硕在《世界审计史》一书中指出，在英国工业革命时期，世界审计处在一个痛苦且充满革新活力的转折过程中。新旧经济观念的冲突和混合，导致以所有权和管理权的分离为重要特征的股份公司的发展成为热潮。这不仅意味着旧的经济范式陷入危机，崭新的资本主义市场经济秩序的形成，也标志着股东和债权人与企业管理当局之间新型的经济责任关系的最终确立。这种经济责任关系是英国民间审计产生和演化的最深层的内驱力[①]。

4.议会的立法行动

这种压力在1825年达到顶峰。当时，有624家公司等待议会批准，议会受到数百名发起人及其顾问的不断游说。1825年《泡沫法》被废除，因为政府无法监督越来越多的未注册企业。1826年拉丁美洲发生债务危机，议会在保守和自由之间摇摆不定。1830年，第一条客运铁路建成通车，到了1840年，英国已经铺设了3 200公里的铁轨。数百条铁路都由特许公司建成，每一条都要由议会法案通过，这令议会难堪重负。1843年格莱斯顿被提升为贸易委员会主席，他最终决定从保守主义转向支持自由贸易，由此经济领域立法改革的大幕缓缓开启。

5.法定审计制度的本质

1844年公司法就是这次立法改革的产物，法定审计也是其成果之一。法定审计制度是一项平衡管理层和投资者需求的制度安排，是一种调节经济发展（繁荣）和风险事件（泡沫和破产）的工具手段，是立法者面对压力和挑战从技术层面作出的选择，体现了一种协调既得利益和相互冲突的意识形态。

需要说明的是，如果要理解强制审计的必要性，就离不开对公司财务信息披露的强制要求。当时的立法理念是，要想设立公司，取得创建公司的权利，就要承担信息披露的责任。立法者希望借此保护投资者免受金融欺诈，防范舞弊。1844年公司法就是这一立法思想的集中体现。英国法定审计的受托责任来自公民，即公司"业主"。早期英国法定审计的基本职责是通过维护"业主权益"，来保障公民的利益，进而最终达到维护资本主义市场经济的目的。法定审计制度的意义在于，利用审计的功能实现法律目的，即通过股东审计人约束其他股东行为，以保护债权人的利益，从而实现了法律定分止争、匡扶正义的立法目的。尽管这部法律还存在诸多不足，但该法当之无愧地成为现代公司法的开山之作，并深远影响了世界各国公司法制定的思想和模式。

---

① 文硕. 世界审计史［M］. 修订版. 上海：立信会计出版社，2018：225.

二、法定审计的制度必然性

在漫长的制度发展过程中，审计制度和其他制度安排一样，共同发挥着作用。但是为什么最终审计得到法律青睐呢？

制度选择是一个长期进化的过程，在不同制度间的竞争中，低效率的遭到摒弃，高效的得以留存。制度本身也会随着环境变化而不断演进。审计制度作为一种高效率制度安排，在长期发展过程中，与其他制度一同竞争，并不断发展演进，最终脱颖而出被法律选中。

19世纪的投资家对被投资公司进行详细检查，通过这种详细查账的方式，确定自身利益结果。这种方式类似于现代社会的尽职调查行为。可见，当时的英国社会中确实存在审计替代品。但是，这种行为的实施成本较高。中世纪庄园审计也仅适用于贵族阶层。对于股份公司的股东和投资者来说，这些方式成本过高，难以承受。议会立法时，也不会考虑将这些无法普遍接受的行为纳入法律。

律师也是一个非常古老的职业，与商业企业和资本主义经济发展关系密切。18世纪和19世纪期间，许多破产和法律事件与财务问题有关，需要律师提交各种会计报告和相关信息，对于部分律师而言，这些财务信息和数据并非其所长，他们往往需要具有簿记专长的人士提供协助或者兼职。律师行业对企业财务问题不如会计师精通，对于破产业务兴趣不大，这就为会计师职业化提供了生存空间和发展机会。记录在册的会计师人数在1773年为7人，到1843年也只有160人。尽管这个数字非常小，但会计师数量已经呈现出快速增长的态势，甚至远远超过同期人口增长的速度。1853年，在一些有识之士的不断努力下，爱丁堡会计师协会成立，这是世界上第一个正式的会计职业组织，会计职业发展自此翻开新的篇章。

19世纪时，新的职业不断出现，例如工程、建筑、制药、兽医外科、牙科和精算学等。会计职业与这些职业一样，都需要在竞争中取胜，努力取得社会地位。当时就连机械师都对会计师保持警惕[1]。19世纪末期，会计师们不断突破，努力取得公众信任，减少负面评价，致力于建立独立的实务体系和理论体系，职业地位逐渐得到社会认可。尽管1844年法定审计制度如昙花一现，短暂存在后被取消。但会计师和职业组织的数量仍然保持了旺盛的增长。在时隔56年之后的1900年，当议会修订公司法时，法定审计制度再度入法。

第二节　法定审计制度的确立过程 ■————————

从立法过程来看，审计制度是如何嵌入法律的？英国法定审计制度的确立过程如何？本节考察这两个问题。

一、英国1844年公司法

1844年英国议会通过一项开创性法案，即《股份公司注册、成立和监管法案》[2]（以

---

① 《机械工程师》杂志发布题名"会计师的自命不凡"的社论，批评越来越多的会计师每年来一到两次提供成本信息的做法。该社论提到《会计师》杂志最近发表的一篇题为"特许会计师作为商业和制造业专家"的文章："如果不考虑会计从业者自身发生的变化，就很难理解这种说法的可怕性质。"转引自CHANDLER R，EDWARDS J R. Recurring issues in auditing: Back to the future? [J]. Accounting, Auditing & Accountability Journal, 1996, 9 (2): 4-29.

② An Act for the Registration, Incorporation, and Regulation of Joint Stock Companies.

下简称1844年公司法），确立了法定审计制度。

1841年，时任英国贸工部部长 Gladstone①接受议会任命，成立股份公司委员会②（Select Committee），目的是"提高公众安全，对股份公司（银行业除外）涉及法律的状况进行调查"，委员会开展了历时3年的调查和访谈，并于1844年向议会提交了一份长达457页的报告（相关页面如图2-1所示）。其中提出一个重要创造性建议：如果股份公司的招股书能够依法注册，法律对其内容作出标准化的要求，公众就可以获得足够且可靠信息，那么就能更好地保护投资者。委员会进一步提议，应引入以完全、公正地公开公司财务和管理事务为基础的新型监管模式。为此有必要选取股东担任审计师，以方便股东对公司董事和经理的经营行为进行监督。可以认为，这一监管模式的实质是法定信息披露制度，而法定审计制度就是这一模式的成果。法定审计制度的诞生与信息披露制度的确立是同步的。

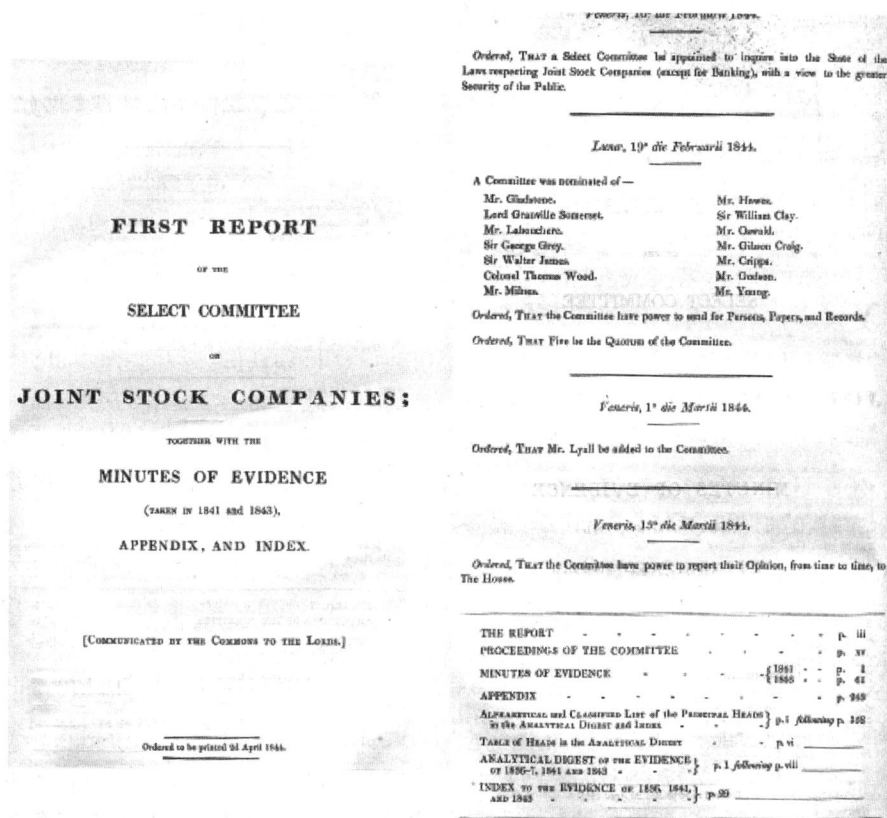

图2-1　First Report of the Select Committee on Joint Stock Companies 相关页面

报告摘要集中描述了委员会调查的成果，通过对10家公司调研，获取了2 487个调查问题及相应见证人回复，采用一种叙述故事式的措辞方式，试图表达出当时泡沫公司对于

---

① 格莱斯顿，威廉·尤尔特（1809—1898，英国自由党政治家，在1868—1874年、1880—1885年、1886年和1892—1894年任首相，起初他是保守党大臣，后加入自由党，并于1867年成为自由党领袖；在他任职期间，引进了初等教育，通过了爱尔兰土地法案和第三个选举法修正法案，并发起了支持爱尔兰自治的运动。

② First Report of the Select Committee on Joint Stock Companies，British Parliamentary Papers，Vol.Ⅶ，1844：ii-v，citing from David F. Hawkins，Corporate Financial Disclosure，1900—1933：A Study of Management Inertia within a Rapidly Changing Environment，Garland Publishing，Inc.，1986：7.

社会经济秩序、公众财产掠夺产生的强烈负面影响（从报告摘要标题的措辞中就可以感受到这种情绪），从而提出通过注册管理、股东进行审计等法律条款等应对措施。摘要主要包括以下部分：（1）审查的案件及其对象、编造者和管理者的特征；（2）采用的欺骗方式；（3）公司的存续期；（4）掠夺物的数量和分布；（5）受害者的情况；（6）罪犯逍遥法外。

为了避免再次上演南海泡沫类似事件，委员会将股份公司分为三类，并提出了两个阶段注册要求，试图利用这种严格的分类管理挤出股份公司的"水分和泡沫"。

（一）分类管理

泡沫公司可以分为三类[1]：

第一，性质存在缺陷，建立在不可靠的计算基础上，完全不可能成功；

第二，公司内部结构极不合理，很可能因管理不善破产或失败；

第三，公司目标有缺陷或有欺诈行为，以经营合法业务为幌子，创造欺骗机会和筹集冒险资金。

委员会认为，第三类公司大都善于伪装，展现出最佳公司的外部特征。例如，营业场所位于体面位置；知名人士担任董事；成立的公司获得了议会批准或者授权；得到银行家的支持，获得大笔资金等。针对此类公司，委员会认为，通过信息披露的方式，防止此类欺诈事件发生。开出的"防止诈骗手段"是：公布董事、股东、契约协议、资本金额，以及认购与否、名义或实际认购等股票信息，公众借此获知公司董事、股东等实际情况。

第二类公司比第三类更难对付。第二类公司的设立目标良好，但缺乏合理的内部治理结构。董事具有良好的声誉，但对公司事务缺乏关心，甚至粗心大意，过分信任他们的高管；部分股东未经调查就贸然购入股票或提供资金支持。因此，信赖过度导致此类公司存而不亡，死而不僵。委员会认为，通过定期召开会议、定期结算、审计和公布账目，促使让董事和高级管理人员更直接地向股东负责。定期公开账目，尤其是诚实制作和公开审计后的账目，会引起股东对企业真实状况的关注；那些管理不善的管理人员可能会因欺诈和违法行为而受到更大的惩罚。一言以蔽之，针对第二类公司的"防骗锦囊"是，构建内部沟通和报告制度，尤其是审计制度，促使管理层对股东负责。

第一类公司属于先天不足，本质存在缺陷。委员会认为立法手段所能够提供的保护有限，因为如果授权政府机构预先检查剔除这类有瑕疵的公司，难免会误伤其他条件优良的公司，而另一方面，这类公司的失败是由于设立基础缺陷，股东很难以欺诈等诉由获得法律救济。所以，委员会开出的"药方"是，建议由贸易部（Board of Trade）对这类公司的招股书和宣传资料（circular）进行注册并在股份销售前先予公布，以期尽量减少投资风险。也就是说，通过尽可能的信息披露和报告将风险降低。

（二）临时注册和完整注册

1844年公司法的主要技术特征之一是双重注册制度。法案要求，所有股份公司必须

① First Report of the Select Committee on Joint Stock Companies, British Parliamentary Papers, Vol. Ⅶ, 1844: ii-v, citing from David F. Hawkins, Corporate Financial Disclosure, 1900—1933: A Study of Management Inertia within a Rapidly Changing Environment, Garland Publishing, Inc., 1986: 7.

办理注册登记，禁止通过任何方式设立未经注册的公司。只有通过临时注册和最终注册两个环节的股份公司方可正式设立。在两次注册之间，公司所设立的项目需要接受审查。

一是临时注册。在提供基本情况之后，公司有权获得临时注册证书，该证书只授予有限的权力。临时注册提交的内容比较简单，主要包括：拟设立的公司名称；公司的业务或宗旨；发起人的姓名，连同其各自的职业、营业地点（如有）和居住地；委员会成员姓名、职业、营业地点等。这些要求和信息很容易得到满足，因此大量公司提供了临时注册信息。二是完整注册。在提交其他详细资料（包括管理内部组织的结算契约）后，公司有权获得完整注册证书，并获得无限责任公司的属性。

在临时注册和完整注册期间，公司股东不得进行股票交易。法案要求完整注册之前，公司股东需要签署一份契约，包含法案正文中列举的11项必备条件、附表中的38项必备条件（还要一并提交给注册处）。主要包括：每份公开招股说明书或通告的副本；结算契据、认购合同或其他此类文书的副本；公司的业务或目的，以及其营业地点；其名义资本金额和实收比例；股份总数和每股金额；其成员的名称、地址和职业，以及各自持有的股份；董事、受托人、赞助人、审计员和公司所有其他高级职员的姓名、职业和地址，以及各方接受职务的书面同意书等。契约由持有至少四分之一股份的股东签署；在遵守并完成相关手续后，公司完成注册。

据利特尔顿统计，1844年当年临时注册公司数量为119家，未完成注册公司数量是119家；1845年临时注册公司数量高达1 520家，未完成注册公司数量为1 643家，真正完成注册公司数仅为57家。[①]

1844年法案的主要规定只适用于完全注册公司，由于大量公司未能最终注册成功，该法的部分要求缺乏实际效力，为后续公司法取而代之埋下伏笔。

二、法定审计制度条款

1844年公司法对审计提出了如下要求，这些职责与当今审计师职责大致相似。

公司必须在初始契约中任命一名或多名审计员；董事会必须使公司账簿保持平衡，并编制完整、公平的资产负债表；公司每年在股东大会上任命审计员；股东必须至少任命一名审计员；如果股东未任命审计员，则由贸易委员会任命审计员；董事至少在相关审查普通会议（general meeting）召开前28天向审计师提交账目和资产负债表；审计员应在14天内向董事会报告，并确认账目；如果他们认为不适合确认此类账目，则应提交特别报告；董事会应在普通会议召开前10天向每位股东发送一份资产负债表和审计报告的打印副本，并在会议上与董事会报告一起阅读该报告；审计师有权在任何合理时间检查账簿，并接受公司高管和员工的协助；资产负债表和审计师报告的副本应提交至注册处。

三、对1844年公司法的述评

1844年公司法包含了大量强制规则，旨在保护股东和债权人利益。在当时的社会背景下，这一考虑非常重要而且必要：证券市场尚不发达，尤其是信息披露要求非常有限，通过股东审计师的强制审计和报告要求，为投资者和债权人提供保护，这一立法创新能够

---

① 利特尔顿A C.1900年前会计的演进［M］. 宋小明，等译. 上海：立信会计出版社，2014：283.

提升社会福利水平。

从公司法立法的视角来看，1844年公司法开创了自由设立公司的先河，在此之前，设立公司要么通过王室授权，要么通过议会批准。因此，该法打破了以往长期存在的特许主义，创立了准则主义。法案通过设立注册制度和内部报告制度，要求任命股东担任审计师，负责账簿审计并提交审计报告，这些举措将审计制度自然而然地纳入公司治理机制，呈现了审计与公司治理之间与生俱来的天然联系。由股东担任审计师，可以有效地加强股东和董事之间的沟通交流，尤其是防止董事利用信息优势牟利，损害股东权益。股东审计师可以自由安排时间检查公司账簿，在需要时，还能够接受外部专家的帮助。这种安排考虑了当时董事的会计和审计水平；灵活的审计工作时间安排、能够及时获得支持等方面能够保障账簿确实经过认真核对和检查。

1844年法案还存在一些不足，制度供给不足和制度供给过剩这两个问题同时存在。

第一，制度供给过剩。法案实施成本较高，未能达到预期效果。例如，法案要求公司完成临时注册和完整注册之后才能成立，目的在于防止欺诈筹资。两次注册登记需要提交大量信息，增加公司设立成本，仅有少部分企业注册成功，大部分企业都未能获得批准。另外，还有不少公司交了虚假材料通过了注册程序。这说明1844年公司法未能有效防止虚假设立行为，从法案实施效果上看存在明显不足。

第二，制度供给不足。例如，法案要求审计师检查账簿并提交审计报告，但对于审计师的任职资格①、审计期间、报酬和具体义务等未作出任何要求。一些公司的账簿审计流于形式，加之很少有股东懂得会计和审计知识，因此并没有发挥审计查错揭弊之功能。又如，法案要求公司将注册材料提交指定机构注册处，但没有授予注册处处罚权力，对于提交虚假材料的公司，注册处毫无办法。再如，对于资产负债表的格式和内容，以及计价方法等也缺乏规定，使得资产负债表的编制无法统一。因此，1844年法案尽管作出了大量立法创新，但存在"理想化"、程序缺失、缺乏执行手段等问题，几个月之后，1844年法案被1845年法案取代，随后在1856年，法定审计制度被全面取消，直到1900年公司法才恢复了法定审计要求。

就1844年公司法而言，"尽管动机很好，但这次针对审计法案的最早努力，由于程序上还很脆弱，也缺乏执行手段，故而时机尚早……只要存在可以丰富'真实和正确'用语的内容和首尾一致的原理体系，哪怕是缺乏精密性的法律，也不会丧失其权威，但是，由于对实务缺乏专业控制，1844年和1845年的法律显然还是必要的"。②

综上所述，从英国审计制度的历史演变过程来看，审计作为公司法律框架的一个部分，经历了制度选择的漫长过程，当时的"天时地利人和"造就了现代的法定审计制度模式。

第三节　法定审计制度的法律逻辑

法定审计制度确立之后，立法者们一直在强制审计制度或者自愿审计制度之间来回探

---

① 1841年会议纪要的调查信息显示，Independent and West Middlesex Assurance Company公司有三位审计师，其中一名审计师的本职工作是搬运工，而且目不识丁；还有一名审计师的信息无法查询，被调查人一无所知；第三名审计师是律师的儿子。
② 迈克尔·查特菲尔德. 会计思想史 [M]. 文硕，董晓柏，王骥，等译. 上海：立信会计出版社，2017：129.

索①。英国从 1844 年、1856 年、1900 年到 2006 年公司法的演进过程体现了这一过程。强制审计可能会引发较高的实施成本，尤其是不利于小微型企业组织。因此，从最早的 1844 年到 1900 年的半个多世纪，在自由放任和约束规范之间，法定审计制度沉沉浮浮，起起落落。在经济发展趋势大好，一片欣欣向荣的景象下，法定审计被抛之脑后；当格拉斯哥银行破产，欺骗和丑闻进入视野，各种损失和悲剧上演时，法定审计旋即被调用。这种历史表象的背后有何法律意图？法定审计制度的合法性来自何处？法定审计制度应当是强制性的还是自愿性的？这些都是法定审计制度的基本问题，对于法定审计制度的制定和实施具有直接的现实意义。

一、强制审计和自愿审计

法定审计制度包括强制审计和自愿审计。1844 年公司法确定强制审计制度之后，后续相关公司法进行了一系列修改。1856 年公司法删除了所有强制性审计要求，公司可以自愿审计。从 1956 到 1900 年的近半个世纪中，英国曾经多次讨论恢复或者禁止强制审计②。1878 年格拉斯哥市银行因会计账目欺诈而倒闭③。该事件暴露出金融机构的特定风险以及自愿审计存在缺陷，促使议会修订公司法。在 1879 年公司法中，要求 1879 年对所有根据《公司法》注册的有限责任银行公司实施强制审计④。此前根据议会特别法案注册成立的银行和保险公司已开展了强制审计。19 世纪 80 至 90 年代英国再度出现了一系列的公司破产案件，促使英国议会改变传统的自由放任立场，加强经济领域监管。1895 年，Davey 委员会受命调查修订公司法事宜，委员会报告建议对根据《公司法》注册的所有公司强制进行审计⑤。1900 年公司法重新确立了全面强制审计制度。1906 年、1918 年、1925 年和 1942 年英国数次修订公司法，对审计师任职资格、聘请方式等作出明确规定，弥补了之前公司法的缺陷，但未对强制审计制度进行任何修订。而在现实中，对于小企业来说，强制审计制度的全面实施导致了过高的成本，审计提供的收益往往有限。1948 年公司法修订时注意到这一问题，第 161（1）节（关于审计师资格）不适用于"豁免私人公司"（主要是小型家族企业）。1994 年公司法则豁免了微型企业的财务报表审计要求。2006 年公司法进行了大修，再次确认了部分小型企业免于强制审计。

从强制审计转为自愿审计另一个主要原因在于，强制审计带来的监管成本过高。自 20 世纪 80 年代起，英美等国先后加强资产市场监管，在公司法、证券法等领域明显强化信息披露的要求和内容，法定审计的范围和要求随之扩展。加强监管也意味着提高监管成本。根据英国行政负担衡量项目（ABME）⑥调查发现，会计和公司法的监管成本占企业管理成本的 51%，金额高达 66.8 亿英镑。英国存在近 200 万家适用信息要求的公司⑦，小

①　1932 年 4 月，美国金融和货币委员会举办的一次听证会认为，充分披露财务信息将有效地防止财务报表出现错误和舞弊，建议援引英国公司法的基本内容改进美国资本市场秩序。1933 年和 1934 年美国政府先后通过了《证券法》和《证券交易法》。《证券法》规定，每个企业在向各州发行有价证券之前，应按本法规定向联邦贸易委员会进行证券发行登记，同时报送并公开"由独立的注册会计师加以证明的财务报表"。《证券交易法》是罗斯福新政的一个组成部分，它规定了向新成立的证券交易委员会报送经过审计后的财务报表。由此，美国法定审计制度得以确立。

②　E. g., the Companies Amendment Bill, House of Commons, Sessional papers, 1877（45）Ⅰ, 299 and the Companies Bill of 1844, ibid., 1884（38）, Ⅱ, 133.

③　格拉斯哥银行为了维持高股价，维护所谓的声誉，在无红利可供分配的情形下依然继续发放股息，通过高估资产、低估负债的方式进行账目造假。

④　By the Companies Act, 1879, 42 & 43 Victoria, c.76, sec.7.

⑤　Report of the Departmental Committee on Amendments to the Companies Acts, 1862 to 1890, ibid., 1895（c.7779）LXXXVIII, 151.

⑥　the Administrative Burdens Measurement Exercise.

⑦　DTI, June 2006.

公司准备会计账目的成本在所有成本中高居第二，约为11.39亿英镑[1]。为了进一步提升信息披露质量，减少舞弊欺诈等行为，英美等国家设立了非常复杂的监管体系，构建了错综复杂的披露准则和要求。

英国会计监管机构的规模和复杂性令人震惊：目前，在国际层面上，包括国际会计准则委员会（IASB）、国际审计与鉴证准则理事会（IAASB）、欧盟内部市场和服务总局（EU）、欧洲财务报告咨询小组（EFRAG）；在英国层面上，包括商业、创新与技能部（DBIS）、金融行为管理局（FCA）、审慎监管局（PRA）、财务报告委员会（FRC）和众多会计师专业协会。关于财务披露：在欧盟层面上，监管框架包括第四、第七、第八和第十七条公司法指令、会计现代化指令和各种修订指令，关于采用国际会计准则的各种法规；在英国层面上，2006年公司法第15、16、35和42条补充了许多法定文件工具，超过30项财务报告准则和11项标准会计实务报表以及众多审计准则[2]。

即便如此，各种财务舞弊丑闻仍然呼啸而来，从未真正被阻止。面对高昂的监管成本和有限的监管效果，强制审计的价值和意义不禁令人深思。强制审计制度究竟应不应该取消？从英国和中国目前的举措来看，没有迹象表明，强制审计制度会被彻底取消。那么，强制审计制度的存在逻辑是什么呢？对此本节将从法学视角展开讨论。

二、特许权理论的解释

公司"特许权"理论有助于理解实施强制审计的法定要求。根据这一理论，国家给予公司独立的法律地位，创造了一个具有特殊权力和能力的私人行为者（例如，公司发行股票和签订合同的能力）。因此，这一特殊地位被认为具有某些义务，国家要求一家公司定期公开披露其财务状况并接受审计是国家批准成立公司的交换条件。根据这种观点，当审计师被雇用来满足公司的法定审计要求时，他们可以说是在履行双重功能。第一个功能可以描述为"专用"。它产生于审计师和公司之间的合同关系。违反这些职责可能导致公司对审计师提起损害赔偿诉讼。第二个功能是更为公共的功能。公司法要求审计师向公司报告其对财务报表进行审计所出具的审计报告，该报告应成为公司公开记录的一部分。此外，当他们进行审计并向公司报告时，审计师有许多法定义务，不能根据合同进行修改。从这个意义上说，审计是更广泛的公司监管公共体系的一部分。

三、公司契约论对强制审计的质疑

公司契约论，又称"法经济学理论"（law and economics theory），主张自由放任的经济发展模式，反对政府对经济社会的干预，强调运用经济学理论和方法分析法学相关问题。在公司法领域，该理论推崇公司自我管理，减少政府管制，强调采用契约或者协议解决相关利益冲突问题。

根据这一理论，公司不是一个独立实体，而是被解构为公司各方参与者之间设定权利和义务关系的明示和默示契约所组成的契约网络（a nexus of contracts），审计的主要作用在于减少契约的交易成本，应当采用自愿性规范而非强制。

公司代理成本可以分为三类：一是委托人为了防止代理人的自我交易行为或者懈怠渎

---

① ABME Report, p.17.
② Stephen Copp. & Alison Cronin, 'The Failure of Criminal Law to Control the Use of Off Balance Sheet Finance During the Banking Crisis' (2015) 36 The Company Lawyer, Issue 4, 99, reproduced with permission of Thomson Reuters (Professional) UK Ltd.

职行为而付出的监督成本；二是代理人为了向委托人证明自己努力和能力而付出的证明成本；三是其他成本，包括代理人勤勉尽责但未能使得委托人利益最大等。通过聘请审计师对代理人报告进行检查，一方面，可以防止代理人的"道德风险"和"在职消费"等行为，还可以起到警示提醒代理人认真履职的作用；另一方面，代理人出于自利等目的也会主动要求或者接受审计，以体现自身价值的独特性。因此，审计费用属于第一类和第二类成本。

在公司中，代理成本产生的根源是契约参与者的利益冲突。为了降低代理成本，公司契约中设定了各种相应机制。当公司发起人或者董事发行股票时，投资者会通过初始契约检查公司的结构和措施，包括董事的忠诚责任、能力和股东权益的维护制度等，进而决定是否购买股票。根据契约理论，这是一个优胜劣汰的自我选择过程。只有那些投资者认可或者赞同的公司契约才会获得投资。是否审计也属于自我选择过程的一部分。

根据公司契约论，公司仅仅是一组契约的结合体，并非一个真正的实体，因此公司不存在上下级关系。为了降低代理成本的各种契约安排完全是由市场机制自由决定的，被市场机制大浪淘沙后留存在契约中；公司中各方契约参与人都被视为理性的经济人，能够按照自己的意愿行事。公司契约论主张公司自治，公司事务被视为契约参与者之间的私人事务，应当交给市场这个"看不见的手"来决定，应当尽量减少政府干预。

公司契约论所体现出的"自由放任"，减少干预的思想在法定审计制度的发展过程中得到充分体现。1856年英国公司法体现了一种新的、自由的理念。当时的贸易委员会副主席 Robert Lowe 提出了一个理念："国家给了他们一种模式，让他们自己管理自己的事务，不想将任何特定的宪法强加给这些小共和国。"[①]这个理念特别适用于会计和审计法规（监管）。1856年英国公司法取消了所有强制性会计和审计条款，只提供了《示范条例》。该法案经过了四次修改和改写，但这一部分始终保持不变[②]。《示范条例》是自愿选择的条款，体现了自愿选择非强制要求的立法理念。

在契约理论看来，《示范条例》的自愿选择行为能够减少交易成本：通过提供一个标准化的格式契约，从而减少契约的订立成本；通过国家立法的方式减少契约的履约成本。在大量的公司签订契约过程中，需要反复讨价还价，从而提高订立成本；公司在成立后，又会面临如何编制财务信息、如何进行审计等履约成本。为了避免不必要的社会成本，并且体现政府不干预的立法和施政理念，政府通过提供一种自愿选择的标准契约模板，让契约参与者自行选择和决定，甚至可以借鉴标准契约量体裁衣自行改造。因此，法定审计的自愿执行就是最佳的选择。

四、公司契约论面临的挑战

当经济学理论全面强势地进入法学领域，对传统法学提出经济学解释之际，一些法学家对于契约理论提出了批评。法学意义的契约不同于经济学的契约概念，经济学的契约概念涵盖的范围远远超过法学意义的契约涵盖的范围，例如，一些契约参与者明示或者默示的表达、行为和安排都属于契约范畴，但是法学意义的契约构成要件是至关重要的，通常反映在明示

①　Hansard, Parliamentary Debates, Third Series, Vol. CXL, col. 134（1856）.
②　House of Commons, Sessional Papers, 1856（2）Ⅳ, 181; 1856（87）Ⅳ, 289; 1856（152）Ⅳ, 347; 1856（232）Ⅳ, 399.

的协商过程中。而默示契约实际上并不存在。典型的例子是声誉，声誉往往通过默示而非明示契约执行。尽管在法律层面，声誉违约方不会受到法律处罚，但长期来看，违约方会受到经济方面的损失和惩罚①。

此外，代理理论提出的代理成本均属于可预见的，因此可以通过协商机制确定各方成本（讨价还价），使得契约达成一致结果。但是，信息不对称是人类社会普遍存在的现象，信息的不完备、不对称使得事前达成的契约不能够涵盖事后发生的所有情况，即使通过旨在降低交易成本的公司治理机制，也难以完全解决事后各种问题。

因此，建立在自愿自利原则基础之上的公司契约论不能真正清晰完整地解释公司法目标，也不能完全解释法定审计制度存在的必然性。有观点认为，公司法应当在某些方面具有强制性结构，即公司法应当把强制制度和自愿制度结合在一起。投资者保护假说（信息假说）、不确定性假说、公共产品假说、创新假说和投机修改章程假说均对公司契约论提出挑战。

五、强制审计的合理性和必要性

下列法律理论假说能够解释公司法强制性条款存在的合理性和必要性②，亦有助于理解强制审计相关法律条款的存在价值和意义。

（一）投资者保护假说

由于投资者和公司发起人存在信息不对称问题，因而有必要采用强制审计。这种强制审计规则体现了法律条款中不能更改的质量标准，从而保护投资者免遭因信息不对称问题导致的损失。

投资者可以分为两种类型，一类消息不灵通、经验不足、缺乏理解能力；另一类则相反。对于消息不灵通的投资者而言，他们总是难以避免掉入发行人设计好的陷阱。对于消息灵通的投资者来说，发起人制定的章程条款对于股价的影响难以判断，因此，即使是老道的消息灵通人士也可能成为受害者。审计制度可以被视为国家要求公司发起人作出的一些保证最低质量标准，这种强制要求一方面能够在很大程度上解决公司发起人自由制定条款导致的信息不对称，另一方面可以有效降低投资者收集信息自行研究的成本。这种强制审计的必要性在信息不对称程度较高的市场上，显得更加突出。18世纪—19世纪，英国大大小小的泡沫事件和频频爆发的破产事件促使议会通过立法，保护债权人和股东利益，就是一个例证。

（二）不确定性假说

自愿审计会带来不确定性。这种不确定性主要来自以下几个方面。第一，同一个公司可以在自愿审计和强制审计之间作出自由选择，与普遍使用的强制审计制度相比，这种自由选择带来的后果和影响需要市场参与者等待更长的时间，因此，自愿审计带来的经济后果更加不清晰明确。第二，适用自愿审计的各种情况可能对潜在投资者和股东不利，对管理层或者现有股东更为有利。因为公司内部人具有信息优势和规模经济优势，尤其是在作出各种自愿选择的时候。与潜在投资者相比，公司投入资源研究审计的必要性和经济后果，通常会带来更多的边际收益。对于潜在投资者而言，他们通常要面对不同公司，这些公司对于审计的选择也存在差别，因此，潜在投资者就可能认为公司会滥用这种信息不对

---

① 伊斯特布鲁克，等. 公司法的逻辑 [M]. 黄辉，编译. 北京：法律出版社，2016：52.
② 伊斯特布鲁克，等. 公司法的逻辑 [M]. 黄辉，编译. 北京：法律出版社，2016：60-97.

称。如果采用强制审计，投资者和公司面对相同的规则，公司无法作出选择性的行为，投资者面对的是同一种类型的公司。第三，在现实中，自愿审计导致的利益冲突问题诉诸法院，会使得这些裁决结果更加难以预测，从而造成更多的不确定。第四，与强制审计相比，自愿审计相关条款经过法院受理的频次会更少一些，在英美等普通法国家对于这些自愿审计条款的司法解释会更加不确定，降低了个性化的自愿审计如何适应不同情况的稳定性。由于缺乏稳定的裁决结果，进而会增加律师费用，这给公司带来更多的压力和成本。

自愿审计会造成其行为后果的不确定，增加潜在的投资成本，并传导至股价。潜在投资者应当会预见这些成本，并转身选择那些实施强制审计的投资机会。实施自愿审计的公司也非常清楚自身的处境，为了降低不确定性，公司也会尽量采用公司法的标准化条款，或者直接转而采用强制审计。

（三）公共产品假说

就公司整体而言，一个实行绝对的契约自由的公司系统将会产生外部性。对于审计而言，如果是采用自愿审计的话，对于审计相关条款的标准化的供给就会减少。就英国1856年公司法而言，它取消了强制要求，将审计相关条款作为可选择项目，由公司自行决定。由于不是强制要求，公司即使采取审计也可以根据自身需要选择审计条款，随着时间推移，各种个性化审计条款越来越多，客观上将1856年标准化审计条款边缘化。另外，在实务中也缺乏对标准化审计条款的司法解释。上述两方面作用叠加起来造成了这种自愿审计标准化条款在事实上消亡。这种情况在法学家看来，属于典型的搭便车问题，自愿审计具有破坏符合公共产品特征的法律条款的效果。标准化的强制审计条款符合公共产品定义，为了保护好这个公共产品，使其不至于消亡，就需要制定强制化要求。

19世纪英国兰开夏郡棉纺公司在会计披露前后的变化能够说明问题。19世纪90年代之前，这些公司的股东大多是小投资者，主要是该地区的中产阶级和工人阶级。他们要求这些公司披露大量的会计信息，"当地报纸……将大约四分之一的篇幅用于分析资产负债表、报道股东大会和批评管理层"。20世纪末期，棉纺公司股东结构发生重大变化，大企业家们控制了股权。会计信息披露的程度大幅降低，"在当地报纸上公开发表结果……在19世纪90年代消失了"。大投资者们倾向于对公众保密；他们可以私下与被投资公司充分沟通。这个例子充分说明会计信息作为公共产品能够有效帮助小投资者，而大投资者则不愿意允许这种披露，因为他们可以通过个人接触和"公司内部的政治权力"进行监督和控制[①]。

（四）投机性修改章程假说

投机性修改章程假说认为，强制性规则能够通过一个约束机制，防止投机性章程修改行为。章程是公司决策机制、执行机制、利益分配包括审计制度安排等重大问题的集中说明，章程的修改涉及公司股东和公司内部人（经理层及控股股东）的权责利益分配问题，财务报告审计相关事项天然与权责利益密不可分。受到权责利益的影响，公司内部人具有动机进行投机性的章程修改，如果缺乏事前的解决机制，如强制审计，这种投机行为就会影响到公司治理，现有股东尤其是中小投资者将缺乏有效的应对措施，不可避免成为内部人投机性修改章程行为的牺牲品。公司法中的强制审计条款作为一种公司治理机制的组成

---

① TOMS J S. The supply of and demand for accounting information in an unregulated market: Examples from the Lancashire cotton mills, 1855-1914 [J]. Accounting, Organizations and Society, 1998, 23 (2): 217-238.

部分，能够防范或者阻止内部人的某些投机行为，抑或增加其投机行为的成本，从而保护中小投资者。

董事会作为公司治理机制中的重要组成部分，对于审计师的选聘具有重大影响。股东投票机制存在很多问题，尤其是股东之间获取和传播信息的集体行动问题、内部人具有强迫性效力的策略行为等。基于这些考虑，通过强制审计规则消除投机性章程修改问题产生的收益应当会超过强制要求带来的损失，至少对于那些侵占中小投资者利益的情况而言，这种收益应当是大于成本的。

大量的强制性规则将会发展起来适用于公司法的重要领域，尤其董事与股东之间的权力平衡问题[①]。典型的例子包括强制审计要求，董事会的管理角色，审计委员会的功能，投票权安排等。

(五) 创新假说

创新假说认为，强制性规则体系能够促进公司章程条款的创新。一方面，如果没有强制规则，企业创新就缺乏突破口，因为在任意条款中，投资者无从知晓那些创新条款的出处。同时，企业还要承担因创新带来的成本或者损失，成本如果过高，就可能会阻止企业创新。另一方面，对于政府和立法者而言，他们可以通过调整、修订或者放松那些强制规则，向市场释放肯定创新带来的福利改进的信号，从而支持企业创新，降低因创新产生的不利影响。

对于公司而言，公司在其章程方面作出创新可能需要承担高昂成本。因为投资者通常对章程条款的创新行为作出负面反应，认为控股股东等内部人投机性地修改章程，从而使得投资者降低预期。例如，某公司为了提高审计效果，减轻审计师的时间压力，将审计报告对外报出时间延长。这种修改审计报告报出日标准化条款的行为，可能会引起投资者的误解，认为公司财务报表审计遭遇重大困难不得不延期。即使公司对外宣传延长审计时间符合股东利益，能够提升审计质量，但投资者不会轻易相信这一解释，市场对于例外事件通常也会给予负面反应，公司股价相应降低。这样一个出于好意的创新之举不得不承受过高的成本。因此，公司不如干脆放弃这一创新。如果公司法能够有效传达这种创新条款有利于投资者的信号，那么，这种创新成本就可以消除。强制性审计制度安排能够达到这一目的，因为政府可以通过修订或者放松那些强制披露时间要求的规则而发出这样的信号，从而加速创新过程，或者引导公司投入更多创新行为。

如果立法者决定将一个强制规则变为任意规则，例如取消审计报告披露截止日的法定要求，这一决定就很可能被认为是慎重考虑的结果，是充分考虑到投资者利益的。因此，通过立法过程引入一个延期披露条款的成本会低很多。也就是说，一旦政府完全取消了强制条款，政府就实际上失去了向投资者传达某些任意性条款时真正有利于投资者的信号的能力[②]。

以上阐述的"不确定性假说""公共产品假说""创新假说""投机修改章程假说"，这四个假说都是基于这一观点：强制规则与生俱来的僵化导致的效率损失小于强制规则发挥作用产生的收益，即强制规则是划算的。支持这些观点的法学家认为，公司法应当在某些

---

① 伊斯特布鲁克，等. 公司法的逻辑 [M]. 黄辉，编译. 北京：法律出版社，2016：106.
② 伊斯特布鲁克，等. 公司法的逻辑 [M]. 黄辉，编译. 北京：法律出版社，2016：81.

方面具有强制结构，公司法应当是一个任意性和强制性规范的混合型。

第四节　中国注册会计师制度的确立

作为国家和社会经济制度的重要组成部分，一个国家的注册会计师审计制度是由国家政治制度、社会性质以及经济体制决定的。通过比较英国和法国审计行业的发展过程，Baker 等（2002）①发现，虽然早在 19 世纪中期，法律对公司财务报表外部审计的要求就为审计职业的发展提供了机会，但这两个国家对职业角色和社会地位不同管制导致了审计职业发展的实际差异。中国注册会计师制度确立过程呈现出与英法完全不同的特点。中国采取了"摸着石头过河"的渐进性改革思路。在短短时间内，注册会计师行业实现了规范发展和高速发展，形成了适应我国经济环境的发展模式，逐渐形成了具有中国特色的发展步骤。其中，技术进步、制度变迁和国际交流是推动我国注册会计师行业发展的关键因素，它们改变了社会对注册会计师行业的认知，为注册会计师行业四个阶段的发展提供了社会文化基础。市场化取向的改革引致的制度变迁为行业的演化提供了强大的需求和动力；技术进步为行业质的飞跃带来技术上的可能性；对外开放为行业发展提供了新知识和新技术。②

一、注册会计师制度的构成、特性和社会价值

（一）注册会计师制度的构成

注册会计师制度作为市场经济的配套制度之一，是指用来规范注册会计师内部成员及注册会计师与利害关系人之间相互关系、约束各有关主体行为的规则。按其形式的不同，注册会计师制度可以分为正式制度和非正式制度。正式制度是由权力机构制定和实施的规则，表现为与各主体行为有关的法律、法规和政策等。它是一个内容广泛、层次多样的整体。从协调的关系上看，正式制度包括规范注册会计师与利害关系人之间关系的法律或规则（如税法、公司法、证券交易法、刑法等）和规范注册会计师内部成员行为的法律或规则。就规范注册会计师内部成员行为的法律或规则而言，其核心内容主要包括规范注册会计师事业发展的法律或法规（如注册会计师法、注册会计师条例等）以及体现该法律或法规精神的注册会计师行业管制模式、会计师事务所组织制度、市场准入（业务范围）制度、职业资格制度（包括资格取得和保持制度）、执业规范、职业道德规范、监督与惩戒制度及收费制度等。非正式制度则是由人们的意识形态和道德等构成的靠各有关主体自觉遵守的规则③。

（二）注册会计师制度的特性

注册会计师制度在长期发展过程中，形成了一定特性。具体表现为：（1）注册会计师审计制度具有强制性，大多数国家将其作为法定要求，开展强制审计（至少部分强制审计）。（2）系统性。作为制度本身，它具有构成要素、内部连接、功能或者目标。这些均已经体现在注册会计师制度的正式制度、非正式制度之中。（3）内嵌性。现代审计制度作为社会经济系统的一个子系统，受外部环境或者其他系统，尤其是公司治理系统的强烈影

①　BAKER C R, MIKOL A, QUICK R. Regulation of the statutory auditor in the European Union: A comparative survey of the United Kingdom, France and Germany [J]. European Accounting Review, 2001, 10 (4), 763-786.
②　汪寿成，刘明辉，陈金勇. 改革开放以来中国注册会计师行业演化的历史与逻辑 [J]. 会计研究，2019 (2): 35-41.
③　刘明辉，汪寿成. 改革开放三十年中国注册会计师制度的嬗变 [J]. 会计研究，2008 (12): 15-23, 93.

响。（4）矛盾性。注册会计师制度存在一些悖论，例如委托方式、收费方式等。这些悖论就是当前全面改革的焦点所在。（5）适应性。作为一种典型的需求导向型服务产业，注册会计师行业必须不断适应变化中的外部环境。（6）发展性。注册会计师行业演进过程表明，行业要发展，就必须在危机中寻找机遇，实现技术创新和突破，加强与外界尤其是法律界对话和沟通。（7）专业性。作为一种职业，注册会计师需要具备专业精神、职业判断，秉持专业化发展道路，提供专家型服务，方能立足社会。

（三）注册会计师制度的社会价值

1.注册会计师制度是市场经济的基础制度安排

注册会计师制度萌芽、发展、内嵌于市场经济。回顾世界主要国家注册会计师制度诞生和发展的历史过程，可以发现，英国的工业革命萌生了最初的注册会计师职业，为注册会计师制度的诞生奠定了基础，并为今后美国注册会计师制度的快速发展提供了源泉。美国经济的发展吸引了大量企业落地生根，促成资本市场的快速发展，从而为注册会计师职业的长远发展注入了源源动力，最终构成了注册会计师制度的坚实基础。20世纪80年代，我国经济的改革开放促生了本土的注册会计师行业，而在上海、深圳两个证券交易所建立并发展起来后，注册会计师行业也得到了快速的发展。可以说，注册会计师审计制度是因为市场经济的产生而产生的，也伴随着市场经济的发展而发展。

现代市场经济体系是一个由多种要素市场共同构成的复杂系统。市场经济的目标是寻求各种要素的合理高效配置。资本市场是市场经济发展到一定程度的产物，也是各个要素市场高度发达的结果。资本市场的有效和公平是各方参与者的共同目标。资本市场的有序运行需要相应的制度保障。注册会计师审计制度能够为资本市场提供公开透明的信息，能够维护利益相关者的合理权益。进一步来看，注册会计师审计制度能够有效降低交易成本。市场主体的策略选择不仅受到供求影响，还会受到交易方式或制度的影响。不同的制度设计会影响交易成本的大小。在同样的约束条件下，交易成本的大小可以作为衡量制度优劣的依据之一。注册会计师审计制度可以有效降低市场主体的交易成本，这一点已经人所共知。实践一直在证明，注册会计师审计制度是市场经济的基础制度安排，在促进资本市场有序健康发展方面发挥着不可替代的重要作用。因此，世界各主要国家均建立了法定审计制度。注册会计师审计制度是构建有效资本市场的基石。

2.注册会计师制度是信息披露系统的必要构成

随着市场经济尤其是资本市场的发展，信息披露的重要性和可靠性日益凸显。信息是一种重要的生产要素和经济资源，长期以来未曾受到关注。在20世纪60年代之后，人类社会步入信息时代。信息和信息技术极大推动着社会经济的发展。作为一种稀缺资源，信息在经济决策中的至关重要的地位逐渐为人所知。由于缺乏可靠相关的信息，市场经济和资本市场的发展曾经遭受过重创。在过去的曾经一百年的时间里，发生过多次经济衰退，造成了巨大损失。资本市场越是发达，对信息的高质量需求越是强烈。

资本市场是以信息披露为核心的市场，财务信息是资本市场最为基础、最为重要的信息。注册会计师通过审计活动能够协助企业满足财务合规要求，包括企业编制财务报告的真实公允，遵循会计准则，符合披露规则。

信息披露受到公司治理的直接影响。注册会计师审计能协助企业完善财务领域相关的治理体系和内部控制，梳理企业内部控制的关键节点，确保财务报告相关的关键内控设计合理、运行有效，从而为真实公允的信息披露保驾护航。另外，注册会计师还能够协助企业在业务运营方面把控风险、提质增效、稳健发展。从而为企业持续经营提供专业建议，提升信息的可比性和持续披露。

3.注册会计师制度是政府经济管理职能的重要手段

我国注册会计师制度的诞生和发展直接受到政府推动，并成为政府经济管理的重要手段。无论是之前长期存在的大政府小市场时代，还是当前政府职能改革阶段，注册会计师通过发挥行业专长，在事实上承担着经济鉴证职能，从客观上协助政府提升其管理效率，降低经济管理成本。

20世纪90年代初，国家领导人就曾经明确指出市场经济的发展需要"经济警察"，而注册会计师就是国家不付工资的"经济警察"。将注册会计师定位于"经济警察"，显然是认可注册会计师承担的政府经济管理职能。资本市场建立之后，注册会计师的作用就更为彰显。在公司上市前的审计以及上市后的年报审计过程中，注册会计师的专业服务发挥着不可替代的作用。随着上海和深圳两个交易所规模的不断扩大，经济体系对审计的需求也越来越强。此外，除了服务于资本市场外，审计还在社会经济的各个环节发挥着非常重要的作用，小到一个企业的设立和一个项目的结算，大到整个国家经济运行的安全保障，都有注册会计师的身影。可以说，注册会计师确实在相当程度上担当了维系我国市场经济正常运行的"经济警察"。刘峰等（2008）研究表明，注册会计师每1元审计费用可以带来145元的纠错成效。根据中国注册会计师协会会计师事务所业务报备信息，在2001—2015年度上市公司财务报告审计中，注册会计师累计调整了利润总额6 158亿元，资产总额41 453亿元，应交税费1 847亿元。

近年来，随着我国社会主义市场经济改革的深入，"放管服"等公共管理政策的颁布和实施，政府已经不再局限于传统意义上发号施令的国家机构。政府对于经济生活和行业发展的作用从直接干预到间接影响，从行政命令朝着对话交流合作的方向发展；政府主管部门也从传统上的行政干预者转变为规则制定者，在某些时候是寻求最佳解决方案的裁决者；传统的监管方式也有了新的方法代替，行政监管的透明度和公平公开得到逐步增强。注册会计师已经从"经济警察"转变为资本市场的"看门人"，这一定位的转换也没有改变其经济管理和鉴证的职能。政府职能的转变必然会让渡更多的市场发展空间，在国家审计、注册会计师审计和内部审计日益融合的情况下，注册会计师审计的职能也会更加强化。

二、中国注册会计师制度的确立过程①

改革开放以来，中国注册会计师行业经历了恢复起步（1980—1986）、初步确立（1986—1993）、规范发展（1993—2006）和趋同提高（2006年至今）四个阶段。

（一）恢复起步阶段（1980—1986）

1978年党的十一届三中全会确定了对外开放的重大战略政策。1979年，第五届全国人民代表大会第二次会议通过了《中华人民共和国中外合资经营企业法》。随后我国对外

---

① 刘明辉，汪寿成.改革开放三十年中国注册会计师制度的嬗变［J］.会计研究，2008（12）：15-23；93.根据该文整理。

经济贸易合作和外商投资获得较快发展。1980年财政部发布《中华人民共和国中外合资经营企业所得税法施行细则》规定："合营企业在纳税年度内无论盈利或亏损，都应当按规定期限，向当地税务机关报送所得税申报表和会计决算报表，并附送在中华人民共和国注册登记的公证会计师的查账报告。"为了进一步配合国家改革开放政策，财政部于1980年12月23日发布《关于成立会计顾问处的暂行规定》（以下简称《暂行规定》）。这标志着中国注册会计师制度恢复重建。

在恢复起步阶段，我国注册会计师制度带有明显的探索试验的特点，表现在：（1）在该阶段，《暂行规定》奠定了我国注册会计师制度在恢复起步阶段基本框架。（2）从管理体制上看，行业规模不大，注册会计师行业协会尚未成立。我国注册会计师的管理体制暂时采取政府直接监管的方式，注册会计师行业管理体制尚未成型。（3）从职业资格制度上看，按照《暂行规定》，只要符合熟悉财务会计制度、有一定财务会计工作经验等要求，经过地方财政部门的考核，即可取得注册会计师资格。（4）从市场准入制度上看，《暂行规定》明确了注册会计师的业务范围是办理会计公证和咨询等业务。虽然允许境外会计公司（或事务所）在中国境内设立常驻代表机构，但这些代表机构主要提供咨询服务，不得提供审计服务。中国会计服务市场基本上处于封闭状态。（5）从相关配套制度的建设来看，《暂行规定》对注册会计师执行业务时应遵循的原则和职业道德等作了原则性的规定，尚未建立起具体的执业准则、职业道德准则和监督与惩戒制度等相关的配套制度。

由于中国注册会计师制度脱胎于计划经济时期，必然带有浓厚的计划经济色彩。从现在的观点来看，恢复起步阶段的中国注册会计师制度还存在这样和那样的不足，但这是中国注册会计师制度从无到有的跨越，是我国社会监督机制的一次重大创新。"总的说来，新中国的注册会计师制度毕竟已起步了，这就是这一阶段的最大成绩。和它相比，余外的都是次要的了。"（杨时展、沈如琛，1995）

（二）初步确立阶段（1986—1993）

1992年党的十四大明确了中国经济体制改革的目标是建立社会主义市场经济体制。1993年第八届全国人民代表大会第一次会议在《宪法》中确定了"国家实行社会主义市场经济"的基本国策。以1986年7月国务院发布《中华人民共和国注册会计师条例》（以下简称《注册会计师条例》）为始点，以1993年10月31日《中华人民共和国注册会计师法》通过为终点，这是中国注册会计师制度的第二个阶段。

该阶段我国注册会计师制度的特点主要表现为：（1）在该阶段，《注册会计师条例》是规范和指导我国注册会计师制度建设的基本框架。（2）从管理体制上看，该阶段奠定了我国注册会计师行业政府监管、行业自律的管理模式的雏形。（3）从职业资格制度上看，注册会计师资格可以通过考核或考试两种方式取得。（4）从执业规则和职业道德规范上看，中国注册会计师协会（简称"中注协"）成立后，十分重视执业规则和职业道德规范的建设。（5）从会计师事务所的组织上看，我国制定了会计师事务所管理暂行办法等多项管理制度或办法。这对加强会计师事务所的内部管理起到了积极的作用。

总的来看，在该阶段，我国注册会计师制度建设取得了巨大的成就。注册会计师行业管理的组织机构日趋健全，各项制度相对完备，中国注册会计师制度初步建成。注册会计师所执行业务的重心也开始移转，由恢复起步阶段以涉外业务为主转向以国内业务为主。

但该阶段注册会计师制度建设方面也存在一些不足，主要表现在：从管理体制上看，虽然形成了"政府监管、行业自律"管理模式的雏形，但政府、行业协会和会计师事务所三者之间的关系尚未理顺。从职业资格制度来看，考核是该阶段取得注册会计师资格的主要方式，导致了注册会计师队伍鱼龙混杂。从执业规范和职业道德的建设来看，该阶段虽然建立了一些规范，但这些规范并不完备，且不成体系，与国际惯例之间尚存在很大的差距。

（三）规范发展阶段（1993—2006）

这一阶段以1993年10月31日《中华人民共和国注册会计师法》（以下简称《注册会计师法》）通过为始点，以2006年2月15日注册会计师执业准则发布为终点。这是中国注册会计师制度的第三个阶段。

邓小平同志南方谈话后，中国将经济体制改革的目标定位为建立社会主义市场经济体制。党的十四届三中全会审议通过的《中共中央关于建立社会主义市场经济体制若干问题的决定》将注册会计师制度视为社会主义市场经济制度的重要组成部分，明确要大力发展注册会计师事业。1993年10月31日，第八届全国人民代表大会常务委员会第四次会议通过《中华人民共和国注册会计师法》（以下简称《注册会计师法》），规定自1994年1月1日起施行。这标志着我国注册会计师制度进入了规范发展阶段。

这一阶段的特点是以规范促发展，表现在规范体系的建立和对注册会计师行业清理整顿。

1.规范建立

法规体系建立方面，《注册会计师法》是规范我国注册会计师制度建设的基本框架。《注册会计师法》由人大常委会颁布，其权威性及在法律体系中所处的层次进一步提升，表明我国已将注册会计师制度上升到国法的高度。在行业管理体制上，政府、行业协会与会计师事务所的关系进一步理顺，解决了困扰注册会计师行业发展已久的会计师事务所的挂靠制度，形成了法律规范、政府监管、行业自律的行业管理体制。从职业资格制度上看，考试成为我国取得注册会计师资格唯一方式，注册管理制度、后续教育准则及教育培训制度等也相继建立。从市场准入制度上看，我国注册会计师的主要业务包括审计服务、会计咨询和会计服务。同时，我国还采用多种方式对外开放会计服务市场，加速了中国注册会计师执业水平国际化的步伐，提高了中国会计师事务所的管理水平，极大地丰富和完善了会计服务市场。从职业标准上看，自1994年到2003年，中国注册会计师协会先后制定了6批独立审计准则，共计48个项目。这些准则的制定标志着中国注册会计师审计准则体系基本形成。至此，中国注册会计师制度中的核心制度均已完整地构建，中国注册会计师制度日趋完善。

2.全行业治理整顿

1995年，根据《注册会计师法》《中华人民共和国审计法》的有关规定和国务院的有关指示，中国注册会计师协会与中国注册审计师协会实行统一联合，组成新的中国注册会计师协会。

在此阶段的发展中，注册会计师行业出现了不少问题，例如，执业质量不高，公信力不强；一些会计师事务所不具备执业条件，内部管理混乱，滥设分支机构；部分注册会计师、会计师事务所片面追求经济收入，漠视执业质量，有的甚至与客户串通作弊，损害公众利益。1997年4月，以"琼民源"案为代表的我国注册会计师行业历史上第一轮审计失败案爆发。在国务院领导"做扎实工作，整顿会计师行业"的指示下，从1997年8月至1998年年底，在全国范围内开展了注册会计师行业清理整顿工作。为了深化事务所的体制改革工作，解决因"挂靠制度"所造成的对注册会计师事业发展造成的危害，1998年中国注册会计师协会着手进行会计师事务所的"脱钩改制"工作，先后出台了一系列脱钩改制政策。1999年，注册会计师行业脱钩改制工作基本完成。

总体来看，这一阶段中国注册会计师制度建设取得了巨大成就。通过制度建设和整顿改制，中国注册会计师制度日益完善，初步建立起了能适应社会主义市场经济要求的注册会计师制度，为我国注册会计师行业的健康、快速发展奠定了基础。

（四）趋同提高阶段（2006年至今）

随着我国市场经济的发展、经济全球化和一体化加深，迫切需要改变我国注册会计师行业粗放增长的局面，实现中国注册会计师制度的第四次变迁。这样，中国注册会计师制度进入了趋同提高阶段。

2007年我国注册会计师行业建设的总体思路概括为：一个目标、两个市场、三大战略、四大支柱。一个目标，就是要把注册会计师行业建设成为中介行业的排头兵；两个市场，就是巩固国内市场，开拓国际市场；三大战略，就是行业人才战略、准则国际趋同战略和事务所做大做强战略；四大支柱，就是事务所内部治理机制、信息技术系统、行业制度建设和协会建设。这一总体构想为我国今后的注册会计师制度的建设指明了方向。

从行业管理体制上看，我国正在进一步理顺政府、注册会计师协会、会计师事务所之间的关系，探索建立一种符合行业发展规律和我国社会主义市场经济要求的行业管理体制。从职业资格制度上看，为了打造出一支在质量和数量上能够满足我国经济和资本市场发展战略以及现代企业制度需要的职业队伍，中国注册会计师协会已经启动了注册会计师考试制度改革，职业资格保持制度已经颁布。为了实施人才战略，中国注册会计师协会制定发布了行业人才培养"三十条"，提出了未来五到十年加强行业人才培养的指导思想和总体思路，并在行业后续教育、高级人才培养和后备人才培养方面制定了切实可行的保障措施。从市场准入制度上看，除了采用多种方式对外开放中国会计市场外，我国还实施中国注册会计师"走出去"和共建"一带一路"倡议，正在探索和推进国际市场的开拓。从执业准则上看，我国于2006年2月15日，全面发布了38项注册会计师执业准则，实现了注册会计师执业准则的国际趋同，实现了我国注册会计师执业准则质的飞跃。2016年12月，《中国注册会计师审计准则第1504号——在审计报告中沟通关键审计事项》等12项审计准则发布。实现了与国际准则的持续趋同。此后中国注册会计师协会根据国际准则的变化情况，对准则体系进行持续修订。

（五）近期情况

经过上述四个阶段的努力，我国注册会计师行业规模不断扩大，服务范围不断拓展，行业发展总体向好，在维护资本市场秩序和社会公众利益、提升会计信息质量和经济效率等方面发挥了重要作用。据中国注册会计师协会统计，截至2020年12月31日，全国有会计师事务所9 800余家（含分所1 200余家），其中，业务收入过亿元的有51家。

中国注册会计师协会个人会员总数达28万余人。全行业收入从2015年的689亿元增长到2019年的1 108亿元，年均增长超过10%。行业持续服务企事业单位达420万家，同时，深度参与"一带一路"建设，为1.1万家中国企业在全球200多个国家和地区设点布局提供强有力的专业支持。截至2022年末，中国注册会计师共有98 099人，中国注册会计师协会非执业会员236 799人，合计334 898人。全国共有事务所10 380家（总所9 082家，分所1 298家）。

在高速发展的同时，注册会计师行业屡屡出现"看门人"职责履行不到位、行业监管和执法力度不足等问题，企业财务会计信息失真、上市公司财务造假等现象时有发生。为深入贯彻党中央、国务院关于严肃财经纪律的决策部署，切实加强会计师事务所监管，遏制财务造假，有效发挥注册会计师审计鉴证作用，国务院就进一步规范财务审计秩序、促进注册会计师行业健康发展提出相关指导意见，即《国务院办公厅关于进一步规范财务审计秩序 促进注册会计师行业健康发展的意见》（国办发〔2021〕30号）。该文件为中国注册会计师"十四五"规划和今后一段时期我国注册会计师行业的发展指明了方向。[①]

近期修订的重要法律法规主要包括2021年修订的《中华人民共和国审计法》。《中华人民共和国审计法》的修订和颁布施行，有利于审计机关依法全面履行审计监督职责，规范审计行为，提高审计质量，防范审计风险，推动新时代审计工作高质量发展，更好发挥审计在党和国家监督体系中的重要作用，推进国家治理体系和治理能力现代化。

自2022年7月1日起，财政部发布的《会计师事务所监督检查办法》正式施行，旨在加强财会监督，进一步规范注册会计师行业管理，持续提升注册会计师审计质量，有效发挥注册会计师审计鉴证作用。

2023年2月，财政部、国务院国资委、证监会联合印发《国有企业、上市公司选聘会计师事务所管理办法》（以下简称《选聘办法》）。《选聘办法》指出，国有企业及其股票在境内证券交易所上市交易的股份有限公司，应加快完善选聘会计师事务所相关制度，规范选聘会计师事务所行为。应当采用竞争性谈判、公开招标、邀请招标以及其他能够充分了解会计师事务所胜任能力的选聘方式，保障选聘工作公平、公正进行。同时，《选聘办法》对会计师事务所轮换、信息披露、审计委员会职责等重点事项作出规范，明确财政部门可以对违反本办法规定的会计师事务所依法采取责令改正、监管谈话、出具问询函、出具警示函、责令公开说明、责令定期报告等管理措施。

三、中国注册会计师审计制度的变迁特征

（一）变迁方向

诺思认为，制度变迁存在着报酬递增和自我强化的机制。这种机制使制度变迁一旦走上某一路径，就会在以后的发展中得到不断的自我强化。改革开放后中国注册会计师制度的四次嬗变是我国注册会计师制度自我完善、自我强化的过程。在这一过程中，追求建立一种有效率的制度始终是中国注册会计师制度发展的方向。有效率的注册会计师制度有两

[①] 2022年1月，为贯彻落实《国务院办公厅关于进一步规范财务审计秩序 促进注册会计师行业健康发展的意见》（国办发〔2021〕30号）中"完善审计准则体系"和"引导会计师事务所强化内部管理"的要求，中国注册会计师协会对会计师事务所质量管理准则及其应用指南、特殊目的审计准则及其应用指南，中国注册会计师职业道德守则进行了修订。为保持准则体系的内在一致性，更好地规范和指导注册会计师开展实务工作，并保持我国审计准则与国际准则的持续全面趋同，中国注册会计师协会对其他相关准则及应用指南涉及会计师事务所质量管理准则、特殊目的审计准则以及中国注册会计师职业道德守则的相应条款作出文字调整。

层意思，其一，是指作为市场经济条件下产权制度的一种配套制度，注册会计师制度通过有效地维护产权，能够使每个社会成员从事生产性活动的成果得到有效的保护，从而使他们获得一种努力从事生产活动的激励，以促进经济增长；其二，是指注册会计师制度本身的效率，包括使注册会计师执业成果得到有效的保护，从而使其获得一种努力开展业务活动、提高执业质量的激励和约束以及给每个注册会计师以发挥自己才能的最充分的自由。

（二）变迁方式

中国注册会计师制度演进和发展过程是由政府推动的自上而下的强制性制度变迁，在变迁过程中采用增量渐进的方式进行。与诱致性变迁相比，由于政府权威的存在，制度变迁的速度快，完成变迁的时间短；由于采用渐进方式实现制度变迁，在变迁过程中可以积累经验，出现的问题也可以迅速纠正，同时，在变迁过程中，我国充分利用后发优势，使得制度变迁的制度设计成本和学习成本相对较低。但强制的渐进式制度变迁也带来了一些负面影响，一方面，由于制度的制定者——政府——不可能完全预测制度执行中可能出现的所有的问题，从而使得制度本身存在漏洞，且制度之间的协调较差；另一方面，制度的强制推行使得制度执行者没有完全执行制度的动力，还可能歪曲制度制定者的意图，从而使制度的协调和磨合不容易实现。

（三）路径依赖

制度变迁理论认为，人们过去的选择决定了其现在及未来可能的选择，在制度变迁过程中存在着路径依赖。我国注册会计师制度的四次变迁也不例外。中国注册会计师制度脱胎于传统的计划经济体制，在其演进和发展过程中带有不同程度计划经济体制的色彩，尽管这种色彩随着时间的推移而呈逐渐淡化的趋势。以会计师事务所挂靠制度为例，受当时环境的影响，《暂行规定》明确注册会计师可以专职也可以兼任，这导致了许多官办会计师事务所的建立；这种官办会计师事务所在《注册会计师条例》颁布后得到了进一步强化，形成了会计师事务所的挂靠制度；直到《注册会计师法》颁布几年后的脱钩改制才挣脱了挂靠制度的约束。

（四）变迁经验

纵观中国注册会计师制度的四次演进，政府在其中充当了十分重要的角色。作为国家利益的代表，政府预见到在我国恢复重建注册会计师制度、实现注册会计师制度变迁的潜在利益；作为行业自律组织，中国注册会计师协会敏锐地觉察到注册会计师制度变迁的收益所在，两者共同成为我国注册会计师制度嬗变的第一行动集团。由政府和行业协会主导的注册会计师制度的变迁，能有效降低制度成本，克服制度变迁中"搭便车"的行为。

在决定实施注册会计师制度变迁后，就需要提出注册会计师制度变迁方案。在提出制度变迁方案时，首先必须有明确的指导思想。我国始终将服务改革开放和社会主义经济建设的大局作为注册会计师制度变迁的根本目标。这种指导思想正确处理了注册会计师制度变迁与经济建设和改革开放的关系，保证了我国注册会计师制度的变迁始终朝着有效率的良性循环的方向发展。

在提出注册会计师制度变迁方案时，我国坚持了解放思想、实事求是的原则。敢于冲破不合时宜的观念束缚，立足中国的实际，大胆借鉴其他国家和地区注册会计师制度建设的成功经验，锐意创新。制定了合理的制度制定程序，广泛征求各方意见，集思广益。这样就保证了所设计制度变迁方案的科学性。

制度变迁能否发生，取决于制度变迁的预期收益和实施制度变迁的成本。制度变迁成本又取决于制度变迁的主体能否形成有效的组织。组织是否有效，措施是否得力是制度变迁能否顺利进行的关键。在我国，党和政府都十分重视注册会计师制度变迁工作，成立了以财政部和中国注册会计师协会为主体，有关部门或单位共同参与的注册会计师制度变迁的组织网络。通过宣传，与注册会计师制度变迁有关的方面认识到制度变迁的必要性，主动加入到注册会计师制度变迁行列，形成推进我国注册会计师制度变迁的第二行动集团。这为我国注册会计师制度变迁的顺利进行提供了组织保证。

在制度变迁的过程中，我国逐步掌握了进行注册会计师制度创新所需技术、知识和学习能力，形成了制度创新能力。这种制度创新能力使得我们能敏锐地觉察到建立注册会计师制度变迁的收益所在，并且有能力发现最有效的、成本最低的变革注册会计师制度的途径。这也是我国注册会计师制度四次嬗变能够顺利发生的关键之一。

这种增量渐进式变迁与诱致性变迁相比，变迁速度快，完成时间短；同时，在变迁过程中还可以积累经验，出现问题也可以迅速纠正。这样就避免了我国注册会计师制度建设发生大的偏差。

注册会计师制度由正式制度和非正式制度构成。良好的非正式制度有利于正式制度贯彻执行。改革开放以来，我国十分重视注册会计师正式制度建设，取得了辉煌成就。在推进正式制度建设的同时，我国在注册会计师非正式制度的建设方面也迈开了步伐。正式制度与非正式制度和谐发展、良性互动的局面正在形成。

四、中国注册会计师制度的发展方向

当前中国注册会计师制度发展面临着前所未有的新情况和新挑战。从国际来看，当今世界正经历百年未有之大变局，经济全球化遭遇逆流，新冠肺炎疫情加剧了全球经济衰退，新一轮科技革命和产业变革深入发展，世界经济结构、产业结构、国际分工发生深刻变革，行业发展面临日趋复杂的发展环境。从国内来看，我国已转向高质量发展阶段，质量变革、效率变革、动力变革正在加快推进，要求行业服务向专业化和价值链高端延伸，从鉴证服务向增值服务拓展，大力提升发展能级和竞争力。注册制的推行和新《中华人民共和国证券法》的贯彻实施，对进一步强化以信息披露为核心的监管理念、提升行业高质量审计服务能力提出了新的要求。这些都对注册会计师行业的职业标准、服务能力、服务质量以及行业监管提出了新的挑战。与此同时，党的十九届五中全会提出了加快构建新发展格局的战略构想，强调要建设高标准市场体系，加快发展现代服务业，引导社会组织有序承接政府转移职能和公共事务，这些不仅有利于优化行业发展环境，也将为行业发展和行业价值提升提供新的机遇[①]。

2022年10月16日，党的二十大报告中指出，要构建新发展格局、推动高质量发展，以中国式现代化全面推进中华民族伟大复兴。从中国注册会计师审计制度的四十多年的变迁和发展历程来看，中国式注册会计师审计制度的建立和发展完全区别于英美等国家单一线性、渐次发展的发展模式，实现了"时空压缩"条件下的"弯道超车"。尽管目前注册

---

① 《注册会计师行业发展规划（2021—2025年）》。

会计师行业发展、制度建设和落实等方面还存在诸多有待提升之处，但注册会计师行业在服务于国家经济建设、绿色发展方面已经作出了突出成绩。党的二十大报告还指出，要建设现代化产业体系。坚持把发展经济的着力点放在实体经济上，推进新型工业化，加快建设制造强国、质量强国、航天强国、交通强国、网络强国、数字中国。这些政策和方针的提出，也为我国注册会计师行业的未来发展提供了广阔空间。

中国注册会计师行业必须能够适应这些新情况，战胜新挑战。有必要在专业化、标准化、数字化、品牌化、国际化建设方面作出重大突破和创新，只有这样，才能充分发挥行业的社会作用，实现服务国家建设、实现中华民族伟大复兴的使命和目标。

第二章学习指南

第三章　审计理论与审计理论结构

第一节　审计理论的含义与作用

衡量一门学科成熟与否的标志是其理论研究的深度。一套系统的、首尾一贯的理论，也是评估其实务正确性的指南。审计学科发展亦如此。虽然，审计实务工作已有悠久的历史，但直到19世纪末至20世纪中叶，审计理论才基本形成体系。至今，审计理论研究已经具有一定规模。

一、审计理论的含义

对于理论的含义，人们的认识不尽相同。但根据词义学家的解释，我们可以得出"理论"至少包括以下四个方面的特征：第一，理论是从实践工作中概括出来的，没有实践工作就不可能形成理论；第二，理论是对某一方面知识的概括和总结；第三，理论是结论性的认识，它能够用来指导实践工作；第四，理论是抽象的、普遍性的，但其起点和终点又是具体的。

具体考察理论的建立过程，首先需要确定研究对象，然后搜集和整理数据并进行分析和推理，最后得出结论。当然，为了确保该过程实现其目标，需要作出一些假设。一方面，理论的建立过程是对现象（或数据）之间的内部联系进行观察、分析和推理的过程；另一方面，该过程也是一个对各种现象（或数据）进行"浓缩""提炼"的过程，从而使得人们对复杂的现实世界能够有一个清晰的理解。由此可见，理论的建立过程和实践工作之间存在着非常紧密的联系，不断变化和发展的现实是理论建立的基础。理论的可靠程度主要取决于它能否真实地再现不断发展变化的复杂现实，取决于它能否准确地指导和预测现实的未来。

通过上述分析，我们认为审计理论是人们基于对审计实务活动的认识，通过思维运动而形成的关于审计系统化的、合乎逻辑的、合乎客观事物发展规律的理性认识，是由审计的基本概念、基本原则、基本原理，以及由此推演出来的派生概念、原则、原理等内容所构成的审计知识体系。也就是说，审计理论是审计实务的抽象，是上升到理论高度的抽象。它不以人们的意志为转移，而是对审计实务认真地进行概括和总结的产物。审计理论与审计实务的关系如图3-1所示。

据此，我们还可以得出如下结论：

第一，审计理论、审计准则和审计实务的建立和发展，均要受到外部环境（尤其是社会经济环境）变化的影响，同时也必须能够满足社会上各个阶层或各个社会集团对审计信息的需求。当社会经济环境已经发生了变化或者各个阶层或社会集团对审计信息的需要发生了变化，而审计准则或实务仍然处于落后状态并不能满足它们的信息需要时，审计理论的任务就是指导和推动审计准则及实务并使之能够适应社会经济的发展。

第二，审计理论与审计实务是矛盾的统一体。一方面，审计理论与审计实务相互依存。另一方面，审计理论与审计实务又相互制约。审计理论必须以审计实务为基础，并正确地反映审计实务。同时，审计实务工作又需要审计理论来指导，为其提供各种方法、技术等工具。

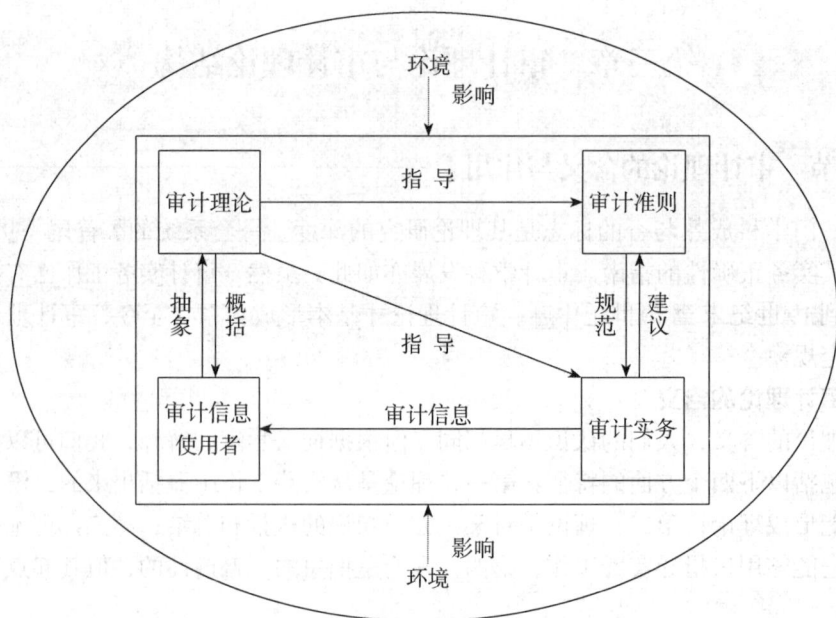

图3-1 审计理论与审计实务关系图

第三，审计信息使用者所获得的审计信息是由审计理论工作者或审计准则制定者（政府或专业团体）提供给他们的，如果审计信息提供者不能正确认识审计理论和审计实务的发展方向，审计信息使用者就不可能得到他们所需要的审计信息，从而会大大降低审计信息的使用效能。

二、审计理论的作用

通过对审计理论含义的分析，可以看出审计理论的作用主要表现在两个方面：一是解释现存的审计实务；二是预测和指导未来的审计实务。即建立审计理论的主要意图是对现行的审计实务进行批判和论证，而审计理论形成的主要动力来自需对审计师所做的和要做的事情提供证据的要求。具体包括：

（一）解释审计的职责和范围

在不断发展变化的社会经济环境下，首先要依据审计理论确定审计的职责和范围，如审计的基本目标是什么，审计报告的使用者有哪些，审计师应就哪些方面发表意见，如何搜集审计证据、发表审计意见等。

（二）指导审计准则和审计程序的制定

负责制定审计准则和审计程序的政府机构、专业团体及事务所的管理人员必须正确理解审计理论，以审计理论作为制定准则和程序的依据。

（三）指导并推动审计实务的发展

审计理论是评价审计工作质量优劣的重要准绳，可以指出审计实务工作中存在的缺陷，从而推动审计实务的不断改进。尤其是在尚未制定出审计准则的领域，更需要直接依据审计理论来解决审计实务中遇到的问题。

（四）解释审计实务

审计理论的一个主要任务就是解释审计实务。有利于审计实务工作者、投资者、社会公众及学生更好地理解现有的审计实务。

（五）增强审计报告的有用性

在审计报告的编写过程中，也需要审计理论的指导，这有助于审计报告的使用者或利害关系者集团了解审计实务与审计报告的一些基本概念和原理，从而增加对审计工作和审计报告的信任。

总之，有效的审计实务是建立在健全的审计理论基础之上的，而审计理论需要接受审计实务的检验。

第二节　审计理论研究方法

一、审计理论研究方法的含义与种类

审计理论研究方法是在审计理论研究过程中发现新事物、探索新知识、揭示规律、提出新观点和建立新理论所采用的工具和手段。

审计理论研究方法可按照不同的标志进行分类，如按照认识论基础，审计理论研究方法可以分为定量研究、定性研究和混合研究；按照研究目的、手段可以分为理论思辨、文献研究、观察研究、实验研究、经验总结、历史研究、调查研究、比较研究、数学分析、实证研究、质性研究、个案研究、跨学科研究等。

本章主要介绍审计理论研究中最常用的方法，包括规范研究方法、实证研究方法、问卷调查法、实地研究法和案例研究法。

二、规范研究方法

规范研究方法是以价值判断作为基础，以归纳法和演绎法为主，探究审计工作内在规律，以指导审计实务，发展审计理论的研究方法。

（一）归纳法

归纳是指根据观察到的现象得到结论。归纳法是指对大量经验事实进行观察和研究，从中总结概括出一般性结论，形成普遍规律或理论的研究方法。

在经济学领域，亚当·斯密是最早运用归纳法的代表人物，根据不同时期和不同地域的历史资料，得出劳动分工理论。在管理学领域，泰勒通过在公司亲历的管理实践提出了提高企业生产效率的科学管理理论（孙国强，2019）。林毅夫（2005）提出"一分析，三归纳"方法：一分析是指分析本质特征，现象中谁是主要决策者，决策者的目标和其所处环境的特点等；三归纳是指当代横向归纳法、历史纵向归纳法、多现象综合归纳法。

归纳过程分为三个步骤：（1）观察，观察样本，并积累观察经验；（2）分析，根据观察获取的资料分析样本的具体特征（共性和个性特征）；（3）概括，从整体上总结所研究事物的规律，并将这些规律作为预测同类事物的基本原理。

归纳法具有局限性。受到被观察对象和范围的限制，归纳法可能会得出以偏概全的结论。在归纳过程中，人们不可避免地加入了推测和假想。因此，归纳法是一种概率推理——能够推理出概率较高的结论，也是在一定社会经济背景下对所研究问题的一种较为合理的解答。

审计理论研究的归纳法，是从对财务信息的观察开始，在以重复发生之关系为基础的观察中建立起审计的一般规律和原则。归纳法的程序是从具体（描述重复发生之关系的审

计信息）到一般（审计假设和原则），从审计实务的合理性角度推导出理性和抽象的结论（迈哈迈德·里亚希-贝克奥伊，2004）。

（二）演绎法

演绎是指从假设命题或客观理论出发，运用逻辑规则推导另一命题、获得结论或拓展理论的过程。演绎法是由一般推理至特殊、具体、个别的方法，与归纳法相对。

演绎推理一般通过由大前提、小前提、结论组成的三段论模式进行。也就是说，它是一种从两个反映客观世界对象的联系和关系中得出新的判断的推理形式。在这个过程中，从已知事物推理至未知事物。演绎法是从前提或假设命题推出结论的逻辑，因此要求前提或假设命题是正确的，否则推导出的结论会是错误的。从这个意义上来说，演绎法对于验证假设和理论具有重要价值。

理论研究的演绎法是指从目标、假设等一般概念出发，推导出能指导实务的准则及相应的程序和方法。如美国注册会计师协会由于强调客观环境对审计理论的影响，因此以外部环境的审计假设为前提命题，推导出审计基本原则、审计具体准则的基本程序。演绎法通常是基于相关概念之间的内在联系来构建审计理论的，因而采用演绎法构建的理论体系具有逻辑上的严密性。

（三）归纳法和演绎法的关系

归纳法和演绎法是规范研究中经常采用的方法，在一项研究中会同时运用两种方法，因为这两种方法相互联系、相互依存、相互补充。归纳法是从特殊到一般的认识过程，根据观察获得的事实总结出规律和理论。演绎法是从一般到特殊的认识过程，根据已知的规律和理论对未知作出判断和解释。没有归纳就没有演绎，演绎源于归纳的概括总结；通过归纳得出的规律和理论的必然性又需要应用演绎法加以论证。

三、实证研究方法

实证研究法是以数据模型为主要研究手段，以数学语言、数理逻辑、统计分析方法，对实务进行解释与预测的研究方法。实证研究法可以在一定程度上弥补规范方法主观臆想的不足。按照实证研究者用以检验假设的数据来源不同，实证研究方法可以分为经验研究（empirical research），或称为档案研究（archival research）、问卷调查（survey）、案例研究（case study）、实验研究（experimental study）和实地研究（field research）。

实证理论研究诞生于20世纪60年代后期的美国，在此之前理论研究以规范研究为主。规范研究方法从逻辑高度上概括或指明最优化的实务应该是怎样的，但是很少关注其赖以生存的假设的现实有效性，对研究成果一般不进行系统验证。在20世纪60年代中期以后，经济学和财务学对有效市场假说的大规模试验性验证的结果给传统的规范理论带来了巨大冲击，这些验证结果与规范理论的基本假设出现矛盾。因此，学者开始重新评价规范理论的合理性，并把当时经济学和财务学所采用的实证分析方法引入研究中。我国的实证研究开始于20世纪80年代中后期，在初期主要是介绍西方实证研究方法和研究成果，并在理论上探讨了实证学派的性质，开始尝试采用问卷调查方法进行实证研究。

在审计领域，应用实证研究法比较多的主题包括审计质量、审计意见、审计师变更、审计定价、审计市场等。

实证研究遵循的步骤一般包括：确定研究主题和研究目的、构建假设、收集与整理数据、检验假设、得出研究结论。

（一）确定研究主题和研究目的

实证研究的起点是确定要研究的对象，拟解释和预测的对象。研究主题的确定一般建立在阅读已有文献的基础上。一个合适的研究主题应该符合重要、新颖和可行三个标准。重要是指对于指导审计实践、完善审计理论有重要意义；新颖是指研究主题具有创新性；可行是指能够采取合适的方法，收集适当的资料、样本、证据得出研究结论。研究的目的包括：（1）验证既有理论，对规范研究所赖以存在的假设进行验证，或者以实证研究的结果对规范研究结论进行辩解。（2）改进研究方法，用新的研究方法研究老问题，从而深化对问题的认识。（3）对现象进行总结，对现有理论无法解释的现象提供新的论述，并检验在更大范围内该现象和新论述具有普适性。

（二）构建假设

在确定研究主题后，需要将问题预期结果具体化，建立可检验的假设。问题预期结果是建立在现有理论和阅读文献的基础上，经过逻辑推理而形成的。研究者通过数据分析，在事先选定的检验标准下，假设如果通过检验，则假设成立。

（三）收集与整理数据

研究者要把与研究对象相关的各种影响因素转化为能够获得的样本及其观察值，并据此确定进行假设检验的定量或定性的指标（随机变量）。随机变量的类型包括：（1）连续型变量，如净资产收益率等。（2）等距型变量，即取整数的变量，如内部控制重大缺陷数量等。（3）序列变量（升序或降序），数值大小无数量上的意义，如信誉评级。（4）虚拟变量（名义变量），非连续且取整数值，如审计意见类型为无保留意见取值为1，保留意见取值为2，否定意见取值为3等。连续型变量和等距型变量属于定量变量，序列变量和虚拟变量属于定性变量。

在选择检验模型和随机变量时，可以借鉴前人建模的成功经验和选取的变量，但要说明其入选的理由，同时应当根据研究的特点和具体场景考虑模型和变量的适用性，并进行必要的修正。

数据的选取应考虑样本量是否足够反映总体的统计规律。研究者应当对数据来源、数据选取方法作出解释说明。数据的来源包括现有的商业数据库、统计年鉴、网络数据、手工收集数据等。样本量越大，研究结果的代表性和统计显著性就越强。

（四）检验假设

根据数据类型不同，检验假设的方法也会不同。（1）自变量是定性变量而因变量是定量变量时，假设检验可采用方差分析方法。方差分析方法包括单因素方差分析（analysis of variance，ANOVA）、多变量方差分析（multivariate analysis of variance，MANOVA）。单因素方差分析适用于检验一个因素在两种状况下是否有显著差异。多变量方差分析适用于检验每个变量对预期结果的影响，以及各变量之间是否存在相关关系。（2）自变量和因变量均是定量变量时，假设检验可以采用线性回归分析方法。（3）因变量为虚拟变量，而自变量为定量变量或定性变量时，采用logit回归分析。

（五）得出研究结论

对于假设检验的结果，要进行必要的解释和分析。对于通过检验的假设，需要回到研究主题和理论基础上，分析论证数据统计证据支持假设的合理性。同时，应当客观地考虑研究的局限性，辩证地看待研究结果。研究者需考虑重要影响因素选择的完整性、所设定模型的前提条件的有效性、样本的适当性、数据处理过程问题等存在的局限性，并对未来研究作出展望。

四、其他研究方法

（一）问卷调查法

1.问卷调查法的概念

问卷调查法是指研究者根据研究目的而编制出一套问题，发放给调查对象填写回答，并回收、整理和分析问卷，以得出研究结论。

通过问卷调查法可以获取调查对象的态度、倾向等方面的信息，并且能够高效地收集到大规模的数据。但是，问卷调查法需要考虑调查对象是否会认真阅读和回答所有问题，是否能够理解问题，是否能如实反映自己的意见和实际情况，这在某种程度上会影响研究的效果。

2.问卷调查的基本步骤

问卷调查的步骤通常包括：（1）确定研究主题和研究目的；（2）设计调查问卷；（3）确定调查问卷的样本；（4）发放并回收问卷；（5）整理和分析问卷；（6）得出研究结论，撰写调查报告。

（1）确定研究主题和研究目的

研究者首先应当明确研究主题，以限定研究范围，在此基础上确定研究目的。研究目的始终贯穿在问卷调查的整个过程中，以研究目的为基础确定调查对象和样本、设计调查问题、对问卷数据进行分析。

（2）设计调查问卷

首先应确定调查对象，根据不同调查对象调整问题提问的方式、问题顺序和问题内容。其次设计调查问卷内容。调查问卷由前言、问卷问题和结束语构成。在前言部分，应当说明调查目的、填写要求、信息保密和致谢。问题部分包括个人信息、封闭式或开放式问题、是否问题、填空题、单选或多选问题、程度问题（李克特量表（Likert scale）的3分法、4分法、5分法、6分法、7分法、9分法等）、排序问题等。

初步设计好的调查问卷要进行小范围的预先测试，以保证大范围发放问卷获得成功，有效地降低问卷调查的实施成本。预先测试的调查对象可以选择研究者自己或研究组成员、同行和未来的被调查对象。根据参与预先测试的调查对象的意见反馈和预先测试的结果调整问卷。

（3）确定调查问卷的样本

问卷调查一般采用抽样调查，在条件允许的情况下也可以对总体进行调查。抽样采用统计抽样和非统计抽样的方法。统计抽样要求随机选取调查对象，能够控制抽样风险，并通过样本调查结果推断总体情况。非统计抽样不要求随机选取调查对象，可以根据经验和信息的可获得性选取调查对象，不能对抽样风险进行控制和量化，但更容易在实际中完成问卷调查工作。在审计研究中，采用统计抽样方法发放调查问卷具有一定难度，采用非统计抽样方法较为常见。

（4）发放并回收问卷

问卷的发放可以采用邮政投递、专门递送、集中填写、网络填写等方式。问卷的格式可以采用纸质格式、电子格式（表格、文本）、网络格式等。问卷发放方式的选择要考虑调查对象的特征、发放方式对回收率、回收时间的影响，以及问卷发放的成本。

研究者应当对问卷的回收率进行统计和分析，尽可能提高回收率，并在问卷设计时考虑问题的长度、问题的数量、答完问卷所花时间、问题难易程度、选项的设置等。对于空白答案，需要考虑是否将其删除，或者做其他处理。

（5）问卷的信度和效度分析

在分析问卷时，需要考虑问卷的信度和效度，以便评价问卷质量、是否能够实现研究目的。

信度（reliability）即可靠性，是指采用同样的方法对同一对象重复测量时所得结果的一致性程度和稳定性。信度指标多以相关系数表示，分为三类：稳定系数（跨时间的一致性），等值系数（跨形式的一致性）和内在一致性系数（跨项目的一致性）。信度分析方法主要包括：第一，重测信度法，即在不同时间对同一调查对象的重复测试，计算两次分数结果的相关系数（稳定系数）。第二，复本信度法，即同一调查对象第一次填写A问卷，第二次填B问卷（AB问卷只在表述方式上有不同），计算两份问卷分数的相关系数。第三，折半信度法，即把调查项目分为两半，计算两半得分的相关系数，进而估计整个量表的信度。第四，Cronbach's α信度系数法，它是测定项目之间一致性的信度指标，该指标越接近于1，内部一致性信度越高。如果问卷设置了反向问题，则需要先进行处理，然后再计算该指标。

效度即有效性，是指能够准确测量事物的程度。效度分析方法主要包括：第一，内容效度，又称为逻辑效度，用于验证题项与测量内容之间的相符程度。第二，效标效度，又称准则效度，是指选择一种指标作为准则（效标），将之与问卷题项比较，通过二者的相关分析或差异显著性检验，来判断题项的有效性。第三，建构效度，又称为结构效度，是指测量工具反映概念和命题内部结构的程度，一般通过相关性分析或因子分析，将测量结果与理论假设相比较来进行验证。

（6）撰写调查报告

调查报告应包括研究目的、目标调查总体、调查样本、问卷设计、预先测试、问卷的发放和回收情况、问卷的信度和效度、统计结果、分析过程、研究结果、原因分析、意见和建议等。

（二）实地研究法

1.实地研究法的概念

实地研究（field study）也称田野研究，是社会科学中常用的方法，也是审计领域中的一种重要的研究方法。实地研究是研究者深入到所研究对象的社会经济生活中，通过观察、询问、访谈、感悟、发放调查问卷等，建立与被调查者之间紧密的互动关系，从真实环境中获得数据和信息。实地研究用于描述实践、构建和发展理论、检验假设。

2.实地研究的具体方法

实地研究的具体方法包括观察法、访谈和问卷调查。问卷调查法见前述内容，此处不再赘述。

（1）观察法

观察法是指根据一定的研究目的，研究者用自己的感官，比如用眼睛查看，用耳朵倾听，从而获得资料的方法。由于人的感官具有一定局限性，因此，可以采用录音、录像设备进行记录和观察。

（2）访谈

访谈是研究人员与受访者面对面交谈来了解研究对象的研究方法。访谈可以采用结构化访谈、非结构化访谈、半结构化访谈。第一，结构化访谈又称为标准式访谈，是指事先设计好访谈提纲和问题，按照标准化的程序进行访谈，能够有效控制访谈的随意性，信息指向明确。第二，非结构化访谈又称为自由式访谈，是指不事先制定完备的提纲和访谈程序，由访谈者根据粗略的访谈方案或就某个主题与受访者交谈，访谈的弹性大，方式多样。第三，半结构化访谈吸收了结构化和非结构化访谈的优点，既可以有访谈提纲，又可以有开放式问题。

通过实地研究获取信息或数据之后，研究者开展进一步研究。从是否使用量化数据来看，实地研究又可以进一步分为定性实地研究和定量实地研究。通过实地研究获取的信息和数据，也为进一步开展规范研究、实证研究、案例研究等提供了基础。

（三）案例研究法

1.案例研究的意义

案例研究一般依据事实和现象提出研究问题，通过实地调查、查阅资料、收集信息，分析案例，得出研究结论。

案例研究具有如下特征：一是真实性。案例研究是一种经验性研究，是对社会现象的研究，具有真实性。研究成果中提到的案例是一个真实发生的事件，虽然出于保密等考虑，会以匿名或指代方式呈现出来。二是场景性。案例陈述包括事件背景、贯穿主题、发展脉络、数据图表，向读者呈现了一个完整的"故事"。三是系统性。案例研究不只是"故事"，更重要的是具有研究的系统性，随着案例的展开而提出问题、分析问题、解决问题。

案例研究具有如下重要意义：一是样本意义。案例所描述的现象、场景、经验往往具有一定的普遍性，是从同类现象中精心挑选出的典型案例。二是理论检验和思想实验意义。对已有理论中的假设和命题、研究者自己的假设和命题，进行检验，虽然不能完全证明或证伪，但是能提供一个证明或否证。三是发现意义。通过案例研究，发现新的现象，提出新的问题，进而提出新的假说和理论，然后自己去检验或留待他人检验。

2.案例研究法的分类

按照研究任务，Scapens（1990）、Hussey and Hussey（1997）将案例研究分为探索型（超出现有理论）、描述型、例证型、实验型、解释型（用现有理论来理解现实）；Bassey（1999）将案例研究分为探索型、描述型、解释型和评价型（就特定案例进行判断）。

根据案例数量，案例研究分为单一案例研究和多案例研究。单一案例研究用于证实或证伪已有理论假设的某一方面，或作为一个独特的情况进行讨论。单一案例研究能够深入分析案例事实，保证研究的可信度，但是仅凭一个案例不足以提出系统的理论。多案例研究建立在对多个案例分析的基础上，不仅对每个案例本身进行案例内分析，还对多个案例进行比较分析（案例间分析或跨案例分析）。多案例研究能更系统、更全面地对现象进行研究，更有助于提出新的理论。

3.案例研究的信度和效度

案例研究的质量体现在信度和效度上。案例研究的信度取决于资料的真实性，是否是一手资料，研究人员和案例参与者的诚实可信和程序规范的程度。案例研究的效度体现在所选案例的代表性上，案例情景要尽可能完整，案例中呈现的问题与研究主题要紧密相连。

第三节　审计理论研究的里程碑

回顾审计发展历程，诸多专家、学者为审计理论的建设和发展作出了重要的贡献，早在19世纪末20世纪初就成功出版了一批审计书籍，他们从不同的角度解答审计实务中出现的各种问题，并通过对各种理论因素加以整理，指导人们更有效地开展审计实务工作。其中有代表性的主要包括：

1881年，F. W.皮克斯利（英）编著了《审计人员——他们的义务和职责》。该书是世界上第一部关于审计基础和审计实务的名著，论述了英国《公司法》的历史、选举审计师的方法、会计和审计法规、簿记理论与审计、审计基础理论、公司发表的计算书的格式、资产负债表和利润表账户中的重要项目、审计师的义务和职责等。此后，该书又增加了审计师的地位、分配红利时应得利润、审计证明和报告等内容。《审计人员——他们的义务和职责》一书不仅创造性地提出了一系列的审计基础理论，而且在推动审计理论的发展过程中，发挥着重要的作用。

1892年，劳伦斯·R.狄克西（英）编著了《审计学——审计人员的实务手册》。这本著作被公认为现代审计理论的奠基作之一，它对审计理论的发展产生了深远的影响。该书主要根据英国的《公司法》和法院判决编著而成，集中反映了当时英国审计思想和审计制度的精华。

R. H.蒙哥马利（美）于1911年出版的《美国经营手册》和1912年出版的《审计学——理论与实务》。在《美国经营手册》一书中蒙哥马利提出了资产负债表审计的概念。他指出，资产负债表审计指的是对资产和负债是否正确地反映了审计对象目前真实财务状况的审计。这一观点的提出，有力地推动了现代审计的发展。

上述著作主要是在阐述审计实务的基础上对审计理论进行了深入思考，并得出一些有益的理论观点，这对于推动审计理论的建立发挥了不可磨灭的作用，但未对审计理论结构加以系统研究，也并未真正建立起一套自成体系的审计理论，从而说明审计理论研究仍然处于萌芽阶段。

在审计理论的建设和发展过程中，重要的里程碑主要有三个。

一、里程碑之一：《审计理论结构》

1961年，罗伯特·K.莫茨教授（美）和他的学生侯赛因·A.夏拉夫（埃及）共同出版了《审计理论结构》（The Philosophy of Auditing），这是世界上第一部将审计理论作为一门独立的学科加以论述的重要著作。全书共分10章，由审计理论探索、审计方法、审计假设、各种审计理论概念、审计证据、适当反映、独立性、道德行为和审计的展望等部分组成。该书第一次从哲学的高度系统地、科学地研究了审计理论，其独到之处主要表现在：

第一，该书指出了审计理论的存在和建立审计理论的必要性。作者认为，在审计行为和思维的背后，存在着理论根据和基本原理，将这些根据和原理抽象化、系统化，对于解决审计实务问题是至关重要的。审计理论一旦产生，就会成为一种积极的力量，帮助审计实务人员了解审计实践活动的规律，并按合理一致的方法解决不断遇到的棘手问题。

第二，对于各种审计现象，作者从理解（comprehension）、展望（perspective）、洞察（insight）、想象（vision）四个角度进行了哲理式的思考、提炼和升华。理解，即用概括性的眼光对审计理论进行全面的思考；展望，即从综合、相互联系的角度考虑每一个审计问题；洞察，即超越偶然认可的惯例或信念去深刻认识推论的前提；想象，即超越时空，预测审计理论的发展。

第三，从集合科学的角度来研究审计理论。作者认为审计具有集合科学的性质，他们将数学、行为科学、逻辑学、沟通学、伦理学等学科的一些研究方法渗透到审计中来，在一个更坚实的基础上，研究审计理论这门崭新的科学。

第四，系统论述了重要的审计概念。审计概念反映了审计学的本质，是人们对审计学科的基本认识，是审计理论赖以建立的基础。在该书中，作者系统地陈述了审计证据（auditing evidence）、应有关注（due audit care）、公允表达（fair presentation）、独立性（independence）、道德行为（ethical conduct）等审计概念。

第五，该书逻辑地阐述了审计的理论结构。作者首先介绍了以数学、逻辑学和形而上学为核心的基础部分，继而依次论述了由基本哲学、审计假设、审计概念、应用标准、实务应用领域五部分组成的审计理论结构图，从而较为清晰地反映了审计理论各部分之间的内在联系。

《审计理论结构》是一部世纪巨著，是一部影响深远的审计理论力作。它的出版在审计界引起了巨大反响，收到全世界审计理论和实务工作者的极大赞誉。最有代表性的评论认为："在莫茨和夏拉夫的著作出版之前或之后，恐怕没有一份审计文献具有如此大的影响并被如此广泛地引用。"该部著作对审计理论的论述"像一座灯塔，引导着审计理论研究的航向"。

二、里程碑之二：《基本审计概念说明》

1972年，美国会计学会正式出版了《基本审计概念说明》（A Statement of Basic Auditing Concepts），这是一本对审计理论研究者和审计实务工作者均有助益的出色文献，它从深度和广度两个方面将审计理论的研究又向前推进了一大步。该书共分五部分：序、审计的作用、调查过程、报告过程、补论——调查过程（证据的搜集和评价）。该书对审计理论建设的卓越贡献主要表现在以下四个方面：

第一，该书明确指出了审计的定义，认为审计是一个系统的过程，它客观地搜集和评价有关经济活动与经济事项认定的证据，以便证实这些认定与既定标准的吻合程度，并将其结果转达给有关用户，因而审计的作用在于帮助用户判断信息，即具有验证职能。这是迄今为止最权威的定义。

第二，该书研究了审计假设、审计概念和合理论证三者之间的相互关系，为探讨审计理论的结构奠定了基础。

第三，该书运用沟通理论论述了报告过程，认为审计师相当于发送者，审计报告相当于所传送信息的内容，审计报告书相当于媒介体，会计信息使用者相当于接收者，审计的作用在于提高会计信息的价值，审计过程的主要受益者是会计信息的使用者。

第四，该书对审计过程中的种种风险提出了许多十分深刻、有用的见解，为指导审计师正确地评价审计证据提供了合理的理论依据，还明确了审计的社会作用，提出了信息价值增加论。

《基本审计概念说明》是在审计实践基础上分析研究审计理论问题，论证严谨、思维缜密、内容丰富、建议稳健，将审计理论在莫茨和夏拉夫工作成果的基础上进一步拓展，对审计理论和实务发展的贡献是巨大的。

三、里程碑之三：《审计理论——评价、调查和判断》

1978 年，C. W. 尚德尔编著的《审计理论——评价、调查和判断》（Theory of Auditing：Evaluation，Investigation and Judgment）一书正式出版。该书进一步丰富和发展了莫茨和夏拉夫的审计理论思想，被誉为审计理论发展史上的第三座里程碑。作者以基本假设（postulate）、定理（theorems）、结构（structure）、原则（principles）和标准（standards）为基础，论述了审计的基本原理，并就审计理论建设问题，大胆地提出了自己的设想。尚德尔的贡献主要在于：

第一，从信息论的角度对审计理论进行全面的研究，将审计置于更为广阔的空间，并在信息传递过程中给出一般意义上的审计定义，认为审计是"人们为了证实是否遵循某些标准而形成意见和判断的评价过程"。

第二，明确了理论概念和结构，研究了审计假设、审计概念和审计程序，提出了审计假设的质量要求及判断审计概念的原则。

第三，进一步区分了审计调查和查询，将审计调查延伸到未来，提出了计算变动风险的公式。

尚德尔的著作在审计理论研究方面进一步加强了论述的理论性和结构性，更抽象、更注重逻辑思辨。之后，已经很少再出现纯粹的审计理论著作，大部分是与审计实务结合在一起论述审计理论问题。主要包括 R. A. 安德森（加）的《外部审计学》、汤姆·李（英）的《企业审计》、大卫·费林特（英）的《审计理论导论》、蒙哥马利（美）的《蒙哥马利审计学》、道格拉斯·R. 卡迈克尔（美）等的《审计概念与方法：现行理论与实务指南》、大卫·N. 里基特（美）的《审计学——概念与准则》和阿伦斯与洛贝克（美）的《审计学——整合方法研究》、三泽一（日）的《审计学》等。这些著作虽然也论及审计理论，不断丰富、发展审计理论体系，但对审计实务的贡献更为直接。

第四节　审计理论结构的逻辑起点 ■——————————————

审计理论是一套系统化的知识体系，按照系统论的观点，在系统中应有一个内在的结构。系统的结构是系统内部各组成要素之间的相互联系、相互作用的方式和秩序，内在的结构是系统保持整体性和具有一定功能的内在依据，结构是系统的普遍属性。没有无结构的系统，也没有离开系统的结构。值得注意的是，在研究审计理论结构过程中面临着一个不容回避的问题，即从何处入手，以什么作为逻辑推理的出发点。研究审计理论的逻辑起点，有利于我们正确地认识和构建审计理论、运用和检验审计理论、归纳和演绎审计理论、发展和创新审计理论。

一、确立审计理论结构逻辑起点的要求

从哲学的角度讲，逻辑起点指从抽象上升到具体全过程中的出发点的概念、范畴或判断，也叫做上升的起点。它是构造一门学科理论体系的出发点或建基点，是该学科理论体系中最基本、最抽象、最简单的一个理论范畴，它对该学科其他理论要素的建立和发展以及整个理论体系的构造均有着决定性的作用。

审计理论结构的逻辑起点至少应符合以下要求：

1.逻辑起点的实质内容应表现为审计体系中最抽象、最一般、最简单的思维规定。

2.逻辑起点应是审计体系中的直接存在物，即它必须是不以审计体系中任何其他范畴为中介前提的范畴，而其他审计范畴反倒必须以它为基础和依据。

3.逻辑起点应该揭示审计理论诸要素的内在矛盾以及审计系统整体的一切矛盾萌芽。逻辑起点本身所包含的矛盾是整个审计体系运动、发展的内在动力和源泉。

4.逻辑起点与形式逻辑系统中的公理不同，它既不是任意的和暂时承认的东西，也不是随便出现和姑且假定的东西，而是为后来的事物运动过程所证明，把它作为逻辑开端是正确的。

5.从最一般的意义上讲，逻辑起点范畴作为审计系统中的一个基本要素，同整个体系发生着多方面的联系。这种联系不仅规定着审计系统整体的本质，而且也规定着起点范畴在审计理论体系中所处的地位和所起的作用。

二、不同逻辑起点的分析与考察

不同学者研究范式的差异，导致审计理论界对逻辑起点存在不同见解。国外学者的观点主要包括三点：一是20世纪50年代至70年代中期，以审计假设为逻辑起点的模式，以莫茨和夏拉夫、尚德尔为代表；二是20世纪70年代中期至80年代中期，以审计目标为逻辑起点的模式，以安德森为代表；三是20世纪80年代中期之后，以审计本质为逻辑起点的模式，以汤姆·李和费林特为代表。对不同的逻辑起点进行具体分析，可以得出以下几种观点：

（一）审计假设导向型

这种观点是从审计假设出发，在审计假设的基础上推导出审计原则，然后用它们来指导审计准则，审计假设和审计准则共同构成了审计理论结构的理论基础和概念体系。其流程可大致表示为：审计假设——→审计原则——→审计概念——→审计准则——→审计规范。持这种观点的人认为，"审计假设是构造系统的审计理论结构的基础，也是审计科学发展的前提"。审计假设是建立审计理论结构的基石，理论研究的基本要素，推理论证的原始命题。

以"审计假设"为逻辑起点来构建审计理论结构，其缺陷主要表现在以下两个方面：

1.审计理论与社会经济环境失去相关性。审计假设不同于审计环境。审计环境的不确定性，导致了作出审计假设的必要性，但审计假设一经确定，就相对保持稳定，不能直接反映社会经济环境变化对审计理论的影响。

2.审计理论结构内部离散。审计假设是为了实现审计目标而对审计师所面临的社会经济环境作出的假定性规定，其实质是对审计对象的一种时空设定。但是，审计目标却无法由审计假设推导而出。比如，"经济责任假设"，该假设将审计对象的空间界定为具有责任关系的经济活动范围。但人们作出这种界定的原因却是由"审计目标"来回答的，更何况人们为了更有效地发挥审计的职能，实现审计的目标，也可以把审计对象的空间范围进一

步扩大。总之，以审计假设为前提，加工、生成和传递信息过程中所应选择的方法、程序，总体说来都是为了实现审计目标。

（二）审计目标导向型

这种观点是从审计目标出发，根据审计目标规定审计信息的质量特征，然后研究作为信息传递手段的审计报告的构成要素等问题，其流程可大致表示为：审计目标——审计对象、性质——审计原则——审计准则。持这一观点的人认为，"目标是一切工作的出发点"，"审计目标是整个审计监督系统的定向机制"。这一观点也有其固有的局限性，主要表现为：

1.审计目标受审计目的与审计职能的双重制约，只反映两者耦合的部分因素，结果既未能全面包括审计目的因素，也未能全面反映审计职能的因素，不能全面揭示审计对象的因素。

2.从审计实践活动看，审计目的是主观的、外在的。审计目标作为审计实践活动本身的目标，一般是对审计所提供的信息的内容、种类，提供时间、形式及其质量、特征等方面的要求，这里既有质的规定性，又有量的规定性。可见审计目标实质上是审计职能的具体化，审计目标的提出，不能超越审计的职能，而只能局限在审计职能的范围之内。审计职能是审计本身所固有的、客观的、内在的。审计目的相对于审计信息系统而言则是主观的、外在的，审计目的通过影响审计目标促使审计职能的发展，而审计职能的发展则通过具体化为审计目标而促进审计目的的实现。因此，以审计目标作为逻辑起点而展开的审计理论体系难以揭示更高层次的审计理论，无法揭示审计发展的真正原因，因而建立在审计目标基础上的审计理论体系也是局限的、不完整的、较低层次的。

（三）审计本质导向型

这种观点是从审计本质出发，根据审计对象、审计职能，演绎、归纳出审计原则和审计准则。其流程可大致表示为：审计本质——审计对象——审计职能——审计原则——审计准则。国内十几年的审计理论研究，大多选择"审计本质"作为逻辑起点，进而阐述审计对象、审计属性、审计职能、审计作用、审计任务和审计方法等一系列理论问题。持这种观点的人认为，"只有准确地揭示事物的本质，才能把握审计理论的发展方向"，"只要正确地确立了审计的本质，也就顺理成章地确立了审计理论结构"，"离开具体的对象，客观的职能（任务和作用从属于职能）就无从产生"。但是，由于"审计本质"纯理论性太强，因而造成按"审计本质"为逻辑起点构建的审计理论结构与审计实务相脱节，即基础的审计理论研究在时空上远远超越实践，而应用性审计理论研究又在时空上远远落后于审计实务，具体表现在如下几方面：

1.审计理论与社会经济环境相脱离。社会经济环境的变化必然对审计实务产生影响，因而要求审计实务作出相应的反应，以适应变化了的社会经济环境。但是社会经济环境变化对审计的影响，首先表现在对审计目标的追求以及实现审计目标所采取的各种手段、技术上，而不是直接表现在审计的本质、属性或对象上。因而以"审计本质"这样一个纯理论性的命题为起点构建起来的审计理论结构，必然会脱离客观的社会经济环境，从而使审计理论不能很好地指导、预测审计实务并客观地反映审计实务。

2.审计理论结构内部逻辑性不强。科学、完整的审计理论结构应结构紧密、逻辑严密，各组成部分相互连贯、浑然一体。在整个理论结构中，其逻辑起点应具有一定的内聚力、向心力，通过它能把理论结构内各组成部分有机地联系起来，形成一个有序、严谨的整体。但是，以"审计本质"作为逻辑起点却不具备这种功能。比如，无论我们将审计职能规范为"单职能论"还是"双职能论"，审计的方法、程序、原则并不会因此而不同。这一现象本身也说明我们在理论研究中所遵循的思维模式有缺陷。

3.不能正确反映审计理论对实践的指导作用。审计本质起点论只能解释什么是审计这类纯理论问题，不能解决为什么要审计这一与审计实践密切相关的问题。以"审计本质"为起点建立审计运行模式，由于失去了审计运行的动力源泉和自觉遵循的行为机制，因而无法揭示各类审计运行机制和行为方式形成的条件和过程，也难以引导审计运行机制正常运行和审计实务顺利发展。

除了国外审计学者有代表性的观点外，我国学者在探寻审计理论结构的逻辑起点过程中，也取得了一定的成果，如财务责任起点论（钟英祥，1986）、目标与假设双重起点论（袁晓勇，1997）、审计性质与目标双重起点论、环境与目标双重起点论（谢诗芬，2000）、生产力与生产关系起点论（李汉国，1988）等多种不同观点。郑石桥（2021）在专著《审计理论研究：基础理论视角》中以委托代理为基础，以审计一般为背景，以人性假设和审计主题作为贯穿全书的主线，系统阐释了八个基本审计问题。第一，为什么需要审计？对这个问题的阐释就形成了审计需求理论。第二，审计是什么？对这个问题的阐释就形成了审计本质理论。第三，审计谁？对这个问题的阐释就形成了审计客体理论。第四，谁来审计？对这个问题的阐释就形成了审计主体理论。第五，审计什么？对这个问题的阐释就形成了审计内容理论。第六，期望审计干什么？对这个问题的阐释就形成了审计目标理论。第七，如何审计？从审计基础理论视角出发，只关注审计方法论层面的问题，所以，对这个问题的阐释就形成了审计方法论。第八，审计作为一个系统，与系统环境是什么关系？对这个问题的阐释就形成了审计环境理论。陈汉文等（2012）《实证审计理论》一书在30多年来实证审计研究成果的基础上，对审计实证研究进行探索。作者以经济学为理论基础，运用新制度经济学、信息经济学与产业组织理论，沿着审计产品（微观问题）—审计市场（中观问题）—审计监管（宏观问题）的总体逻辑思路，探讨了审计经济价值、审计服务生产、内部控制信息、审计质量研究、审计师-客户关系、审计意见行为、审计市场结构、审计委员会、审计行业管制、审计师失败与责任十个主题的研究框架、经验证据、研究模型与研究机会。

（四）两元或多元导向型

持这一观点的人认为，审计理论结构的逻辑起点如果仅为审计本质、审计环境、审计目标、审计假设中的一种，对于正确、全面研究审计理论是不完善的。因此，他们提出了审计理论结构逻辑起点的二元论或多元论。主要观点有以下四种：

1.主张以审计目标和审计假设共同作为审计理论结构研究的逻辑起点；

2.主张以审计本质及审计假设作为审计理论结构研究的逻辑起点；

3.主张以审计环境和审计目标共同构成审计理论结构的逻辑起点；

4.主张以审计本质、审计目标和审计假设三个因素作为审计理论结构的逻辑起点。

两元或多元论，看似全面，但实际上审计环境、审计目标、审计假设、审计本质等处于不同的层次。如果同时以两元或多元因素为起点，就如同一个人站在台阶上，两条腿一条在上、一条在下或是一条要向左、一条要向右，导致审计理论结构的构建无所适从。因此，其不科学性主要表现为审计理论结构各要素之间没有明确的逻辑关系。

三、审计理论结构逻辑起点的现实选择

审计理论密切依存于审计实践，从审计实践中产生。因此，审计理论不可避免地受到其环境的影响。我们认为将审计环境作为构建审计理论结构的逻辑起点是切合实际的选择。理由主要有如下几个方面：

1.审计环境是一种真实的存在，是审计系统中最简单、最普遍、最常见、最基本的现象。

2.审计环境构成审计理论体系的核心要素，是推导其他抽象的审计理论与概念的基础。审计环境是审计动因的决定因素；审计环境是审计理论体系的核心，它比审计假设所反映的社会环境约束条件更为全面、综合，也界定了审计目标所"意欲表达的理想境地"的特定内容，是审计实务的基石，以之为起点，能使整个审计理论建立在更为宽泛而坚实的基础之上。

3.审计环境反映了审计根本属性，决定着审计的需求与供给，是整个审计体系运动、发展的内在动力和源泉。

4.审计环境是审计系统本身与影响审计的外部因素的结合体，审计环境具有联结理论与实践的功能。审计环境不简单等同于审计实践活动，它是对间接或直接影响审计的环境因素的高度抽象与概括，涵盖政治、经济、法律、科技、社会、自然等多个因素。另外，审计环境来自审计实践，并不断与之进行物质与能量的交换。

5.审计环境是衡量审计系统是否先进科学的基本标准，离开审计环境，不能解释各不同国家或同一国家在不同历史阶段审计理论与审计实务所存在的差异。审计环境深刻地体现了审计的这一集合特征，是审计理论跨世纪的研究主题。

6.审计环境蕴含多样化研究方法。审计环境倡导的多样化研究思维方法、多元化理论模式能促进审计理论自身发展。审计理论研究的开山鼻祖美国的莫茨和夏拉夫教授正是将数学、逻辑学、伦理学等研究思想渗透到审计学中来才开创了人类审计理论发展史上的第一座丰碑。

回首现代审计大发展几次浪潮，现实以其无可辩驳的方式印证了，从审计目标、审计对象、审计程序到审计方法的变化无不是审计环境不断变化的结果，可以说，有什么样的审计环境，就有什么样的审计模式和审计理论体系。脱离环境来研究审计理论，等于无源之水、无本之木。审计系统是一个开放系统，处于各种环境之中，尤其受到社会经济环境的直接影响。

第五节　审计理论结构的构建

一、构建审计理论结构的原则

审计理论结构研究体现着一国审计理论研究的科学水平，我国的审计理论研究是从20世纪80年代才开始的，因而审计理论研究相对较弱。理论来源于实践，同时，理论又指导实践并预测实践，没有理论指导的实践，将是盲目的实践。审计理论与方法来源于审计实务工作，是对审计实务工作的概括和总结。改革开放以来，我国的审计实践已经发生了重大变化，这急需理论上的规范与指导。因此，对审计理论结构的研究不仅是我国审计学科自身发展的需要，而且是指导我国审计实务的迫切需要。我们认为，建立科学的审计理论结构应遵循如下原则：

（一）客观性原则

审计理论的目的在于揭示研究对象的本质属性和规律，以便更有效地发挥审计在社会主义市场经济建设中的职能和作用。要达到这一目的，在构建审计理论结构时，首先，要求对审计与其所处的社会环境之间的需求关系以及审计对这种需求所能发挥的潜在功能，进行客观的揭示。在构建具有客观性质的审计理论结构时，应该考虑两个方面：一方面是审计理论应包括尽量多的经验内容，如果审计理论结构中包括的可以对之进行实证检验的经验命题数量越多，而且这些命题又能接受实践的检验，那么这个理论结构就会有更多的经验内容，就更有价值；另一方面是审计理论要有许多高质量的证据的支持，这直接关系到审计理论的价值能否实现。

（二）全局性原则

构建审计理论结构时，必须有一个全局观念。这是因为：

1.审计理论结构应从审计机制运行的角度出发，对这一事物从不同的侧面和层次进行全面的描述。结构内部的各个层次之间相互制约、相互联系，具有内在的逻辑严密性和完整性。为了提高审计理论结构的整体功能，增强其整体效应，我们必须考虑从整体出发，从全局考虑问题，并注意整体的集合性；还要使各组成部分排列组合保持合理。必须从提高整体功能的角度去提高和协调各部分的状况。总之，就是从全局出发，考虑各个部分，以求总体最佳。

2.审计理论结构是对审计要素诸多特征的概括和描述。在描述和分析某种审计理论时，不仅要注意到各种审计理论的主要和基本特征，同时也要注意到其他特征。由于审计本身就是由许多要素组成的整体，因此，审计理论结构除了要反映出审计系统诸要素的特征之外，还要反映出各要素间的联系方式以及审计理论与其所处环境之间的关系。

（三）逻辑性原则

构建审计理论结构的逻辑性原则，规定了理论结构内在的一致性和层次性。其内容涉及以下几个方面：

1.审计理论结构必须保持思维逻辑的一致性。这包括两个方面：一是理论内部逻辑结构上是浑然一体、前后一致、首尾贯通的。理论结构中的概念框架、推理判断都必须严格按照逻辑规律展开。理论结构在逻辑结构上的严密可以确保其具有相对的稳定性，能经受住外来干扰的冲击。二是外部相容性。这是确保新理论和已被人们认可并接受的旧理论之间达成协同和逻辑相关的必备条件。相容性不仅是新旧理论的相容，更重要的是要确保整个理论结构的逻辑统一性。

2.审计理论结构必须达到内在的简要性，也就是说，审计理论结构构建时，要在逻辑上表达出一种简洁、扼要的形式。正如爱因斯坦所说："一种理论的前提的简单性越大，它所涉及的事物的种类越多，它的应用范围越广，它给人们的印象也就越深。"有的学者甚至把这个标准称为"科学理论的美学原则"。

3.审计理论结构内部的逻辑组织和推演能力。这是显示理论具有多大的逻辑力量。在理论遇到反例的情况下，理论可以通过内部的结构来克服所遇到的困难。理论的推演能力是指从理论的陈述部分推演出可供经验检验的经验性结论。这是理论受检验所必需的步骤，然而也是最困难的一步。

4.审计理论结构必须保持一定的层次性。它包括等级性和多侧面性两重含义。等级性是指对任何一个审计理论结构，都可以在纵向上把它分为若干等级，其中低一级的结构是高一级结构的有机部分。审计理论结构的多侧面性是指同一级的审计理论，又可以在横向上划分为相互联系、相互制约又相互独立的平行部分。

（四）历史性和动态性原则

任何审计实务活动都处在一个多样性和层次性的复杂的社会经济环境之中，这就使审计理论结构不可能是绝对封闭和绝对静止的，而是开放的、历史的、发展的。随着人们对审计实务活动及其所处社会经济环境的认识，审计理论结构的内容也会发生变化。所以，审计理论结构的封闭性、静止性是相对的，而它的开放性、动态性却是绝对的。

二、对不同的审计理论结构的评价

中外审计学者对审计理论结构已经进行了较为深入的研究，现将其中主要的模式加以归纳，并对其作以评价。

（一）莫茨和夏拉夫模式

莫茨和夏拉夫在《审计理论结构》（The Philosophy of Auditing）一书中提出了由基本哲学、审计假设、审计概念、应用标准和实务应用领域五部分组成的审计理论结构（如图3-2所示）。其中，基本哲学涉及审计决策的科学方法；审计假设是一种信念，是指导行动的根据；审计概念是把理论组织起来的中心，可帮助人们把理论要素加以归类；应用标准是衡量审计质量的尺度，为审计行为提供指南。

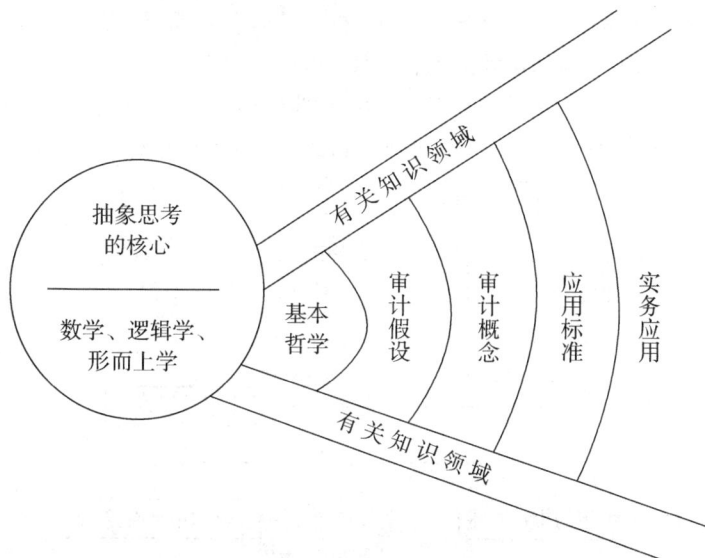

图3-2　莫茨和夏拉夫模式

莫茨和夏拉夫的审计理论结构框架，为后来学者的研究奠定了基础，但是他们所提出的审计理论结构也存在一定的不足。比如，他们所提出的"基本哲学"这一要素，它提供的是各门科学的方法论，与其他的"审计假设""审计概念""应用标准"等不具有同质性，不适合作为要素出现。而且此模式未涉及审计目标，这是不全面的。但这一审计理论结构在审计理论中占有重要的位置，其后的许多学者提出的审计理论结构大都是对这一审计理论结构的修改、充实和提高。

（二）尚德尔模式

尚德尔发展了莫茨和夏拉夫的理论，他在《审计理论——评价、调查和判断》中提出的审计理论结构由基本假设、定理、结构、原则和标准五部分组成。基本假设是根据需要建立的，是不加证明就要求人们接受的一些基本概念或假定；定理是能用基本假设予以说明的命题；结构是说明每一学科的组成部分及其相互关联概念的模式；原则是用以解释实务中的有普遍性的惯例；标准是某一学科中有关程序的质量要求。可以看出，这一审计理论结构不包括基本哲学、审计概念、审计实务领域，但却增加了定理、结构和原则。尚德尔模式的不足在于：和莫茨和夏拉夫模式一样，尚德尔模式也没有考虑审计目标，这是有缺陷的；将假设和定理放在了同一层次是不妥当的；把结构作为理论的组成要素难以令人接受。

（三）蒙哥马利模式

《蒙哥马利审计学》第11版在总结各家观点的基础上，提出了以下审计理论结构构成要素，即审计目标、审计准则、审计假设、概念和技术。其中，审计目标既包括审计总目的，又包括每项审计的特定目的；审计准则指公认审计准则；审计假设不可证明，但对一门学科的发展很重要；概念是产生于观察和经验的一门学科的不同方面的概括的思想观念；技术则包括不同形式的证据和取得、评价、鉴定、综合证据的方法。蒙氏审计学虽然提出了比较贴切的审计理论的要素，但并未对要素之间的相互关系进行阐述，因此对审计理论结构的研究并不彻底。

（四）安德森模式

加拿大审计学家安德森的《外部审计学》，在总结前人的基础上进一步修改、充实审计理论结构。他强调审计目的、公认审计准则、审计概念、审计假设、可用的审计技术和审计程序之间的关系。他认为审计理论的目的是提供一个合理的协调一致的概念框架以确定达到既定审计目标所必需的审计程序及范围。安德森从审计目的出发绘制的审计理论结构如图3-3所示。

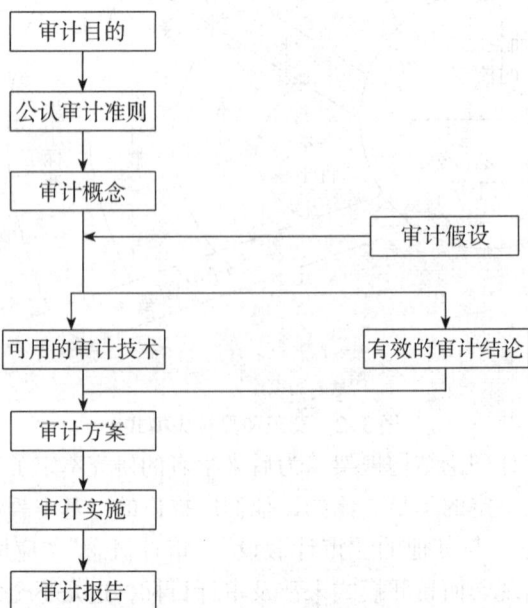

图3-3　安德森模式

安德森所描绘的审计理论结构比较完整，但也存在一定的不足。首先，他所描绘的审计理论结构仅仅适用于财务审计，而现在的审计领域早已超越财务审计范畴，向经营审计、管理审计等经济效益审计领域拓展。其次，根据安德森的看法，审计概念和审计假设来源于公认审计准则，公认审计准则来源于审计目的。事实上，审计概念和审计假设来源于审计师在长期的审计实务中获得的认识。公认的成熟的审计假设和概念由审计职业团体加以总结提炼，便形成审计准则，审计准则以审计假设和概念为依据。

（五）汤姆·李和大卫·费林特模式

英国著名审计学家汤姆·李和大卫·费林特对审计理论结构的观点基本一致。汤姆·李在《企业审计》一书中认为，审计理论结构由本质与目标、假设和概念递进组成；大卫·费林特则在《审计理论导论》中提出"本质和目标——假设——概念——标准"是审计理论结构的模式。他们都以审计本质作为审计理论结构的起点是对审计理论的进一步发展，审计本质导向型也是近年来被许多学者接受的一种代表性的观点。但是，也应该看到，将审计本质和审计目标并列支撑其他要素是不合适的。

上述的各种审计理论结构既有相同之处，又有不同之处。假设、准则和概念是审计理论结构的组成部分，这似乎已形成共识，而其他的内容是否属于审计理论结构则存在分歧。但这些审计理论结构的最突出的局限性在于，它们仅从独立审计出发，以财务审计为研究对象，而没有将审计的研究领域随实践的发展而拓展到更广泛的多元审计体系中，因而缺乏普遍性和完整性。

（六）三泽一模式

日本学者三泽一在所著《审计学》一书中用了10章的篇幅来讲述审计的基本理论。他将审计理论按审计类别分为会计审计理论和业务审计理论；按审计主体分为会计师审计理论、监事审计理论、内部审计理论，并研究了审计理论结构，如图3-4所示。

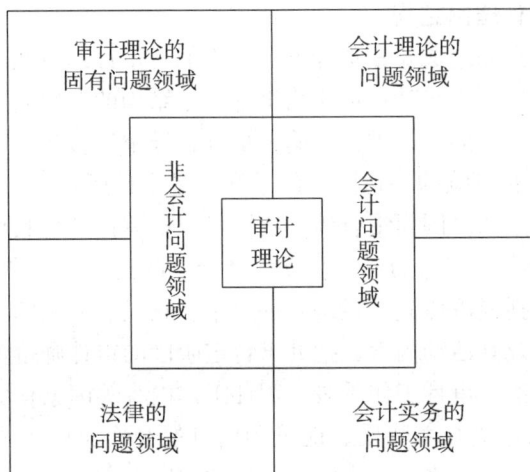

图3-4 三泽一模式

三泽一的审计理论结构是以审计的主要类别和以审计主体来划分的，只说明了审计依据和审计对象的关系，而没有就"审计一般"来表示审计理论结构，这并不能清晰揭示审计理论结构的要素及相互关系。另外，他仍以会计为对象来描绘审计理论结构，认为有些问题只有把会计理论和审计理论结合在一起才能解决，只有把会计领域和法律领域中各种各样的问题同审计问题结合起来，才能使审计理论结构系统化。这种观点与日本所实行的证券交易法审计、商法审计必须引证法律条款的惯例是分不开的，这仅可解释日本的审计情况。

（七）我国学者对审计理论结构的探索

我国学者对审计理论结构的探索始于20世纪90年代初期。主要表现在：

萧英达在其所著的《比较审计学》中提出，"以审计目的为指导、以审计假设为基础，再加上各种审计概念（包括性质、对象、职能等），便可建造一个完整的审计理论结构体系"。

蔡春在其《审计理论结构研究》一书中指出，审计理论结构应由审计本质、审计假设、审计目标、审计规范、审计信息、审计控制手段与方式六个要素组成。

王文彬、林钟高在其所著的《审计基本理论》中提出应建立一个由审计目标理论、审计行为主体理论和审计方法理论构成的审计理论体系。

袁晓勇认为，应以审计假设和审计目标共同作为审计研究的逻辑起点，据此构建的审计理论结构包括审计基本理论和审计应用理论两个基本层次。其中，审计基本理论主要是指审计基本概念、基本原则、基本原理等基本性的审计理论问题，如审计环境、审计假设、审计目标、审计本质、审计对象、审计的一般原则、审计职业道德、审计质量特征等；审计应用理论是指由基本理论演绎出来的派生概念、具体准则、审计程序和方法，如独立性的认定、重要性的判断、审计准则与审计计划的制订、内部控制测试、证据的搜集与评价、审计报告与工作底稿的编制等。

张建军认为，根据审计理论各要素之间的内在联系，审计理论结构应由审计目标、审计假设、审计概念、审计准则所构成，最终对审计实务进行指导。

三、构建我国的审计理论结构

由于构建的逻辑起点和组成要素选择不同，人们对审计理论结构模式的理解呈现出多样性态势。我们认为，应当把审计环境作为审计理论结构的逻辑起点，以科学的构建原则为指导，设立适合我国实践的审计理论结构，最终指导审计实务。

审计环境是对审计有影响的一切因素的总和，是审计所处特定发展阶段的客观条件。审计环境是一个错综复杂的多因素集合体。我们可以把审计环境具体细分为审计外环境和审计内环境。我们把同审计相关的部分从整体社会、政治、经济和法律环境中抽象出来，称之为审计外环境，包括经济体制、经济发展水平和状况、有关的法律法规、社会文化环境、外部相关利益集团及其活动因素；把处于特定阶段的审计师价值观念、审计思想、审计文化、审计程序与方法、审计工作手段、审计工作内容等因素作为审计内环境。审计内外环境密切相关，不断地进行着物质、能量和信息的交换，审计内环境决定着审计的本质，进而决定了审计的职能，进一步决定着审计的程序和方法；审计外环境决定着审计动因，进而决定审计目标。因此，审计本质与职能、审计动因与目标最终统一在人类社会生产实践活动中，统一在特定的时空条件下的审计环境中。

以审计环境为逻辑起点来构建适合我国审计现状的审计理论结构，由审计理论的逻辑起点、前提与导向，审计基本理论，审计规范理论，审计应用理论和审计相关理论五个层次组成。我们可以把审计理论结构表述为图3-5，并具体说明如下：

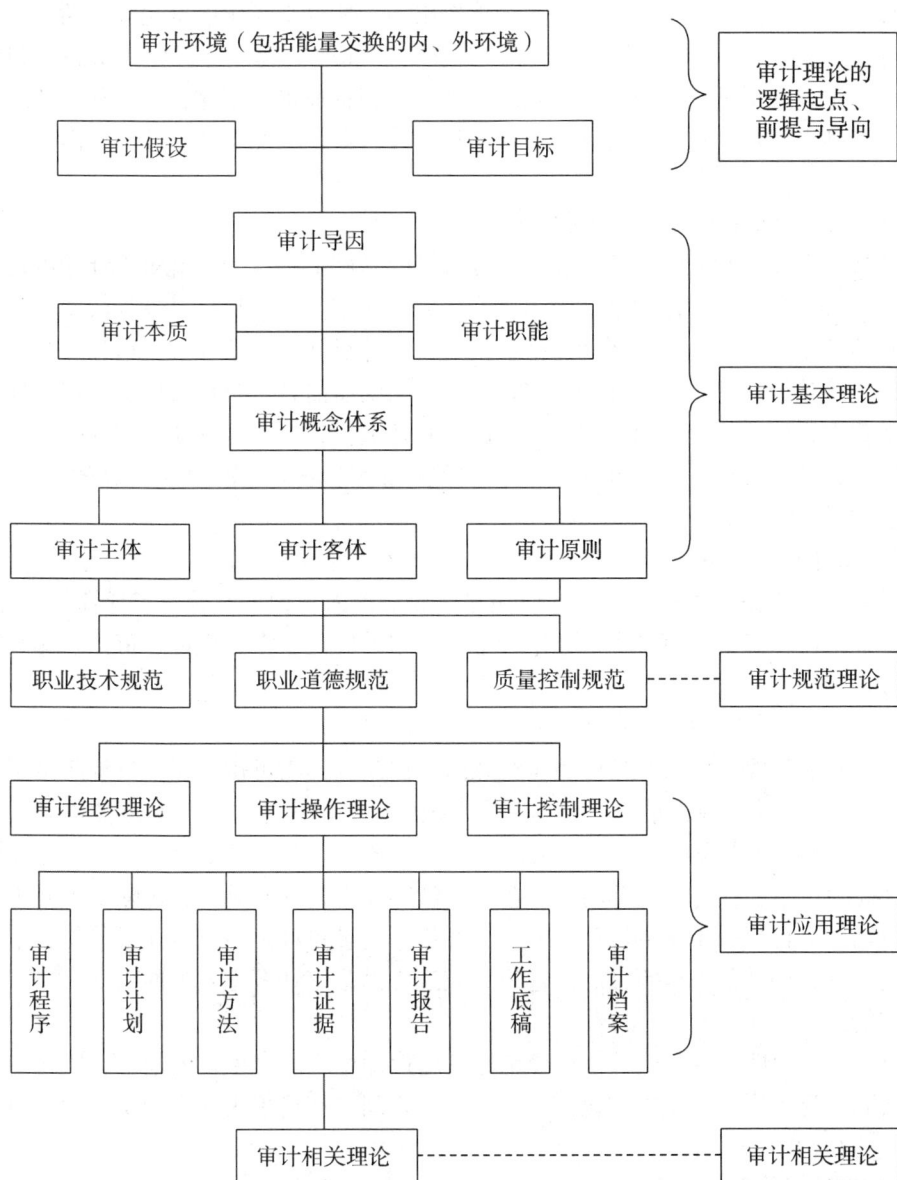

图3-5　以审计环境为逻辑起点构建的审计理论结构

（一）审计理论的逻辑起点、前提与导向

1.审计环境是审计理论研究的逻辑起点

审计环境影响审计目标、审计假设和由此确立的审计基本理论、规范理论和应用理论。审计系统中的一切理论问题都是由审计环境展开的，并在此基础上层层深入，形成合理的逻辑层次关系。以审计环境为逻辑起点建立的审计理论体系及以理论为指导的审计实务工作能否实现人们的期望，是对审计目标确立恰当与否的最好检验。在审计环境中，对审计目标起主要作用的是社会公众对审计的期望及相关法律对审计的约束。

2.审计假设是审计理论研究的前提

审计假设是人们对变化不定的社会经济作出的一些合乎逻辑的推论和判断，它设定了审计工作的空间、时间和质量单位。审计假设为有效地实现审计目标提供必要的前提条件，是建立审计基本理论、规范理论和应用理论的逻辑前提。但这种假定和判断不能凭空设定，它受制于审计外环境，离开审计环境的审计假设，只能是"沙滩上盖高楼"——不牢靠。

3.审计目标是审计理论和实务的导向

审计目标是在认真研究审计环境和审计假设的基础上确定的，既对审计基本理论起导向作用，也对审计规范理论和审计应用理论起导向作用。审计目标是审计活动的既定方向和要达到的预定结果，是审计行动的基本指南。审计目标既反映社会（审计环境）对审计的要求，也反映了审计作用于社会（审计环境）的实质内容。审计目标受到审计环境的影响，并随着审计环境的变化而变化。一方面，有什么样的审计目标便对审计工作、审计报告等提出什么样的要求；另一方面，审计目标也给审计准则提出了要求和前提，它规定着审计信息的质量特征。

（二）审计基本理论

审计基本理论是指可以通用于任何独立审计活动的各种具有普遍指导性的审计理论。它是审计理论的精髓，由审计导因、审计本质、审计职能、审计主体、审计客体、审计原则等审计概念体系构成。

审计基本理论具有以下特征：

1.高度的抽象性。它没有具体的实践导向，也没有实物可供参照，只是产生于高度的理念之中（如审计职能），是看不到和无法直接感受到的事物。由于高度抽象性会导致人们认识上的困难以及模糊性，因而，在关于审计基础理论问题的研究中，学术流派颇多。

2.普遍的适用性。它不受部门、行业等审计客体变化的影响，也排除了不同审计类型的差别可能给理论研究带来的障碍。例如，在不同的被审计部门、行业或单位，审计基本职能是同一的，即使是就地审计、送达审计或远程网络审计等方式上的改变，也不能使审计基本职能产生变化。

3.严密的逻辑性。由于这种审计理论是高度理性思维的成果，无论是它所属的各种不同理论之间，还是同一理论的结论、论据、论点之间，都呈现出极强的逻辑性，整个审计基础理论的结构十分严谨。

（三）审计规范理论

审计规范理论是指在审计基础理论指导下按照审计实践的基本规律而建立的一种审计理论。它由职业技术规范理论、职业道德规范理论和质量控制规范理论等内容所构成，主要研究如何根据审计环境的要求，构建适合时代和地域特征的职业规范体系。

这种理论的主要特征表现为：

1.规范性。审计规范理论主要用以规范审计师的执业资格和执业行为，目的在于提高审计质量。

2.权威性。审计规范理论具有权威性和强制性，它实际上制约着审计实务。审计规范是在审计理论的指导下制定的，不是审计程序、审计实务的汇总，而是当时具有代表性的审计理论的集中体现，它指导审计实务，规范审计程序和方法。

3.指导性。审计规范理论中的那些准则、规则，可以用于指导审计的实际工作。这是由于这种理论比审计基本理论更接近审计实践活动。

（四）审计应用理论

审计应用理论是在审计基本理论和审计规范理论指导下建立的一种旨在指导审计实务、提供操作指南的审计理论。它包括审计组织理论、审计操作理论和审计控制理论三个有机部分。其中，审计操作理论包括鉴证业务操作理论和相关服务操作理论两个方面。鉴证业务操作理论可按照鉴证业务提供的保证程度和鉴证对象的不同，分为审计、审阅和其他鉴证业务操作理论。审计业务操作理论是主要由审计计划、审计程序、审计方法、审计证据、审计工作底稿以及审计报告等内容构成的基本体系，用于研究在审计基本理论和审计规范理论的指导下，如何规范审计师执行财务报表的审计业务，是鉴证业务操作理论的核心。相关服务操作理论是研究审计师如何执行除鉴证业务外的其他相关服务，如对财务信息执行商定程序、代编财务信息、税务咨询和管理咨询等。

这种理论的主要特征表现在：

1.具体性。这种理论常常能被找出相应的实物参照系，总是解决特定某一方面的实际问题，常常具有一定的可操作性和可察见性。

2.有用性。它不像审计基本理论那样空洞枯燥，无法用于实际工作。理论所包含的内容相当广泛，如审计计划、审计程序、审计技术方法、审计策略与审计证据、审计报告等方面的理论，都应归入此类。

（五）审计相关理论

审计相关理论是从事审计理论研究和审计实践工作必须具备的其他学科理论，主要包括：

1.哲学和经济学理论。哲学为审计理论研究提供了一般方法论指导。我们应该继承并发展马列主义哲学，同时也应该汲取西方哲学中的可以为我所用的精髓，以丰富和完善我们的方法论。经济学理论也是审计理论基础的重要组成部分，它可以开阔我们的视野，为我们提供可供选择的理论依据和方法。

2.系统科学理论。系统科学是关于系统及其演化规律的科学，它是一个大科学，包括一般系统论、控制论、信息论、耗散结构论、突变论、混沌论、运筹学、博弈论等理论分支。由于一切事物和过程都可以被看作不同的组织系统，从而使系统理论具有一般的性质，带有较强的普遍性。所以，运用系统科学的原理，研究各种系统的结构、功能及其进化的规律是可行的。

3.财务和会计理论。现代审计可划分为财务审计和管理审计，两者分别对受托财务责任和受托管理责任的完成过程及结果进行审核。受托财务责任要求受托人最大限度地尽一个管理人的责任，诚实经营，保护受托资财的安全完整，同时要求其行动符合法律、道德、技术和社会的要求；受托管理责任则要求受托人不仅应合法经营，而且应有效经营、公平经营，也就是说，受托人要按照经济性、效率性、效果性甚至公平性和环保性来使用和管理受托资源。不管是审核受托财务责任还是审核受托管理责任，均要大量分析和评价财务信息和非财务信息，而这些信息是在一定的财务和会计理论指导下产生的。因此，审计学不可避免地要以财务和会计理论为指导来构架审计理论，以便指导和预测审计实务。

4.管理科学理论。以古典管理理论为起点，经过行为科学理论的中间发展，至今日益成熟完善的现代管理理论，理应成为审计理论基础的一部分。首先，制度基础审计是以测试和评价内部控制制度为主要内容的，而内部控制制度是控制论在经济管理中的具体运用，是企业管理现代化的产物；其次，管理审计的兴起，说明了企业管理活动的日益重要，管理审计迫切需要现代管理理论的指导，以客观地评价企业的经营管理，并为企业改进经营管理提出富有建设性的意见。

5.统计科学理论。内部控制的日趋健全、企业规模的日益庞大，以及高等数学方法的广泛应用，使得抽样技术在审计中广泛运用成为可能。由于审计抽样大量地应用统计科学的有关概念和方法，因此，以现代统计理论为后盾构建审计理论便成为一种必需。

6.侦查逻辑科学理论。任何审计结论和意见都需要审计证据的支持。审计证据的获取可通过检查记录或文件、检查有形资产、观察、询问、函证、重新计算、重新执行和分析程序等审计程序，这类程序类似于侦查学中的某些方法和程序。在证据的获取过程中，需要大量地运用逻辑判断以整理分析审计证据，排除伪证，使获取的证据充分而且适当。因此，审计理论基础应包括侦查逻辑学的有关理论。

7.计算机与网络技术理论。计算机在会计实务中的广泛运用，给当代审计实务和审计理论带来了极大的冲击。例如，EDP会计系统导致内部控制减弱，引起审计线索消失和审计方法改变，相应地也必然要求审计准则变化等，这些新问题的出现需要结合计算机技术理论重塑审计理论，以指导EDP审计实务。

8.其他理论，如计算技术、行为科学，以及人力资源理论、环境理论等。

第三章学习指南

第四章　审计环境与审计目标

第一节　审计环境的构成要素及其对审计的影响 ▌────────

任何事物的产生与发展都离不开环境的影响，审计作为社会文明的产物当然也离不开环境的影响。审计环境是指与审计的存在、发展密切相关，影响审计思想、审计理论、审计实务，以及审计发展水平的客观现实因素和历史因素的总和，是内部环境因素和外部环境因素的对立统一体。

一、审计环境的构成要素

影响审计的环境因素很多，分类也是多种多样。按照一般对环境的分类，可以分为政治、经济、法律、社会、文化和科技环境；按照地域可以分为国内环境和国外环境；按照结构可以分为宏观、中观和微观审计环境三个层次；按照与审计本身的关系可以分为审计内部环境和审计外部环境。本节选择性地阐述对审计产生直接或者重大影响的若干环境因素。

（一）经济因素

审计的经济环境是指一定时期内的社会经济发展水平及其运动机制对于审计工作绩效的客观要求。具体包括宏观经济运行模式以及微观的企业组织形式、经营模式等。

独立审计是商品经济发展到一定程度时，随着企业财产所有权与经营权分离而产生的。18世纪下半叶，资本主义工业革命开始以后，英国的生产社会化程度大大提高，导致企业所有权与经营权进一步分离。企业主们雇佣职业的经理人员来管理日常经营活动，企业主们需要借助外部专业人员来检查和监督经理人员，于是出现了第一批以查账为职业的审计师。随着资本市场的快速发展，企业融资渠道进一步拓宽，债权人、潜在的投资者等社会公众都迫切需要了解公司的财务状况和经营成果，以作出相应的决策。因此，为确保财务信息的真实与公允，就催生了对财务报表的真实和公允进行审计。

（二）诉讼及判决

诉讼与判决在审计的发展过程中扮演着非常重要的角色。当社会公众的需求发生变化时，若审计能力所能达到的水平与之相差甚远，则审计师就会面临诉讼的威胁，就会迫使审计师考虑社会的需求，并通过改进审计技术来满足公众需求。法庭判决是根据社会对审计要求的变化及其合理性，并考虑审计能力后作出的，从而对明确审计的目标和审计责任产生作用。

（三）法律因素

审计的法律环境是指一定时期国家法律对于审计工作的干预指导程度和对审计师自身权益的保障程度。如前所述，英国议会在1844年颁布了《公司法》，规定股份有限公司必须设立监事来审查会计账簿和报表，并将审查结果报告给股东；次年又对《公司法》进行了修订，规定股份有限公司必要时可以聘请会计师协助办理审计业务；1862年修改的《公司法》又确立独立会计师为法定的公司破产清算人，进一步明确了独立会计师的法律地位。美国等其他国家也都有相关法律规定强制审计等事项。

（四）科学技术因素

审计的科技环境是指一定时期内的科学技术发展水平所决定的技术手段对于审计操作技能和审计内容的影响。最初的审计主要依赖于手工逐笔业务核查，即采用详细审计。随着统计抽样技术的应用以及企业管理层广泛采用内部控制，审计主要依赖于内部控制评价基础上的制度基础审计。随着信息技术的应用普及，一方面，会计核算普遍使用计算机，大大减少了会计核算上的计算错误；另一方面，复杂的信息技术增加了企业经营环境的复杂性，也增加了审计的风险。因此，审计很快也采用计算机作为辅助审计的手段。同时，为了合理降低审计风险和降低审计成本，审计师开始采用风险导向审计模式。

近年来，人工智能技术以及各种机器学习的形式，为审计专业人员提供了诸多令人耳目一新的可能性。并行处理、获取海量数据以及算法优化等人工智能技术已经开始逐步走进审计实务中。

（五）相关利益群体——会计职业团体、政府、公众

审计的发展进程也是相关利益群体博弈的过程。审计师为了保护自身的利益，自发形成了行业协会——会计职业团体。会计职业团体在维护审计师的权益、提高审计师的审计能力、制定审计准则等事务中发挥了巨大的作用。公众为了保护自身的利益，不断对审计提出新的要求，审计的期望差距日益增大。于是，会计职业界为减少期望差距而作出新的努力。政府作为公众的代言人，扮演着维护公众利益的角色，对审计施加各种管制。这些无疑都将规范和促进审计的发展。

（六）文化因素

审计的文化环境是指一定时期人们受教育的程度以及审计职业教育的普及程度。如果整个社会的教育普及层次较低，人们就必然缺乏对于社会经济生活的参与意识，因而难以充分地理解审计监督对于社会经济发展的客观作用。这样就势必会影响审计业务的实施范围、方式和内容。若接受审计的单位的管理人员不具备会计审计专业知识，就不能很好地利用审计信息，从而影响到审计监督作用的发挥。另外，现代审计的任务与范围也要求审计师不仅应当具备会计审计专业知识，同时还应当具备一定的经济、工程、法律和电子数据处理系统等方面的相关知识，只有拥有这样的知识结构，审计师才能较为圆满地完成审计任务。由此可见，文化环境不仅影响审计师的业务能力和审计信息的社会效用，而且在客观上也构成了提高审计质量的必备条件。

二、审计环境对审计理论和实务的影响

本部分我们将对审计环境给审计理论和实务带来的影响展开分析。考虑到审计环境对审计目标的影响格外突出和重要，我们将在下一节里单独讨论。

（一）审计环境决定了审计需求与供给

从经济环境的变化中可以清晰地看到审计的需求与供给的发展轨迹。早在15世纪，当时地中海沿岸的商业城市已经比较繁荣，在威尼斯出现了最早的合伙企业。在当时的商业合伙企业中，有的合伙人只出资而不参与经营管理。这样，那些不参与经营管理的合伙人也希望监督企业经营，及时了解掌握企业的财务状况。因此，就产生了对独立审计的最初需求，即在客观上希望有一个与任何一方均无利害关系的第三者能对合伙企业进行监督、检查。同时，在15、16世纪意大利的商业城市中也出现了一批拥有良好的会计知识、

专门从事这种监督与检查工作的专业人员，他们就是独立审计的最初供给者。

股份有限公司的兴起使企业的所有权与经营权进一步分离，绝大多数股东已完全脱离经营管理，他们需要准确了解企业的经营成果，以便作出是否继续持有公司股票的决定。与此同时，投资市场上潜在的投资者、金融机构、债权人也需要及时正确掌握公司的经营成果和财务状况，以避免给他们带来巨大的经济损失。因此，公司股东、潜在投资人及债权人在客观上进一步要求对公司财务报表进行审计。而"南海公司事件"中，斯耐尔以"会计师"名义提出了"查账报告书"，从而宣告了注册会计师的诞生。其后，苏格兰爱丁堡创立的第一个注册会计师专业团体——爱丁堡会计师协会，标志着审计供给作为一种职业——注册会计师职业——的诞生。然而，此时的审计还只是处于自由供给的状况。1933年，美国《证券法》规定，在证券交易所上市的所有企业的财务报表都必须接受审计，并出具审计报告。不久，会计准则和审计准则相继出台。至此，在法律规范的介入下，独立审计的需求与供给逐步走向法治化、规范化。可见，法律环境最终为独立审计的需求与供给提供了有力保障。

第二次世界大战后，各经济发达国家通过各种渠道推动本国的企业向海外拓展，跨国公司得到空前发展。国家间资本的相互渗透带动了独立审计国际需求的发展。相应地，一大批国际会计公司建立起来了，并随着客户规模的扩大不断进行合并，形成了"四大"国际会计公司，注册会计师行业成为世人所瞩目的职业。

（二）审计环境决定了审计模式的建立与调整

审计模式一般意义上可以规定为若干审计特征的集合，而且是具有一定性质和组合形式的集合，它的生成和变换，均取决于社会经济环境的变化。

从生成方式看，通常一种审计模式的产生并不是凭空而起的，而是另一种审计模式变换的结果。当社会经济环境发生巨大变化时，旧的审计模式就会由无组织到有组织地被新的审计模式所替代。当审计模式同社会经济环境部分不相适应时，就会对原有审计模式有组织地进行调整。

从变换方向看，一种是受本国社会经济环境的引导而生成新的审计模式，如英国的审计主要是在本国政治、经济、文化中发展起来并为本国经济服务的，具有一定的超然性，其社会经济环境内部的矛盾运动具有独立性，受他国社会经济环境的影响不大；另一种是审计模式的变换受到因输入外来社会经济环境而带来的本国社会经济环境的变化的引导而生成新的审计模式。因而，这种新的审计模式类似于输出国的审计模式，当然随着本国社会经济环境与输出国社会经济环境的背离，本国的审计模式也会与输出国的审计模式分道扬镳。

（三）审计环境决定着审计职能的扩展和变化

职能是一事物在特定环境中所具有的特定功能。它既是一事物质的内在规定，也是一事物能满足客观环境需求的能力的外在表现。在特定的环境中，它是不以人们的主观意志为转移的客观存在。只要决定这一事物职能的客观环境保持不变，该事物的职能就将持续存在并发挥作用；当这一事物所依存的客观环境发生变化，对该事物产生新的需求，这一事物就会产生新的职能，否则就将消失。

独立审计产生的经济背景是股份有限公司的出现。股份有限公司的一个基本特征是经营权与所有权相分离所产生的受托经济责任。这一特征决定了社会对独立审计提出的要求首先就是对财务报表进行鉴证，因而，独立审计的基本职能是鉴证、评价。同时，只要受托经济责任关系存在，独立审计的鉴证、评价职能就将持续存在并发挥作用。数字经济的快速发展，已经渗透到审计职业领域。人工智能已经被引入会计、税务、审计工作当中。

（四）审计环境制约着审计的具体内容

独立审计目标是审计工作的基本服务方向，代表着社会各利益集团要求的基本方向，直接反映社会经济环境的变化。一国的审计目标最终取决于社会经济环境，有什么样的社会经济环境就有什么样的审计目标，反之则不成立。

审计目标又是由不同层次、不同系列的目标所构成的一个网络体系，在审计模式诸内容中，占有举足轻重的地位。独立审计的一切内容，如审计管理体制、审计准则的制定与实施、信息披露、审计报告制度、监督体系等都必须围绕审计目标协调地发挥作用，通过优化审计行为来实现审计目标，满足社会的需要。因此，审计环境作用于审计的方式是通过审计目标制约审计的具体内容。

（五）审计环境促进了审计程序和方法的变更

自1844年至20世纪初这一阶段，由于英国的法律规定了所有股份有限公司和银行必须进行审计，因而英国审计模式被广泛借鉴。此时，对审计师的期望只是要他们来检查企业的管理人员，特别是会计人员是否存在贪污、盗窃和其他舞弊行为，尚无完善的审计程序，审计方法是对会计账目进行逐笔审计。

这种以账项为基础的审计程序步骤如下：首先，了解客户的账簿体系及业务特征；其次，根据银行对账单核对企业的库存现金日记账，检查从日记账到分类账的过账过程，检查交易凭证，检查总分类账户余额，包括现金、工资、存货及其他分类账户；最后，结账并编制试算平衡表。在这种审计程序中，过账、检查交易凭证、加总账簿数据是最为烦琐、枯燥的工作。对审计师的访谈记录显示："为了帮助审计师克服一到下午就犯困的毛病，我们采取了一个特殊的办法：让负责读会计账簿的审计师故意读错一个数字。此时，负责校队的审计师若没能发现这一错误，则需要向同事支付罚金；反之，若能及时指出错误，则会收到同事支付的罚金。"[①]

20世纪初至20世纪30年代，全球经济发展中心由欧洲转向美国，独立审计发展的中心也由英国转向了美国。此阶段，经济领域中的一个突出特点是金融资本对产业资本的渗透更为广泛，企业同银行的利益关系更加紧密。由于金融资本往往数额巨大，因此对独立审计的要求更为严格。要求独立审计应具有完备的审计程序，审计方法也由详细审计初步转向抽样审计。

20世纪30年代初，资本主义世界经历了历史上最严重、最深刻、破坏性最强的经济危机，大批企业倒闭，投资者和债权人蒙受了巨大的经济损失。这就从客观上促使企业利益相关者加强对审计规范的关注，纷纷要求制定审计准则，以规范审计程序。自此，审计范围扩大到了测试相关的内部控制制度，并广泛地采用了抽样审计方法。

20世纪末期，注册会计师行业面临信息社会和知识经济的双重挑战。Knechel

---

① 马修斯. 审计简史 [M]. 周华，等译. 北京：中国人民大学出版社，2020：34-35.

（2001）①描述了这些挑战：市场饱和、行业价格竞争激烈，事务所合并风起云涌，审计技术面临被信息技术替代的危险，审计职业市场份额降低，审计职业缺乏对人才的吸引力，审计失败和诉讼频发。为了应对这些挑战，审计职业界开始探索新的审计技术和方法，由此催生了现代风险导向审计技术。

（六）审计环境推动了审计技术与手段的进步

科学技术环境对审计技术的影响最为显著。大数据时代下组织所处的数据生态系统发生急剧的变化，体现为数据容量大、数据类型繁多、商业价值高、处理速度快等，充斥着结构化、非结构化、半结构化数据，冲击着经济业务的会计计量和审计鉴证框架等。数据要进入会计审计领域，会计审计程序要发生创新性的变革。

（七）审计环境决定了审计风险水平

审计师在执业过程中，审计风险是不可避免的。在独立审计的实践中，审计师必须千方百计将审计风险控制在一个较低的水平上。这就要求审计师必须考虑应当采取哪种最为恰当的审计方法，才能尽可能地把审计风险控制在较低的、可以允许的水平上。审计师的这种努力，不仅仅靠自己的良好愿望，更有赖于其所处的审计环境。例如，国家有关法律法规对审计方法的限定。实践表明，通过定期培训等方式，可以提高审计师和企业会计人员的素质，这也是控制审计风险的有效措施。

此外，审计环境还通过对会计信息真实性、可靠性的影响制约着审计风险。按照审计环境的要求和约束，审计师必须严格依据国家有关法律、法规的规定审查企业的经济活动和相关的会计记录，对被审计单位存在的各种违法违规行为以及财务会计信息的疏漏、虚假和错误予以揭示。对违规执业的审计师，应依法追究责任，从而间接促进企业严肃财经纪律，正确进行财务成本核算，确保财务会计信息的真实性、可靠性，进而达到控制审计风险的目的。

第二节　审计环境变革与审计目标的演变 ▉

一、审计目标与审计环境的关系

审计目标是特定审计环境的产物。审计目标的确定主要受到三方面因素的影响：一是社会的需求；二是审计自身的能力；三是法律、法庭判决，以及会计职业团体制定的审计准则。社会的需求对审计目标的确定起着根本性的导向作用，决定着审计目标的需求；审计自身的能力对审计目标的确定起着决定性的平衡作用，决定着审计目标的供给；法律、法庭判决，以及会计职业团体制定的审计准则代表了相关方博弈的过程和结果，是审计目标明确化的具体表现形式。

二、审计目标的主要影响因素

（一）社会需求是影响审计目标确立的根本因素

社会需求是社会生产和服务的出发点。审计作为一种服务职业，审计目标的发展自然受社会需求的重要影响。这可以从审计产生、发展的历史演变中得以验证。

在审计产生之初，生产技术比较落后，经济业务比较简单，控制手段比较原始，财产

---

① KNECHEL W R. Auditing: Assurance and Risk ［M］. 2nd edition. Cincinnati, OH: South - Western College Publishing, 2001: 8.

所有者对财产监管者最关心的是其是否诚实。因此，审计目标是单纯的查找舞弊行为，审计方法是简单的"听账"、对账和详细查账，几乎毫无例外地要详细验证每笔经济业务。19世纪末20世纪初，随着资本主义生产的发展和企业规模的日益扩大，企业所需资金大大增加，但是资本市场还很不完善，资金的主要来源是银行贷款。申请贷款者发现，报送经独立审计师鉴证过的资产负债表比较容易取得银行贷款，因而，美国开展了以企业偿债能力为主要目标的资产负债表审计。20世纪30、40年代以后，随着整个世界资本市场的迅猛发展，证券市场的涌现及广大投资者对投资收益情况的关心，整个社会的注意力转而集中于利润表上，使其成为审计的主要内容。同时，人们对信息的可靠性也更加关注，从而使审计发展到以验证财务报表公允性为主要审计目标的财务报表审计阶段。从上述审计目标的演变中不难发现，社会需求是影响审计目标确立的根本因素。

（二）审计能力是影响审计目标确立的决定性的制约因素

社会环境对审计需求的不断扩大和对审计作用的过高期望，常常使人们卷入不愉快的责任诉讼中。审计能力是有限的，当审计工作的结果不能满足社会对它的全部期望时，或者说当社会与审计职业界对审计的内容和要求不一致时，就会出现二者在审计目标上的差距。事实上，审计自产生以来，始终在为满足社会的需求而努力，但始终无法完全满足社会的需求。因为当旧的需求满足后，又会产生新的需求。为了满足新的社会需求，审计师需要作出多种努力，而这需要时间，更需要审计技术、方法、审计理论上的突破。因此，审计能力的有限性决定了审计所能满足的社会需求是相对的，而不是绝对的。只有当审计具备了满足社会需求的能力时，这种社会需求才能成为审计目标。例如，审计实务中采取统计抽样的方法早在两次世界大战期间就已经在理论上进行解释和论证，但该方法在20世纪70年代随着计算机的引入才真正被接纳。

（三）法律、法庭判决以及会计职业团体制定的审计准则使审计目标得以明确化

著名会计学家迈克尔·查特菲尔德（Michael Chatfield）认为，美国和英国的审计发展受到国家法律、法庭判决和会计职业团体三个方面的重要影响。

国家法律对审计的影响可以从英国的《公司法》、美国的《证券法》《证券交易法》《反国外贿赂法》，中国的《证券法》等窥见一斑。这些法律使法定审计成为可能，同时也明确了审计的目标。例如，1900年以前的英国《公司法》，根据当时的社会需求，明确规定公司审计的主要目标是揭露舞弊和差错。而到了1949年，根据社会经济环境的变化，新修订的《公司法》明确规定审计报告是要对财务报表的质量提出专门的意见。从此，审计的主要目标转移为对财务报表的质量作出评价，而揭露舞弊和差错已经成为次要的目标。1985年，《公司法》再次对审计目标作了具体的修订，以至于汤姆·李在《企业审计》一书中认为："现代企业注册会计师所从事的审计工作具有多种职能。注册会计师不仅要对企业的主要财务报表提出专门的意见，而且要审查财务报表与董事会报告的一致性；如果主要财务报表没有充分表达，则注册会计师要在审计报告中予以充分表达；在审计意见有保留的情况下，注册会计师要对红利分配的发放提出单独报告……"美国的《证券法》、《证券交易法》和《反国外贿赂法》等也都对审计目标的确立有类似的影响。国家法律根据社会需求对审计目标作出规定，带有强制性，审计师必须遵循。

法庭判决的结果和原则也对审计目标有影响。在英美等国家，法庭对案例的判决结果及判决原则被看作一种习惯法。审计范围和审计责任通过对一系列典型案件的判决而得到明确。例如，英国法庭在1887年的"里兹地产建筑投资公司诉夏巴德案"的判决中明确提出：审计师的职责是检查管理部门，确定管理部门人员编制的资产负债表在实质上的正确，而不仅仅是计算上的正确性。该案的判决明确了审计的最主要的目标是检查报表是否真实反映企业的情况，即是否有欺诈舞弊行为。由于法律对审计目标的阐述比较抽象，许多的具体细节需要通过法庭的判决来加以明确，并且在许多情况下，法庭的判决要考虑社会需求及审计能力的变化，因而导致法庭的判决随着社会经济环境的变化而变化，审计目标和内容也随之发生相应的变化。美国的准则制定和完善过程就是典型的诉讼导向型。

法律与会计审计的关系都是交织发展的。研究商业史的学者们发现，19世纪中期，英、美国家的公司法已经确认了公司资本维持以及利润分配的技术规则，其中一些规则直到今天还在适用。至19世纪末，司法实践中关注的主要问题是在确定利润和税金时应扣除哪些费用，是否需要提取固定资产折旧和类似的减值准备金。法官认为，为折旧和折损而建立的准备金账户是一个适当的、可认许的账户，即提取这些准备的公司没有足够的资金留给净盈余用来发放优先股股利。会计规则并不仅仅是为了解决公司内部的技术事项争议，同时也与其他法律的实施密切相关[①]。

会计职业团体通过对审计准则的制定施加影响，也在影响着审计目标。会计职业团体会根据社会的需求，将适当的审计目标纳入审计准则，从而成为审计师必须遵循的最低标准。例如，美国的审计准则委员会在1977年发布了《审计准则说明书》第16号"注册会计师揭露差错和舞弊的责任"和第17号"客户的非法行为"。这表明，会计职业团体根据社会的需求，已经将揭露差错舞弊和客户的非法行为列为审计目标。

综上所述，审计目标是不同时期社会需求、审计能力的协调统一，它们通过法律、法庭判决以及审计准则得以明确化。社会需求，审计能力，法律、法庭判决以及会计职业团体在审计目标的确立过程中分别起着不同的作用。

第三节　审计环境变革与审计期望差距 ■

当前社会已经进入到数字时代。对于注册会计师行业来说，商务服务领域的数字时代具有三大特征：一是海量的大数据；二是灵活多渠道社交媒体；三是高度发达的信息技术。大数据和社交媒体以及信息技术的合理使用可以有效提高行业的快速反应能力，提升服务效率，改善服务质量；社交媒体或者平台的多渠道互动有助于建立客户连接，实时了解客户需求，加强客户链管理；信息技术则联通了大数据和社交媒体，使得两者密切融合，并运用于商业资源的流动和管理中。这三大因素互相作用，构成了注册会计师行业面临的现实挑战，同时也构成了行业发展的驱动因素。新型环境下的会计审计行为呼唤着创新的会计审计技术与方法，大数据时代下会计审计实务正在发生着深刻变革，机会和挑战共存。

一、数字时代审计环境的变革

1.大数据。根据信息理论，数据是指描述事物的各种符号记录，包括数字、文字、图形、图像、声音、语言等。大数据是由数量巨大、结构复杂、类型众多的数据所构成的数

---

① 刘燕. 公司财务的法律规制［M］. 北京：北京大学出版社，2021：149.

据集合，它具备4V特性：Volume（大量）、Velocity（高速）、Variety（多样）、Value（价值）。毋庸置疑，数据是数字时代最重要的生产要素。掌握数据、利用数据已经成为国家和经济组织核心竞争力的来源。2019年10月，中国共产党第十九届中央委员会第四次全体会议通过的《中共中央关于坚持和完善中国特色社会主义制度 推进国家治理体系和治理能力现代化若干重大问题的决定》中明确指出：健全劳动、资本、土地、知识、技术、管理、数据等生产要素由市场评价贡献、按贡献决定报酬的机制。2020年印发的《中共中央 国务院关于构建更加完善的要素市场化配置体制机制的意见》明确提出，要加快培育数据要素市场，包括推进政府数据开放共享、提升社会数据资源价值，以及加强数据资源整合和安全保护。上述文件明确并强调了数据的生产要素地位，表明数据已经被提高到国家战略层面。

对于企业来说，能否利用大量结构化和非结构化数据，实现价值挖掘是决定企业生存发展的基础。对于审计业务而言，传统的人工审计方法已经难以应对纷繁复杂的企业数据。海量数据的获取、整理、检查、分析牵扯了审计师大部分的精力，必然造成审计效率低下，审计成本高居不下。因此，解决这些问题已经刻不容缓。对于非审计服务等业务来说，首先，有必要顺应企业需求，在数据分析、数据挖掘领域发挥优势，协助企业利用海量数据进行商业分析，提升企业丰富应用场景优势，最终实现数字技术与实体经济深度融合。其次，对海量数据进行分析的主要目的是预测。在企业财务决策领域，日益重视未来和远期的财务规划和分析。注册会计师行业如何能够提供更有洞察力的见解和技术支持，通过认知预测等方式，协助企业提升决策水平，这也将是行业面临的现实挑战。最后，既然数据属于重要的生产要素，也属于企业重要的资产，甚至可能体现为资本，那么数据安全问题是值得高度重视的。注册会计师行业如何利用自身优势，帮助企业实现数据安全？

2.社交媒体。社交媒体正在重塑社会沟通方式。新型通信工具和云计算、移动互联网等平台，使得人们能够通过多种方式和途径进行沟通互动。移动服务不仅使弹性工作方式和灵活沟通成为现实可能，还可以加速自动化进程，降低企业成本。社交媒体也造就了新兴职业和新商业模式。注册会计师行业需要解决两大问题，一是深刻认识这些新型商业模式，洞悉其对于企业行为和绩效的影响，从而提供有针对性和预见性的建议。二是改变行业自身的沟通方式。出于保守谨慎等职业精神的影响，注册会计师行业在与社会公众的沟通方面往往处于被动地位。身处商业秘密和内幕信息的地带，其言行举止大多秉持低调、慎言等沟通风格。这不利于注册会计师行业与社会公众的主动沟通和有效沟通。尤其是在面临企业舞弊和造假等负面事件时，行业对外沟通往往是非常被动和消极的。显然这种传统的对外沟通方式难以弥合期望差距。

3.信息技术。信息技术深刻改变着社会。从金融领域到教育领域，从线下交易到线上支付，从营销部门到会计部门，信息技术无时无刻不在发挥作用。数字货币和区块链技术已经投入使用，并在逐步取代现有的服务基础设施。它们具有不可替代的优势：能够有效提升交易记录的安全性、完整性，能够随时随地访问且不可更改。这些趋势将会对目前会计人员的各种业务产生影响。比如，在审计方面，信息技术催生软件供应商开发新型审计软件产品，随着审计软件安全性和稳定性的提升，伴随着区块链技术日趋完善直至成熟，基础工作可能已经不再需要人工完成。在咨询服务方面，信息技术和大数据、移动互联网平台融合媒体沟通功能使得信息的即时访问得以实现，从而降低企业对于咨询服务的需求。人工智能的持续发展则会进一步消减企业对于面对面的专家服务的需求，或者会抑制部分需求。对于传统报账和纳税业务来说，各种简化处理模块、自助服务平台也会使得注册会计师的传统功能无用武之地。

二、审计期望差距

1974年，时任安永会计师事务所总法律顾问Carl Liggo首次提出审计期望差距一词。按照不同主体（维度），迄今形成了对于审计期望差距的不同理解。早期观点主要认为，审计期望差距是"审计师和使用者"对审计业绩的期望差异。科恩委员会扩展了内涵，认为它是指公众的期望或需求与审计师能够和应该做到的水平之间的差距，即"审计期望-业绩差距"。但期望差距的主体仍然聚焦在审计师和使用者两大维度。后期研究者们将维度扩展至监管机构，形成了三大维度。ACCA（2019）发布了审计期望差距的三维分析框架，认为审计期望差距由认知差距、执行差距和演进差距所组成。这三种差距对应着三大主体：信息使用者、审计师、监管机构。黄世忠（2021）[①]也认同这一观点。他指出，理解审计期望差距需要明确界定主体和客体：一是主体，审计期望差距不仅存在于财务信息的使用者与审计者之间，也存在于财务信息的监管者与审计者之间；二是客体，即财务报告生态系统中的不同攸关方对发现舞弊和错误的不同看法，使用者和监管者认为审计师负有发现舞弊和错误的责任，而审计师则认为审计不是为了发现舞弊和错误，而是对财务报表的整体公允性发表意见。简而言之，审计需求方对审计供给方存在认知偏差时就会形成认知差距；审计供给存在质量缺陷时就会形成执行差距；审计供给滞后审计需求时，审计准则的规定未能满足社会公众与时俱进的正当期望时，就会形成演进差距。

需要指出的是，自审计期望差距提出至今，已经将近50年，审计环境、审计技术和审计准则、行业监管等需求和供给、监督方面均发生了巨大的变化，但是审计期望差距却从未消失，甚至在个别方面期望差距越来越大。

（一）认知差距

认知差距在各个行业都存在。患者往往期待医生药到病除，家长希望学校能够教育好孩子，审计报告使用者则认为审计报告应当保证财务报告的真实性。认知差距主要源于需求方和供给方对于产品服务的理解不同、认知不同。注册会计师行业具有自身的生产服务规律、发展特征和固有局限，认知差距是客观存在的。尽管社会环境一直处于变化之中，但是社会公众对于审计报告的期望却从未降低。

在社交媒体高度发达的现代信息社会，一旦发生审计失败或者财务报表舞弊等事件，事件的发酵速度之快、传播范围之广是以往时期难以想象的。如果未及时作出相关回应或说明，往往在舆论事件中处于被动，不利于对外沟通获取社会公众的理解和认同，进一步加大期望差距。刘明辉等（2010）[②]指出社会公众和审计师的认知特点存在差异，认知特点主要包括关注自我，容易产生自我服务偏见，习惯向上比较，态度和行为往往不一致；常犯归因错误，容易受到媒体的影响。改进认知模式的措施包括：普及心理学知识、角色扮演、换位思考，以及借助媒体引导认知等，以缩小审计期望差距。

---

① 黄世忠. 审计期望差距的成因与弥合 [J]. 中国注册会计师，2021 (5)：66-73.
② 刘明辉，何敬. 审计期望差距的心理学分析 [J]. 审计研究，2010 (3)：82-88.

针对期望差距，注册会计师行业力图通过各方努力加以弥合。例如持续修订审计准则，尤其是审计报告准则。从2018年开始，审计准则要求A股上市公司的审计报告全面披露关键审计事项，旨在提高已执行审计工作的透明度，学者们考察了关键审计事项的实际价值。田高良等（2021）[①]从文本分析角度指出，我国审计报告的关键审计事项已经形成独立的审计风格。基于审计期望差距视角，可以认为我国上市公司审计师已经能够提供差异化的审计产品，以在一定程度上弥合期望差距。但是，陆正飞等（2022）[②]调研发现，超过一半的投资者反映审计报告模板化和审计过程披露不透明。这意味着针对审计报告的期望差距仍然客观存在；仍然面临关键审计事项的披露模板化和同质化现象；关键审计事项对管理层的监督效应是局部的、有限的[③]。综上所述，尽管审计报告做了大量的修订、改进工作，但是由于审计报告涉及复杂的生产过程、多重利益相关者参与，尤其是受到公司治理机制、财务报告价值链的影响，审计报告的精髓——关键审计事项——的有用性、相关性等价值究竟如何，基于实证方法的研究结果尚未给出完全清晰的答案。

在信息社会，各种信息以空前的速度、空前的规模传播着。必须承认的是，认知差距是客观存在的，也是可以通过各种有效手段和方法加以弥合的。但是如果这些手段方法和弥合速度远远落后于其他信息的传播速度，认知差距将会越来越大。摆在行业面前的一个现实问题是，如果注册会计师行业未能有效解决审计报告的有用性，未能弥合认知差距，则行业价值必然会受到质疑。因此，行业有必要找到有效方法，通过各种途径"科普"行业基础知识，走下自创的审计概念"神坛"，用喜闻乐见的沟通方式，用浅显易懂的沟通语言，加强宣传，提升沟通效果。

（二）执行差距

按照审计准则的要求，审计师应该执行而实际未执行相关审计程序时，就构成了执行差距。在期望差距三个维度中，审计师作为责任主体，应该对这一差距负主要责任。需要指出的是，执行差距存在于具有不同特征、不同类型的审计师主体。从具有不同特征的审计师主体来看，国际"四大"和非"四大"、本土大所和非大所在执行差距方面存在显著区别。从同一事务所内部来看，不同分所、不同项目组的执行差距也存在差异。因此，从注册会计师行业内部来看，会计师事务所、审计团队都可以作为责任主体。执行差距主要是审计主体差异造成的，只要注册会计师在职业道德、执业水平、质量控制、资源分配等方面存在差异，执行差距就必然存在。

需要说明的是，对于执行差距，审计服务供求双方的认知存在不同，例如，从业人员认为主要原因是事务所内部资源分配不合理，被审计单位认为事务所内部资源分配和注册会计师专业胜任能力不足是两个主要原因（陆正飞等，2022）。这说明，在现实中，各种要素之间，各种主体之间也存在交叉影响，从而在客观上放大了审计期望差距。

从职业道德层面来看，如何秉持独立性、敢于说"不"历来都是期望差距问题，甚至是审计价值的焦点问题。当社会曝出个别审计失败事件，往往会被各种媒体广泛报道，社

① 田高良，陈匡宇，齐保垒. 会计师事务所有基于关键审计事项的审计风格吗？——基于中国上市公司披露新版审计报告的经验证据 [J]. 会计研究，2021（11）：160-177.
② 陆正飞，祝继高，许晓芳，等. 我国注册会计师行业发展主要问题及成因研究——基于审计报告提供者和需求者的问卷调查分析 [J]. 中国注册会计师，2022（2）：28-35.
③ 薛刚，王储，赵西卜. 谁更关心关键审计事项：管理层还是分析师 [J]. 审计研究，2020（2）：87-95.

会舆论喧嚣尘上，审计独立性问题往往被揪住不放，反复强调并引发广泛讨论，甚至会触发注册会计师审计存在价值与否等根本问题。职业道德问题对于弥合期望差距，实现行业价值至关重要，但决不能单单依赖行业自身加以解决。长时间悬而未决的独立性悖论究竟何去何从？这已经是摆在各国的行业监管者面前不得不解决的难题。

从执业水平层面来看，自2004年我国引入风险导向审计方法以来，各个会计师事务所执行审计业务时，必须按照风险评估、风险应对这一审计思路展开工作。但是，事实上，事务所之间因各种原因存在明显差异，在执行风险导向审计准则的时候，必然会存在执行差距。审计准则提供了方法指引，但未提供实施细节。若将抽象方法落实到具体执行层面，需要具有前后逻辑一致的审计操作流程、可操作性强的审计工作底稿；需要提供辅助理念、方法、政策落地的具体流程指导。此外，还需要有审计软件和信息审计技术方法的配合支持，需要有执行团队和支持团队、质控团队的协同配合。也就是说，会计师事务所在执行风险导向审计准则时，需要有"人"（总分所、项目团队）、"材"（工作底稿）、"物"（数据和信息技术）三个方面共同工作，协同配合。但是，在实务中，在抽象的风险导向审计方法和具体执行层面存在很多真空地带，缺乏有效辅助和指引。在探索、执行、填充这些真空地带的时候，事务所、总所分所、审计团队的实施理念、资源投入、实际行动、方法和效果之间存在天差地别。

监管机构在各种处罚公告中，通常会说明审计师违反了哪些审计准则和相关法律法规的要求。如果仅仅是通过公告理解审计师行为，而不去深入分析审计师违规行为背后的真实原因，可能会存在进一步扩大执行差距，甚至会扩大认知差距的现象。这是因为，审计师迫于监管压力，不得不致力于填写工作底稿，从形式上满足监管要求，而无力无法顾及审计思路逻辑完整性和审计证据的说服力。社会公众通过阅读处罚公告，进一步确认了预设认知，从而加深行业内外理解的鸿沟。

（三）演进差距

演进差距聚焦于准则供给和审计需求，指的是审计准则未能与时俱进、及时更新以满足社会公众的期望，侧重于监管者的责任。任何制度一旦出台就有可能滞后于实际需求。当审计准则供给滞后于审计需求，未能满足社会公众期望时，演进差距就出现了。审计准则制定周期延长，审计技术方法变革迟缓，社会公众预期提高，演进差距将日趋扩大。当前社会发展的不确定性、信息技术快速迭代进步和商业模式创新已经是常态，社会公众期待审计师能够降低不确定性，能够利用信息技术增强审计报告有用性，能够透过纷繁复杂的商业模式给出本质结果。针对这些需求，能否提前预知需求，并找到对策，更新或者颁布相关准则是非常重要的。以查错揭弊这一审计目标为例，货币资金科目通常是低风险领域，企业通常不会选择这一科目实现特定舞弊目的。但是现在货币资金已经成为高风险领域，最近几年曝出的企业舞弊事件均与货币资金相关。这说明，第一，企业舞弊已经形成新风险领域，原有的审计方法已经不适应新的情况，审计准则及其相关指引需要作出重大修订。第二，常规审计手段已经难以胜任，需要授予审计师更多的取证权力。道高一尺，魔高一丈，如果没有先进的审计准则及其配套指引，如果没有真正的调查取证权力，演进差距只会越来越大。

第四节　审计环境变革与审计准则、审计实务创新 ■———————

当今世界发展处于大变局之中。金融危机对全球经济的负面影响尚未消退。全球范围内的经济处于下降通道，经济发展情况低迷不振，全球产业链供应链因非经济因素而面临冲击。互联网深刻改变社会交往方式和观念，社会行为发生着深刻变化。科技领域出现日新月异的变化，数据和信息作为未来最为重要的生产要素，各种经济主体所处的文化、安全、政治等环境都在发生重大变革。审计环境已经发生了剧烈且深刻的变革，注册会计师行业必须做好应对一系列新的风险挑战的准备。

一、审计准则改革

20世纪40年代形成的标准审计报告在降低委托代理成本、提升会计信息质量以及增强资本市场资源配置效率方面发挥了重要作用，但是在缓解审计期望差距、提供有效决策信息、提升审计质量等方面不尽如人意。金融危机使全球经济的发展更加充满不确定。恢复投资者的信心、提供决策有用的信息对促进全球经济走出低谷至关重要。为此，国际审计与鉴证准则理事会（IAASB）全新修订了审计报告准则。关键审计事项的引入尤为引人注目。关键审计事项拓展了标准审计报告，透明了审计师行为，增强了信息的决策有用性。在国际审计准则趋同的背景下，我国于2016年发布以《中国注册会计师审计准则第1504号——在审计报告中沟通关键审计事项》为核心的系列准则，并要求自2017年起先行在A+H股公司中实施，然后自2018年起在所有上市公司全面实施。

为了进一步提升审计质量，IAASB于2022年初完成了一系列准则的制定和修订工作，包括新审计报告准则、新会计估计审计准则、新风险评估准则、新质量管理准则和新集团审计准则。其中，新制定的风险评估准则促使会计师事务所更加审慎地思考问题，舞弊和持续经营仍然是高度相关的考虑因素。

为了弥合查错揭弊目标的期望差距，2022年初，IAASB已批准了修订舞弊准则的项目建议书，该建议书重申了审计师在传统审计业务中对发现风险所发挥的作用，同时指出准则中需要强化的领域。针对审计中的"期望差距"，一方面，IAASB将明确界定审计师在审计中应对舞弊应当发挥的作用；另一方面，IAASB也在探索，审计师应就舞弊现象进行哪些外部沟通，需要何种水平的透明度，以及如何适当强化职业怀疑以应对舞弊。

2021—2022年，为了落实国家"持续提升审计质量"和"完善审计准则体系"的要求，解决审计实务中的问题和难点，保持我国审计准则与国际准则的持续全面趋同，中注协在借鉴国际审计准则最新成果的基础上，结合我国实际情况，对《中国注册会计师审计准则第1211号——重大错报风险的识别和评估》和《中国注册会计师审计准则第1321号——会计估计和相关披露的审计》及应用指南进行了全面修订。修订后的准则强化了对审计师了解被审计单位的有关要求，补充了与信息技术相关的规定和指引，明确了分别评估固有风险和控制风险的要求，提出了新的总体评价的要求，明确了通过实施风险评估程序获取的审计证据可以为识别和评估重大错报风险提供适当的基础这一基本理念，针对在识别和评估重大错报风险的过程中如何保持职业怀疑作出了进一步规定并提供了指引，提高了准则的可操作性。

2019年，中注协修订发布《中国注册会计师审计准则问题解答第2号——函证》，明确了注册会计师以数字化方式实施函证的效力，为函证数字化扫清了准则方面的障碍。2021年，中注协与中国银行业协会合作建设的银行函证区块链服务平台正式投入应用。2022年1月28日，财政部、人民银行、国资委、银保监会、证监会联合印发《关于开展银行函证试点工作的通知》，在部分上市公司、会计师事务所和银行业金融机构开展银行函证试点工作。从试点情况看，效果良好，极大地提高了函证业务处理效率，实现了函证申请、分发、授权、回函等全流程线上化处理，减少了会计师事务所、银行和被审计单位的人工操作，增强了各业务环节风险管控，降低了数据错漏、泄密和舞弊风险。同时，也阻断了通过邮件寄发传播疫情的风险。

二、审计实务创新

当前审计实务界致力于思考审计方式、审计程序、审计手段等重要实务问题，利用大数据和人工智能赋能审计已经成为现实。

（一）技术创新

为了应对数字经济时代的新挑战、新问题，国际会计师联合会（IFAC）制定了《信息通信技术指南》，以指导会计师事务所利用新技术实施变革；推出了"数字化就绪程度评估工具"，协助行业在探索技术解决方案、新资格认证及新培训方式时，尝试提升协同度和透明度。全面审查自身信息和通信技术相关领域，了解信息技术基础设施及其组成部分，明确自身数字化转型方向及最适用方法，以构思数字化解决方案并确认成本可承受性。

ACCA与CA ANZ联合发布题为"审计与技术"的报告[1]，分析了影响审计行业的技术。报告指出，机器人流程自动化、数据分析法、人工智能、机器学习、分布式记账等技术将推动审计转型、流程更新，提升审计质量和效率。

一是人工智能将审计师从烦琐的日常工作中解放出来，把时间用于技能运用、业务培训和职业判断。人工智能技术能够更精准、有效地识别异常——主要应用于抽样领域，特别是对那些收入单数非常庞大的企业，如零售、互联网，传统的审计通过抽样的方法来识别财务数据的真实性，而人工智能技术能够辅助审计人员提高识别异常数据和事项的概率。以德勤和普华为代表的财税咨询公司已经运用人工智能技术。

二是机器人流程自动化将财务流程数据自动导出或导入到其他财务流程，并查阅多个信息来源，协助数据处理。在数字时代，很多审计人员将从大量烦琐的核对、检查工作中解脱出来，从而降低审计成本，提高审计效率，如引入业务核对机器人、报告核对机器人、合同审阅机器人等，一些标准化、结构化的工作将逐渐由机器执行。

三是数据分析法协助会计师事务所深入分析全样本历史交易数据，而不是进行抽样，从而识别异常情况，深入研究最有可能的高风险项目，提高生成高质量审计证据的能力。这为审计在某些领域由抽样测试向大样本、全样本测试提供了可能，也为事后审计向事中、实时审计提供了可能。大数据技术也使得"四大"会计师事务所的组织架构发生了变化，催生了如审计共享中心、Data Analysis和RPA等新部门。

四是机器学习将开展回顾分析和前瞻判断活动，协助回顾分析历史数据库，与当前数

---

① ACCA，CA ANZ. 审计与技术［EB/OL］.［2021-06-22］. https://cn.accaglobal.com/content/dam/acca/pi/files/pi-audit-and-technology-cn.pdf.

据进行对比以开展风险评估，加强风险管理及发现舞弊和不确定性。大数据环境下，整个社会和经济系统的运行将沉淀大量可用的数据，依赖于大数据的分析程序将迎来前所未有的施展空间。分析使用的数据将全面涵盖结构化、非结构化的数据，更重要的是这些都将最终走向智能化。

五是自然语言处理，即计算机识别和理解人类语音的能力，包括电话录音记录、董事会会议纪要或社交媒体内容等非结构化数据。

六是作为机器学习子集的深度学习能够通过人工神经网络尽可能模仿人类学习，从而执行更复杂的任务。深度学习系统已由"四大"会计师事务所实现商业化应用。

七是无人机在商业活动中的广泛应用，"四大"会计师事务所已经在存货监盘领域使用无人机，尤其是针对一些库存体积规模庞大或分布广泛的存货。

八是分布式记账技术有助于审计师回归审计本源，从全部交易数据中生成异常报告，现今的审计，可能会被更频繁甚至持续不断的实时审计所取代。

九是云技术的充分利用促使企业越来越多地参考统一数据源，协助全体用户随时获取最新信息，避免时间滞后或信息不一致问题。

（二）实务领域的创新

为了顺应时代需求，注册会计师行业在不断推陈出新，力图采用新的审计技术和方法，提供更加高效便捷的专业服务。2021年4月，中注协发布《注册会计师行业信息化建设规划（2021—2025年）》，提出了大力加强会计师事务所信息化建设的多项任务。工欲善其事，必先利其器。大型会计师事务所在数字时代面前，预先行动起来，利用自身优势，开发出各种工具，提升服务质量和效率。

1.针对大数据，开发数字化审计分析技术

数字时代，数据专家尤为重要。数据专家通过将海量原始数据预处理，为后续审计团队工作提供基础。大型会计师事务所非常重视数据专家的培养和使用工作，开发了各种数字化分析工具。例如，安永综合运用RPA等技术工具，结合企业ERP应用系统，开发出了能够广泛适用于各种情景的数据处理系统，从底层和原始数据着手，对海量业务、财务、运营数据进行深入分析，并通过可视化工具生成直观、动态报告。一些智能自动化审计工具涵盖了一系列关键审计程序，也已经投入使用。

2021年，安永宣布将在2022—2024年期间对NextWave战略投资100亿美元。投资计划将着力于人才、技术和质量管理系统方面，通过研发欺诈检测等技术以提升审计质量。其中的25亿美元的投资，将重点用于人工智能（AI）、可信数据结构和颠覆性技术，以及更广泛的安永战略联盟的生态系统。目前，安永已有超过44 000名科技人员和22 000名数据科学家，其中包括一支神经多元化工程团队。安永协助多家生命科学公司提高了关键药物的供应效率和效益，如辉瑞公司的供应链数字化项目、强生公司的AI加速医疗审批项目，以及阿斯利康公司通过智能自动化提高运营效率的项目等。

2.针对社交媒体，建立行业自媒体沟通渠道

作为专业人士，职业会计师应当抓住技术发展带来的机会，积极主动对外沟通。沟通可以采用适应社会潮流的方式。注册会计师应当成为商务服务领域的领袖，更是应当引领数字时代的潮流。目前国内外大型会计师事务所大多已经建立自媒体平台，开展行业和企

业形象宣传。例如，普华永道及其咨询公司在中国建立了微信公众号、微信短视频号，成立微信群，将开展多种宣传沟通活动。仅仅在2022年6—7月，普华永道就通过直播方式开展了多次宣传活动。

3.针对信息技术，数字化审计对提高效率和审计质量的帮助

在大数据时代背景下，使用技术改变审计服务交付方式，将重复和低价值的工作标准化，运用信息技术实现自动化、批量化处理，这是提升审计质量和效率的必经之路。因此，很多大型会计师事务所建立了共享中心，由专门团队集中、批量处理同质重复的特定工作。这种集约化处理方式以提升质量和效率作为审计工作集约化处理的重要路径。此外，共享中心能够降低审计项目组自行处理的差错风险，使得项目组将审计资源集中在高风险领域、需要大量使用审计判断的领域。更重要的是，在事务所一体化管理要求下，总所可以通过共享中心落实质量控制政策和程序，减少项目组层面和分所层面不必要的流程，有利于跟踪管理业务质量，提升整体层面的审计业务质量。

人工智能，如审计机器人技术也已经投入运用。机器人技术不仅取代人工完成部分重复性任务，而且能够提供全天候服务。机器人技术提供了捕捉专业领域新知识和新技能的重要机会，能够在数字化审计领域发挥更大作用。还有一些软件供应商提供审计作业全程协同作业软件，包括数据采集、项目管理、测试调整、查询分析、底稿管理为一体的审计作业综合解决方案。借助新兴技术手段，审计师可以在有限的时间里将更多的精力放在更有价值的风险评估、数据分析和专业判断上，真正做到风险导向和价值提升。

4.监管平台上线

多头监管、多重监管问题由来已久，注册会计师行业已经不堪重负。刘明辉（2020）[①]指出，我国注册会计师行业监管，目前仍然有很多弊端，存在着监管机构权力过度膨胀、权责不对等、多头监管导致权力之争等问题，政出多门、有令难行、机械监管时有发生，监管的权威性和专业性都有待提高。相关部门应该在遵循财务报表披露规律、理解注册会计师审计专业性的基础上，建立监管的协调协作机制，切实发挥外部监管和行业自律协同效应，提升违规披露发现概率。协调协作监管机制，要明确保护投资者利益和共建诚信社会的一致目标，充分发挥各自在不同领域的行业专长，建立平等协商、充分沟通、协作监管常态稳定运行机制，提升注册会计师监管效能，降低注册会计师执业成本。

为了整合监管资源，提升监管效能，避免碎片化监管，2022年6月30日，财政部建立的统一监管平台上线试运行，10月1日正式运行。统一监管平台由财政部门会计管理机构、监督评价机构、注册会计师协会共建、共治、共享，统一业务办理入口和业务办理规则，变以往"多头办理、分散建设、信息孤岛"为"一网通办、统一部署、互联互通"，全面涵盖会计师事务所及分所许可和变更备案、注册会计师注册年检、电子证照管理、涉外审计业务审批备案、证券服务业务备案、基本信息报备、审计报告报备验证、行政检查与处理处罚、自律检查与惩戒、信息查询等注册会计师行业监管与服务事项，后续还将结合业务需要持续丰富完善其他功能。

---

① 刘明辉.数豆者的跨界生涯［M］.北京：中国财政经济出版社，2020.

第五节 新时期审计环境变化对审计提出的新挑战和新要求 ▮——

时代前进的步伐永不停息。每个时代都有不同的特点。习近平在2022年6月22日在金砖国家工商论坛开幕式上的主旨演讲指出，冷战结束后，经济全球化迅猛发展，极大促进了商品和资本流动、科技和文明进步。过去数十年，经济全球化为世界经济发展提供了强劲动力，产业链、价值链、供应链不断延伸和拓展，带动了生产要素全球流动，助力各国各地区经济发展。当前，世界百年变局和世纪疫情相互交织，各种安全挑战层出不穷，世界经济复苏步履维艰，全球发展遭遇严重挫折。对注册会计师行业来说，有三大挑战摆在面前，一是新技术对审计执业水平的挑战；二是监管强度空前加大；三是跨境监管和执行业务面临现实压力。本节将围绕上述三个方面，试图分析新时期审计环境变化提出的新挑战和新要求。

一、行业应对数字时代的均衡发展挑战

主要挑战之一是行业应对数字时代的挑战，之二是行业内部应对数字时代的措施不均衡，之三是职业道德面临更为严峻的挑战。

（一）数字时代的未来挑战

1.信息安全

与大数据密不可分的云计算技术，具有灵活、快速反应的优势。通过第三方或者企业内设的云设施能够降低企业成本。这些技术对IT和安全治理也具有间接的影响和好处。但是，通过区块链和互联网连接众多设备和终端实现的云计算等新型工具也会引发信息安全问题。长期来看，会计师事务所还应当具有解决数据安全的知识储备，在信息安全方面承担更多责任。对此，注册会计师行业还有相当长的探索道路。

2.商业模式

社交媒体对于注册会计师行业的影响主要有两个方面，一是该业态自身特点对于审计服务和咨询服务的影响。二是面对社交媒体的环境，注册会计师应当如何自处，如何对外交流？

各种社交媒体建立新型商业模式，例如直播平台、电商平台、微店网店等，它们的收入计量模式如何评估？以流量或者点击率为核心指标的平台经济如何实现可持续发展？这些问题不仅仅是社交媒体和平台亟待解决的问题，而且是注册会计师行业责无旁贷的担当。

（二）行业均衡发展的挑战

对于头部审计师而言，面对已经来临的数字时代，它们已经行动起来。头部审计师需要面对的是，如何保持一如既往的领先优势，如何持续地学习和成长。除了熟悉和认知新兴技术，成为技术专家之外，了解如何管理变革和不确定性也一样至关重要。注册会计师不仅需要在传统的风险管理、内部控制等传统领域保持胜任能力，还要评估企业层面、业务层面的人财物和技术状况；更重要的是，要努力增强对不确定事件的评估能力和预测能力，需要结合客户需求，了解技术产生影响的性质及其所处行业面临的机会和挑战，向客户提供及时建议。与企业开创并建立业务合作伙伴关系，提供更高业务价值、提高效率，协助企业实现价值创造的过程，顺应外界环境的要求和变化，尤其是在ESG等领域，已是迫在眉睫的重要任务了。

对于非头部，尤其是中小型会计师事务所而言，数字化建设仍然停留在初步启动阶

段。陆正飞等（2022）调研发现，相比于国际"四大"会计师事务所，国内"十大"和其他会计师事务所的从业人员认为注册会计师行业数字化水平不能满足内部管理和业务开展需求的更多。在此次调查中，大部分会计师事务所从业人员反映，所在事务所主要应用了内部管理信息系统、审计作业平台、总所分所管理系统等基础性数字化平台，但是进一步的数字化系统应用寥寥无几。会计师事务所从业人员普遍认为行业数字化水平整体上落后于被审计客户的水平，仅有19.63%的会计师事务所从业人员认为行业数字化水平能够满足内部管理和业务开展需要。35.56%的被审计单位认为当前注册会计师行业数字化水平不能保证审计质量，审计报告提供者难以应对数字化带来的审计风险。

以上结果表明，面对外部环境的变化，注册会计师行业数字化建设具有不均衡、不充分的特征。信息技术的快速发展，使得被审计客户的商业模式发生巨大变化，内外部交易事项依托数字化实现是当前被审计客户业务发展的特征之一。这无疑会对注册会计师行业的执业环境产生影响：一方面，行业的数字化水平能否满足内部管理的需要；另一方面，行业的数字化水平能否满足业务开展的需要，能否应对被审计单位业务模式变化带来的审计风险。在行业整体面对压力和挑战时，仅有头部审计师行动是远远不够的，如何调动其他审计师的主动性和能动性，提升他们的注意力和资源投入，需要来自服务需求方、行业监管者以及自身的推动。

（三）职业道德面临的挑战

在应对更加复杂多变的环境时，新经济环境和商业模式增大了审计风险，审计师职业道德基本将会承受巨大压力，在平衡审计质量和审计风险方面面临更多挑战。

第一，传统的商业模式建立在实物流动、资金流动的基础之上，能够形成有形的、可供检查的信息流，审计对象通常是有形实物、可感知和观测的具体服务、记录在册的有形纸质或者电子账簿，审计时有迹可循，能够控制审计风险。但是新的数字经济则是建立在基于网络的大数据基础之上，物流、信息流和资金流不再泾渭分明，审计程序是基于数据收集、分析的过程，需要更加依赖被审计单位的信息系统，审计风险自然会受到影响而升高。第二，在新经济环境中，不确定性和风险大大增加，各项资产及各种交易定价变化较大，甚至难以确定，从而就增加了审计判断的难度。第三，商业模式创新存在两个方面影响：一方面增加审计职业判断的难度，另一方面受到资本逐利的影响，被审计单位舞弊风险增加，审计师应对特别风险的压力也随之加大。第四，数字经济时代的网络安全和舞弊问题更加突出，这自然会对注册会计师行业产生巨大压力。近年来，全球网络犯罪和舞弊现象迅速增长。2020年，美国网络犯罪报告量增长一倍，英国至少增长30%。在此情况下，审计师如何谨慎应对，以识别、评估和应对新风险，如网络安全、威胁等，将会面临更为严峻的挑战。

在面临敏捷回应和保守职业道德之间，审计师面临更多困境。在经济下行和复苏交替出现时，企业可能忽视网络安全与相关措施，审计师受到各种限制，通常在远程环境下开展业务。在经济发展极为不均衡的情况下执行业务，并按照客户要求和日趋严格的监管政策交付产品，这对于诚信、客观、专业胜任能力、勤勉尽责及保密等职业道德基本原则都将产生持续挑战。

近年来，审计师通常采用线上线下的混合办公模式，这对行业人力资源管理、事务所的心理资源支持也提出了挑战。第一，在人力资源方面，审计项目团队采用线上办公时，资深员工无法与新员工和助理人员开展面对面互动深入交流，如何培养新员工和助理人员的专业胜任能力，这是一个现实问题。第二，团队和人才的倦怠和心理健康问题。审计师一方面必须努力适应弹性和解决方案，另一方面必须关注心理健康和批判性思考。随着环境日益复杂性和压力激增，审计师需要秉持独立客观公正的职业道德状态，这并非易事。事务所需要提供强大的组织文化，帮助员工建立沟通渠道，协助员工解决精神压力问题。

二、注册制下注册会计师行业的压力和挑战

2020年3月，新《证券法》正式实施，标志着我国资本市场将逐步进入以信息披露为核心的注册制时代。对于中国注册会计师行业来说，证券市场注册制的实施及其相应影响是一项不容回避的重大挑战。

（一）法律责任空前加大

新《证券法》下注册会计师行业的法律责任空前加大，主要体现在两个方面，一是加强了处罚。在行政责任方面，行政罚款由原"一倍以上五倍以下"，大幅提高为"一倍以上十倍以下"，对注册会计师罚款则由"三万元以上十万元以下"，提高到"二十万元以上二百万元以下"。监管部门还可以暂停受理被立案调查的会计师事务所出具的审计报告，违法情节严重的，禁止从事证券服务业务。在民事责任方面，新《证券法》规定投资者提起虚假陈述等证券民事赔偿诉讼时，可以采取集体诉讼制度。二是加强企业信息披露，进一步压实中介机构的责任。新《证券法》实施后，股票发行开始全面推行注册制改革，强调以信息披露为中心，强化会计师事务所等中介机构的把关责任。需要指出的是，按照注册制要求，企业财务业绩和申报要求事实上是降低的，满足注册要求即可上市，客观上导致客户质量下降，审计风险增加，注册会计师行业面临前所未有的压力。

除了新《证券法》施加压力之外，会计师事务所民事赔偿责任也大大增加了。康美药业审计师正中珠江会计师事务所受到证监会处罚，没收业务收入1 425万元，并处以4 275万元的罚款，累计罚款达5 700万元。2022年6月，北京金融法院强制执行证监会针对被执行人正中珠江5 700万元罚没款中5 130万元罚没款的行政处罚。康美事件中对于会计师事务所的处罚金额之大是空前的，处罚力度和执行力度也是空前的，改变了以往注册会计师行业承担法律责任的格局。今后，会计师事务所可能会在未有任何处罚情况下被投资者起诉，可能成为唯一被告的中介机构，可能承担连带赔偿责任。如果注册会计师行业所处的社会生态环境、上市公司的治理状况和事务所赔偿能力（责任保险和经济能力）等未能彻底改观的话，那么行业当前能否持续健康发展，未来能否留住人才、吸引人才都将会是严峻的现实问题。

（二）法定审计制度的存废争议①

注册制下注册会计师审计制度路在何方，是走向市场还是回归政府？尤其是与信息披露相关的注册会计师审计制度如何设计，是进一步强化和完善注册会计师审计，还是强化政府审计甚至以政府审计取代注册会计师审计？对此专家学者尚有争议。中国经济改革与发展的经验表明，市场有效和政府有为缺一不可。在可以预见的将来，改革的核

---

① 主要内容和观点来自：毕华书，刘明辉. 注册制下注册会计师审计制度的定位思考和完善路径［J］. 中国注册会计师，2021（6）：74-78.

心是推动国家审计、内部审计与注册会计师审计的更好结合，更好地服务于公司治理和国家治理。

注册会计师审计是资本市场建设中的重要内容——信息披露制度的重要组成部分。在这一制度的设计中，上市公司是信息的供给方，投资者是信息的需求方，投资者通过发掘和使用信息降低投资决策的风险，注册会计师审计可以提高投资者对财务报表信息的信任水平，进而提升资源配置效率。提供真实、可信的财务报表信息，是需求资本的上市公司应尽的义务，管理层是对财务信息最终负责的人，财务报表的审计方受雇于股东，提供增信服务。《证券法》《注册会计师法》等法律制度规范，对财务信息披露和注册会计师审计行为进行了规范，旨在明确信息披露各方的责任。监管机构出于保护投资者和繁荣资本市场的目的，通过对信息披露相关行为监管，助力这一机制的平稳高效运行，行政处罚是其重要抓手。治理层是信息披露制度中具有重要影响的力量，在制度设计中，假定他们是管理层的监督者，审计方的支持者。相对于"用脚投票"的普通投资者，机构投资者更可能主动影响上市公司的信息披露，而做空调研机构是运用做空机制而让信息披露有问题的上市公司付出市场代价的参与者。

以上的制度设计，将资本市场的资源配置问题、信息披露问题交给市场去解决，监管部门通过监管执法促进这一制度的良性运转。如果改变这样的逻辑，把注册会计师审计的委托交由政府有关部门，姑且不论这会滋生什么样的权力寻租，更重要的是投资者在市场波动中激发的各种矛盾也将被转向政府和有关监管机构。有鉴于此，彻底否定这样的注册会计师审计制度安排并非明智之举，排除制度运行中的障碍和弊端或许更切实可行。

（三）法定审计制度的改革之路

1.明确财务报表主体责任，提升审计独立性

注册会计师审计机制发挥作用的关键，首先需要确认博弈各方的责任和义务。管理层的责任是合法经营，提供符合财务报告编制基础的真实公允的信息；而注册会计师的责任是对财务报表整体是否不存在由于错误和舞弊导致的重大错报提供合理保证，对财务报表是否在所有重大方面按照适用的财务报告编制基础编制发表审计意见。

目前我国上市公司大股东控制现象严重，因此本应发挥监督作用的董事会与运营公司的管理层常常是人员重合，大股东利用这样的组织结构设置侵犯中小股东利益的现象比较常见。明确财务报表主体责任，加大处罚力度，对于解决我国治理层与管理层委托代理关系不清，遏制大股东与管理层串通虚假呈报具有积极作用。

新《证券法》将原本以"发行人""上市公司"为主、散见于不同条款的其他主体为补充的信息披露主体，统称为"信息披露义务人"，充分涵盖控股股东、实际控制人等其他主体。与此同时，在信息披露责任追究方面，在归责原则上，规定控股股东和实际控制人适用过错推定原则承担民事赔偿的连带责任；在担责主体上，"控股股东""实际控制人"作为信息披露义务人包含其中；处罚力度上也是大幅加大，如将欺诈发行罚款金额从原来"非法所募资金金额百分之一以上百分之五以下"调整为"百分之十以上一倍以下"。

这样的改变将有助于现代公司治理机制的完善，使得董事会、管理层、独立董事、独立审计人员各负其责，让股东委托审计机构的制度设计能够畅通运转。新增的董监高签署

书面确认意见，如果其无法保证证券发行文件和定期报告内容的真实性、准确性、完整性或者有异议的，应当在书面确认意见中发表意见并陈述理由，予以披露。这都将从治理机制上，从董监高的客观需求上助力注册会计师的独立性提升。

目前注册会计师职业道德相关规范已经较为完善，可能影响审计独立性的各种因素都已经列明。如何将这些规范落到实处，是保证审计独立性应该关注的问题。行业协会应该借助国家信用体系建设的契机，抓紧推进独立审计相关数据库建设，将与注册会计师独立性相关的因素纳入数据库中，通过联网数据库穿透上市公司治理结构和董监高，穿透注册会计师，让影响独立性相关的因素无处遁形。

对于饱受诟病的注册会计师因为经济利益而失去独立性的问题，可以考虑通过改变审计委员会的运作机制，形成注册会计师、管理层之间的防火墙。尤其是对于存在信息披露违规的上市公司，出于保护公众利益的考虑，可以由审计委员会选聘注册会计师，投资者保护机构选聘审计委员会委员，上市公司仍然直接支付注册会计师审计费用，上市公司并不直接支付审计委员会报酬，而是由投资者保护机构支付审计委员会报酬，但费用来源依然是上市公司上缴。

2.完善审计市场运行机制，激发高质量审计需求

长期以来，我国资本市场采用"核准制"模式，由政府监管部门主导上市资源配置，财务报表信息披露也异化成了面向审核者的信息披露。核准制下，注册会计师审计不是通过增信去赢得市场认可，而是成为上市公司财务报表信息合规的帮助者。加之，上市公司信息披露和审计违规成本低，上市公司舞弊造假时有发生，高质量审计需求不足。

新《证券法》的实施，不仅加大了信息披露违规的处罚力度，让信息披露违规者的成本加大，与此同时，也引入了多方市场主体参与，共同完善审计市场运行机制，激发高质量审计需求。作为高度依赖于声誉机制的信息披露市场，当前并没有系统的市场参与者信用记录机制。虽然证监会等机构建立了"市场禁入"的行政处罚机制，但是针对信息披露义务人、中介机构的信用档案并没有建立起来，构建信息披露相关者信用档案将有助于信息披露的质量和对高质量审计需求的提升。

3.强化会计专业监管，增大信息披露违规发现概率

高昂的违规成本，固然会对上市公司信息披露舞弊造假形成威慑，严厉的处罚也会具有较好的溢出效应。但只有强化会计专业监管，才能让发现信息披露违规的概率增加，从而双重叠加，切实发挥严法重典的效用。

三、中概股跨境监管面临的挑战

根据美国公众公司会计监督委员会（PCAOB）官网消息，截至2021年12月31日，192家中概股公司中有5家已向美国证券交易委员会（SEC，又称美国证监会）提交了表格25，表明其证券不再在美国交易所交易。PCAOB官网的监管栏目已经将中国相关问题作为单独内容显示。为什么中概股公司主动提交终止交易申请，背后原因何在？未来中概股应何去何从？中概股退市危机究竟从何而来？这些问题与一部法案密不可分，即《外国公司问责法案》（Holding Foreign Companies Accountable Act，HFCA），美国为何要颁布这部法案？本部分将逐一分析之。

（一）中概股的美股历程

根据 PCAOB 统计，截至 2021 年 12 月 31 日，共有 15 家注册在中国的会计师事务所为 192 家上市公司提供了年审服务，这些上市公司的全球总市值约 1.7 万亿美元，其中前十家公司的总市值约为 1.1 万亿美元。截至同日，在 192 家上市公司中，已经有 5 家向 SEC 提交了表格 25，表明其证券不再在美国交易所交易。共有 13 家国有企业向 SEC 提交了经审计的财务报表，这 13 家公司均聘请了中国的会计师事务所作为审计师。这 13 家国有公司的市值占所有 192 家与中国公司合作的上市公司全球市值的 36%。它们的行业分布在非必需消费品、通信服务、能源和金融等领域。

搜狐财经数据显示，截至 2022 年 5 月 20 日，共有 294 家中概股（包括注册地在中国境内的和注册地在境外避税天堂的两类中国发行人）在美上市，挂牌交易的市场板块包括了纽交所、纳斯达克和美国证券交易所。同日数据显示，294 家中概股中市盈率接近于零的超过 200 家，这背后既有股价波动剧烈的影响，又显示出大多数中概股具有比较广阔的投资回报空间，也一定程度上反映了当前中概股的困境。

自 20 世纪 90 年代起，中国企业开始登陆海外证券市场。从赴美上市的公司特征来看，经历了三个阶段，一是国有背景企业集中上市阶段，在 1992 年华晨汽车在纽交所上市之后，中石化、中石油等中字头国有企业伴随着国企改制的步伐在美证券市场挂牌。二是 2000 年之后的互联网概念企业阶段，主要表现为新浪、网易和搜狐等企业在平衡国内监管要求和自身发展中寻求到 VIE 方式登陆海外市场。三是其他行业民营企业投身美股。随着中国经济的快速发展，大量民营企业伴随着国际化扩展步伐，在自身融资、发展和避税等需求的驱动下，纷纷登陆美股市场，连同之前上市的国有背景企业和大型网络门户公司一起，形成了"中概股"概念。

从发展历程上看，中概股登陆美国资本市场已有十几年，其间跌宕起伏，历经从平和时期到诉讼风暴，诉讼风暴引发了中概股的市场信任危机，并将公司治理和财务舞弊问题暴露于众。继而中概股公司经历了被暂停交易，最终通过两国达成协议一度画上短暂的句号。但平静很快被打破，特朗普执政后，尽管美国国内对于各种政治经济问题的观点看法分裂严重，但对于中概股问题却是高度一致，步调统一，《外国公司问责法案》就是一个最明显的例证。在该法的影响下，当前中概股整体面临退出美国市场的局面。具体来看，在 2010 年以前，在美上市的中概股大多数为红筹股，监管层对于中概股的态度相对宽松，市场也有较高的信赖度。2011 年 Andrew Left 的香橼研究先后爆料中国高速传媒和东南融通财务造假，直接导致 2 家的退市。东南融通最终被告上法庭，2013 年时被判赔偿超 10 亿美元，迄今仍然保持了中概股在美国市场的最大罚单纪录，开启了 2011 年的中概股做空潮。东南融通的审计师德勤被诉诸法庭，成为了集体诉讼的被告方，最终被裁定无责。其关键原因在于，原告及 SEC 无法获得德勤的审计底稿，因而很难作出任何实质性的举证，相反德勤在法庭上提供了对自己有利的证据，显示自己在审计中已然尽责。德勤表示已将底稿交给中国证监会，希望由中国证监会与 SEC 进行官方渠道沟通，但受限于中国的保密法和档案法，这种沟通最终没有成形。此次事件被视为中美审计跨境监管协调的开启。2012 年 7 月，SEC 主席 Mary Schapiro 到访中国，但没有成功促成跨国审计监管的协议。2012 年底，SEC 对"四大"会计师事务所中国分所提起行政诉讼，诉讼案初审裁决：

"四大"会计师事务所的中国分所应被暂停审计在美上市公司6个月。2013年5月，中美两国的监管层（中国财政部、中国证监会和美国PCAOB）签署了一份执法合作谅解备忘录，这是一份关于双方提供和交换各自管辖范围内调查审计文件的框架性协议。2015年，四大会计师事务所中国分所各自向SEC支付了50万美元罚金，以求达成和解，避免被SEC暂停审计在美上市公司资格的处罚。和解协议中SEC仍然保留了今后重启行政诉讼或颁布审计服务禁令的权利，触发条件之一是这些中国分所未来仍然无法满足SEC在必要时对审计底稿检查的要求。协议中保留了一些豁免条款，如约定了在违背事务所所在国法律或危害所在国利益的情况下，事务所可以拒绝SEC的底稿调查要求。

2018年中概股再次出现了退市摘牌高峰，全年共41家退市，市场再次出现对中概股及相关审计机构的怀疑之声。2018年12月7日，SEC和PCAOB共同发布了《关于审计质量和监管获取审计和其他国际信息的重要作用声明——关于在中国有大量业务的美国上市公司当前信息获取的挑战讨论》。PCAOB网站上还罗列出历年来存在审计障碍的224家上市公司名单及其审计机构，其中213家为中国内地或中国香港企业。

2020年2月，浑水发布关于瑞幸的匿名做空报告，导致瑞幸在2个月后自曝财务造假。2020年4月，爱奇艺、跟谁学、好未来连遭做空，虽然均以失败告终，但均对股价造成了负面影响。2020年5月20日，美国国会参议院通过《外国公司问责法案》，对外国公司在美上市提出额外的信息披露要求，美相关参议员表示该法案主要针对中国。截至2020年6月，PCAOB无法获得审计底稿的上市公司共有276家，中国占了将近90%。中国、法国和比利时，是当时仅有的四个PCAOB无法监管审计师的地方。

2021年12月2日，SEC通过《外国公司问责法案修正案》，并确定了实施细则。法案要求在美国上市的外国企业，必须披露是否由政府实体拥有或控制，遵守PCAOB的审计标准，并提供审计工作底稿。2021年12月3日，滴滴启动在纽交所退市工作。一年之后，中概股已经有5家主动向SEC提交退市申请。

目前PCAOB已经与包括比利时、日本、英国等25个国家和地区签订了合作协议，就跨境监管问题达成了共识。通过上述合作协议，PCAOB能够根据具体任务进行检查和调查；能够选择要审查的审计工作和潜在违规行为；能够访谈公司人员，接触审计工作底稿以及PCAOB认为相关的其他信息或文件。

（二）跨境审计监管的核心问题

跨境审计监管的核心问题是信息监管。信息时代，世界各个国家高度重视信息的使用和保护问题。对于审计监管来说，如何定义信息，如何跨境使用信息并且监管信息，已经成为焦点问题。

英美两国签订的合作协议将信息界定为公开的、非公开的信息，包括但不限于下列三类信息：一是检查报告，包括全公司质量控制审查和敬业度审查的结果，报告涉及受PCAOB和FRC监管管辖的审计师或审计公司；二是审计师和审计公司持有的审计工作底稿或其他文件，涉及受PCAOB和FRC监管管辖的文件；三是审计调查报告，报告涉及受PCAOB和FRC监管管辖的审计师或审计公司。上述信息基本涵盖了审计质量监管，包括审计工作底稿在内的所有文件以及监管需要的各类信息。

跨境信息监管问题涉及外国隐私和相关数据保护法律。出于国家利益和安全的考虑，各国已经建立了一系列涉及数据保护、隐私、保密、银行保密、国家保密和国家安全的相关法律。随着资本的跨国流动，信息如何跨越国境、如何使用等问题经常影响监管机构和外国注册人之间的跨境信息流动。例如，某国法律禁止某些司法管辖区的外国发行人直接响应 SEC 的信息和文件请求，或仅在长期延迟获得授权后才全部或部分响应。又或某国法律可能会阻止 SEC 进行任何类型的检查，无论是现场检查还是通信检查。鉴于双方利益难以达成一致，跨境监管难度之大，通常超越普通跨国合作机制，已经与政治经济角逐交织在一起；加之各国法律存在巨大差异，因此跨境监管协调和谈判变得复杂，跨境信息监管协议历来不是短期内能达成的。

出于多重利益的考虑，美国证券监管机构一直试图将监管权限延伸至其他国家。为此，一些国家一直抵制 PCAOB 跨境检查。

以英美为例，PCAOB 此前曾于 2005 年至 2008 年在英国与 PCAOB 进行过检查，但此后一直被阻止这样做，直到 2017 年两国才达成正式合作协议。美国和比利时的协议也经历了多年的谈判才最终达成。欧盟和日本等国家和地区专门制定了审计监管等效认定的规则，试图通过互相认可等效审计监管规则，实现互换信息和监管权力对等的目的。但是，SOX 法案并未赋予 PCAOB 具有审计监管等效认可的权力。因此，相关国家和地区无法通过与 PCAOB 的谈判达成目的。更重要的是，由于全球资本市场发展并不均衡，市场开放程度存在差异，美国和其他国家对于入境监管和信息检查等监管模式的需求完全不同，审计监管等效规则即使通过谈判达成，其他国家在实际执行中也难以获得利益，结果唯独有利于美国。借助美国政治经济实力，PCAOB 根据 SOX 法案授权，对于主要国家的入境检查要求一直持高压态势，要么接受入境检查条款，要么退出美国证券市场。通过长期谈判，美国先后与 25 个国家和地区达成了监管合作协议。因此，跨境审计监管归根到底就是美国在经济管理领域继续推广其霸权主义的例证，折射出各国经济发展不平等、不均衡的现实问题。

（三）中概股审计监管背后的角力

中概股审计监管背后主要是政治经济和技术因素。从政治因素来看，外国监管机构入境中国进行执法管辖涉及国家主权、信息安全、国家秘密等敏感领域，尤其是国有企业大多分布涉及国计民生等战略行业。对于会计师事务所而言，其审计工作底稿涉及客户大量商业数据，涵盖供应链和业务链等多端信息，因此，加强信息安全管理是非常必要的。2020 年 3 月，新修订的《证券法》专门规定：境外证券监督管理机构不得在中华人民共和国境内直接进行调查取证等活动。未经国务院证券监督管理机构和国务院有关主管部门同意，任何单位和个人不得擅自向境外提供与证券业务活动有关的文件和资料。这一立法已然表明立场：中国不会接受 PCAOB 的入境检查活动。从技术因素来看，中国监管机构面临的问题如同当年其他国家面临的问题一样：中美两国在证券监管的权责设置、信息沟通渠道、检查手段和方式等方面存在巨大差异。中国没有美国如此强烈的入境检查需求，等效监管方式实际上并不存在。另外对于 PCAOB 的入境检查方式、频繁的检查需求，一时之间难以接受。加之中美审计监管背后涉及非经济和技术因素，使得这个问题的解决方案更加复杂多变。

根据中国证监会官网，中方一直高度重视中美跨境审计监管合作。自 2013 年签订双边执法合作谅解备忘录以后，中国证监会于 2017 年协助 PCAOB 对一家中国会计师事务所开展了试点检查，2019 年以来又多次向 PCAOB 提出对会计师事务所开展"联合检查"的具体方案建议。中方一直期待并呼吁双方通过平等友好协商，按照跨境审计监管合作的国际惯例，加快推动对相关会计师事务所的联合检查。2021 年 8 月，国务院办公厅发布《关于进一步规范财务审计秩序促进注册会计师行业健康发展的意见》，要求切实加强会计师事务所监管，遏制财务造假，有效发挥注册会计师审计鉴证作用。财政部和中国注册会计师协会出台了各种政策文件，全面加强会计师事务所的监督检查。2022 年 4 月，财政部印发《会计师事务所监督检查办法》，旨在落实国家政策要求，切实加强会计师事务所监管。其中第 24 条要求："省级财政部门对会计师事务所信息安全情况开展监督检查，应当重点检查以下内容：（一）存储业务工作、被审计单位资料的数据服务器和信息技术应用服务器是否架设在中国境内，是否设置安全隔离或备份；（二）对本条第（一）项所列服务器的访问以及相关数据调用是否在法定期限内保存清晰完整的日志；（三）审计数据保存是否符合国家保密工作规定及被审计单位信息保密要求；（四）是否建立审计工作底稿出境涉密筛查制度及程序；（五）是否对境外网络成员所或合作所访问会计师事务所信息系统设有隔离、限制、权限管理等措施。"这部分内容在以往财政部相关文件中并未涉及，因此属于行业监督检查活动中，针对会计师事务所信息安全的专项检查，是一项新增要求，用于回应涉外会计师事务所面临的境外监管压力。

（四）未来的选择

2022 年 8 月 12 日，中国石化和中国石油等多家公司宣布已经向纽交所提交退市申请，中概股的回归已经是大势所趋。2022 年 8 月 26 日中国证监会宣布，中国证监会、财政部与美国公众公司会计监督委员会（PCAOB）签署了审计监管合作协议，正式启动中美跨境审计监管合作。从 2009 年开始，PCAOB 和中国监管层开始就双边监管协议进行正式谈判，在经历了漫长的十三年洽谈、斗争和相互妥协，从 PCAOB 的单方来华观察到签署监管合作协议，标志着中美双方为解决审计监管合作这一共同关切问题迈出了重要一步。2022 年 9 月中旬，PCAOB 抵达中国香港针对两家会计师事务所开展检查工作，预计年底完成检查评估工作。PCAOB 主席 Erica Williams 当时表示，检查报告将于 2023 年定稿并公布。2023 年 5 月，针对毕马威华振和罗兵咸永道两家事务所的调查报告在 PCAOB 官网公布。应当指出的是，虽然两国签署了合作协议，中国会计、审计准则与国际准则持续趋同，但是，中美两国会计、审计准则的差异仍然存在，中美监管的制度安排和文化差异也仍然存在，监管合作能否解决差异和争议，能否杜绝泄露机密和企业商业秘密情况的发生，有待于进一步观察。2022 年 10 月 16 日，党的二十大报告强调，推进国家安全体系和能力现代化，坚决维护国家安全和社会稳定。可以预测的是，未来中概股相关信息安全监管问题必须得到切实解决，尤其是在一些具体的、可操作性的政策和规则层面。

中概股未来的选择基本有这几条。一是在港交所二次上市或两地第一次上市。这种方式的优势是途径快捷，可减少单一交易所退市对股票交易的影响。同时，会吸引更多中资背景和亚洲投资者，内地投资者可以通过港股通参与购买，股票估值更高。二是通过私有化回 A 股上市。这种方式的优势是 A 股市场估值更高，潜在壳标的较多。三是在国内科创板上市。科创板采用注册制，放宽了盈利限制，更有利于中小型企业，对A股形成了有效补充。四是退市后转入OTC市场（粉单市场），瑞幸咖啡选择了这一方案。五是中概股还可以在除美国之外的其他国家证券市场登陆。总之，中概股问题在新形势、新情况和新挑战面前，伴随着中国经济发展和改革深入开展必然会得到解决。

第四章学习指南

第五章　审计假设

　　假设是关于事物的因果性的一种假定性的解释，是依据一定的科学原理和事实，对解决科学研究问题提出猜测性、尝试性方案的说明方式。假设是一门学科建立的重要基础，各种概念、原则、程序和方法正是在假设的基础上产生出来的。在审计理论结构中，审计假设处于审计理论体系的第一层次，是建立审计基本理论、规范理论和应用理论的逻辑前提。

第一节　审计假设概述 ▌

一、审计假设的含义与特点

　　审计假设是根据已获得的审计经验和已知的事实，并以已有的科学理论为指导，对审计事务产生的原因及其运动规律作出推测性的解释，简而言之，审计假设是指关于审计的科学猜测或设想。审计假设有两层含义：一是指无须证明的"当然"之理，可作为逻辑推理的出发点。二是指人们在已掌握知识的基础上，对观察到的一些新现象作出理论上的初步说明的思维形式，是有待于继续证明的命题。

　　审计假设具有以下三个方面的特点：

　　（一）审计假设是不证自明的、公认的"当然"之理

　　在审计理论研究中，审计假设之所以不证自明，或者是因为它们早已经过人们长期的实践检验，被认为是理所当然的；或者是因为它们是审计师已经获得的理论成果；或者是因为审计师为了理论推导而设定的。

　　（二）审计假设是逻辑推理的出发点

　　第一次试图建立审计假设的莫茨和夏拉夫在《审计理论结构》一书中是这样解释的："亚里士多德说过：'每一可论证的科学多半是从未经论证的公理开始的；否则，论证的阶段就永无止境。'从这一简单的论述中，我们能认识到假设存在的理由。没有出发点，我们就无法进行推理或思维，我们也不可能向那些不接受讨论基础的人'证明'任何事物。不管我们是要使自己满意，还是为了使别人满意，均是如此。假设在任何理论大厦里，都占据着基础的位置。假设也许不是明确的真理，但是，不管假设是不是真理，我们必须承认它，这才是关键所在。因为没有假设，我们就不能有进一步的作为。"

　　（三）审计假设来源于审计实践并用于指导审计实践

　　审计假设不仅具有重要的理论意义，同时还具有深远的实践意义。审计假设来源于审计实践，并需要通过实践来进行验证，同时审计假设又对审计实践发挥指导作用。审计假设对审计实践的指导作用通过以下两个途径得以实现：①作为审计理论体系的前提，可以推导出审计基本理论和应用理论，从而来指导实践；②在审计实践中，审计假设能帮助审计师选择适当的方式和方法进行工作。没有审计假设，审计工作就无法进行。具体关系如图5-1所示。

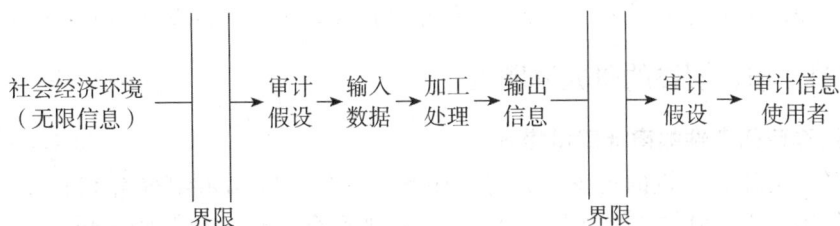

图5-1　审计假设关系图

二、审计假设的性质

马克思主义哲学认为，客观世界是物质的，物质处于无限的发展变化的运动过程之中，并且各种事物之间具有紧密的联系。人类在认识世界的过程中产生了这样一个矛盾，即世界是可知的，人们的认识过程是无限的；但在某一历史阶段，人们的认识往往带有局限性。因此，在追求真理的过程中必然呈现出阶段性。认识的无限性和认识的阶段性，迫使人们不得不依据已掌握的事实作出合乎逻辑的推断，以利于认识和改造世界。审计假设就是以事实为依据作出的合理推断，我们认为审计假设具有如下的性质：

（一）审计假设在本质上是具有普遍性的，而且是推导其他审计命题的基础

假设对任何学科的发展均是必不可少的，假设是建立一切理论的基础。没有假设、没有出发点，我们就无法进行推理或思维，就无法进行交流，也就不可能向那些初学者传授或证明任何事物。由于客观世界是无限的，并且各种事物之间具有紧密的联系。所以，任何一门学科都不可能包罗万象，而总是以某一局部客观世界为对象。为深入研究和发展审计学科领域的理论和实践，不得不人为地割断诸事物之间的某些联系，从而把审计学科领域限定在一个可操作的范围之内。当然，"人为地割断"绝不是随心所欲，而"科学地割断"就会形成审计假设，为审计学科领域的推理和逻辑展开提供一个出发点或基础。没有基础和出发点，我们就无法推理和作出相应的结论，也无法同不承认这些基础和出发点的人，去讨论和证明什么东西。因此，审计假设对审计学科的建立和发展是不可缺少的。

（二）判断审计假设能否成立的唯一标准是审计实践

假设是一个理所当然或不言自明的公理，不必通过其他假设或一般原则、准则和程序来证实。事实上，直接验证假设是很困难的，因为假设是作为理论基础而存在的，在它的下面没有什么可资依托。设法论证审计假设是不现实的，因为审计假设是作为逻辑推理的基础和出发点而存在的。支持审计假设的是审计实践而不是审计原则、审计概念等理性的东西，因而审计假设不可能由审计原则、审计概念等推理而成。判断一项审计假设是否成立，只要看支持或否定审计假设的审计实践是否成立就可以。

（三）审计假设随审计环境的变化而变化

任何事物都是环境的产物，假设也不例外。一旦环境变化（包括会计报告和审计报告用途的变化），审计假设势必会发生变化，因此适应新的环境的假设也就随之而生。审计实践证明，许多曾被认为有效和有用的审计假设，在日后受到了挑战，甚至会丧失其存在的价值。面对失效的审计假设，要么按照变化了的环境建立新的审计假设，作为新的出发点去修订已有的审计理论结构，促进审计学科的发展；要么不顾事实抱住失效的审计假设不放，使已构建的审计理论结构最终失去基础而遭倾覆。审计学科的发展史，同样展现了

审计学科假设的发展历程。所以，建立新的审计假设是审计学科发展的重要标志。

第二节　审计假设的研究回顾

一、几种有代表性的审计假设模式

世界各国对审计假设的理论研究时间还不长，只是从 20 世纪 60 年代初才开始重视。在这方面作出杰出贡献的首推莫茨和夏拉夫，在他们合著的《审计理论结构》一书中提出的八条审计假设，开创了审计假设研究的先河，多年来已成为人们研究审计假设的基础。有关审计假设的代表观点主要有以下几种：

（一）莫茨和夏拉夫模式

莫茨和夏拉夫将审计假设归纳为八条具体内容：

① 财务报表和财务资料是可以验证的；

② 审计师和被审计单位管理层之间没有必然的利害冲突；

③ 提交验证的财务报表和其他信息资料不存在串通舞弊和其他非常行为；

④ 完善的内部控制系统可以减少舞弊发生的可能性；

⑤ 公认会计原则的一致运用可以使财务状况、经营成果和财务状况变动得以公允表达；

⑥ 如果没有明确的反证，那么对被审计单位来说，过去真实的情况将来也属真实；

⑦ 审计师完全有能力独立审查财务资料并提出报告；

⑧ 独立审计师承担的职业责任与其职业地位相称。

莫茨和夏拉夫是研究审计假设的开创者，他们在《审计理论结构》中首次提出"审计假设"这一概念，并给出了八条审计假设，这对审计界来说具有划时代的意义。他们的研究启发和推动了整个审计界对包括审计假设在内的审计理论的研究。他们对审计理论研究所作出的贡献将载入审计理论发展的史册。正如著名审计学家杰克·罗伯逊（Jack Robertson）所说："没有任何其他的理论结构能达到莫茨和夏拉夫的理论结构那样的深度和广度。因此，任何新的审计理论的发展都不可能超越莫茨和夏拉夫的理论结构。"

（二）汤姆·李模式

汤姆·李在《企业审计》一书中，将审计假设分为审计依据假设、审计行为假设和审计功能假设共三类十三条：

① 审计依据假设

（a）企业对外提供的会计信息缺乏足够的可信性，股东和其他报告使用者没有充分的理由相信这些会计信息；

（b）提高企业财务报表中会计信息的可信性是审计的最基本任务；

（c）审计是提高会计信息可信性的最佳手段；

（d）通过审计，会计信息的可信性是可以提高和验证的；

（e）与企业有利害关系的人对会计信息的可信性是持怀疑态度的；

② 审计行为假设

（f）审计师与管理部门之间的冲突并不妨碍审计的实施；

（g）法律并不限制审计师的行为；

（h）审计师在精神上和地位上是独立的；

（i）审计师能承担所胜任的审计任务；

（j）审计师能对其工作和意见的质量负责；

③ 审计功能假设

（k）审计师可以获取充分可靠的审计证据，并以适当形式在合理的时间和成本范围内进行审计；

（l）内部控制的存在可使会计信息避免重大的错误和舞弊；

（m）公认会计原则与基础的适当和一致运用，可使财务报表公允表达。

汤姆·李的审计假设模式对审计假设进行了层次的划分，第一部分分析了公司审计产生的原因，第二部分分析了对审计师的要求，第三部分分析了履行审计职能的基本条件。这使得审计假设体系清晰明了，更容易理解。而且，该模式与莫茨和夏拉夫的审计假设模式不同之处在于增加了审计需求产生的原因假设。将审计动因纳入审计假设体系中来是具有划时代意义的，他认为"会计信息缺乏足够的可信性"这一观点有深远的影响。对此，审计学者哈姆列特也持同样的观点，认为："任何审计理论必须能够解释产生审计需求和提供审计服务的原因。"此外，汤姆·李打破了莫茨和夏拉夫认为审计师与管理人员不存在利害冲突的假设，并提出了审计证据假设。

（三）尚德尔模式

C. W. 尚德尔在《审计理论》一书中提出了五条审计假设：

①目的基本假设。该假设是指要搜集、考虑和创造的证据的范围和性质，用来评价证据的标准，所得出的结论，都取决于审计的目的。我们还不能证明每一次审计都有其目的，它是审计的一项基本假设。

②判断基本假设。该假设是指确定审计活动的目的要求有一个中间的或最终的决定，它使判断或意见成为必要。它包含将判断者头脑中产生的某种模式的概要观点与某个标准或标准体系相比较，然后判断得出结论。

③证据基本假设。该假设是指过去、现在或预计的证据是进行一项审计所必需的。没有证据就不能形成审计意见，从而也就没有审计。

④标准基本假设。该假设是指存在一种抽象的，但能够使审计师作出陈述、意见或判断的标准系统。标准是形成审计意见、进行审计的必要条件。

⑤传输基本假设。该假设宣称，可通过记忆或外界的存在将数据传输给其他人，且这些数据是有意义的。这些数据的存在、有效性以及对它们的解释是审计过程的主题。没有它们就不可能有理解、评价或判断。

尚德尔在《审计理论》一书中提出的审计假设模式是基于"审计是人类为了建立某种标准的遵循性而进行的评价过程，其结果是得出一种意见或结论"这一观点而得出的。几乎在人类生活的每一个方面都广泛存在评价过程，将审计假设按照一般的评价过程进行研究，涉及范围极其广泛，因此，尚德尔的审计假设模式丰富了审计假设理论。

（四）费林特模式

大卫·费林特在《审计理论导论》一书中提出了七项审计假设：

①受托经济责任关系或公共责任关系是审计存在的首要前提；

②经济责任的内涵微妙、复杂、重要，以致如果没有审计，该种责任的解除就无法证实；

③审计必须具备的特征是其地位的独立性和摆脱调查与报告方面的约束；

④审计的对象、内容都可以通过证据予以证实；

⑤可以对行为、业绩、成果和信息质量等确定责任标准并进行计量，然后对照标准作出判断；

⑥被审财务或其他报表资料的含义和目的是充分的、清晰的，审计可以对其可信性作出充分表达；

⑦审计可以产生经济或社会效益。

费林特一改其他审计学者只从财务审计的角度研究审计假设的做法，而根据现代审计的发展，从社会的观点综合考察研究了广义的审计假设。尤其是他首次提出了"受托经济责任关系或公共责任关系是审计存在的首要前提"这一审计假设，把审计理论同代理理论联系起来，值得理论界探讨。毫无疑问，费林特审计假设模式为建立广义的审计理论结构提供了一个可予参考的基础。

此外，审计学者安德森、罗伯逊也对审计假设提出了自己的观点。不过，自从莫茨和夏拉夫第一次提出审计假设以来，虽然有不少学者做过努力，但至今尚未形成公认的审计假设体系。到目前为止，对审计假设体系的研究尚处于探索阶段。

总之，人们对审计假设的理解有所不同，不同的学者从各自所处的历史时代、各自的角度来研究这一重要问题，得出了不同的结论。诸多审计假设模式的提出无论是对审计理论抑或对审计实践均具有重大意义，但从发展的观点看，上述审计假设模式也还存在着一定的缺陷。

二、局限性分析

莫茨和夏拉夫在《审计理论结构》中认为："曾被认为有效和有用的假设，有可能在日后受到挑战，甚至被证明是不正确的……有些最初被认为可接受的假设，后来会被发现与其他的假设相冲突。还有一些假设是不必要的，因为通过对其他假设进行更为全面的考察，可以发现它们已经能够概括整个审计范畴。最后，我们在逐步建立关于假设的理论体系时，需要适当作些增删……它们就是审计假设，为发展符合逻辑的、完整的审计理论提供了必要的基础。尽管如此，我们还是应将它们看作是暂时的。它们也许会被发现是不正确的，或者需要补充其他的假设……"

具体地说，上述审计假设模式的不足之处主要表现在以下几个方面：

（一）审计假设体系考察的范围还不够完整

莫茨和夏拉夫模式、汤姆·李模式、费林特模式都是从财务审计中概括出来的，以狭义的审计观为基础。主要表现在：莫茨和夏拉夫模式中的假设①、⑤、⑦；汤姆·李模式中的假设①中的（a）、（b）、（c）、（d）、（e），假设③中的（1）、(m)；费林特模式中的审计假设⑥。我们知道，从20世纪60年代起，管理审计已经进入成熟发展的阶段，内部审计、国家审计在社会经济生活中也发挥着重要的作用。提出审计假设时不全面考虑这些现实情况，必然影响到相应建立起来的审计理论结构体系的完整性，也会影响到社会对审计的全面认识。

（二）审计假设相互之间的独立性不强

审计假设必须是审计推论的基础，是不能从其他假设中推导出来的。但是，莫茨和夏拉夫模式中的审计假设②完全可以从⑦中推论出来；汤姆·李模式中的假设①中的（b）、（c）、（d）、（e）完全可以从（a）中演绎出来，假设②中的（f）、（g）完全可以从（h）中演绎出来；费林特模式中的假设②完全可以由假设①派生出来。作为一个科学的假设体系，应该避免上述包容命题的产生。

（三）审计假设对排他性原则考虑不够

审计假设体系作为一个严密的整体，其所含的各条假设之间必须相互容纳，不得相互矛盾。但是，汤姆·李模式中的假设②中的（f）承认了审计师与管理部门之间存在利害冲突，却又在（h）中称"审计师在精神上和地位上是独立的"，假设①中的（a）指出"会计信息缺乏足够的可信性"，但在假设③中的（1）又指出"内部控制的存在可使会计信息避免重大的错误和舞弊"。作为一个严密的假设体系，应避免上述矛盾命题的产生。

（四）审计假设体系的系统性不强

从结构上分析，上述几种审计假设模式均存在一定的缺陷。影响审计的社会环境因素是多方面的，提出的审计假设应有基本的框架，凡是多余的、不重要的或重复的因素均应排除在外。莫茨和夏拉夫的八条假设、汤姆·李的十三条假设以及费林特的七条假设中，涉及的因素过多，结构不明确，给理解和讨论带来困难。

（五）审计假设的务实性不强

审计假设本身的正确性无法加以验证，但是由这些假设引申出来的结论却是可以验证的。因此审计假设必须符合审计实践，经得起审计实践的检验。莫茨和夏拉夫模式中的审计假设③和汤姆·李模式中的假设③中的（1）认为审计不承担检查发现舞弊行为的责任。但是在20世纪60年代末期美国掀起了一股诉讼的浪潮，许多经过审计的公司事后又揭露出种种舞弊行为，财务报表的使用者为此遭受了重大的经济损失，纷纷对审计师提出控告，这说明社会要求审计承担揭露舞弊的责任。

此外需特别指出的是，尚德尔的审计假设模式虽然丰富了审计假设理论，但它只是对审计假设的一般共性的论断，并没有揭示审计假设的专业特征，因此存在一定的不足。

根据上述分析，表5-1可以更清楚地显示主要审计假设模式的异同。

表5-1　　　　　　　　　　主要审计假设模式比较表

审计假设模式	主要内容	重要意义	局限
莫茨和夏拉夫模式	① 财务报表和财务资料是可以验证的 ② 审计师和被审计单位管理层之间没有必然的利害冲突 ③ 提交验证的财务报表和其他信息资料不存在串通舞弊和其他非常行为 ④ 完善的内部控制系统可以减少舞弊发生的可能性 ⑤ 公认会计原则的一致运用可以使财务状况、经营成果和财务状况变动得以公允表达 ⑥ 如果没有明确的反证，那么对被审计单位来说，过去真实的情况将来也属真实 ⑦ 审计师完全有能力独立审查财务资料并提出报告 ⑧ 独立审计师承担的职业责任与其职业地位相称	第一次提出了审计假设，启发和推动了审计理论的研究，具有划时代的意义	1.只考虑了财务审计（如①、⑤、⑦） 2.审计假设相互之间的独立性不强（如②和⑦） 3.审计假设的务实性不强（如③）

审计假设模式	主要内容	重要意义	局限
汤姆·李模式	① 审计依据假设 (a) 企业对外提供的会计信息缺乏足够的可信性，股东和其他报告使用者没有充分的理由相信这些会计信息 (b) 提高企业财务报表中会计信息的可信性是审计的最基本任务 (c) 审计是提高会计信息可信性的最佳手段 (d) 通过审计，会计信息的可信性是可以提高和验证的 (e) 与企业有利害关系的人对会计信息的可信性是持怀疑态度的 ② 审计行为假设 (f) 审计师与管理部门之间的冲突并不妨碍审计的实施 (g) 法律并不限制审计师的行为 (h) 审计师在精神上和地位上是独立的 (i) 审计师能承担所胜任的审计任务 (j) 审计师能对其工作和意见的质量负责 ③ 审计功能假设 (k) 审计师可以获取充分可靠的审计证据，并以适当形式在合理的时间和成本范围内进行审计 (l) 内部控制的存在可使会计信息避免重大的错误和舞弊 (m) 公认会计原则与基础的适当和一致运用，可使财务报表公允表达	1. 将假设划分为三个层次。这使得审计假设体系清晰明了，更容易理解 2. 将审计动因纳入审计假设体系中来是具有划时代意义的 3. 打破了不存在利害冲突的假设 4. 提出了审计证据假设	1. 只考虑了财务审计（如 (a)、(b)、(c)、(d)、(e)、(l)、(m)） 2. 审计假设相互之间的独立性不强（如 (a) 和 (b)、(c)、(d)、(e)、(f)、(g) 和 (h)） 3. 审计假设对排他性原则考虑不够（如 (a) 和 (l)、(f) 和 (h)） 4. 审计假设的务实性不强（如 (l)）
尚德尔模式	① 目的基本假设 ② 判断基本假设 ③ 证据基本假设 ④ 标准基本假设 ⑤ 传输基本假设	按照一般评价过程研究审计假设，涉及范围极其广泛，丰富了审计假设理论	只是对具有评价性质的活动假设提供了一般性的论断，并没有揭示审计假设的专业特征
费林特模式	① 受托经济责任关系或公共责任关系是审计存在的首要前提 ② 经济责任的内涵微妙、复杂、重要，以致如果果没有审计，该种责任的解除就无法证实 ③ 审计必须具备的特征是其地位的独立性和摆脱调查与报告方面的约束 ④ 审计的对象、内容都可以通过证据予以证实 ⑤ 可以对行为、业绩、成果和信息质量等确定责任标准并进行计量，然后对照标准作出判断 ⑥ 被审财务或其他报表资料的含义和目的是充分的、清晰的，审计可以对其可信性作出充分表达 ⑦ 审计可以产生经济或社会效益	根据现代审计的发展，综合考察研究了广义的审计假设产生的原因，为建立广义的审计理论结构提供了一个可供参考的基础	1. 以狭义的审计观为基础（如⑥） 2. 审计假设相互之间的独立性不强（如①和②）

第三节　风险导向审计假设体系的构建

一、构建审计假设体系的原则

为了构筑一个完整的审计理论结构体系，审计假设自身必须形成一个体系。审计假设并不是孤立存在的，主要的审计假设模式都遵循了这一要求，由诸多条目的审计假设共同组成了审计假设体系。值得注意的是，在构建审计假设体系时，既需要考虑审计假设本身表现出来的质量特征，同时也应该符合审计假设体系的系统性要求。只有同时考虑这两个方面的要求，才可能最终形成一套科学完整的审计假设体系。

（一）审计假设的质量特征原则

审计假设的质量特征原则包括以下几个方面：

1.科学性。审计假设不是随意的幻想和毫无根据的空想，而是人们以已认识并掌握了的审计知识或经验为依据，以一定的确实可靠的关于审计的事实材料为基础，并按照科学逻辑的方法推理而成。其中，可检验原则是审计假设具有科学性的基本条件。假设本身就是一种推测性解释，它必须接受事实和经验材料、科学理论的检验，在检验中或证实或证伪。不可检验或无法检验的假设永远是一个谜，无法成为科学理论，因而并不可取。

2.推测性。审计假设是在不完全或不充分的审计经验事实基础上推导出来的，是还未经过审计实践检验的结论，尚存在疑问的思想形态。因此，审计假设不得不带有一定成分的想象与推测。

3.抽象性与逻辑性。假设的建立离不开各种逻辑方法，即假设的提出和对假设的验证，需要运用各种逻辑方法和推理形式。所以，假设建立的过程也是各种推理形式综合运用的过程，但审计假设的这种抽象性与逻辑性是不成熟的。

4.预见性。审计假设是对审计的本质、审计各要素的内在联系、审计发展的规律性的猜测和推断，已具有一定的预见性。当然，这种预见性不一定准确。

5.流变性。审计假设是一种尚待证明的东西。经实践证实为正确的假设，它就不再是假设而是科学了；而经实践推翻的假设，它就因其不正确或是被修正，或是被抛弃。因此，审计假设具有很大的流变性。事物的发展曲折多变，各人掌握的材料和理解事物的角度不同，因而，对同一问题会有多种假说。当对同一事物有多种探索方案时，有时多种方案均不符合实际，那么需推翻；有时只有一部分方案一定程度地符合实际，则应当加以补充。没有一成不变的假说。

6.简明性。审计假设要尽可能地在逻辑上简洁明了，尽可能地解释和符合更多的事实和客观对象，即审计假设要有很大的内存量。这样，假设的科学性就强。此外，审计假设应以能够支持审计理论框架为限，应力求简明扼要，便于理解。

（二）审计假设体系的系统性要求

主要的审计假设模式存在的突出缺陷是在整个审计假设体系中系统性差，不同的审计假设之间存在包容或排斥现象。为此，在构建科学的审计假设体系时，除了要确保审计假设符合质量原则的要求外，必须从系统整体出发，使得审计假设首尾贯通、相互关联，构成一个完整有效的体系。主要应考虑以下原则：

1.独立性原则

审计假设必须是相互独立的，或者说审计假设体系中的任何假设不应该是由其他假设推出的推论。独立性原则是审计假设的重要特征。审计假设的独立性原则表明审计假设体系中的每一项内容彼此应相互独立，"不为其他假设所笼罩"。也就是说，审计假设体系中的每项内容都应是独立的命题，它们不能重复交叉，其间也没有派生关系。

2.排他性原则

从逻辑上讲，两个相互矛盾而又同时真实的命题在同一个体系中是不能并存的，这就是所谓的"排他性"。审计假设体系作为一个完整的整体，也具有"排他性"。审计假设的"排他性"原则表明在审计假设体系中，不能包含相互矛盾的命题，即由审计假设体系推导出来的命题中，若有相互矛盾的两个命题，那么至少有一个是不能被证明的。

3.包容性原则

审计假设在审计理论结构体系中处于高层次，它决定着审计的基本原则。审计假设的包容性原则表明每一项审计假设或几项审计假设结合之后，其中应该隐含着更多更丰富的命题。作为审计学科的出发点或基础，审计假设如果没有包容性，审计学科便无法在其上发展起来。一项审计假设如果仅能说明自己，而不隐含着更丰富的命题，这项审计假设对审计学科就无所贡献，也就失去了存在的价值。

二、风险导向审计的假设体系

根据构建审计假设体系应遵循的原则，借鉴西方关于审计假设的论述，并考虑我国的国情，我们认为，风险导向审计的假设体系应包括：

（一）信息不对称假设

这一假设认为，信息不对称是审计存在的直接原因。在信息不对称的情况下，需要一个机构来解决在事前信息不对称的情况下提供真实信息（让人说真话）、在事后信息不对称的情况下确实履行责任（让人不偷懒）的问题。例如，在资本市场上，审计的功能实际上就是为企业外部的投资者和债权人承担起查账的任务，由审计师替全体出资人检查企业的经济活动，从而降低资金提供者的监督成本。

这一假设主要解决为什么需要审计以及审计做什么的问题。

（二）信息不确定假设

财产所有权与经营权分离进而造成的信息不对称是审计产生的直接原因，而被审计单位管理层提供的财务报表和其他资料等所反映的信息的不确定性是审计产生的根本原因。我们知道，在社会经济生活中，任何一个国家、各种社会经济组织及个人时刻需要和获取各种各样的信息，其中主要的是经济信息。然而，由于诸多影响因素的存在导致了信息的不确定性，这种不确定性导致信息可能呈现出真实有用的信息、错误的信息或虚假的信息三种情况。错误和虚假信息，会给信息使用者造成决策失误，从而导致巨大的经济损失。为了避免这一情况，信息使用者客观上就需要一个来自外部的，持独立、客观、公正立场的第三者对被审计单位管理层提交的信息的公允性加以验证，这样就产生了审计。无论国家审计、内部审计还是独立审计，都是由于信息的不确定性而产生的。如果信息是确定的，则审计也将不再存在。

审计的性质、目标、任务以及各类审计概念都是从信息不确定假设中派生出来的，或者说是从这个假设中推导出来的。

(三) 信息可验证假设

信息可验证假设，是指反映被审计单位的财务收支及有关的经营管理活动的会计信息是可以验证的。在现实生活中，虽然我们还不能证明所有的经济活动都能予以验证和评价，但由于存在公认会计原则及一系列经济技术指标和优良管理的范例，人们普遍接受信息可验证假设。这条假设的含义至少应包含四个方面：①对审计客体的记录和汇总是客观的，即反映经济业务的凭证和对凭证进行分类登记的账簿以及反映综合情况的报表等资料之间存在逻辑联系；②存在判断财务报表和财务数据及其形成过程合理性的客观标准；③重大舞弊差错及非法行为是可揭露的；④审计主体能在合理的时间、人力和费用范围内取得足够的证据并得出有效的结论。也就是说，审计师可采用一定的审计程序、审计技术和方法对企业递交的信息资料进行验证，为审计意见的形成提供充分有力的证据。如果企业递交的信息资料无法被验证，则应拒绝该项目。同样，审计师也可以应用适当的程序来发现重大舞弊、差错及非法行为。

从信息可验证假设出发，可以推导出四个重要的审计概念，即审计证据、审计标准、审计风险和合理保证。要对审计客体进行鉴证，首先必须取得充分有效的审计证据；为了作出审计评价，还必须有大家公认的审计标准；审计师未能揭露财务报表所包含的重大差错和舞弊，就必须承担相应的审计风险；社会公众就可以相信经过验证的财务报表能提供某种程度的合理保证，一旦遭受损失，就可向审计师提起诉讼，寻求赔偿。

(四) 信息重要性假设

信息重要性假设是指经济信息的内涵微妙、复杂、重要，以致如果没有已经审计的信息，就无法作出合理的决策；而验证信息的真实、可靠是审计过程的主题。没有审计，就不可能正确地理解、评价或判断信息。

两权分离造成了被审计单位不可避免地负有经济责任，审计正是需要审查这种经济责任。在经济社会中，经济责任是普遍存在的，必须有这样的审计假设，在审计中才能明确经济责任，考核经济责任的履行情况，真正发挥审计的作用。

(五) 审计主体独立性假设

这一假设认为，随着财产所有权和经营权的分离，客观上需要一个与上述二者没有任何利害冲突的独立"第三人"，对会计信息的真实可靠性作出鉴证和评价。第三人假设不仅说明审计产生的理由，而且从性质上明确审计是一种证实、评价性活动，更重要的是，根据这一假设，推导出从方式上审计必须是一种委托审计，从而将审计与会计检查、经济监察等区分开来，使得审计具有自身的基本特征。

(六) 审计主体胜任性假设

审计作为一门服务职业，是对整个社会负责的，因此其责任是重大的。审计主体胜任性假设，是指审计师在履行审计职责过程中应具备专业胜任能力，包括技术、知识和经验等。审计师在进行风险识别、评价、估量时，需要根据具体的情况作出大量的判断和决策。虽然有适合于审计师的技术和方法，但现代职业审计是包括了一系列相互联系的判断在内的复杂的决策过程。所以，最有效的审计师不一定是那些熟练的技术能手，而是最有判断能力的决策者。假定审计师具备职业所需的胜任能力，就是说审计师有能力进行一系列的判断和决策，识别所有影响审计风险的因素，达到审计目标。

（七）审计主体理性假设

这一假设认为，人类行为不论是出自生命自身的冲动，抑或是为个人荣誉而产生的善举，其动机都发端于利己心。毫不例外，审计师也是理性的、追求自身利益或效用最大化的人。审计师在执行业务过程中所表现出的自利性体现为对审计公费和客户数量的追求。但出于理性的考虑，审计师不能无视法律和规范的存在而出具虚假报告。理性的审计师会从长远的角度考虑其行为的最大效益，并主动接受法律和规范的约束。

根据这一假设，可以推导出审计必须通过制定规范予以约束，必须建立健全有关法律、规范对审计师的执业行为和道德行为予以规范和约束，并建立一定的监督措施对审计质量予以控制。

（八）内控有效性假设

内控有效性假设是指内部控制是否健全和一贯有效与财务报表是否存在错报、漏报以及是否存在错误与舞弊息息相关。也就是说，健全、有效的内部控制系统能够减少甚至排除错误与舞弊事项的发生。内控有效性假设认为，如果一个单位的内部控制结构较为完善，并得到有效的运行，这个单位在经营活动中和财务报表编制中进行欺诈舞弊的机会也就小。依据这条假设，审计实质性程序就可以以风险评价为基础，从而形成风险导向审计，并使风险导向审计建立在有效的假设基础上。健全而有效的内部控制结构可减少欺诈舞弊的机会，从而降低审计风险，这只是审计实践的经验总结，而无法对其因果联系从逻辑上加以证明，因此只能是一种假设。这种假设是现代审计所必须具备的一个基本条件，没有它，一切有关控制测试和评价的要求都失去了逻辑的理论依据。因此，在审计过程中必须对内部控制结构进行检查评估，唯有如此才能把审计风险降低到社会可接受的水平。

根据这条假设，可以演绎出控制测试、实质性程序、抽样风险、统计抽样、判断抽样等重要审计概念。

（九）风险可控性假设

风险可控性假设是指，虽然审计风险是不可消除的，但审计师可以通过设计恰当的审计程序，通过风险的识别、计量、评价、预防把审计风险控制到社会可接受的水平。审计师要对其报告的正确性承担责任的风险是人们早就认识到的，会计职业界也是在不断受到诉讼和损失的情况下生存与发展起来的。审计风险是客观存在的，但长期以来人们因无法知道审计风险程度的高低，只能被动地接受审计的风险，导致了审计期望差距越来越大，社会公众对审计提出了越来越多的批评。通过对审计风险的研究，人们认识到审计风险由重大错报风险和检查风险两要素组成，虽然重大错报风险的发生是审计师无法控制的，但审计师可通过评价它们水平的高低，通过检查风险的控制，而间接地控制审计风险。尽管审计风险的计量相当主观，但是如果没有假设审计风险是可控的，那么审计界将会被越来越高的审计风险捆住手脚而失去活力，也不能积极地采取措施，使审计更好地达到社会公众的需求。实践也证明，认为审计风险是可控的，从而把这一思想贯彻到所实施的审计程序中去，把审计资源重点分配到高风险的审计领域，可以较好地揭露企业财务报表中所包含的重大差错和舞弊，从而缩小社会公众的需求和审计能力之间的差距，使审计风险控制在社会可接受的水平范围之内。

（十）认同一贯性假设

认同一贯性假设是指，如果没有确凿的反证，过去被认为是正确的，将来也会被认为是正确的。设定这一假设的主要理由是解决企业经营业务的连续性与审计行为的阶段性之间的矛盾。任何企业的经营活动都是连续不断的，而会计是分期反映的，审计行为是阶段性的，财务信息是一个累积的结果，审计要鉴证的是期末余额。因而要假定前后会计期间反映的财务报表的逻辑关系都具有连续性。只有根据这一假设，审计师才能认为根据上期审计过的资产负债表的期末余额转记过来的本期期初余额是可信的，通过对本期发生业务的真实性进行审查，即可鉴证本期期末余额。除非有确切的相反证据证明前期资料有误时，才对那些对本期有影响的前期资料作出调整。这一假设不仅为审计师执行所有验证工作提供了指南，而且在审计师验证过程中，当被审计单位发生不可预见或意外的财务状况和经营变化时，也为审计师提供一种必要的保护，从而使审计责任有了一个合理的界限。

（十一）证据力差别假设

证据力差别假设是指不同的审计证据，其可靠性是不同的，会受其来源、及时性和客观性的影响。具体假设如下：

①从外部独立来源获取的审计证据比从其他来源获取的审计证据更可靠；

②内部控制有效时内部生成的审计证据比内部控制薄弱时内部生成的审计证据更可靠；

③直接获取的审计证据比间接获取或推论得出的审计证据更可靠；

④以文件、记录形式（无论是纸质、电子或其他介质）存在的审计证据比口头形式的审计证据更可靠；

⑤从原件获取的审计证据比从传真或复印件获取的审计证据更可靠；

⑥不同来源或不同性质的审计证据相互印证时，审计证据较具可靠性；

⑦越及时的证据越可靠，客观证据比主观证据可靠。

审计工作的核心就是获取审计证据，审计证据是作出审计结论的依据。证据力差别假设为审计工作的顺利进行提供了必要的基础，没有审计证据假设，将无法展开审计工作，也就无法得出最终的审计结论。

（十二）责任明确性假设

责任明确性假设认为，管理层责任和审计师责任是两个完全不同的概念。在狭义的审计业务中，按照适用的会计准则和相关会计制度的规定编制财务报表是管理层的责任，这一责任不能由审计师来承担；审计师的责任是依据公认的审计准则和会计原则的要求出具审计报告，对被审计单位财务报表的合法性、公允性表示意见。根据这一假设，财务报表是否公允表述，其判断以是否遵守公认的会计原则为标准，如果"没有公认的会计原则，审计师的意见就失去了通用的共同语言。因此，对任何人无价值可言"。舍弃了这一假设，也将剥夺了审计师所有判断公允性的标准。根据这一假设，审计师为了履行其职责，必须对审计工作作出周密的安排，保持职业怀疑态度，并以应有的关注去执行审计业务，以便尽可能地发现被审计单位财务报表所存在的问题。根据这一假设，审计师对被审计单位的财务报表进行审计、出具审计报告后，如果所提供的审计报告与后来的事实有所出入，责任不能全由审计师承担，而应对有关责任问题进行具体分析，如果审计行为是恰当的，所得出的审计结论也是合理的，则审计师就可以不负责任。这一假设的重要意义，就在于它合理地区分管理层责任与审计师责任，为判定审计的法律责任提供前提，使审计师不至于经常陷入诉讼的漩涡，从而有利于审计事业的发展。

综上所述，（一）、（二）、（三）、（四）假设主要是对审计产生的原因假设；（五）、（六）、（七）假设是对审计主体应具备资格条件的假设；（八）、（九）、（十）、（十一）假设是为开展审计工作提供逻辑依据和技术方法的假设；假设（十二）是为明确管理层责任和审计师责任而作的假设。具体内容可以参照风险导向审计假设体系表（见表5-2）。可以认为，上述十二条审计假设可以构成一个完整的审计假设体系，一系列重要的审计概念都可以从这些审计假设中推导出来，从而有助于构建一个严密、科学的审计理论结构体系。

表5-2　　　　　　　　　　　　　风险导向审计假设体系表

序号	所属层次	审计假设	意　义
（一）	审计产生的原因	信息不对称	为什么需要审计以及审计干什么
（二）		信息不确定	派生出审计的性质、目标、任务以及各类审计概念
（三）		信息可验证	派生出审计证据、审计标准、审计风险和合理保证
（四）		信息重要性	明确经济责任，从而真正发挥审计的作用
（五）	审计主体应具备的资格条件	审计主体独立性	说明审计产生的理由，明确审计是一种证实、评价性活动，还可推导出审计必须是一种委托审计
（六）		审计主体胜任性	说明审计承担了社会责任
（七）		审计主体理性	审计须通过制定规范予以约束，并建立一定的监督措施对审计质量予以控制
（八）	为开展审计工作提供逻辑依据和技术方法	内控有效性	演绎出控制测试、实质性程序、控制风险、抽样风险、统计抽样、判断抽样
（九）		风险可控性	有助于揭露企业财务报表中所包含的重大差错和舞弊，从而缩小社会公众的需求和审计能力之间的期望差距，使审计风险控制在社会可接受的水平范围之内
（十）		认同一贯性	为审计师执行所有验证工作提供了指南及必要的保护，从而使审计责任有了一个合理的界限
（十一）		证据力差别	为审计工作的顺利进行提供了必要的基础
（十二）	明确管理层责任和审计师责任	责任明确性	为判定审计师的法律责任提供前提，使审计师不至于经常陷入诉讼的漩涡，从而有利于审计事业的发展

第六章　审计基本概念体系

第一节　审计基本概念体系概述

一、审计基本概念体系的含义与作用

审计概念是从审计实践中抽象出来，用审计名词或术语表示的一种理性认识。审计概念体系是相关审计概念互相联系互相制约构成的一个完整的系统。

在这里，需要首先指出的一点是，审计概念有着广义和狭义之分。在广义上，所有和审计有关的名词或术语都可以看作审计概念；但狭义的（基本的审计概念）则仅指那些审计理论结构中包含的概念。本节讨论的是后者。

审计概念体系的存在有着非常重要的意义，其作用主要体现在以下两个方面：

首先，审计概念体系是构建审计理论结构的基石。正如会计理论的完善、系统化建立在一套相互弥补、互不矛盾的概念基础上一样，审计要成为一门成熟的学科，也应该努力使其理论得到系统化和条理化。在这一过程中，最基本的同样是概念体系，它不仅是正确思维的必要条件，也为相关知识的交流和讨论提供了一个平台，从而促进审计理论系统化。

其次，审计概念体系还是指导审计实践的路标。审计作为一门务实性很强的学科，意味着理论指导实践的要求更为特殊。相对于理论结构来讲，概念体系能够更直接地指导实践。统一、规范的概念体系一经形成，便可从中采用逻辑推理的方法推导出实务中可以遵循的规则、标准、程序、方法，可以用来解决新问题，乃至预测将要发生的新现象，从而有效地指导和规范审计实践。

二、审计基本概念体系的内容

审计概念之所以能够形成一个体系，原因就在于这些概念并非孤立存在，它们彼此之间还存在着众多联系。因此，概念体系必然是一个多层次的、复杂的有机框架。概念只是这一框架中的节点，只有建立起各节点之间的联系，框架才能完整。同时，也只有依据各个概念之间的逻辑和层次关系来确定取舍标准，才能确保审计基本概念体系所包含内容的完整性。

审计概念在理论结构中处于承上启下的地位，其重要程度早已为众多学者所公认。但是，概念体系中究竟应该包含哪些内容，理论界却有着不同的理解。下面给出几种代表性的观点：

莫茨和夏拉夫在1961年出版的《审计理论结构》中认为，证据、应有的审计关注、公允表达、独立性和道德行为是最重要的审计概念。

尚德尔在1978年出版的《审计理论——评价、调查和判断》中提出的审计概念有4个，分别是目的、标准、判断和证据。

安德森在1984年出版的《外部审计学》中从财务报表声明与规定标准的相符程度，以及证据的充分适当性与恰当评价取决的因素的角度进行分析，提出了一个包含20个左右概念的审计概念体系，如图6-1所示。

```
    财务报表声明 ←——— 相符程度 ———→ 既定标准
         ↑              ↑              ↑
      ┌──────┐       ┌──────┐
      │ 验证 │       │公正性│      ┌──────────┐
      └──────┘       └──────┘      │公认会计原则│
         ↑              ↑          └──────────┘
      ┌──────┐       ┌──────┐
      │ 证据 │       │重要性│
      └──────┘       └──────┘
         ↑              ↑
```

充分性和适当性取决于   恰当评价取决于

重要性	保证程度		胜任性
固有风险	控制风险		客观性
审计风险	相关性		应有的关注
可靠性	充分性		合理怀疑
及时性	经济性		判断

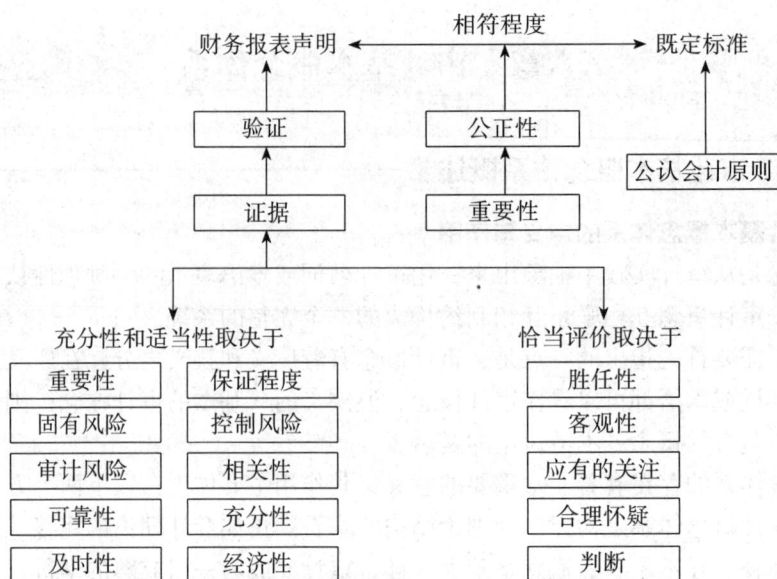

图6-1　安德森审计概念体系

费林特（英）在1988年出版的《审计理论导论》中是从权威性、过程和准则三个方面提出审计概念的，其中权威性包括胜任性、独立性和道德概念，过程包括证据、报告和重要性，准则包括应有的关注和疏忽、实务准则和质量控制。

如前文所述，审计概念对审计实务具有指导作用，我们在此也准备根据审计实务的操作过程来界定审计基本概念体系的内容，相应的概念体系被界定为"可信性"、"过程"、"传输"和"执行"四个方面。"可信性"强调的是审计师本身应当具备的特质，"过程"反映的是审计外勤调查过程，"传输"反映的是审计报告的对外披露，"执行"则特别强调审计师作为执业人员在审计调查和传输调查结果的过程中应当履行的职责。

以上四部分的内容只是总体上的审计概念，或者说是对审计概念的基本分类。从总体概念按照逻辑推理下去，还会形成具体概念层，从而得到一个完整的概念体系。

具体来看，"可信性"涉及的是审计师，它与人们是否相信审计师出具的报告有关。它首先要求审计师具备相应的"胜任能力"，这从技术角度阐明了审计师应该具备的素质；从道德角度来看，它还要求审计师能够以诚实的行为品质来执行审计业务，也就是说他的执业行为应该受到"职业道德"的约束。此外，审计师还应该在实质和形式上保持其"独立性"，以便能够对事实进行不带偏见的判断和客观的考察，并将这一状态呈现在客户面前。"独立性"不仅是最为重要的一个概念，它还是审计的本质所在。丧失"独立性"，审计也就不能再被称为审计了。

"过程"指的是审计调查过程。这可以看作是根据"标准"来搜集、审查、评价和运用"审计证据"的过程。在这一阶段，还涉及"审计风险"与"重要性"的概念。它们之间的关系是：预期"审计风险"与"重要性"水平成反比，"重要性"水平的高低又与所要搜集的"审计证据"的数量成反比。当然，这一切自始至终都与"审计判断"紧密地联系在一起。

"传输"主要指审计师在"真实与公允"的基础上对外公布其"审计报告",却又不仅限于此。它还包括审计师与被审计单位以及社会公众之间的"沟通",以"合理保证"审计报告的"真实与公允"。

"执行"突出审计师是执业者这一思想。作为执业者,审计师就要以职业怀疑态度,切实履行其对公众的责任。在执业,也就是进行"审计测试"的过程中,他还应该保持"应有的职业关注",并进行相应的"审计判断"。"执行"部分的概念实际上是对上述三方面内容顺利实施的保证。

综上所述,审计基本概念体系共包括4部分,15个具体概念,见表6-1。

表6-1　　　　　　　　　　　　　审计基本概念分类表

概念分类	可信性	过程	传输	执行
具体概念	独立性	审计标准	审计报告	应有的职业关注
	胜任能力	审计证据	真实与公允	职业怀疑态度
	职业道德	重要性	合理保证	审计测试
		审计风险	沟通	审计判断

第二节　可信性

该部分的基本概念有三个:独立性、胜任能力、职业道德。

一、独立性

因为涉及市场经济的利益公平,独立性向来被视为审计的精髓,备受公众的关注。它不仅是现代审计中最为重要的一个概念,同时还是审计职业存在和发展的基石。没有审计的独立性,就没有审计的可信性。

(一)独立性的含义

审计师保持独立性的目标是支持报表使用者对财务报告过程的信心并提高资本市场的效率,它包括实质独立和形式独立两方面的内容。但20世纪20年代以前,审计职业基本上只重视实质独立,直到1939年美国证券交易委员会(SEC)审理"州际袜厂"诉讼案后,要求美国注册会计师协会(AICPA)在职业道德准则中强调审计师与被审计单位不得有任何形式上的利益关系,为迎合法律要求,职业界才开始重视审计的形式独立。AICPA职业道德委员会前主席托马斯·G.希金斯也明确指出审计独立性包括实质独立和形式独立两方面的内容。目前,这一观念已为审计职业界所普遍接受。实质独立是一种内心状态,要求注册会计师在提出结论时不受有损于职业判断的因素影响,能够诚实公正行事,并保持客观和职业怀疑态度;形式独立,要求审计师避免出现这样重大的事实和情况,使得一个理性且掌握充分信息的第三方在权衡这些事实和情况后,很可能推定会计师事务所或项目组成员的诚信、客观或职业怀疑态度已经受到损害。前者无形、抽象、难以评价,后者有形、具体且可以加以衡量,二者结合在一起,构成了审计独立性的概念。实质独立在任何情况下都绝对适用,形式独立虽然只有基于合理的程序保障才能在一定程度上保障审计的实质独立,但它却可以影响社会公众对审计实质独立的信任程度。审计形式独立性越强,社会公众对审计实质独立及审计职业的评价越高。

（二）行为约束与核心价值

根据传统的观点，美国审计实务界和理论界一直把独立性视为一项由美国证券交易委员会或美国注册会计师协会强加的行为限制。而1997年7月美国注册会计师协会发表的白皮书则将独立性作为注册会计师职业的核心价值。

1.行为约束观

从20世纪60年代起至今，学术界对独立性进行了长期而广泛的研究探讨，这些研究分别从不同的角度入手，主要为抵制客户压力或影响、审计师和经理合作或合谋、审计人员实质独立和形式独立以及审计的客观性和公正性等。具体表现为对缺乏或丧失独立性的行为作出判断，并制订了一系列限制性条款。目前，美国注册会计师协会和美国证券交易委员会（SEC）对执行上市公司财务报表审计业务的注册会计师的某些行为与关系都作出了禁止性规定，包括直接经济利益和间接经济利益关系等。这些规定以堵漏的方式提炼出来，但却不能涵盖所有的方面。不仅投资者和管理者担心由于情况的变化使得限制性规定捉襟见肘，实务界也对这一套复杂刻板的准则颇有微词，认为费时费力，成本过高。

鉴于公众认为注册会计师同时对审计客户提供审计和咨询服务，不可避免地存在利益冲突，美国证券交易委员会前主席 Arthur Levitt 在其任期内欲拿"五大"开刀，要求他们在2000年分离咨询业务。他认为"贪婪与狂妄"已经使注册会计师传统上为股东提供公允财务报告的使命产生偏离，致力于拓展利润丰厚的咨询业务使会计师事务所疏于其主营的公司审计，导致上市公司的财务报表质量下降。为保证注册会计师实施审计时的独立性，Levitt 建议禁止会计师事务所向客户提供包括设置财务信息系统、内部审计、保险统计、薪酬系统设计等在内的一系列咨询服务。但这一建议遭到了包括"五大"在内的注册会计师界的强烈反对。注册会计师界坚持认为，如果审计与咨询分开，会计师事务所就很难吸引最佳的专业人才，注册会计师全方位解决问题的能力就将会受到影响，同时将降低注册会计师提供审计服务的质量水平，并将阻碍会计师事务所吸引优秀人才。

经过一番长时间的讨价还价，"五大"会计师事务所与美国证券交易委员会初步达成妥协。"五大"有条件地接受SEC关于独立性的限制：事务所只有经上市公司董事会的审计委员会充分论证后才能获准提供IT及其他咨询服务；事务所的独立性须受独立监管，以判定其业务是否有利益冲突；事务所不能接手超过其全部业务收入40%的内部审计业务；上市公司须披露向会计师事务所支付的会计、顾问及税务服务费明细。

2.价值观

1997年7月美国注册会计师协会发布注册会计师独立性白皮书，其指导思想在于把独立性作为注册会计师职业的价值观，即独立性并非只是对注册会计师的外在行为加以限制，而是保障和提高自身执业水平的基石，一个缺失独立性的注册会计师的工作成果对相关利益主体而言毫无意义。因此，为实现注册会计师的社会价值，就必须时刻把独立性视为自身的核心价值，并养成一种基本的职业意识。美国审计准则委员会（ASB）成员威廉教授在 1997 年 3 月 Accounting Horizon 杂志上发表的论文 Auditor Independence： A Burdensome Constraint or Core Value? 对此作了进一步的解释：独立性是注册会计师职业在市场经济中的存在价值的三个核心组成部分之一（另外两个是计量方面的专长和实施标准化规范的能力）。注册会计师和会计师事务所应尽力保持和发展自身的价值，注册会计师对独立性的遵守应源于一种由内向外的动力。

二、胜任能力

(一) 胜任能力的含义

胜任能力是体现审计师自身素质与熟练执行审计业务的要求之间的矛盾的概念。从审计师个体角度来说，审计师理应具有相应的专业知识和专业判断能力，以便能够对财务报表出具专业鉴证意见；从职业团体角度来说，职业团体为了维持公众对审计师行业的信任，必须设定执业资格，以合理确定究竟具备什么样的能力的人可以作为审计师来执业。

需要指出的是，审计师并非所有方面的专家，审计业务涉及的特殊知识和技能可能会超出审计师的能力范围，此时，审计师可以利用专家的协助。例如，当审计对象是设备的生产能力或信息技术系统的运营情况时，审计师可以利用技术专家的协助；当审计对象是法律法规的遵循情况时，审计师可以利用法律专家的协助。在这种情况下，如果审计师确信包括专家在内的项目组整体已具备执行该项审计业务所需的知识和技能，且能够充分参与该项审计业务并了解专家所承担的工作时，他也可以承接该项审计业务。

(二) 胜任能力的基本内容

一般来说，审计师所应具备的专业胜任能力包括两个方面：专业知识和专业技能。前者通过接受教育来掌握并通过资格考试得以确认，后者主要来自业务培训和经验积累。当然，为使审计师在其职业生涯中不断保持和提高专业胜任能力，还需要职业后续教育。

1.专业知识

专业知识是指能为审计师提供与其所从事工作相关的技术、模型以及概念方面的知识。对专业知识的要求可以从资格前教育和资格考试两方面把握。

资格前教育是形成专业胜任能力的基础，能为审计师提供在其取得资格后继续自学的能力。一般包括以下四个方面：

(1) 一般知识及基础知识。范围广泛的一般知识及基础知识，可帮助审计师进行有效的思考、交流、分析、推理及判断。根据联合国贸易和发展会议制定的《职业会计师资格要求国际指南》，一般知识及基础知识的内容包括：对思想和事件的历史发展、现代世界的不同文化和国际视野的理解；对人类行为的基本知识；对思想和经济、政治、社会差别的感知；具备取得和评价数据资料的经验；具备进行调查、抽象思维和批判思维的能力；对文学、艺术和科学的欣赏；了解个人价值和社会价值，以及调查和判断程度；进行价值判断的经验；进行演讲和辩论的书面和口头交流技巧，以及正式或非正式地表达意见的技巧。

(2) 组织及商务知识。组织及商务知识提供的是与审计师执业范围相关的知识，它有助于审计师将其具体的分析和判断置于一定的经济环境中。组织和商务知识的具体内容包括经济学、商务计量及统计方法、组织行为、经营管理、风险管理、市场营销、国际商务知识。

(3) 信息技术知识。信息技术的高速发展改变了审计师的执业内容以及执业方法，信息技术知识则是使用和评估信息系统所必备的。审计师应具备的信息技术知识包括商务系统中信息技术的概念、建立在计算机基础上的内部控制、企业系统的原理和实务、信息技术的实施和使用、评价以计算机为基础的商务系统、常用办公软件与网络知识等。

(4) 会计、审计及相关知识。会计、审计及相关知识则为审计师所从事的职业提供了一个强有力的专业背景，具体包括财务会计和对外报告、外部审计与内部审计、管理会计、税务、金融与财务管理。

专业知识来源于审计师所接受的资格前教育，但审计师还需要通过各个项目的资格考试来向公众证明自己对专业知识的掌握程度。否则，社会公众没有信心，审计工作也就失去了应有的价值。目前，审计师必须通过资格考试已经成为一种国际通行的做法。

2.专业技能

专业技能可使审计师成功地运用通过教育所获取的知识。这些技能一般需要通过业务培训和经验积累来掌握。审计师应具备的专业技能有三类：

（1）智力技能。包括咨询、研究、逻辑推理、判断、严密的分析能力；运用解决问题的技能的能力，在不熟悉的环境中确认和解决非常规性问题的能力等。这些智力技能可以帮助审计师在复杂的组织环境中解决问题、制定决策并作出正确的判断。

（2）人际关系技能。包括与他人共事特别是小组内共事的能力；组织和分配任务能力；容忍和解决冲突的能力；与不同文化和智力的人们合作的能力；在不同文化环境中开展工作的能力；职业环境中的谈判能力等。这些人际关系能力有助于审计师与他人的合作，以形成一个良好的组织氛围。

（3）沟通技能。包括通过正式与非正式、书面与口头、通用语言等方式进行讨论的能力；有效聆听和阅读的能力，包括对不同的文化和语言的感知，以及从各种渠道获取和使用信息的能力，这些沟通技能可使审计师接受外来的信息、形成合理的判断并作出有效的决策。

3.事务所对审计师胜任能力的判断与培训

会计师事务所应当委派具有必要素质、胜任能力和时间的审计师，按照法律法规、职业道德规范和业务准则的规定执行业务，以便能够根据具体情况出具恰当的报告。为此，事务所应当制定恰当的程序，评价审计师的胜任能力。除胜任能力的基本内容外，事务所一般可以从以下几个方面进行考虑：（1）通过适当的培训和参与业务，获得执行类似性质和复杂程度业务的知识和实务经验；（2）掌握法律法规、职业道德规范和业务准则的规定；（3）具有相关技术知识，包括信息技术知识；（4）熟悉客户所处的行业；（5）具有职业判断能力；（6）掌握会计师事务所质量控制政策和程序。

为确保审计师的胜任能力，会计师事务所应当在人力资源政策和程序中强调对各级别审计师进行继续培训的重要性，并提供必要的培训资源和帮助，以使审计师能够发展和保持必要的素质和专业胜任能力。由于审计师的胜任能力在很大程度上取决于继续职业发展的适当水平，因此，会计师事务所应重视人力资源的不断开发。如在培训方面，不具备内部技术和培训资源或基于其他原因，则会计师事务所为培训目的可以聘请具有适当资格的外部人员。

会计师事务所一般可以通过下列途径提高审计师素质和胜任能力：（1）职业教育；（2）职业发展，包括培训；（3）工作经验；（4）由经验更丰富的员工提供辅导。

三、职业道德

（一）职业道德的含义和作用

职业道德是同人们的职业活动紧密联系的，符合职业特点所要求的道德准则、情操和品质的总和，是社会道德在职业生活中的具体表现。它一般由某一职业组织以公约、规则等形式发布，要求其会员自愿接受并遵守。

对于审计师这种由社会公众普遍信任派生出来的公共代理性质的职业，职业道德的独特作用主要体现在以下几个方面：

1.向社会昭示行业道德水准，提高行业公信力

没有可信性的审计报告对社会来说毫无意义，而除了审计师的独立性、专业胜任能力外，职业道德操守对审计报告的可信性也起着决定性的作用。

2.为审计师树立精神信条和专业原则

正如社会生活需要社会公德、家庭生活需要家庭美德的指导一样，审计师的执业过程同样需要精神上、道义上的支撑，以便能够以明确的信念处理各种关系。否则，面对纷繁复杂的现实，审计师难免会失去理念、迷失方向。

3.对审计法规进行必要补充

为保证执业质量，必须对审计师的执业行为进行规范。其中，有些可以通过法律的形式作出明文规定；有些则不能，这就只有通过职业道德规范的形式来要求了，例如，审计师执业时的精神状态。审计法规只是对审计师的最低要求，职业道德则升华了这种要求。

（二）职业道德基本原则

注册会计师应当遵循下列职业道德基本原则：（1）诚信；（2）独立；（3）客观与公正；（4）专业胜任能力和应有的关注；（5）保密；（6）职业行为。

（三）职业道德概念框架

职业道德概念框架旨在为注册会计师提供解决职业道德问题的思路，要求注册会计师：（1）识别对遵循职业道德基本原则的威胁；（2）评价已识别威胁的重要程度；（3）采取必要的防范措施消除威胁或将其降至可接受的水平。

（四）威胁及防范措施

对遵循职业道德基本原则的威胁可能产生于各种情形或关系。某一情形或关系可能产生多种威胁，某种威胁也可能影响对多项职业道德基本原则的遵循。威胁可以归纳为以下五类：

（1）自身利益威胁。如果经济利益或其他利益对审计师的职业判断或行为产生不当影响，将产生自身利益威胁。

（2）自我评价威胁。如果审计师对其（或者其所在会计师事务所或雇用单位的其他人员）以前判断或服务的结果作出不恰当评价，并且将据此形成的判断作为当前服务的组成部分，将产生自我评价威胁。

（3）过度推介威胁。如果审计师过度推介客户或雇用单位的某种立场或意见，以致其客观性受到损害，将产生过度推介威胁。

（4）密切关系威胁。如果审计师与客户或雇用单位存在长期或亲密的关系，而过于倾向他们的利益，或认可他们的工作，将产生密切关系威胁。

（5）外在压力威胁。如果审计师受到实际的压力或感受到压力（包括对审计师实施不当影响的意图）而无法客观行事，将产生外在压力威胁。

防范措施是指可以消除威胁或将其降至可接受水平的行动或其他措施。防范措施包括下列两大类：（1）由行业、法律法规或监管机构规定的防范措施；（2）工作环境中的防范措施。

第三节　过程 ▎

该部分的基本概念有四个：审计标准、审计证据、重要性、审计风险。

一、审计标准

审计标准是指用于评价或计量审计对象（企业财务状况、经营成果和现金流量）的基准。运用职业判断对审计对象作出评价或计量，离不开适当的标准。如果没有适当的标准提供指引，则任何个人的解释甚至误解都可能对结论产生影响，这样一来，结论必然缺乏可信性。也就是说，标准是对所要发表意见的鉴证对象进行"度量"的一把"尺子"，被审计单位和审计师可以根据这把"尺子"对鉴证对象进行"度量"。

就财务报表审计而言，审计标准是编制财务报表所使用的会计准则和相关会计制度。适当的标准应当具备下列所有特征：（1）相关性：相关的标准有助于得出结论，便于预期使用者作出决策；（2）完整性：完整的标准不应忽略审计业务环境中可能影响得出结论的相关因素，当涉及列报时，还包括列报的基准；（3）可靠性：可靠的标准能够使能力相近的审计师在相似的业务环境中，对审计对象作出合理一致的评价或计量；（4）中立性：中立的标准有助于得出无偏向的结论；（5）可理解性：可理解的标准有助于得出清晰、易于理解、不会产生重大歧义的结论。

二、审计证据

审计证据，是指审计师为了得出审计结论和形成审计意见而使用的信息。审计证据包括构成财务报表基础的会计记录所含有的信息和从其他来源获取的信息。在执业调查过程中，审计师所进行的各项工作无一不围绕着搜集证据这一目的进行。因此，从某种意义上讲，审计过程也就是搜集证据、审查证据、评价证据和运用证据的过程。

（一）审计证据的基本特征

中国注册会计师协会2016年修订的《中国注册会计师审计准则第1301号——审计证据》指出："注册会计师应当根据具体情况设计和实施恰当的审计程序，以获取充分、适当的审计证据。"这里的充分性和适当性构成了决定审计证据证明力大小的两大基本特征。

审计证据的充分性，是对审计证据数量的衡量。注册会计师需要获取的审计证据的数量受其对重大错报风险评估的影响，并受审计证据质量的影响。

审计证据的适当性，是对审计证据质量的衡量，即审计证据在支持审计意见所依据的结论方面具有的相关性和可靠性。

（二）搜集审计证据的程序

审计师在执业过程中，需要根据被审计单位管理层对财务报表项目的认定来确定具体审计目标，然后确定需要的审计证据，再采用相应的证据搜集程序。但审计证据和具体审计目标之间并非一一对应的关系。一种证据往往可以实现多种不同的审计目标，同一审计目标也可以从众多不同种类的证据那里得到验证；一种审计程序也可用来搜集多种证据，而要获得某类证据也可以采用不同的审计程序。

在实务中，审计师可以采用下列审计程序以获取形成审计意见的审计证据：（1）检查记录或文件；（2）检查有形资产；（3）观察；（4）询问；（5）函证；（6）重新计算；（7）重新执行；（8）分析程序。

在实施风险评估程序、控制测试或实质性程序时，审计师可根据需要单独或综合运用第（1）项至第（8）项所列审计程序，以获取充分、适当的审计证据。

三、重要性

（一）重要性的含义

根据中国注册会计师协会2019年发布的修订的《中国注册会计师审计准则第1221号——计划和执行审计工作时的重要性》，通常而言，重要性概念可从下列方面进行理解：

（1）如果合理预期错报（包括漏报）单独或汇总起来可能影响财务报表使用者依据财务报表作出的经济决策，则通常认为错报是重大的。

（2）对重要性的判断是根据具体环境作出的，并受错报的金额或性质的影响，或受两者共同作用的影响。

（3）判断某事项对财务报表使用者是否重大，是在考虑财务报表使用者整体共同的财务信息需求的基础上作出的。由于不同财务报表使用者对财务信息的需求可能差异很大，因此不考虑错报对个别财务报表使用者可能产生的影响。

这一概念是基于成本效益原则产生的。现代社会日趋复杂，审计师执行审计业务所面对的信息量日益庞大，在这种情况下，要求审计师去审查有关审计对象的全部信息，既无必要也无可能，只能采取选择性测试的办法。为此，审计师需要抓住鉴证对象信息的重要方面和重要事项加以审查，并搜集证据予以证实。

重要性包括数量和性质两方面的因素。在确定证据搜集程序的性质、时间和范围，评估审计对象信息是否不存在错报时，审计师需要运用职业判断，综合数量和性质两方面的因素来考虑重要性。

数量大小毫无疑问是判断重要性的一个重要因素，同样类型的错报，数额大的显然比数额小的要严重。

重要性与审计风险之间存在直接的关系，这种关系是一种反向的关系。重要性越高，审计风险越低；重要性越低，审计风险越高。审计师在确定证据搜集程序的性质、时间和范围，评估审计对象信息是否不存在错报时，应当考虑这种反向关系。

此外，在考虑重要性时，审计师还应当了解并评估哪些因素可能会影响预期使用者的决策。例如，特定标准允许财务报告的列报方式存在差异，那么，审计师就应考虑采用的列报方式会对预期使用者产生多大的影响。

（二）重要性在审计各阶段的应用

重要性原则的运用贯穿于审计执业过程的始终。

在制定总体审计策略时，注册会计师应当确定财务报表整体的重要性水平。注册会计师应当确定实际执行的重要性水平，以评估重大错报风险并确定进一步审计程序的性质、时间安排和范围。

在审计过程中修改重要性水平。如果在审计过程中获知了某项信息，而该信息可能导致注册会计师确定与原来不同的财务报表整体重要性水平或者特定类别的交易、账户余额或披露的一个或多个重要性水平（如适用），则注册会计师应当予以修改。如果认为运用低于最初确定的财务报表整体的重要性水平和特定类别的交易、账户余额或披露的一个或多个重要性水平（如适用）是适当的，则注册会计师应当确定是否有必要修改实际执行的重要性水平，并确定进一步审计程序的性质、时间安排和范围是否仍然适当。

四、审计风险

（一）审计风险概述

风险这一概念虽然源自其他学科，却也是审计执业过程中的一个核心要素。在审计领域，风险包含三个层次的内容：

最狭义的审计风险：财务报表存在重大错报而审计师发表不恰当审计意见的可能性。一般说来，审计师对审计风险的理解就是如此，在审计实践中大量存在的也是这种风险。

狭义的审计风险：发表了一个不恰当审计意见的风险。它包括两层含义：财务报表存在重大错报而审计师认为已公允揭示；财务报表不存在重大错报而审计师却认为未公允揭示。后者一般不太可能出现。

广义的审计风险：审计职业风险，即审计主体损失的可能性。这主要源于通常所说的"深口袋"责任概念，它构成了职业界面临诉讼"爆炸"的一个重要原因。

我们在这里仅讨论介绍最狭义的、同时也是审计师最为关注的审计风险。

（二）审计风险模型

审计风险模型经历了一个变迁的过程。传统的审计风险模型是由美国注册会计师协会（AICPA）于1983年提出的。在该模型中：

审计风险=固有风险×控制风险×检查风险

2003年10月，国际审计与鉴证准则理事会（IAASB）发布了新的审计风险准则，提出了修订后的模型。修改后的审计风险模型如下：

审计风险=重大错报风险×检查风险

第四节　传输 ▮━━━━━━━━━━━━━━━━━━━━━━━━━

该部分的基本概念有四个：审计报告、真实与公允、合理保证、沟通。

一、审计报告

（一）审计报告的含义和内容

《中国注册会计师审计准则第1501号——对财务报表形成审计意见和出具审计报告》（2022年1月5日修订）指出，审计报告是指注册会计师根据审计准则的规定，在执行审计工作的基础上，对财务报表发表审计意见的书面文件。

审计报告是审计执业过程的最终结果，它在整个独立审计中具有十分突出的地位。这是因为对于社会公众而言，由于专业知识的限制，审计执业的整个过程无异于一个"黑箱"，公众所能够理解和运用的只是最终的审计报告。

至于审计报告应该包括哪些内容，历史上曾经出现过两种截然不同的观点。一是"符号论"，以莫茨和夏拉夫为代表。他们认为投资者对审计报告的具体内容并不感兴趣，而只关注其结论，因此审计报告可以简单到将大量的技术成本压缩为几个符号。二是科恩委员会的观点，他们认为报告使用者并不熟悉审计的固有局限性，以及管理层责任与审计责任的区别等事项，因此，有必要在审计报告中增加一些解释性的内容。目前，世界各国所采纳的都是科恩委员会的观点，且在格式上对审计报告的内容进行了标准化。

（二）审计报告准则的改进

审计报告是注册会计师对所审计财务报表发表审计意见的书面报告，是注册会计师与财务报表使用者沟通所审计事项的主要手段，对增强财务信息的可信性起着至关重要的作用。现行审计报告具有格式统一、要素一致、内容简洁、意见明确等优点，但也存在着信息含量和决策相关性不高的缺陷，与财务报表使用者的期望存在一定差距。2008年国际金融危机发生后，国际上对提高审计质量、提升审计报告信息含量的呼声日趋强烈。2015年，国际审计与鉴证准则理事会（IAASB）修订发布了新的国际审计报告准则，在改进审计报告模式、增加审计报告要素、丰富审计报告内容等方面作出了重大改进。

为顺应市场各方的需求，体现审计准则持续趋同要求，中国注册会计师协会借鉴国际审计报告改革的成果，结合我国实际情况，启动了审计报告准则的改革修订工作。经过近两年的研究、起草、论证和广泛征求意见，新审计报告准则由中国注册会计师协会审计准则委员会审议通过，财政部批准发布。

2016年发布的12项审计准则，最为核心的1项是新制订的《中国注册会计师审计准则第1504号——在审计报告中沟通关键审计事项》，该准则要求在上市公司的审计报告中增设关键审计事项部分，披露审计工作中的重点难点等审计项目的个性化信息。其中，要求注册会计师说明某事项被认定为关键审计事项的原因、针对该事项是如何实施审计工作的。该准则仅适用于上市实体的审计业务。除该准则外，"对财务报表形成审计意见和出具审计报告"、"在审计报告中发表非无保留意见"、"在审计报告中增加强调事项段和其他事项段"、"与治理层的沟通"、"持续经营"及"注册会计师对其他信息的责任"等6项准则属于作出实质性修订的准则，另外5项准则属于为保持审计准则体系的内在一致性而作出相应文字调整的准则，这11项准则中，有的条款是仅对上市实体审计业务的规定，有的条款是对所有被审计单位（包括上市实体和非上市实体）审计业务的规定。

为确保新审计报告准则能够平稳顺利实施，采取分批、分步骤实施的方案，即自2017年1月1日起，首先在A+H股公司以及纯H股公司按照中国注册会计师审计准则执行的审计业务中实施；自2018年1月1日起扩大到所有被审计单位，其中，主板、中小板、创业板上市公司，IPO公司，新三板公司中的创新层挂牌公司，以及面向公众投资者公开发行债券的公司执行新审计报告准则的所有规定，对其他企业的审计暂不执行仅对上市实体审计业务的规定。同时，允许和鼓励提前执行新审计报告准则。2022年1月，中注协对《中国注册会计师审计准则第1501号——对财务报表形成审计意见和出具审计报告》《中国注册会计师审计准则第1503号——在审计报告中增加强调事项段和其他事项段》等11项准则的相应条款作出文字调整，不涉及实质性修订。

（三）审计报告的类型

如果认为财务报表在所有重大方面按照适用的财务报告编制基础的规定编制并实现公允反映，注册会计师应当发表无保留意见。当存在下列情形之一时，注册会计师应当按照2019年修订后的《中国注册会计师审计准则第1502号——在审计报告中发表非无保留意见》的规定，在审计报告中发表非无保留意见。

如果财务报表没有实现公允反映，注册会计师应当就该事项与管理层讨论，并根据适用的财务报告编制基础的规定和该事项得到解决的情况，决定是否有必要按照《中国注册会计师审计准则第 1502 号——在审计报告中发表非无保留意见》的规定在审计报告中发表非无保留意见。

二、真实与公允

"真实与公允"最早出现在英国，1948 年的英国《公司法》规定：在会计年度结束时，公司必须按照"真实和公允"的观点提供资产负债表来表达公司的财务状况，提供损益表披露会计年度中的利润和亏损。此后，1967 年的英国《公司法》又规定：审计师应当在报告中说明财务报表是否符合真实和公允的观点。

1978 年，欧洲经济共同体（欧共体，EEC）发布的第四号理事会令中，将"真实和公允"作为衡量财务报表的最高标准，这一文件中指出，当执行某一条款无法达到所要求的"真实和公允"时，应当放弃执行这一条款，并在注释中进行说明。但是对于何为"真实和公允"，并没有在正式的文件中作详细、清楚的定义。

欧共体要求各成员在指令颁布之后两年内调整各个国家的法律以体现这一精神，随后法国、德国等国家相继修订了本国的公司法，体现了"真实和公允"的观点。由于理解的不同以及各个国家的文化背景等原因，不同国家对于"真实和公允"这一术语的理解上存在不同。同时没有一个国家像英国那样，将它作为一个衡量财务报告最为重要的标准。可以说，尽管具有统一的用词，而且是由同一份文件所衍生出来的，但是"真实和公允"这一术语在欧洲的不同国家所具有的含义并非完全一样。

国际会计准则委员会在其发布的《编报财务报表的框架》"财务报表的质量特征"部分提到了"真实和公允"，但是对于什么是真实和公允，同样没有进行定义和解释，只是指出："……运用主要的质量特征和适当的会计准则，通常可以产生表达一般所理解的真实和公允信息的财务报表。"

公允这一概念实际指的是编制财务报表应该达到的标准。

美国注册会计师协会下设的会计原则委员会（APB）认为，若财务报表符合公认会计原则（GAAP），那么就达到了"公允性"。具体说来，它必须满足四点要求：（1）财务会计信息的搜集和处理符合公认会计原则；（2）账簿中信息的描述符合公认会计原则；（3）不同时期应用会计原则的情况得到了适当披露；（4）有限的财务报表格式和符合公认会计原则披露的财务信息要求之间的矛盾得到了解决。

1975 年，美国注册会计师协会下设的审计准则委员会（ASB）在第五号审计准则说明书"审计报告中所谓符合公认会计原则的公允反映的含义"中指出，公允性并没有一套较好的衡量标准，但审计师对公允性作专业判断时，应当以下面五个方面作为判断基础：（1）所选择和应用的会计政策是否是公认的；（2）会计原则是否适用于环境；（3）财务报告包括相关附注是否包括了可能会影响它们的使用、理解和解释的丰富信息；（4）财务报告中所包含的信息是否以合理的方式进行分类、归纳，既不会太过详细也不会过于简单；（5）财务报告在反映基本事项和交易时，是否以一种可接受的范围内的方式来表述财务状况、经营成果和财务状况变动。

可见，美国的审计准则委员会和会计原则委员会的观点是相近的，即都把公认会计原则作为衡量"公允性"的标准或依据，只不过审计准则委员会还强调了财务报表不应使报表使用者产生误解。审计职业界将公允性审计目标与公认会计原则相联系，也就是说在这种审计目标下，审计工作就是验证企业遵循公认会计原则的程度。

　　美国对西蒙诉讼案（1969年）的判决表明司法界对独立审计目标所持的观点与独立审计职业界存在明显差异。该案中审计师由于未充分证实并报告有关大陆售货机公司、它的一个子公司以及这两个公司与一位董事之间的某些业务问题，就提出无保留审计意见，因而被判犯有预谋罪。这些业务是有关大陆售货机公司向其子公司贷款，这些贷款又被子公司转贷给大陆售货机公司的一名董事，该董事以其在子公司的股本作为贷款的保证。该公司审计师认为，大陆售货机公司在财务报表中处理这些业务的方式符合当时公认的会计实务标准，且当时的公认会计实务标准并未要求审计师证实并报告大陆售货机公司贷款的这种用途，以及这种用途的安全保证。然而由于大陆售货机公司报告的财务状况依赖于对子公司贷款的可收回性，其子公司又依赖于该董事的还款能力。所以法院裁决，审计师应该证实并报告收回贷款的不确定性，证实并报告大陆售货机公司股票安全性所面临的危险，因为贷款的收回直接影响到其股票的价值。法院进一步指出，"公允性"应是一个自由地位的独立概念，而不应依附于是否符合公认会计原则的判断上，可以说公允性与符合公认会计原则是两个不同的问题。即使有证据表明财务报表是按公认会计原则编制的，仍然存在着财务报表是否公允地反映了企业的财务状况和经营成果这一历史遗留问题。这就是说，符合公认会计原则不一定就达到了"公允性"。审计师所遵循的一般公认审计准则，只能是作为审计执业的最起码要求，不能被推断为审计师在具体审计环境下所必须做到的一切工作。即使能够证明审计是按照公认审计准则实施的，也不能借此确认审计师具有善良的信念和意图，也不能以此必然地或自动地构成辩护的全面理由。

　　从以上对公允的几种理解和解释可以看出，公允这一概念并没有正式、权威的定义。但是一般可以认为，在判断报告主体的财务报告是否符合公允这一标准时，是以财务报表的编制是否采用符合公认会计原则（在我国即适用的会计准则和相关会计制度）的会计政策，是否真正反映了报告主体的财务状况和经营成果为标准的。

　　应该说明的是，审计界所持的上述观点并未得到司法界的认可。大量司法判例表明，法院判决并不以是否符合公认会计原则为衡量的标准，而依然维护纠错查弊是审计师责任的观念。

　　事实上，审计界在公允性概念上的困惑，一方面是因为会计、审计上的公允本身就是一个主观判断的结果，没有一个客观的标准。这本身与会计准则的可选择性以及会计处理的灵活性是相关的。对于同一个事项和交易，不同的处理者、不同的时间和空间都可能产生不同的结果。因此，当审计师进行审计时，就报告主体的财务报告是否公允地表达了该主体的财务状况和经营成果发表意见时，在很大程度上依赖于审计师主观上的职业判断。另一方面，审计师不愿意接受更高标准的公允性界定（如法律界的观点），是由于社会经济环境的多变性，以及会计师事务所及审计师是需要盈利的经营实体这一现状，使得审计师只能在其成本能够弥补的情况下，提供审计服务。

　　财务报表是否"公允反映"是一个主要的审计目标，也是审计报告中一个关键的措辞，虽然备受争议，却是审计职业界长时间精心选择的结果。它表明，审计师认定的公允表达仅仅是一个"合理保证"，它与财务报表自身的公允表达并不能达到100%的一致。过分夸大审计的功能，不仅会给审计师带来额外的风险，审计报告本身也不会具有可信性。

三、合理保证

　　合理保证是一个与积累必要的证据相关的概念，它要求审计师通过不断修正的、系统的执业过程，获取充分、适当的证据，对鉴证对象信息整体提出结论，提供一种高水平但并非百分之百的保证。

审计业务是一种合理保证的鉴证业务，提供的保证水平低于绝对保证。由于下列因素的存在，将审计风险降至零几乎是不可能的，也不符合成本效益原则：

（一）选择性测试方法的运用

审计师要在合理的时间内以合理的成本完成鉴证任务，通常只能采用选取特定项目和抽样等选择性测试的方法对被鉴证单位的信息进行检查。选取特定项目实施鉴证程序的结果不能推断至总体；抽样也可能产生误差，在采用这两种方法的情况下，都不能百分之百地保证鉴证对象信息不存在重大错报。

（二）内部控制的固有局限性

例如，决策时的人为判断可能出现错误，或由于人为失误而导致内部控制失效；内部控制可能由于两个或更多的人员进行串通或管理层凌驾于内部控制之上，而使内部控制被规避。小型企业拥有的员工通常较少，限制了其职责分离的程度，业主凌驾于内部控制之上的可能性更大。

（三）大多数证据是说服性而非结论性的

证据的性质决定了审计师依靠的并非完全可靠的证据。不同类型的证据，其可靠程度存在差异，即使是可靠程度最高的证据也有其自身的缺陷。例如，对应收账款进行函证，虽然提供的证据相对比较可靠，但受到被询证者是否认真对待询证函、是否能够保持独立性和客观性、是否熟悉所函证事项等诸多因素的影响。尽管审计师在设计询证函时要考虑这些因素，但是很难能百分之百地保证函证结果的可靠性。

（四）在获取和评价证据以及由此得出结论时涉及大量判断

在获取证据时，审计师可以选择获取何种类型和何种来源的证据；获取证据之后，审计师要依据职业判断，对其充分性和适当性进行评价；最后依据证据得出结论时，更是离不开审计师的职业判断。

（五）在某些情况下鉴证对象具有特殊性

例如，鉴证对象是矿产资源的储量、艺术品的价值、计算机软件开发的进度等。

四、沟通

独立审计是受托进行，需要对投资者以及社会各个方面负责的一种有偿服务。这种工作性质决定了它与被审计单位以及社会公众之间的广泛接触和联系。将"沟通"的概念放在"传输"这一总概念下面，意在强调审计师与社会公众之间的交流，这有助于引导公众正确使用审计报告并减少审计期望差距。但是，沟通的对象却不仅限于此，它还包括审计师与被审计单位董事会以及管理层之间的信息传递，这是形成真实与公允的审计报告的基础。

（一）与社会公众的沟通

这里的社会公众主要是指被审计单位的股东。通常，他们会通过阅读公司年报来了解公司财务状况和经营成果方面的信息。

审计报告的作用在于提升财务报表的可信赖程度，而不是对其正确性进行绝对的保证。但是，大多数的社会公众出于自身利益最大化、损失最小化的考虑，总是希望审计师能够揭示出被审计单位所有重大或非重大的错误和舞弊，并将其推定为审计师的责任。这种期望差距的存在，使得公众在其利益受损时，往往会诉诸法律或其他形式来追究审计师的责任。因此，审计师有必要与社会公众之间进行有效沟通，提高公众对审计功能的认识。这不仅可以保护审计师，避免诉讼"爆炸"，同时也有助于消除公众对已审计财务报表的过分信赖，减少投资风险，切实保护投资者利益。

通常，审计师可能会被邀请出席公司股东大会，并就其审计情况、公司财务政策、会计处理方法等事项向股东通报，这是与股东进行有效沟通的一个好机会。在沟通过程中，审计师还可以通过与股东的交流在一定程度上验证管理层的陈述是否真实、可靠，从而为审计报告的公允性提供佐证。

（二）与被审计单位治理层的沟通

根据《中国注册会计师审计准则第1151号——与治理层的沟通》（2022年1月5日修订），审计师应当与治理层建立有效的沟通。这种双向沟通十分重要，这有助于：第一，注册会计师和治理层了解与审计相关事项的背景，并建立建设性的工作关系，在建立这种关系时，注册会计师需要保持独立性和客观性；第二，注册会计师向治理层获取与审计相关的信息，例如，治理层可以帮助注册会计师了解被审计单位及其环境，确定审计证据的适当来源，以及提供有关具体交易或事项的信息；第三，治理层履行其对财务报告过程的监督责任，从而降低财务报表重大错报风险。

审计师应当与治理层沟通下列事项：

1.注册会计师应当与治理层沟通注册会计师与财务报表审计相关的责任。

2.注册会计师应当与治理层沟通计划的审计范围和时间安排的总体情况，包括识别出的特别风险。

3.注册会计师应当与治理层沟通审计中发现的下列事项：

（1）注册会计师对被审计单位会计实务（包括会计政策、会计估计和财务报表披露）重大方面的质量的看法。在适当的情况下，注册会计师应当向治理层解释为何某项在适用的财务报告编制基础上可以接受的重大会计实务，并不一定最适合被审计单位的具体情况。

（2）审计工作中遇到的重大困难。

（3）已与管理层讨论或需要书面沟通的审计中出现的重大事项，以及注册会计师要求提供的书面声明，除非治理层全部成员参与管理被审计单位。

（4）影响审计报告形式和内容的情形（如有）。

（5）审计中出现的、根据职业判断认为与监督财务报告过程相关的所有其他重大事项。

第五节　执行 ▌

该部分的基本概念有四个：应有的职业关注、职业怀疑态度、审计测试、审计判断。

一、应有的职业关注

（一）应有的职业关注的含义

应有的职业关注是审计执业过程中的一个基本概念，是审计准则和司法判决中的常用词，其含义似乎不言自明。但实际上，至今对其还存在着许多模糊的认识。

应有的职业关注的概念最早来源于法律领域，英国"Cooleyon Tort"一案法官在判案时所作的解释，判决认为，应有的职业关注的法律含义包括三个方面：一是拥有与其提供的服务相适应的技能；二是小心谨慎地运用其技能；三是保证忠诚和公正。在审计领域，1895 年英格兰 "London and General Bank" 一案最早开始追究审计师责任，而对应有的职业关注的解释最早也是法庭的特权。

虽然对审计职业界应有的职业关注的解释最早源自法庭，但随后，由于法庭判决常常超越职业界的能力，不同地区法庭判决不一致导致职业界无所适从，以及审计技术方法的复杂化使得法庭力不从心等原因，对审计应有的职业关注的解释也逐渐从法庭转向了职业界。在职业界看来，应有的职业关注包括两部分内容：一是对人的标准，要求审计师确立慎重的实务家的观念；二是对事的标准，即指明审计师在不同情况下进行审计工作时所应关注的重点。

慎重的实务家的具体标准包括：第一，拥有该职业所需要的一般知识并能与职业保持同步发展；第二，能作出相当于审计平均水平的判断；第三，在人格方面代表但不超越社会一般水平。

慎重执业的具体标准包括：

（1）熟悉被审查的客户，包括该客户的经营方式、行业环境、同业竞争；

（2）检查客户的内部控制制度；

（3）获得与客户的财务会计问题相关的资料；

（4）对异常事项和不熟悉的情况作出积极反映；

（5）设法排除对重要舞弊和差错所持的合理怀疑；

（6）认识到检查其助手工作的重要性。

（二）应有的职业关注与审计责任

审计应有的职业关注这一概念的诞生最早与法律责任联系在一起，法律界也是从法律责任的角度来理解这一概念的，即审计师是否应承担法律责任，承担何种法律责任。

一般认为，审计师的法律责任包括过失责任、违约责任和欺诈责任，其中违约责任指合同一方或双方未能达到合同规定的要求，欺诈责任指以故意坑害或欺骗他人为目的的错误行为。上述两种法律责任在司法判决中一般不易引起争执，而对过失责任的判决却是一个相当主观的问题，因为问题的焦点是对应有的职业关注的遵循程度。可见，法律责任的界定很大程度上是与审计师保持应有的职业关注程度的不同而引起的过失紧密相关的。

审计师因未保持应有的职业关注而引起的过失，根据程序和情节可分为：一般过失、重大过失和推定欺诈。"一般过失"是指审计师在执业过程中缺乏合理的关注，即未能严格按照审计准则的要求从事工作；"重大过失"是指审计师在执业过程中缺乏"最起码的关注"，即在审计工作中未能遵守审计准则的最低要求；"推定欺诈"是指虽无故意欺骗或坑害他人的动机，但却存在极端或异常的过失，如审计师未遵守大多数公认审计准则，没有合理的依据就相信财务报表的表述是真实、公允的。另外，法律用语中还存在着"共同过失"，即对他人的过失，受害方未能保持合理的谨慎因而蒙受损失。

需要指出的一点是，审计师过失责任涉及的对象经历了一个由简单到复杂的演变过程，即由早期的仅对客户负责，发展为目前包括客户、可合理预见的第三者和应预见到的其他利害关系者。审计的责任对象不断增加，应有的职业关注的内容也就随之不断扩大。

二、职业怀疑态度

职业怀疑态度要求审计师以质疑的思维方式评价所获取证据的有效性，并对相互矛盾的证据，以及引起对文件记录或责任方提供的信息的可靠性产生怀疑的证据保持警觉。

职业怀疑态度代表的是审计师执业时的一种精神状态，它有助于降低审计师在执业过程中可能遇到的风险。这些风险通常包括：忽略了可疑的情况；在决定证据搜集程序的性质、时间和范围时使用了不恰当的假设；对证据进行了不恰当的评价等。

职业怀疑态度并不要求审计师假设责任方是不诚信的，但是审计师也不能假设责任方的诚信就毫无疑问。职业怀疑态度要求审计师凭证据"说话"。

职业怀疑态度意味着，在进行询问和实施其他程序时，审计师不能因轻信管理层和治理层的诚信而满足于说服力不够的证据。相应地，为得出鉴证结论，审计师不应使用责任方声明代替应当获取充分、适当的证据。

职业怀疑态度要求，审计师不应将鉴证业务过程中发现的舞弊视为孤立发生的事项。审计师还应当考虑，发现的错报是否表明在某一特定领域存在舞弊导致的更高的重大错报风险。

职业怀疑态度要求，如果从不同来源获取的证据或获取的不同性质的证据不一致，可能表明某项证据不可靠，因此审计师应当追加必要的程序。

职业怀疑态度要求，如果责任方的某项声明与其他证据相矛盾，审计师应当调查这种情况。必要时，审计师应重新考虑责任方作出的其他声明的可靠性。

2017年5月，国际会计师职业道德准则理事会（IESBA）发布《职业怀疑与职业判断相关的应用指南》征求意见稿。该应用指南首次将IESBA职业道德守则中的重要概念相互联系起来，并阐明这些概念如何在实务中运用，其中包括：遵循职业道德守则中的基本原则是如何帮助审计鉴证人员在审计、审阅和其他鉴证业务中保持职业怀疑的，以及在应用守则概念框架进行职业判断时，对已知的事实和情况获取充分了解的重要性。

三、审计测试

审计测试是审计师为达到审计目的，采用一定的方法对被审项目的部分内容进行试验，以获取审计证据，判断被审项目是否可以接受的一种审计程序。任何一项审计过程都是由一系列的测试所组成的，审计测试已成为审计工作的核心。

在审计职业历史发展过程中，审计测试的演进与审计模式的改变密切相关。不同的审计模式下，审计测试的种类也不同。例如，在制度基础审计模式下，审计测试包括符合性测试和实质性程序两种，而在风险导向审计模式下，审计测试除进行实质性程序外，由于测试目的的变化，一般将符合性测试改为控制测试。

下面简要介绍风险导向审计模式下的两种审计测试。

（一）控制测试

控制测试，是指为评价内部控制在防止或发现并纠正认定层次的重大错报方面的运行有效性而设计的审计程序。

控制测试并非在任何情况下都需要实施。当存在下列情形之一时，审计师应当实施控制测试：（1）在评估认定层次重大错报风险时，预期控制的运行是有效的，即在确定实质性程序的性质、时间和范围时，注册会计师拟信赖控制运行的有效性；（2）仅实施实质性程序不足以提供认定层次充分、适当的审计证据。

（二）实质性程序

实质性程序，是指为发现认定层次的重大错报而设计的审计程序。实质性程序包括下列两种基本类型：一是细节测试；二是实质性分析程序。在实际工作中，控制测试与实质性程序分属两个不同的审计阶段，但为提高效率，二者也常常同时进行。例如，控制测试所涉及的凭证审查和重做通常被用于检查金额错误和不合法行为而进行的交易测试。

四、审计判断

审计判断涉及审计师的决策过程。一般决策过程是由五个步骤构成的：

第一步，定义决策问题。在进行决策时，首先必须确定所关注的决策问题。例如，投资者是否应该购买某公司的股票？公司是否应该引入新的产品系列？公司是应向供应商购买某种零件，还是应自己生产？

第二步，确定备选方案。在将决策问题具体化之后，必须确定备选方案。有时，在确定决策问题以后，确定备选方案相当简单（例如，有的决策问题的答案要么是肯定的，要么是否定的）；有时，决策问题存在多种备选方案，确定其中一种备选方案就相对复杂。

第三步，识别和取得与决策问题相关的信息。这些信息可能是关于每一备选方案的潜在成本和收益，也可能是有助于评估伴随某一具体方案的各种不同结果发生的可能性。收集信息的过程可能会耽误一些时间，但这是恰当的决策所必不可少的。

第四步，按可利用的信息评价备选方案。

第五步，选择最佳方案。决策者必须从备选方案中选取一个最佳方案并采取恰当的行动。

审计判断是审计师为了实现审计目标，根据其专业知识和经验，通过识别和比较审计事项和自身行为后所作的估计、断定和选择。它是审计执业过程中的一个重要因素，判断结果的正确与否直接关系到审计结论的正确性和会计信息使用者的决策。

在审计实务当中，尽管有审计准则可供遵循，但审计判断依然贯穿了执业过程的各个环节。例如，确定重要的审计目标、确定重要性水平和评估重大错报风险、评价内部控制的有效性、选择实质性程序、评价证据的适当性以及评价被审计单位是否遵循企业会计准则和会计制度等。

（一）两种不同的审计判断模式

审计判断模式是审计师进行判断的标准式样，是审计师描述判断过程或进行判断时遵循的基本范式。一般认为，审计判断模式有两种：决策过程模式和信息加工模式。

1.审计判断的决策过程模式

该模式把审计判断过程看作一个决策过程。西方的审计判断理论研究者大多持这种观点，他们要么把审计判断研究归入行为决策理论，要么以决策理论作为审计判断研究的基础。在该模式中，审计判断过程被归纳为六个方面：

第一，确定审计判断的问题和目标。

这是审计判断的起点。判断的问题是事项或是行为。例如，对某一财务报表项目重要性水平的确定，对具体审计程序的选择等。判断的目标依所判断问题的不同而不同，但总体目标是判断财务报表公允与否。

第二，确定审计判断的标准。

审计判断的标准依判断内容的不同而不同。对于事项判断，常见的标准包括各种财经法规、会计准则、会计制度等。对于行为判断，其标准一般是审计准则、职业道德守则等。此外还有一些不太明确的标准，例如，对未来不确定事项的判断，采用的标准是对未来事项的预测值或估计值；对审计程序运用的判断则以其期望效用为标准。

第三，搜集相关的资料。

搜集资料是形成审计判断的基础。对不同形式的判断来说，需要搜集的资料以及其在审计判断中所起的具体作用是不同的。对选择性的判断，需要搜集与所判断问题的各种可能结果有关的资料；对未来事项的判断，需要搜集那些有利于对未来事项作出正确估计的资料，包括有关的现实资料和未来可能情况的资料；对过去和已有事实的判断或者说是合规性判断，需要搜集的资料则是审计证据。

需要特别指出的是，对于选择性判断，此阶段结束后进入第四阶段；对于合规性的审计判断和对未来事项的判断，在取得充分、适当的审计证据后则可直接进入第五阶段。

第四，发现并评估可能的方案。

对选择性的判断来说，审计师搜集资料的目的是选择行动方案，这就需要对它们进行评估。评估时，既要考虑审计方案能否获得高质量的审计判断，同时还要考虑实施该方案的成本。

第五，比较标准和证据或方案。

此阶段的主要工作是把确定的标准与已经取得的反映判断事项的审计证据相比较，确定判断事项与标准的相符程度。对于选择性的判断，则需要比较不同的选择方案，进行序列衡量。

第六，形成审计判断。

在第五阶段工作的基础上，对于合规性判断，作出肯定或否定形式的判断；对于选择性的判断，则要选出最佳方案。

2.审计判断的信息加工模式

以审计师为判断系统的中心，把他作为信息加工者来研究审计判断，得出的模式称为信息加工模式或主体模式，此模式的具体内容如下：

（1）审计判断的任务和环境

任何审计判断都起因于一定的任务环境，只有当审计师面临一定的审计任务时才会出现作出判断的需要，也只有在一定的任务环境下审计师才有可能在事件的刺激下作出判断。

（2）审计师的信息加工系统

审计师头脑中的信息加工系统由信息输入、信息加工和信息输出组成。信息的输入来自审计师对审计任务及其环境信息的知觉。当审计师面临特定的判断任务时，他首先要对任务本身及有关的信息进行了解，获得与此相关的信息。信息输入结束后便要进行信息加工。可以认为信息加工过程是审计师捕捉线索，并将其与储存在长期记忆中的相关知识联系起来，或进行模式识别，把感觉的信息与长期记忆中的有关信息进行比较，并决定它与哪个长期记忆中的项目有着最佳匹配的过程。把识别的结果传递出来，就是信息输出。

（3）行为和结果

作出判断后，审计师需要根据判断的结果，采取进一步的行动。审计师的行动必然会引起一定的后果，这就是结果。结果将会反馈给审计师和环境，并对他们产生影响。

（二）审计判断的重点环节

审计师进行执业过程中所需作出的专业判断主要包括以下几方面：

1.确定重要性水平

重要性是决定审计风险以及检查范围、程序的直接依据之一。确定审计重要性水平是审计专业判断所涉及的一个重要领域。对重要性的判断离不开特定的环境，不同的企业重要性水平不同，同一企业在不同时期的重要性水平也不同。

2.确定审计风险

对于客观存在的审计风险，审计师必须保持职业谨慎，运用专业判断，对风险的各个要素进行全面评估，确定可接受的审计风险水平。例如，如果评估结果表明重大错报风险水平较高，审计师就必须扩大审计范围，将检查风险尽量降低，以便使总体审计风险降低到可接受水平。反之，如果被审计单位内部控制行之有效，重大错报风险水平较低，则审计师即使冒着较高的检查风险，总体审计风险也仍然较低。

3.判断企业内部控制的可靠性

内部控制能够及时提供企业内部差错和舞弊行为的专门分析资料，因此，在审计测试过程中确定内控系统的可靠性是极为重要的一环，也是审计专业判断的重要内容。对内部控制可靠性的判断，必须建立在对内部控制制度的设计和实施情况充分了解的基础上。

4.审计证据的搜集与评价

获取哪些审计证据、如何获取、证据评价等内容都离不开审计判断。而审计证据的质量如何，在很大程度上取决于审计师的专业判断水平。审计师在判断证据充分性与适当性的时候主要考虑的因素包括：重要性水平、重大错报风险等。

5.审计程序的选择

在执业过程中，审计师必须根据被审计单位的业务性质和具体情况，选择最适当的审计程序，以提高审计效率和效果。在这一过程中，审计判断起着重要作用。

6.对分析程序的评价

审计师实施分析程序的目的有三个方面：一是用作风险评估程序，以了解被审计单位及其环境；二是当使用分析程序比细节测试能更有效地将认定层次的检查风险降至可接受的水平时，分析程序可以用作实质性程序；三是在审计结束或临近结束时对财务报表进行总体复核。但是，这种方法的有效性在很大程度上取决于审计师的专业判断能力。

7.审计意见类型的选择

《中国注册会计师审计准则第1501号——对财务报表形成审计意见和出具审计报告》明确了在什么情况下应表示何种审计意见，然而，从目前的规定来看，保留意见、否定意见和无法表示意见的区别仅在于程度不同，在实际操作中必须依靠审计师的专业判断来完成。

8.对舞弊风险因素的判断

审计师对舞弊风险因素意识的缺乏经常是引起审计失败的原因。如果审计师能够了解重要的舞弊风险因素并能引起职业怀疑，然后利用专业判断综合而不是孤立地考虑这些风险因素，将会在很大程度上减少未能查出舞弊的风险。

第六章学习指南

第二编
审计模式与现代风险导向审计

第七章　审计模式及其演进

第一节　审计模式的含义

一、审计模式的内涵

审计模式是对一定时期内人们进行审计活动的特征的概括与抽象，是审计活动的导向性目标、审计范围和审计方法等要素的组合，它规定了审计主体在审计活动中如何分配审计资源、如何控制审计风险、如何规划审计程序、如何搜集审计证据和如何形成审计结论等。

关于审计模式的理解，我们可以从以下三个方面进行。

从本质上讲，审计模式是人们对一定社会历史条件下审计主体进行审计活动主要特征的描述，它从理念的高度概括了审计主体进行审计活动的目标以及实现目标的路径与方法。从这个意义上讲，审计模式就是审计主体从事审计活动的方法论。

从内容上讲，审计模式是为了解决审计主体在审计活动中如何分配审计资源、如何控制审计风险、如何规划审计程序、如何搜集审计证据和如何形成审计结论等问题而产生，而对以上问题的回答取决于审计主体对一定社会历史条件下审计的导向性目标、审计范围以及审计方法的认识。因此，审计模式的基本要素主要包括审计的导向性目标、审计范围和审计方法。

从功能上讲，一方面，审计模式是一定社会历史条件下关于审计主体观察、分析和处理审计活动中如何分配审计资源、如何控制审计风险、如何规划审计程序、如何搜集审计证据和如何形成审计结论等重要问题的标准形式，这种标准样式为审计主体从事实际审计活动所遵循或仿效，它可以为审计主体观察、思考和解决审计问题提供指导；另一方面，审计模式是连接审计理论与审计实践的桥梁或中介，运用审计模式，人们可以检验相关审计理论的有效性。

二、审计模式的构成要素

作为对审计活动一种简约概括，审计模式至少应明确三方面的问题，即审计活动的目标（为什么做）、审计对象（对什么做）以及审计方法（如何做）。对审计导向性目标、审计范围和审计技术方法的不同回答，决定着审计主体在审计活动中如何分配审计资源、如何控制审计风险、如何规划审计程序、如何搜集审计证据和如何形成审计结论等。因此，审计模式的构成要素主要有三个，即导向性目标、审计范围和审计技术与方法。审计模式是由审计的导向性目标、审计范围和审计技术与方法等要素构成的有机整体。在审计模式中，各要素相互依赖、相互作用，共同实现着审计模式的整体功能。

审计的导向性目标是审计模式的导向机制，是审计模式建立与运行的出发点，是审计模式整体功能的集中体现，也是审计模式运行效果的衡量标准。在审计模式中，其他要素必须围绕审计目标运行。审计导向性目标制约着审计对象与范围，不同的导向性目标，就会有不同的审计对象与范围；审计导向性目标决定了审计所采用的技术方法，审计技术方法是实现审计目标的手段。

审计对象与范围是审计主体为实现审计目标、进行审计活动的客体；审计对象或范围

（需要做什么）与审计主体（能够做什么）相互作用，共同决定着审计工作的成效以及审计目标的实现程度；审计对象和范围影响审计技术方法的使用，审计对象和范围不同，审计所采用的技术方法也不一样。

审计技术与方法是审计主体实现审计目标的工具与手段，对审计导向性目标的实现具有直接影响；审计主体要根据审计对象的不同特点，选择所采用的审计技术与方法，审计主体运用的审计技术与方法是否恰当，直接关系到审计证据收集的效率与效果，进而影响审计工作的质量。

第二节　审计模式的演进过程

审计环境的不断变化和审计理论水平的不断提高，促进了审计模式的不断发展和完善。一般认为，审计的演进经历了账项基础审计、内控导向审计、传统风险导向审计、现代风险导向审计几个阶段。

一、账项基础审计

账项基础审计（accounting number-based audit approach）存在于19世纪中叶到20世纪40年代。

在这一时期，英国的法律规定了所有股份有限公司和银行必须聘请审计师审计，致使英国独立审计得到了迅速发展，并对当时欧、美及日本等国家及地区产生了重要影响，而且，英国的审计模式在当时占据着主导地位。早期的英国独立审计没有成套的方法和理论，只是根据查错纠弊的目的，以公司的账簿和凭证作为审查的出发点，对会计账簿记录进行逐笔审查，检查各项分录的有效性和准确性，以及账簿的加总和过账是否正确，总账与明细账是否一致，以获取审计证据，达到查错纠弊的审计目的。因此，该种审计模式又被称为详细审计。详细审计阶段独立审计已经由任意审计转为法定审计；审计对象是会计账簿；审计目的是以查错纠弊、保护企业资产的安全和完整为主；审计报告的使用人也主要为公司的股东。详细审计阶段是审计发展的第一阶段，在审计史中有十分重要的地位，详细审计中的精华方法一直沿用至今。

详细审计本身存在一定的局限性。具体表现在以下两个方面：一方面，账项基础审计是在当时被审计单位规模较小、业务较少、账目数量不多以及审计技术和方法不发达的特定审计环境下产生的。由于审计师可以花费适当的时间对被审计单位的账簿记录进行详细审查，所以，在一定程度上和一定的时期内可以实现查错纠弊的审计目标。另一方面，从现代审计环境的视角来看，账项基础审计不对内部控制的存在及有效性进行了解和测试，虽然可以对缺乏内部控制或内部控制极度混乱的企业高效率地开展工作，验证有关凭证的真实性和合法性。但是，围绕账表事项进行详细审查，既费力，又耗时，且无法验证账项、交易的完整性，使得审计师不能保证发现未发生的重大舞弊，很难得出可靠的审计意见，审计结论存在很大隐患。

在经历一段时期之后，随着企业规模的日渐增大和审计范围的不断扩大，对被审计单位的账目记录进行详细审查的成本越来越高，客观上要求对账项基础审计进行改进。独立审计开始转向以会计报表为基础进行抽查；审计方式由顺查法改为逆查法，即先通过审查资产负债表有关项目，再有针对性地抽取凭证进行详细检查。在此阶段，抽查的数量很大，但由于采取判断抽样为主，审计师仍难以有效地揭示企业会计报表中可能存在的重大错弊。

二、内控导向审计

内控导向审计（internal control-oriented auditing）存在于20世纪40年代到20世纪70年代这一期间。

20世纪40年代以后，随着社会和经济的发展，企业规模不断扩大，业务急剧增加，会计账目越来越多。企业为了管理的需要，开始建立内部控制制度。会计报表的外部使用者越来越关注企业的经营管理活动，特别希望审计师全面了解企业的内部控制情况，审计目标逐渐从查错纠弊发展到对会计报表发表意见。早期的账项基础审计模式在日益复杂的经济环境面前显得越来越不可行，过多的人工成本降低了审计师的边际收益率。1938年的美国麦克森·罗宾斯公司倒闭事件，成为审计史上最大的案件，该事件不仅削弱了公众对审计师的信任，也暴露出审计方法和程序方面存在的弊端。为了保证审计质量，提高审计效率，审计职业界必须寻找更为可靠的、更有效的审计方法。

经过长期的审计实践，审计师发现企业内部控制制度与企业会计信息的质量具有很大的相关性。如果内部控制制度健全有效，会计报表发生错误和舞弊的可能性就小，会计信息的质量就较高，从而，审计测试的范围就可以相应缩小；反之，就必须扩大审计测试的范围，抽查更多的样本。因此，为了顺应审计环境的要求，提高审计效率、降低审计成本、保证审计质量，账项基础审计发展为内控导向审计。内控导向审计要求审计师对委托单位的内部控制制度进行全面了解和评价，评估审计风险，制订审计计划，确定审计实施的范围和重点，规划实质性测试的性质、时间和范围，在此基础上进行实质性测试，获取充分、适当的审计证据，从而提出合理的审计意见。

与账项基础审计相比，内控导向审计在制订审计计划时，不仅考虑审计的时间资源和人力资源，还考虑内部控制制度的健全和有效性。通过了解和评价被审计单位的内部控制制度，发现其薄弱之处，有重点、有目标地进行审计。内控导向审计注重剖析产生财务报表结果的各个过程和原因，减少了直接对凭证、账表进行检查和验证的时间和精力，改变了以往的详细审计方法，使得抽样审计有了一定的基础。这不但调整了工作重点，保证了审计质量，还提高了审计工作的效率，节约了审计时间和费用。但是，内控导向审计也存在一些不足之处：第一，有时进行控制测试并不能减轻实质性测试的工作量，工作效率并不能得到有效提高；第二，内部控制的评价存在很强的主观性和随意性，容易产生偏差，对审计规划产生不良影响；第三，运用内控导向审计模式很难有效地规避三类审计风险——错报、舞弊和经营失败；第四，使用范围受限制，当被审计单位内部控制制度不健全或者内部控制制度设置健全但执行不好时，就不宜采用内控导向审计模式。

三、传统风险导向审计

在经历了账项基础审计和内控导向审计之后，审计模式和方法进入了传统风险导向审计阶段。

审计风险既受到企业固有风险因素（如管理人员的品行和能力、行业所处环境、业务性质、容易产生错报的财务报表项目、容易受到损失或被挪用的资产等）的影响，又受到内部控制风险因素（如账户余额或各类交易存在错报，内部控制未能防止、发现或纠正）的影响。同时，审计风险还会受到审计师实施审计程序未能发现账户余额或各类交易存在错报的影响。因此，审计师仅以内部控制测试为基础实施抽样审计就很难将审计风险降至可接受的水平，抽取样本量的大小也很难说服政府监管部门和社会公众。为了从理论和实践上解决制度基础审计存在的缺陷，审计职业界很快开发出了审计风险模型，我们称之为传统的审计风险模型：

　　审计风险=固有风险×控制风险×检查风险

　　在审计风险模型中，检查风险是由会计师事务所风险管理策略确定的，谨慎行事的会计师事务所往往将其确定为较低水平。固有风险和控制风险则与企业有关，审计师可以通过了解企业及其环境以及评价内部控制，对两者作出评价，在此基础上确定检查风险，并设计和实施实质性程序，以将审计风险控制在会计师事务所确定的水平。审计风险模型的出现，从理论上既解决了审计师以制度为基础采用抽样审计的随意性问题，又解决了审计资源的分配问题，即要求审计师将审计资源分配到最容易导致财务报表出现重大错报的领域。从国外文献看，早在1983年，美国注册会计师协会下设的审计准则委员会就把这一审计思想写入了审计准则公告第47号，要求审计师在充分评估固有风险和控制风险的基础上确定检查风险，最终将审计风险控制在可接受的水平。同时，还要求将重要性原则与审计风险模型一同运用，以降低审计风险，并明确审计师应当承担的责任。从方法论的角度讲，审计师以传统的审计风险模型为基础进行的审计可称为风险导向审计方法（risk-oriented audit approach），一般称为传统风险导向审计。传统风险导向审计与内控导向审计的区别见表7-1。

　　传统风险导向审计主要是通过对财务报表固有风险和控制风险的定量评估，从而确定检查风险，进而确定实质性测试的性质、时间和范围。这使得传统的风险导向审计在审计范围和审计技术的操作性方面均存在缺陷。从审计范围方面看，传统的风险导向审计认为审计师通过对管理层关于财务报表账户层面各个不同认定的审计，就可以自下而上地为审计师对整个会计报表发表意见提供充分、适当的证据。而根据系统论的观点，如果相互联系的个体组成一个系统，系统往往会表现出突变行为，系统总体特征就会与假如个体之间相互独立时表现的特征有本质的区别。所以，审计师应当以整体的系统观点，结合、简化、分析、综合，并进行适当的平衡，采用"自上而下、上下结合"的方法，才能够对被审计单位取得深入的了解。从审计技术的可操作性来看，对风险模型中的固有风险和控制风险在理论上可以作出区分。但是，固有风险和控制风险都受企业内外部环境的影响，两者之间也相互影响，所以，在实践中很难作出区分。而且，大部分审计程序都是多重目的的，都对财务报表是否存在重大错报有信息含量，也很难确定一项审计程序是为固有风险提供了审计证据，还是为控制风险提供了证据。此外，传统风险导向审计采用的自下而上的审计思路：一方面，在审计资源分配上经常是面面俱到，难以突出重点，造成审计资源的浪费；另一方面，审计师只关注企业的内部控制，很难发现上下串通的蓄意造假。

表7-1 传统风险导向审计与内控导向审计的比较

比较内容 / 审计模式	传统风险导向审计	内控导向审计
对审计风险考虑的内容和范围	会计系统和程序中存在的风险，控制环境中的风险因素，企业经营面临的外部风险	固有风险、控制风险和检查风险，但没有考虑控制环境中存在的风险
确定重点审计领域的依据	对风险的评估结果	内部控制制度
审计程序	先分析固有风险和检查风险，确定报表项目影响因素，从而确定实质性测试的性质、时间和范围	先对内部控制制度进行评估，再确定实质性测试的性质、时间和范围
审计重点	审计风险的分析与评估	内部控制制度的分析与评估
对内部控制的运用	内部控制整体框架	内部控制的一部分内容
对审计风险的处理	审计风险评估贯穿于整个审计过程	在抽取样本进行实质性测试时考虑控制风险和检查风险
确认和测试的重点	管理部门为降低经营风险而采取的方法和行为	控制活动，通过测试内部控制，提出有关建议
报告的重点	风险降低的充分性、有效性	内部控制的充分性、有效性
审计结果	提出恰当的降低风险的建议	建议提出新的或改进的控制制度
对被审计单位的影响	在对企业进行全面评价的基础上，确定审计重点，提出的建议直接针对被审计单位的主要问题	建议加强内部控制或增加新的内部控制，建议增加的控制点多，有妨碍正常程序运转的可能
审计的方法	既了解会计系统、内部控制制度和程序，又考虑内部控制环境和企业经营环境中存在的风险	没有充分重视和运用分析性测试，只了解内部控制的局部，如会计系统、内部控制制度和程序

四、现代风险导向审计

20世纪80年代以后，世界经济急剧变化，科学技术日新月异，各种文化相互渗透，市场竞争日益激烈，人类开始迈入较为成熟的信息社会和数字经济时代。在这种情况下，企业与其所面临的多样的、急剧变化的内外部环境的联系日益增强，内外部经营风险很快就会转化为财务报表错报的风险，企业的经营模式、盈利模式及管理模式均发生重大变化。审计环境的快速变化使审计师逐渐认识到被审计单位并不是一个孤立的主体，它是整个社会的一个有机组成部分。如果将被审计单位隔离于其所处的广阔经济网络，审计师就不能有效地了解被审计单位的交易及其整体绩效和财务状况。

按照传统风险导向审计方法，审计师是否实施审计程序，何时实施以及在多大范围内实施，完全取决于对检查风险的评估。审计师在运用传统风险导向审计方法时，通常难以对固有风险作出准确评估，往往将固有风险简单地确定为高水平，转而将审计资源投向控制测试（如果必要）和实质性程序。由于忽略对固有风险的评估，审计师往往不注重从宏观层面上了解企业及其环境（如行业状况、监管环境及目前影响企业的其他因素；企业的性质，包括产权结构、组织结构、经营、筹资和投资；企业的目标、战略以及可能导致财务报表重大错报的相关经营风险；对企业财务业绩的衡量和评价），而仅从较低层面上评估风险，容易犯"只见树木，不见森林"的错误。也就是说，传统风险导向审计方法注重对账户余额和交易层次风险的评估。

但企业是整个社会经济生活网络中的一个细胞，其所处的经济环境、行业状况、经营目标、战略和风险都将最终对财务报表产生重大影响。如果不去深入考虑财务报表背后的东西，而是将被审计单位隔离于其所处的广泛经济网络，审计师就不能对财务报表项目余额得出一个合理的期望。而且，当企业管理层串通舞弊时，内部控制是失效的。如果审计师不把审计视角扩展到内部控制以外，就很容易被蒙蔽和欺骗，不能发现由于内部控制失效所导致的财务报表存在的重大错报和舞弊行为。因此，随着企业财务欺诈案的不断出现，国外一些会计师事务所在20世纪90年代对传统风险导向审计方法进行了改进。改进后的风险导向审计方法具有以下特征：一是注重对被审计单位生存能力和经营计划进行分析，从宏观上把握审计面临的风险；二是注重运用分析性程序，以识别可能存在的重大错报风险；三是在评价内部控制有效的情况下，减少对接近预期值的账户余额进行测试，注重对例外项目进行详细审计；四是扩大了审计证据的内涵。审计师形成审计结论所依据的证据不仅包括实施控制测试和实质性程序获取的证据，还包括了解企业及其环境获取的证据。最终，实务界和学术界通过共同努力，终于形成了现代风险导向审计。

五、各种审计模式的比较

迄今为止，审计模式演变经历了账项基础审计模式、内控导向审计模式、传统风险导向审计模式和现代风险导向审计模式。新审计模式的产生不是对旧审计模式的简单否定，而是对旧的审计模式的积极扬弃。新旧审计模式之间有区别也有联系。

相关链接7-1

现代风险导向审计的战略思维

（一）账项基础审计模式、内控导向审计模式与风险导向审计模式的区别与联系

各审计模式的区别表现在其导向性目标、审计范围和审计方法等方面有重要区别，同时也意味着各审计模式在审计师在审计活动中如何分配审计资源、如何控制审计风险、如何规划审计程序、如何搜集审计证据和如何形成审计结论等方面也不完全一致。各种审计模式比较见表7-2。

（二）现代风险导向审计模式与传统风险导向审计模式的区别和联系

现代风险导向审计模式是在传统风险导向审计模式的基础上发展起来的，两者之间存在继承和发展的关系。现代风险导向审计模式继承了传统风险导向审计模式的精华。例如，与传统风险导向审计模式一样，在现代风险导向审计模式下，注册会计师同样要运用审计风险模型，并以风险评估的结果来计划审计工作，分配审计资源；所不同的是，在传统风险导向审计模式下，注册会计师应用的是传统审计风险模型，而在现代风险导向审计模式下，注册会计师运用的是现代审计风险模型。现代审计风险模型是一种整合了被审计单位经营风险（战略风险）的审计风险模型。再如，在现代风险导向审计中，注册会计师也要在很大程度上实施传统风险导向审计模式下的审计程序（如内部控制测试、分析程

表7-2 账项基础审计模式、内控导向审计模式和风险导向审计模式的区别

审计模式 / 比较内容	账项基础审计模式	内控导向审计模式	风险导向审计模式
审计导向性目标	揭错查弊	对财务报表的公允性发表意见	对财务报表的公允性发表意见与揭错查弊二者并重
所遵循的认知模式	简化主义认知模式	简化主义的认知模式	传统风险导向审计模式遵循简化主义认知模式，现代风险导向审计模式遵循复杂系统的认知模式
审计工作切入点	会计账目	评审内部控制（主要是财务报表控制）	评估固有风险或经营风险
对审计风险的考虑	未能引入审计风险的概念，对审计风险被动接受，主要关注检查风险	已具有审计风险意识，主要关注控制风险和检查风险	正式引入审计风险概念，对审计风险主动控制，关注固有风险（或经营风险）、控制风险和检查风险，以便将审计风险控制在合理的水平，将风险评估贯穿于审计过程的始终
对内部控制的考虑	不考虑	考虑与财务报表有关的内部控制	考虑企业应对经营风险的内部控制
审计资源分配的依据	平均分配审计资源	根据内部控制审计的结果，将审计资源分配至控制风险较高的领域	根据固有风险或经营风险及其应对措施的评估结果，将审计资源分配至剩余风险较高的领域
审计工作的重心	会计账目	内部控制（主要关注财务报表控制）	经营风险及管理层的应对措施
审计方法	直接实施实质性程序，详细检查会计凭证和账目	在评审内部控制基础上执行实质性程序	评估经营风险和管理层的应对措施，实施风险评估程序，在此基础上执行实质性程序

序、交易测试和细节测试等）收集审计证据，并根据最后得到的证据对财务报表出具意见等。现代风险导向审计模式的创新在于，注册会计师对财务报表的预期是建立在对被审计单位全方位深入了解的基础之上的，这就为实施有效的实质性程序提供了基础；同时也创造了注册会计师提供其他类型的鉴证服务和增值服务的条件。现代风险导向审计模式是一种既满足外部审计目标又满足组织内部保证目标创新性的有力工具。[①]现代风险导向审计模式与传统风险导向审计模式的区别见表7-3。

---

① 刘明辉. 高级审计研究 [M]. 大连：东北财经大学出版社，2018.

表7-3　　　　　　　　　　现代风险导向审计模式与传统风险导向审计模式的区别

审计模式 比较内容	传统风险导向审计模式	现代风险导向审计模式
遵循的认知模式 （方法论）	简化主义认知模式，认为整体是部分的简单相加	复杂系统的认知模式，认为整体不是部分的简单相加。如果相互联系的个体组成一个系统，系统往往会表现出突变行为，系统总体特征就会与假如个体之间相互独立时表现的特征有着本质区别
对组织的看法	将组织看成一个离散系统，认为通过对构成组织的各部分的认识就可形成对组织整体的看法	将组织理解成一个有机系统、一个动态网络，认为仅通过对构成组织各部分的认识无法形成对组织整体的看法
审计思路	采用"自下而上"的审计思路，试图通过对认定层次的审计形成对财务报表总体的结论	采用"自上而下，上下结合"的审计思路，首先分析被审计单位的经营风险、应对措施及其对财务报表的影响，再通过认定层次的检查得出关于财务报表总体的结论
审计视角	会计视角：审计工作集中在财务信息报告过程，试图通过了解所报告信息之间的相互关系，形成一个关于被审计单位的可靠的绩效预期模型	战略系统视角：审计工作集中在经营过程，并假定经营战略的目标是通过经营流程和内部控制来实现的，因此，一个关于被审计单位绩效的可靠的预期模型必须建立在检查和复核其经营流程、流程控制和流程指标的基础上
审计意见与经营风险的关系	认为对财务报表出具审计意见可以与被审计单位的经营风险评估无关	认为对财务报表出具审计意见不可避免地与被审计单位经营风险更加广泛的评价联系在一起
审计时所需知识与经验	审计所需知识和经验主要集中于会计与审计的专门知识和经验	审计所需知识与经验除了会计与审计知识与经验外，还包括有关经营管理的专门知识和经验

第三节　未来审计模式的展望——大数据导向审计

审计模式是审计环境的伴生物，审计环境的变化必然会导致审计模式的演化。在未来的审计环境中，数字经济将是关键变量之一，数字经济的发展必将带来审计模式的突变。

一、数字经济及其特征

数字经济作为一种新的经济形态正在开启，人类正站在数字经济的"门口"。2016年G20杭州峰会发布的《二十国集团数字经济发展与合作倡议》认为，数字经济是指以使用数字化的知识和信息作为关键生产要素、以现代信息网络作为重要载体、以信息通信技术（ICT）的有效使用作为效率提升和经济结构优化的重要推动力的一系列经济活动。在数字经济中，数据是重要生产要素，网络是重要载体，信息技术应用是其中最重要的推动力。数字经济的主要特征可以概括为"一个要素、两个部分、三个基础、四个形态"。

"一个要素"是指数据成为新的生产要素，对数据的价值挖掘是数字经济发展的源泉。随着互联网和物联网的迅猛发展，人与人、人与物、物与物的互联互通得以实现，数据量呈现指数型增长。基于数据的新产品、新模式、新体验不断涌现，数据成为企业最重要的资产，信息和如何使用信息是成功的关键。

"两个部分"是指数字经济构成包括数字产业化和产业数字化两部分。数字产业化是数字经济发展的先导力量，以信息通信产业为主要内容，具体包括电子信息制造业、电信业、软件和信息技术服务业、互联网行业及其他新兴产业；产业数字化是指数字技术对其他产业的改造，即对传统产业组织、生产、交易等的影响。

"三个基础"是指数字经济的基础设施由以往的互联网扩展到"云-网-端"三位一体。在工业经济时代，经济活动架构在以铁公机（铁路、公路和机场）为代表的物理基础设施之上，而数字经济2.0时代的新基础设施已经变成了以"云网端"为代表的技术平台。云（云计算）为在线数据的存储、处理、分析的主要技术；网（互联网/物联网）为数据传输的基础设施技术；端（智能终端/app），过去20年发展的端主要是手机、电脑以及手机端的app。

"四个形态"是指经济组织形态呈现平台化、共享化、多元化和微型化。平台化：在过去十年里，世界各地出现了大量使用数据驱动商业模式的数字平台，按市值计算的全球八大公司中有七家都使用基于平台的商业模式，如Facebook、阿里巴巴、亚马逊等；共享化：随着新一代信息技术的发展，高频泛在的在线社交，为大量未能得到完全有效配置的资源提供了成本趋近于零的共享平台和渠道，逐步创造出新的供给和需求，促使共享经济快速兴起，如Airbnb、滴滴；多元化：随着数字技术的发展，数字经济呈现多元化发展状态，技术的多元化、技术与行业融合的多元化、技术与社会治理融合的多元化，将演变成多种形态、多种模式；微型化：边缘计算与云计算可能成为并行发展的趋势，边缘计算会赋能端设备更强的智慧，智能终端会越来越微型化。

二、数字经济时代的审计模式——大数据导向审计

（一）大数据导向审计的概念

在数字经济时代，大数据的快速发展对整个社会产生了深远的影响，使得社会从精确性向高效性转变、从抽样分析向总体分析转变、从因果性向相关性转变、从经验检验向预测性转变。①这种转变将深刻影响这个时代的审计模式，促使其转向大数据导向的审计。

大数据导向的审计是以降低信息风险为审计目标，以被审计单位的数据（包括内部数据和外部数据，结构化数据和非结构化数据）为切入点，通过数据的采集、清洗、验证、转换、整理等过程，综合运用查询分析技术、多维分析技术、数据挖掘技术等进行数据分析，探寻数据中蕴含的知识、趋势和规律，发现异常和错误，把握总体、突出重点、精确延伸，从而收集审计证据，实现审计目标的审计模式。

（二）大数据导向审计模式的特征

1. 大数据导向审计模式的导向性目标

在数字经济时代，数字是重要的生产要素，数字本身蕴含的信息是有关利害关系人决策的基础。社会公众的信息需求在不断扩大，传统的会计信息已远远无法满足需求了。长期以来受制于公认审计准则的约束，审计行业致力于产出一种标准的以复核

---

① 舍恩伯格，库克耶. 大数据时代：生活、工作与思维的大变革 [M]. 盛杨燕，周涛，译. 杭州：浙江人民出版社，2012.

性为导向的审计产品，而对财务报表以外的信息不发表意见，社会公众不得不从审计职业之外获取这些信息，但在年度报告中所披露的大多数其他信息，在某种程度上比已审的会计信息还要重要。为了满足社会公众的需求，审计师应对揭示企业经营活动和管理活动的信息提供全面的评价。降低信息风险成为大数据导向审计模式的导向性目标。

2.大数据导向审计模式的审计工作切入点

在大数据导向的审计模式中，审计工作切入点是被审计单位的数据，包括内部数据和外部数据；结构化数据、半结构化数据和非结构化数据。这一点与账项基础审计（以会计账目为切入点）、内控导向审计（以内部控制为切入点）和风险导向审计（以经营风险为切入点）不同。

3.大数据导向审计模式的审计范围

新型信息技术在审计中的应用、普及和推广进一步拓宽了审计证据的来源，提升了审计的效率和效果。在传统审计模式中，由于半结构化和非结构化信息大多未纳入审计的取证范围，因此在不可能收集和分析全部业务数据的情况下，审计只能采用抽样审计方法从抽取的样本入手，并据此推断审计对象的整体情况。在数字经济时代，半结构化数据和非结构化数据的引入大大拓展了审计师的审查范围，审计证据的充分性、及时性、可靠性、相关性以及真实完整性等都得到保障。在审计中，审计数据都能被准确无误地采集，联机分析处理技术（OLAP）、SQL EM、Python、SAS Base及云计算等各种技术工具搜集并对数据进行深入挖掘分析和实时监测，使得审计由随机抽样转向了基于总体的全样本审计。特别地，结合物联网下射频识别（RFID）以及借助Python技术对外部网站中的媒体报道、行业信息等实施的数据抓取会使得信息更加客观真实，具有更强的证明力。由此可见，丰富的数据类型以及新型信息技术的应用大大拓展了审计的空间范围、时间范围和内容范围。

4.大数据导向审计模式的审计方法

在数字经济时代，数据载体由传统的纸质媒介变为机器可读的存储介质形式，业务处理流程也按照预先设置好的程序指令来完成，尤其是大数据所具有的异质性结构以及高频性和详尽性特点使得传统的审计取证方式逐渐消失，证据的提取和分析工作更多是由计算机辅助审计工具与技术（CAATs）完成。不仅如此，审计师还通过网络爬虫的方式从网站上获取数据信息，利用遥感地理信息系统（GIS）或全球定位系统（GPS）等精准获得审计所需的数据。

在数字经济时代，"总体分析、发现疑点、分散核查、系统研究"的数字经济时代的审计取证方式日臻完善。

近年来，人工智能的发展突飞猛进，大规模模型运用使得人工智能发展到了一个全新的阶段。以OPENAI推出的系列大规模自然语言处理模型ChatGPT为代表的人工智能的应用将极大地改变人类的生产和生活方式，必将对数字经济时代的审计活动产生革命性的影响。

5.大数据导向审计模式的审计风险

基于具体资金业务或项目展开的汇总、趋势、分布及阶段特征等全面系统的大数据分析让以往隐蔽性的问题充分暴露出来，大大降低了国家审计过程中的风险。但与此同时，各种业务和风险管理活动在大数据时代都以数据信息流的形式呈现出来，其中存在的大量冗余和无效信息使得风险相比以往更为复杂、隐蔽、不容易控制，且更加容易转化。尽管一些用于分析大数据的工具已被开发出来，但是由于大数据中掺杂了很多噪声，需要审计人员对数据信息进行筛选、清洗等，因此从源头开始，数据的收集、清理、转换以及分析模型的构建，包括对控制流程的了解等都存在不同程度的风险。由于很多传统的审计程序已经被电子数据处理所取代，因此，审计师必须知道数据是如何产生的、如何处理以及何处存在着安全隐患。

第七章学习指南

第八章　现代风险导向审计的基本原理

第一节　现代风险导向审计的产生和发展

一、现代风险导向审计产生和发展的过程

为了应对信息社会和知识经济对审计职业的挑战，随着企业财务欺诈案的不断出现，国外一些会计师事务所在20世纪90年代着手对传统风险导向审计模式进行改进，以国际"五大"（现为"四大"）会计师事务所为首的审计实务界开始不断探索新的审计方法。这些审计方法的名称尽管不同，具体做法各异，但它们有着共同的核心内容，即（1）注重对被审计单位生存能力和经营计划进行分析，从宏观上把握审计所面临的风险；（2）注重运用分析程序，以识别可能存在的重大错报风险；（3）在评价内部控制有效的情况下，减少对接近预期值的账户余额进行测试，注重对例外项目进行详细审计；（4）扩大了审计证据的内涵，注册会计师形成审计结论所依据的证据不仅包括实施控制测试和实质性程序获取的证据，还包括了解企业及其环境获取的证据。人们将改进后的风险导向审计模式称为现代风险导向审计模式。

现代风险导向审计模式是对传统风险导向审计模式的扬弃，它继承了传统风险导向审计模式的合理内核，在执行审计工作时仍然保留了许多传统风险导向审计模式的做法，例如运用审计风险模型，按照风险评估基础分配审计资源，实施审计程序，依据获取的审计证据对财务报表形成意见等；两者本质的区别在于审计理念和审计技术方法的不同。现代风险导向审计将审计学、系统理论和战略管理理论结合起来，更加重视企业面临的风险以及被审计单位的应对措施，并将被审计单位经营风险及其应对与财务报表重大错报联系在一起。

现代风险导向审计模式的优点在于，它克服了传统风险导向审计的不足，便于注册会计师全面掌握企业可能存在的重大风险，有利于节省审计成本，克服缺乏全面性的观点而导致的审计风险。但该方法也存在局限性：一是会计师事务所必须建立功能强大的数据库，以满足注册会计师了解企业的战略、流程、风险评估、业绩衡量和持续改进的需要；二是注册会计师（至少对审计项目承担责任的注册会计师）应当是复合型的人才，有能力判断企业是否具有生存能力和合理的经营计划；三是由于实施的实质性程序有限，当内部控制存在缺陷而注册会计师没有发现或测试内部控制不充分时，注册会计师承担的审计风险就大大增加。

二、现代风险导向审计产生的原因

审计模式的生成和变换，取决于社会经济环境的变化。审计环境的变化是现代风险导向审计产生的根本原因。

从20世纪80年代起，世界进入了信息社会和知识经济时代。随着所有权与经营权进一步分离，企业组织形式复杂化，为解决委托代理问题而实施的激励计划多样化，管理层舞弊的驱动力更强；各种管理创新工具层出不穷，经济业务日益复杂化，管理层操纵的空间更大，手法更多（如企业管理层可能利用公司集团内部的众多关联方交易，融资、投资方式和经营方式的创新，企业内部激励方式的创新等来操纵会计信息）。管理层舞弊给有

关利益关系人造成的损失更大，给社会带来的影响也更为广泛。美国安然、世通、施乐等公司的财务丑闻对社会的影响就是明证。

审计环境的巨大变化，给注册会计师和审计职业界带来了机遇和挑战。特别是20世纪90年代以来，审计职业面临着前所未有的巨大压力，这使得人们不得不重新审视注册会计师在社会经济中的作用、注册会计师所提供服务的性质以及为实现审计目标而采用的审计模式。

（一）审计职业的生存与发展——现代风险导向审计产生的动力

社会需求是任何职业存在与发展的基础，审计职业也不例外。如果能有效地满足社会需求，审计职业就能生存和发展，否则就会为社会所抛弃。

审计服务的使用者大体包括被审计单位和第三方（如股东、银行、债权人、职工、顾客和其他团体等）。不同的审计服务的使用者从各自角度出发对注册会计师审计提出了不同的期望。快速变化的环境使社会公众对注册会计师审计的期望不断增高。1984年，美国注册会计师协会（AICPA）成立的科恩（Cohen）委员会调查表明：社会公众（包括会计报表的使用者）认为，注册会计师不仅应对财务报表是否公允发表意见，而且应对舞弊及违法行为的揭露负有更大的责任；注册会计师应增进审计的有效性，提高对会计报表真实性的察觉能力；注册会计师应向有关利害各方详尽报告审计过程的发现；为了使已审会计报表更具实用价值，注册会计师应向报表使用者提供更多的关于企业持续经营能力方面的信息。[①]1991年4月，AICPA成立了企业特别报告委员会。该委员会经过调查研究，于1994年完成了题为《改进企业报告》的研究报告。该报告不仅再次重申了科恩报告的观点，而且要求注册会计师应对财务信息和非财务信息提供评价。

当然，社会公众对注册会计师审计职责的认识与注册会计师和审计职业界对其自身职责的认识不尽一致，两者之间存在一定的差距。社会公众和注册会计师及审计职业界对审计作用和职责理解上的差距就是审计期望差距，它是审计服务的使用者对注册会计师责任的期望超出了注册会计师职业现有职责范围的差异。审计期望差距主要体现在以下几个方面：

（1）对财务报表的公允性发表意见。对财务报表的公允性发表意见是注册会计师审计的目标之一。国内外有关审计期望差距的研究表明，社会公众对此的期望很高，大部分审计服务的使用者都认为，如果注册会计师出具了无保留意见的审计报告，那么财务报表就应当没有任何差错，他们希望注册会计师以绝对的把握保证已审计财务报表中不存在任何差错。但事实上，由于审计本身的固有限制，注册会计师只能合理保证已审财务报表中不存在重大错报，存在一定的审计风险。

（2）对被审计单位的持续经营能力发表意见。对注册会计师而言，对被审计单位持续经营能力发表意见是一个敏感而尖锐的话题。审计报告的使用者期望注册会计师对被审计单位的持续经营能力作出保证；而注册会计师认为，注册会计师审计是对被审计单位的财务报表发表意见，企业是否具有持续经营的能力应由财务报表及审计报告的使用者自己判断，注册会计师不可能越俎代庖。尽管如此，企业破产事件的发生总有一个问题积累的过

---

① 胡春元. 风险基础审计 [M]. 大连：东北财经大学出版社，2001.

程，审计报告的使用者要求注册会计师对被审计单位持续经营能力发表意见也有一定的合理性。为了协调两者的期望差，各国审计准则均要求注册会计师评估被审计单位的持续经营能力，对于导致对被审计单位持续经营能力产生重大疑虑的事项或不确定事项，注册会计师应予以报告。

（3）对被审计单位内部控制发表意见。由于舞弊案件的发生往往与内部控制失效有关，企业内部控制是否有效成为社会公众关注的热点。人们希望注册会计师对被审计单位是否存在令人满意的内部控制发表意见。长期以来，注册会计师对被审计单位的内部控制进行评价和测试是审计的关键步骤之一，但注册会计师评价和测试内部控制的目的在于设计有效的实质性程序。如果仅通过实质性程序就可以达到审计目标，注册会计师也可不对内部控制进行评价与测试。社会公众对注册会计师的期望明显超过了现行审计准则对注册会计师职责的规定。然而，社会公众的要求也具有合理性。随着安然事件的出现，美国颁布的《萨班斯–奥克斯利法案》规定，管理层有责任建立实施和维护合理的内部控制，并对其有效性进行评估，而对管理层对内部控制的评估，注册会计师应发表意见。①

（4）对舞弊和违反法律法规行为的报告。100多年前，查错揭弊一直是注册会计师最重要的职责，随着审计环境的变化，注册会计师的职责发生了变化，查错揭弊让位于对财务报表的公允性发表意见而成为第二位的审计目标。20世纪80年代后，查错揭弊和对财务报表的公允性发表审计意见成为并重的审计目标。社会公众希望注册会计师能查出被审计单位所有的舞弊和违反法律法规行为，但这种期望超出了注册会计师的能力范围，因为注册会计师只是对财务报表发表意见，对于不影响财务报表的舞弊并没有责任查出，再者注册会计师也不是法律专家，不可能对被审计单位违反法律法规行为——识别。

审计期望差距是一个矛盾统一体。从某种意义上讲，正是这一矛盾统一体的统一与斗争推动了审计理论与实务的演进。从需求方讲，社会公众离不开审计，他们需要可靠的信息作出各种经济决策，需要审计来降低信息风险，以保护自身的合法权益，但社会公众对审计实际所起的作用并不十分满意，他们希望审计能发挥更大的作用。从供给方来说，审计的产生和发展，是以与被审计单位有关的利益关系人的需求及其变动为轴心的。自审计产生至今，审计始终处于一种被动状态、始终在为满足社会的需求而努力，但由于审计自身的理论与技术及审计成本等的限制，审计始终无法达到完全地满足社会需求的程度。只有尽可能地满足社会公众的合理需求，缩小审计期望差距，注册会计师及审计职业才能生存和发展，否则就可能被社会淘汰出局。

为了缩小审计期望差距，审计职业界和各国政府作出了积极努力。COSO报告、卡伯里（Cadbury）报告、腾伯尔（Turnbull）报告以及《萨班斯–奥克斯利法案》（Sarbanes-Oxley Act of 2002）的出台就是这些努力的结果。

面对审计期望差距，审计职业界不得不对审计目标进行修改。在现代审计产生的初期，注册会计师审计的目标是查错揭弊；在20世纪40年代至70年代，审计目标主要是对财务报表的公允性发表意见；进入20世纪80年代后，注册会计师审计的目标是一方面对

---

① Sarbanes-Oxley Act of 2002，Section 404.

财务报表的公允性发表意见，另一方面应揭露导致财务报表重大错报的舞弊；以美国注册会计师协会发布《改进企业报告》为标志，以1996年公布第78号《审计准则公告》为转换完成，从此降低信息风险成为审计的主要目标[①]。而审计目标是审计工作的落脚点，审计目标的改变需要有与之相应的审计模式的配合。与每个时代的审计目标相适应，相继出现了账项导向审计模式、内控导向审计模式、传统风险导向审计模式和现代风险导向审计模式。

（二）审计市场竞争加剧——现代风险导向审计产生的压力

进入20世纪90年代以后，注册会计师和审计职业界面临着审计环境的剧变。这种剧变给注册会计师带来了巨大的压力，主要表现在：[②]

（1）市场日益饱和，传统审计服务的增长空间越来越小；

（2）会计师事务所之间的竞争加剧，由于更换会计师事务所可以带来成本的节省，被审计单位经常更换注册会计师，这使得注册会计师的审计公费不断减少；

（3）为了使注册会计师理解复杂的全球经营问题以及加速发展的新技术，会计师事务所需要加强对注册会计师的培训，导致会计师事务所的经营成本增加；

（4）尽管注册会计师审计失败的总体发生率相当低，但是媒体对少数突出案件的过度渲染和随后的法律诉讼，在社会公众的心目中形成了审计失败的发生率和严重程度较以前更高的印象；

（5）从历史上看，注册会计师主要是对财务报表提供鉴证服务，随着信息技术飞速发展，电子商务蓬勃兴起，注册会计师提供的服务转向对互联网上实时的信息、被审计单位的非财务信息和未来的财务信息提供鉴证或保证服务，审计职业界一直承受着重新定义其"产品"的压力。

市场竞争的加剧，使得会计师事务所的边际收益不断地下降。要想在审计市场上维持期望的边际收益，会计师事务所要么增加审计公费，要么努力提高效率降低审计成本。显然，在审计市场日益饱和的情况下，审计公费的增加是困难的，为了生存和发展，注册会计师就必须将目光转向降低审计成本。审计模式和方法是降低审计成本的关键因素。为了降低审计成本，注册会计师就不得不去寻求效率更高的审计模式和方法。换言之，在审计中，注册会计师必须在保证审计效果的前提下，按照成本最小化的原则确定所需的审计程序，尽可能地提高审计效率和效果。

在提高审计效率和效果方面，账项导向审计模式与内控导向审计模式存在明显不足。主要表现之一就是由于这两种审计模式不进行被审计单位的经营风险的评估，导致审计资源的分配不恰当，造成风险低的审计领域审计过度和风险高的审计领域的审计不足。这使得审计工作的效率和效果都受到影响。虽然传统风险导向审计模式要进行审计风险评估，由于没有一种系统化结构化的方法，在对固有风险进行评估时，注册会计师往往主观地将被审计单位的固有风险定为最高，而转而依赖对内部控制的评估，确定控制风险，依据控制风险的评估确定检查风险，根据检查风险来设计实质性程序的性质、

① 刘明辉. 审计与鉴证服务 [M]. 北京：高等教育出版社，2007.
② KNECHEL W R. Auditing: Assurance and risk [M]. 2nd edition. Cincinnati, OH: South-Western College Publishing, 2001.

时间和范围。这种做法存在的缺陷之一就是在审计资源分配上经常是面面俱到，难以突出重点，造成审计资源的浪费，审计效率无法有效提高。现代风险导向审计模式则以系统论为指导，采用"自上而下，上下结合"的审计思路来组织审计工作，以被审计单位的经营风险评估为出发点，在审计风险评估中，将对被审计单位经营风险的评估有效地整合进重大错报风险的评估中，初步形成了一整套系统化结构化的评估方法，使得审计的效率和效果都有改善。

（三）审计理论界和实务界的不懈探索——现代风险导向审计模式产生的保证

一种审计模式总是与一定的审计环境相适应的。当审计环境发生巨大变化时，原有的审计模式的缺陷就会充分暴露出来，就会越来越与审计环境和社会需求脱节，这时就会出现能适应新环境的审计模式取而代之。

20世纪90年代以来，传统风险导向审计模式越来越不能适应急剧变化的环境，表现在以下四个方面：

第一，传统风险导向审计模式存在方法论上的缺陷。传统的风险导向审计模式采用的是简化主义的认知模式。简化主义的认知模式认为，总体是部分的简单相加，人们可以通过对部分的认识来达到对总体的认识。在这一认知模式的指导下，传统风险导向审计模式试图按会计视角来组织审计工作，认为注册会计师通过对管理层关于财务报表账户层面各个不同认定的审计，就可以自下而上地为注册会计师对整个财务报表发表意见提供充分、适当的证据。如果说，在企业与外部环境的联系不甚紧密的条件下，这种方法尚有一定的合理性的话，那么，在企业与外部环境的联系日益紧密的今天，这种方法就显得不合时宜了。在当今的环境下，企业是整个经济网络的有机组成部分，不再是一个独立的主体，它与外界的联系比以往任何一个时期都要紧密，应该以系统论的观点来看待企业。

第二，传统风险导向审计模式的审计工作视角和思路上存在缺陷。由于以简化主义认知模式为方法论，传统风险导向审计以"会计视角"和"自下而上"的审计思路来组织审计工作，试图通过对管理层认定层面进行审计来达到对财务报表总体发表意见的目的，在审计资源分配上经常是面面俱到，造成在某些领域审计过度而在另一些领域审计不足，难以突出重点，造成审计资源的浪费，审计效率不能有效提高。

第三，传统风险导向审计模式的审计风险模型的可操作性欠缺。根据传统的审计风险模型，审计风险=固有风险×控制风险×检查风险。从理论上说，固有风险和控制风险是可以作出区分的，传统的审计风险模型在理论上具有完美性，但在实务操作中却缺乏可操作性。因为固有风险和控制风险都受企业内外部环境的影响，两者之间也相互影响，所以，在实践中很难作出区分。而且，大部分审计程序都是多重目的，都对财务报表是否存在重大错报有信息含量，也很难确定一项审计程序是为固有风险提供了审计证据，还是为控制风险提供了证据。正因为如此，国际审计与鉴证准则理事会对原有的审计模型进行了修改，将固有风险与控制风险合并为重大错报风险。

第四，传统风险导向审计模式无法有效地实现现代审计目标。现代审计目标要求，注册会计师既要对财务报表的公允性发表意见，又要查错揭弊。在传统风险导向审计模式下，由于没有形成结构化系统化的方法，对被审计单位的固有风险难以评估，注册会计师往往不进行固有风险的评估而直接将固有风险确定为最高水平。在这种情况下，注册会计师只关注企业的内部控制和对控制风险进行评估，并以此作为评估检查风险和确定实质性程序的性质、时间和范围的依据。而内部控制是管理层制定和实施的，管理层很容易利用其手中的权力，进行上下串通的舞弊。传统风险导向审计模式对此无能为力，它很难发现上下串通的蓄意造假，因而不能有效地实现现代审计目标。

如何克服传统风险导向审计模式的缺陷？这要求审计理论界和实务界的共同努力，不懈探索。

20世纪90年代，原世界五大会计师事务所（现为四大）就开始着手对创新审计模式的研究与探索，他们联合美国一些著名大学的会计学教授，为创立新的审计模式进行了不懈的努力。为进一步缩小审计期望差距，提高审计的效率与效果，他们以新的审计理念对审计方法和审计程序进行重新设计，从而带来了审计模式的变革，初步形成了现代风险导向审计模式。

现代风险导向审计模式的核心观点是，审计风险与被审计单位的经营风险有千丝万缕的联系，威胁被审计单位的经营风险是审计风险的来源，财务报表中的错报风险只是被审计单位复杂的风险管理过程的副产品。为了进行有效的审计，注册会计师必须深入了解被审计单位所处的行业、战略目标和战略计划、竞争优势的源泉、关键经营流程以及影响被审计单位经营成功的剩余风险。在评估审计风险时，现代风险导向审计模式形成了一整套系统化结构化的方法，将经营风险评估有机地整合进重大错报风险的评估过程。现代风险导向审计模式是对传统风险导向审计模式的扬弃，该审计模式吸收了传统风险导向审计模式的精华，注入了新的审计理念和方法。现代风险导向审计模式的出现，有效地提高了审计工作的效率和效果。尽管现代风险导向审计还存在这样或那样的不足，但经过审计理论界和实务界的不断努力，现代风险导向审计模式必将会得到进一步完善。

第二节　现代风险导向审计的理论基础

任何审计模式都有其理论基础，现代风险导向审计模式也不例外。现代风险导向审计模式的理论基础主要包括审计基本理论、系统论和战略管理理论，三者构成了现代风险导向审计模式的理论支柱。现代风险导向审计模式正是以审计基本理论为基础，以系统论为方法论，以企业战略管理过程为核心，借鉴战略管理理论的分析工具，在全面了解被审计单位及其环境的基础上，来开展对企业财务报表的审计工作的。

一、审计基本理论

经过近一个世纪的发展，审计基本理论已形成较为完整的体系。审计理论大体可以分为审计基本理论与审计应用理论。现代风险导向审计模式并非脱离于现行审计理论体系的一种独立理论。从某种意义上说，现代风险导向审计模式是为了适应社会经济发展的要求而出现的一种旨在提高审计效率和效果的审计技术。它的出现是一种审计模式取代另一种审计模式的变革。在这一变革中，审计理论体系中的某些内容有所改变（如指导审计实务的认知模式和审计程序等），但它并没有推翻审计基本理论。很明显，现代风险导向审计模式离不开其他审计理论特别是审计基本理论的指导。如果脱离了审计基本理论的指导，现代风险导向审计模式是不可能存在的。借用拉卡托斯在《科学研究纲领方法论》中关于理论体系组成部分有关内核与保护带的划分①，审计基本理论是审计理论体系的内核，而审计应用理论则可以看成是审计理论体系的保护带。风险导向审计模式是审计应用理论的组成部分，在审计理论体系中起着保护带的作用。作为理论的保护带，风险导向审计当然离不开审计基本理论的指导。审计基本理论是现代风险导向审计模式的基础。

二、系统论

系统论是研究系统的一般模式、结构和规律的科学。有关系统的思想源远流长，但作为一门科学的系统论，人们公认是美籍奥地利人、理论生物学家 L. V. 贝塔朗菲创立的。他在1925年发表"抗体系统论"，提出了系统论的思想。1937年提出了一般系统论原理，奠定了这门科学的理论基础。确立这门科学学术地位的是1968年贝塔朗菲出版的专著《一般系统理论——基础、发展和应用》，该书被公认为是这门学科的代表作。

"系统"一词，来源于古希腊语，是由部分组成整体的意思。一般系统论则试图给出一个能描述各种系统共同特征的一般的系统定义。通常把系统定义为：由若干要素以一定结构形式联结构成的具有某种功能的有机整体。在这个定义中包括了系统、要素、结构、功能四个概念，表明了要素与要素、要素与系统、系统与环境三方面的关系。从系统观点看问题，世界上任何事物都可以看成是一个系统，系统是普遍存在的。系统是多种多样的，可以根据不同的原则和情况来划分系统的类型。按人类干预的情况可划分为自然系统、人工系统；按学科领域就可分成自然系统、社会系统和思维系统；按范围划分则有宏观系统、微观系统；按与环境的关系划分就有开放系统、封闭系统、孤立系统等。

系统论认为整体性、关联性、等级结构性、动态平衡性、时序性等是所有系统的共同的基本特征。系统论的核心思想是整体观念。贝塔朗菲强调，任何系统都是一个有机的整体，它不是各个部分的机械组合或简单相加，系统的整体功能是各要素在孤立状态下所没有的性质（整体大于部分之和）。系统论的基本思想方法，就是把所研究和处理的对象，当作一个系统，分析系统的结构和功能，研究系统、要素、环境三者的相互关系和变动的规律性，并优化系统的整体功能。系统论的任务. 不仅在于认识系统的特点和规律，更重要的还在于利用这些特点和规律去控制、管理、改造或创造一个系统，使它的存在与发展合乎人的目的需要。换言之，研究系统的目的在于调整系统结构，协调各要素关系，使系统达到优化目标。

系统论的出现，使人类的思维方式发生了深刻的变化。在系统论产生以前，人们研究问题采用的是简化主义思维方式，总是将事物分解成若干部分，抽象出最简单的因素，然后再以部分的性质去说明整体的性质，用最简单因素说明复杂事物。在现代科学的整体化和综合化发展的趋势下，在人类面临许多规模巨大、关系复杂、参数众多的复杂问题面前，原有的简化主义思维方法就显得无能为力了；而系统分析方法却能站在时代前列，高屋建瓴，总揽全局为研究现代复杂问题提供了有效的思维方式。因此，系统论为人类的思维开拓新路，它的出现大大促进了其他各门科学的发展。系统论反映了现代科学发展的趋势，反映了现代社会化大生产的特点，反映了现代社会生活的复杂性，所以其理论和方法能够得到广泛的应用。

---

① 拉卡托斯. 科学研究纲领方法论［M］. 兰征，译. 上海：上海译文出版社，1986.

注册会计师获取对客户经营和行业的了解、考虑客户经营风险和评价审计风险所持有观点或思维导向（也就是视角本身）会影响他的审计判断和行为。[①]也就是说，注册会计师的方法论对其审计判断和审计行为具有重大影响。系统论为注册会计师审计提供了不同于传统的简化主义的方法论。从系统论的观点看，任何组织都是有着特定目的的有机系统。企业的生产能力、盈利能力、适应能力以及最终的生存和发展取决于其内部要素之间的作用及企业与外部环境之间的相互作用。注册会计师要对财务报表发表意见，而财务报表是企业信息系统这一子系统的产物。企业信息子系统与企业的生产经营等其他子系统之间存在密切联系，相互作用，它不能脱离其他子系统而独立存在。因此，在审计中，注册会计师不能将企业信息子系统与其他子系统割裂开来，而是应该将其放在企业这一综合有机系统背景下，在它与其他子系统的相互联系中把握企业信息子系统。财务报表以及为了生成财务报表而制定的会计原则是为了对被审计单位这一系统的动态进行正确描述。实际上，从系统论的观点看，注册会计师审计就是要评价被审计单位这一系统与外部环境及构成被审计单位的各子系统（或要素）的相互联系和相互作用的情况。如果不能做到这一点，注册会计师就不易形成正确的审计意见。

以系统论来指导审计工作，是审计工作的系统视角，它能使注册会计师的注意力更直接地集中于经济系统的适应性行为上，提高注册会计师对被审计单位报告收益合理性的怀疑能力，从而形成更加正确的预期。在审计中，注册会计师不能仅以会计视角来把握财务报表，这是因为会计视角使得注册会计师对审计风险的评估局限于一个狭窄或有限的视野内，它不是使注册会计师的注意力集中于会计数据周围的广阔经营背景，而是狭隘地集中于会计数据及与会计数据有关的交易上，从而会将注册会计师的焦点从本应重点考虑交易在企业战略目标实现过程中的作用转移到过度关注处理交易的会计技巧，使得注册会计师误解会计数据和交易背景、意义或目的的风险增大。

三、战略管理理论

系统论告诉我们，要对财务报表的合法性和公允性发表意见，注册会计师不能离开了解和分析企业与外部环境及企业内部子系统之间的相互作用。而企业与外部环境及企业内部子系统的相互作用，主要是由企业管理活动推动的。注册会计师要深入理解企业与外部环境的作用及企业内部各子系统相互之间的作用，就需要了解企业战略管理过程，分析企业战略管理过程。而战略管理理论为注册会计师了解和分析企业的战略管理过程提供了有力的工具。

（一）战略管理理论的产生与发展

企业经营环境的变化导致了战略管理理论产生和发展。有学者将战略管理理论的演进过程分为三个阶段，即战略规划理论的环境综合分析范式阶段、以环境适应范式为中心的企业战略管理理论阶段和战略管理理论多种分析范式并存阶段。[②]我们认为，在现阶段，各派战略管理理论进入了相互融合的阶段。

1.战略规划理论的环境综合分析范式阶段

20世纪60年代，欧美国家企业出现的最大变化是由卖方市场逐渐变为买方市场，国

---

① 刘明辉. 高级审计研究 [M]. 3版. 大连：东北财经大学出版社，2018.
② 王革，吴练达，张亚辉. 企业战略管理理论演进与展望 [J]. 科学学与科学技术管理，2004（1）：101-106.

际市场逐步开放，关税壁垒逐步打破，大多数大企业以并购方式采取多元化经营（尽管并购的失败率将近50%）。在这种情况下，企业不满足于年度预算，开始采用运筹学和改进的预测技术进行规划，这就是战略规划学派的兴起。战略规划理论是以未来可以预测为前提或假设的，认为战略是要让企业自身的条件与所遇到的机会相适应。制定战略规划的步骤包括资料的收集与分析、战略制定、评估、选择与实施。这种方法的实质是认为战略是如何匹配公司能力与其竞争环境的商机。可以看出早期的战略管理思想具有集成、综合的特征。

2.以环境适应范式为中心的企业战略管理理论阶段

20世纪70—80年代，在美国，以1973年的石油危机为代表，企业经济环境变化表现为突发性、科技竞争日益激烈、企业兼并有增无减，同时美国也面对日本和欧洲的挑战，全球性竞争加剧。随着环境变化速度的加快，人们越来越认识到未来是不可预测的，环境是不确定、不连续的，这就从根本上动摇了战略规划关于未来可以计划、可以预测的思想。这时，以环境变化分析为中心的战略理论（包括波特的产业组织理论）便占主导地位。同时，由于环境的复杂性，仅从分析外部环境的变化出发制定战略具有局限性。因此开始出现基于企业内部分析（如价值链理论）的战略理论及基于企业社会关系分析的战略理论，如网络优势理论。

3.战略管理理论多种分析范式并存阶段

进入20世纪90年代后，由于科技的迅猛发展（尤其是信息技术的发展），全球化步伐的加快，顾客需求的多样化及产品设计周期和产品生命周期的缩短，客观要求企业通过提高自身的能力，全面考虑企业内部要素和企业外部环境要素，以适应不断变化的环境。在这种背景下，基于企业内部分析和企业内外部综合分析的战略理论得到了进一步的发展。出现了资源论、钻石模型、平衡计分卡、超强竞争论等战略理论，出现多种范式并存的局面。

为弥补资源基础理论的不足，1997年，提斯（Teece）提出了核心能力理论，即动力能力理论。这套战略管理理论把企业的资源分为四个层次：（1）公共资源。它是企业购买的生产要素和获得的知识。（2）专有资源。如商业秘密、专利技术这些无形资产，它们属于战略性资源。（3）组织与管理能力。它是指能让企业的生产要素与专有资源有机地结合起来的组织与管理能力，这是企业在长期生产经营过程中积累形成的一种无形资源。提斯认为，正是企业的这种能力大幅度地降低了交易费用，而科斯交易成本理论中企业代替市场降低的交易费用只是很小的一部分，而且，这种资源是企业竞争优势的主要来源。（4）创新能力。动力能力理论认为，针对当今高新科技产业的飞速发展和瞬息万变的市场环境，企业必须具有创新能力，创新能力是企业发展最为关键的能力。

4.各派战略管理理论相互融合的阶段

从战略管理的实质看，战略管理就是使企业内部要素（维度）、企业社会关系和企业环境因素也要呈现出协调性、一致性和整合性。企业外部环境因素包括自然环境、经济环境、政治环境、历史文化、教育水平、科技水平、国际关系、产业竞争状况、历史机遇和其他不确定性因素等。这些因素在国家、产业和企业发展的不同时期的地位和作用各不相同。企业内部的基本结构不外乎五个维度：（1）财物-资金-知识-信息等资源的维度；（2）人的维度；（3）组织结构维度；（4）制度-文化-宗旨-战略等精神的维度；（5）管理、研发、生产、营销、服务、运输等活动维度。

在现有的战略管理理论中，环境适应研究范式的战略管理理论主要研究了企业与外部环境关系。资源论研究了企业的财物、知识和信息等资源维度对企业生存和发展的影响。企业家战略理论主要研究了企业内部人的维度对企业的影响。钱德勒的结构追随战略的观点主要研究了组织结构维度对企业的影响。新制度学派的部分观点（包括在个人的层次上，管理者的准则、习惯以及对传统的审慎的认同，影响着管理者的决策。在企业的层次上，公司文化、共享的价值观系统和政治程序）及平衡计分卡主要研究了企业的制度、文化战略等精神维度对企业的影响。波特的价值链理论则着重研究了企业管理、研发、生产、营销、服务和运输等活动维度对企业的影响。

各流派的理论都为战略管理理论宝库作出了重要贡献，但各流派存在这样或那样的缺陷。在战略管理理论中，以环境适应为中心的研究范式忽视了企业内部因素对企业生存和发展的重要性。以资源为基础的战略管理理论，并没有超越资源及资源市场的属性来解释企业间的差异。尤其是它没有考虑包容着资源选择决策的社会背景因素（比如：企业传统、网络关系、管制压力等），以及这种背景因素是如何影响企业间长期的差异。以资源为基础的观点也没有提出资源选择的程序，也就是企业是如何作出或未作出理性的资源选择来追求经济回报的。决策的制度背景在个人、企业以及企业外部的层次上，深刻地影响了资源的选择和可持续的竞争优势。这里的制度背景即指规则、准则和围绕着经济活动的信念。围绕着资源决策的制度因素影响着企业获得经济租金的潜能。在个人的层次上，管理者的准则、习惯以及对传统的审慎的认同，影响着管理者的决策。在企业的层次上，公司文化、共享的价值观系统和政治程序，以及在企业外部，政府压力、工业联盟和社会制约（规则、准则、产品质量标准、职业安全、环境管理）等都影响着资源的选择及战略决策。其他各流派也只是从企业内部的某一维度来研究战略管理。企业是一个受各种因素影响的有机体，完善战略管理理论就要将各学派局限于某一方面的研究综合起来。只有融合各派的观点，深入分析企业与外部环境的相互作用以及企业内部结构，才能形成科学完善的战略管理理论。

进入21世纪后，不少学者意识到原战略管理理论中理论观点的机械性和片面性，以Moshe为代表的学者提出了有机战略观。有机战略观将战略看作是一个适应性协调过程，并引入了"组织-环境-战略-绩效（OESP）"综合理论模型。有机战略观包括三个核心内容，即战略的概念、将战略与其他结构联系起来的因果模型、战略管理和选择模型。在战略的概念中，强调战略就是公司目标和行动以及公司内部属性与外部环境在时间和空间上的相互协调一致。在组织-环境-战略-绩效模型中，强调将公司内部各要素和公司外部环境中各要素融合在一起同时考察，而不像传统大多数理论只考虑公司内部结构的某一维度，并将内部和外部割裂开来。在战略管理的有机模型中，强调战略管理不是一个给定的过程，而是一个需要发起、培育并且偶尔需要修改的过程，而且不断进行的过程，战略管理过程不限于单一循环或一个特定的战略。有机战略观的出现，标志着各流派的战略管理理论进入融合阶段。

（二）战略管理理论对注册会计师审计的意义

战略管理理论为注册会计师了解和分析被审计单位现状提供了强有力的工具。在审计中，注册会计师可以从战略管理理论中借鉴许多分析方法。当然，注册会计师是从实现审计目标的角度来运用这些方法和工具的。例如，为了了解和分析企业与外部环境的相互联系与作用，注册会计师可以运用PEST分析和波特行业五力分析等；为了弄清企业的战略定位，注册会计师可以进行企业经营模型分析；为了了解企业如何创造价值，注册会计师可以价值链理论为基础，进行企业价值链分析；为了弄清企业在经营中的长处与短处、机遇与威胁，注册会计师可以进行SWOT分析；为了使分析程序更加有效，注册会计师可运用平衡计分卡来整合分析程序产生的数据等。

第三节　现代风险导向审计模式的基本内容

一、经营风险：现代风险导向审计中"风险"的应有之义

在现代风险导向审计中，"风险"一词究竟是指何种风险？这是一个值得研究的问题。从现有的研究文献来看，学界至少形成了审计风险观、诉讼风险观、重大错报风险观、舞弊风险观和经营风险观等不同的观点。

我们认为，要厘清现代风险导向审计中"风险"的含义，至少应明确以下两个基本问题：其一，风险导向审计模式中关键风险有哪些？它们之间的关系如何？其二，作为风险导向审计模式中"风险"应有之义的风险应满足哪些条件？

（一）现代风险导向审计中关键风险概念之间的关系

现代风险导向审计涉及众多的风险概念，它们构成一个完整的风险概念体系（汪寿成、刘明辉，2008）。在风险导向审计的风险概念体系中，信息风险、审计业务风险、审计风险、重大错报风险、检查风险和经营风险处于关键地位，它们共同构成了风险导向审计风险概念体系的骨架。现代风险导向审计模式的关键风险概念之间的关系如图8-1所示。

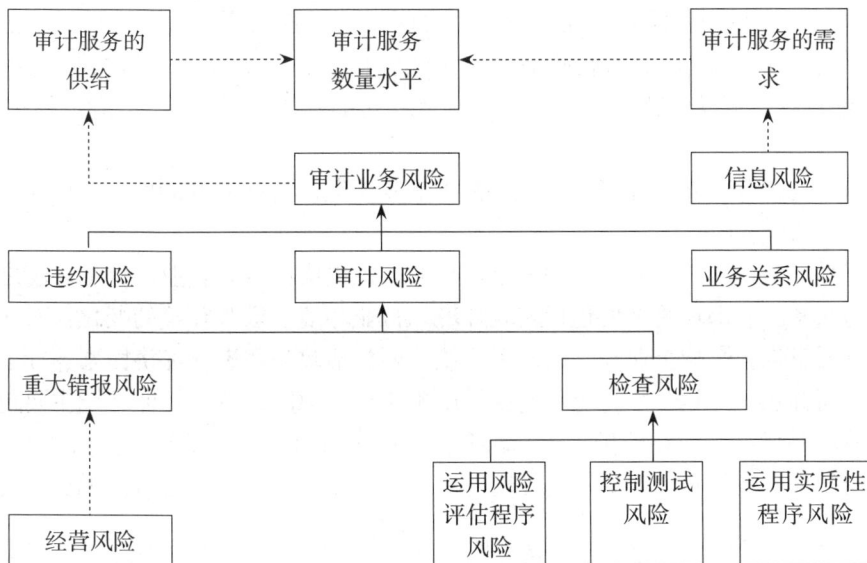

图8-1　现代风险导向审计模式关键风险概念及其关系

从图 8-1 中可以看出，信息风险与审计业务风险是决定审计服务需求与供给的重要因素。

信息风险是指由于信息的距离、信息提供者的偏见及动机、信息量过大和交易的复杂性所导致的反映企业经营活动的相关信息存在不正确的可能性（刘明辉，2007）。存在重大错报的信息会导致预期使用者的决策失误，给预期使用者带来损失，并可能使资本市场和经理人市场的运行缺乏效率。为了避免或减少预期使用者的损失，提高市场运行效率，预期使用者迫切需要降低信息风险，从而形成对降低信息风险的社会需求。

审计公费是注册会计师来谋求自身的生存和发展的基础。在向注册会计师支付审计公费的同时，社会也对注册会计师赋予了较大的责任。注册会计师必须恰当地履行其职业责任，否则就会遭受损失。换言之，在承接审计业务后，注册会计师承担着审计业务风险[①]。审计业务风险是注册会计师因承接特定的审计业务而遭受损失的可能性，主要表现为诉讼风险、职业声誉受损风险、无利可图风险等。根据理性人原理，在决定是否承接审计业务时，注册会计师应将其预期收益与承担的审计业务风险进行权衡。注册会计师对收益和风险的权衡决定了审计服务的供给。因此，审计业务风险是决定审计服务供给的关键因素之一。

在承接审计业务后，注册会计师遭受损失的主要原因有三种：违约、审计意见不当和审计业务关系的存在。注册会计师在审计业务中违反审计业务约定书规定的可能性称为违约风险。注册会计师对存在重大错报的财务报表发表不恰当意见的可能性称为审计风险[②]。注册会计师发表了恰当的审计意见但因与被审计单位存在特定的审计业务关系而遭受损失的可能性称为审计业务关系风险。

审计风险是导致审计业务风险的重要原因，控制审计业务风险的关键是控制审计风险（阿伦斯等，1991）。这就决定了审计风险在风险导向审计的风险概念体系中的核心地位。审计风险是重大错报风险与检查风险的函数。

重大错报风险与经营风险存在千丝万缕的联系。经营风险是重大错报风险的驱动因素，是审计中其他风险的基础或源头。鉴于经营风险与重大错报风险之间关系的重要性，下面着重探讨经营风险与重大错报风险之间的关系，厘清重大错报风险的形成机理。

经营风险是企业内外部环境的变化使其无法实现经营目标的可能性，主要包括战略风险和经营流程风险。

企业不是一个孤立的主体，它是整个社会的有机组成部分。企业与外部环境之间存在千丝万缕的联系。外部环境主要包括宏观环境和行业环境。宏观环境的变化会对所有企业经营产生重要影响。影响企业经营的宏观环境主要包括政治因素、经济因素、社会因素和技术因素（简称 PEST 因素）。行业环境主要影响该行业中的企业。行业环境主要包括现有的竞争对手、替代品、潜在的进入者、供应商、顾客五种力量（简称行业五力）[③]。企业在复杂多变的环境中经营会受到外部环境的威胁，从而可能导致经营目标无法实现。来自

---

① 有人称之为审计职业风险或经营风险，我们认为将其称为审计业务风险较为合适。
② 关于审计风险，理论界主要有损失可能论和意见不当论两种观点。我们赞成意见不当论。
③ 波特. 竞争优势 [M]. 陈小悦，译. 北京：华夏出版社，1997.

企业外部环境的威胁一般称为战略风险。

为了应对战略风险，管理层应设置经营流程。经营流程是企业用来进行经营活动的方式和体系的总称，它反映了被审计单位为实现其经营目标和应对战略风险所作出的努力，包括战略管理流程、核心经营流程和资源管理流程①。每个经营流程都各有其目标，在应对战略风险的同时，各经营流程也存在威胁其自身目标实现的因素。来自企业内部各经营流程的威胁称为经营流程风险。

为了应对经营流程风险，管理层应设置内部控制。按照层级的不同，内部控制包括战略控制、管理控制和经营流程控制②。由于其固有的局限性，内部控制无法消除所有的风险，因而形成控制风险。控制风险是指企业设置的内部控制未能有效地降低其经营风险的可能性。③

为了对企业风险应对过程及其效果进行监控，管理层应设计关键业绩指标对经营流程的业绩进行计量（经营计量）并建立可靠的信息系统。企业信息系统应支持企业的战略并与企业生产经营各流程密切结合④，以便跟踪管理层风险应对方案及行动的结果。对管理层风险应对过程及其效果的确认、计量和记录，实际上是对企业经营过程及业绩的确认、计量和记录，其中，能以货币计量且引起企业资金运动的事项会进入企业的会计系统，由会计系统加以确认、计量、记录，最后定期形成反映企业财务状况和经营成果的财务报表。

在经营计量中，关键业绩指标与财务报表认定之间存在错综复杂的关系。如果关键业绩指标本身就是财务指标，那么这些业绩指标就会作为财务报表的一部分；如果是非财务指标，作为一种反馈信息，关键业绩指标可以引致管理层采取进一步的行动，当这些行动具有应在企业会计信息系统中确认、计量和记录的财务后果时，这些财务后果就会成为财务报表的组成部分。

管理层采取风险应对措施的结果可能是，某些风险得到了有效的控制，而某些风险没有得到有效的控制，形成剩余风险。剩余风险是指那些未能为企业所控制的战略风险和经营流程风险。从理论上讲，经营风险与剩余风险的关系可以表示为：

剩余风险=经营风险⑤×控制风险

虽然剩余风险的存在并不一定导致财务报表的重大错报，财务报表的重大错报也并非均由剩余风险所引致，但剩余风险与财务报表重大错报之间存在高度的相关性。⑥

财务报表重大错报因错误和舞弊而产生。从形成机理来看，错误是主客观因素相互作用的结果。主观因素包括会计人员的胜任能力、心理启发式（如代表性启发式、可得性启发式、锚定和调整启发式）和职业道德等；客观因素包括环境变化、经济业务的复杂性

---

① BELL T B，MARRS F O，KPMG LLP，et al. Auditing organizations through a strategic-systems lens ［R］. KPMG LLP，1997.
② BELL T B，MARRS F O，KPMG LLP，et al. Auditing organizations through a strategic-systems lens ［R］. KPMG LLP，1997.
③ 这里所说的控制风险与人们通常所说的控制风险稍有不同。在审计中，人们通常所说的控制风险主要是针对财务报表中重大错报而言，而此处的控制风险主要是针对经营风险而言。从大部分经营风险都具有一定的财务后果来说，两者有交叉之处，但很明显，此处的控制风险的外延大于一般所说的控制风险。
④ COSO. 企业风险管理——整合框架 ［M］. 方红星，王宏，译. 大连：东北财经大学出版社，2006.
⑤ 此处的经营风险是管理层设置相应的内部控制前的经营风险。
⑥ 从理论上说，财务报表的重大错报是由错误和舞弊引起的，而舞弊尤其是管理舞弊的主要成因就在于经营风险的压力和内部控制的失效。

等。客观因素往往与剩余风险有关，剩余风险与产生错误的主观因素结合就可能导致财务报表重大错报。例如，在企业经营环境发生重大变化的情况下，如果管理层没有采取有效的应对措施，就形成剩余风险，在存在剩余风险的情况下，如果会计人员还沿用过去的会计估计（锚定和调整启发式），就可能导致财务报表重大错报。由于非常规事项及会计估计的存在、内部控制的局限性和各种心理启发式等引起错误的主客观因素无法完全消除，财务报表中因错误而产生重大错报的可能性始终存在。

舞弊是指使用欺骗手段获取不当或非法利益的故意行为。注册会计师通常只关注侵占资产和对财务信息作出虚假报告这两类舞弊行为。从形成机理上看，舞弊通常与动机或压力、机会、借口三因素有关。

剩余风险与对财务信息作出虚假报告之间存在密切联系。首先，剩余风险可能导致企业无法实现经营目标，严重者还会导致企业破产。面对严格的市场监管和社会各方压力，出于自身利益的考虑，管理层存在利用财务报表舞弊以掩盖经营不善的动机或压力。其次，在所有权与经营权分离的条件下，所有者与管理层之间存在信息不对称。由于在企业中拥有的特殊权力与地位，管理层可以轻易绕过内部控制直接或间接地操纵会计信息。换言之，管理层存在舞弊的机会。最后，如果不正直诚实，管理层很容易找到舞弊的借口。因此，当存在重大剩余风险时，财务报表重大错报风险增大。经营风险与重大错报风险的关系如图8-2所示。

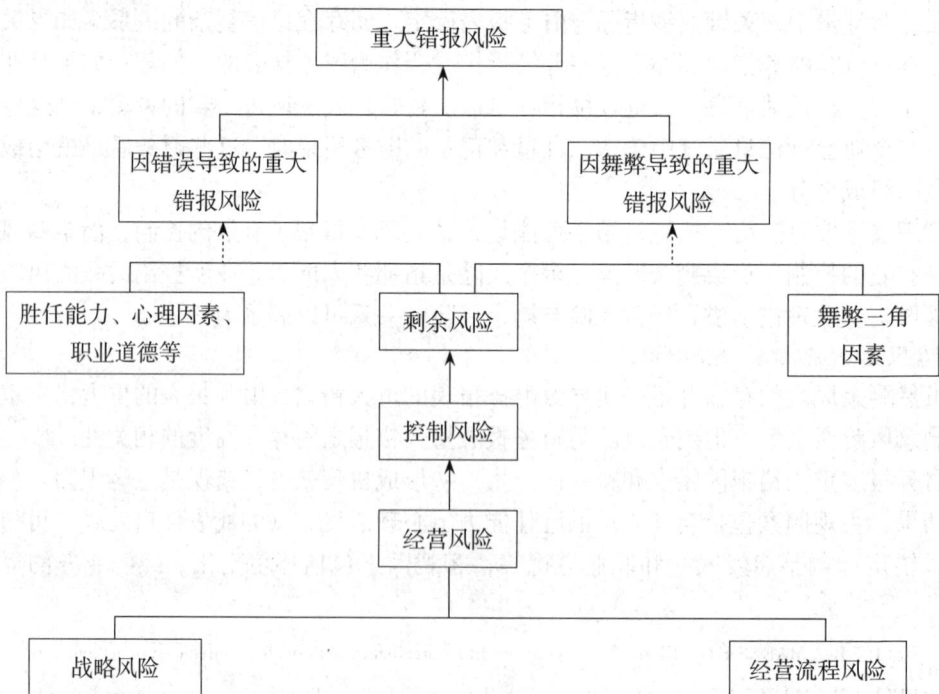

图8-2 经营风险与重大错报风险的关系

（二）作为现代风险导向审计中风险应有之义的"风险"应满足的条件

从图8-1中可以看出，经营风险—重大错报风险—审计风险—审计业务风险构成了风险导向审计的风险链。现在的问题是，在这一风险链中，哪个环节是风险导向审计中

"风险"的应有之义呢？这涉及界定作为风险导向审计中风险应有之义的"风险"应满足的条件。

我们认为，作为风险导向审计中风险应有之义的"风险"至少应满足四个条件：（1）由于风险导向审计是一种审计模式，所以以该风险为导向的风险导向审计必须与审计模式性质不矛盾；（2）以该风险为导向必须与审计模式中"导向"一词的含义不冲突；（3）以该风险为导向的风险导向审计能够体现该审计模式的特征，能将风险导向审计与内控导向审计及账项导向审计区分开来；（4）该风险是审计工作的"牛鼻子"，以该风险为导向展开审计工作能更加有效地实现审计目标。

在以上四个条件中，后两个条件的含义是明确的，而人们对构成前两个条件的审计模式的性质和审计模式中"导向"一词的含义却有不同认识。下面我们着重讨论这两个问题。

1.审计模式的性质

审计模式是指审计导向性目标、审计范围和审计方法等要素的组合，它规定了如何分配审计资源、如何控制审计风险和规划审计程序、如何收集审计证据、如何形成审计结论等问题（刘明辉，2007）。

Watts 和 Zimmerman 认为，在被审计单位存在舞弊或重大错报的前提下，注册会计师报告被审计单位舞弊或重大错报的概率取决于两个因素：发现被审计单位舞弊或重大错报的概率和对已发现的舞弊或重大错报进行报告的概率（Watts and Zimmerman，1982）。审计模式究竟是为了发现舞弊或重大错报，还是为了发现并报告舞弊或重大错报？这涉及对审计模式性质的认识。审计三方关系为理解风险导向审计模式的性质提供了基础。

审计三方关系由预期使用者、责任方和注册会计师组成。预期使用者是信息的需求者，责任方是信息的提供者，注册会计师是信息合法性和公允性的鉴证者。预期使用者与责任方的相互作用，决定了责任方应提供何种信息以及如何提供信息；预期使用者与注册会计师的相互作用，决定了审计目标；而注册会计师与责任方的相互作用决定了注册会计师应采用的审计模式。

审计目标取决于在特定审计环境中预期使用者的需求及注册会计师的能力等因素。随着审计环境的变化，预期使用者的需求及注册会计师的能力也会发生相应的变化，因而在不同的发展阶段，审计目标的具体内容是不同的。

能否实现审计目标取决于注册会计师在审计中能否发现舞弊或重大错报以及在发现舞弊或重大错报后能否进行报告。能否报告发现的舞弊或重大错报取决于注册会计师的独立性，而能否发现舞弊或重大错报则取决于注册会计师所采用的审计模式。其实，西方国家一般将我们所说的审计模式称为审计方法（audit approach）。从本质上讲，审计模式是发现舞弊或重大错报的方法，而不是报告舞弊或重大错报的手段。

2.审计模式中"导向"的含义

理论界之所以会出现形形色色的风险导向审计观，对风险导向审计模式中"导向"一词的理解分歧是重要原因之一。有人按中文字面意思将"导向"理解为"引导的方向"，也有人将其理解为审计工作的"切入点"。我们认为，对"导向"一词的理解应遵循历史和逻辑相统一的原则，而不能仅按中文字面意思来理解。

我们知道，随着审计环境的变化，审计模式经历了从账项导向审计经内控导向审计向风险导向审计演变的过程。在英文中，账项导向审计（accounting number-oriented audit）也称账项基础审计（accounting number-based audit），内控导向审计（internal control-oriented audit）也称内控基础审计（internal control-based audit），风险导向审计（risk-oriented audit）也称风险基础审计（risk-based audit）。比较各模式的英文名称可以发现，"导向（oriented）"与"基础（based）"是同义的。"oriented（导向）"的词根是"ori"，来源于拉丁文，有"太阳升起""起源""最初"之意。这说明审计模式中的"导向"就是审计工作的起始点。在审计模式中，"导向"、"基础"和"起始点"三者具有相同的含义。

在账项导向审计中，审计计划的立足点、实施审计工作的切入点和收集审计证据的着重点均与会计账目有关，因此，人们称之为账项导向审计。在内控导向审计中，审计计划的立足点、实施审计工作的切入点和收集审计证据的着重点均与内部控制有关，因此，人们称之为内控导向审计。在风险导向审计中，审计计划的立足点、实施审计工作的切入点和收集审计证据的着重点均与风险有关，因此，人们称之为风险导向审计。我们认为，按历史和逻辑统一的原则，"导向"就是整个审计工作的基础，是审计计划的立足点，实施审计的切入点，收集审计证据的着重点。

（三）有关现代风险导向审计的风险观评析

下面我们以上述条件为标准，对学术界存在的有关风险导向审计观进行评析。

1.审计风险观评析

首先，审计风险观与审计模式的性质相矛盾。我们知道，审计风险是注册会计师对存在重大错报的财务报表发表不恰当意见的可能性。从定义中可知，审计风险实际上包括两个方面的内容：其一，注册会计师发现财务报表存在重大错报的可能性；其二，注册会计师对已发现的重大错报进行报告的可能性。将风险导向审计的"风险"视为审计风险，实际上是将风险导向审计的性质定位为发现重大错报与报告重大错报的方法。这种观点混淆了审计方法与审计独立性的界限，与审计模式的性质相矛盾。

其次，审计风险观与审计模式中"导向"的含义相冲突。审计模式的演进过程是审计重心逐步前移的过程。风险导向审计是通过实施风险评估程序，在深入了解导致重大错报风险因素的基础上，评估重大错报风险，并以此决定进一步审计程序，收集充分适当的审计证据，以便将审计风险降低到可以接受的水平。在风险导向审计中，审计重心已前移至对导致重大错报风险的因素的了解和评估上，计划审计工作的立足点、实施审计的切入点和收集审计证据的着重点均与导致重大错报风险的因素相联系。审计风险既非计划审计工作的立足点，也非实施审计的切入点，更非收集审计证据的着重点。可能有人认为，审计中所收集的审计证据都是围绕着降低审计风险来进行的，因而审计风险是收集审计证据的着重点，那么这种说法就混淆了收集何种证据与为何收集证据的界线；再则，从图8-1中可以看出，审计风险是重大错报风险与检查风险的函数，它与重大错报风险和检查风险并不是处于同一个层次上，将审计风险看成是收集审计证据的着重点，无助于揭示问题的实质。

再次，审计风险观无法体现风险导向审计的特征。任何一种审计模式都是通过计划审计工作、实施审计程序，收集审计证据，以提高发表正确审计意见或结论的可能性。换言之，任何一种审计模式都是为了降低发表错误的审计意见或得出错误的审计结论的可能性。尽管账项导向审计与内控导向审计没有明确提出审计风险的概念，但在降低发表错误的审计意见或得出错误的审计结论的可能性这一点上，它们与风险导向审计并无二致。审计风险概念及其模型的提出，只是使注册会计师由被动接受审计风险转为主动控制审计风险而已。因此，审计风险观无法使风险导向审计与账项导向审计和内控导向审计明确区分开来。

最后，审计风险观无法有效地实现审计目标。审计风险并非审计中其他风险的源头，无法成为风险导向审计的立足点，离开了对导致审计风险源头的了解与评估，无法对审计风险进行系统的分析与评价。审计风险观认为，"一旦注册会计师认为审计风险已经控制在可容忍水平范围内，注册会计师就可以发表审计意见"。它并没有强调风险评估是审计中必经的程序。根据审计风险模型，要使审计风险降低到可容忍水平，注册会计师可以通过调整审计风险要素中的一个或几个要素来实现。如果按传统的审计风险模型，注册会计师可不对固有风险进行评估，而直接将其确定为100%，转而对控制风险进行评估，并以控制风险的评估来确定检查风险水平。这实质上使风险导向审计变成了内控导向审计。内控导向审计实现审计目标的效率与效果均劣于风险导向审计，这样才有内控导向审计向风险导向审计的演进。

2.诉讼风险观评析

首先，诉讼风险观将风险导向审计的"风险"视为诉讼风险，实际上是将风险导向审计的性质定位为发现错报、报告错报和应对诉讼风险的一种审计方法。很明显，这种对风险导向审计性质的定位与审计模式的性质是矛盾的。

其次，诉讼风险观与风险导向审计模式中"导向"一词的含义相冲突。诉讼风险是审计业务风险的一种，它本身不是审计中其他风险的源头，无法作为风险导向审计的起始点或基础。在风险导向审计中，诉讼风险既非计划审计工作的立足点，也非实施审计的切入点，更非收集审计证据的着重点。

再次，诉讼风险观无法体现风险导向审计的特征。从某种意义上讲，诉讼风险是审计模式的一个外生变量，它更多地受客户特点及社会法律环境等的影响。将诉讼风险作风险导向审计中"风险"的含义，无法揭示风险导向审计的特征。

最后，诉讼风险观无法有效地实现审计目标。以诉讼风险观指导审计实务也是有害的，它会导致注册会计师只关注诉讼风险而忽视发现重大错报。

3.重大错报风险观评析

必须承认，重大错报风险观将重大错报风险视为风险导向审计中的"风险"，实际上是将风险导向审计定位为发现重大错报的方法，这与审计模式的性质并不矛盾，但重大错报风险仍然不能作为风险导向审计中"风险"的应有之义。

首先，尽管对财务报表重大错报风险的评估是风险导向审计的核心，但"核心"并非"基础"或"起始点"。从重大错报风险的形成机理中（如图8-2所示）可以看出，重大错报风险本身是由其他风险决定的，并非审计中其他风险的源头。在风险导向审计中，审计计划的立足点、实施审计的切入点、收集审计证据的着重点均与导致重大错报风险的源头有关。因此，重大错报风险观与风险导向审计模式中"导向"一词的含义相冲突。

其次，重大错报风险观无法体现风险导向审计的特征。在财务报表审计中，任何一种审计模式都是为了发现重大错报，都将发现重大错报作为审计工作的核心。而要发现重大错报，当然离不开对重大错报风险的评估。与其他审计模式不同的是，风险导向审计明确要求注册会计师运用风险评估程序对导致重大错报风险的因素进行了解和分析，在此基础上评估重大错报风险，而其他审计模式则没有明确要求注册会计师实施风险评估程序。因此，是否对重大错报风险进行评估并非风险导向审计与其他审计模式的区别，重大错报风险观无法使风险导向审计与账项导向审计和内控导向审计明确区分开来。

最后，重大错报风险观无法有效地实现审计目标。重大错报风险并非审计中风险的源头，它本身是由导致重大错报的因素决定的，离开了对导致重大错报风险源头的了解与分析，无法对重大错报风险进行系统的分析与评估，也就无法有效地实现审计目标；注册会计师在审计中的视角对其审计判断和审计行为具有重大影响（Bell 等，1997）。重大错报风险观容易使注册会计师在审计中采用简化主义认知模式，将注册会计师的视角引向会计视角，而非战略系统视角。如果在审计中采用简化主义的认知模式，以会计视角来展开工作，注册会计师就不易得出正确的审计结论。

4.舞弊风险观评析

舞弊风险观将舞弊风险视为风险导向审计中的"风险"，实际上是将风险导向审计定位为发现重大错报的方法，这与审计模式的性质并不矛盾，但舞弊风险不能作为风险导向审计中"风险"的应有之义。

首先，舞弊的出现通常与动机或压力、机会、借口三因素有关，未能得到有效控制的经营风险（剩余风险）给舞弊提供了动机。从图8-2重大错报风险的形成机理中可以看出，舞弊风险本身是由经营风险等因素决定的，它并非审计中其他风险的源头，无法成为风险导向审计的基础。在风险导向审计中，舞弊风险既非计划审计工作的立足点，又非实施审计的切入点，亦非收集审计证据的着重点。因此，舞弊风险观与风险导向审计模式中"导向"一词的真正含义相冲突。

其次，尽管审计目标几经演变，但对舞弊的关注始终是审计目标的重要内容。发现舞弊是任何一种审计模式的重要内容。舞弊风险观无法体现风险导向审计的特征，无法使风险导向审计与账项导向审计、内控导向审计区分开来。

最后，舞弊风险观无法有效地实现审计目标。现代审计的目标是降低重大错报风险，增强财务报表的可信性。舞弊只是导致重大错报的原因之一，除此之外，错误也会导致重大错报。非常规事项及会计估计的存在、内部控制的局限性和各种心理启发式等引起错误的主客观因素无法完全消除，财务报表中因错误而产生重大错报的可能性始终存在；同时，并非所有的舞弊都导致财务报表的重大错报。因此，舞弊风险观有以偏概全之嫌，以舞弊风险观指导审计实务无法有效地实现审计目标。

（四）现代风险导向审计中"风险"的应有之义

我们认为，经营风险是现代风险导向审计中"风险"的应有之义。

首先，以经营风险为导向与风险导向审计模式的性质不矛盾。风险导向审计正是通过经营风险分析，评估财务报表重大错报风险，然后设计和实施进一步审计程序，旨在发现财务报表中存在的重大错报，因而是一种发现重大错报的审计方法。

其次，以经营风险为导向与风险导向审计模式中"导向"的含义不冲突。从图8-1和图8-2中可以看出，经营风险是审计中其他各种风险的源头或基础。在现代风险导向审计中，计划审计工作的立足点、实施审计的切入点和收集审计证据的着重点均与经营风险相联系。

再次，以经营风险为导向体现了现代风险导向审计的特征。审计模式的演变过程是审计重心逐步前移的过程。从以账项为重心经以内部控制为重心到以经营风险为重心，正是审计重心前移的体现。以经营风险为导向能使风险导向审计与账项导向审计、内控导向审计相区分。

最后，以经营风险为导向能够有效地提高实现审计目标的概率。经营风险是重大错报风险的驱动因素，是审计中其他各种风险的源头或基础，识别经营风险是控制审计中其他风险的前提和根本，以经营风险为导向展开审计工作，抓住了审计工作的"牛鼻子"；以经营风险为导向使风险评估程序自然而然地成为审计中的必经程序，为重大错报风险的评估奠定良好的基础，有利于正确评估重大错报风险；以经营风险为导向有利于在审计中采用复杂系统的认知模式，将注册会计师的视角引入战略系统视角；以经营风险为导向，有利于在全面了解企业经营的基础上，经过经营风险—控制风险—剩余风险的分析，形成对会计报表的合理预期。

二、现代风险导向审计的含义

现代风险导向审计模式是指自20世纪90年代以来，面对全球经济一体化和信息化，国际大型会计师事务所研究开发的旨在提高审计效率和效果的一种审计模式。在现代风险导向审计中，审计的最终目标是降低信息风险，而这一最终目标是通过注册会计师控制审计业务风险①来实现的。为了控制审计业务风险，注册会计师有必要将审计过程划分为几个不同的阶段，包括业务承接阶段、计划审计工作阶段、实施审计程序及收集审计证据阶段、终结审计阶段。在业务承接阶段，注册会计师要了解被审计单位的基本情况，评估业务风险，确定是否接受业务委托，以降低业务风险。在计划审计工作阶段，注册会计师应在了解被审计单位及其环境的基础上，识别和评估经营风险（包括战略风险和经营流程风险），目的在于确定财务报表重大错报风险。在审计的实施阶段，注册会计师应进行内部控制测试，以评价控制风险并据以确定检查风险水平；进行控制测试后，注册会计师应以确定的检查风险为基础，执行实质性程序，收集审计证据，目的在于将检查风险控制在可以接受的水平。在审计的终结阶段，注册会计师应对整个审计工作进行检查和评价，重点包括对经营风险评价是否恰当，重大错报风险评价是否合理，控制风险的结论是否恰当、检查风险水平是否恰当进行检查和评价，目的在于确定审计风险是否降低到了一个可以接

---

① 审计业务风险是注册会计师因与被审计单位的审计业务关系而产生损失的可能性。导致审计业务风险的原因主要包括违约风险、审计风险和审计业务关系风险。审计风险是导致审计业务风险的关键原因之一。

受的水平。

从上面的讨论中可以得出有关现代风险导向审计模式的认识，主要包括以下几点：

（1）在现代风险导向审计模式中，审计工作的切入点是经营风险。

（2）现代风险导向审计是将风险评估贯穿于审计全过程的一种审计模式。在这一模式中，风险评估是核心内容，是审计工作的"牛鼻子"。在审计的不同阶段，"风险"的含义各不相同。在业务承接阶段，注册会计师所评估的风险是指业务风险，在计划审计工作阶段，注册会计师应以评估经营风险为切入点，目的在于评估财务报表重大错报风险；在审计实施阶段，注册会计师应评估控制风险、确定检查风险；在审计终结阶段，注册会计师应对整个审计工作进行检查和评价，目的在于评估审计风险是否降低到了可以接受的水平。

（3）在现代风险导向审计模式中，风险引导着审计工作的展开，各种风险之间形成了一个完整的目的——手段链。注册会计师审计的最终目的是降低信息风险，而要降低信息风险，注册会计师必须控制审计业务风险（在这一环中，降低信息风险是目的，而控制业务风险是手段）。控制审计业务风险的关键是控制审计风险，降低发表错误审计意见的可能性（在这一环中，降低业务风险是目的，控制审计风险是主要手段）。控制审计风险的关键在于控制检查风险。为了确定检查风险的恰当水平，注册会计师应确定重大错报风险（在这一环中，确定检查风险是目的，评估重大错报风险是手段）。为了评估重大错报风险，注册会计师应评估经营风险，包括评估战略风险、经营流程风险、控制风险和确定剩余风险（在这一环中，评估重大错报风险是目的，评估经营风险是手段）。

（4）从以风险引导整个审计工作这一点来说，传统风险导向审计模式与现代风险导向审计模式是一致的。风险导向审计模式的特点在于：就方法论而言，现代风险导向审计模式采用的是系统论思想，而传统风险导向审计模式采用的是简化主义的认知模式；就评估重大错报风险的切入点而言，现代风险导向审计模式的切入点是经营风险，而传统风险导向审计模式的切入点往往是控制风险；就评估经营风险的工具和方法而言，现代风险导向审计模式借鉴了战略管理的分析工具，形成了一套适合审计工作的结构化、系统化的评估工具和方法，而传统风险导向审计模式由于没有找到分析固有风险的有效方法，因而对固有风险的评估流于形式。为了区别于传统风险导向审计模式，人们往往根据现代风险导向审计模式的特点来命名现代风险导向审计模式。如从方法论和分析工具的角度，将其命名为风险基础战略系统审计模式；从评估重大错报风险的切入点的角度，将现代风险导向审计模式命名为经营风险导向审计模式等。

三、经营风险形成重大错报风险的路径、机理及其审计意义

（一）经营风险形成重大错报风险的路径与机理

在复杂多变的经济网络中，企业经营活动面临着诸多不确定性。不确定性有的来自企业外部，有的来自企业内部。它可能为企业经营提供机遇，也可能给企业经营带来挑战，形成企业的经营风险。经营风险是指企业外部环境与内部环境对企业目标的实现产生不利

影响的可能性。①按风险的来源不同，经营风险可以分为战略风险和经营流程风险。由于企业经营的性质、所处行业、外部监管环境、企业的规模和复杂程度不同，各企业所面临的经营风险的具体形式可能不同。

在人类进入信息社会和知识经济时代之后，企业的经营环境更加复杂多变，企业管理发生了深刻的变化。最主要的变化是企业管理由经营过程管理向战略管理转变。②战略管理的核心内容之一是分析企业战略风险并找出化解风险的对策。在战略管理时代，对企业的风险管理成为其经营成功的关键因素之一。企业风险管理是指企业董事会、管理层和其他职员实施（effect）的用来识别可能影响企业经营的潜在事项，并把风险控制（manage）在企业的风险偏好之内，为实现企业的经营目标提供合理保证的过程，它贯穿于企业的战略制定和整个经营管理过程之中③。

企业风险管理是一个系统的、连续不断的动态过程。在实务中，企业风险管理过程主要包括以下步骤：

1.风险识别与评估

企业管理层要识别那些可能影响企业成功执行战略和实现目标的能力的潜在事项。这些事项是由各种内外部因素引起的。具有潜在负面影响的事项代表着经营风险。如果没有识别出某一风险，就不可能减少该风险或对其进行控制。对于识别的经营风险，管理层应对之进行评估，以确定风险是否对企业目标的实现产生重大不利影响。风险评估要求管理层考虑潜在事项可能对目标实现产生的影响的程度。对经营风险的重要性可从两个方面进行评估：风险发生的可能性；风险损失的大小。

2.风险应对

在评估了相关的风险之后，管理层要确定应如何应对经营风险。风险应对方案包括规避风险、降低风险、共担风险和接受风险四类。在应对风险的过程中，管理者要考虑成本和效益，并在期望的风险容忍度内选择可以带来预期的可能性和影响的风险应对方案。对于不重要的经营风险，管理层可以选择接受经营风险的方案，对于重要的经营风险，管理层可以选择规避、共担和降低风险的方案。降低经营风险的方案包括设计经营流程和设计内部控制应对相关的经营风险。

3.设计信息系统

为了对风险应对方案进行适时的监控，反映风险应对方案和行动的执行结果。企业应当设计可靠的信息系统，提供恰当的业绩衡量数据，以便评价各种经营风险过去、现在和未来的可能性或重要性。

4.记录和评价风险应对方案及行动的执行结果

企业应通过设计的信息系统记录管理层风险应对方案和行动的执行结果。为了管理层的评价，应定期生成信息。信息中的业绩指标不仅应表明企业如何执行风险应对方案，而且要提供潜在问题的预警信号。

---

① 关于企业经营风险，人们从不同的角度提出了不同的定义。出于经营风险对审计的影响的角度，我们如此定义了经营风险。
② 郭咸纲. 西方管理思想史 [M]. 北京：经济科学出版社，1999.
③ 刘明辉. 高级审计理论与实务 [M]. 大连：东北财经大学出版社，2006.

5.执行进一步的风险应对方案和行动

管理层对信息系统反映的业绩指标作出反应，如果执行结果能够接受，则管理层不必采取任何进一步的行动。然而，如果执行结果表明当前存在问题或未来可能出现问题时，管理层就需要采取必要的行动，在战略决策、经营计划、经营流程等方面进行必要的调整。

从上面的讨论中可以看出，企业的风险管理过程实际上是一个循环过程，当企业出现对企业目标产生威胁的经营风险时，这个循环包括"识别和评估经营风险→应对经营风险→计量经营风险的应对结果→进一步应对经营风险"等环节。企业风险管理循环实际上反映了战略风险、经营流程风险、内部控制、控制风险、经营计量及财务报表认定之间的关系。经营风险影响财务报表认定的路径如图8-3所示。

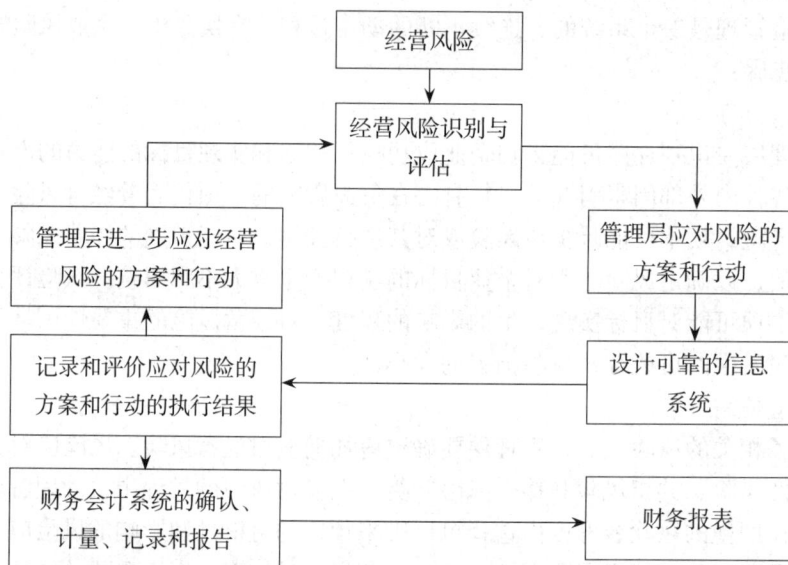

图8-3 经营风险影响财务报表认定的路径图示

多数经营风险最终都会产生财务后果，从而影响财务报表，但并非所有经营风险（包括战略风险和流程风险）的财务后果都会立即反映在当期的财务报表中。换言之，经营风险的财务后果在财务报表中的反映可能存在一定的时滞。时滞的长短取决于为应对经营风险管理层所采取的行动及财务报表对经营风险财务后果的敏感程度。

经营风险形成重大错报风险的机理已在本节"现代风险导向审计中关键风险概念之间的关系"中进行说明，此处不再赘述。

（二）经营风险形成重大错报风险的路径与机理对审计的意义

经营风险形成重大错报风险的路径、机理对审计风险的控制具有重大意义。它表明，在现代企业的经营环境下，审计风险的评价与控制应通过实施现代风险导向审计模式来实现。现代风险导向审计模式的出发点就是管理层在财务报表中所作出的相关认定实质上是企业经营风险及企业应对经营风险后的财务后果。

为了评估财务报表重大错报风险，注册会计师应全面透彻地了解被审计单位及其环境，评估被审计单位的经营风险（包括战略风险和经营流程风险），确定经营风险对被审计单位财务报表重大错报风险的影响。为了达到这一目的，注册会计师需要采用"自上而下"的审计思路，使注册会计师了解被审计单位如何在其所处的经济网络中创造价值，识别和评估被审计单位对审计活动产生影响的威胁（经营风险），以便对财务报表重大错报风险进行评估。

在确定剩余风险后，注册会计师应对剩余风险导致的重大错报风险进行分析和评估。这种分析包括两个层次，即报表层重大错报风险的分析和认定层重大错报风险分析。注册会计师应将"自上而下"的分析结果与财务报表认定的实质性程序联系起来，根据重大交易类别和重大剩余风险设计具体的审计目标，制订实施财务报表认定测试的实质性程序计划，并执行实质性程序（包括分析程序、交易测试和余额细节测试），"上下结合"地完成审计证据的收集工作。

四、现代风险导向审计的基本内容

（一）评估经营风险对财务报表重大错报影响的"自上而下"的思路

财务报表是企业经营状况和经营成果的表达。要评估财务报表重大错报风险，注册会计师应全面深入了解被审计单位及其环境。为了全面透彻地了解被审计单位及其环境，需要采用一种便于注册会计师了解被审计单位如何在其所处的经济网络中创造价值，识别被审计单位对审计活动产生影响的各种特征的总体思路。这种思路是一种"自上而下"的思路，它以广泛的视角讨论了被审计单位及其所面临的经营风险（这里所说的经营风险是指能对组织实现其目标产生影响的外部威胁和内部威胁），通过逐步过滤，最后将分析归结为对注册会计师有重要意义的剩余风险，其过程如图8-4所示。

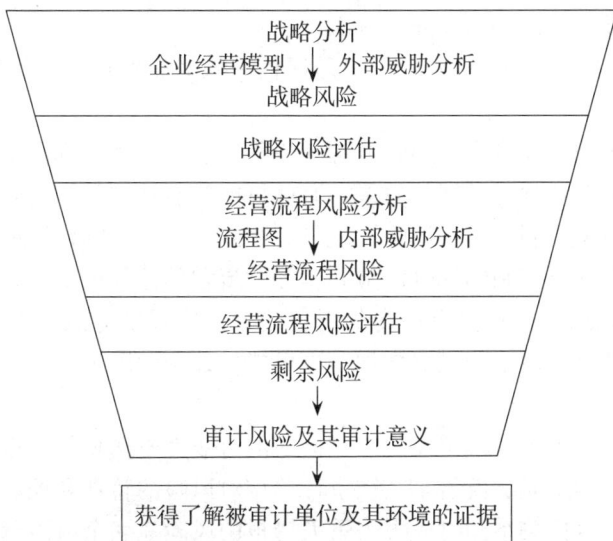

图8-4 了解被审计单位及其环境的自上而下的思路

从图8-4中可以看出，了解被审计单位及其环境可分三个步骤进行。首先，进行集中于外部因素的战略分析；其次，进行集中于内部因素的经营流程风险分析；最后，进行将经营流程风险与审计目标结合起来的剩余风险分析。

1.战略风险分析（strategic risk analysis）

在审计业务中运用战略风险分析，其主要作用有两个：其一，帮助注册会计师了解被审计单位的基本情况，识别被审计单位的战略定位。为了了解被审计单位的基本情况，了解被审计单位的战略定位，识别被审计单位的重大交易类别，注册会计师可以运用组织的经营模型这一工具。其二，帮助注册会计师识别来源于企业外部的对其经营成功产生影响的威胁或风险。这些威胁或风险会对注册会计师执行的审计业务产生重要影响。为了对外部环境给被审计单位带来的战略风险进行确认和分类，注册会计师可以运用外部威胁分析法，包括 PEST 分析和波特的行业五力分析。被审计单位管理层会采取措施应对战略风险，这些措施主要包括设计和实施合理的经营流程和内部控制。在确认被审计单位的战略风险后，注册会计师应考虑管理层应对战略风险的措施，分析其效果，进行战略风险评估。

2.经营流程风险分析（process risk analysis）

经营流程是被审计单位用来进行经营活动的方式和体系的总称，它反映了被审计单位为实现其经营目标和应对战略风险所作出的努力。为了全面了解被审计单位的内部经营流程，注册会计师可以运用流程图（process map）这一工具。流程图有助于注册会计师了解企业内部各经营流程的经营活动及其信息流。被审计单位各经营流程会对其经营目标的实现产生影响，是经营风险潜在的内部源泉。注册会计师可以运用内部风险分析法对被审计单位的内部经营风险进行确认和分类。管理层会采取措施来应对各经营流程的内部经营风险，设计和实施相应的内部控制。一旦被审计单位内部的各经营风险得到确认，注册会计师就要考虑管理层应对内部经营风险的内部控制，分析其效果，进行内部经营风险评估。

3.剩余风险分析（residual risk analysis）

理解被审计单位及其经营的最后一步是评估可能对企业产生重大影响的剩余风险的性质。

我们知道，对于战略风险和各经营流程的流程风险，管理层都已采取了相应的应对措施。这些措施有些可能达到了预期的效果，有些可能没有达到预期的效果。相应地，有些风险可能得到了有效的控制，有些风险可能没有得到有效的控制，形成剩余风险。剩余风险是指那些未能为企业所控制的战略风险和各经营流程的流程风险。

一般来说，剩余风险往往具有一定的财务后果。它可能导致企业财务报表的重大错报，使企业财务报表重大错报的风险增加，也可能导致企业管理层舞弊，严重者还可能导致企业破产。

剩余风险的大小与被审计单位风险应对措施的有效性密切相关。被审计单位对风险的管理和控制越有效，剩余风险就越小；被审计单位对风险的管理和控制失效，剩余风险就越大。剩余风险大小直接关系到财务报表重大错报的风险。剩余风险越大，财务报表重大错报的风险就越大，从而审计风险也就越大；剩余风险越小，财务报表重大错报的风险就越小，从而审计风险也就越小。在剩余风险较低时，注册会计师只需针对重大交易类别安排有限的实质性程序。如果存在大量的剩余风险，那么由于被审计单位财务报表重大错报的风险增加，为了实现审计目标，降低审计风险，注册会计师就需要执行大量的实质性程序，审计工作量会增加。因此，剩余风险是注册会计师关注的重点。只有全面深刻地了解被审计单位的剩余风险，注册会计师才能合理设计实质性程序的性质、时间和范围，才能保证审计工作的质量。

在运用这一思路了解被审计单位及其环境的过程中，注册会计师应当执行询问、分析程序、观察和检查等风险评估程序。

（二）对财务报表认定执行实质性程序的"上下结合"的环节

在进行了剩余风险分析后，注册会计师应将自上而下的分析结果与财务报表认定的实质性程序联系起来，针对重大交易类别和重大剩余风险制订实施财务报表认定测试的实质性程序计划，并执行实质性程序，完成审计证据的收集工作。在"上下结合"环节，注册会计师所执行的实质性程序与传统风险导向审计模式中所执行的实质性程序大体相同。

第四节　现代风险导向审计的主要特征

一、审计工作认知模式：复杂系统的认知模式

认知模式涉及一个人对某事物或某研究对象的看法和认识。在审计中，审计工作的认知模式十分重要。它事关注册会计师如何看待被审计单位及其外部环境。注册会计师的认知模式不同，审计工作的思路就不一样。

传统风险导向审计模式遵循简化主义认知模式，认为整体是部分的简单相加。把系统理解为相互分离的，可以被独立工作的个人进行复核，可以通过检查部分来评估整体。现代风险导向审计模式遵循复杂系统的认知模式，认为整体不是部分的简单相加。把组织理解为动态的网络，它的系统不能被分离地检查，更加广阔的背景为审计认定注入了新的含义。

二、审计工作的切入点：战略风险和经营流程风险分析

现代风险导向审计模式以系统论和战略管理理论为基础，从战略风险入手，通过经营环境—战略风险—流程风险—控制风险—剩余风险分析的基本思路，克服了内控导向审计简化主义的认知模式，在源头上和宏观上判断和发现财务报表存在的重大错报。将环境变量引入审计风险模型的同时，也意味着现代审计确立了战略审计观。

三、审计风险的控制：新审计风险模型及其应用

以新审计风险模型来指导审计工作是现代风险导向审计的重要特征。

1983年，美国注册会计师协会（AICPA）又提出了审计风险模型：审计风险=固有风险×控制风险×检查风险。在审计过程中，注册会计师以此模型为指导，解决交易类别、账户余额、披露和其他具体认定层次的错报，发现经济交易和事项本身的性质和复杂程度造成的错报，发现企业管理层由于本身的认知和技术水平造成的错报，以及企业管理层局部和个别人员舞弊和造假造成的错报，最终，注册会计师将审计风险控制在可以接受的水平。但是，正如前文所述，由于传统风险导向审计固有的缺陷，它在发现企业高层串通舞弊、虚构交易等方面不够有效。随之兴起的现代风险导向审计是以被审计单位的战略经营风险分析为导向进行审计的，它依据战略管理理论和系统论，整合了传统风险导向审计模型中的固有风险和控制风险，把由于企业的整体经营风险所带来的重大错报风险作为审计风险的一个重要构成要素进行评估。2003年10月，国际审计与鉴证准则理事会（IAASB）发布了一系列新的审计风险准则，要求注册会计师在审计过程中更深入地进行风险评估，

并对审计风险模型作出重大改动。

ISA 200准则《财务报表审计的目标和一般原则》明确指出，被审计单位面临各种各样的经营风险，在财务报表审计中，注册会计师并不是要关注所有的风险，而是只需关心与财务报表有关的风险。审计风险是指财务报表存在重大错报而注册会计师发表不恰当审计意见的可能性，而不包括注册会计师错误地认为财务报表含有重大错报的风险。重大错报风险是指会计报表在审计前存在重大错报的可能性。检查风险是指某一认定存在错报，该错报单独或连同其他错报是重大的，但注册会计师未能发现这种错报的可能性。修改后的审计风险模型为：

审计风险=重大错报风险×检查风险

其中，重大错报风险（risk of material misstatement）包括两个层次：认定层次（assertion level）和财务报表整体层次（overall financial statement level）。

（1）认定层次风险

认定层次风险指交易类别、账户余额、披露和其他相关具体认定层次的风险，包括传统的固有风险和控制风险。认定层次的错报主要指因经济交易和事项本身的性质和复杂程度发生的错报，企业管理层由于本身的认识和技术水平造成的错报，以及企业管理层和个别人员舞弊和造假造成的错报。

（2）财务报表整体层次风险

财务报表整体层次风险主要指战略经营风险（简称战略风险）。把战略风险融入现代审计模型，可建立一个更全面的审计风险分析框架。

从战略风险的定义来看，战略风险是审计风险的一个高层次构成要素，是财务报表整体不能反映企业实际经营情况的风险。这种风险源自企业客观的经营风险或企业高层串通舞弊、虚构交易。传统审计风险模型解决的是在企业的交易和事项本身真实的基础上，怎样发现财务报表存在的错报，将审计重点放在各类交易和账户余额层次，而不从宏观层面考虑财务报表可能存在的重大错报风险，这很可能只发现企业小的错误，却忽略大的问题；现代审计风险模型解决的是企业经营过程中管理层串通舞弊、虚构交易或事项而导致财务报表存在错报怎样进行审计的问题。

从审计战略来看，现代审计风险模型是在系统论和战略管理理论基础上的重大创新。从战略角度入手，通过经营环境—经营产品—经营模式—剩余风险分析的基本思路，可将财务报表错报风险从战略上与企业的经营环境、经营模式紧密联系起来，从而在源头上和宏观上分析和发现财务报表错报，把握审计风险。而将环境变量引入模型的同时，也将审计引入并创立了战略审计观。

从审计的方法程序来看，现代审计风险模型注重运用分析程序，既包括财务数据分析，也包括非财务数据的分析；而且分析工具多样化，如战略分析、绩效分析等。例如，毕马威国际（KPMG）为应用现代审计风险模型的理念与方法，研究制定了经营风险计量程序（business measurement process，BMP），专门分析企业在复杂的市场环境和产业环境下的经营情况，以确定关键经营风险如何影响财务结果。BMP提供了一个审查影响财务信息和非财务信息流的分析框架。

从审计的目标来看，现代审计是为了增强财务报表的可信性。为达到此目标，注册会计师应当假定会计报表整体是不可信的，从而引进全方位的职业怀疑态度，在审计过程中把质疑一一排除。ISA 200准则的现代审计风险模型就充分体现了这种观念。

四、审计视角：风险评估的战略系统视角

审计视角是注册会计师审计活动中获取对被审计单位经营和行业的了解、考虑其经营风险和评价审计风险所持有的观点或思维导向。审计视角会影响注册会计师的审计判断和行为，从而影响审计结论的正确性。因此，一个恰当的视角对审计工作至关重要。

传统上，注册会计师从交易的视角来评价审计风险并测试重大的会计交易。但是，交易视角把评价框定在一个狭窄或有限的视野内。交易视角不是把注册会计师的注意力集中在交易周围的广阔商业背景以及交易在该背景下的作用，而是更狭隘地集中到作为独立事项的交易上，因此，这就增加了注册会计师误解它们的背景、意义或目的的风险。此外，应用交易导向的观点，会产生这样一种相关倾向：过度地关注处理交易的会计技巧，而没有充分地关注它的经济背景。狭隘地集中在会计技巧上会把注册会计师的注意力从重点考虑交易在企业战略目标实现过程中的作用上转移出来。

通过交易视角形成预期会抑制注册会计师了解经济调整发生的程度和速度的能力。一个更加广阔的战略系统视角将会把注册会计师的注意力更直接地集中到广阔的经济系统的适应性行为上，这就可以提高注册会计师对所报告收益合理性的怀疑水平，从而形成更加正确的预期。

在现代风险导向审计中，注册会计师应当了解客户经营环境的系统特征，包括企业内部经营流程相互作用的性质和有效性以及企业外部环境。这种审计包括两个相互补充的焦点：整体焦点，了解和评价客户战略系统的动态；简化主义焦点，包括以企业较大系统背景下的相关知识为基础评价它的详细交易。组织的系统视角要求注册会计师考虑其非常广阔的经营环境，把对其组成部分（如经营活动、经营流程、单个的会计交易）的性质的推断建立在对这个广阔战略背景的全面了解之上。

五、审计思路："自上而下、上下结合"的审计思路

为了将审计风险控制在可以接受的水平，在实施现代风险导向审计的过程中，注册会计师应按"自上而下"和"上下结合"的思路来组织审计工作。在评估经营风险对财务报表重大错报影响时采用"自上而下"的思路，而在对财务报表认定计划和执行实质性程序时，注册会计师采用"上下结合"的思路。

六、审计程序或方法的突破：分析程序与证据的获取

尽管风险评估涉及询问、检查、观察、穿行测试等多种收集证据的手段，但分析程序却是最有效的方法。如果说内控导向审计主要是财务信息分析，则现代风险导向审计模式扩展到非财务信息的分析；风险评估分析工具多样化，如战略分析、经营流程分析和绩效分析等。分析程序在审计中的地位和作用空前提高。

从某种意义上讲，现代风险导向审计就是一个大的分析程序，是一种基于战略系统视角的分析程序。基于战略系统视角的分析程序如图8-5所示。

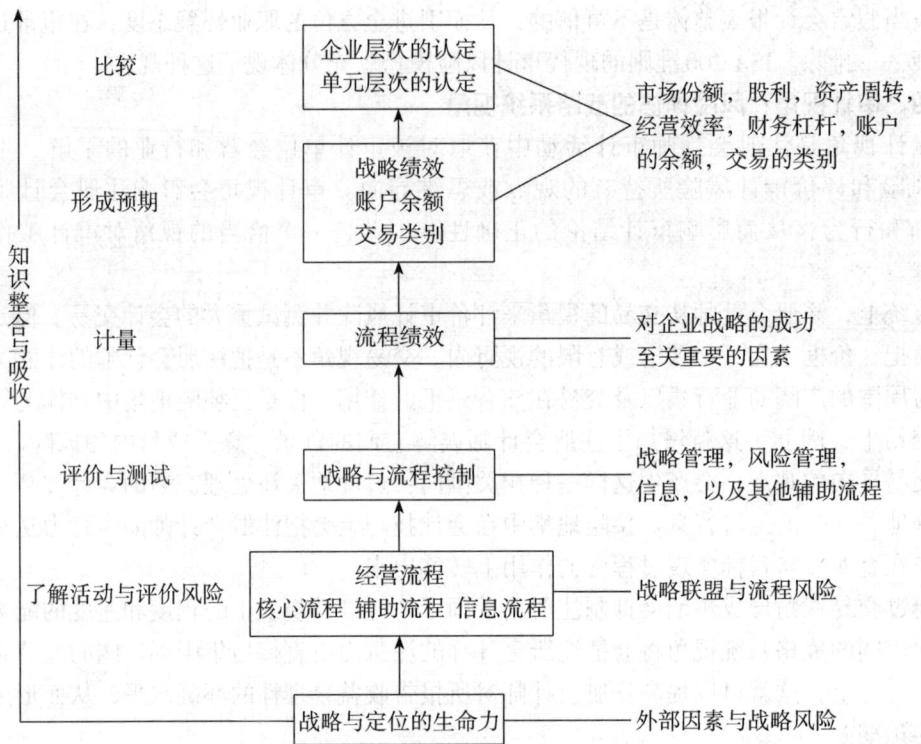

图8-5 基于战略系统视角的分析程序

第八章学习指南

第九章　战略风险分析

第一节　风险评估程序概述

一、风险评估程序的概念及类型

《中国注册会计师审计准则第1211号——重大错报风险的识别和评估》要求，审计师应当不带偏向性地设计和实施风险评估程序以获取支持重大错报风险识别和评估的审计证据。风险评估程序，是指审计师为了识别和评估财务报表层次和认定层次的重大错报风险（无论错报是由舞弊还是由错误导致），从而为设计和实施应对措施提供依据而实施的审计程序。

风险评估程序应当包括：（1）询问管理层和被审计单位内部其他合适人员（包括内部审计人员）；（2）分析程序；（3）观察和检查。

（一）询问管理层和被审计单位内部其他合适人员（包括内部审计人员）

询问被审计单位管理层和内部其他相关人员是审计师了解被审计单位及其环境的一个重要信息来源。审计师在识别和评估重大错报风险时，可以询问管理层和负责财务报告的人员，也可以询问被审计单位内部其他合适人员，或者询问不同层级的员工。询问不同的人员可能为审计师提供不同的视角。

审计师可以通过询问管理层和负责财务报告的人员来获取相关信息，以为识别和评估重大错报风险以及设计进一步审计程序提供依据。一般情况下，审计师可以考虑向管理层和财务负责人询问下列事项：

（1）管理层所关注的主要问题。如新的竞争对手、被审计单位主要供应商的流失、新的税收法规的实施以及经营目标或战略的变化等。

（2）被审计单位的财务状况和最近的经营成果、现金流量。

（3）可能影响财务报告的交易和事项，或者目前发生的重大会计处理问题。如重大的购并事宜等。

（4）被审计单位发生的其他重要变化。如所有权结构、组织结构的变化，以及内部控制的变化等。

审计师除了询问管理层和对财务报告负有责任的人员获取大部分信息之外，还应当考虑询问内部审计人员、采购人员、生产人员、销售人员等其他人员，并考虑询问不同级别的员工，以从不同的视角获取对识别重大错报风险有用的信息。被审计单位不同层级的人所接触和掌握的信息不同，审计师应当从有助于识别和评估重大错报风险的角度考虑选择不同的询问对象。

询问合适的内部审计人员，可能有助于审计师在识别和评估风险时，了解被审计单位及其环境以及被审计单位的内部控制体系。

直接询问治理层，可能有助于审计师了解治理层对管理层编制财务报表的监督程度；询问负责生成、处理或记录复杂或异常交易的员工，可能有助于审计师评价被审计单位选择和运用某项会计政策的恰当性；直接询问内部法律顾问，可能有助于审计师了解诉讼、遵守法律法规的情况、影响被审计单位的舞弊或舞弊嫌疑、产品保证、售后责任、与业务合作伙伴的安排（如合营企业）以及合同条款的含义等事项的有关信息；直接询问营销人员，可能有助于审计师了解被审计单位营销策略的变化、销售趋势或与客户的合同安排等；直接询问风险管理职能部门或人员，可能有助于审计师了解可能影响财务报告的运营和监管风险；直接询问信息技术人员，可能有助于审计师了解系统变更、系统或控制失效的情况，或与信息技术相关的其他风险；询问采购人员和生产人员，有助于审计师了解被审计单位的原材料采购和产品生产等情况；询问仓库人员，有助于审计师了解原材料、产成品等存货的进出、保管和盘点等情况。

（二）分析程序

分析程序是指审计师通过研究不同财务数据之间以及财务数据与非财务数据之间的内在关系，对财务信息作出评价。分析程序还包括在必要时对识别出的、与其他相关信息不一致或与预期值差异重大的波动或关系进行调查。

分析程序可用作风险评估程序和实质性程序，也可用来对财务报表进行总体复核。

实施分析程序有助于审计师识别不一致的情形、异常的交易或事项，以及可能对审计产生影响的金额、比率和趋势。识别出的异常或未预期到的关系可以帮助审计师识别重大错报风险，特别是舞弊导致的重大错报风险。将分析程序用作风险评估程序，来识别审计师未注意到的被审计单位某些方面的情况，或了解固有风险因素（如相关变化）如何影响相关认定易于发生错报的可能性，有助于审计师识别和评估重大错报风险。

运用分析程序的一个基本前提是数据之间存在某种关系，并且有理由预计这些关系将继续存在。分析程序还包括将公司财务报表的本期数与上期数、预算数以及同行业标准之间进行的比较。在实施分析程序时，审计师应当预期可能存在的合理关系，并与被审计单位记录的金额、依据记录金额计算的比率或趋势相比较；如果发现异常或未预期到的关系，审计师应当在识别重大错报风险时考虑这些比较结果。

相关链接9-1

运用分析程序案例

（三）观察和检查

观察和检查程序可以支持、佐证或反驳对管理层和其他相关人员的询问结果，并可以提供有关被审计单位及其环境的信息，审计师应当实施下列观察和检查程序：

（1）观察被审计单位的生产经营活动。例如，通过观察被审计单位人员正在从事的生产活动和内部控制活动，可以增加审计师对被审计单位人员如何进行生产经营活动及实施内部控制的了解。

（2）检查内部文件（如经营计划和策略）、记录和内部控制手册。例如，检查被审计单位的章程，与其他单位签订的合同、协议，股东大会、董事会会议、高级管理层会议的会议记录或纪要，各业务流程操作指引和内部控制手册，各种会计资料、内部凭证和单据等。

（3）阅读由管理层和治理层编制的报告。例如，阅读被审计单位年度和中期财务报告、管理层的讨论和分析资料、经营计划和战略、对重要经营环节和外部因素的评价、被审计单位内部管理报告以及其他特殊目的报告（如新投资项目的可行性分析报告）。

（4）实地察看被审计单位的生产经营场所和设备。通过现场访问和实地察看被审计单位的生产经营场所和设备，可以帮助审计师了解被审计单位的性质及其经营活动。

（5）检查从外部来源获取的信息，如贸易与经济方面的期刊，分析师、银行或评级机构的报告，法规或金融出版物，或其他与被审计单位财务业绩相关的外部文件。

（6）管理层或治理层的行为和行动（如观察审计委员会会议）。

值得注意的是，审计师可以使用自动化工具和技术实施观察或检查程序，特别是观察或检查资产，例如使用远程观察工具（如无人机）。

二、实施风险评估程序的意义

重大错报风险的识别和评估是风险导向审计的基础环节。实施风险评估程序以了解被审计单位及其环境、适用的财务报告编制基础以及内部控制对审计来说至关重要。

审计师对被审计单位及其环境和适用的财务报告编制基础的了解，有助于其了解与被审计单位相关的事项和情况，并识别被审计单位在按照适用的财务报告编制基础编制财务报表时，固有风险因素怎样影响各项认定易于发生错报的可能性以及影响的程度。这些信息为审计师识别和评估重大错报风险提供了重要依据。

在财务报表审计中，审计师需要运用大量的职业判断，交易的适当记录、非日常交易会计和会计估计假设的适当性、所记录资产的价值、被审计单位持续经营的能力、管理层欺诈的可能性，对这些事项的专业判断都应当建立在对企业综合了解的基础之上。深入了解被审计单位及其环境可以为审计师在下列关键环节作出职业判断提供重要基础：

（1）识别和评估重大错报风险；

（2）识别对财务报表产生重大影响的违反法律法规的行为；

（3）评估财务报表是否作出充分披露；

（4）确定财务报表整体的重要性和实际执行的重要性；

（5）考虑选择和运用的会计政策的适当性和财务报表披露的充分性；

（6）识别需要特别考虑的领域，包括关联方交易、管理层运用持续经营假设的合理性，或交易是否具有合理的商业目的等。

了解被审计单位及其环境对审计师计划和实施进一步审计程序会产生重大影响，表现在：

（1）确定在实施分析程序时使用的预期值；

（2）设计和实施进一步审计程序，以将审计风险降至可接受的低水平；

（3）评价已获取审计证据的充分性和适当性，如与假设或管理层口头声明和书面声明相关的证据。

三、实施风险评估程序的战略系统视角

系统是一个集合，其各组成部分相互影响以作为一个整体发挥一定的职能。系统的行为取决于它的整体结构、在任何时点其组成部分联系的强度以及这些联系随时间变化的方式和程度。从系统的角度来看，世界是由联系和联合构成的。系统方法不是通过基本组成部分以了解更大系统的特性，而是强调组织的基本原则——各组成部分如何相互联系和协调成为一个统一的整体。所以，审计师应当从战略系统的视角评价被审计单位的经营风险与审计风险。

审计师获取对被审计单位经营和行业的了解、考虑被审计单位经营风险和评价审计风险所持有的观点或思维导向（也就是视角本身）会影响他的审计判断和行为。财务报表以及为了生成财务报表而制定的会计原则是为了对被审计单位的系统动态（相互作用

构成了一个广义的经济系统，为了财务报告而把被审计单位组织放在其核心）提供一个正确的描述。如果外部审计师没有看到这样一个事实——审计实际上是评价构成这个广泛经济系统的相互关系和相互影响的实力，那么，他就会冒这样的风险——对被审计单位财务报表的正确性得出错误的结论。从一定意义上说，被审计的内容实际上是这个更加广泛的系统。

因此，为了实施财务报表审计，审计师要对被审计单位的经营和行业获得适当水平的了解，审计师应当把注意力指向被审计单位的系统动态：它在其环境中的战略定位；影响其已实现绩效水平的意外行为；它与外部经济主体的联系或结构耦合的强度；共生联盟的性质和影响；具体的相互关系以及亏空与其绩效的内部流程的相互作用；广大经济网络中其他领域中发生的、可能会威胁到被审计单位战略和市场定位的生存力的变化。这些系统特性决定了被审计单位的战略能力和性能，它们可以提高组织的价值以及促进该价值的长期变化。

传统的审计师也把他的注意力指向许多这样的联系，如追踪行业趋势、确认应收款项、审核与测试关联方交易等程序都是用来处理被审计单位与其外部环境之间各种联系的强度的。但是，他们并没有能够有效地把广泛经济系统作为一个整合的整体来考虑。审计师需要建立一套工作流程，更加注重发展有关企业的相互联系的强度、联系变化的速度与大小、公司战略的生命力等内容的知识，形成支持上述内容的证据。

图9-1描述的现代企业是一个广阔的复杂经济网络所内含的相互关联的复杂网络。图9-1就是审计师从战略系统视角所看到的景象。构成这个广阔经济网络的许多相互关联的实力反映了组织创造价值以及产生维持成长所需的现金流的能力的限度。必要地了解这些联系的强度可以提供一个依据，以形成关于被审计单位战略以及其绩效实现水平的质量和创造力的预期。

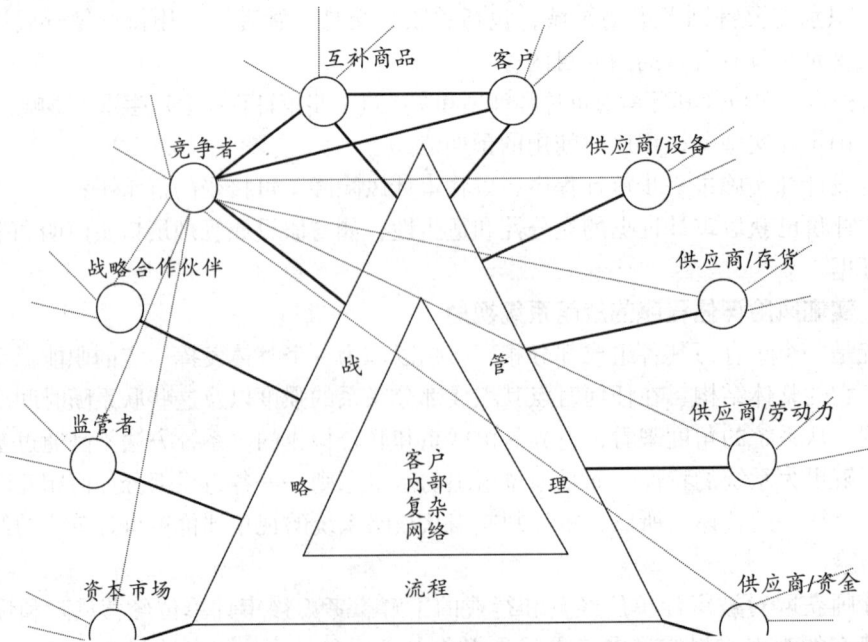

图9-1　战略系统视角下企业关系网图示

四、实施风险评估程序应了解的内容

现代风险导向审计是建立在对被审计单位及其环境深刻了解的基础上的。为了有效识别、评估财务报表层次和认定层次重大错报风险，从而为设计和实施应对措施提供依据，审计师必须明确风险评估程序的内容。一般来说，被审计单位对审计工作产生影响的因素都是审计师应当了解的内容。根据 2022 年 12 月 22 日修订的《中国注册会计师审计准则第 1211 号——重大错报风险的识别和评估》的要求，审计师应当实施风险评估程序，以了解下列方面的内容：

（1）行业形势、法律环境、监管环境和其他外部因素。由于被审计单位处在广泛的联系紧密的经济网络中，被审计单位的各种外部力量会对其经营活动产生影响，企业经营目标能否实现，经营风险的大小，取决于企业与各种外部力量的相互作用，而大多数经营风险都会产生财务后果，都会对财务报表产生影响。所以审计师必须了解被审计单位所处的宏观环境和行业内部的环境，包括行业状况、法律与监管环境以及其他外部因素。通过对被审计单位经营环境的了解，审计师可以弄清其战略定位及战略风险，为进一步的审计工作奠定基础。

（2）组织结构、所有权和治理结构、业务模式（包括该业务模式利用信息技术的程度）。了解被审计单位的组织结构和所有权结构有助于审计师了解下列事项：①被审计单位组织结构的复杂程度。例如，被审计单位可能是单一实体，也可能在多个地区拥有子公司、部门或其他组成部分。此外，法律上的组织结构可能与经营上的组织结构不同。通常来说，组织结构越复杂，越容易出现导致重大错报风险的可能性有所增加的因素。相关问题可能包括对商誉、合营企业、投资或特殊目的实体的会计处理是否恰当，以及财务报表是否已对这些事项作出充分披露。②所有权结构，以及所有者与其他人员或实体之间的关系，包括关联方。了解这些方面有助于审计师确定关联方交易是否已得到恰当识别和处理，并在财务报表中得到充分披露。③所有者、治理层、管理层之间的分离。例如，在较不复杂的被审计单位，所有者可能参与管理被审计单位，因此，所有者、治理层、管理层之间较少分离或没有分离。相反，在某些上市实体，管理层、所有者、治理层之间可能存在明确的分离。④被审计单位信息技术环境的组织结构和复杂程度。例如，被审计单位可能在不同的业务中拥有多个旧版信息技术系统，这些系统无法很好地集成整合，从而导致信息技术环境较为复杂；又如，在信息技术环境的各个方面使用外部或内部服务提供商。

了解被审计单位的治理结构可能有助于审计师了解被审计单位监督内部控制体系的能力。但是，这一了解也可能提供内部控制体系存在缺陷的证据，从而表明被审计单位的财务报表产生重大错报风险的可能性有所增加。审计师可以考虑下列事项，以了解被审计单位的治理结构：①治理层人员是否参与对被审计单位的管理；②董事会中的非执行人员（如有）是否与负责执行的管理层相分离；③治理层人员是否在被审计单位法律上的组织结构下的组成 部分中任职，例如担任董事；④治理层是否下设专门机构，例如审计委员会，以及该专门机构的责任；⑤治理层监督财务报告的责任，包括批准财务报表。

审计师了解被审计单位的目标、战略和业务模式有助于从战略层面了解被审计单位，

并了解被审计单位承担和面临的经营风险。由于多数经营风险最终都会产生财务后果,从而影响财务报表,因此了解影响财务报表的经营风险有助于审计师识别重大错报风险。审计师并非需要了解被审计单位业务模式的所有方面。经营风险比财务报表重大错报风险范围更广,并且包括重大错报风险。审计师没有责任了解或识别所有的经营风险,因为并非所有的经营风险都会导致重大错报风险。导致财务报表产生重大错报风险的可能性有所增加的经营风险可能来自下列事项:①目标或战略不恰当,未能有效实施战略,环境的变化或经营的复杂性;②未能认识到变革的必要性也可能导致经营风险;③对管理层的激励和压力措施可能导致有意或无意的管理层偏向,并因此影响重大假设以及管理层或治理层预期的合理性。审计师应当根据被审计单位的具体情况考虑经营风险是否可能导致财务报表发生重大错报。

(3)适用的财务报告编制基础、会计政策以及变更会计政策的原因。适用的财务报告编制基础、会计政策的选择和运用,直接关系到财务报表的质量。审计师应当了解被审计单位适用的财务报告编制基础以及对会计政策的选择和运用,以便弄清会计政策的选择和运用是否符合适用的财务报告编制基础,是否符合被审计单位的具体情况。

(4)财务业绩的衡量标准,包括内部和外部使用的衡量标准。被审计单位内部或外部对财务业绩的衡量和评价可能对管理层产生压力,促使其采取行动改善财务业绩或歪曲财务报表。审计师应当了解被审计单位财务业绩的衡量和评价情况,考虑这种压力是否可能导致管理层采取行动,以至于增加财务报表发生重大错报的风险。

(5)被审计单位的内部控制。内部控制是被审计单位为了合理保证财务报告的可靠性、经营的效率和效果以及对法律法规的遵循,由治理层、管理层和其他人员设计和执行的政策和程序。审计师应当了解与审计相关的内部控制以识别潜在错报的类型,考虑导致重大错报风险的因素,以及设计和实施进一步审计程序的性质、时间和范围。

很明显,审计准则要求审计师应按现代风险导向审计的思路来设计与实施风险评估程序。根据现代风险导向审计的战略系统视角,我们可以将以上内容整合在战略风险分析和经营流程风险分析中。

五、风险评估程序的信息来源

不带偏向性地设计和实施风险评估程序以获取审计证据,可能涉及从被审计单位内部和外部多个来源获取证据。无论信息的来源如何,注册会计师都需要按照《中国注册会计师审计准则第1301号——审计证据》的要求,考虑用作审计证据的信息的相关性和可靠性。

风险评估程序的信息来源可能包括:(1)与管理层、治理层、被审计单位其他关键人员(如内部审计人员)的沟通;(2)直接或间接从特定外部机构(如监管机构)获取;(3)被审计单位的公开信息,如被审计单位发布的新闻稿、分析师或投资者会议的材料、分析师报告或与交易活动有关的信息;(4)其他来源,例如,在承接新的审计业务或保持既有审计业务的时候,审计师都会对被审计单位及其环境有一个初步的了解,以确定是否承接该业务,所以,审计师在实施风险评估程序时应当考虑在这个过程中获取的信息,以及向被审计单位提供其他服务所获得的经验是否有助于识别重大错报风险。当然,对于连续审计业务,如果拟利用在以前期间获取的信息,审计师应当确定被审计单位及其环境是否已发生变化，以及该变化是否可能影响以前期间获取的信息在本期审计中的相关性。再如，审计师还可以考虑通过向被审计单位提供其他服务（如执行中期财务报表审阅业务）所获得的经验是否有助于识别重大错报风险。

第二节　企业商业模式分析

现代风险导向审计是建立在对被审计单位及其环境深刻了解的基础上的，因此，对被审计单位及其环境的正确理解对学习现代风险导向审计是十分必要的。

一、现代企业的性质及经营环境

（一）现代企业的性质

与其他有生命的系统相似，现代企业是一个超级复杂的有机体，它的生产能力、盈利能力、适应能力以及最终的生存取决于其内部因素之间的作用以及内部因素与外部因素的相互作用——即组成企业的经营流程之间以及企业与外部经济主体之间的结构耦合与共生联合。现代企业是一个综合的活系统。

企业经营风险包括由于外部和内部因素、压力以及企业要承担的影响而导致企业经营目标不能实现的风险，以及与企业生存和盈利能力相关的风险。它从系统的观点可以看作是组织战略和经营流程与其外部环境之间联系的强度，也就是说，任何可能弱化组织与其外部环境联系的外部和内部力量都形成经营风险。风险影响到每一企业的生存能力；影响到企业在其行业内的成功竞争；影响到保持其财务力量和积极的公共形象；影响到保持其产品、服务和员工的全面质量。

与细胞膜、人类中枢神经系统等开放系统相似，组织在自身形成了介入外部力量与组织行为之间的复杂调节过程。在更高的水平，这些调节过程更加独立和自发，对组织与其环境的相互作用更具有决定性（例如，最近的向员工授权的趋势）。组织在整体上表现出了新生的行为，也就是说，如果它的组件是相互独立的，它的行为就会非常不同于预期的行为方式。新出现的行为是内部调节过程的外部行为表现。它表示一个科层组织，具有较高层的指导，并约束较低层的行为。正是对较低层成员的约束才产生了较高层的新行为。如果这种约束不存在，那么较低层的成员就会如同它们是独立的那样运作，而且，那将不会有新的行为，从而也就没有了更大系统的特征。组织内在的复杂水平是系统结构的一个特征，它受到以下因素的影响：单个组成单元的数量；组织科层中不同层级的数量；实施经营活动的不同经营流程的数量；所有这些组成单元之间以及这些组成单元与外部经济主体之间联系的数量和强度。

（二）现代企业的经营环境

企业存在的目的在于为利益相关者（包括顾客、雇员、股东和管理层等）创造价值。每个企业都存在于一个巨大复杂的关系网络中，这个复杂的网络是由个人、实体和各种外部的力量组成的。它影响企业经营所在的市场，影响企业可选用的备选方案，影响企业所面临的风险，也影响企业实现其目标的可能性。一个企业创造和保持价值的能力取决于该企业与这个巨大的经济网络的相互作用。现代企业的经营环境如图9-2所示。

相关链接9-2

Beer的系统构成要素科层结构

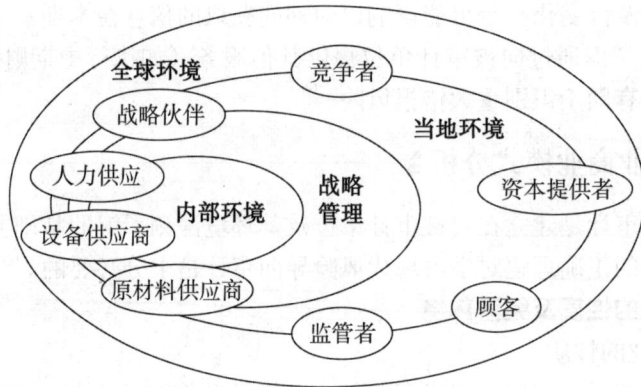

图9-2　现代企业经营环境概览

企业内部环境包括企业为实现战略目标而建立的组织机构、经营流程、企业文化等。

战略管理是企业内部环境与外部环境的缓冲器，它反映了企业与外部世界相互作用的各种活动或流程。监控竞争对手，与供应商谈判，确定目标顾客，以及搜寻市场机会等都是战略管理的组成部分。实际上，战略管理反映了企业对其与外部环境相互作用的全部计划和控制。

当地环境是影响企业的各种经济力量和企业行为规则相同或相似地域内的各种经济关系。当地环境是由企业所在地域内各种外部经济联系构成的，它可能是区域性的，也可能是全国性的，这取决于企业所在行业性质。当地环境包括公用事业部门、雇员、原材料供应商、建筑公司、设备供应商、税务机关等。

全球环境则反映的是更大范围内的经济联系，通常是指各国间的经济关系。在全球环境中，企业要遵守的制度、规则不同，思维方式、文化背景和经营方法各异。

尽管所有企业相互间的作用均处于上述经济环境中，但是，随着新技术特别是IT越来越广泛地运用于人类社会生活，企业与外部环境的经济联系越来越紧密，企业的经营模式、盈利模式、管理模式正在发生颠覆性变化。

从历史上看，劳动力一直是当地环境的一部分。随着技术的进步，雇员可以通过远程通信办公和从事业务。这意味着，公司的劳动力可以遍及世界的每一个角落。例如，许多软件公司都在使用世界各地的程序设计师，这些程序设计师在其自己的时区工作，在一天结束后将所编的代码提交给另一程序设计师。

过去，企业的顾客往往是当地环境的构成部分，但在IT时代，互联网可以将非常广泛区域内的许多细小的需求联系在一起。过去，地理位置的局限性会对企业拓展业务空间形成有力的限制。然而，互联网却使得企业以基本上固定的成本向全球推销其产品成为可能。

总而言之，影响企业经营的外部因素越来越具有全球化的特点。资本市场是全球性市场；存货由具有成本比较优势的多个国家生产；在许多行业，竞争对手也突破了一国的疆界；战略伙伴也不再局限于一国之内。在企业面临的经营风险中，有些风险是当地环境导致的，还有一些风险则与全球环境有关。国际化程度较高的企业必须用全球的眼光来考虑问题，在经营中，这些企业要承担本地环境以外的各种因素所导致的风险。

企业所处经营环境及其变化深刻影响着审计师审计。审计师只有深入了解企业经济网络的性质以及企业在该网络中创造价值的方式，才能对被审计单位的财务报表发表意见。例如，一个公司的员工居住地对审计师来说具有重要意义。在传统就业模式下，一个公司的员工往往居住在同一个国家，通常受制于同一套就业制度，享受同一套报酬和福利安排，支付同一种货币，劳动契约相对简单。这使得审计师很容易预测工薪成本、福利和个人所得税。在国际化背景下，当公司员工分散在多个国家时，由于各国的社会制度不同，就业制度和报酬安排也不尽一样，劳动契约具有复杂性。这给审计师预测工薪成本、福利和个人所得税带来了困难。在这种情况下，审计师会关注的问题包括：公司要向分散在其他国家的员工提供何种福利？分散在其他国家的员工受何种就业法律的保护？公司对分散在各国的员工承担何种退休后的责任？很明显，劳动契约的复杂性会直接对财务报告产生影响，并影响潜在的审计风险。

二、企业商业模式

现代企业及其环境包括了许多内容，而企业商业模式或业务模式（business model）是其中的关键要素。

根据利益相关者理论，企业存在的意义在于为利益相关者创造价值。企业为了实现其存在的意义就要考虑如何为利益相关者创造、保持和获取财务或更广泛方面的价值。这就涉及在价值创造过程中如何处理企业内外因素的影响。对企业创造价值方式的抽象就是企业的商业模式或业务模式。

相关链接9-3

商业模式的内涵的探讨

企业商业模式是指对企业为了在经济网络中创造价值而对影响其价值创造的因素（如组织结构、经营或活动范围、业务线包括竞争对手和客户、流程、增长机会、全球化、监管要求和技术等方面）的处理方式的总称，是对企业如何创造价值的核心逻辑的抽象。

商业模式是由其构成要素构成的一个有机整体。学者们依据不同的研究目标和不同的理论基础将商业模式的构成要素分为不同的类别。为了阐述现代风险导向审计的目的，我们根据审计的战略系统视角将企业商业模式概括如下，如图9-3所示。

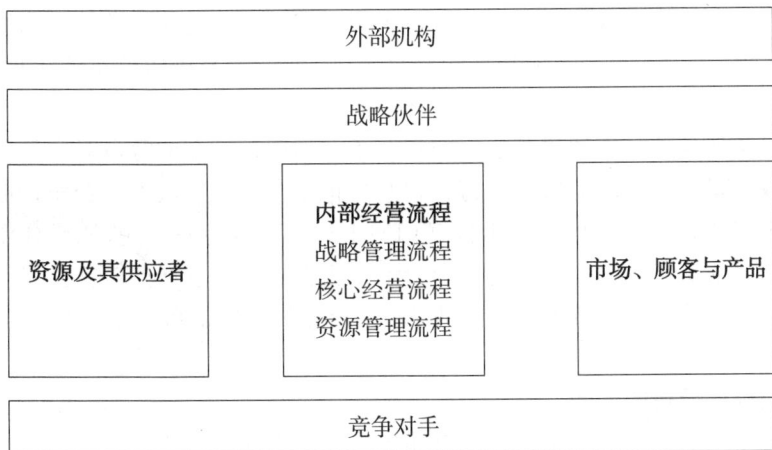

相关链接9-4

战略与商业模式的关系

图9-3　企业商业模式

　　从图9-3中可以看出，典型的企业商业模式是由市场、顾客与产品，竞争对手，资源及其供应者，内部经营流程，外部机构，战略伙伴六个基本要素构成的。

　　（1）市场、顾客与产品。市场是企业进行商品交易与竞争对手展开竞争的场所。它可以用地域、产品的性质和所提供的服务水平来界定。每个市场都包括潜在的目标顾客。顾客可视为一个无差别群体，也可以按个人特征加以确认（如财富、受教育水平等）。产品（或服务）是企业收入的来源，是企业与顾客进行交易的对象。

　　（2）竞争对手。竞争对手可以分为两类，即直接竞争对手和间接竞争对手。直接竞争对手是那些与被审计单位具有相同的目标市场、目标顾客和目标产品的其他外部组织。这类竞争对手是容易识别的，它们通常会与被审计单位在价格、质量和服务上展开直接的竞争。如百事可乐与可口可乐、福特与丰田。间接竞争对手与被审计单位尽管不在同一行业但却追逐同样的顾客资源（通常是其时间或者金钱）。如影剧院与有线电视就是间接竞争对手，它们提供的产品是替代品。

　　（3）资源及其供应者。为了实现其经营目标，任何企业都需要一定的资源。资源既包括各种有形的资源如设备与存货，又包括各种无形资源。一般来说，企业所需的资源都来自不同的资源供应者，涉及企业内部的各经营流程，都会产生一系列不同的风险。

　　（4）内部经营流程。一般来说，企业经营活动是按经营流程来组织的。对于重要任务和活动，各经营流程都存在一套系统化和结构化的处理方法。在企业经营流程中，有三种类型的内部流程是极其关键的。它们是战略管理流程、核心经营流程和资源管理流程。战略管理流程涉及确定企业的发展方向，对产品、市场和内部经营活动作出关键的决策，监控外部环境的威胁，对执行的结果作出反应，指导企业进行持续的改进。核心经营流程是企业所进行的与创造价值有直接关系的一系列活动，包括营销活动、制造活动、交付产品或提供服务的活动、相关的研究发展活动和为顾客提供售后服务的活动等。资源管理流程是企业所进行的与创造价值有间接关系的各种活动，包括质量监督、采购、会计等。虽然这些活动不直接创造价值，但是它们是每个企业创造价值所必需的活动。如果支持活动不能有效进行，企业经营就很有可能失败。

　　（5）外部机构。在企业外部，许多个人、团体和组织对该企业成功经营的能力有直接影响。各级政府负责制定制度和征税，财务分析者紧密追踪企业的经营业绩，当地社区关注企业对环境的影响，新闻媒体关注有争议的经营活动，独立研究机构可能研究出替代品。

　　（6）战略伙伴。战略伙伴是指为了推进共同目标的实现而与企业建立了正式合作关系的各类外部实体。虽然这些合作伙伴是独立的甚至还有可能是潜在的竞争对手，但是为了实现互利的结果或通过共担风险而减少威胁，它们与企业在某一领域展开合作，形成合作关系。如一些企业可能承担共同的推销工作（如迪士尼与麦当劳）；一些战略合作关系的建立是为了将其产品或服务打入靠合作者单个力量无法进入的市场（如航空公司常常建立这种合作伙伴关系为其乘客提供全球的航线服务）；企业供应链的各要素可能联合起来更好地协调订货和原材料运输等。

三、企业商业模式分析的内涵

　　企业商业模式将企业与经济网络中各组成部分的关系组合为一个系统的模式，从而为审计师分析被审计单位在经济网络中如何创造价值提供了便利。企业商业模式分析是指审计师利用企业商业模式，在了解企业商业模式各构成要素的基础上，识别被审计单位与其他构成要素的经济联系，确认重要的经济联系和重大交易类别，以便深入了解被审计单位如何创造价值的过程。

进行企业商业模式分析，首先，必须了解被审计单位的性质，包括所有权结构、治理结构、组织结构、经营活动、投资活动、筹资活动。通过了解所有权结构以及所有者与其他人员或主体之间的关系，审计师可以发现关联方关系是否已经得到识别，以及关联方交易是否得到恰当的确认、计量、记录和报告；通过了解被审计单位的治理结构，审计师可以得知治理层是否能够在独立于管理层的情况下对被审计单位事务（包括财务报告）作出客观判断；通过了解被审计单位的组织结构，审计师可以发现可能产生的财务报表合并、商誉减值、权益法运用以及特殊目的实体核算等问题；通过了解被审计单位的经营活动、投资活动和筹资活动，审计师可以弄清相应的活动是否在财务报表中得到恰当的反映。

其次，必须了解被审计单位的经营目标和战略。企业的经营目标是管理层在分析外部环境和自身资源及能力的基础上形成的。为了实现经营目标，企业必须制定可行的经营战略。经营目标和战略体现了企业创造价值的主张。审计师必须了解被审计单位经营目标和战略，以便理解企业如何创造价值，并为将要进行的战略风险分析提供基础。

再次，必须了解被审计单位的经营流程。审计师必须了解被审计单位的经营流程（包括战略管理流程、核心经营流程和资源管理流程）是如何划分的，各具体的经营流程与财务报表的哪些项目相关。

最后，必须了解被审计单位与企业商业模式中其他构成要素的经济联系，并识别重要的经济联系和重大交易类别。在经济网络中，企业与有关方面之间存在千丝万缕的经济联系。对企业来说，这些经济联系的力量强弱、重要性的大小、相关风险的高低各不相同。因此，在与企业的经济联系中，就对企业的经营的影响而言，某些经济联系比其他一些经济联系更为重要。我们把对企业的经营成败有重大影响的经济联系称为重要的经济联系。这些重要的经济联系，是被审计单位重要的战略风险的源泉之一，如果这些重要的经济联系处理不当，就会严重影响企业经营目标的实现。

判断重要的经济联系主要有以下三个标准：

第一，与企业的核心竞争力相关的联系。在企业与外界的经济联系中，对企业核心过程和价值主张有直接影响的联系是十分重要的。例如，在汽车制造业，零部件的供应商向汽车制造公司提供各种规格的配件。这些配件的供应及质量对汽车制造商的核心制造活动是十分关键的。再如，为了共同开发新药，药品生产商与生物技术研究机构建立合作伙伴关系。这种联系对药品生产商的核心竞争力十分重要。由于新药会受到许多规章的约束，所以，对药品生产商来说，与负责新药审批的外部管理机构的联系也是至关重要的。

第二，与未发掘的机会相关的联系。一些经济联系可能代表了尚未开发的潜在机会。为了开辟新市场、节约成本、增加收入和开发新产品，企业应对其所处的环境进行仔细的研究以寻找机会。在一个限制外国投资的国家，一家中国石油公司可以与当地的一家公司联合开发能源。企业识别和开发这些联系的能力强是一个企业成功的重要因素。再如，由航空公司引入的常客优惠计划反映了航空公司对机会的把握。这种优惠计划能增加潜在的乘客转乘其他航空公司航班的成本，使得航空公司能更容易地从现存的顾客中赚取增量收益。

第三，与重大的难以防范的风险源有关的联系。一些经济联系也可能代表了难以防范的风险源。竞争对手是一个明显的风险源，他们降低产品的价格，改进产品的性能会给企业带来严重的损害。战略伙伴也是一个风险源。例如，为了增加其航线的覆盖范围，航空公司可能组成一个联盟，但是这种安排也可能使一家航空公司难以防范其合作伙伴工作中出现的各种问题（如安全记录差等）。

四、企业商业模式分析的审计意义

（一）企业商业模式是全面了解被审计单位及其环境的基本框架

被审计单位及其环境纷繁复杂。在了解被审计单位及其环境时，审计师需要根据一定的理论将纷繁复杂的被审计单位及其环境系统化、结构化，以便为审计与增值服务提供基础。企业商业模式从战略系统的角度将企业如何创造价值的相关因素包括外部环境和内部因素及其相互关系系统化、结构化和直观化。企业商业模式为审计师提供一个了解和分析被审计单位及其环境的基本框架。通过企业商业模式，审计师可以深入系统地了解被审计单位的战略定位，可以深入系统地了解其市场、顾客与产品，竞争对手，资源及其供应者，经营流程，外部机构，战略伙伴，可以识别重大交易类别并将影响审计工作的重要因素与非重要因素区分开来。

（二）企业商业模式是了解被审计单位及其环境的工具

在全面了解被审计单位的基本情况及其所面临的可能导致财务报表重大错报的经营风险及其对经营风险的应对以及评估这些因素对审计工作的意义后，审计师需要将其结果记录于审计工作底稿。企业商业模式为审计师了解被审计单位及其环境结果提供了一种系统化、结构化的工具。

（三）企业商业模式分析是评价经营风险及其应对的基础

经营风险为管理层财务报表舞弊提供了动机，此外，经营风险还可能对某类交易、账户余额和披露的认定层次或财务报表层次重大错报风险产生直接影响。例如，因房地产市场价值的大幅下降产生的经营风险，可能增加与房地产中期抵押贷款的计价认定相关的重大错报风险。但是，同样的风险，尤其是在严重的经济衰退并同时增加贷款的存续期信用损失风险时，可能具有更为长期的后果。信用损失净风险敞口可能导致对被审计单位持续经营能力产生重大疑虑，并影响管理层和审计师考虑被审计单位使用持续经营假设是否适当，以及确定是否存在重大不确定性。

在企业商业模式中，"价值"一词意味着一个企业为了给利益相关者带来利益所进行的各种努力的成果。一个企业创造的价值越多，它在市场上所掌握的收入就越多，在其他条件相同的情况下，该企业的经营就会越成功。这表明企业对经营风险的管理和控制是有效的。而企业对经营风险的控制越有效，剩余风险越小，企业财务报表重大错报的风险就越小，从而审计失败的可能性就越小。企业商业模式分析为评价经营风险及其应对效果、识别和评估可能导致财务报表重大错报的经营风险提供了基础。

（四）企业商业模式分析是评价适用的财务报告编制基础，会计政策、会计估计选择和变更是否合理的依据

适用的财务报告编制基础是否恰当，会计政策、会计估计选择和变更是否合理直接关

系到财务报表的质量。商业模式与会计报表要素分类、确认、计量和列报关系密切，在很多情况下决定着会计报表要素的分类，在很大程度上影响着收入确认的方式、计量属性的选择和财务信息的列报。

1.商业模式对会计报表要素分类的影响。资产、负债、所有者权益、收入和费用等会计报表要素的划分，在很大程度上是由企业的商业模式所决定的。同样的资产，采用不同商业模式的企业，可以得出完全不同的分类。例如，棉花对于以价值转换为商业模式的衬衫生产商而言，应分类为存货，而对于以赚取价差为商业模式的棉花期货交易商而言，则应分类为金融资产。又如，房屋建筑物，对于以价值转换为商业模式的房地产开发商而言是存货，对于以赚取租金为商业模式的房地产开发商而言属于投资性房地产，而对于以价值转换为商业模式的其他企业而言，则属于固定资产。同样地，金融资产到底是划分为按摊余成本计量的金融资产，还是划分为按公允价值计量且其变动计入损益的金融资产，或是划分为按公允价值计量且其变动计入其他综合收益（OCI）的金融资产，也离不开对商业模式的判断。可见，不管明确与否，报表要素的分类，直接或间接地受到商业模式的影响，甚至同一家企业同样的资产和负债，也可能因为运用这些资产和负债的商业模式差异，而得出不同的分类。

2.商业模式对收入确认的影响。商业模式不仅决定着报表要素的分类，而且影响着交易活动的确认。例如，期货交易商与能源生产商签订了一份能源交易合同。对于期货交易商而言，其商业模式决定了应将这份合同事项确认为金融工具，而对能源生产商来说，这份合同属于未确认待执行的合同，未交易之前无须确认相关资产。更重要的是，商业模式影响着收入是按总额法确认还是按净额法确认。

3.商业模式对计量属性的影响。欧洲财务报告咨询组（EFRAG）将商业模式分为四类，分别是价值转换型商业模式（transformation business models）、价差获利型商业模式（price change business models）、长期投资型商业模式（long term business models）和负债驱动型商业模式（liability driven business models）。价值转换型商业模式是指企业对产品或服务提供加工或转换活动（如将原材料加工为产成品，或将吸收的存款转换为贷款等），从而实现产品或服务的价值提升。价差获利型商业模式通过低买高卖的方式赚取价差，实现价值提升。长期投资型商业模式通过参股控股等方式获取采购渠道、销售渠道、技术优势、人力资源等战略价值。负债驱动型商业模式通过吸收保费等方式投资于金融资产等以实现价值提升。这四种商业模式决定了计量属性的选择和计量结果变动的处理，见表9-1。

相关链接9-5

商业模式影响收入的确认

表9-1　　　　　　　　**基于商业模式的计量属性的选择与计量结果变动的处理**

商业模式	计量属性的选择	计量结果变动的处理
价值转换型商业模式	历史成本	遵循收入实现和配比的原则
价差获利型商业模式	公允价值	计入当期损益
长期投资型商业模式	公允价值	计入其他综合收益
负债驱动型商业模式	公允价值选择权	匹配负债与资产的计量属性

相关链接9-6

商业模式影响
信息列报

4.商业模式对信息列报的影响。商业模式影响着企业对财务信息的列报或披露方式。与商业模式直接相关的信息必须在报表中列报，而相对不重要的信息则可以在附注中披露，而且商业模式能够有效地对收入和费用进行区分、排序和组合，使得按照商业模式处理后的信息更为有用。例如，商业模式可以通过区分重复发生的正常项目和非正常项目，帮助投资者恰当识别和评估与未来盈利和现金流量相关的项目。此外，商业模式也会对分部报告的划分和披露产生影响。

从国际会计准则来看，涉及商业模式的会计准则可分为两类，一类是对商业模式的明确运用，如IFRS 9（金融工具）、IFRS 12（其他主体权益的披露）、IFRS 15（客户合同收入）；另一类是对商业模式的隐含运用，如IFRS 4（保险合同）、IFRS 8（经营分部）、IAS 2（存货）、IAS 17（租赁）、IAS 36（资产减值）、IAS 39（金融工具）、IAS 40（投资性房地产）、IAS 41（生物资产）。

五、企业商业模式分析例示

为了更进一步理解企业经营模型及其分析，下面以出版商为例说明。出版商的经营模型如图9-4所示。

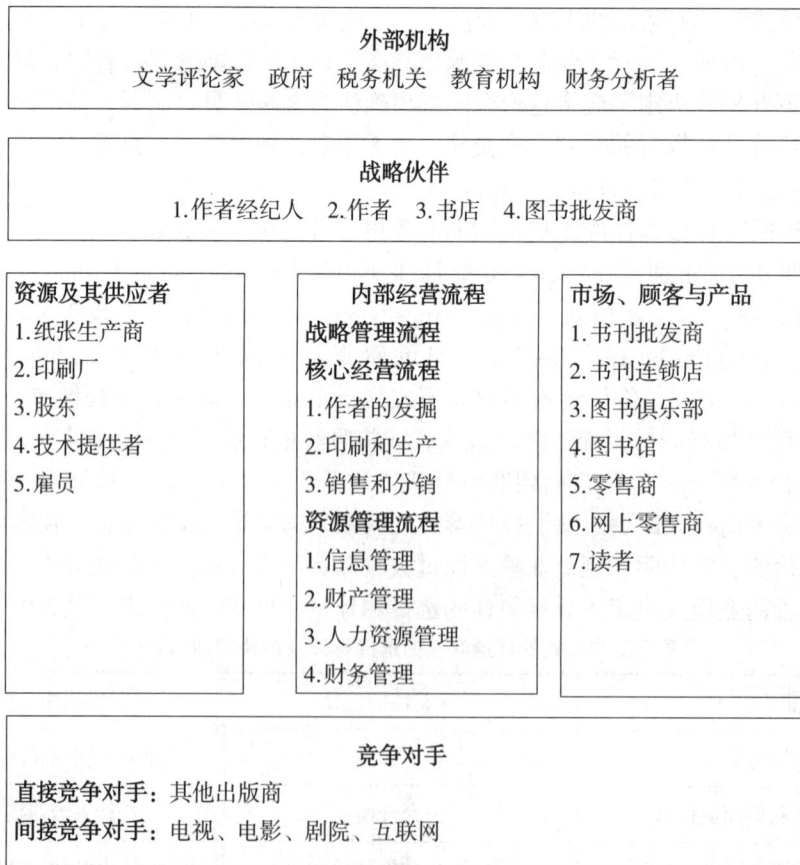

外部机构

文学评论家　政府　税务机关　教育机构　财务分析者

战略伙伴

1.作者经纪人　2.作者　3.书店　4.图书批发商

资源及其供应者	内部经营流程	市场、顾客与产品
1.纸张生产商	**战略管理流程**	1.书刊批发商
2.印刷厂	**核心经营流程**	2.书刊连锁店
3.股东	1.作者的发掘	3.图书俱乐部
4.技术提供者	2.印刷和生产	4.图书馆
5.雇员	3.销售和分销	5.零售商
	资源管理流程	6.网上零售商
	1.信息管理	7.读者
	2.财产管理	
	3.人力资源管理	
	4.财务管理	

竞争对手

直接竞争对手：其他出版商

间接竞争对手：电视、电影、剧院、互联网

图9-4　出版商的经营模型

从上述经营模型中可以看出，出版商经营目标的实现受许多因素的影响。它不仅受到

来自直接竞争对手的威胁，而且也来自间接竞争对手的威胁。对于出版商来说，最重要的战略合作伙伴是图书的作者。很明显，如果缺乏一些著名而且成功的作者，出版商的经营目标是无法实现的。实际上，对成功的作者的发掘与利用是出版商核心经营流程中最为关键的经营流程。在与资源及其供应者的关系中，出版商与印刷厂的关系是最为关键的。书刊经销商负责将书籍送到顾客的手中，出版商与他们的关系也十分重要。以上所述的各关键主体与被审计单位的经济联系均为重要的经济联系。

通过识别关键的市场参与者及它们与被审计单位的关系，审计师就在了解影响被审计单位及其财务报表审计潜在风险的来源和性质上迈出了第一步。在企业中，绝大部分信息流和交易流都涉及组织经营模型中的一个或多个要素。例如，销售收入、应收账款、销售成本、存货、现金收入及坏账涉及与顾客的交易，而固定资产、应付账款、应计负债和费用一般包括在与供应商的交易中。审计师可以以识别出的被审计单位重要经济联系为基础，确定被审计单位重大而关键的交易，进而考虑这些重大交易的审计意义。以出版商为例，审计师可以以识别出的被审计单位重要经济联系为基础，确定出版商许多重大而关键的交易及其审计意义，主要包括：

（1）与印刷厂的交易：长期印刷合同会产生与质量、及时性和保密等有关的风险。在审计中，审计师必须分析长期印刷合同可能给出版商带来损失的可能性以及与长期印刷合同相关的信息披露。这就要求审计师明确其产生的原因、了解有关各方能力以及该合同的条款。

（2）与书店的交易：一般来说，在出版商与书店的交易中，书店有退回未能销售的书刊的权利，而这会导致出版商在收入确认方面的潜在问题。

（3）与作者的交易：审计师必须认真检查出版商与作者之间签订的合同，以便确定未付版税是否得到恰当的确认。由于书店享有退货的权利，它们可能在一个会计年度结束后的很长时间里才会行使这种权利，所以版税的计算就存在一定的复杂性。

第三节　战略风险分析

一、战略风险分析的概念

通过企业经营模型分析，审计师获得了对被审计单位的基本情况及重大交易类别的了解。接下来，审计师要进行战略风险分析。

战略风险分析也称为外部威胁分析（external threat analysis）。它是指审计师通过对被审计单位外部环境的分析，识别和评估影响其经营目标实现的各种可能的外部威胁（战略风险），确认重要的战略风险的过程。

对被审计单位经营成败产生影响的潜在战略风险来自被审计单位的宏观环境和行业内部。图9-5描述了外部因素影响被审计单位经营的一般结构。影响被审计单位经营的宏观环境因素主要包括政治、技术、社会和经济因素。影响被审计单位经营的行业内部因素主要包括供应商、顾客、现有的竞争对手、替代品和潜在的竞争对手。对影响被审计单位经营的宏观环境可进行PEST分析，对行业内部影响被审计单位经营的因素主要可以采用波特五力分析。

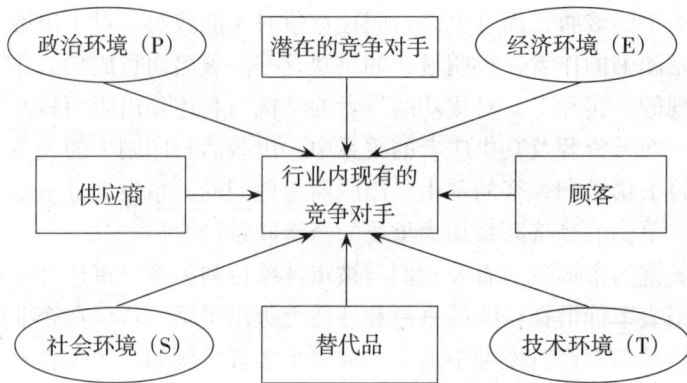

图9-5　影响被审计单位经营的外部因素

二、宏观环境的PEST分析

宏观环境是指在一定的时空内影响所有组织的因素，主要包括政治环境、经济环境、社会环境和技术环境（即所谓的PEST因素）。对影响企业经营的政治环境、经济环境、社会环境和技术环境所进行的分析称为PEST分析。

（一）政治环境

政治环境包括一个国家的社会制度，执政党的性质，政府的方针、政策、法律、制度等。不同的国家有着不同的社会制度，不同的社会制度对企业有着不同的限制和要求。即使在社会制度不变的同一国家中，在不同时期，政府的方针、政策、法律和制度也处在不断的变化中。政治环境对企业经营的影响主要体现在制度和法律对企业经营的支持和限制上。对一个企业来说，遵守法律和制度要付出代价，然而不遵守法律和制度会付出更大的代价。

审计师应当了解被审计单位所处的法律与监管环境，包括适用的会计准则和行业特定惯例；对经营活动产生重大影响的法律法规及监管活动；对开展业务产生重大影响的政府政策，包括货币、财政、税收和贸易等政策；与被审计单位所处行业和所从事经营活动相关的环保要求；与职工就业和劳动保护有关的法律等。许多法律和制度是针对具体行业特别制定的，审计师在审计中必须对此加以考虑。当被审计单位进行跨国经营时，审计师应了解的法律、制度和惯例会更加广泛和复杂。

（二）经济环境

经济环境是影响企业经营活动的十分重要的环境因素，主要包括宏观经济环境和微观经济环境。宏观经济环境主要是指一个国家的国民经济发展水平和发展速度，例如国民收入、国内生产总值及其变化趋势，人口总量及其增长趋势等。人口总量决定了企业的劳动力资源，决定了总的市场规模。宏观经济的景气程度影响企业的发展，给企业的发展带来机遇和挑战。微观经济环境主要是指企业所在地区的消费者收入水平、消费偏好、储蓄倾向、就业水平等。这些因素直接决定了企业当前和未来市场的大小。

宏观经济环境或区域经济环境及其变化趋势会对企业的经营产生重大影响。经济环境对企业经营的威胁是由利率的变化、失业率的变化、通货膨胀率的变化、汇率的波动及经济周期所引起的。例如，一些行业，如银行、房地产、汽车等，对利率的变化十分敏感，因为利率影响消费者的消费和储蓄倾向。低失业率会使企业难以找到足够的劳动力，这可能导致企业增加工资的压力。能源成本的高低几乎影响所有企业。

审计师应当了解影响被审计单位经营的经济环境因素，包括宏观经济的景气度、利率和资金供求状况、通货膨胀水平及币值变动、就业水平及其变动、国际经济环境和汇率变动等。

（三）社会环境

社会环境包括一个国家或地区居民的受教育程度和文化水平、宗教信仰、风俗习惯、价值观念、社会态度、生活方式等。

社会环境会对企业的经营产生重大影响。居民受教育的程度和文化水平影响居民的需求层次；宗教信仰和风俗习惯会禁止或抵制企业进行的某些经营活动。价值观念会影响人们对企业的经营目标、经营活动和企业存在本身的认可与否。特别是当一个企业处在一个国际性的经济网络中，这些问题将变得更加复杂。例如，在一些国家，用动物皮毛做衣服是可以接受的，而在另一些国家，用动物皮毛做衣服会受到动物保护主义者的反对。

审计师应了解被审计单位的社会环境，分析人们的社会态度、宗教信仰、风俗习惯、生活方式等对企业经营活动的影响。

（四）技术环境

任何企业的经营活动都需要利用一定的物质条件，这些物质条件反映了一定的技术水平。社会的技术进步会影响这些物质条件的先进程度，从而影响利用这些物质条件的企业的经营活动的效率。

技术环境对企业经营的威胁一般与行业的技术创新速度及企业固守过时技术的风险有关。技术环境会对企业经营的许多方面产生影响，包括基本经营活动的方式、信息处理的方式、产品营销的方式、设计生产过程的方式及开发新产品的方式。技术也是企业在加工产品的过程中获得有竞争力的成本优势的源泉。

审计师必须了解被审计单位的技术水平、被审计单位所在行业技术水平和技术进步的趋势，分析技术环境对被审计单位经营的影响。

三、行业内部环境的波特五力分析

企业的经营不仅受宏观环境的影响，而且受其所在行业环境的直接影响。行业环境的特点直接影响企业的竞争能力。审计师应当了解被审计单位所在行业的概况，并对行业内部的竞争态势进行分析。

了解被审计单位的行业状况时，审计师应着重了解被审计单位所在行业的市场供求与竞争、生产经营的季节性和周期性、产品生产技术的变化、能源供应与成本、行业的关键指标和统计数据等。

在进行被审计单位行业竞争态势分析时，审计师可以采用波特的行业五力分析法。美国哈佛商学院教授波特（Porter）认为，在一个行业中，存在五种经济力量，即行业内现有的竞争者、潜在的竞争者（进入者）、产品替代品、顾客和供应商。行业的竞争态势取决于这五种力量的较量和抗衡的结果。[①]通过行业五力分析，审计师可以分析行业环境对

---

① 波特. 竞争优势 [M]. 陈小悦，译. 北京：华夏出版社，1997.

被审计单位经营的影响，了解被审计单位的战略定位，识别行业环境对被审计单位经营带来的战略风险。

（一）现有竞争对手威胁分析

企业面对的市场通常是一个充满竞争的市场。在同一市场中，多家企业生产相同的或类似的产品，它们会在市场中采取各种手段争夺顾客，包括提供性能更好的产品、更加优质的服务和更加优惠的价格。对一个企业来说，最直接的风险莫过于来自竞争对手的威胁。企业必须对现有竞争对手的可能行动保持高度警惕，并积极采取策略应对这种威胁。

一个行业竞争的激烈程度取决于多种因素，如行业发展的快慢，市场增长率的高低，利润率的高低，竞争者的多寡及其实力的对比，固定成本的高低及退出障碍的大小等。

审计师应对被审计单位竞争对手的基本情况进行研究，通过分析竞争对手的销售增长率、市场占有率和产品获利能力，识别出主要竞争对手。分析主要竞争对手对被审计单位构成威胁的原因，找出主要竞争对手竞争实力的决定因素，从而分析被审计单位采取的应对策略是否恰当。审计师还应考虑现有竞争对手之间的竞争对审计的意义。例如，我国彩电行业曾发生过价格战。价格战发生时，所有彩电生产企业不得不降低彩电价格。彩电价格下降会缩小彩电生产企业利润空间。如果企业没有作出有效的应对，审计师可以形成被审计单位利润下降的预期。

（二）潜在进入者威胁分析

增长迅速且利润丰厚的行业会吸引新竞争者加入。这些新加入者会对原有厂商形成压力，威胁其市场地位。

新厂商进入行业的可能性的大小取决于进入的难易程度。一般来说有四种情况，即易进易出、易进难出、难进易出和难进难出。易进易出的行业对原有厂商的威胁最大，难进难出的行业对原有厂商的威胁较小，其他两者介于其中。来自潜在竞争对手的威胁主要因素包括生产的规模经济、顾客对现有品牌的忠诚、产品转向的成本、技术限制与商业秘密、竞争者的多少、市场容量的大小等。

审计师应当考虑潜在竞争对手对被审计单位经营形成的威胁，并考虑这种威胁的审计意义。例如，在模仿者将其产品打入市场之前，短时间内，滚动旅行箱的发明者享有过丰厚的利润。对一些已经有品牌忠诚和分销渠道的制造商来说，由于生产转换成本很低，进入该市场的门槛也很低，而且该技术又没有得到很好的法律保护，结果，该产品的发明者发现其利润空间和市场份额因残酷的竞争而被侵蚀。在这种情况下，审计师就要考虑新竞争者的进入对被审计单位存货估价及生产性资产减值的影响。

（三）替代品威胁分析

企业生产的产品，其外形或物理特征可能不同，但可能具有完全相同的功能。这些产品在使用中可以相互替代，形成替代品。替代品的生产厂商会与企业展开竞争。对企业生产的产品来说，替代品是另一个潜在的威胁。

替代品对企业经营威胁的主要决定因素包括替代品的质量、替代品的成本、顾客转向潜在替代品的成本、顾客对原来产品的忠诚度等。

审计师应了解被审计单位的产品存在哪些替代品，分析替代品对被审计单位经营的威胁，并考虑其审计意义。例如，SAP是企业信息系统最大的供应商之一。安装SAP的产品既成本高又复杂费时，并且需要大量的计算机。一些分析人士认为，基于Internet的软件将使SAP的安装变得没有必要。如果这样，SAP就可能无法生存。那些拥有大量与SAP有关资产的公司可能就要考虑这些资产的价值是否发生了减损。

（四）供应商威胁分析

企业生产所需的许多生产要素来自外部供应商。供应商能否根据要求按时、按质、按量提供企业所需的资源，影响着企业规模的维持和扩大。同时，供应商提供货物所要求的价格影响企业的成本和利润。

来自供应商的潜在威胁的严重程度取决于：所需投入品的专业化程度大小（特别是复杂的零部件）、潜在供应商集中程度和垄断势力的大小、是否存在可以替代的投入品、供应商之间统一定价的合作程度等。

审计师应了解被审计单位供应商的供货能力，分析供应商的价格谈判能力，并考虑来自供应商的威胁对审计的意义。例如，1999年，OPEC将世界石油价格提高了一倍。一些依赖石油的企业发现它们的边际利润大幅减少。如果石油耗费是产品成本的构成部分，那么石油价格的大幅上涨势必大幅度地增加生产成本。这会影响一些财务实力欠佳的企业的生存。

（五）顾客威胁分析

顾客对企业经营的影响体现在两方面：一方面，顾客对产品的总需求决定着行业的市场潜力，从而影响行业内所有企业发展的边界；另一方面，不同顾客的讨价还价的能力会诱发企业之间的价格战，从而影响企业的获利能力。

一般来说，顾客是企业经营中的一个正面因素，但是他们与企业讨价还价的能力可能对企业构成威胁。这种威胁的严重程度主要取决于：单个顾客在总销售额中所占的比重、顾客分享定价和服务信息的能力（它会导致其他顾客要求按公司给予某个顾客优惠条件来进行交易）、是否对零部件存在品牌认知（如对计算机的购买者来说，内含英特尔芯片和预装Windows软件可能比计算机是何种品牌更为重要）。

审计师应了解行业的总需求，分析顾客的讨价还价的能力，并考虑来自顾客的威胁对审计的意义。例如，一家生产低成本自行车的制造商，与一家全球性的零售商的讨价还价能力远低于它与当地一家自行车商店的讨价还价的能力，与全球性零售商关系破裂有可能会导致该低成本自行车制造商的存货增加（估价问题）、资产的减值甚至影响到其生存。

各种行业内部力量和宏观环境力量的共同影响，给企业带来了许多风险。为了经营的成功和目标的实现，企业必须对这些风险加以有效的管理。企业对这些风险管理得越有效，审计师在执行其业务的过程中碰到的问题就越少。

四、战略风险与内部经营流程的关系

为了实现经营目标，应对战略风险，企业应设计和实施经营流程和内部控制。大部分战略风险与企业各种活动之间的关联是可以预测的。因为企业的内部经营流程通常是为应对或使这些风险最小化而设计的。这样，企业的战略风险与企业内部经营流程就存在密切联系。通过下面的分析，我们能更清楚地理解战略风险对内部经营流程及审计活动的影响。

来自竞争对手和潜在的进入者的威胁最有可能影响一个企业的销售及营销活动。这些

威胁可能给企业带来调低价格的压力，这会反过来要求企业调整其营销活动。对审计师来说，产品的竞争性定价和一整套的服务契约对收入的确认有重要意义。

来自替代品的威胁不仅最有可能影响企业的营销活动，而且会影响到企业为与顾客的期望保持一致而进行的研究开发活动。对审计师来说，这种类型的威胁所引起的直接的审计关注是资产与存货的估价。

来自资源供应者的威胁最有可能影响企业资源的获得和作业活动。来自供应商的威胁会影响原材料质量，这会对产品的生产过程（原材料质量差会导致生产过程中出现较高的浪费率）和售后服务（原材料质量差会导致因保修而带来的较高的质量保证成本）产生影响。

来自顾客的威胁最有可能影响销售、营销及分销。互联网销售和送货上门可能会取代传统的零售渠道，这会使分销的性质及公司所需的固定资产性质发生变化。

虽然宏观环境力量与企业内部环节（过程）的联系不太明显，但它们之间的联系却同行业内部各种力量与企业内部的联系同样重要。社会态度影响公众对公司产品的接受程度，同时也会影响对劳动力的管理方式和劳动力获取报酬的方式。政治力量对行业的控制方式有潜在的影响，包括确定可接受的生产方式（如符合环境保护法的要求）、营销及销售惯例以及劳动力的使用。经济和技术的力量对一个组织有着更加广泛的影响。

从一般的意义上说，许多威胁对一个企业的人力资源有负面影响。当企业处于困境时，员工的士气低落，行为就会受到影响，问题也随之产生。这种变化对从事经营和财务报告员工的工作效率和效果都会产生不良影响。审计师对这些风险有直接的关注，因为它们涉及员工动机与正直这一核心。

五、战略风险对审计的意义

通过外部威胁分析，审计师识别出外部环境对被审计单位经营产生影响的重要战略风险。接下来，审计师应当考虑被审计单位的战略风险对审计的意义。一般来说，战略风险对审计的意义体现在五个方面，如图9-6所示。

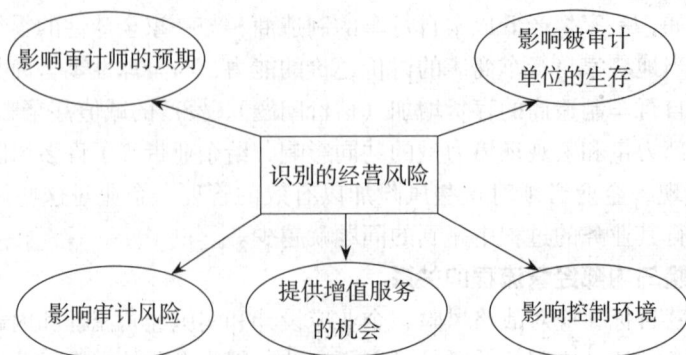

图9-6　经营风险（战略风险）对审计的意义

（一）影响审计师的预期

审计师对某种战略风险的认识会影响其对该风险所引发的财务结果的期望。例如，审计师了解到某个竞争对手引发了价格战，如果被审计公司以降低价格作为应对措施，审计师就会形成对被审计公司收入增长放缓、边际利润和存货周转率可能下降的预期；如果被审计公司不是以降价而是以提高服务水平为手段进行竞争，那么审计师会形成服务成本增加、利润减少的预期。

（二）影响被审计单位的生存

有些战略风险可能十分严重，足以表明在当前的经营计划和目标市场的条件下，被审计单位将无法继续生存。例如，在20世纪90年代，WordPerfect曾是销路最好的个人计算机文字处理包。它是由一家相对较小的公司独立开发的。然而，微软的Word战胜了WordPerfect，这并不是因为微软的Word是具有明显优越性的产品，而是因为微软强大的营销能力及其Windows的安装基础。开发WordPerfect的公司认识到其生存可能受影响，采取了开发另外一套软件的应对措施。最终微软占据了市场中的主导地位，WordPerfect损失了大部分市场份额，造成了该公司的重大损失。在此种情况下，审计师不得不考虑被审计单位短期内破产的可能性。即使被审计单位在短期内不会破产，审计师也要考虑这种情况是否在财务报告中进行了充分的披露。

（三）影响审计风险

某些战略风险可能表明财务报表中某些认定存在错报的风险。例如，来自竞争对手或新进入者的威胁会导致被审计单位销售额的下降。如果这种威胁导致了存货过时，审计师就要考虑存货估价是否存在问题。如果被审计单位完全依赖于制造这种过时产品，那么审计师就要考虑被审计单位是否存在更为广泛的资产减值问题。

（四）影响控制环境

某些战略风险可能对控制环境产生重大影响，使得管理层采取不恰当的行动。对审计师来说，这种威胁是十分重要的，因为管理层可能用会计操纵的手段来对其经营失败进行伪装。例如，股票期权为管理层操纵收益提供了潜在的刺激。股票期权的价值与公司的股票价格紧密相连。被审计单位的坏消息导致公司股票价格大幅下降，管理层就因此受到损失。这会导致管理层操纵会计信息以掩盖坏消息，而有些操纵甚至是会计准则允许的。审计师必须对可能引起管理层进行会计操纵的刺激保持警惕。

（五）提供增值服务的机会

在某些情况下，被审计单位可能没有采取恰当的应对措施对来自环境的威胁进行有效管理。审计师应当仔细辨认这类风险并与管理层进行沟通。审计师还可以在设计和实施应对措施方面为被审计单位提供帮助。例如，在执行审计的过程中，审计师可能发现被审计单位因缺乏及时的反馈和跟踪系统而导致其在收回应收账款方面缺乏效率。审计师可以建议被审计单位改进信息系统，还可以在设计和实施该系统方面为被审计单位提供帮助。这类服务是审计师提供的增值服务。

六、战略风险及其审计意义例示

下面我们用一些具体的例子来说明战略风险及其可能的审计意义，见表9-2。

我们以顾客改变了对某一产品分销渠道的偏好为例来具体说明其影响。

假定顾客认为，如果公司将分销渠道由传统的零售改为通过产品目录推销、互联网推销和送货上门，该产品就会更有吸引力。在计算机供应市场中，这种现象十分普遍。如果一个公司未能充分适应这种变化，顾客就会转向购买其竞争对手的产品。这会给公司的经

表9-2　　　　　　　　　　　　　　战略风险及其可能的审计意义

战略风险或威胁	威胁的来源	可能的审计意义
竞争对手为其产品提供更进一步的保证	竞争对手	审计风险：增加质量保证义务会要求将质量保证费用的估计提高到历史水平之上 增值服务：跟踪质量保证成本的系统
竞争对手迅速提高支付给其高级会计和管理人员的费用	竞争对手	控制环境：决策和信息处理的可靠性可能会随着员工的变换而降低 审计风险：基于工薪水平的相对改变，人工成本的分配可能要修改 审计风险：各种应计利益可能要增加
因产地坏天气，最重要的原材料极度短缺	供应商	控制环境：为满足顾客需要而走捷径的压力 审计风险：标准成本计算的公式中浪费和损失费用会增加 审计风险：与购买协议有关的估价问题可能存在
顾客所在的行业处于衰退中	经济环境 顾客	审计风险：应收账款收回的比率比过去小，坏账准备会增加 影响生存：减少了被审计单位的顾客基础
顾客的口味发生变化，需要改进公司产品的功能和质量	社会环境 顾客	控制环境：达到销售目标以便保住工作和奖金 审计风险：库存存货变得过时，结果所包含的价值无法实现 影响生存：市场份额的损失
公司产品销售渠道从商店销售转为互联网推销和送货上门	技术环境 顾客	审计风险：现有的分销渠道可能需要关闭并导致重组成本（解雇、资产处置等） 影响生存：未能及时适应变化 增值服务：在作出对分销渠道技术和方式的投资决策方面提供帮助；在制订战略计划时提供帮助
新进入者的产品在技术上优于被审计单位现在的产品	技术环境 新进入者	审计风险：由于陈旧过时或数量过多，对存货的估价应采用成本市价孰低法 影响生存：市场份额的损失
政府对公司产品的分销实施新的规则	社会环境 政治环境	控制环境：努力回避规则以实现销售目标 审计风险：由于陈旧过时或数量过多，对存货的估价应采用成本市价孰低法 影响生存：市场份额的损失 增值服务：在遵守新规则方面提供帮助
社会活动者反对公司的研究开发的方法	社会环境	控制环境：努力隐藏或掩盖研究开发的性质 增值服务：就公司所用的研究开发活动的方法的性质，向外界保证
在与欧洲国家进行的交易中，欧元被引入并作为标准货币	经济环境 政治环境	增值服务：进行系统更新以处理新货币
在国际销售中，由于外汇汇率的变动压缩边际利润的空间	经济环境	审计风险：恰当处理汇兑损益 审计风险：金融衍生工具的会计处理 增值服务：在对外币敞口进行套期保值上提供帮助
由于老化和无力进行更新换代，制造设备变得没有竞争力	技术环境	审计风险：固定资产减值 影响生存：如果不提高价格，日益收紧的利润空间就会最终导致亏损 增值服务：战略计划

营带来风险。这种威胁会对公司的许多活动产生影响。很明显，公司营销的性质会发生改变，营销方式将转向以更多的技术为基础。同时，当公司从只向少数几个零售渠道提供大量的商品转向以小包装向多个目的地提供商品时，过去的分销方式会受到严重影响。公司为顾客提供的服务、技术和原材料的取得也会受到不同程度的影响，尽管这种影响不是十分明显。就服务来说，过去公司主要靠店内员工的专门技能来解答顾客的疑问、平息顾客的抱怨和处理顾客的问题；而现在对这些问题的处理则依赖于各种专门的资源（如几百个电话号码）。由于要建立一个营销分销网络会需要各种设备和系统，所以技术及其他一些有形资产也会受到影响。

管理层应对这类风险的方式反映了管理层的效率，同时也反映了企业在未来成功的可能性。为了应对这类风险，管理层可以制订一个主动的市场研究及顾客中心组计划，在尚未成为普遍现象时，识别出新的流行趋势，以便企业有充分的时间进行准备并在竞争中领先。监控对公司执行基本任务（如营销和分销）的方式产生影响的技术变革，这是管理层的明智的选择。在一个狭小的目标市场中能有效地推销其产品，这种能力会给企业带来优势，正如在自动化方面的进步能使企业以较低的成本向多个目的地包装和运输小包装的产品能给企业带来竞争优势一样。最后，在考虑这类威胁时，管理层要跳出原有的思维框子。管理层是主动地对未来五年的经营作出规划还是固守当前的经营模式？

在评估管理层的风险应对后，审计师就应分析其审计意义。分销渠道的变化提出这样的问题，即用于原有分销渠道的资产是否会发生减值？更进一步地讲，如果这种变化是根本性的，企业就可能有必要进行重大的重组。企业的重组可能导致企业解雇一些员工、重新定位和训练员工以及处置一些资产。所有这些结果都会产生审计师关注的问题，审计师应对这些问题进行检查，以保证这些问题在财务报表中得到了恰当的反映。再者，审计师也可对如何处理组织的变化提供专业建议，为被审计单位提供增值服务。

从表9-2中我们可以看出，某些风险与审计师审计的关系更为直接，而某些风险与审计的关系就不那么直接。例如，与产品质量保证有关的风险对质量保证方面负债的估计有直接影响而来自新的进入者的风险对财务报表的影响不大，除非这种风险达到了极端的程度以至于威胁到公司的生存或某一产品生产线的存在。

表9-2中所示的大部分审计意义是极其概括的。战略风险分析能使审计师更多地了解到公司及其所在行业的性质。在完成了战略风险分析之后，审计师应能对被审计单位及其市场地位、决定被审计单位成功的因素和对被审计单位的成功产生威胁的各种力量有极其深入的理解。即使从战略风险分析中只能得到这些信息，这种分析仍然是有用的。不管怎样，审计师从这种分析中能获得关于被审计单位的许多情况和风险的信息，这些对计划审计工作都具有重要意义，因而战略风险分析是审计过程中十分关键的一步。

第九章学习指南

第十章 经营流程风险分析

第一节 经营流程与经营战略的实施

一、经营战略

为了取得企业经营的成功，管理层应根据企业的经营目标、企业外部环境和内部条件制定恰当的经营战略。经营战略是指为了实现企业的经营目标，对企业未来发展作出的带有全局性的谋划。每一个企业都有实现其经营目标的战略，尽管该战略可能没有正式表述或并不是严格的战略计划过程的结果。一个企业对其经营战略的理解和表述越好，在它采取行动推进所选择的战略时，经营成功的可能性就越大。从长远来看，如果缺乏一贯的经营战略，企业是难以取得经营的长期成功的。

在制定经营战略时，管理层应当考虑企业的竞争优势。在各种竞争力量的抗衡中，存在两种基本的竞争优势，即低成本和差别化。这两种竞争优势与企业所服务的市场广度相结合，构成了四种基本的竞争战略。[①]

（一）低成本（low cost）战略

低成本战略是指企业决定成为所在行业中实行低成本生产的厂家。企业的产品有着广泛的市场，企业将精力集中于为广泛的市场生产价格尽可能低的产品。从生产的组织来说，一般进行大量大批生产，产品的个性化不显著。顾客对这种产品的需求对价格十分敏感。经营的成功通常取决于高效率的生产和规模经济。随着生产量的增加，规模经济会使产品的单位成本下降。对分销成本要从严控制，在广告和产品的研究开发上所花费的成本很低。

（二）低成本集中一点（low cost niche）战略

从服务的对象上看，低成本集中一点战略的主攻方向是某个特定的顾客群，某个产品系列一个细分区段或某一地区的市场；在成本上谋求成本领先优势。在市场细分后只针对一个特定的目标市场提供非常有特色的产品和服务是许多中小型企业的选择。这样可以避免激烈的市场竞争，同时可以集中优势在市场上专注经营，从而形成竞争优势。

（三）产品差别化（differentiation）战略

企业提供的商品或服务总会存在这样或那样的差异。通过实行产品差别化战略，企业可以将本企业的产品或服务与其他企业的产品或服务区分开来，使得企业的产品或服务至少在某种或某些特征上是其他企业的产品或服务所不具备的。这种经营战略将精力集中于为一个范围很广的市场的不同部分生产独特的产品。在这种战略下，竞争主要集中在产品的质量和产品的特点上。对企业的目标市场来说，价格不是一个主要因素。差别化也可以通过优越的顾客服务、灵活的交货措施、广泛的质量保证来实现。为了处于竞争的前列，研究和创新通常是十分重要的。

（四）产品差别化集中一点（differentiation niche）战略

从企业所服务的市场范围来看，产品差别化集中一点战略是为特定的顾客群、某个产

---

① 波特. 竞争优势［M］. 陈小悦，译. 北京：华夏出版社，1997.

品系列一个细分区段或某一地区的市场提供产品或服务。在提供产品或服务时，企业同时谋求其产品或服务的特色，使得其产品具有无可替代性。

当然，无论企业采用何种战略，一个实行差别化战略的企业也必须尽可能地节约成本，一个采用低成本战略的企业也必须尽可能地引入差别化。对管理层来说，其主要挑战是要建立与其经营战略一致，并能有效推进企业经营目标实现的经营流程。如果对资源和精力的分配与企业的战略目标不一致，那么要想取得企业的经营成功是不可能的。

企业经营战略也会对审计产生直接的影响。在作出如何执行审计业务的决策时，注册会计师必须考虑企业经营战略的差异。例如，如果一个制造商采用产品差别化战略，那么该企业很可能拥有较多的贵重存货、较高的边际利润、较大的损失浪费、较多的应予摊销的贵重设备、较高的次品率和更为全面的质量保证——所有这些都会对财务报表中各账户所报告的金额产生影响，从而直接影响注册会计师所面临的审计风险。战略制定不当或没有有效地执行战略，最终都可能对企业的财务状况和经营成果产生影响，并在审计业务的执行过程中给注册会计师提出挑战。因此，注册会计师有必要评价企业的经营战略能否带来企业经营的成功和该战略是否得到有效的执行。

二、经营流程——企业价值链[①]

我们知道，为了应对战略风险，管理层应当设计和实施经营流程。经营流程是指企业管理层为了实现企业经营目标，应对经营风险而设计和实施的企业内部资源的配置机制、经营方式和经营活动及其程序。它是管理层的重要责任之一，也是管理层将风险管理系统化的一种重要方法。设计良好的经营流程有利于企业经营目标的实现，并能通过将企业对外部威胁反应的标准化大大降低战略风险的潜在影响。企业管理层用来应对战略风险的经营流程可以用价值链来描述。

价值链是为了使企业的各种作业和各种活动有效和有序地进行而设计和实施的各种经营过程的集合，它描述了企业创造顾客所需价值的过程。价值链分析法是由美国哈佛商学院教授迈克尔·波特提出来的，是一种寻求确定企业竞争优势的工具。价值链思想认为企业的价值增值过程，按照经济和技术的相对独立性，可以分为既相互独立又相互联系的多个价值活动，这些价值活动形成一个独特的价值链。价值活动是企业所从事的物质上和技术上的各项活动，不同企业的价值活动划分与构成不同，价值链也不同。

对制造业来说，价值链的主要活动包括进货后勤、生产作业、出货后勤、市场营销、顾客服务；辅助活动包括企业基础设施（企业运营中各种保证措施的总称）与财务管理、人力资源管理、技术与信息管理、采购与供应链管理。每一活动都包括直接创造价值的活动、间接创造价值的活动、质量保证活动三部分。企业内部某一个活动是否创造价值，看它是否提供了后续活动所需要的东西、是否降低了后续活动的成本、是否改善了后续活动的质量。每项活动对企业创造价值的贡献大小不同，对企业降低成本的贡献也不同，每一个价值活动的成本是由各种不同的驱动因素决定的。价值链的各种联系成为降低单个价值活动的成本及最终成本的重要因素，而价值链各个环节的创新则是企业的竞争优势的来源。

---

① 波特. 竞争优势 [M]. 陈小悦，译. 北京：华夏出版社，1997.

一般意义上的价值链可用图10-1表示。

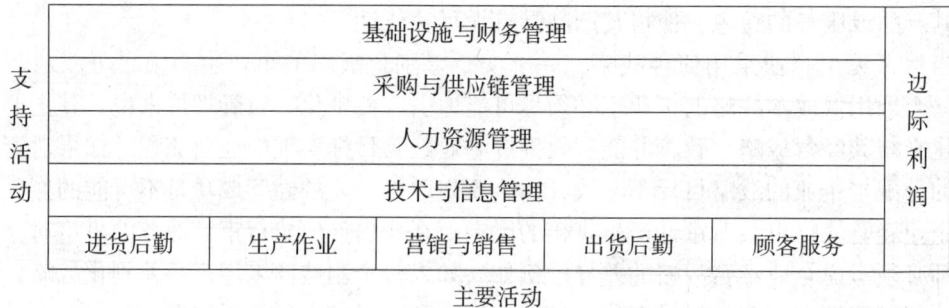

支持活动	基础设施与财务管理				边际利润
	采购与供应链管理				
	人力资源管理				
	技术与信息管理				
	进货后勤	生产作业	营销与销售	出货后勤	顾客服务

主要活动

图10-1 企业价值链

企业价值链的每一个要素代表了企业实现其经营目标所必需的一系列的经营流程。企业价值链包括两个主要方面：主要活动与支持活动。主要活动是以产品或服务的形式为直接创造价值所执行的各种活动。支持活动是为了使企业有效运转所执行的各种活动，它间接地为企业创造价值。

（一）主要活动（primary activities）

企业的主要活动是企业用一组经过选择的投入来创造具有价值的产出的努力。主要活动有五类：

1.进货后勤（inbound logistics）

这些活动指的是组织取得、储存、管理投入用于生产过程的投入品的各种有形的活动。例如，原材料的处理、仓储及购货退回的处理。进货后勤工作的复杂性取决于生产所需各种投入的数量和范围、交付资源的方式和时间、对收到的资源进行控制的需要及所运用的存货管理方法等因素。

该类活动所涉及的会计事项主要与采购合同、折扣与折让、存货估价、存货的减值等业务有关。其中与审计有关的问题不仅涉及确定相关费用和负债发生的时间，而且涉及存货的完整性和估价。

2.生产作业（operations）

生产作业是企业执行的将各种投入品转化为能向顾客销售的产品或劳务的各种活动。这些活动包括机器加工、装配、包装和检测，还包括直接与操作过程相关的维修活动。业务活动的复杂性取决于资源转换的程度和范围、所需的存货管理和控制、产品成本计算的复杂性等因素。

该类活动的审计问题主要与产品或劳务的生产成本的计算有关，而生产成本的计算取决于各种成本的分配（如直接材料、直接人工、服务部门的费用、折旧和摊销）。

3.营销与销售（marketing and sales）

营销与销售是企业所执行的为企业产品或服务创造需求及处理与顾客的关系的各种活动。这些活动包括广告活动、选择分销渠道、保持销售队伍、制定产品价格。营销及销售活动的复杂性取决于广告活动的性质、差别定价的范围、与顾客接触的形式、分销渠道的选择等因素。

该类活动中产生的审计问题与收入的确认以及应收账款的可收回性有关。

4.出货后勤（outbound logistics）

出货后勤涉及向顾客交付产品或提供服务的各种活动，也包括与处理订单有关的各种活动。出货后勤的复杂性取决于所交付产品或提供服务的性质、产品和服务的交付方式、与顾客的契约安排等因素。

该类活动中产生的审计问题包括销售收入的截止、收入实现时间的确定和销货退回的确定。

5.顾客服务（customer service）

顾客服务是企业在交付商品或提供劳务后所执行的活动，包括安装、对客户及员工的培训，以及对产品的维修等。服务活动的复杂性取决于产品安装和使用的复杂程度、质量保证涉及的范围和性质、是否存在与产品本身相联系的后续服务合同、进行修理及零部件替换的过程（如专门的维修店、店内专家）等因素。

该类活动产生的审计问题主要包括产品质量保证的或有成本；在存在后续服务合同的条件下，收入实现时间的确定；在存在服务合同与产品销售绑定的情况下，收入实现时间的确定。

对所有企业来说，这些活动都是重要的。然而，各主要活动的相对重要性并不相同，它取决于企业业务活动的性质和管理层作出的关于企业经营活动方式的战略决策。例如，对一个零售商来说，不存在制造活动，因而制造活动与决策无关，而选择分销和营销渠道却是十分关键的。对金融企业来说，营销和服务活动是十分关键的，而投入和产出的后勤活动则相对来说并不重要，因为金融企业很少需要进行有形资产的取得或交付。一个专用工具的制造商可能认为制造和服务活动是关键的，而由于它服务于一个垄断的专业市场，其营销和销售活动并不十分重要。相反，一个生产耐用消费品的制造商可能认为好的营销和销售活动对其成功来说是至关重要的。

（二）支持活动（support activities）

一般来说，有四种类型的支持活动。这些活动虽说对创造价值是必不可少的，但它们毕竟并不直接与价值生产相联系。在支持活动中，某些活动是为了支持某个具体的主要活动而执行的，而另一些支持活动所支持的主要活动范围广泛，涉及组织的各方面，并不直接与某一项主要活动相联系。许多支持活动集中于取得一个企业所需的各种资源（如资本、原材料、设备、劳动力和技术等），以便使其主要活动有效进行。

1.基础设施与财务管理（infrastructure and financial management）

这些活动包括一般管理、会计、企业治理、出纳及战略计划。对注册会计师来说，这些活动极端重要，因为其中的许多活动可能导致十分重要的业务，并直接与审计的执行相关。例如，注册会计师可能会对基础设施活动中取得资金、签订长期租赁合同、并购另一家企业、进行投资、对交易进行套期保值等十分关注。

2.采购与供应链管理（procurement and supply chain management）

这些活动与取得整个企业所需用的原材料、办公用品和其他一些有形的投入品的安排有关。大部分投入品都是在进货后勤活动中取得，在生产作业中使用的。还有一些物品是其他支持活动顺利进行不可缺少的（如办公设备）。购买活动遍布整个组织，即使企业为直接与生产相关的货品的购买设置了单独的采购部门。在采购过程中，交易的授权和负债的确认是注册会计师感兴趣的。购买活动产生的主要审计问题包括购买义务、资产的实现或减值、存货的估价。

3.人力资源管理（human resource management）

这些活动涉及取得企业所需的人力资源，主要包括员工的招聘、雇佣、训练、使用、评价和薪酬。人力资源的取得与管理是企业整个价值链的基础，它会对整个企业的效率与效果产生重大影响。人力资源管理不当会导致其他主要活动或支持活动出现问题。企业管理人力资源的方式反映了管理层对正直的经营作风、准确可靠的信息系统以及提供合格的产品或服务的态度。与人力资源活动有关的审计问题主要包括由于雇工政策和程序而产生的各种或有负债、人工成本的分配、与员工报酬和福利相关的负债（如退休基金计划、股票期权计划）等。

4.技术与信息管理（technology and information management）

这些活动涉及取得技术性或以知识为基础的资源，主要包括新产品的研究开发、用于主要活动和相关经营流程的研究开发（如开发研究机器人生产线以取代劳动力）、用于支持活动的研究开发（如为了编制战略计划而对标杆数据库的开发和分析、信息系统的改善）。与技术和信息管理相关的审计问题主要涉及研究开发支出的确认和分配。

三、经营流程与经营战略的关系

企业的经营战略直接影响其经营流程的类型、经营流程的重要目标及风险。经营战略的选择取决于多种因素，包括竞争的性质、进入壁垒、可用资源、市场规模等。

为了说明经营战略对经营流程的影响，表10-1对低成本战略与产品差别化战略进行了多方位的比较。

表10-1   **战略决策对经营流程的影响**

经营流程	低成本战略	产品差别化战略
资源的取得	以尽可能低的成本取得经营所需资源；大量订货以取得数量折扣；推迟购买直到达到所要求的价格	如果必要，则以较高的价格取得质量最好的原材料
原材料处理	最大限度地提高分发和储存的效率；尽可能少地移动原材料，尽可能少地保有库存	为保证产品和原材料的质量而进行原材料的分发和储存，不惜增加成本
生产	强调达到生产的效率；追求规模经济；劳动力和资本权衡的最优化	集中于产品的质量，不惜浪费、丢弃和重新生产
筹资	强调低成本的筹资形式；在没有低成本的筹资时避免投资	取得持续不断的产品创新和过程创新所需的稳定的资金来源
研究开发	研究开发集中于各经营流程的效率；在产品创新上投入较少的精力	持续不断地研究，以开发更有特点、性能更好的新产品
人力资源管理	通过避免使用工资要求过高的工人、雇用临时工、简化任务，使之能雇用非熟练工人；从紧控制工人的福利	为保证质量而雇用最好的员工；高工资、高福利
信息技术	信息系统用来使成本最小化	信息系统用来通过识别市场机会，使收入最大化
营销活动	最少的广告宣传和推销活动	大量的广告宣传及强有力的推销活动

通过比较，我们可以清楚地发现，企业的经营战略不同，其经营流程、流程的经营活动、经营风险及财务报表重大错报的风险也会存在很大的区别。采用低成本战略的企业把管理的重心放在提高经营流程的效率上，而采用产品差别化战略的企业则将管理的重心放在寻求新的更好的能向顾客提供价值的方法上。换言之，低成本战略认为，生产作业是至关重要的，因为在生产领域的良好的成本控制对企业的成功是必不可少的。然而，在产品差别化战略中，生产成本并不是十分重要的，重要的是产品的创新，因而认为产品开发过程对企业经营的成败至关重要。这些差异将导致注册会计师将精力集中于两个企业的不同的经营流程。

为了具体说明不同的经营战略对审计的意义，我们可以考虑以上两种战略对人力资源的影响。对于一个低成本的生产者来说，如果人工成本增加，就会面临竞争力问题。所以，采用低成本战略的企业最大挑战是保持尽可能低的人工成本。这一点可以通过将某些活动外包、使用替代人工的技术、简化任务以便能使用非熟练的工人、使用临时工以使人员福利支出最小化等来实现。相反，对采用产品差别化战略的企业来说，如果不能满足对某种具有独特技能的劳动力的需要，企业就会处于风险之中。在这种情况下，人工成本并不是十分重要的，重要的是保证有可利用的关键资源（人力资本）。注册会计师会预期两个企业处理员工招聘、训练、报酬的过程是不大相同的，同时也表明这两个企业存在不同的经营风险和不同的审计问题。从表10-1中我们还可以看到其他流程的类似差别。

第二节　经营流程分析

一、经营流程分析概述

经营流程是管理层设计和实施的用来应对战略风险的各种活动的集合。经营流程可以用价值链模型描述，也可以将价值链模型中的有关活动进行适当归类，将其主要经营流程划分为战略管理流程、核心经营流程和资源管理流程。各经营流程是管理层设计和实施的将战略风险最小化的工具之一。各经营流程本身也会因为各种原因产生不利于企业经营目标实现的风险。这些经营风险大都会有一定的财务后果，大都会对财务报表产生影响，所以注册会计师必须对各经营流程进行分析，以识别对审计工作有重要意义的剩余风险。

经营流程分析就是注册会计师为了识别对审计有重要意义的剩余风险而对审计敏感流程的风险、控制及控制的效果所进行的分析和评价。经营流程分析是由识别审计敏感流程、了解审计敏感流程的环境和事实、进行内部威胁分析和确认剩余风险四个阶段构成的有机整体。

1.识别审计敏感流程

在审计过程中，注册会计师不可能对被审计单位的所有经营流程进行详细分析，只能对那些最有可能影响审计工作的经营流程进行分析。换言之，注册会计师主要应对审计敏感流程进行分析。审计敏感流程（audit sensitive process）是指对审计工作十分关键并可能对注册会计师所运用的审计程序和收集的审计证据产生重大影响的经营流程。审计敏感流程是产生剩余风险的主要领域，也是注册会计师关注的重点。

2.了解审计敏感流程的环境和事实

注册会计师识别审计敏感流程是为了确定在执行审计的过程中，应该对哪些经营流程进行详细的检查。一旦识别出审计敏感流程，注册会计师就要收集该流程的有关信息，主要包括：该流程的目标；组成该流程的各种活动；与该流程有关的信息流（包括信息系统）；关键流程的风险；管理层对流程风险的应对；与具体风险有关的业绩计量（风险应对的效果）。

为了便于了解审计敏感流程的相关活动和信息，注册会计师可以使用经营流程图（process map）这种系统化的工具。经营流程图主要用来记录围绕某个具体经营流程的各种事实和环境，它有助于注册会计师识别审计敏感流程的各种活动和各种信息。

3.进行内部威胁分析

在明确了审计敏感流程及流程图的各构成要素之后，注册会计师就要对审计敏感流程的重要风险，管理层对风险的控制及控制的效果进行分析，以确定剩余风险。换言之，注册会计师应进行内部威胁分析（internal threat analysis）。内部威胁分析有助于注册会计师对某一经营流程的重要过程风险、各种控制和各项业绩指标作出判断和评价。

4.确认剩余风险

完成某一具体流程的流程图和内部威胁分析，就为注册会计师形成关于该流程剩余风险的结论提供了重要的基础。如前所述，剩余风险对注册会计师有多重意义，包括帮助注册会计师形成对财务结果的期望，识别可能发生错误的认定等。这些结论可能会导致注册会计师调整审计活动或对财务报表认定执行额外的测试。在完成流程分析后，注册会计师可能会调整从战略风险分析中得出的关于剩余风险的结论。而这些关于剩余风险的结论会影响审计余下的过程。

二、审计敏感流程识别

在进行经营流程分析时，注册会计师首先要识别审计敏感流程。审计敏感流程是满足以下三个条件之一的经营流程：

1.对实现经营目标有关键影响的经营流程。某些经营流程是由形成企业竞争优势的一系列经营活动构成的。一般来说，这些经营流程的失败会导致整个企业经营的失败，因而对企业经营至关重要。注册会计师之所以必须了解这些关键的流程，是因为它们直接影响企业对外部威胁作出反应的能力，因而它们决定了该企业的生存。例如，在一家生物技术企业，研究和开发活动是推动企业走向全面成功的过程，因而是一个关键的经营流程。

2.与外界存在广泛作用的经营流程。某些经营流程与外界存在重要的、广泛的作用，并且经常产生需要在财务报表中进行反映的大宗交易。由于这些经营流程发生的单项交易具有重要性，所以对注册会计师来说，这些流程意义重大。例如，企业并购、在资本市场上的投资活动、筹资活动（如租赁）、增置设备等。

3.具有高度风险的经营流程。在企业经营流程中，存在一些高度复杂的经营流程、在决策和交易的执行中包含有重大管理判断的经营流程、内部控制较弱的经营流程、经常发生非常规交易的经营流程、以前出现过问题的经营流程。这类经营流程的风险程度高，在企业中很可能产生问题。注册会计师之所以要关注高风险的经营流程，是因为这些经营流程所产生的经营问题通常会导致会计问题或审计问题。例如，处理风险性业务的经营流程通常会对财务报表产生重大影响。对石油勘探公司来说，最大的风险莫过于未能发现足够的石油或天然气储备。石油勘探结果的不确定影响与勘探有关的资产的估价、公司未来的生存、已发现的储备的价值（在勘探成功的情况下）。石油勘探公司通过建立合适的公司结构（通常是有限合伙）、在改进勘探技术和当前的研究方面进行投资等努力使这些风险的潜在影响最小化。如果没有对石油勘探流程进行详细的评估，注册会计师就很难评价这类公司财务报告的风险。

三、经营流程图

一旦识别出审计敏感流程，注册会计师就要了解和收集与审计敏感流程相关的各种事实、信息和环境。由于注册会计师要了解和收集与审计敏感流程相关的大量信息，因而需要有一种工具能将收集到的与审计敏感流程相关的详细情况记录下来。经营流程图就是这样一种工具。经营流程图就是用来帮助注册会计师收集和记录审计敏感流程详细情况的系统化和结构化的工具。

经营流程图是由流程目标、流程活动、流程信息流、流程活动的会计影响四个部分组成的。以战略管理流程为例，经营流程图的构成如图10-2所示。

战略管理流程的目标

1.确定一个清晰的战略，识别相关的战略目标并清晰地表述创造可持续的价值源的经营计划 2.对环境进行有效的监控以发现对组织成功实现其目标的各种威胁 3.进行与战略目标相匹配的资源分配 4.对与整个目标相关的业绩进行监控并培育不断改进的环境 5.股东价值与资本回报的最大化

战略管理流程的活动

1.评价和监控外部环境 2.评价和监控内部环境 3.识别机会 4.确定战略 5.制定和改进经营计划 6.确认资源需要 7.设计和实施内部过程 8.监控过程和综合业绩 9.进行不断改进的努力

战略管理流程的信息流

信息流入	信息流出
1.市场数据 2.竞争对手的数据 3.消费者的数据 4.供应商/买主/劳动力数据 5.法律、制度、政治环境 6.技术进步	1.任务说明书 2.经营计划 3.组织结构 4.政策和程序 5.风险识别与评估 6.预算和项目 7.所需的资本 8.所需的人力资源

战略管理流程经营活动的会计影响

常规业务	非常规业务	会计估计
1.预算 2.短期投资	1.企业并购 2.管理层报酬 3.中止经营 4.资产重组	1.资产减值估计 2.无形资产的估价 3.与中止经营相关的会计估计 4.重组费用的估计

图10-2　经营流程图：战略管理流程

（一）流程目标

经营流程图的第一个要素是流程目标。流程目标是对该流程意欲取得结果的明确说明。一个经营流程可能会有许多目标，尽管它们的重要程度可能不一样。流程目标应与企业的经营战略相一致，并且应反映企业形成和保持竞争优势的综合计划要求。例如，如果企业采用了低成本的战略，那么许多经营流程就会有一个与此相关的目标——使该流程中各种活动的成本最小化。图 10-2 列举了战略管理的五个目标，这些目标一般不用多加解释，它们反映了高层管理者所关注的问题及其责任。对大部分工商企业来说，虽然股东利益最大化的目标是占主导地位的，但是其他目标如监控环境和设计内部经营流程也有利于企业长期达成增加股东价值的目标。

（二）流程活动

流程活动反映了为了实现流程目标而执行的各种活动和步骤。一个经营流程中所进行的活动是多种多样的，主要包括决策活动、信息收集活动、信息处理和沟通活动、流程的监控与改进活动以及实物活动（通常是指诸如生产或交付存货的活动）等。这些活动都是由各种具体的步骤所组成的。

对注册会计师来说，确定流程分析的详细程度是一项艰巨复杂的任务。如果注册会计师对经营流程中的每一种活动分析得过于详细，就可能会形成大量用途不大的文件，浪费了审计资源，导致审计工作低效率。因此，注册会计师对流程活动分析的详细程度应以能识别与流程目标相关的关键风险为限。注册会计师应对经营流程的关键要素作出概括性的描述。至于经营流程中的各项具体的活动，只有当它们与特定的风险有关时，注册会计师才有必要将其详细信息反映在经营流程图中，否则就没有必要在流程图中反映。对流程活动的描述应说明流程如何开始，如何结束，其间发生了什么（如流程的结果）。图 10-2 中列举了在战略管理流程中注册会计师感兴趣的各种活动。这些活动是企业为建立和保持竞争优势而执行的活动，即一个企业如何确定其整个经营战略。一般来说，这些活动是企业高层管理者的工作。战略管理中的重要活动包括监控经营环境和竞争对手、评价企业的业绩并对照竞争对手来确定评价的标准、对各种挑战和风险作出应对、设计和实施经营流程。了解战略管理流程，有助于注册会计师评价企业中一些普遍而重要的特征，包括评价企业持续经营的可能性、作出不良决策的可能性与不利事件发生的可能性。

（三）流程信息流

每一个经营流程都会使用信息、产生信息和传递信息。注册会计师必须了解一个流程信息流的性质及其可靠性，主要原因有三点：

首先，一个经营流程的信息流对财务报表有直接影响。因为有关交易的信息首先是在某一流程中被捕获的，然后再通过各种内部系统进行传输。如果这些信息不可靠，财务报表错报的风险就会较高。

其次，一个经营流程的信息为注册会计师提供了关于该经营流程质量的保证。如果某一经营流程的关键信息缺失、不能经常提供关键信息、关键信息不可靠，那么该经营流程中所进行的活动就不太可能有效率和有效果。例如，如果信用部门的经理不能接触外部信用报告，那么注册会计师就会得出与信用核准有关的风险处于高水平的结论。某一经营流程的信息输出是另一经营流程的信息输入。不向任何地方传送的信息，要么是不必要的，要么会导致需要该信息的经营流程无可用信息。如果需要使用该信息的经营流程无可用信息，那么该经营流程的质量就会受到不利影响。所以，注册会计师应当分析经营流程中产生信息的性质及其传递路径。例如，在互联网上进行的交易提供了丰富而详细的信息轨迹，这些信息轨迹可能用来改进营销、广告和分销。网页上的每一次点击都能揭示大量的信息，如访问者是谁、是如何到那里的、看了些什么、持续了多长时间、离开时去了哪里。对这些信息的捕获和利用，会极大地改进与电子商务有关的流程业绩。然而，如果没有人利用这种信息，企业就会丧失改进经营过程和了解以公司网络为基础的消费者的机会。

最后，一个经营流程的信息为注册会计师提供了关于该经营流程风险重要性的证据。通过跟踪关键的业绩计量，被审计单位的管理层和注册会计师就可以识别一个经营流程遭受失败的可能性。例如，交货速度太慢，会使企业丧失信誉。当交货速度太慢时，销售经理可以监控适时的交货统计资料以取得警示信号。这样的信息可以向注册会计师提供有关风险高低的分析性证据。

信息系统的可靠性是注册会计师应予以考虑的关键要素。注册会计师应了解交易信息流和相关内部控制。注册会计师检查手工处理的信息流不同于检查电子计算机处理的信息流。一些信息系统与会计和财务报表有直接的联系，而另一些信息系统可以作为分析性证据的来源（如顾客的评价及满意度）。如果某个重要的信息系统是高度自动化的，注册会计师就必须聘请专家对系统设计及系统的可靠性进行评估。

（四）流程活动的会计影响

经营流程图的最后一个要素是经营流程中各种活动的会计影响。一般来说，某个经营流程的运行越有效率和效果，那么该经营流程中业务的处理就会越准确可靠。为了便于讨论，可将经营流程中的业务分为三类，即常规业务、非常规业务和会计估计。

1.常规业务

常规业务是指以规则、系统的方式发生的事项和情况。对于常规业务，企业都会形成一整套标准的处理程序和方法，内部经营流程通常能对其进行有效的、可靠的处理。例如，对一个企业来说，处理顾客的订单、存货的交付、向供应商的购买和支付、雇用新员工，这些都是十分普遍而且经常发生的业务。从审计的观点来看，如果某一经营流程是有效的，那么该经营流程的常规业务并非注册会计师关注的重点。在一个自动化的系统中，与常规业务有关的问题通常都会在例外报告中特别标明。通过检查这些例外报告，注册会计师可以得出该经营流程是否有效的结论。然而，如果某一经营流程不可靠、不稳定、容易受制于外界的变化，那么该经营流程对常规业务的处理就有可能不准确和不可靠。注册会计师应对这种情况予以高度的关注。

从图10-2中我们可以看出，战略管理流程常规业务一般较少，因为该流程的活动不会涉及平常企业与顾客、供应商等外部有关方面的相互作用。在战略管理流程中，也存在一些常规业务，包括预算的编制和某些形式的短期投资及相关收入的确认。

2.非常规业务

非常规业务是指以不规则或非经常的方式发生且需要由管理层作出重要判断的事项和情况。例如购买新设备、引进新产品。企业的信息系统主要是针对常规业务而设计的。由于非常规业务通常具有管理层更多地介入会计处理、数据收集和处理涉及更多的人工成分、复杂的计算或会计处理方法以及非常规交易的性质可能使被审计单位难以对由此产生的特别风险实施有效控制等特征，与重大非常规业务相关的特别风险可能导致更高的重大错报风险，因而注册会计师会更加关注非常规业务。当然，在确定某个具体的交易是常规业务还是非常规业务时，注册会计师可能要运用职业判断。例如，对零售商来说，与产品销售业务相比较而言，销货退回业务并不经常发生，但是销货退回业务却是一个相对常规的业务，企业对其处理可能是高度自动化的。为了加强管理，零售商可能要求对销货退回的业务由经理处理而不是由一般职员处理。在这种情况下，注册会计师可能认为销货退回业务的风险不大。相反，有些企业即使存在销货退回业务，发生这类业务的可能性也很小。在这类企业中，销货退回就属于非常规业务。

战略管理所作出的许多决策和所采取的许多行动都具有重要性且可能不会再次发生，所以，战略管理流程会产生广泛的非常规业务。其他经营流程通常只有少量的非常规业务，而大部分是常规业务。从图10-2中可以看出，战略管理流程可能存在许多十分重要的非常规业务，包括企业出于战略的考虑发生的企业并购、中止经营、资产重组以及管理层报酬等。

3.会计估计

财务报表的会计估计是十分普遍的。一般来说，由于会计估计并不是产生于具体的事项，所以会计估计并非交易活动。然而，就经营活动的会计方面来说，会计估计却是经营流程中最重要的内容。财务报表中包含了大量的与资产价值的可实现性、投资的市场价值、债务的现值、或有事项可能性等有关的估计。一些重要会计估计的例子包括：应收账款的可收回性、质量保证成本、退休基金计划、销货退回与销货折扣、未决诉讼等。

由于会计估计通常取决于未来不确定的事项是否发生，所以经营流程中的会计估计给注册会计师提出了严峻的挑战。注册会计师必须对未来事项的结果及其对财务报表的影响作出最佳估计。对审计来说，会计估计是一个高风险的领域。

与财务报表的其他部分一样，管理层对会计估计完整、公允地披露负有最终的责任。为了恰当地履行其职责，管理层应确认所需要的估计并使用恰当的估计技术。估计技术必须考虑适当的假设、数据、计算模型以及会计准则的要求。注册会计师的责任是评估会计估计的合理性。然而，由于会计估计的主观性质以及它们对财务报表的重大影响，随着会计估计的进一步发展，注册会计师深陷其中。

会计估计错报的风险受许多因素的影响，包括会计估计的复杂性、用于估计的数据的可用性及可靠性、所使用的假设的性质、未来事项的不确定程度等。例如，如果被审计单位长期生产某些小用具，且生产工艺没有变化，只要被审计单位在质量保证成本发生时进行了准确的记录，那么这些产品未来的质量保证成本是容易估计的。历史数据对支持合理的估计是十分有用的。相反，产生于清理有毒场地的环境负债可能极难估计，因为清理过程时间长，应由谁来支付费用、支付多少具有不确定性，清理技术也可能发生变化。

注册会计师的目标是对会计估计的合理性、完整性、估价和披露进行验证。评价会计估计所需的大部分证据在检查关键经营流程和相关信息流时就可以获得。典型的审计程序包括对重要的经营风险进行分析、询问客户处理会计估计的程序、对估计过程的结果直接运用分析程序、从与会计估计合理性有关的其他测试中获取证据。对一些特别困难的估计，有必要取得外部专家（如精算师、工程师）的协助。

在图10-2中，战略规划对许多会计估计都有影响，例如，一个战略转型的企业可能会发生企业并购、资产重组、中止经营等非常规业务。在对这些非常规业务进行会计确认、计量时可能涉及许多会计估计（如资产减值估计、无形资产估价、与中止经营相关的会计估计以及重组费用的估计等）。

四、内部威胁分析

影响企业经营成败的因素不仅来源于企业外部环境，而且来源于企业的内部经营流程。注册会计师编制经营流程图的目的之一是为分析有关经营流程的内部威胁提供一个框架。内部威胁分析是指注册会计师为了确定剩余风险而对审计敏感流程的重要风险、管理层对风险的控制及控制的效果进行判断和评价。

内部威胁分析一般由三个步骤构成。首先，注册会计师要对内部风险进行分类，以便识别来自企业内部经营流程的威胁；其次，注册会计师应当了解管理层对这些内部风险的应对措施（控制）；最后，为了评价控制的效果，注册会计师要识别和评价各经营流程的业绩指标，以便确认剩余风险。下面分别对内部威胁分析的各步骤进行讨论。

（一）识别流程风险

管理层对经营流程风险的识别以及采取的应对风险的措施关系到企业经营的成败，同时对审计活动也有重大影响。为了深入分析经营流程的内部威胁，就必须对经营流程的风险进行适当的分类。一般来说，从各流程风险产生的原因上看，经营流程的风险可以分为八个类别：领导风险、正直风险、制度风险、技术风险、财务计划风险、人力资源风险、作业风险和信息风险。它们之间的关系如图10-3所示。

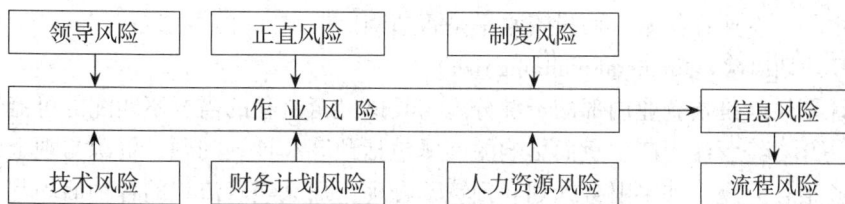

图10-3 各类经营流程风险之间的关系

1.领导风险（leadership risk）

领导风险是指领导者的综合素质、领导风格和领导方式给企业经营带来不利影响的可能性。领导者在企业的经营中起至关重要的作用。一个有战略眼光、善于捕捉机会的领导者会将企业引向成功。反之，一个缺乏战略眼光、不善于捕捉机会的领导者只会给企业带来失败。注册会计师应当对各经营流程的领导者是否具备履行其职责所需的综合素质进行评估，并对其领导风格和方式是否与企业现实情况相适应作出评估。

2.正直风险（integrity risk）

经营活动是由员工来执行的，员工是否正直和诚实对经营活动的执行有重大影响。正直风险是员工道德品质给企业经营带来不利影响的可能性。员工对符合道德的行为的态度是从企业外部带来的，所以正直风险与社会态度和劳动力市场有关。注册会计师应当对经营流程进行检查以查明员工缺乏正直性或存在不道德行为的迹象。注册会计师应当考虑被审计单位是否对不道德的行为保持了警惕，是否建立了相应的措施以避免员工与企业发生利益冲突及员工的非法行为。

3.制度风险（regulatory risk）

企业经营会受到企业外部许多制度的约束。如果没有遵守相应的法律和制度，企业就会面临处罚，并可能在重要的利害关系人中失去声誉。制度风险是指企业未能遵守相应的法律制度而给企业经营带来不利影响的可能性。虽然制度风险来源于外部环境，但却对企业的内部经营流程有影响。如就业方面的法律影响人力资源过程，工人安全和环境保护方面的法律制约着生产活动，消费者保护法管制销售活动，证券法、会计准则规定了上市企业可接受的财务会计惯例。注册会计师应该识别对经营流程产生影响的各种法律和制度，评估企业没有遵守制度的可能性。

4.技术风险（technology risk）

每一个经营流程都要运用一定的技术。在大部分经营流程中，信息技术起着越来越重要的作用。技术对经营流程的影响是多方面的。它影响经营流程的设计与执行，影响经营流程的信息处理，影响对经营流程的监控。技术风险是指企业因未能采用适当的技术和未能正确地运用技术而给企业经营带来不利影响的可能性。技术风险可能源于企业外部（如新技术的发展致使企业内部系统过时），也可能源于企业内部。源于企业内部的技术风险包括研究开发活动未能达到预期的效果而产生的技术风险；技术没有得到充分的利用而产生的技术风险（如没有用扫描的方式而是用手工的方式输入数据。在这种情况下，手工程序的失误可能导致过程质量的恶化）；由于技术过于复杂，员工没有得到充分的训练而导致的技术风险等。

注册会计师应该考虑运用于经营流程的技术是否得到恰当的利用；为达到流程目标所需的技术水平，企业在技术方面投资水平是否适当。

5.财务计划风险（financial planning risk）

财务计划风险是指企业内部的资源分配与具体经营流程的需要不匹配的可能性。与财务计划有关并对经营流程产生负面影响的问题包括预算和计划问题、资源与现金的需要问题以及财务报告问题。如果财务计划和预算不合理，那么经营流程的各种活动都会受到影响。例如，在生产的需要超出经营流程的能力时，由于生产要素（如设备与劳动力）超负荷运转，经营流程很可能产生质量问题，差错也很可能出现。如果为某一经营流程提供的资源不充分，该流程的效率就会受到影响。最后，如果管理层过分关注某个业绩指标，那么员工会将精力集中于能在该业绩指标中反映的活动上而忽视为实现流程目标所必需的其他活动。

注册会计师应当考虑财务计划是否合理，为各经营流程提供的资源是否恰当，在考核经营流程的业绩时，管理层是否过分强调某一指标而忽视其他指标。

6.人力资源风险（human resource risk）

经营流程的效率和效果取决于执行经营流程活动的员工的素质。人力资源风险是指执行经营流程各种活动的员工的素质、胜任能力给企业经营带来不利影响的可能性。

注册会计师应考虑员工是否具备任职资格，是否具有胜任能力，是否得到了必要的培训，是否能充分履行其职责。员工的素质直接受招聘、报酬、培训和监督等环节的影响。如果其中的任何一项执行不力，不合格的人就会在经营流程中滥竽充数，经营流程的质量就会恶化。虽然注册会计师通常不太情愿对员工个人说三道四，但是对员工胜任能力和态度进行评估是过程风险评估的一个重要的要素。

7. 作业风险（operational risk）

作业风险是指经营流程中的各种基本活动（作业）未能恰当进行而给企业经营带来不利影响的可能性。作业风险包括的内容是十分广泛的，它主要与经营流程的质量、顾客满意度、完成循环所需的时间、对过时产品或惯例的依赖性、资源浪费、故障率以及与其他流程联系的紧密程度有关。就某一经营流程来说，作业风险完全是内部的并且是独一无二的。然而，作业风险受其他风险如领导风险、正直风险、人力资源风险等的影响。事实上，其他风险往往通过作业风险表现出来。例如，如果雇员没有得到充分的训练，那么质量、循环时间、顾客满意度、流程故障等都有可能恶化。

在分析作业风险时，注册会计师应考虑下列问题：经营流程是否经常出现不能接受的缺陷率或错误率；在经营流程结束后顾客的满意程度；完成该经营流程所需的时间是否过长；该流程是否依赖过时的产品或惯例；经营流程是否存在超额的资源浪费；经营流程处理工作的能力是否充分；经营流程是否存在过高的故障率；经营流程与其他经营流程的联系是否存在过多的问题等。

8. 信息风险（information risk）

作出经营决策、监控经营流程的活动、评估经营流程的业绩都需要可靠的信息。如果没有准确、可靠的信息，经营流程就会产生大量的问题。信息风险是指因信息失真而给企业经营带来不利影响的可能性。

由于各经营流程的会计事项都要在信息系统中得到初始确认、计量和记录，所以经营流程的信息风险可能导致财务报表中的重大错报。对注册会计师来说，数据处理的可靠性是特别重要的。数据处理的可靠性取决于许多因素，包括信息系统的设计与运维、对信息技术的依赖程度、对信息技术外部供应者（如硬件、软件和服务机构）的依赖程度、信息的可接近性和对信息系统的控制等。

（二）评价经营流程的控制

内部威胁分析的第二步是识别管理层实施的用来降低各种风险危害的各种控制。

我们知道，管理层面对战略风险和经营流程风险可以作出四种选择，即接受、规避、保险和降低。从一定意义上讲，内部控制就是管理层应对风险的工具。尽管内部控制的某种控制活动可以应对多种风险，但一般来说，该种控制活动主要是针对经营流程中某一具体的风险而设计的。

注册会计师应通过实施风险评估程序了解和评价内部控制体系的每个要素，从而了解被审计单位的内部控制体系。了解被审计单位内部控制体系各项要素有助于其初步了解被审计单位管理层如何识别和应对经营风险。这些了解也可能以不同方式影响注册会计师对重大错报风险的识别和评估。

注册会计师了解企业内部控制可从企业整体层面和经营流程层面（或业务层面）两个层面进行。

注册会计师对企业整体层面内部控制的了解侧重于内部环境、风险评估、信息与沟通、内部监督。内部环境、风险评估和内部监督是被审计单位内部控制体系的基础，其运行中的任何缺陷都可能对财务报表的编制产生广泛的影响。内部环境、风险评估和内部监督中的控制主要是间接控制，即该类控制不足以精准地防止、发现或纠正认定层次的错报，但可以支持其他控制，因此可能间接影响及时防止或发现错报发生的可能性。但是，这些要素中的某些控制也可能是直接控制。

注册会计师对经营流程层面内部控制的了解侧重于控制活动。在了解被审计单位的内部控制时，注册会计师必须特别关注与被审计单位运用信息技术相关的内容，弄清信息技术是如何嵌入企业商业模式以及如何与企业的经营流程相结合的。以战略管理为例，在确定经营流程的风险是否属于重大的剩余风险时，注册会计师必须对控制的影响进行评估。

（三）评价流程业绩指标

流程业绩指标实际上反映了管理层应对风险的效果。为了评价经营流程的风险是否属于重大的剩余风险，注册会计师还要考虑经营流程的业绩指标。了解和评价流程业绩的衡量标准不仅有助于注册会计师评价相关风险的控制效果，而且有助于注册会计师考虑这些内部或外部的衡量标准是否会导致被审计单位面临实现业绩目标的压力。这些压力可能促使管理层采取某些措施，从而提高易于发生管理层偏向或舞弊导致的错报的可能性，如改善经营业绩或故意歪曲财务报表。

识别管理层监控的业绩指标，然后将这些业绩指标与具体的流程风险联系起来，这是对注册会计师的挑战。由于单独的业绩指标不能提供一个经营流程完整的图像，而且许多指标与多种风险相联系，所以，注册会计师只有分析多个指标才能形成对一个经营流程的全面的认识。大部分业绩指标是以内部信息为基础的，但是也有一些指标是基于外部数据的（如市场份额）。

对业绩指标进行分析，为注册会计师提供了经营流程风险的性质和程度的证据，同时也为注册会计师提供了这些风险是否可能对审计过程产生不利影响的证据。如果企业所监控的业绩指标结果与注册会计师的预期一致，并且不存在任何异常情况，那么注册会计师就可以得出该经营流程运行有效以及潜在的流程风险并不重要的结论。如果企业所监控的业绩指标与注册会计师的预期不一致，那么注册会计师就可能认为该经营流程存在重大的剩余风险，应当执行进一步的审计程序。

在评价业绩指标时，注册会计师可能会碰到两个潜在的问题。第一，注册会计师很少能收集自己关于业绩指标的数据，他们只有依赖被审计单位才能取得适当的数据。第二，注册会计师必须对业绩指标所依据数据的可靠性有一定程度的保证。如果数据不可靠或不可用，注册会计师在使用业绩数据作为分析性证据的来源时就会遇到困难。然而，这样的问题也可能为注册会计师提供增值服务的机会，注册会计师可以帮助客户开发适当的业绩指标，或者通过重新设计系统或控制来改善数据的可靠性。

（四）内部威胁分析例示：战略管理流程的风险、控制与业绩指标

我们以战略管理流程为例来说明内部威胁分析。战略管理流程的流程风险、相关控制及业绩指标见表10-2。

表 10-2   **战略管理流程的内部威胁分析**

流程风险	与流程风险相关的控制	流程业绩指标
战略制定不当	高层主动介入战略制定 制订科学战略计划	市场份额 顾客满意度 顾客保持率
战略表达不清晰	制订书面战略计划和经营计划 培训员工	市场份额 顾客认同感 员工态度
战略与资源分配不相匹配	定期制订预算和计划 董事会主动参与 采用以作业为基础的管理技术	预算 作业成本计算和差异分析 顾客的态度
丧失市场机会	市场调查 顾客观察 产品开发过程	市场份额 与竞争对手的比较 顾客的态度
未能预见外部威胁	董事会的主动的监督 监控竞争对手 监控外部环境	市场份额的变化 与竞争对手的比较 收入和成本的变化
思想和组织僵化	恰当的激励结构 训练员工 变革管理	变革产品或流程的周期 变革成本 雇员态度
战略管理流程和各职能部门之间的协调性差	建立有效的沟通渠道 采用以电子技术为基础的沟通交流系统	报告流程活动的周期 雇员投诉与建议 雇员态度
未能给股东提供充分的价值	提供分析信息 股票回购计划	权益的市场价值 市盈率 财务分析师的评价

    表 10-2 列举了多个战略管理流程的风险。一般来说，战略管理流程的风险主要与战略决策不当、战略与资源分配不相匹配、沟通不畅、信息利用不足等有关。从长期来看，所有这些情况都会降低企业成功的可能性。如果一个企业的经营长期不成功，最终就会导致股东价值的增长过慢（甚至于出现损失）。表 10-2 中所列示的风险主要源于领导风险、人力资源风险、财务计划风险以及信息风险等。

    战略管理流程的主要目标在于为企业确定一条通向成功的道路。就战略规划来说，领导水平的高低是十分重要的因素。战略设计不当、战略表达不清晰、错失良机、未能预见到外部威胁，所有这些都反映了战略管理中的领导失败。如果在这个层次上领导不善，那么企业成功是没有希望的。人力资源风险对战略规划来说也十分重要，因为计划和决策都依赖于参与者的素质，取决于参与者应对环境变化的灵活性，取决于不同目标和不同活动的协调。财务计划工作的质量取决于可用于执行该计划的资源。资源短缺或资源与目标的不匹配都会使企业经营失败的可能性增加。最后，作为战略管理组成部分的各种决策都需要有大量的信息的支持。在战略管理中，信息不可靠和不可得都会导致重大问题，特别是信息的质量欠佳时，会导致错失良机、不能识别外部威胁和战略管理流程与职能部门协调不佳的后果。

表10-2中的第二栏列举了用于降低战略管理流程风险的各种控制。从表中可以看出，在战略管理过程中，许多控制活动涉及管理层对企业内部和外部环境主动的监控。从本质上说，战略管理涉及监控企业的环境，并在环境发生改变时，适应环境的变化。因此，大部分控制都集中于捕捉环境变化的信号，以便管理层作出恰当应对。而其他经营流程的许多控制都与文件的形成、记录的保持、授权以及资产的保护有关。流程控制的评估已经在前文中阐述。

表10-2中的第三栏列举了用来对战略管理流程风险进行评估的各种业绩指标。战略管理流程重要的业绩指标主要集中于竞争对手、顾客、市场和预算。

五、剩余风险的评估

注册会计师利用经营流程图和内部威胁分析的目的在于评估经营流程的剩余风险。剩余风险是指那些未能为企业所控制的战略风险。由于剩余风险可能对审计活动产生重大影响，所以经营流程分析的最后一步是利用风险图来评估流程风险的重要性，以确认重大的剩余风险。剩余风险的评估一般分四步进行。

（一）评估每一个已识别风险的固有水平

在内部威胁分析中，注册会计师已经识别出经营流程的各种流程风险。在识别这些流程风险时，注册会计师并没有考虑其重要性大小。在评估剩余风险时，注册会计师就应当对已识别风险的固有水平高低进行评估。对已识别风险的固有水平可以从两个方面进行评估，即某个风险导致不利结果的可能性以及不利结果的大小。注册会计师可以将风险评估的结果描绘在风险图中。值得注意的是，各种风险在风险图中最初位置是在既没有考虑管理层的应对（控制），又没有考虑业绩指标的情况下确定的。

（二）考虑控制及业绩指标的含义

内部控制是管理层对经营流程风险的反应，经营流程的业绩指标则反映了控制的效果。注册会计师应当考虑管理层对已识别的过程风险采取了哪些控制，这些控制是否与所识别的风险相关，控制的效果如何，并对经营流程的关键的业绩指标进行分析。只有这样，注册会计师才能对风险进行最终评价。

（三）最终评估每个风险

在管理层采取应对措施后，有些已识别的风险可能得到了有效的控制，其重要性可能降低到可以接受的水平；有些风险可能得到了一定程度的控制，但其重要性尚未降低到可以接受的水平；有些风险可能没有得到有效的控制，其重要性水平还是处于风险的固有水平上。在考虑了经营流程控制和业绩指标后，注册会计师就可以形成对每一个已识别风险的最后结论。注册会计师可以将每个风险的最后评估结果反映在风险图中。

（四）确认重大的剩余风险

在对每个风险作出最后评估后，注册会计师可以将那些没有得到有效控制并且风险的重要性水平没有降低到可以接受的水平的风险确认为重大的剩余风险。重大的剩余风险是注册会计师关注的重点。对重大的剩余风险，注册会计师应当采取进一步的审计程序。

确定剩余风险后，注册会计师还应在审计工作底稿中记录其结论以及得出结论的理由。也就是说，为了支持有关剩余风险的结论，注册会计师应对关键的控制执行控制测试并加以记录；还应记录与某一过程业绩指标有关的分析性证据。

六、重大错报风险的评估

在确定剩余风险后，注册会计师还应当对剩余风险与财务报表重大错报风险的关系进行分析。剩余风险并不一定导致财务报表的重大错报，注册会计师应运用职业判断，分析并确定重大的剩余风险导致财务报表重大错报的可能性并对重大错报风险进行评估。注册会计师应当识别和评估财务报表层次以及各类交易、账户余额、列报认定层次的重大错报风险。

（一）识别和评估重大错报风险的审计程序

在识别和评估重大错报风险时，注册会计师应当实施下列审计程序：

1.在了解被审计单位及其环境、适用的财务报告编制基础以及内部控制的整个过程中识别风险，确定剩余风险，并考虑各类交易、账户余额、列报。注册会计师应当在了解被审计单位及其环境的整个过程中识别风险，并将识别的风险与各类交易、账户余额和列报相联系。例如，被审计单位因相关环境法规的实施需要更新设备，将导致对原有设备提取减值准备；宏观经济的低迷可能预示应收账款的回收存在问题；竞争者开发的新产品上市，可能导致被审计单位的主要产品在短期内过时，预示将出现存货跌价和长期资产（如固定资产等）的减值。

2.将识别的风险（剩余风险）与认定层次可能发生错报的领域相联系。注册会计师应当将识别的风险与认定层次可能发生错报的领域相联系。例如，销售困难使产品的市场价格下降，可能导致年末存货成本高于其可变现净值而需要计提存货跌价准备，这显示存货的计价认定可能发生错报。

3.考虑识别的风险（剩余风险）是否重大。风险是否重大是指风险造成后果的严重程度。例如，在销售困难使产品的市场价格下降的情况下，除考虑产品市场价格下降因素外，注册会计师还应当考虑产品市场价格下降的幅度、该产品在被审计单位产品中的比重等，以确定识别的风险对财务报表的影响是否重大。假如产品市场价格大幅下降，导致产品销售收入不能抵偿成本，毛利率为负，那么年末存货跌价问题严重，存货计价认定发生错报的风险重大；假如价格下降的产品的收入在被审计单位销售收入中所占比例很小，被审计单位其他产品销售毛利率很高，尽管该产品的毛利率为负，但可能不会使年末存货发生重大跌价问题。

4.考虑识别的风险（剩余风险）导致财务报表发生重大错报的可能性。注册会计师还需要考虑上述识别的风险是否会导致财务报表发生重大错报。例如，考虑存货的账面余额是否重大，是否已适当计提存货跌价准备等。在某些情况下，尽管识别的风险重大，但仍不至于导致财务报表发生重大错报风险。如期末财务报表中存货的余额较低，尽管识别的风险重大，但不至于导致存货的计价认定发生重大错报风险。又如，被审计单位对于存货跌价准备的计提实施了比较有效的内部控制，管理层已根据存货的可变现净值，计提了相应的跌价准备，在这种情况下，财务报表发生重大错报的可能性将相应降低。

注册会计师应当利用实施风险评估程序获取的信息，包括在评价控制设计和确定其是否得到执行时获取的审计证据，作为支持风险评估结果的审计证据。

（二）两个层次的重大错报风险

在对重大错报风险进行识别和评估后，注册会计师应当确定，识别的重大错报风险是与特定的某类交易、账户余额、列报的认定相关，还是与财务报表整体广泛相关，进而影响多项认定。

某些重大错报风险可能与特定的各类交易、账户余额、列报的认定相关。例如，被审计单位存在复杂的联营或合资，这一事项表明长期股权投资账户的认定可能存在重大错报风险。又如，被审计单位存在重大的关联方交易，该事项表明关联方及关联方交易的披露认定可能存在重大错报风险。

某些重大错报风险可能与财务报表整体广泛相关，进而影响多项认定。例如，在经济不稳定的国家和地区开展业务、资产的流动性出现问题、重要客户流失、融资能力受到限制等，可能导致注册会计师对被审计单位的持续经营能力产生重大疑虑。又如，管理层缺乏诚信或承受异常的压力可能引发舞弊风险，这些风险与财务报表整体相关。

财务报表层次的重大错报风险很可能源于薄弱的控制环境。薄弱的控制环境带来的风险可能对财务报表产生广泛影响，难以限于某类交易、账户余额、列报，注册会计师应当采取总体应对措施。

在评估重大错报风险时，注册会计师应当将所了解的控制与特定认定相联系。这是由于控制有助于防止或发现并纠正认定层次的重大错报。在评估重大错报发生的可能性时，除了考虑可能的风险外，还要考虑控制对风险的抵消和遏制作用。有效的控制会降低错报发生的可能性，而控制不当或缺乏控制，错报就会由可能变成现实。控制可能与某一认定直接相关，也可能与某一认定间接相关，关系越间接，控制对防止或发现并纠正认定错报的效果越小。

注册会计师可能识别出有助于防止或发现并纠正特定认定发生重大错报的控制。在确定这些控制是否能够实现上述目标时，注册会计师应当将控制活动和其他要素综合考虑。如将销售和收款的控制置于其所在的流程和系统中考虑，以确定其能否实现控制目标。

第三节 经营流程风险分析举例

经营流程图和内部威胁分析是注册会计师识别某一具体经营流程剩余风险的有效工具。下面我们以企业品牌管理流程为例说明这些技术的运用。

从长期来看，企业销售产品能力与顾客对品牌认同和接受有关，这样，良好的品牌管理对企业的经营成功十分关键。虽然品牌管理对大部分企业来说十分重要，但它时常为注册会计师所忽视。

一、品牌管理的经营流程图

品牌管理的经营流程图如图10-4所示。品牌管理流程的目标包括建立和保持在目标市场中提供竞争优势的品牌形象。与品牌管理有关的重要的活动包括监控品牌的市场地位并收集创建品牌的机会、界定产品和服务独特的属性、保证提供的产品和服务与品牌形象一致、防止有价值的品牌被侵蚀或被人模仿。品牌管理中所需信息包括大量有关竞争者、各种机构和顾客态度的外部数据。这些信息有利于制定品牌形象的导入、管理和保护的战略及计划。

品牌管理的会计含义并不复杂。大部分常规业务与品牌形象的提升和广告活动有关。虽然制作广告是一种创造性的活动，并且能否成功是不可预测的，但广告活动相对来说是常规业务。在被审计单位的资产负债表中，很少有公司品牌资产这一项目，所以大部分常规业务直接进入了利润表（或少量的预付或应计项目的余额）。在品牌管理不成功和品牌的价值受贬损的情况下，非常规业务和会计估计就会出现。在这种情况下，终止某个品牌、重组或终止与该品牌有关的生产线会导致注册会计师关注的重大交易的发生。

流程目标

1.确定目标市场
2.建立不同于竞争对手的品牌地位
3.确保产品的交付和劳务的提供与品牌形象一致
4.防止品牌恶化或被模仿
5.计量品牌形象的价值

流程活动

1.进行市场调查和顾客研究
2.监控竞争对手和市场动态
3.定义品牌参数（要求的特征）
4.为提升和保护品牌形象而对内部资源进行监控
5.将品牌形象传递给市场
6.调查品牌在市场中的地位和产品的获利能力
7.终结失败的品牌形象

流程信息流

信息流入	信息流出
1.市场数据	1.市场战略
2.竞争对手的数据	2.品牌形象参数
3.消费者调查数据	3.产品的服务的标准
4.预算	4.经营标准
5.经营计划	
6.经营能力与政策	

流程活动的会计影响

常规业务	非常规业务	会计估计
1.市场和消费研究	1.品牌终止	具体品牌资产的可收回性
2.广告	2.产品推介	
3.培训	3.品牌原型的成本	

图10-4　经营流程图：品牌管理

二、品牌管理的内部威胁分析

品牌管理的内部威胁分析见表10-3。在分析中，我们确认了影响品牌管理的七种风险。有些企业的风险可能多一些，有些企业的风险可能少一些，但这七种风险是品牌管理流程的典型代表。品牌形象是一种无形资源，它的形成可能很快（即一时的狂热），也可能要花一段很长的时间。

表10-3   内部威胁分析：品牌管理

流程风险	与风险相关的控制	业绩指标
R1：因市场调研不充分导致品牌失败	1.建立市场调查研究的正式过程 2.建立新产品的正式核准过程 3.建立评估标准 4.高层管理者监督 5.在市场中试销	1.销售与计划 2.终止品牌/产品成本 3.广告及产品推荐介绍成本 4.收入增量分析（推销、广告、新产品）
R2：未能对竞争状况进行监控	1.建立标杆 2.比较销售活动 3.监控行业媒体	1.新进入者/替代品的数量 2.销售趋势 3.顾客保持
R3：企业经营战略与其品牌形象不一致	1.市场研究 2.购买者的独立评价 3.监控行业和一般媒体	1.顾客态度 2.顾客人数统计 3.与目标市场有关的销售收入
R4：未能有效防止品牌被模仿	1.监控行业和一般媒体 2.产品创新 3.诉讼保护 4.调查未经授权的产品降价	1.未经授权的模仿者的数量 2.市场份额 3.销售趋势
R5：未能提供与品牌形象一致的产品和服务	1.坚持产品和服务标准 2.雇员培训 3.雇员激励	1.市场份额 2.销售趋势 3.顾客态度
R6：未能有效地传播品牌形象	1.预先试验的广告活动 2.评估产品的知名度 3.监控行业媒体	1.产品的知名度 2.市场份额与目标 3.独立评估广告活动 4.顾客对广告的反应
R7：产品品牌区分度不够及品牌市场地位不高	1.进行正式的市场调查研究 2.产品创新 3.竞争对手分析	1.市场份额 2.对广告活动的独立评价

一般来说，与品牌管理有关的风险主要来自两个方面：第一，未能充分有效地创立品牌（R1、R3、R6、R7）；第二，未能充分有效地保护和维持品牌（R2、R4、R5）。

管理层对风险的应对包括市场研究、试销、广告宣传和对市场情况的主动监控。员工的训练和管理是管理层应对已确认风险的重要措施。在产品零售的情况下，负责销售的员工是顾客与公司间联系的唯一桥梁。如果销售人员不友好、不能胜任、懒惰，他们的行为就会给顾客留下不好的印象，而顾客又会将他们的经历与公司的品牌形象联系在一起。很明显，这不是公司试图培育的形象，所以，对雇员进行培训并对其恰当的行为给予激励，对保持公司的品牌价值是十分重要的。在公司的品牌受到模仿者和未经授权的降价行为的侵犯时，公司需要主动地维护其品牌身份。企业可以依据商标法维护自己的权益。

管理层在决定了如何应对已识别的风险后，还需制定一套业绩指标来计量每个风险的重要程度。在风险变成现实的问题之前，这些指标能为管理层提供预警信号。与品牌管理有关的业绩指标主要包括销售收入、市场份额、消费者和员工的态度等。当这些指标恶化时，企业将来可能受到不利影响。例如，顾客满意度下降会导致未来期间的收入下降。另有一些业绩指标集中于营销和广告的效率与效果。

三、品牌管理流程的剩余风险评估

注册会计师利用经营流程图和内部威胁分析，目的在于评估剩余风险。这些剩余风险可能会对注册会计师审计活动产生重大影响。

（一）评估已确认的风险的固有水平

在对品牌管理的剩余风险的评估中，该步骤涉及对品牌管理每一已识别风险负面影响出现的可能性以及负面影响大小的评估。假定经过评估，注册会计师认为，未能有效防止品牌被模仿的风险（R4）被认为是最重要的风险；R1（因市场调研不充分导致品牌失败的风险）也是重要的；R3和R5在一定的条件下才具有重要的属性；R2、R6和R7被认为是不重要的。在评估完成后，注册会计师应将每个风险的固有水平描绘成风险图，如图10-5所示。

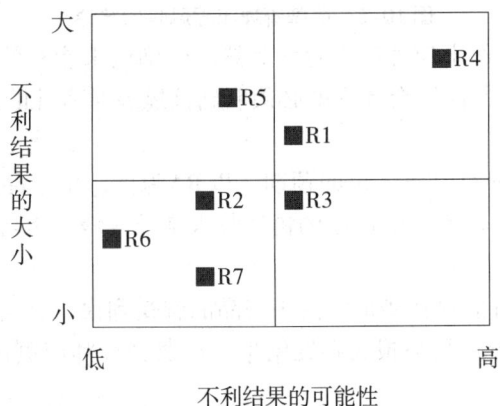

图10-5　评估品牌管理各风险的固有水平

（二）考虑控制及业绩指标的含义

为了举例，我们假定有下列情况：（1）公司在监控竞争对手、市场和顾客方面十分主动；（2）公司有良好的职工培训和激励计划；（3）公司很难限制模仿者；（4）公司未能经常引入新产品。简单地讲，该公司擅长定义其品牌，并使顾客产生品牌的认同与忠诚，但是公司在保护和扩展品牌方面缺乏效果。

在分析相关控制之后，注册会计师应该考虑表10-3中关键的业绩指标。在本例中，我们假设有下列情况：（1）公司在顾客认同、顾客满意度、广告的影响及广度、营销成本方面的数据均为有利的，并且与期望的一致；（2）公司销售增长放慢；（3）公司市场份额开始下滑。

（三）最终评估每个风险

将业绩指标的评价与控制分析结合，注册会计师就可以形成关于品牌管理流程各风险的最后结论，如图10-6所示。

根据分析，注册会计师可以得出结论，R2、R6、R7原本就是不重要的；R1、R5、R3虽然起初是在应关注的区域，但由于内部控制的存在，其重要性得到了充分的降低（图10-6五星所指的位置表明了注册会计师关于R1、R5、R3的最后结论）；R4还是保留在应关注的区域，它被认为是剩余风险。在审计的进行过程中，注册会计师应重点关注该风险。

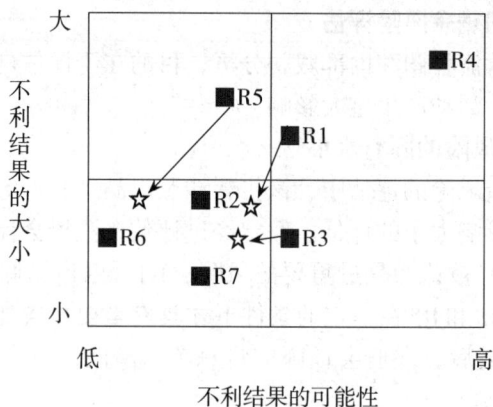

图10-6　品牌管理流程风险的结论

注册会计师应对R4作出何种反应呢？既然已经确认未能有效防止品牌被模仿的风险（R4）是重要的剩余风险，注册会计师就必须明确该风险对审计的意义。R4这一剩余风险的审计意义有五种：

（1）调整注册会计师对财务结果的预期。以R4为例，由于品牌被其他企业模仿，注册会计师会形成被审计单位受影响产品的销售收入增长放慢、市场份额下降、产品价格下跌、利润下降的预期。

（2）表明财务报表可能存在错报。由于产品品牌受到模仿，与受模仿品牌有关的资产可能发生减值。这可能导致财务报表存在错报，注册会计师应测试相关资产的可收回性，以确定是否违反估价目标。

（3）提出被审计单位能否持续经营的问题。如果被审计单位仅依赖一个受到模仿威胁的品牌，那么无论从短期还是从长期来看，公司经营都会受到威胁，严重者还会影响被审计单位的生存。这就提出了被审计单位能否持续经营的问题。

（4）表明存在对控制环境的潜在威胁。一个有价值的品牌受到威胁，可能导致管理层对竞争源作出不恰当的反应，或者进行误导性的广告宣传以提升品牌形象。这会影响被审计单位的控制环境。

（5）突显客户潜在的需要，为注册会计师的增值服务提供机会。注册会计师可以对被审计单位品牌管理存在的问题如何解决提出建议，为被审计单位提供增值服务。

第十章学习指南

第十一章　计划对财务报表认定的实质性程序

如果说战略风险分析与经营流程风险分析着重介绍了现代风险导向审计对重大错报风险评估的话，那么本章主题主要涉及检查风险的控制问题。

第一节　与检查风险有关的若干问题探讨 ▮────────────

一、检查风险及其形成原因

检查风险是指某一认定存在错报，该错报单独或连同其他错报是重大的，但审计师未能发现这种错报的可能性。这一定义从审计结果的角度界定了检查风险。从检查风险产生的原因来看，《中国注册会计师审计准则第1211号——重大错报风险的识别和评估》认为，检查风险取决于审计程序设计的合理性和执行的有效性，注册会计师应当合理设计审计程序的性质、时间和范围，并有效执行审计程序，以便控制检查风险。

检查风险与审计程序之间存在密切联系。根据审计风险模型，审计风险=重大错报风险×检查风险，在可接受的审计风险水平一定的条件下，可接受的检查风险水平取决于重大错报风险的评估结果。重大错报风险的评估结果毕竟是审计师主观判断形成的，审计师对重大错报风险的主观判断与重大错报风险的真实值之间可能存在以下三种情况：其一，重大错报风险的评估值等于其真实值；其二，重大错报风险的评估值高于其真实值，形成重大错报风险的高估；其三，重大错报风险的评估值低于其真实值，形成重大错报风险的低估。

重大错报风险的评估值等于其真实值，说明风险评估程序、控制测试均是恰当的。此时的检查风险产生的原因主要在于运用实质性程序时存在抽样风险与非抽样风险。由于审计师并不对所有的交易、账户余额和列报进行检查，而是采用抽查，从而存在实质性程序的抽样风险，检查风险不可能降低为零；在运用实质性程序时，还存在审计师设计了不恰当的审计程序、未能恰当执行审计程序和误读了审计程序的结果等非抽样风险。

重大错报风险被高估，表明风险评估程序和控制测试运用不当或审计师的判断失误。由于可接受的审计风险水平一定，在重大错报风险被高估时，可接受的检查风险水平被低估。此时，为了将检查风险调整到可以接受的水平，审计师必须实施更多的实质性程序，造成实质性程序的过度运用，形成"审计过度"的问题。同时，在运用实质性程序时，还会存在抽样风险与非抽样风险。

重大错报风险被低估，表明风险评估程序运用不当或审计师的判断失误。由于可接受的审计风险水平一定，在重大错报风险被低估时，可接受的检查风险水平被高估。此时，为了将检查风险降低到可以接受的水平，审计师实施的实质性程序减少，造成实质性程序的运用不足，形成"审计不足"的问题。同时，在运用实质性程序时，还会存在抽样风险与非抽样风险。

从上面的分析中可以看出，审计师运用的审计程序（包括风险评估程序、控制测试程序和实质性程序）均对检查风险的形成有重要影响。审计程序运用不当的风险是导致检查风险的重要原因。要控制检查风险，审计师必须恰当运用风险评估程序、控制测试程序，以便使重大错报风险的评估值接近其真实值；在运用实质性程序时，审计师应当对抽样风险与非抽样风险进行有效控制。只有从检查风险产生的原因入手，从源头上对检查风险加以控制，才能达到预期的效果。

从上面的分析中还可以看出，无论重大错报风险评估的结果如何，审计师在审计中不能仅将实质性程序集中于例外事项，而必须对重大交易类别和重要账户余额运用实质性程序。其理由在于：由于有限理性和信息不完全，审计师对重大错报风险的评估值与其真实值之间存在偏离是审计活动的常态。重大错报风险被高估会使得审计师在实质性测试中要收集更多的审计证据，从而降低了审计工作的效率，而重大错报风险被低估会使审计师在实质性测试中收集较少的审计证据，从而使财务报表重大错报查不出的可能性增加，影响审计工作的效果。与影响审计效率的后果相比较而言，影响审计效果的后果对社会公众危害更大，出于谨慎的考虑，有必要规定，无论重大错报风险的评估结果如何，审计师都应当对重大交易类别和重要账户余额执行实质性程序，而不能将实质性程序仅集中于例外事项上。

二、控制风险与实质性程序的关系

在认定层次上，重大错报风险可以分为固有风险和控制风险，因此，在认定层次上，审计风险=固有风险×控制风险×检查风险。固有风险是指在不存在内部控制的情况下，某项认定发生重大错报的可能性；控制风险是设置了相应内部控制后，内部控制没能防止错报发生的可能性。审计师要对内部控制进行测试，并根据测试结果对控制风险进行评估。控制风险的水平不同，对审计的意义也不一样。下面以对内部控制的评价的三种基本结果，即控制风险处于最高水平、略低于最高水平和显著低于最高水平为例来分别讨论控制风险的审计意义。

控制风险处于最高水平（100%）意味着，审计师必须取得广泛的证据来确定财务报表的认定是否不存在重大的错报，包括执行交易类别测试、实质性分析程序、直接测试账户的余额。所执行的评估内部控制的程序只包括战略分析和流程分析所必需的询问和观察程序。

控制风险略低于最高水平意味着，审计师所收集的审计证据表明被审计单位的内部控制对信息的可靠性提供了较低程度的保证。要证明这一结论的合理性，审计师只需在经营流程分析中执行询问和观察程序即可。审计师也可能选择一、两笔业务进行穿行测试。为了实现财务报表审计的目标，审计师将主要依赖实质性程序。

控制风险显著低于最高水平意味着，审计师可以依赖内部控制，实质性程序的工作量可以大大降低。要证明控制风险得到了实质性降低，审计师只有广泛了解内部控制，并且证实内部控制有效。大部分证据可以通过与经营流程活动的参与者讨论、检查其胜任能力、比较经营流程信息的一致性来取得。控制测试还包括检查交易处理过程中形成的文件和独立验证核准和核对等工作。

在控制风险处于最高水平时，财务报表中存在未查出错报的可能性会增加，在控制风险处于低水平（低于最高水平）时，审计师就会相信某项具体认定存在未查出的重要错报的可能性较低。这些不同的结论对审计工作有直接的影响。审计风险、控制风险和审计师收集有关认定直接证据的审计努力（实质性程序）三者之间的关系如图11-1所示。该图是基于这样的观察，即全部审计风险是收集直接证据的审计努力的减函数，也就是说，审计师为降低审计风险所付出的努力越多，审计风险就越低。控制风险通过决定审计风险和审计师收集直接证据的审计努力之间的权衡线的位置来影响审计风险与收集直接证据的审计努力之间的关系。当控制风险下降时，审计风险与审计努力之间的权衡线就会向图中的原点移动。这一移动意味着，要得到一个给定的审计风险水平，比如，R_0，除了证明控制风险评估的结论具有合理性的工作外，所需的其他审计工作将大为减少。也就是说，当控制风险降低时，测试某项认定所需的审计工作水平从 E_0 移向 E_1。因此，基于对控制风险水平的评估，审计师可以从多方面来调整审计工作。

（1）选择不同的审计程序。用来取得与财务报表认定有关的直接证据的审计程序有很多，它们可以形成不同的审计程序的组合。如果控制风险低，审计师就可以选择耗时较少、诊断能力较弱的审计程序。例如，函证和实物检查比检查书面文件和分析性程序的可靠程度要高。

（2）调整审计工作的时间。审计师经常面临何时执行审计测试的选择。人们一般认为，在年末以后进行的测试更为有效，因为此时审计师有更多潜在可用的证据。例如，当控制风险处于低水平时，对应收账款的函证可以放在11月30日进行而不必等到年末。尽管如此，人们还是认为函证在11月30日进行的效果不如在12月31日进行的效果。

（3）调整审计范围。许多审计程序的执行是以抽样为基础的，也就是说，并非对所有的业务均要检查。如果控制风险处于低水平，则审计师对与经营流程相关业务只需进行少量的检查（甚至不检查）。

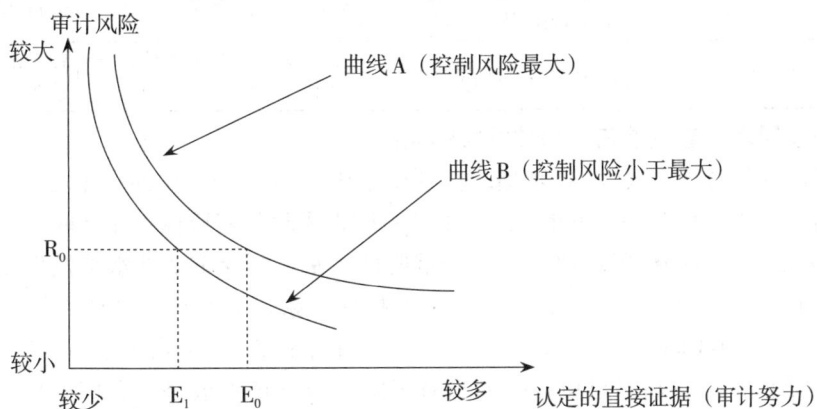

图11-1 审计风险、控制风险和实质性程序之间的关系

三、检查风险与实质性程序之间的关系

在编制审计计划时，审计师要确定期望的审计风险水平。期望的审计风险水平取决于会计师事务所的政策，并受到各种因素的影响，包括依赖财务报表的外部使用者的数量、被审计单位在不久的将来发生财务困难的可能性、职业态度，以及审计师对风险的态度、经验以及胜任能力等。

在现代风险导向审计中，审计风险的构成要素包括重大错报风险和检查风险。确定审计风险是为了帮助审计师更有效地收集审计证据，因此，必须明确审计风险及其要素与审计证据的关系。

审计师可以接受的审计风险与所需的审计证据之间是反向变动的关系。也就是说，对一个特定的被审计单位而言，审计师可接受的审计风险越低，所需的审计证据就越多。

计划的检查风险与所需的审计证据的数量也是反向变动关系。对某一特定的被审项目而言，计划的检查风险越低，所需的审计证据的数量就越多。

重大错报风险与审计证据数量之间是正向变动关系，重大错报风险越低，所需审计证据的数量越少。因为如果重大错报风险较低，则表明某一项目本身出错的可能性较小，或者被审计单位的内部控制能有效地防止、发现和纠正重大错报，产生差错的可能性较小。此时审计师收集较少的证据，即使检查风险较高，但由于重大错报的风险较低，审计风险还是可以降低到一个可以接受的水平。

检查风险对实质性程序的性质、时间和范围有重大影响。不论重大错报风险的评估结果如何，审计师都要实施实质性程序。实质性程序的性质、时间和范围取决于可接受的检查风险水平，两者之间的关系见表11-1。

表11-1　　　　可接受的检查风险与实质性程序的性质、时间和范围的关系

实质性程序 可接受的 检查风险	性质	时间	范围
高	以实质性分析程序与交易类别测试为主	以期中审计为主	较小的样本较少的证据
中	实质性分析程序、交易类别测试及余额细节测试结合运用	期中审计、期末审计和期后审计结合运用	适中的样本适量的证据
低	以余额细节测试为主	以期末审计和期后审计为主	较大的样本较多的证据

四、检查风险、重要性与实质性程序的关系

我们可以通过考虑重要性的影响来进一步讨论检查风险与实质性程序之间的关系，如图11-2所示。从图11-2中可以看出，可接受的检查风险与实质性程序之间呈反向变动的关系。图11-2中曲线的位置取决于给定的重要性水平。如果重要性水平发生变动，曲线的位置就会移动，审计风险与审计努力之间的权衡关系也会变动。这种关系可用图11-3来表示。图11-3中我们看到两个不同的重要性水平下的两条不同的曲线。点A和点B仍然反映在重要性水平较高时可以接受的检查风险和审计证据数量。我们增加了点C和点D。从图11-3中可以看出，当重要性水平降低时，所需证据的数量在横轴上向右移动。这说明在重要性水平低的情况下，需要更多的审计证据来达到一个给定的检查风险水平。

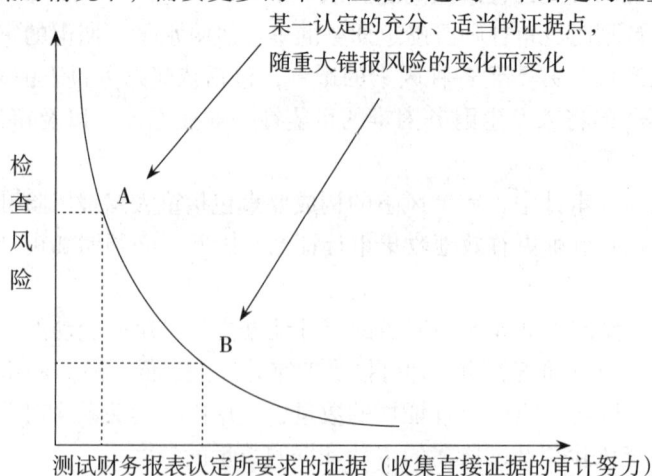

图11-2　检查风险与实质性程序的关系

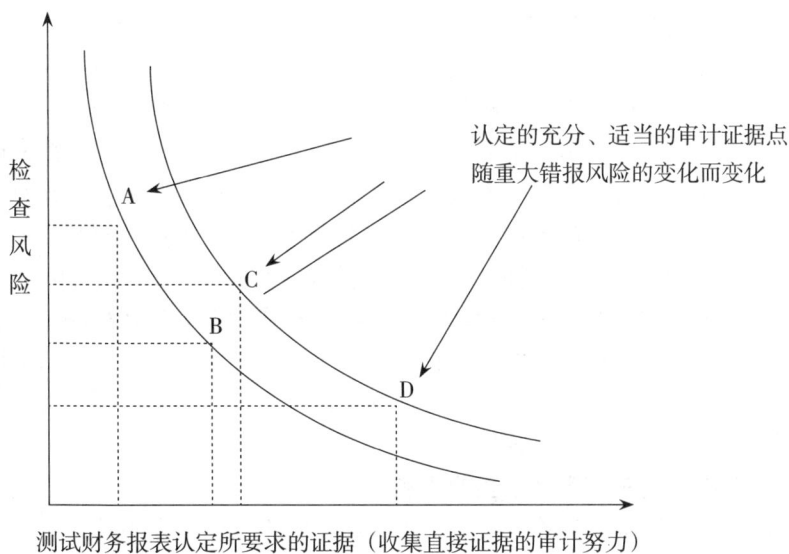

图11-3　重要性、检查风险和实质性程序的关系

第二节　针对财务报表层次重大错报风险的总体应对措施及其影响

如前所述，审计师应当实施风险评估程序了解被审计单位及其环境，充分识别和评估财务报表的重大错报风险，以便采取恰当的应对措施。在评估重大错报风险时，审计师应当确定，识别的重大错报风险是与特定的某类交易、账户余额、列报的认定相关，还是与财务报表整体广泛相关，进而影响多项认定。如果重大错报风险是与财务报表整体相关，进而影响多项认定的，则它属于财务报表层次的重大错报风险。针对财务报表层次重大错报风险，审计师应采取总体应对措施；针对认定层次的重大错报风险，审计师应采用进一步审计程序，包括控制测试和实质性程序。

一、针对财务报表层次重大错报风险的总体应对措施

审计师应当针对评估的财务报表层次重大错报风险确定下列总体应对措施：

（1）向项目组强调在收集和评价审计证据过程中保持职业怀疑态度的必要性。

（2）分派更有经验或具有特殊技能的审计师，或利用专家的工作。由于各行业的经营业务、经营风险、财务报告和法规要求等方面具有特殊性，审计师的专业分工细化成为一种趋势。审计项目组中应有一定比例的曾经参与被审计单位以前年度审计或具有被审计单位所处特定行业的相关审计经验的成员，必要时，应考虑利用信息技术、税务、评估、精算等方面专家的工作。

（3）提供更多的督导。对财务报表层次重大错报风险较高的审计项目，项目组的高级别成员应当对其他成员提供更详细、更经常和更及时的指导与监督，并加强项目质量复核。

（4）在选择进一步审计程序时，应当注意使某些程序不被管理层预见或事先了解。被审计单位的人员，特别是管理层，如果熟悉审计师的审计套路，就可能采取各种规避的手段，掩盖财务报告中的舞弊行为。因此，审计师应通过下列方式提高审计程序的不可预见

性：对某些未被测试过的低于设定的重要性水平或风险较小的账户余额或认定实施实质性程序；调整实质性程序的时间；采用不同的抽样方法；选取不同的地点实施审计程序等。

（5）对拟实施审计程序的性质、时间和范围作出总体修改。财务报表层次的重大错报风险很可能源于薄弱的控制环境。薄弱的控制环境带来的风险可能对财务报表产生广泛影响，难以限于某类交易、账户余额、列报。审计师对控制环境的了解影响其对财务报表层次重大错报风险的评估。有效的控制环境可以使审计师增强对内部控制和被审计单位内部产生的证据的信赖程度。如果控制环境存在缺陷，审计师就应当对拟实施审计程序的性质、时间和范围作出总体修改，考虑在期末而非期中实施更多的审计程序。控制环境的缺陷通常会削弱期中获得的审计证据的可信赖程度；主要依赖实质性程序获取审计证据；修改审计程序的性质，获取更具说服力的审计证据；扩大审计程序的范围，例如扩大样本规模，或采用更详细的数据实施分析程序。

二、总体应对措施对总体审计方案的影响

财务报表层次重大错报风险难以限于某类交易、账户余额、列报的特点，意味着此类风险可能对财务报表的多项认定产生广泛影响，并相应增加审计师对认定层次重大错报风险的评估难度。因此，审计师评估的财务报表层次重大错报风险以及采取的总体应对措施，对拟实施进一步审计程序的总体方案具有重大影响。

进一步审计程序的总体方案是指审计师为了应对认定层次重大错报风险而对进一步审计程序中控制测试和实质性程序的组合方式和对控制测试和实质性程序的性质、时间、范围所作出的安排，主要包括实质性方案和综合性方案。实质性方案是指审计师实施的进一步审计程序以实质性程序为主；综合性方案是指审计师在实施进一步审计程序时，将控制测试与实质性程序结合使用。当评估的财务报表层次重大错报风险属于高风险水平（并相应采取更强调审计程序不可预见性，重视调整审计程序的性质、时间和范围等总体应对措施）时，拟实施进一步审计程序的总体方案往往更倾向于实质性方案。反之，则采用综合性方案。

第三节 控制测试及其设计 ■──────────────────

在了解被审计单位及其环境的过程中（战略分析和经营流程分析），审计师了解了被审计单位的内部控制。为了考虑内部控制对被审计单位重大错报风险的削弱程度，审计师应当对内部控制的有效性进行测试。通过控制测试，审计师一方面可以为重大错报风险的评估结论提供进一步的证据支持，另一方面则可以根据控制风险水平的高低计划对财务报表认定的实质性程序。

一、控制测试的内涵和要求

控制测试指的是测试控制运行的有效性。测试控制运行的有效性与确定控制是否得到执行所需获取的审计证据是不同的。在实施风险评估程序以获取控制是否得到执行的审计证据时，审计师应当确定某项控制是否存在，被审计单位是否正在使用。在测试控制运行的有效性时，审计师应当从下列方面获取关于控制是否有效运行的审计证据：（1）控制在所审计期间的不同时点是如何运行的；（2）控制是否得到一贯执行；（3）控制由谁执行；（4）控制以何种方式运行。如果被审计单位在所审计期间内的不同时期使用了不同的控

制，审计师就应当考虑不同时期控制运行的有效性。

控制运行有效性强调的是控制能够在各个不同时点按照既定设计得以一贯执行。因此，在了解控制是否得以执行时，审计师只需抽取少量的交易进行检查或观察某几个时点。但在测试控制运行的有效性时，审计师需要抽取足够数量的交易进行检查或对多个不同时点进行观察。

测试控制运行的有效性与确定控制是否得到执行所需获取的审计证据虽然存在差异，但两者也有联系。为评价控制设计和确定控制是否得到执行而实施的某些风险评估程序尽管并非专为控制测试而设计的，但可能提供有关控制运行有效性的审计证据，审计师可以考虑在评价控制设计和获取控制得到执行的审计证据的同时测试控制运行有效性，以提高审计效率；同时审计师应当考虑这些审计证据是否足以实现控制测试的目的。

控制测试并非在任何情况下都需要实施。当存在下列情形之一时，审计师应当实施控制测试：

（1）在评估认定层次重大错报风险时，预期控制的运行是有效的。

如果在评估认定层次重大错报风险时预期控制的运行是有效的，则审计师应当实施控制测试，就控制在相关期间或时点的运行有效性获取充分、适当的审计证据。审计师通过实施风险评估程序，可能发现某项控制的设计是合理的，同时得到了执行。在这种情况下，出于成本效益的考虑，审计师可能预期，如果相关控制在不同时点都得到了一贯执行，与该项控制有关的财务报表认定发生重大错报的可能性就不会很大，也就可以考虑通过实施控制测试而减少实施实质性程序。为此，审计师可能会认为值得对相关控制在不同时点是否得到了一贯执行进行测试，即实施控制测试。这种测试主要是出于成本效益的考虑，其前提是审计师通过了解内部控制以后认为某项控制存在着被信赖和利用的可能。也就是说，只有认为控制设计合理、能够防止或发现和纠正认定层次的重大错报，审计师才有必要对控制运行的有效性实施测试。

（2）仅实施实质性程序不足以提供认定层次充分、适当的审计证据。

如果认为仅实施实质性程序获取的审计证据无法将认定层次重大错报风险降至可接受的低水平，则审计师应当实施相关的控制测试，以获取控制运行有效性的审计证据。

二、控制测试的设计

审计师对控制风险的评估直接影响其对实质性程序的安排。因此，审计师应合理设计控制测试。控制测试的设计就是审计师对控制测试的性质、时间和范围进行的规划。

1.控制测试的性质

控制测试的性质是指控制测试所使用的审计程序的类型及其组合。审计师应当选择适当类型的审计程序以获取有关控制运行有效性的保证。计划从控制测试中获取的保证水平是决定控制测试性质的主要因素之一。计划的保证水平越高，对有关控制运行有效性的审计证据的可靠性要求就越高。当拟实施的进一步审计程序主要以控制测试为主，尤其是仅实施实质性程序获取的审计证据无法将认定层次重大错报风险降至可接受的低水平时，审计师应当获取有关控制运行有效性的更高的保证水平。

虽然控制测试与了解内部控制的目的不同，但两者采用审计程序的类型通常相同，包括询问、观察、检查和穿行测试。此外，控制测试的程序还包括重新执行。

询问本身并不足以测试控制运行的有效性，审计师应当将询问与其他审计程序结合使用，以获取有关控制运行有效性的审计证据。观察提供的证据仅限于观察发生的时点，本身也不足以测试控制运行的有效性。将询问、观察与检查或重新执行结合使用，通常能够比仅实施询问和观察获取更高的保证水平。例如，被审计单位针对处理收到的邮政汇款单设计和执行了相关的内部控制，审计师通过询问和观察程序往往不足以测试此类控制的运行有效性，还需要检查能够证明此类控制在所审计期间的其他时段有效运行的文件和凭证，以获取充分、适当的审计证据。

审计师选择控制测试的性质通常会考虑以下因素：

（1）特定控制的性质。

审计师应当根据特定控制的性质选择所需实施审计程序的类型。某些控制可能存在反映控制运行有效性的文件记录，在这种情况下，审计师应当考虑检查这些文件记录以获取控制运行有效性的审计证据；某些控制可能不存在文件记录，或文件记录与证实控制运行有效性不相关，在这种情况下，审计师应当考虑实施检查以外的其他审计程序，以获取有关控制运行有效性的审计证据。

（2）与认定直接相关和间接相关的控制。

在设计控制测试时，审计师不仅应当考虑与认定直接相关的控制，还应当考虑这些控制所依赖的与认定间接相关的控制，以获取支持控制运行有效性的审计证据。例如，被审计单位可能针对超出信用额度的例外赊销交易设置报告和审核制度（与认定直接相关的控制），在测试该项制度的运行有效性时，审计师不仅应当考虑审核的有效性，还应当考虑与例外赊销报告中信息准确性有关的控制（与认定间接相关的控制）是否有效运行。

（3）应用控制的自动化。

对于一项自动化的应用控制，由于信息技术处理过程的内在一贯性，审计师可以利用该项控制得以执行的审计证据和信息技术一般控制（特别是对系统变动的控制）运行有效性的审计证据，作为支持该项控制在相关期间运行有效性的重要审计证据。

（4）控制测试的目的。

控制测试的目的是评价控制是否有效运行；细节测试的目的是发现认定层次的重大错报。尽管两者目的不同，但审计师可以考虑针对同一交易同时实施控制测试和细节测试，以实现双重目的。例如，审计师通过检查某笔交易的发票可以确定是否经过适当的授权，也可以获取关于该交易的金额、发生时间等细节证据。如果拟实施双重目的测试，审计师应当仔细设计和评价测试程序。

（5）实施实质性程序的结果对控制测试结果的影响。

审计师应当考虑实施实质性程序发现的错报对评价相关控制运行有效性的影响，如降低对相关控制的信赖程度、调整实质性程序的性质、扩大实质性程序的范围等。如果实施实质性程序发现被审计单位没有识别出的重大错报，通常表明内部控制存在重大缺陷，审计师应当就这些缺陷与管理层和治理层进行沟通。

2.控制测试的时间

控制测试的时间直接关系到通过控制测试获取的审计证据的时间问题。通过控制测试获取的审计证据的时间涉及两个问题：一个问题是，证据什么时候获得和它可能被运用到审计期间的哪一部分；另一个问题是，在本审计期间对以前期间控制设计和运行有效性证据的依赖程度。所以，审计师应当根据控制测试的目的确定控制测试的时间，并确定拟信赖的相关控制的时点或期间。如果仅需要测试控制在特定时点的运行有效性，则审计师只需要获取该时点的审计证据。如果需要获取控制在某一期间运行有效性的审计证据，则仅获取与时点相关的审计证据是不充分的，审计师应当辅以其他控制测试，包括测试被审计单位对控制的监督。

审计师可能在期中实施进一步审计程序。对于控制测试，审计师在期中实施此类程序具有更积极的作用。但即使已获取有关控制在期中运行有效性的审计证据，审计师仍然需要考虑如何能够将控制在期中运行有效性的审计证据合理延伸至期末。因此，如果已获取有关控制在期中运行有效性的审计证据，并拟利用该证据，审计师就应当实施下列审计程序：

（1）获取这些控制在剩余期间变化情况的审计证据。

针对期中已获取过审计证据的控制，考察这些控制在剩余期间的变化情况：如果这些控制在剩余期间没有发生变化，则审计师可能决定信赖期中获取的审计证据；如果这些控制在剩余期间发生了变化，则审计师需要了解并测试控制的变化对期中审计证据的影响。

（2）确定针对剩余期间还需获取的补充审计证据。

针对期中证据以外的、剩余期间的补充证据，审计师应当考虑下列因素：

①评估的认定层次重大错报风险的重大程度。评估的重大错报风险对财务报表的影响越大，审计师需要获取的剩余期间的补充证据越多。

②在期中测试的特定控制。例如，对自动化运行的控制，审计师更可能测试信息系统一般控制的运行有效性，以获取控制在剩余期间运行有效性的审计证据。

③在期中对有关控制运行有效性获取的审计证据的充分程度。如果在期中对有关控制运行有效性获取的审计证据比较充分，则审计师可以考虑适当减少需要获取的剩余期间的补充证据。

④剩余期间的长度。剩余期间越长，审计师需要获取的剩余期间的补充证据越多。

⑤在信赖控制的基础上拟缩小进一步实质性程序的范围。审计师对相关控制的信赖程度越高，通常在信赖控制的基础上拟缩小进一步实质性程序的范围就越大。在这种情况下，审计师需要获取的剩余期间的补充证据越多。

⑥控制环境。在审计师总体上拟信赖控制的前提下，控制环境越薄弱（或把握程度越低），审计师需要获取的剩余期间的补充证据越多。

被审计单位对控制的监督起到的是一种检验相关控制在所有相关时点是否都有效运行的作用，因此，除了上述测试剩余期间控制的运行有效性，通过测试剩余期间控制的运行有效性或测试被审计单位对控制的监督，审计师可以获取补充审计证据，以便更有把握地将控制在期中运行有效性的审计证据延伸至期末。

内部控制中的一些要素对于被审计单位而言往往是相对稳定的（相对于具体的交易、账户余额和列报），审计师在本期审计时可以适当考虑利用以前审计获取的有关控制运行有效性的审计证据。但是，如果拟信赖以前审计获取的有关控制运行有效性的审计证据，审计师就应当通过实施询问并结合观察或检查程序，获取这些控制是否已经发生变化的审计证据。如果这些控制在本期发生变化，则审计师应当考虑以前审计获取的有关控制运行有效性的审计证据是否与本期审计相关。

如果拟信赖的控制自上次测试后已发生变化，审计师就应当在本期审计中测试这些控制的运行有效性。如果拟信赖的控制自上次测试后未发生变化，且不属于旨在减轻特别风险的控制，审计师就应当运用职业判断确定是否在本期审计中测试其运行有效性，以及本次测试与上次测试的时间间隔，但两次测试的时间间隔不得超过两年。

在确定利用以前审计获取的有关控制运行有效性的审计证据是否适当以及再次测试控制的时间间隔时，审计师应当考虑的因素或情况包括：

（1）内部控制其他要素的有效性，包括控制环境、对控制的监督以及被审计单位的风险评估过程。

（2）控制特征（是人工控制还是自动化控制）产生的风险。

（3）信息技术一般控制的有效性。

（4）控制设计及其运行的有效性，包括在以前审计中测试控制运行有效性时发现的控制运行偏差的性质和程度。

（5）由于环境发生变化而特定控制缺乏相应变化导致的风险。

（6）重大错报的风险和对控制的拟信赖程度。

当出现下列情况时，审计师应当缩短再次测试控制的时间间隔或完全不信赖以前审计获取的审计证据：

（1）控制环境薄弱。如果被审计单位控制环境薄弱或对控制的监督薄弱，审计师就应当缩短再次测试控制的时间间隔或完全不信赖以前审计获取的审计证据。

（2）对控制的监督薄弱。

（3）相关控制中人工控制的成分较大。如果相关控制中人工控制的成分较大，考虑到人工控制一般稳定性较差，审计师可能决定在本期审计中继续测试该控制的运行有效性。

（4）信息技术一般控制薄弱。如果信息技术一般控制薄弱，审计师就可能更少地依赖以前审计获取的审计证据。

（5）对控制运行产生重大影响的人事变动。如果在审计期间发生了对控制运行产生重大影响的人事变动，审计师就可能决定在本期审计中不依赖以前审计获取的审计证据。

（6）环境的变化表明需要对控制作出相应的变动。如果环境的变化表明需要对控制作出相应的变动、但控制却没有作出相应变动，审计师就应当充分意识到控制不再有效，从而导致本期财务报表发生重大错报的可能性，此时不应再依赖以前审计获取的有关控制运行有效性的审计证据。

（7）重大错报风险较大或对控制的拟信赖程度较高。如果重大错报风险较大或对控制的拟信赖程度较高，审计师就应当缩短再次测试控制的时间间隔或完全不信赖以前审计获取的审计证据。

如果拟信赖以前审计获取的某些控制运行有效性的审计证据，审计师就应当在每次审计时从中选取足够数量的控制，测试其运行有效性；不应将所有拟信赖控制的测试集中于某一次审计而在之后的审计中不进行任何测试。

如果确定评估的认定层次重大错报风险是特别风险，并拟信赖旨在减轻特别风险的控制，则审计师不应依赖以前审计获取的审计证据，而应在本期审计中测试这些控制的运行有效性。也就是说，如果审计师拟信赖针对特别风险的控制，那么所有关于该控制运行有效性的审计证据都必须来自当年的控制测试，审计师应当在每次审计中都测试这类控制。

审计师是否需要在本期测试某项控制的决策过程如图11-4所示。

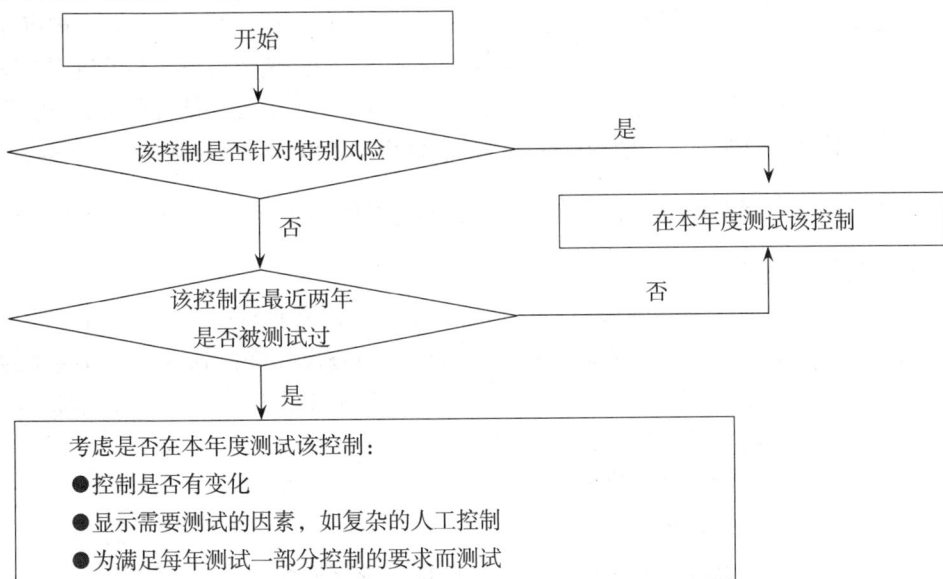

图11-4　本审计期间测试某项控制的决策过程

3.控制测试的范围

控制测试的范围主要是指某项控制活动的测试次数。审计师应当设计控制测试，以获取控制在整个拟信赖的期间有效运行的充分、适当的审计证据。

在确定某项控制的测试范围时，审计师通常考虑下列因素：

（1）在整个拟信赖的期间，被审计单位执行控制的频率。控制执行的频率越高，控制测试的范围越大。

（2）在所审计期间，审计师拟信赖控制运行有效性的时间长度。拟信赖控制运行有效性的时间长度不同，在该时间长度内发生的控制活动次数也不同。审计师需要根据拟信赖控制的时间长度确定控制测试的范围。拟信赖期间越长，控制测试的范围越大。

（3）为证实控制能够防止或发现并纠正认定层次重大错报，所需获取审计证据的相关性和可靠性。对审计证据的相关性和可靠性要求越高，控制测试的范围越大。

（4）通过测试与认定相关的其他控制获取的审计证据的范围。针对同一认定，可能存在不同的控制。当针对其他控制获取审计证据的充分性和适当性较高时，测试该控制的范围可适当缩小。

（5）在风险评估时拟信赖控制运行有效性的程度。审计师在风险评估时对控制运行有效性的拟信赖程度越高，需要实施控制测试的范围越大。

（6）控制的预期偏差。预期偏差可以用控制未得到执行的预期次数占控制应当得到执行次数的比率加以衡量。考虑该因素，是因为在考虑测试结果是否可以得出控制运行有效性的结论时，不可能只要出现任何控制执行偏差就认定控制运行无效，所以需要确定一个合理水平的预期偏差率。控制的预期偏差率越高,需要实施控制测试的范围越大。如果控制的预期偏差率过高,审计师就应当考虑控制可能不足以将认定层次的重大错报风险降至可接受的低水平,从而针对某一认定实施的控制测试可能是无效的。

此外,对自动化控制来说,信息技术处理具有内在一贯性,除非系统发生变动,审计师通常不需要增加自动化控制的测试范围。对于一项自动化应用控制,一旦确定被审计单位正在执行该控制,审计师通常无需扩大控制测试的范围,但需要考虑测试与该应用控制有关的一般控制的运行有效性;确定系统是否发生更改,如果发生更改,是否存在适当的系统更改控制;确定对交易的处理是否使用授权批准的软件版本,以确定该控制持续有效运行。

第四节 计划对财务报表认定的实质性程序

一、实质性程序计划

在对财务报表重大错报风险进行评估后,审计师应根据评估结果确定具体审计目标,计划和实施对财务报表认定的实质性程序,以便将检查风险降低到一个可以接受的水平。

为了实现每一个重要的审计目标,在编制测试财务报表认定的审计计划时,审计师必须对实现审计目标的审计程序作出如下决策:

(1)应该执行何种审计程序?

(2)应该何时执行这种程序?

(3)如果使用以抽样为基础的测试,应该抽查多少业务?

(4)如果使用以抽样为基础的测试,应该检查账户中的哪些业务?

这些问题通常被称为实质性程序的性质、时间和范围。对所有重要审计目标的这四个问题的答案构成了实施实质性程序的计划。为了有效地执行实质性程序,在完成风险评估和控制测试程序后,审计师应制定具体的审计计划,对财务报表认定实质性程序的性质、时间和范围作出安排

二、实质性程序的设计

实质性程序是指审计师针对评估的重大错报风险实施的直接用以发现认定层次重大错报的审计程序。实质性程序包括对各类交易、账户余额、列报的细节测试以及实质性分析程序。审计师应当针对评估的重大错报风险设计和实施实质性程序,以发现认定层次的重大错报。

由于审计师对重大错报风险的评估是一种判断,审计师可能无法充分识别所有的重大错报风险,并且由于内部控制存在固有局限性,无论评估的重大错报风险结果如何,审计师都应当针对所有重大的各类交易、账户余额、列报实施实质性程序。

审计师实施的实质性程序应当包括下列与财务报表编制完成阶段相关的审计程序:

(1)将财务报表与所依据的会计记录相核对。

(2)检查财务报表编制过程中作出的重大会计分录和其他会计调整。审计师对会计分录和其他会计调整检查的性质和范围,取决于被审计单位财务报告过程的性质和复杂程度以及由此产生的重大错报风险。

如果认为评估的认定层次重大错报风险是特别风险,则审计师应当专门针对该风险实施实质性程序。例如,如果认为管理层面临实现盈利指标的压力而可能提前确认收入,则

审计师在设计询证函时不仅应当考虑函证应收账款的账户余额，还应当考虑询证销售协议的细节条款（如交货、结算及退货条款），审计师还可考虑在实施函证的基础上针对销售协议及其变动情况询问被审计单位的非财务人员。

如果针对特别风险仅实施实质性程序，则审计师应当使用细节测试，或将细节测试和实质性分析程序结合使用，以获取充分、适当的审计证据。

1.实质性程序的性质

实质性程序的性质，是指实质性程序的类型及其组合。实质性程序的两种基本类型包括细节测试和实质性分析程序。细节测试是对各类交易、账户余额、列报的具体细节进行测试，目的在于直接识别财务报表认定是否存在错报。实质性分析程序从技术特征上看仍然是分析程序，主要是通过研究数据间关系评价信息，只是将该技术方法用作实质性程序，即用以识别各类交易、账户余额、列报及相关认定是否存在错报。

审计师应当根据各类交易、账户余额、列报的性质选择实质性程序的类型。细节测试和实质性分析程序的目的和技术手段存在一定差异，细节测试适用于对各类交易、账户余额、列报认定的测试，尤其是对存在或发生、计价认定的测试；对在一段时期内存在可预期关系的大量交易，审计师可以考虑实施实质性分析程序。

对于细节测试，审计师应当针对评估的风险设计细节测试，获取充分、适当的审计证据，以达到认定层次所计划的保证水平。审计师需要根据不同的认定层次的重大错报风险设计有针对性的细节测试。在针对存在或发生认定设计细节测试时，审计师应当选择包含在财务报表金额中的项目，并获取相关审计证据。在针对完整性认定设计细节测试时，审计师应当选择有证据表明应包含在财务报表金额中的项目，并调查这些项目是否确实被包括在内。

在设计实质性分析程序时，审计师应当考虑下列因素：

（1）对特定认定使用实质性分析程序的适当性；

（2）对已记录的金额或比率作出预期时，所依据的内部或外部数据的可靠性；

（3）作出预期的准确程度是否足以在计划的保证水平上识别重大错报；

（4）已记录金额与预期值之间可接受的差异额。

此外，当实施实质性分析程序时，如果使用被审计单位编制的信息，审计师就应当考虑测试与信息编制相关的控制，以及这些信息是否在本期或前期经过审计。

2.实质性程序的时间

如果在期中实施了实质性程序，审计师就应当针对剩余期间实施进一步的实质性程序，或将实质性程序和控制测试结合使用，以将期中测试得出的结论合理延伸至期末。所以，在期中实施实质性程序，一方面消耗了审计资源，另一方面期中实施实质性程序获取的审计证据又不能直接作为期末财务报表认定的审计证据，审计师仍然需要消耗进一步的审计资源使期中审计证据能够合理延伸至期末。因此，审计师需要权衡这两部分审计资源的总和是否能够显著小于完全在期末实施实质性程序所需消耗的审计资源。

在既定审计资源的情况下，审计师在期中实施实质性程序，减少了期末实施实质性程序的数量，增加了期末存在错报而未被发现的风险，并且该风险随着剩余期间的延长而增加。所以，在考虑是否在期中实施实质性程序时，审计师应当考虑下列因素：

（1）控制环境和其他相关的控制。控制环境和其他相关的控制越薄弱，审计师越不宜依赖期中实施的实质性程序。

（2）实施审计程序所需信息在期中之后的可获得性。如果实施实质性程序所需信息在期中之后可能难以获取，则审计师应考虑在期中实施实质性程序；但如果实施实质性程序所需信息在期中之后的获得并不存在明显困难，则该因素不应成为审计师在期中实施实质性程序的重要影响因素。

（3）实质性程序的目标。如果针对某项认定实施实质性程序的目标就包括获取该认定的期中审计证据，则审计师应在期中实施实质性程序。

（4）评估的重大错报风险。审计师评估的某项认定的重大错报风险越高，针对该认定所需获取的审计证据的相关性和可靠性要求也就越高，审计师越应当考虑将实质性程序集中于期末（或接近期末）实施。

（5）各类交易或账户余额以及相关认定的性质。例如，某些交易或账户余额以及相关认定的特殊性质（如收入截止认定、未决诉讼）决定了审计师必须在期末（或接近期末）实施实质性程序。

（6）对剩余期间，能否通过实施实质性程序或将实质性程序与控制测试相结合，降低期末存在错报而未被发现的风险。如果针对剩余期间审计师可以通过实施实质性程序或将实质性程序与控制测试相结合，较有把握地降低期末存在错报而未被发现的风险，审计师就可以考虑在期中实施实质性程序；但如果针对剩余期间审计师认为还需要消耗大量审计资源才有可能降低期末存在错报而未被发现的风险，甚至没有把握通过适当的进一步审计程序降低期末存在错报而未被发现的风险，审计师就不宜在期中实施实质性程序。

如果拟将期中测试得出的结论延伸至期末，审计师就应当考虑针对剩余期间仅实施实质性程序是否足够。如果认为实施实质性程序本身不充分，审计师还应测试剩余期间相关控制运行的有效性或针对期末实施实质性程序。

对于舞弊导致的重大错报风险（作为一类重要的特别风险），被审计单位存在故意错报或操纵的可能性，那么审计师更应慎重考虑能否将期中测试得出的结论延伸至期末。因此，如果已识别出由于舞弊导致的重大错报风险，为将期中得出的结论延伸至期末而实施的审计程序通常是无效的，审计师就应当考虑在期末或者接近期末实施实质性程序。

如果已在期中实施了实质性程序，或将控制测试与实质性程序相结合，并拟信赖期中测试得出的结论，审计师就应当将期末信息和期中的可比信息进行比较、调节，识别和调查出现的异常金额，并针对剩余期间实施实质性分析程序或细节测试。

（1）确定针对剩余期间拟实施的实质性程序时，审计师应当考虑是否已在期中实施控制测试，并考虑与财务报告相关的信息系统能否充分提供与期末账户余额及剩余期间交易有关的信息。

（2）对剩余期间实施实质性程序时，审计师应当重点关注并调查重大的异常交易或分录、重大波动以及各类交易或账户余额在构成上的重大或异常变动。

（3）如果拟针对剩余期间实施实质性分析程序，审计师就应当考虑某类交易的期末累计发生额或账户期末余额在金额、相对重要性及构成方面能否被合理预期。

如果在期中检查出某类交易或账户余额存在错报，审计师就应当考虑修改与该类交易或账户余额相关的风险评估以及针对剩余期间拟实施实质性程序的性质、时间和范围，或考虑在期末扩大实质性程序的范围或重新实施实质性程序。

在以前审计中实施实质性程序获取的审计证据，通常对本期只有很弱的证据效力或没有证据效力，不足以应对本期的重大错报风险。只有当以前获取的审计证据及其相关事项未发生重大变动时（例如以前审计通过实质性程序测试过的某项诉讼在本期没有任何实质性进展），以前获取的审计证据才可能用作本期的有效审计证据。但是，如果拟利用以前审计中实施实质性程序获取的审计证据，审计师就应当在本期实施审计程序，以确定这些审计证据是否具有持续相关性。

3.实质性程序的范围

在确定实质性程序的范围时，审计师应当考虑评估的认定层次重大错报风险和实施控制测试的结果。审计师评估的认定层次的重大错报风险越高，需要实施实质性程序的范围越广。如果对控制测试结果不满意，审计师就应当考虑扩大实质性程序的范围。

在设计细节测试时，审计师除了从样本量的角度考虑测试范围外，还要考虑选样方法的有效性等因素。例如，从总体中选取大额或异常项目，而不是进行代表性抽样或分层抽样。

在设计实质性分析程序时，审计师应当确定已记录金额与预期值之间可接受的差异额。在确定该差异额时，审计师应当主要考虑各类交易、账户余额、列报及相关认定的重要性和计划的保证水平。实施分析程序可能发现偏差，但并非所有的偏差都值得展开进一步调查。可容忍或可接受的偏差（即预期偏差）越大，作为实质性分析程序一部分的进一步调查的范围就越小。

三、实质性程序之间的权衡

为了便于对编制审计计划的讨论，有必要对审计风险模型进行修改。检查风险可以分解为两种风险：第一，实质性分析程序风险（SAP）。这是指在进行实质性分析程序时，审计师未能查出存在于某项认定中的重大的错报的风险。第二，细节测试风险（TOD）。这是指在进行账户余额测试时，审计师未能查出存在于某项认定中的重大的错报的风险。将检查风险分解后，就可以形成新的审计风险模型：

审计风险（AR）=重大错报风险（MR）×实质性分析程序风险（SAP）×细节测试风险（TOD）

从新的审计风险模型中可以看出，由于检查风险受实质性分析程序风险与账户余额测试风险的影响，实质性分析程序可以先于细节测试进行。如果使用成本较少的实质性分析程序能将检查风险降低到一个可以接受的水平，那么对成本较高的细节测试的使用就可以最小化。

在审计中，审计师遵循的基本策略是，采用成本最低且效率最高的审计程序来取得充分、适当的审计证据。这就需要审计师根据不同的情况在各种审计程序之间进行权衡。

在确定实质性测试的性质、时间和范围时，审计师已经进行了战略分析和经营流程分析，并对重要审计目标的控制风险进行了初步评估，形成了关于控制风险的结论。在确定了重要认定的控制风险之后，审计师会利用恰当的业绩指标来执行实质性分析程序。最后，为了完成审计业务和取得对财务报表发表意见所需的剩余证据，审计师要进行充分的细节测试。

图11-5描述了审计师编制审计计划时对实质性程序的权衡过程。假定经过控制测试后，审计师关于内部控制风险的结论有三种：第一，将所有认定的控制风险设为最高水平，在从内部控制中不能取得任何保证的假设下来执行审计业务；第二，基于在战略分析

和经营流程分析中执行的审计程序，将某些认定的控制风险设置为略低于最高水平；第三，基于战略分析和经营流程分析的结果和对内部控制的测试，大幅度降低某些认定的控制风险的水平。从图11-5中可以看出，控制风险水平不同，审计师采用的实质性测试程序也不一样。账户余额测试所采用的审计程序取决于控制风险水平及实质性分析程序的结果。账户余额的直接测试的范围可大可小，这取决于所有现存的审计证据。

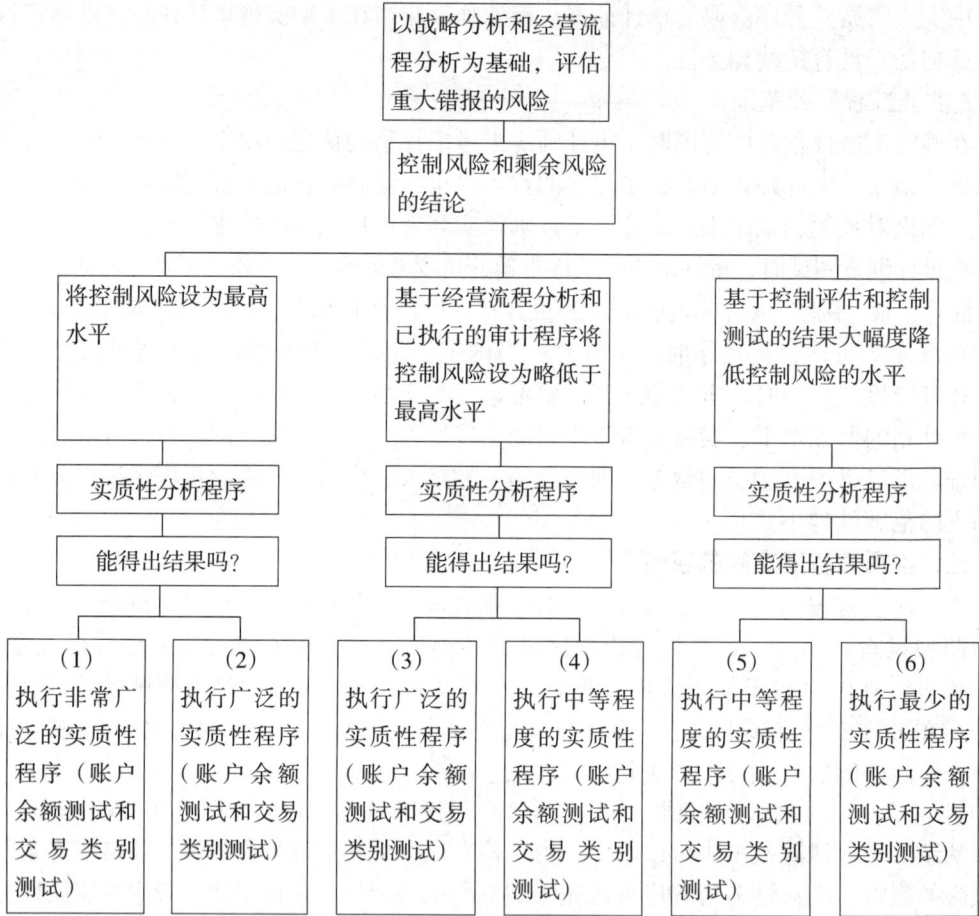

图11-5 实质性程序的权衡

表11-2概括了审计师计划审计过程六种可能的结果。从中我们可以看出，图中所列的每一种情况都是控制风险、分析性证据和账户余额测试的不同组合。

表11-2　　　　　　　计划审计工作结果的总结（假设审计风险及检查风险一定）

六种可能的结果	控制风险	分析程序风险	可接受的账户余额详细测试的风险	账户余额测试的范围
结果（1）	最高	高	非常低	非常广泛的实质性测试
结果（2）	最高	中	低	广泛的实质性测试
结果（3）	高	高	低	广泛的实质性测试
结果（4）	高	中	中	中等程度的实质性测试
结果（5）	低/中	高	中	中等程度的实质性测试
结果（6）	低/中	中	高	最少的实质性测试

经营流程不同，受其影响的账户和认定也不同。为了便于审计工作的执行，审计师必须将审计工作分解为易于管理的组成部分。审计工作可以按会计报表项目进行分解，也可以按交易循环分解，还可以按经营流程分解。笔者认为，按经营流程分解审计任务更能体现现代风险导向审计模式的要求。在运用经营流程分块编制实质性程序计划时，可将企业经营流程分解为销售、营销和分销流程，供应链管理与产品生产流程，人力资源管理流程，固定资产管理流程和财务管理流程。值得注意的是，每一个经营流程都有各自的目标、风险、控制和业绩指标，审计师应将对各经营流程的评估作为战略分析和经营流程分析的组成部分。每一经营流程都存在受其影响的账户。审计师必须明确各经营流程会影响哪些账户，将各经营流程的剩余风险与财务报表认定联系起来，并以风险评估、重要性判断和可用的证据为基础来计划实质性测试。对审计计划分解是完成财务报表认定测试计划的基础。

编制测试财务报表认定的审计计划要求审计师运用所获得的关于被审计单位的知识和审计师自身的经验。

各审计业务的审计计划经常有大量的相似之处。因此，许多会计师事务所根据被审计单位的情况，使用自动化和标准化的审计计划。当然，审计师必须对不适用的情况保持高度警惕，并相应地修改审计计划。一个良好的审计计划具有以下特征：

第一，审计计划应该包括所有要执行的实质性程序、审计程序的执行时间以及选择业务进行检查的指导原则。

第二，审计计划应使各种审计程序与审计目标相配合，以保证所有审计目标都能依据剩余风险的评估结果得到充分的处理。许多审计程序可以为多种审计目标提供证据，这是审计师必须处理的另外一种复杂情况。

第三，审计计划应具有灵活性。如果发现存在作为审计计划基础的风险评估或其他假设不准确的新信息或新证据，审计师应对审计计划进行修改，以反映新的事实或情况。

第四，审计计划应提供一种机制来记录所执行的审计程序。因为审计计划是各种审计程序的综合一览表，审计计划应包括所有的审计程序是否执行、何时执行以及由谁执行的内容。

第五节 执行对财务报表认定的实质性程序

在执行财务报表审计时，审计师通常将财务报表项目按一定的标准划分为更小的部分，以便于审计工作的管理和审计团队内部的人员分工。在对财务报表的项目归类时，通常有以下三种标准：第一，按财务报表的项目进行划分；第二，按业务循环进行划分（业务循环是指处理某一类经济业务的工作程序和先后顺序）；第三，按企业经营流程划分。按财务报表的项目来组织财务报表审计的方法称为项目分块法；按业务循环来组织财务报表审计的方法称为业务循环分块法；按企业经营流程来组织审计工作的方法称为经营流程分块法。一般而言，采用项目分块法与多数被审计单位账户设置体系及财务报表格式相吻合，具有操作方便的优点，但由于内部控制测试通常按业务循环或经营流程采用审计抽样的方法进行，故项目分块法存在实质性程序与内部控制测试严重脱节的弊端。业务循环分块法可将按业务循环进行的内部控制测试与实质性程序直接联系，加深审计师对被审计单位经济业务的理解，而且能将特定业务循环所涉及的财务报表项目分配给一个或数个审计师，便于审计师的合理分工，从而提高审计工作的效率与效果。经营流程分块法不仅能将内部控制测试与实质性程序有机结合起来，便于审计团队内部人员的合理分工，而且有利于审计师理解被审计单位的战略定位，认识企业的价值创造过程，分析企业经营风险及其应对措施，将经营风险分析、内部控制测试、剩余风险分析与财务报表重大错报风险评估有机结合起来。从这个意义上讲，经营流程分块法是特别适合现代风险导向审计模式的一种审计业务分块法。本书主要采用经营流程分块法阐述审计师的财务报表审计工作。

经营流程分块法是指按照被审计单位经营流程评估被审计单位财务报表重大错报风险，测试其内部控制，执行实质性程序，收集充分适当的证据，从而对财务报表的合法性、公允性发表审计意见的一种方法。

在采用经营流程分块法时，审计师首先应确定被审计单位经营流程的种类。在确定被审计单位经营流程时，审计师可直接按价值链模型对企业经营流程进行分类，也可把价值链模型的各要素作适当的归类，将其分为战略管理流程、核心经营流程和资源管理流程[①]来组织审计工作。

审计师对各经营流程的审计可以相对独立地进行，但这不等于说各经营流程的审计是孤立的。在最终判断被审计单位财务报表是否公允反映时，审计师必须综合考虑审计发现的各经营流程的错误或舞弊及违反法规行为对财务报表产生的影响。因此，即使在单独执行某一经营流程的审计时，审计师仍然应经常地将该经营流程与其他经营流程的审计情况结合起来加以考虑。

经营流程分块法适应了现代风险导向审计模式中审计工作重心前移的要求，有利于审计师透彻了解被审计单位及其经营环境，认识被审计单位的战略定位，理解被审计单位的竞争优势，将经营风险的评估与财务报表重大错报风险的评估有机结合起来，从而提高审计的效率与效果。除此以外，经营流程分块法还可以为审计师为被审计单位提供增值服务创造条件，因而它是一种符合现代审计发展趋势的审计业务分块方法。

在编制完成对财务报表认定的实质性程序计划后，审计师就应按编制的计划执行实质性程序。在审计中，审计师使用的实质性测试程序有三种，即实质性分析程序、交易类别测试和账户余额的细节测试。这些实质性程序可按经营流程分块来组织实施。各经营流程涉及的业务及账户如下：

（1）销售、营销和分销流程：该流程是处理与顾客有关的事务的经营流程。该经营流程包括的活动主要有营销、记录订单、交付产品、产品定价、向顾客开出账单和收取货款等。受该流程影响的账户主要有"库存现金""银行存款""应收账款""坏账准备""应收票据""主营业务收入""应交税费""其他业务收入""其他业务支出""销售费用"等。

（2）供应链管理与产品生产流程：该流程是取得生产所需资源并将其转换为产品和劳务的经营流程。该流程的主要活动包括采购原材料、接收原材料、制造产品、支付货款等。受该流程影响的账户主要有相关存货账户、"应付账款"、"应付票据"、"生产成本"、

---

① BELL T B，MARRS F O，KPMG LLP，et al. Auditing organizations through a strategic-systems lens ［R］. KPMG LLP，1997.

"制造费用"、"存货跌价准备"等。

（3）人力资源管理流程：该流程是取得、管理和确定人力资源报酬的经营流程。受该流程影响的账户主要包括"应付职工薪酬"等。

（4）固定资产管理流程：该流程是取得、使用及维护固定资产的流程。受该流程影响的账户包括"固定资产""累计折旧"等。

（5）财务管理流程：该流程是筹集资本、进行投资和管理现金流的经营流程。受该流程影响的账户包括各种长短期负债账户、"实收资本"、"资本公积"、"盈余公积"、"长期股权投资"、"债权投资"、"交易性金融资产"、"其他债权投资"、"其他权益工具投资"、"财务费用"和"投资收益"等。

审计师根据审计具体计划的要求，通过认真组织分析程序和细节测试，就可以将实质性检查风险降低到计划水平。

第六节 评价列报的适当性和审计证据的充分性和适当性

一、评价列报的适当性

对于财务报表的列报，审计师应当实施审计程序，以评价财务报表总体列报是否符合适用的会计准则和相关会计制度的规定。企业会计准则规范了财务报表的列报，提出了财务报表列报的一致性、可比性等总体要求，并就财务报表各组成部分（如资产负债表、利润表）的列报提出了具体要求。

在评价财务报表总体列报时，审计师应当考虑评估的认定层次重大错报风险。

审计师应当考虑财务报表是否正确反映财务信息及其分类，以及对重大事项的披露是否充分。在评价财务报表列报时，审计师通常考虑财务报表各组成部分的格式、内容、报表项目的分类、所使用术语的可理解性、所披露金额或其他信息的详细程度等方面。

二、评价审计证据的充分性和适当性

1.完成审计工作前对进一步审计程序所获取审计证据的评价

在完成审计工作前对进一步审计程序所获取审计证据的评价，主要是根据发现的错报或控制执行偏差考虑修正重大错报风险的评估结果。

通过实施进一步审计程序，审计师首先需要考虑其证据是否支持此前对认定层次的重大错报风险的评估结果。因此，审计师应当根据实施的审计程序和获取的审计证据，评价对认定层次重大错报风险的评估是否仍然适当。

财务报表审计是一个累积和不断修正的过程。随着计划的审计程序的实施，如果获取的信息与风险评估时依据的信息有重大差异，审计师就应当考虑修正风险评估结果，并据以修改原计划的其他审计程序的性质、时间和范围。

审计师应当考虑控制测试中发现的控制执行偏差对审计工作的影响。在实施控制测试时，如果发现被审计单位控制运行出现偏差，审计师就应当了解这些偏差及其潜在后果，并确定已实施的控制测试是否为信赖控制提供了充分、适当的审计证据，是否需要实施进一步的控制测试或实质性程序以应对潜在的错报风险。

审计师不应将审计中发现的舞弊或错误视为孤立发生的事项，而应当考虑其对评估的

重大错报风险的影响。

在完成审计工作前，审计师应当评价是否已将审计风险降至可接受的低水平，是否需要重新考虑已实施的审计程序的性质、时间和范围。

2.形成审计意见时对审计证据的综合评价

在形成审计意见时，审计师应当从总体上评价是否已经获取充分、适当的审计证据，以将审计风险降至可接受的低水平。审计师应当考虑所有相关的审计证据，包括能够印证财务报表认定的审计证据和与之相矛盾的审计证据。

在评价审计证据的充分性和适当性时，审计师应当运用职业判断，考虑下列因素的影响：

（1）认定发生潜在错报的重要程度，以及潜在错报单独或连同其他潜在错报对财务报表产生重大影响的可能性；

（2）管理层应对和控制风险的有效性；

（3）在以前审计中获取的关于类似潜在错报的经验；

（4）实施审计程序的结果，包括审计程序是否识别出舞弊或错误的具体情形；

（5）可获得信息的来源和可靠性；

（6）审计证据的说服力；

（7）对被审计单位及其环境的了解。

如果对重大的财务报表认定没有获取充分、适当的审计证据，审计师就应当尽可能获取进一步的审计证据。如果不能获取充分、适当的审计证据，审计师就应当出具保留意见或无法表示意见的审计报告。

第十一章学习指南

第三编
审计期望与审计质量

第十二章　审计期望差距

本书曾在第一章介绍了审计期望差距的概念，在这一章我们将根据理论界的研究成果更加详细地讨论审计期望差距的构成要素、产生原因以及职业界的对策。

第一节　审计期望差距的概念与产生原因

一、审计期望差距的概念

（一）学术界早期的研究

最早在文献中提出审计期望差距概念的是 Liggio（1974），他将期望差距定义为，"独立审计师和财务报表使用者"对审计业绩的期望水平的差异。他警告说，如果职业界不采取措施来缩小审计期望差距，会计职业就将面临越来越多的诉讼和批评。Liggio 认为 20 世纪 60 年代以来经济环境和社会环境的巨大变化使得审计期望差距逐渐成为一个重要问题，代表企业进行经营的公司管理层和帮助企业经营的会计职业界应当提高会计受托责任的水平。他认为 30 年代会计行业将其审计意见作为"注册的"，导致了会计职业界法律环境的恶化。因为使用"注册"或"注册的"一词意味着一种准确程度的保证，从而导致社会公众对会计职业界的期望提高，可事实上审计报告和准确程度毫不相关。

（二）职业界的调查

在学术界提出审计期望差距的概念以后，各国的会计职业界都展开了对审计期望差距的调查和研究，表 12-1 为世界各主要发达国家会计职业团体针对审计期望差距问题所做的调查及研究报告。这些调查研究表明各国的会计职业界对审计期望差距的存在已经有了广泛的认识，他们都认为应当采取紧急有效的行动来弥补该差距。

表 12-1　　世界各主要发达国家会计职业团体针对审计期望差距的调查研究

国家	调查报告	内容或观点
美国	科恩委员会的调查报告（CAR，1978）	科恩委员会经过调查发现审计期望差距确实存在，但他们相信主要责任并不在财务报表的使用者方面
加拿大	麦克唐纳委员会《公众对审计的期望》（1988）	该委员会得出结论发现公众对于交托给审计师的责任的范围知道得很少，公众中受过教育的多数人都认为他们对审计的期望和要求没有得到满足
英国	审计研究基金会（1989）	将审计期望差距作为主要的调查领域
澳大利亚	ASCPA 和 ICA（1994）	公布了一个研究结果，强调了与审计期望差距有关的问题
爱尔兰	爱尔兰注册会计师协会（1992）	发现有证据表明审计期望差距的存在，认为应当将其作为主要问题来看待

其中，最值得一提的是美国科恩委员会的报告。在美国著名的麦肯锡-罗宾斯案件发生以后的六十多年来，美国政府对公共会计师在审计中的作用进行了多次调查。部分是为了应对这些调查，部分是为了应对学术界对审计期望差距的研究，1978 年美国

注册会计师协会（AICPA）授权科恩委员会进行调查并发布报告。科恩委员会发现在"公众期望和需要"与"审计师能够及应当合理完成"之间确实存在"期望差"。这反映了"公众对审计的期望和审计职业界选择的审计目标之间的差距"。但他们相信主要责任并不在财务报表的使用者方面，主要原因是会计职业界"未能跟上美国商业环境的变化，及时地进行改革"。该委员会发现财务报表使用者对审计师能力的预期一般都是合理的。不过许多使用者很明显地误解了鉴证职能的性质，特别是无保留意见的含义。例如，一些使用者认为无保留意见就意味着被审计单位财务上是正确的，还有人觉得审计师不仅应当提供审计意见，还应该解释财务报表以帮助使用者评估是否向这家企业投资。最后，使用者期望审计师在履行鉴证职能时采取下列审计程序：深入企业的活动，参与对管理层的监督，发现非法行为及管理层的舞弊行为。科恩委员会得出结论认为审计师在这些领域内没有达到使用者的期望，他们认为缩小期望差距的责任在于审计师和其他参与编制和报告财务报表的人。该委员会提出了许多颁布新准则或修改现有准则的建议。

此外，科恩委员会还对银行家、财务分析师以及个别投资者进行了调查，这一研究集中于被调查者对审计责任的看法以及他们对标准审计报告中技术性用语的理解，例如，"一般公认会计原则""符合一般公认会计原则，公允地表达了""根据一般公认审计准则进行审计"等。被调查者认为标准审计报告为他们在下列方面提供了中等到高程度的保证：所采用的会计政策能够使财务报表准确，存在恰当的内部控制系统并且运行有效，发现舞弊和非法行为。由于公众对"公允表达"有着这样错误的理解，科恩委员会认为应当对审计师的责任进行更清晰的描述，因此，他们建议从审计报告中删除"公允表达"这样的字眼。该建议受到了来自职业界的强烈抵制，因而最终没有被美国注册会计师协会（AICPA）下属的审计准则委员会（ASB）所采纳。

（三）审计期望差距的一般概念

相关链接12-1

目前被审计界普遍接受的概念是1993年澳大利亚学者Porter所提出的。她认为早期的审计期望差距定义过分狭隘，没有确认审计师未能达到准则要求的可能性。她强调了确认审计期望差距全部内容的重要性，并认为只有通过比较社会对审计的期望和审计师的实际业绩，才能找到差距的全部内容。

标准无保留意见审计报告

但是审计师的实际业绩仍然是由公众来评价的，因此，全部审计期望差距可以看作社会对审计的期望和审计师实际业绩的公众看法之间的差距，她将这种期望差距称为"审计期望-业绩差距（audit expectation-performance gap）"。根据这个概念，审计期望差距可以由于社会期望的提高（有些可能是不合理的）或审计师业绩的下降（审计未能遵守或被认为未能遵守法律和职业要求而导致的低于标准行为）而扩大。相反，降低社会期望或改善审计师业绩都可以缩小审计期望差距。Porter的这种定义对于研究审计期望差距的组成和缩小方法非常有效，因此被大多数审计教科书采用。

二、审计期望差距的分类

Porter认为总的审计期望差距通常可以划分为三个组成部分（如图12-1所示）。

审计期望—业绩差距结构图

审计师业绩的　　←————　审计期望—业绩差距　————→　社会对审计师
公众认识　　　　　　　　　　　　　　　　　　　　　　　　　的期望

←————　业绩差距　————→　　　←————　合理性差距　————→

←—业绩缺陷—→←—准则缺陷—→　　←————　不合理预期　————→

　　　　　审计师　　　对审计师责任
　　　现有的责任①　　的合理期望②

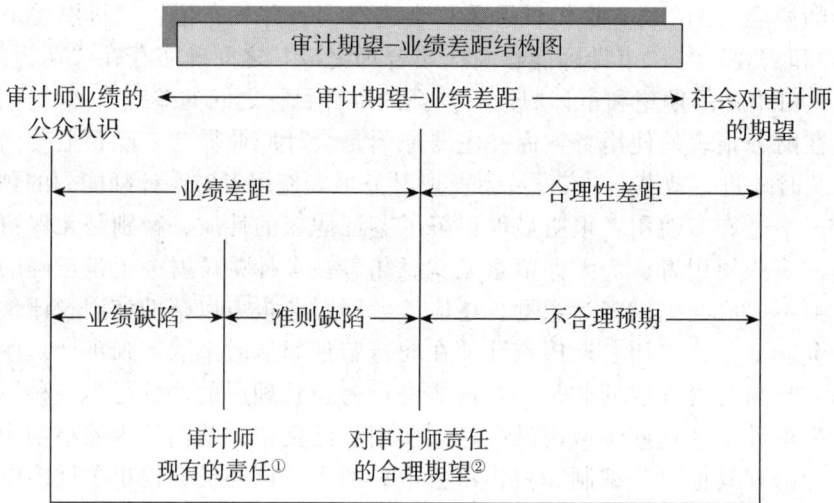

①由法律和职业准则所定义的责任。
②审计师履行这些责任是符合成本效益原则的。

图12-1　审计期望差距的结构（Porter，1993）

　　在 Porter 结构分析的基础上，1988年加拿大特许会计师协会下设的麦克唐纳委员会进一步细化了审计期望差距的构成要素，他们的报告认为审计期望差距可以分为四个部分（如图12-2所示）：可能的准则与现在的准则的差距、现在的准则与现在的业绩水平之间的差距、公众对审计的期望与可能的准则之间的差距、现在的业绩水平与公众对业绩的认识之间的差距。其中，前两个差距被认为是合理的期望差距，有必要通过业绩上的改进加以缩小，后两个差距被认为是不合理的期望差距，有必要进行进一步的沟通。这一分类确认了 Porter 没有确认的一部分业绩缺陷，即公众对审计师业绩的误解。

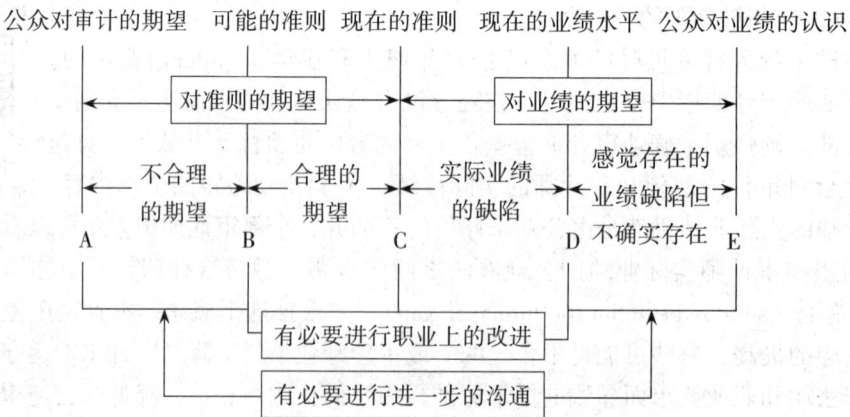

公众对审计的期望　可能的准则　现在的准则　现在的业绩水平　公众对业绩的认识

←————————　对准则的期望　————————→　　←————————　对业绩的期望　————————→

←不合理→←合理的→　　←实际业绩→　←感觉存在的
的期望　　期望　　　　的缺陷　　　业绩缺陷但
　　　　　　　　　　　　　　　　　不确实存在
A　　　　　B　　　　　C　　　　　D　　　　　E

有必要进行职业上的改进

有必要进行进一步的沟通

图12-2　麦克唐纳委员会对审计期望差距构成要素的分析

　　本书将按照 Porter 的定义进行介绍，她将审计期望差距分为两个组成部分：业绩差距和合理性差距。

（一）业绩差距（performance gap）

　　大多数教材都将业绩差距定义为：社会对审计师承担责任的合理期望和社会对审计师

实际完成任务的认知之间的差距。这一差距由两部分组成：

1.审计业绩缺陷差距（deficient performance gap）

公众所认为的现行审计准则所规定的审计师职责不同于他们观察到的审计师对这些职责的实际履行程度，这二者之间的差距就是审计业绩缺陷差距。换句话来说，审计业绩缺陷就是审计师因未能遵循现行准则而导致的业绩存在缺陷，这里现行准则包括一般公认审计原则和质量控制准则。例如，现行审计准则规定审计师应当对应收账款进行函证，但审计师在执行审计的过程中并没有这么做，那么审计师的行为就被认为是存在缺陷的，因为审计师没有遵守职业审计准则的要求，这往往也将导致审计失败。审计师因没有遵守相关准则而导致的诉讼非常多，例如，从1987年到1997年间美国SEC申请强制执行判决的诉讼中，排名前十的审计公司中有两家就是因为没有提供足够的审计证据而被起诉，还有许多没有保持应有的职业关注。在中国，针对审计师的诉讼案例中，大多数都是由于审计行为存在缺陷而导致的。

2.审计准则缺陷差距（deficient standard gap）

很多研究都表明，公众对审计师的许多期望都是合理的，然而多数国家的审计准则是由民间职业团体来制定的（例如，美国是由ASB制定，而我国的审计准则制定委员会基本也是由会计职业界人士组成），反映了职业界对审计责任的看法，并没有接受公众的这些合理期望。当公众和监管机构认为审计准则为公众公司审计提供了不恰当的指导时，准则就存在缺陷。在有缺陷的准则规范下，即使审计师的审计工作完全遵守了审计准则，也不能达到公众的合理期望要求，因此就导致了审计期望差距的产生。例如，过去审计准则要求审计师设计审计程序来查找重大的错误和非法行为，但这种关注的重点只在审计过程，而不是查找的结果。为了应对公众的批评，职业界对其职责进行了更明确的表达，将准则修改为：审计师有责任设计审计程序，为发现重大错误提供合理保证。尽管职业界对准则进行了这样的修订，但事实上并没有扩大审计师的职责范围，只是明确了审计责任。职业界认为审计是用来保证财务报表符合一般公认会计原则的，阻止和查找舞弊应该是管理层的责任，管理层应该对真实的财务报告承担法律责任。可见，职业界始终都不愿意积极地承担查找舞弊的责任，而将其作为审计财务报告公允性的一个附属产品，这使得社会对审计师职责的合理期望和现行会计审计准则、法律以及其他法规所定义的审计职责可能会不同，这两者之间的差距即可以被定义为审计准则缺陷差距。

实例12-1

康华农业审计失败

从长期来看，审计作为一个公众职业，必须不断地考虑公众对财务报告中所陈述的审计责任的看法，尽量缩小审计期望差距，这只能通过扩大服务范围、彻底改变自己对审计的认识才能做到。这种转变意味着要修改审计准则，增加审计程序来查找舞弊，对内部控制进行更多的审计和披露。这种改变会有很多好处，例如，可以提高审计质量、服务范围以及会计师事务所的收入，减少由于没有满足现有使用者要求而导致的审计责任。因此，审计期望差距或者社会对审计的期望，是推动审计准则不断修订的基础。

（二）合理性差距（reasonableness gap）

合理性差距是社会对审计师的期望和对审计师合理期望之间的差距，也就是社会对审计师职责的不合理期望。由于历史、教育以及其他各方面的原因，公众对审计职业可能会有许多误解，例如，很多人都认为审计师也对编制财务报表承担责任；因为审计是一种保证业务（assurance service），公众认为保证业务就是要检查每笔交易，他们不理解"重要性"的概念，以为审计师会检查公司的每笔交易；公众还认为与某账户相关的无保留意见审计报告意味着该账目是"正确的"，而不是合理保证该账目表达了"真实公允的观点"；很多人都认为审计师如果怀疑董事参与欺诈和其他非法行为，就应该有责任首先向第三方报告等。

实例 12-2

验资业务中的
不合理期望

公众对审计职业的过高期望是审计期望差距产生的一个重要原因。例如，Tweedie（1987）认为公众似乎要求：①一个防盗警戒系统（保护资产不受舞弊的侵害）；②一个雷达站（对未来破产的早期预警）；③一个保险箱网络（对财务健康的保险）；④一个独立的审计师（保证审计独立性）；⑤一致的沟通（能够理解审计报告）。他认为这些要求是对审计基本原则的误解。这里判断合理与否的标准应当是成本效益原则，也就是任何行为的成本都不应该超过其收益，如果审计收费不能弥补为满足某种期望而发生的审计成本，职业界就把这种期望看作是不合理期望。

三、审计期望差距的产生原因

审计期望差距的存在已经被各国的职业界和学术界所证明，但是其产生原因在不同类型国家是有所区别的，发达国家、新兴工业化国家、转轨经济国家等，尽管都存在一定程度的审计期望差距，但每个国家的审计实务和审计准则的发展程度不同，影响审计发展的外部环境也不同，各国审计期望差距的产生原因或各种原因所占的分量是不同的。一个国家对审计期望差距所采用的弥补措施未必适合另外一个国家。因此，下面我们将从几个方面来分析审计期望差距的产生原因，并参考 Lin 和 Chen 的论文介绍我国审计期望差距产生的特殊原因。

（一）审计期望差距产生原因的理论分析

在解释审计期望差距的产生方面有许多的理论，可以从以下几个方面来分析：

1.历史分析

这一理论认为，审计期望差距是一个历史问题。19世纪中期到20世纪初，美国的审计职业主要是为防止舞弊和故意的错误经营提供几乎绝对的保证。随着美国企业的成长和审计职业的发展，20世纪初审计职业从为防止舞弊而检查所有交易转向决定财务报表的公允性。这种转变主要有两个原因：其一是企业经营业务量剧增（这使得查找舞弊变得非常困难），以及企业中股东的地位和作用日益重要；其二是公司的股东和其他的外部使用者团体日益依赖审计师去查核管理层所提供的信息，从而使得审计的主要目标转向对外部财务信息的鉴证。美国现在的审计实务已经和早期偏离得很远了，目前主要的审计目标在于检查财务报告的合理性。现在的审计准则非常强调"合理保证"的概念。从美国审计职业的历史发展可以发现，审计职业在产生初期的目标是查错防弊，在后来的发展中职业界改变了其目标，但是公众仍然认为审计师对查找报告舞弊负有责任，从而导致了审计期望差距的产生。

2.公众的误解

审计职业界过去一直认为审计期望差距产生的主要原因是报表使用者或公众对审计有

误解。换句话来说，审计期望差距是因为公众对审计职能的期望过高而造成的。Penn、Scheon、Berland 联合会在 2003 年进行的调查表明，公众始终认为审计师在防止舞弊方面应当负有责任，他们要求审计师担当"看门人"的职责，但是审计师并不认为发现舞弊是其主要的职能。审计职业界更强调成本效益原则，审计准则所提到的合理保证的概念基于假设任何行为的相关成本都不应该超过其收益，审计师认为查找舞弊的成本超出了公众公司所愿意支付的审计费用，因此，审计师认为公众的这些期望是不合理的，查找舞弊不应当在一般财务报表审计的范围内。美国得克萨斯州 CPA 协会 2002—2003 年的主席 Stan Winters 于 2003 年在《今日注册会计师》（Today's CPA）的专栏中写道，审计师经常将发现舞弊看作是一个可能的结果或附带的好处，而不是审计的主要目标。因此，职业界认为要缩小审计期望差距就应当教育公众，让公众理解独立审计的性质和局限性。

3.职业界自身的问题

随着审计职业面临的风险越来越大，公众批评的声音不断提高，有学者指出，审计师也应当为没有能够满足使用者的期望而受到批评。他们认为审计师很久以来就被要求查找错误和舞弊。从很大程度上来说，职业界对查找舞弊责任的拒绝是导致审计期望差距产生的导火索。

Sikka（1998）认为 19 世纪的时候审计职业界为了获得市场，向投资者显示通过审计可以降低投资风险，从而巩固了其专家地位。但是在公众接受了这种观念以后，社会对审计的期望就提高了，为了保持其职业形象，职业界通过垄断该行业及自我管制来变换审计的含义，试图改变期望。因此，他认为审计期望差距是政府对会计行业最低管制和行业自律的结果，特别是职业界对自我利益的过度保护，更加扩大了审计期望差距。

4.经济环境的变化

另外一个理论认为审计师的责任是"对公众政策的融合"，社会日益要求职业界以保护公众利益为目标，同时由于全球化竞争和大规模的企业重建，企业经营也变得日益复杂，普通投资者越来越依赖审计师监督和保证财务报告的可靠性。"审计期望差距"的产生主要是因为职业界没有能够对这些环境的变化作出反应。Power 认为，"审计期望差距"是理想审计和现实审计之间的距离。因此，与审计责任相关的期望差距主要是一个时间问题，审计师和职业界迟早要采取行动缩小差距。

按照这一理论，随着经济环境发生改变，社会对审计的期望也发生改变，职业界对这些变化作出反应的速度决定了一定时期内审计期望差距的大小，审计期望差距始终都不同程度地存在。

5.供需分析

如果将审计期望差距划分为合理的期望差距和不合理的期望差距两个组成部分，那么，不合理的审计期望差距源于信息不对称前提下公众对审计的过度需求，合理的审计期望差距则源于审计的有效供给不足。审计结果的不可观测性导致社会公众作为审计需求者和审计职业界作为审计供给方之间存在着信息不对称，这种不对称导致了审计师与社会公众对风险的效用函数不同，必然会造成社会公众期望与可能的审计准则的偏差。同时信息的缺乏使得社会公众无法调整自己的认识和期望，造成公众对审计职业的过度期望。在理论上审计准则可能实现的水平与现有准则的差异，以及审计师未能遵循现有准则而导致的业绩缺陷共同构成了合理的审计期望差距，这二者都是因为审计职业界和审计师受到审计供给变量制约导致供给不足（章立军，2003）。

（二）中国审计期望差距产生的原因分析

中国对审计期望差距的研究比较晚，我们借鉴 Lin 和 Chen 的一篇实证论文来介绍中国的特殊情况。他们通过问卷调查证明了中国也存在对审计职能认识的"期望差距"，例如，在审计目标、审计查错防弊的责任以及审计师由于疏忽或审计失败而对第三方的责任等方面，审计职业界和审计受益人之间有着不同的看法。中国的审计师认为审计业务的主要目的是保证财务报表的公允表达，这和发达国家审计职业界流行的看法是一致的，但中国的审计受益人却认为审计业务还应当包括查找、发现和防止被审计企业的舞弊、低效以及非法行为。例如，许多审计受益人的问卷都认为审计师而非企业管理者，应当对查找舞弊、无效和非法活动承担主要责任，以保证会计记录的准确性、符合政府法规要求，并能够在审计报告中明确地披露舞弊、无效和非法行为。由于审计受益人所认为的审计目标非常广泛，因此，它导致在中国存在着对审计职能认识的"期望差距"。

Lin 和 Chen 认为中国审计期望差距的产生符合"公共政策融合"理论。尽管中国的经济改革已经使经济体制从计划经济走向了市场经济，但政府对企业经营的控制并未放松，由于国有经济的主导地位，中国审计受益人期望审计职业能够起到监督企业经营合法性和有效性的作用，保证企业符合政府法规或规章，这是很自然的事情。因此，可以得出结论认为中国审计实务目前仍然倾向于"合规性审计"。同时，过去在挂靠单位的保护伞下，中国审计师可以避免审计失败责任，但随着市场经济改革和企业经营复杂性的增加，目前审计师已经面临着很多的不确定性和风险。虽然对审计师的诉讼还远未达到类似西方国家"诉讼爆炸"的程度，但是，审计法律责任已经在日益增加，而且导致了更多的期望差距产生。

Lin 和 Chen 认为中国审计期望差距来源于两个方面：财务报告使用人不合理的期望和审计师不恰当的行为。首先，中国审计师的行为远远不能达到公众期望，目前中国审计服务的可信度受到了很大的怀疑，审计师在审计过程中很少能够发现重大的舞弊或非法行为，甚至中国审计师本身都对在执行审计业务时保证财务报表不存在重大舞弊和非法行为没有信心，所以审计实务必须得到改善才能弥补这一差距。其次，中国审计受益人也对审计师有着许多不合理的期望。一些人对审计目标的期望过高了。例如，他们期望审计师能够保证会计记录的"准确合法"，对财务报告的真实性和可靠性承担主要责任，防止被审计企业在经营过程中的舞弊、无效和非法行为。这些期望存在着一些问题，过分的期望可能是由过去计划经济下对企业经营的僵化控制所导致的，然而审计师不是政府官员，审计师提供的是鉴证服务，而不是代表政府行使监管职能。此外，由于成本限制，中国的审计师也不可能检查所有的交易或账目。因此，审计师在查找和防止舞弊方面起到的是有限的作用，中国审计职业界有必要教育公众，使公众理解独立审计的性质和局限性，尤其要让公众理解公共会计行业和政府审计之间的区别。

另外，卢相君（2003）认为审计期望差距的产生与注册会计师独立性的强弱有直接关系。赵丽芳（2007）认为受现实审计方法、审计技术和审计程序的限制，注册会计师在传统审计模式下无力发现并报告舞弊，导致审计期望差距不仅没有随社会发展而缩小，反而逐步扩大。刘圻（2008）认为审计期望差距源于四个层次上的程序非理性，即结构非理性、过程非理性、行为非理性以及认识非理性。刘明辉、何敬（2010）认为产生审计期望差距的一个重要原因是社会公众和审计师在认知本身上存在差异，并提出改进认知模式的措施包括：普及心理学知识、角色扮演、换位思考，以及借助媒体引导认知等。黄世忠（2021）对 ACCA 在 2019 年的调查报告中的审计期望差距成因进行了介绍，ACCA 调查报告认为审计期望差距由认知差距、执行差距和演进差距所组成；并以此为分析框架，提出了消除对审计意见、合理保证、报表责任、财务报表、审计抽样、审计范围、审计证据、审计失败的误解，以弥合认知差距；提出勇于承担社会责任、加强职业道德教育、遵守独立性、提高专业能力、利用信息技术、项目质量管理等措施，以弥合执行差距；提出修改审计准则、加大舞弊发现责任、利用信息技术、法务培训措施，以弥合演进差距。陈毓圭（2022）提出了期望差距模型和固有局限模型、执行差距模型和胜任能力模型、财务报告生态链模型和独立性模型：（1）期望差距模型，期望差距=绝对保证−合理保证。（2）固有局限模型，固有局限=财务报告的性质的局限+审计程序的局限+财务报告时效性的局限+成本/收益的局限。（3）执行差距模型，执行差距=合理保证程度−实际保证程度。（4）胜任能力模型，胜任能力=专业知识+职业技能+职业精神。（5）财务报告生态链模型，财务报告生态链=股东+治理层+管理层+企业会计师+注册会计师+投资人+监管部门+媒体+学者+司法。（6）独立性模型，即审计三方关系模型。

第二节 审计期望差距的影响与解决对策

一、审计期望差距的影响

（一）审计期望差距与审计目标的演变

审计期望差距是引起审计目标演变的动因。由于审计职业是一种公众职业，只有满足公众期望，这个职业才能生存下去。因此，审计职业界必须不断地研究公众期望，同时改善自身的技术，尽可能地满足公众需求。通过前文有关审计目标历史演变的分析，可以看出审计目标是随着社会期望的变化而发生变化的。但是旧的需求被满足了，新的需求就会产生。受到审计技术和审计成本的限制，审计职业永远不能完全满足公众期望，审计目标是审计职业在自身局限中尽量满足社会期望的一种平衡。

（二）审计期望差距与审计法律责任

由于审计期望差距的存在，审计师无法达到公众的期望。审计准则往往不能成为法庭判决的依据，公众的声音可能比职业界的声音更会影响法官，为了保护弱小群体，法官甚至可能会根据"深口袋"理论来判决。因此，随着审计期望差距的扩大，审计职业界面临着越来越多的诉讼风险。有学者认为，审计期望差距实质上就是审计师法律责任的形成机理。由于社会期望是动态变化的，同时，职业界也在不断采取措施满足社会期望，因此，审计期望差距也是动态变化的。审计法律责任界定是在社会期望和职业界期望之间的一种协调和平衡。在社会期望和职业界期望中，社会期望是需求性的，是审计师为之奋斗的最终目标。随着公众对审计师行业了解的深入，公众期望会有缓慢下调的趋势。职业界期望是约束性的，随着审计技术的不断发展，以及公共会计行业抗风险能力的提高，职业界期望有上升的趋势。这两种趋势使得审计期望差距有自发弥合的趋势。但是，这种趋势是一个缓慢的趋势，由于信息不对称问题总存在于被审计单位、审计师和委托者之间，审计期望差距不可能完全弥合。图12-3反映了审计期望差距与审计法律责任的关系。

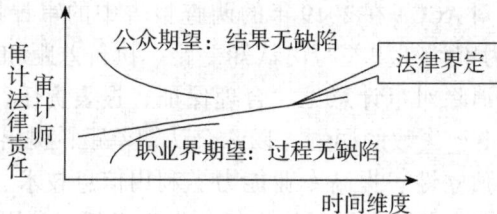

图12-3　审计期望差距与审计法律责任的关系

相关链接12-2

"深口袋"
理论

　　一般来说，公众期望与职业界期望有着不同的关注点。由于公众要依据审计结果作出有关判断与决策，故公众关注审计结果，期望审计结果无缺陷；职业界由于注重动态质量控制，故职业界关注审计过程，期望审计过程无缺陷。公众总是期望审计报告能对会计信息的可信程度作出绝对保证，这是不现实的；职业界总是期望审计活动没有风险，审计师不承担法律责任，这也是不可能的。

审计师的法律责任也同样体现出审计期望差距的这一性质，即构成审计法律责任关系的各方有着不同的考虑问题的角度，存在着不同的利益考虑。由于公众期望与职业界期望方向的相悖性，故二者都存在着不尽合理甚至"谬误"的成分或因素。根据国际会计师联合会1995年对其36个国家的47个成员组织（代表全球90%的审计师）的调查，以会计信息使用者为代表的公众与以审计师为代表的职业界之间的期望差异是造成诉讼泛滥的重要原因。在我国，审计期望差距自然也体现着上述特点并成为审计质量与责任纠纷的内因。

二、审计期望差距的解决对策

　　要想消除审计期望差距，审计职业界需要重新考察审计的基本作用，并且要保证所有使用者的期望都是一致的。可是不同的审计报告使用者期望总是不一致的，而且报告使用人的认识水平、对审计的期望以及审计技术都在不断变化中，因此，审计期望差距不可能被完全消除，审计师也不可避免地会面临法律诉讼。Porter指出，"审计师所知道的和社会所期望审计师能够知道的部分永远不会吻合"。这一论断说明，"审计期望差距"将成为审计师和公众之间持续争论的焦点。一般认为审计期望差距有很多种类，因此，必须同时使用许多手段才能解决这一问题。APB（1991）认为，"由于期望差距的性质，没有哪一种方式可以在任何一个时候单独就足够弥补该差距或将其全部消除"。Porter通过对新西兰利益团体的调查，发现总的期望差距中16%的期望差距来自不符合准则的行为，50%的差距来自准则的缺陷，34%来自不合理期望。也就是说，有84%的期望差距是可以通过改善准则和增加与公众的沟通来解决的。尽管在不同国家这一数据可能会不同，但分别从这三个方面进行分析是一种有效的方法，下面我们就分别讨论针对审计期望差距的三个组成部分可采取的解决对策。

（一）消除业绩缺陷差距

　　从前面的定义可以看出，审计期望差距中的业绩缺陷差距主要是因为审计质量低下，未能达到审计准则的要求，这种业绩缺陷往往会带来审计失败。总的来说，通过职业界自身努力和法律诉讼的压力来提高审计质量是缩小这部分审计期望差距的根本方法。

1.法律手段

（1）诉讼

诉讼一直是缩小审计师业绩缺陷所带来的期望差距的主要手段，未来这个手段仍然是受到损害的一方寻求救援的主要方法。我国有关会计信息责任的法律还不健全，因此，要加速相关立法。

（2）质量复核

尽管诉讼是一种有效手段，但却也是一种滞后的方法。当审计师被提起诉讼的时候，审计报告使用人的损失已经发生了。因此，要提高审计质量，还必须从日常的监管措施做起。多数发达国家的审计行业是采取自律形式的，但近些年系列会计丑闻不断出现，这种完全的行业自律形式受到了挑战。因此，近年来美国对会计行业进行了许多监管改革。美国注册会计师协会（AICPA）于1977年首次提出质量复核的建议。1988年该组织强制要求其成员会计公司必须经过定期的同业复核，而且要有实务监督程序。对于上市公司审计，迄今为止，这些程序已经受到公众监督委员会（Public Oversight Board，POB）25年的监管，而且成为这些CPA成员公司的日常活动。然而由于POB缺乏组织上和财务上的独立性，人们现在认为这些自我监督程序有缺陷，2002年POB被解散，美国议会命令成立公众公司会计监督委员会（PCAOB）对上市公司的审计工作进行定期检查，以决定它们是否符合审计准则的要求。这些检查并不能替代AICPA要求的同业复核，而是在同业复核基础上增加的一道复核程序。未来上市公司审计将会同时受到PCAOB的复核以及AICPA质量控制准则的定期同业复核。

2.职业界的措施

相关链接12-3

从行业内来看，应当通过改善审计质量和提高审计独立性来提高财务报告质量，从而缩小由于不恰当的行为导致的审计期望差距。其最直接的方法就是遵守审计准则、职业道德准则，尤其要关注审计师的胜任能力和职业独立性问题，提高审计技能以及对所有可能存在的重大非法行为保持应有的谨慎。在事

SOX法案的改革

务所内应建立质量控制制度，同时在行业内要实行同业复核，加强审计师队伍的后续教育。这样做不仅会提高审计师的工作质量，还可以在可能的范围内为发现所有错误提供最高水平的保证，从而尽可能地满足公众需求、降低审计风险。职业界采取的措施包括：

（1）查找舞弊

科恩委员会1978年指出，审计师应当运用职业技能来查找舞弊，并应当保持应有的关注。但会计职业界也强调审计职能不是发现所有的舞弊或检查所有的交易，而是要发现重要的舞弊。

（2）增加审计报告的内容——SAS 60

在审计报告中增加以下的说明：审计师和管理层各自的责任；解释审计是建立在测试基础上的，这意味着不是全部审计，而是抽样审计；审计需要评估重要的估计和判断，对账户提出合理保证，设计审计程序以保证能发现重大的错误、舞弊以及其他非法行为。

（3）业务约定书——SAS 140

SAS 140界定了客户和审计师各自的责任，以减少或最小化任何误解。SAS 140建议

审计师在接受约定前，应当对合同的条款、审计范围、相关法律法规以及审计费用等条款明确化。这包括一个专门的段落来强调法律规定、董事的责任和审计师的责任。

（4）董事责任的声明——SAS 600

SAS 600要求专门对董事责任提出声明，这使报表使用人能够清楚认识管理层和审计师各自的责任，不会对已经审计过的财务报告产生不现实的保证期望。

（5）公司治理

将内部控制和内部审计提高到重要地位，审计委员会应对审计师的任命、解聘负责，审计委员会应当由董事会中的外部董事组成，他们对于监督财务报告程序和保证审计独立性具有特殊责任。由于外部董事的独立性，他们可以抵制董事会的压力，这种安排有利于减少董事和审计师之间的冲突，认识到审计责任的局限性，不要求审计师为企业提供非鉴证类服务。

（6）持续经营——SAS 130

公众最为关心的问题是表面上看起来健康经营的公司忽然倒闭，在这种时候往往会对审计师提出疑问，因为公众认为最近经审计的财务报告应当能够提供这些公司财务失败的一些征兆。可以从两个方面来解决这个问题，一方面要求董事在财务报告中声明其企业是否可以持续经营，另一方面也要指出为什么可以持续经营，其假设前提是什么。SAS 130要求审计师评价企业的持续经营能力，该准则要求审计师评价董事所建立持续经营的假设前提是否具有充分可靠的证据。如果董事无法通过这种评价，则审计师的意见就可能会建立在无证据表明企业可以持续经营的基础之上。

（7）内部控制

审计期望差距的产生主要是因为审计师无法发现舞弊。因此，应当鼓励审计职业界提高查找舞弊的侦查技术，并鼓励董事建立有效的内部控制来减少舞弊的发生。审计师的作用是帮助董事评价内部控制，并提高其有效性。

（二）消除准则缺陷差距

1.改善审计准则

对审计责任的争论对发达国家审计准则和实务产生了积极的影响，职业界通过对审计期望差距的研究，认识到他们有责任根据他人的期望、关注和批评来评价和改善审计准则，这有利于使审计师的责任和业绩更接近于公众期望。因此，美国等发达国家的职业团体尽管并不愿意将审计师的责任扩大到查找舞弊方面，但是在过去的二十多年也不断努力修订审计准则来满足日益变化的公众期望，下面介绍美国职业界对审计准则的研究和修订。

（1）对审计准则的研究

职业界对审计准则的研究不断深入，最明显的证据是有关审计师在财务报告中查找舞弊的问题。审计准则委员会（ASB）1988年发布的审计准则（SAS）53号是和查找舞弊有关的准则。起初ASB并不愿意使用"舞弊（fraud）"这个词，他们用更委婉一些的词如"不合法（irregularity）"来表述。SAS 53号要求审计师通过设计某种特定的财务报表审计程序，为发现重大错误和非法活动提供合理保证。

1997年ASB对SAS 53号进行了修订，修订以后的准则为SAS 82号，在该准则中第一次使用"舞弊（fraud）"来定义故意的财务报表误述。此外，它还将舞弊划分为两类——欺骗性的财务报告和侵占资产。ASB提出了审计师的一个特定责任是在每次业务中评价舞弊风险，根据过去的经验对目前可能会发生舞弊的地方进行标注，并且无论这些风险是否存在都要设计一些可能执行的程序。

改善审计准则的最重要的研究之一是审计有效性专门小组（Panel on Audit Effectiveness）所进行的。该专门小组是1998年被公众监督委员会（POB）任命组建的，他们考察了现行的审计模型，并在2000年发表了其研究结论。专门小组得出结论认为现行的审计模型需要更新和改善。在其最终报告里，专门小组对如何改善审计业绩提出了200多条建议，例如，修改现行审计准则，或用一些更加具体和权威的指南来代替审计准则，以便于审计师遵守；要求审计师在年度审计和季度财务信息复核中执行一些额外的法律性程序；增加审计工作底稿中所要求的最低档案数量标准；增加与收入确认相关的审计程序以及审计估计和判断的程序。

在该专门小组及其他人的研究成果基础上，2002年有关舞弊的准则被修订为SAS 99号。新准则增加的要求包括：第一，要求审计业务约定的签约双方在舞弊的可能性问题上进行必要的和持续的讨论；第二，辨认并评估特定舞弊风险；第三，针对管理层超越内部控制的可能性设计特定的审计程序；第四，由于收入系统是大多数舞弊发生的起源，因此应将收入系统作为审计的重点；第五，更加强调要保持职业怀疑态度。SAS 82号和99号都提出了一些特定方法，然而这两个准则都没有在SAS 53号的基础上增加任何的审计师在侦查舞弊方面的责任。

（2）期望差距审计准则

和期望差距密切相关的审计准则，是美国20世纪80年代发布的"期望差距审计准则"。在麦肯锡–罗宾斯案件发生以后的60多年来美国政府对审计师的作用进行了许多调查，其中影响比较广泛的调查包括Senator Lee Metcalf（20世纪70年代）、Representative John Moss（20世纪70年代）、Representative John Dingell（20世纪80和90年代）、U.S. General Accounting Office（GAO）（20世纪90年代）。议会对审计职业的各种各样的调查引发了美国注册会计师协会（AICPA）进行多年的研究，1988年AICPA认可了审计期望差距中所存在的准则缺陷，并试图通过颁布新的准则来解决这一问题，他们连续发布了第53号到61号9个准则，这9个准则合起来被称为"期望差距审计准则"。所谓的"期望差距审计准则"为如何在审计中辨认、调查和报告潜在的舞弊和非法行为提供了更多具体和详细的指南，从而帮助审计师为查找和报告舞弊提供"合理保证"。AICPA在1993年还发起召开了一个会议来评估这些准则的有效性。在这次会议上讨论了这些期望差距审计准则的进展和会计准则委员会（Accounting Standard Board，简称ASB）未来面对的问题。这次大会得出结论认为未来对期望差距审计准则的研究是"非常必要的"。AICPA和GAO都认为在查找舞弊方面仍然存在审计期望差距，然而他们并没有提供任何实证证据。审计职业界在整个20世纪90年代都持续进行着对于审计准则质量的研究，在此期间ASB一直在寻求改善审计准则的方法，希望能够使之达到公众期望的要求。职业界试图通过在审计准则中清楚地阐述审计师的责任，并且在审计程序中有所体现，从而达到减少审计风险的效果。

相关链接12-4

基于新审计
准则视角的
审计期望差距
研究

（3）近年来的学术研究

1988年期望差距审计准则出现以后，人们继续从不同角度对审计期望差距进行了研究，内容包括：有关银行家和投资者对新的审计报告的反应；投资人对审计师查找舞弊的态度；信贷经理对非审计服务和独立性的看法；法官对审计师行为的反应；审计师和客户对于"公众看门人"作用和非审计服务的期望；美国和英国投资者对"符合GAAP公允表达"以及"真实公允"的理解等。

尤其值得一提的是McEnroe和Martens（2001）对审计合伙人和投资人的调查，他们发现即使在期望差距审计准则出现十多年以后，投资者在许多方面和/或审计的保证程度上与审计合伙人相比仍然有着更高的期望。该调查指出了差距仍然存在的一些领域，例如，投资人认为，除非对于投资人和债权人而言所有的重要项目都已经报告和披露，否则审计师不应该对财务报表发表无保留意见；对财务报告的无保留意见意味着内部控制系统是有效的；除非财务报告中没有因管理层或雇员舞弊或非法经营而导致的错误存在，否则不应该发表无保留意见。

Kangarluie和Aalizadeh（2017）、Masoud（2017）均采用实证研究方法调查了审计期望差距，发现审计师和管理层在对审计师责任认定方面存在显著差异。

这些研究说明了审计期望差距并没有因职业界发布期望差距审计准则而缩小，事实上发生的安然事件、颁布的《萨班斯-奥克斯利法案》，以及近几年发生的审计失败案例，都证明了审计准则仍然需要继续改善。

2.多样化审计准则制定队伍

从美国审计准则的发展历程可以看出，无论审计职业界如何改善审计准则，都不过是更加明确了其职责范围，很难扩大审计责任。Hooks（1992）认为职业界所做的不过是为了减轻公众的批评和保护职业自律地位，而没有实质性地改变职业界的立场。还有人认为审计师查找舞弊的责任实际上是相互矛盾的，而且将会使职业界产生新的问题。因此，要缩小审计期望差距，就必须改变由审计职业界自律的做法，改变准则制定团队，使审计准则反映公众意见。准则制定队伍不仅应当包括审计师，还要包括投资者、债权人，甚至法律界人士。因为审计期望差距和审计师的法律责任相关，要减少审计师面对的诉讼风险，就应当想办法调和职业界和法律界对审计责任的看法。这一想法在安然事件后得到了实施。

根据《萨班斯-奥克斯利法案》（SOX法案），公众公司会计监督委员会（PCAOB）将代替审计准则委员会（ASB）成为公众公司审计准则和质量控制准则的制定机构。PCAOB的主要成员都不是会计师，同样，其常设咨询机构也是由各个专业领域的专家所组成的，包括会计、审计、公司财务、公司治理以及公众公司投资等，这个机构负责确定准则制定的先后次序以及对现有准则和建议准则等方面向PCAOB提出政策建议。它代表了更广泛的利益团体，而不仅仅是会计师。PCAOB的首席审计师和职业准则主任道格拉斯·卡米切尔（Douglas Carmichael）指出，这个新的团体将增强现有准则的力度，使其更加明确、具体，并且将注意力集中于为保护公众利益审计师真正需要做的事情。PCAOB最初发布的准则要求较高，其中之一强调了内部控制系统与财务报表审计的联系，这一准则包含120多页的详细指南。PCAOB要使审计师和其他利益团体的看法统一，就必须采取措施以保证未来审计准则的制定要听取所有重要的使用者集团的意见，包括投资者、债权人和管制机构。同时，PCAOB还必须认识到职业守则的局限性，因为这些守则实质上只提供行为的最低准则，因此，还要强调职业道德的重要性。

但如果要职业界承担查找舞弊的责任，财务报告使用人就必须愿意为全面审计而增加的财务报告程序支付必要的增值费。2000年7月前美国证券交易委员会（SEC）首席会计师Lynn Turner在关于审计有效性的演讲中指出，1999年排名前七位的会计公司审计收入总和为95亿美元，但是由于财务报告误述而导致的投资损失使得仅仅五个公司的投资人就损失了320亿美元。因此，他指出，相对于审计费用来说，"投资人可能通过增加审计程序而获得的收益（即使这些审计程序可能只能阻止财务欺诈中的一小部分）"是让人非常惊讶的。同时，审计师也要学习查找舞弊的技巧。有学者建议职业界开发一个舞弊数据库，为全国的审计师提供如何洞察舞弊及如何有效地发现各种类型舞弊的信息，从而提高审计有效性。由于财务报告使用人需要高水平的保证，因此审计师需要了解舞弊发现技巧，并能恰当使用。如果建立了这样的数据库，则舞弊审计会变得更加流行，甚至成为审计师所提供审计的一个组成部分。

（三）消除不合理差距

审计职业界认为审计期望差距主要是由于使用者未能理解审计的作用以及财务报告的局限性，因此，缩小不合理差距的方法是使公众理解审计的性质和固有的局限性，这需要职业界利用一切可能的机会向公众解释，同时，还有一种沟通方式是使用清楚表达审计责任的审计报告。

1.增加与公众的沟通

审计期望差距几乎从一开始就一直困扰着审计职业界，因此，职业界一直在寻找缩小差距的方法。Bailey等人（1983）通过对不同受教育程度的人进行测试，发现受教育程度越高的人对审计师的不合理期望越少。因此，可以通过教育和沟通的方式向公众宣传职业准则和法律界定的合理性。尽管很多人都批评说，公众的多数期望是合理、可达到的，审计职业界应当通过承担更多责任来缩小差距，教育公众是审计职业界试图避免责任的一种做法，是无效的，但Porter（1993）强调了不合理期望差距的存在，以及教育在消除不合理期望差距中的作用。她认为应当教育公众，让他们了解应当对审计师有什么样的合理预期。此外，Monroe和Woodcliff（1993）也通过实证研究证明，教育在缩小审计期望差距方面是一个有效的手段。当然，教育并不能缩小所有的期望差距，只能在减少不合理期望方面起到作用。

早期职业界坚持认为审计期望差距的产生是因为公众对审计职能有误解，因此，职业界试图通过与公众沟通的方式改变公众期望，使公众接受职业界对审计责任的理解，从而缩小审计期望差距。从1945年到1950年，美国会计师协会（AIA，即AICPA的前身）发起了一项运动，目的是让公众了解审计的"真正"责任。1950年职业界印刷了大约7万份有关审计、审计报告和审计责任的小册子，并分发给银行和其他与财务报告相关的利益团体。1989年AICPA也使用过一种小册子来教育公众，题目是"理解审计和审计报告：财务报告使用者指南"，可惜这种小册子没有能够广泛发布，因此其教育作用也就很小。如果能够广泛分发，这种小册子对于缩小不合理期望差距必定有很重要的意义。不过，如果不是强制要求，股东阅读这种小册子的可能性不大，因此这也不能作为一种唯一的方式来缩小审计期望差距。

由于审计委员会是独立审计报告最主要的使用者，审计职业界的沟通和教育活动主要针对审计委员会展开，其内容包括财务报表审计的目的和局限性，以及管理层应当为财务报告的呈报担负的责任。后来职业界开始认识到公众的许多期望是合理的，因此，他们的努力演化成了不仅强调改变公众期望，而且通过修改职业准则来缩小审计期望差距。

2.运用恰当措辞的审计报告

对于公众合理的期望，审计职业界应当采取措施尽量满足；对于公众不合理的期望，如果审计职业界不想增加自己的责任，可以采取的办法就是改善审计师向外界传递审计结论的方式。麦克唐纳委员会曾建议提供更加清晰明确的审计报告，并在年度财务报告中声明管理层对财务报告的责任，而且审计委员会应当每年向股东进行汇报。Innes，Brown，Hatherly（1991）认为应当增加审计报告的内容，在审计报告中增加范围段，让报告使用者知道审计师实际上所做的工作，从而减少使用者和审计师之间看法的差异。Monroe和Woodcliff（1994）也发现增加范围段的审计报告确实影响了审计报告使用人的看法，并缩小了很多不合理的期望差距。

这种观点被爱尔兰公共会计师协会所接受，他们将许多容易误解的审计问题包含在审计报告中，因此，审计师可以通过信息更充分的审计报告减轻其责任。美国在1948年修改了审计报告，以便更好地使公众了解究竟什么是审计，同时更清晰地表达了审计意见。20世纪90年代再次对审计报告内容进行了改革，强调了审计范围和局限性。但是，究竟什么样的审计报告才是最恰当的，职业界可以通过检验不同措辞的审计报告对报告使用人的理解有什么样的影响，从而进行评价和设计。

第三节　审计期望差距与审计报告模式的演变 ▮

审计报告作为审计人员的工作成果，集中反映了审计期望差距的状况。对于社会公众来说，获得有关被审计单位财务状况的审计意见将有助于他们作出决策，而审计报告则是审计意见的载体，审计报告中蕴含的信息在一定程度上满足了社会公众的期望。审计报告模式的演变体现了审计期望差距的弥合过程。国内外审计报告模式经历了多样化、规范化、国际协调、强化审计信息披露四个阶段，每一次审计报告模式的转变都在缩小不同阶段利益相关方的审计期望差距。

一、审计报告多样化阶段
（一）美国审计报告

为了满足公众需要而出现的审计报告，最开始并没有统一的格式，大多是审计人员根据客户的需要和自己对审计工作的理解而撰写的报告。公众期望的不统一和不明确导致审计报告的多样化。

审计报告是从19世纪英国的审计报告发展而来的，该审计报告后来成为世界各国的范例，但此阶段的审计报告在格式上、用词上都呈现出了多样化的特点。19世纪的英国公司法要求审计人员对资产负债表的准确性出具审计报告，但是没有统一规定审计报告的用语和格式，导致许多审计报告没有标题、没有标明日期，也没有写明收件人。审计人员在审计报告中使用自己认为合适的词语，比如审计报告中经常使用"全面而公允""全面而真实""正确而真实""真实而可靠""公允而正确"等。

英国的自由式报告随着英国审计师到美国执业而影响了美国早期的审计报告。美国审计报告也没有统一格式，内容非常详细具体、篇幅很长、报告的措辞和结构存在很大差异。审计报告中经常采用"表明了真实且正确的观点""准确地记录了状况""真实地反映了财务状况"，甚至在财务报告的底部标明"以上是正确的"来表达审计意见。

在此阶段，由于缺乏法规的强制要求，审计职业界也没有对审计报告提供相应的准则和指南，在以客户为导向的影响下审计人员出具的审计报告多种多样。这虽然在个体上满足了客户的期望，但是在审计市场上却无法满足审计报告信息可比的期望。

（二）中国审计报告

我国的审计报告出现较晚，也经历了多样化的阶段。改革开放带来的三资企业、利改税、企业改革等一系列变化，使得所有权和经营权分离，资金核算和"做账"变得重要起来，"查账"社会期望产生。

1980年我国注册会计师行业开始恢复，同年发布的《关于成立会计顾问处的暂行规定》中规定各省、自治区、直辖市设立的会计顾问处可以承办"检查会计账目，提出查账报告书"业务。但是没有对查账报告作出具体要求。1986年发布的《注册会计师条例》第十一条对注册会计师的业务范围作出规定，对于查账验证业务规定"审查会计账目、会计报表和其他财务资料，出具查账报告书"；第十六条规定，"注册会计师应当恪守公正、客观、实事求是的原则，对所出具报告书内容的正确性、合法性负责"；第十九条规定，"注册会计师在执行业务中，发现有弄虚作假、营私舞弊等违反国家法律、行政法规行为的，应当在出具的报告书中明确指出；委托人示意作不实或者不当证明的，应当予以拒绝"；第二十四条规定，"注册会计师办理业务，必须由会计师事务所统一接受委托。注册会计师出具报告书，应当由本人签署并经会计师事务所加盖公章"。

当时的这些法规没有对审计报告作出具体规定，我国注册会计师出具的审计报告也多种多样，审计报告标题不统一、报告段落有多有少、审计依据不一致、财务报表编制框架不一致、一贯性原则应用不统一、审计意见表述不一致（绝对保证、合理地、适当地、足以恰当地等）、对审计工作的描述不一致（检查、审查、审核等）。即便是审计教材中的审计报告也不相同，比如1984年刘大贤主编的《审计学》和娄尔行1987年主编的《审计学概论》中审计报告示例就不一样。朱锦余、陈红（2012）查阅1982—1988年原昆明会计师事务所出具的审计报告后发现，这些报告都是长式审计报告，与上述审计教材中的简式报告存在很大差异。

多样化审计报告的产生原因主要是我国刚刚恢复注册会计师行业，相关的理论研究非常薄弱、难以支撑建立法律法规，审计职业界力量有限，也没有专业组织开展"行规"研究，导致审计期望差距产生。

二、审计报告规范化阶段

（一）美国审计报告

在此阶段，重大财务舞弊事件引发了社会公众和监管机构对审计执业和审计报告的规范化期望，审计职业界对审计报告作出了相应调整。

1.标准审计报告的诞生

随着企业规模扩大，业务量大幅增加且更为复杂，详细审计转变为抽样审计，原来的审计报告措辞已不恰当；上市公司逐渐增多，证券市场日益发展，审计报告数量及使用人数增加，社会公众要求审计报告格式、内容和用语统一规范，并易于理解。这些期望差距导致标准审计报告的诞生。

成立于1913年的美国联邦储备委员会（FRB）和成立于1914年的美国联邦贸易委员会（FTC），对注册会计师的审计工作非常不满意，要求美国会计师协会（AIA）对审计报告提出建议格式。该短式审计报告为："我审计了（audited）××公司自××年×月×日至××年×月×日会计期间的账簿（accounts），我证明（I certify）上述资产负债表和损益表是根据美国联邦储备委员会建议和劝告的方法编制的，认为这些财务报表阐明了（set forth）该公司在××年×月×日的财务状况和该期间的经营成果。"1929年该报告经过修改，用审查（examined）代替了审计（audited），并区分了审计范围段和意见段，但仍使用了证明（certify）一词，且缺少标题和收件人。

厄特马斯事件及其法院判决结果，令审计人员深刻认识到审计报告蕴含的审计责任。在该案件之前，审计人员无须对第三方负责。该案件法院认为审计人员虽不构成欺诈，但存在过失，且在审计报告中没有明确审计范围、没有将审计范围和审计意见划分开来。审计职业界迅速采取应对措施，删除了审计报告中的"证明"用语，并加上了报告标题和收件人。

1929年经济危机之后，纽约证券交易所和美国会计师协会之间为了改进审计报告，进行了长达三年的协商，最终诞生了第一份标准审计报告，也是现代审计报告的原型。该报告的重大改变在于：指明了收件人，内容增加，描述了审查的内容，引入了"公允反映"概念，不再使用"证明""正确"用语等。改进后的审计报告如下：

"我们对ABC公司1933年12月31日的资产负债表和1933年度损益盈余表进行了审查（examination）。与此相关，我们对公司的会计记录和其他证据进行了审查和测试，并从该公司的主管和雇员处获得了资料和说明。我们还对会计方法、营业账户和损益账户进行了全面的检查。但是，我们没有对经济业务进行详细审计。

"根据上述审查，我们认为（in our opinion），后附资产负债表和损益盈余表在本年度一贯采用了认可的会计原则，公允地反映了该公司1933年12月31日的财务状况和经营成果。"

随着采用这种标准的审计报告，不同会计师事务所在审计报告中统一了用语，审计报告更易于相互比较，非标准审计报告更易于辨认，从而减少了社会公众对审计报告的误解，缩小了审计期望差距。

2.标准审计报告的修订

1938年麦克森·罗宾斯案件导致审计职业界受到社会公众严厉批评。美国证券交易委员会（SEC）和美国会计师协会都建议审计人员明确审计范围，并扩展审计程序，即应进行存货实地检查、应收账款函证，如果省略这些程序需要在审计报告中反映。修订后的审计报告如下：

"我们对ABC公司1941年2月28日的资产负债表和到该日为止会计年度的损益盈余表

进行了审查，并检查了该公司的内部控制组织和会计程序，没有对各项经济业务实施详细审计，但通过必要的方法在必要的范围内对该公司的会计记录和有关证件进行了检查和测试。检查是根据当时可以适用的公认审计准则实施的，包括实施了在当时认为必要的审计程序。

"我们认为，后附的资产负债表和有关的损益盈余表是根据以前年度一贯采用的公认会计原则编制的，并且公允地反映了 ABC 公司 1941 年 2 月 28 日的财务状况和年度经营成果。"

然而，当时并不存在公认审计准则，因此美国会计师协会在美国证券交易委员会的敦促下于 1948 年发布了《审计准则说明建议案——公认意义和范围》，对审计报告的范围段进行了精简，修改如下：

"我们对 ABC 公司 1948 年 12 月 31 日的资产负债表和本会计年度的损益盈余表进行了审查。我们的检查是根据公认审计准则进行的，所以，包括在当时认为必要的情况下，对会计记录进行的测试，并实施了其他审计程序。

"我们认为，后附的资产负债表和有关的损益盈余表是根据以前年度一贯采用的公认会计原则编制的，公允地反映了 ABC 公司 1948 年 12 月 31 日的财务状况和年度经营成果。"

在财务舞弊案件、外部监管机构（特别是证券监管机构）的推动下，审计职业界不断努力缩小审计期望差距，使得审计报告走上了规范化、标准化的道路。

3.标准审计报告的演进

1948 年审计报告在后来的几十年里是被广泛采用的审计报告模式，只是修改了个别词语、增加了少量内容。但是，20 世纪 70 年代之后，由于上市公司经营失败而导致审计师受到广泛批评，审计诉讼日益增加，审计期望差距扩大，标准审计报告开始受到质疑。这些批评主要包括：审计责任与管理层责任界限不清；不能明确说明信息而需要依赖使用者的判断；有很多非审计人员不能理解的技术性名词；审计责任不能适应财务报告环境的发展等。

1972 年美国注册会计师协会（1957 年美国会计师协会更名为美国注册会计师协会）建议修订审计报告，以更好地向使用者沟通审计和审计师在财务报告过程中的作用和职能，并提出了四种修订方案，但均被中止。这是因为日益高涨的消费者保护主义环境，不能接受在审计报告中说明审计责任的局限性。1978 年美国注册会计师协会授权科恩委员会①进行调查，科恩委员会认为 1948 年标准审计报告已经成为不需要阅读的符号，失去了沟通的作用；由于社会环境变化导致审计师责任发生重大变化，审计报告措辞已不恰当。该报告建议审计报告包含有标准措辞的 8 个段落，其中 5 个段落是根据审计业务情况进行补充、增加或省略。虽然该报告对美国注册会计师协会的审计准则委员会（ASB）影响很大，但是最终该报告的建议没有被美国注册会计师协会采纳。

1980 年美国注册会计师协会发布审计报告准则征求意见稿，拟修改审计报告内容包

---

① Manuel F. Cohen 在当时是美国注册会计师协会下属的审计师责任委员会（The Commission on Auditors' Responsibilities，CAR）的主席，CAR 接受美国注册会计师协会的授权开展有关独立审计师责任的调查，并形成调查报告。该报告认为应当考虑社会公众期望或需要与审计师应当合理实现的期望之间的差距。由于科恩作为 CAR 的主席出现在报告的作者行列首位，所以在有些文献中称为"科恩委员会报告"，在另一些文献中称为"审计师责任委员会报告（CAR 报告）"。

括：在审计报告标题中增加"独立"一词；在报告中明确被审计单位的财务报表是管理层的陈述；增加"审计为财务报表中没有重要的虚假记载，提供合理保证"；用审计（audited）取代检查（examined）；在范围段说明审计程序的性质、时间、范围和结果；删除审计意见中的"公允""一贯性"用词。但是，公众对于该征求意见稿的反馈意见为"似乎没有改进"，于是ASB中止了这一修订。

　　1985年美国注册会计师协会决定重新审查审计师发现舞弊的责任，以及审计师和财务报表使用者之间的期望差距。1985年成立的美国反财务报告欺诈委员会①（National Commission on Fraudulent Financial Reporting，NCFFR）在1987年10月发布报告认为审计报告应当修订，以更好地沟通审计师的责任，明确使用者能够信赖审计的程度，审计过程的局限性，审计不是对财务报告可靠性的绝对保证。在1988年4月，美国注册会计师协会发布SAS 58号准则（SAS 58：关于已审计财务报表的报告），对审计报告的修订包括：由两段式改为三段式，在标题中增加独立一词（独立审计报告），明确审计提供的是合理保证，指出财务报表是管理层的责任，意见段删除了"一贯性"等。具体报告如下：

独立审计师的审计报告

×公司董事会或全体股东：

　　我们审计了后附的×公司19××年12月31日资产负债表和截至该日的本年度利润表、留存收益表和现金流量表。编制这些财务报表是管理层的责任，我们的责任是根据审计结果对上述报表发表意见。

　　我们根据公认审计准则实施了审计。这些准则要求我们有计划地实施审计工作，以合理保证财务报表中不存在重大错报。审计包括在抽查基础上测试有关财务报表金额和披露以获取证据，评价管理层采用的会计原则和作出的重大估计的适当性，评价整体财务报表的列报。我们认为，这些审计程序为发表审计意见提供了合理基础。

　　我们认为，上述财务报表的编制符合公认会计原则，在所有重大方面公允反映了×公司19××年12月31日的财务状况，以及19××年的经营成果与现金流量。

　　2000年美国发布了SAS 93号准则，对审计报告中所依据的审计准则和财务报表编制基础进行了扩展，可以是美国审计准则也可以是其他审计准则，可以是美国公认会计原则也可以是其他会计原则。2001年安然事件之后，《萨班斯-奥克斯利法案》（Sarbanes-Oxley Act）要求审计师对财务报告内部控制有效性进行审计，并成立美国公众公司会计监督委员会（PCAOB）制定审计准则。2002年PCAOB发布第2号审计准则（2007年修订为第5号准则），要求对内部控制和财务报表进行整合审计。

　　审计组织不断尝试和发布修订后的审计报告，调整审计报告表述方式，明确审计师的责任，描述审计过程中实施的审计程序，区分管理层和审计师的责任，推动了审计职业界不断改进审计工作，提高审计报告传递信息的透明度和可理解程度，逐渐缩小审计期望差距。

（二）国际审计报告

　　随着经济全球化的发展，企业跨国经营，审计国际化协调需求增加，审计报告的全球

---

　　①　由于当时美国反财务报告欺诈委员会的主席为James C. Treadway, Jr.，因此该委员会又被称为"Treadway委员会"。COSO（The Committee of Sponsoring Organizations of the Treadway Commission）是NCFFR的赞助者（sponsor）。

互认和标准化成为新的审计期望。为了解决这个问题，1973年国际会计师联合会（International Federation of Accountants，IFAC）着手成立，1977年正式成立，IFAC下设国际审计实务委员会（International Auditing Practices Committee，IAPC）负责制定国际审计和鉴证准则，2002年更名为国际审计与鉴证准则理事会（International Auditing and Assurance Standards Board，IAASB）。IFAC的成立促进了全世界审计的统一和提高审计质量，推动了标准审计报告的国际化。

IAPC在1983年发布了第一个审计报告国际准则《ISA 13：审计师关于财务报表的报告》，标志着国际标准审计报告的确立。该准则规定了标题、收件人、依据的审计准则、审计意见、审计师签名、审计师地址、报告日期等。报告采用两段式，一段说明所依据的审计准则和审计的财务报表，另一段说明审计意见。

由于美国、英国审计准则在国际上影响很大，国际审计准则主要是借鉴了美国和英国的准则。在1988年美国发布《SAS 58：关于已审计财务报表的报告》修订了审计报告准则，审计职业界也深刻认识到区分管理层责任和审计师责任的重要性，深刻理解了审计合理保证、审计期望差距、审计局限性和审计重要性等概念，于是1994年IAPC对审计报告准则进行了修改，发布了《ISA 700：审计师关于财务报表的报告》。ISA700采用了三段式审计报告，与上述SAS 58的审计报告类似，包括引言段、审计范围段和审计意见段。为了适应审计师跨国执业、在不同会计准则管辖区域出具审计报告的需要，2001年IAPC修订了1994年版审计报告，要求在意见段明确指出采用的财务报告编制基础，编制基础可以是国际会计准则，也可以是其他国家的编制基础。

2004年IAASB发布了修订后的《ISA 700：关于整套通用目的财务报表的独立审计师报告》，将审计报告改为四段式，包括引言段、管理层责任段、审计师责任段和审计意见段。与美国审计报告相同，在审计报告标题上增加了"独立"二字。该报告强化了审计师的责任，强调了审计舞弊的责任和遵守职业道德的重要性。与以往审计报告相比，该审计报告内容更丰富和详细、适用性更强（适用于不同国家和地区的法规）、对审计工作更具有指导性，更便于使用者阅读和理解。2007年IAASB启动了国际审计准则明晰化项目，重新修订了审计报告准则，审计报告在基本格式和内容上没有大的变化。

（三）中国审计报告

在20世纪80年代初，我国扩大了改革开放范围，计划经济转变为商品经济，多种经济成分快速发展，审计服务范围由"三资企业"扩大到各种类型的企业，但尚未进入市场经济，委托代理关系和受托责任关系比较简单，审计人员的目标主要是查错防弊。1988年中国注册会计师协会成立，开始起草审计准则。1988年发布的《注册会计师检查验证会计报表规则（试行）》规定了"查账报告"的内容，包括委托人名称，会计报表名称、日期、期间，注册会计师查账报告意见，注册会计师姓名和签署，会计师事务所名称和地址，查账报告日期，附件和其他说明事项；还规定了查账报告意见的内容，"应当包括关于检查验证范围和施行的检查验证程序的简要说明，以及对会计报表的意见。在对会计报表的意见中，须说明委托人采用的会计制度和经营事项的会计处理是否遵守了有关的法律、行政法规、财经制度；会计处理方法是否与前期一致；会计报表格式、种类是否符合要求；会计报表内容是否真实、适当地反映了经营成果和财务状况；以及注册会计师认为需要说明的其他事项。"1992年，中注协发布了《注册会计师查账验证报告规则（试行）》，对查账报告规定了一般要求、查账报告的基本类型、查账报告的编制、查账报告术语等，并附录了7个查账报告示例。这些示例报告是两段式报告，包括范围段和意见段，但没有报告标题、没有明确收件人（只写了委托人）；保留了中文表达习惯，与1988年之前的美国和IAPC审计报告在内容上相协调，推动了我国审计报告的规范化。

1992年邓小平南方谈话之后，商品经济转为市场经济，企业股权结构调整、脱钩改制、政企分开，企业规模扩大、业务多元化，资本市场开始发展，受托责任变得复杂，审计由查错防弊转变为对财务报表发表意见，审计报告的使用者扩大到整个社会公众。在"三大案件"（深圳原野造假案、北京长城机电案、海南中水案）影响下，1993年颁布《中华人民共和国注册会计师法》，依据该法1994年着手起草第一批独立审计准则，1995年发布《独立审计准则第7号——审计报告》。该准则规定了两段式的审计报告，基本要素包括标题、收件人、范围段、意见段、签章和会计师事务所地址、报告日期。该报告模式与美国、IAPC的标准审计报告差距进一步缩小。此后，随着会计准则的陆续发布，财务报表构成也发生了变化，如财务状况变动表改为现金流量表。21世纪初美国和IAPC修订了审计报告准则，我国于2003年也对审计报告准则进行了修订，由两段式改为三段式，采用了合理保证概念。至此，我国审计报告与美国和IAPC的标准审计报告趋于一致，具体的审计报告如下：

审计报告

ABC股份有限公司全体股东：

我们审计了后附的ABC股份有限公司（以下简称ABC公司）20×1年12月31日资产负债表以及20×1年度的利润表和现金流量表。这些会计报表的编制是ABC公司管理当局的责任，我们的责任是在实施审计程序的基础上对这些会计报表发表意见。

我们按照《中国注册会计师独立审计准则》计划和实施审计工作，以合理确信会计报表是否不存在重大错报。审计工作包括在抽查的基础上检查支持会计报表金额和披露的证据，评价管理当局在编制会计报表时采用的会计政策和作出的重大会计估计，以及评价会计报表的整体反映。我们相信，我们的审计工作为我们发表意见提供了合理的基础。

我们认为，上述会计报表符合国家颁布的《企业会计准则》和《××会计制度》的规定，在所有重大方面公允反映了ABC公司20×1年12月31日的财务状况以及20×1年度经营成果和现金流量。

××××会计师事务所有限公司　　　　　　　中国注册会计师：×××（签名并盖章）

　　（公章）　　　　　　　　　　　　　中国注册会计师：×××（签名并盖章）

　　中国××市　　　　　　　　　　　　报告日期：××××年××月××日

2000年我国加入WTO，企业"走出去"、海外上市，资本市场繁荣，但是上市公司舞弊案件增多。为了减少国内外审计准则差异导致的企业审计成本，我国审计准则须与国际审计准则趋同。2006年发布了中国注册会计师执业准则体系，其中《中国注册会计师审计准则第1501号——审计报告》和《中国注册会计师审计准则第1502号——非标准审计报告》分别对标准审计报告和非标准审计报告的格式和内容作出规定。2010年修订了审计报告准则，将原来的两个准则拆分为三个准则，即《中国注册会计师审计准则第1501

号——对财务报表形成审计意见和出具审计报告》、《中国注册会计师审计准则第1502号——在审计报告中发表非无保留意见》和《中国注册会计师审计准则第1503号——在审计报告中增加强调事项段和其他事项段》，并且增加了其他报告责任和其他事项段，界定了"广泛性"的含义等。这实现了与国际审计准则2009年版的审计报告准则（ISA 700、ISA 705、ISA706）趋同。

三、加强版审计报告阶段——关键审计事项

（一）国外审计报告

2008年美国金融危机爆发后，为了弥补金融危机中审计的不足，国际上开始着手改进审计报告模式，以提高信息含量。欧盟委员会2010年10月发布《审计政策——危机的教训》绿皮书，以提高审计质量。2014年欧盟委员会发布了修订后的《年度财务报表法定指令》，并对审计报告进行了修订，要求提高审计报告的信息含量，进而促使企业提高财务质量。

美国PCAOB于2011年发布了概念公告，向社会公众征求审计报告模式改变的意见，提出4个备选方案，能提高审计报告透明度和相关度。2013年，PCAOB发布两个建议的新审计报告准则征求意见稿，在审计报告中增加"关键审计事项"，该准则在2017年正式批准发布，标志着审计师与投资者沟通新时代的到来。

国际审计与鉴证准则理事会（IAASB）于2013年发布征求意见稿，2015年正式发布"加强版审计报告"，对现行审计报告模式进行了大幅修改，增加了关键审计事项部分，增加了审计报告要素，丰富了审计报告内容。

为了改进公司经营管理水平，英国2014年修改了公司治理守则和审计准则，要求提高审计报告的透明度，对审计工作进行更详细的描述，以增强报告的可理解性。2016年英国财务报告理事会制定和修订了国际审计准则（英国）第700号、701号、705号、706号、570号、720号、260号准则，披露重大错报风险并进行详细描述，"详细描述重大错报风险"相当于IAASB的"关键审计事项"。

（二）中国审计报告

随着资本市场发展，政府部门、监管机构和投资者对注册会计师执业质量提出更高的要求，期望注册会计师出具的审计报告具有更高的信息含量和决策相关性，以降低资本市场的不确定性和信息不对称带来的风险。为顺应市场各方的需求，体现审计准则持续趋同要求，我国在2016年发布修订了12项审计报告准则。该批准则要求在上市公司的审计报告中增设关键审计事项部分（包括事项原因、针对该事项如何实施审计工作），披露审计工作中的重点难点等审计项目的个性化信息。该批准则旨在提高审计报告信息含量，增强其决策相关性，提高审计报告的沟通价值和增强透明度，强化审计师的责任等。对上市实体出具的审计报告如下：

审计报告

ABC股份有限公司全体股东：

一、对财务报表出具的审计报告

（一）审计意见

我们审计了ABC股份有限公司（以下简称ABC公司）财务报表，包括20×1年12月31日的资产负债表、20×1年度的利润表、现金流量表、所有者权益变动表以及相关财务

报表附注。

我们认为，后附的财务报表在所有重大方面按照企业会计准则的规定编制，公允反映了 ABC 公司 20×1 年 12 月 31 日的财务状况以及 20×1 年度的经营成果和现金流量。

（二）形成审计意见的基础

我们按照中国注册会计师审计准则的规定执行了审计工作。审计报告的"注册会计师对财务报表审计的责任"部分进一步阐述了我们在这些准则下的责任。按照中国注册会计师职业道德守则，我们独立于 ABC 公司，并履行了职业道德方面的其他责任。我们相信，我们获取的审计证据是充分、适当的，为发表审计意见提供了基础。

（三）关键审计事项

关键审计事项是我们根据职业判断，认为对本期财务报表审计最为重要的事项。这些事项的应对以对财务报表整体进行审计并形成审计意见为背景，我们不对这些事项单独发表意见。

（四）其他信息

......

（五）管理层和治理层对财务报表的责任

ABC 公司管理层（以下简称管理层）负责按照企业会计准则的规定编制财务报表，使其实现公允反映，并设计、执行和维护必要的内部控制，以使财务报表不存在由于舞弊或错误导致的重大错报。

在编制财务报表时，管理层负责评估 ABC 公司的持续经营能力，披露与持续经营相关的事项（如适用），并运用持续经营假设，除非管理层计划清算 ABC 公司、终止运营或别无其他现实的选择。

治理层负责监督 ABC 公司的财务报告过程。

（六）注册会计师对财务报表审计的责任

我们的目标是对财务报表整体是否不存在由于舞弊或错误导致的重大错报获取合理保证，并出具包含审计意见的审计报告。合理保证是高水平的保证，但并不能保证按照审计准则执行的审计在某一重大错报存在时总能发现。错报可能由于舞弊或错误导致，如果合理预期错报单独或汇总起来可能影响财务报表使用者依据财务报表作出的经济决策，则通常认为错报是重大的。

在按照审计准则执行审计工作的过程中，我们运用职业判断，并保持职业怀疑。同时，我们也执行以下工作：

（1）识别和评估由于舞弊或错误导致的财务报表重大错报风险，设计和实施审计程序以应对这些风险，并获取充分、适当的审计证据，作为发表审计意见的基础。由于舞弊可能涉及串通、伪造、故意遗漏、虚假陈述或凌驾于内部控制之上，未能发现由于舞弊导致的重大错报的风险高于未能发现由于错误导致的重大错报的风险。

（2）了解与审计相关的内部控制，以设计恰当的审计程序，但目的并非对内部控制的有效性发表意见。

（3）评价管理层选用会计政策的恰当性和作出会计估计及相关披露的合理性。

（4）对管理层使用持续经营假设的恰当性得出结论。同时，根据获取的审计证据，就可能导致对 ABC 公司持续经营能力产生重大疑虑的事项或情况是否存在重大不确定性得出结论。如果我们得出结论认为存在重大不确定性，审计准则要求我们在审计报告中提请报表使用者注意财务报表中的相关披露；如果披露不充分，我们应当发表非无保留意见。我们的结论基于截至审计报告日可获得的信息。然而，未来的事项或情况可能导致 ABC 公司不能持续经营。

（5）评价财务报表的总体列报、结构和内容（包括披露），并评价财务报表是否公允反映相关交易和事项。

我们与治理层就计划的审计范围、时间安排和重大审计发现等事项进行沟通，包括沟通我们在审计中识别出的值得关注的内部控制缺陷。

我们还就已遵守与独立性相关的职业道德要求向治理层提供声明，并与治理层沟通可能被合理认为影响我们独立性的所有关系和其他事项，以及相关的防范措施（如适用）。

从与治理层沟通过的事项中，我们确定哪些事项对本期财务报表审计最为重要，因而构成关键审计事项。我们在审计报告中描述这些事项，除非法律法规禁止公开披露这些事项，或在极少数情形下，如果合理预期在审计报告中沟通某事项造成的负面后果超过在公众利益方面产生的益处，我们确定不应在审计报告中沟通该事项。

二、按照相关法律法规的要求报告的事项

……

××会计师事务所	中国注册会计师：×××（项目合伙人）
（盖章）	（签名并盖章）
	中国注册会计师：×××
	（签名并盖章）
中国××市	20×2年×月×日

2016 年版审计报告准则在 2019 年进行了修订，主要涉及对财务报表披露的审计，对审计报告没有作出实质性修订。在《国务院办公厅关于进一步规范财务审计秩序 促进注册会计师行业健康发展的意见》（国办发〔2021〕30号）发布后，为了落实"完善审计准则体系"和"引导会计师事务所强化内部管理"的要求，2022 年 1 月发布了修订后的审计准则，本次修订为一致性修订，只是作出文字调整，不涉及实质性修订。

第十二章学习指南

第十三章　审计失败

第一节　审计失败的内涵

一、何谓"审计失败"

对于审计失败，目前没有非常明确的定义，根据我们搜集的资料，国内外文献对于审计失败有着明确定义的代表性观点主要有：

（一）工作失败论

审计失败是指审计师因违反独立审计准则的要求，在审计过程中存在失误或欺诈行为，发表了不适当的审计意见。

观点评述：从审计准则和审计意见的角度出发，它所指的审计失败只是审计工作的失败，此为狭义审计失败论。

（二）诉讼失败论

审计失败是指审计师出具了虚假的审计报告，引起法律纠纷，受到法律制裁。

观点评述：此种观点的着重点为法律诉讼与法律制裁，强调的是审计工作失败的可能影响。由于审计工作是会计师事务所业务构成部分之一，这一观点还可以理解为事务所经营的失败，此为从审计法律责任角度定义的审计失败论。

（三）职业失败论

审计失败是指审计职业因执业质量低下或职业道德败坏，受到社会非议，失去社会信任与尊重。

观点评述：此种观点是站在整个审计职业的高度，它所表示的失败，旨在告诉我们审计职业已经走到了尽头。此为广义审计失败论。

（四）本书的定义

由于对"审计"一词本意不同的理解，造成了对审计失败概念不同的诠释。我们认为，将"审计"限定为审计活动，一则更为符合审计实务，并有助于解释审计职业失败；二则从审计工作出发，应当是审计学最基础和最根本的研究角度。因此，本书论及审计失败中的审计，其意义就是审计工作。审计失败，即审计师未能遵循独立审计准则执业，在财务报表存在重大错报的情况下，审计师出具了无保留意见的审计报告。

二、审计失败与审计目标、审计责任的关系

"审计目标是审计理论联系审计实践的桥梁、审计职业联系审计环境的纽带。审计目标直接反映宏观环境的需求，所有影响和制约审计的外部环境的变化，都会提出调整审计目标的要求，进而引起审计实践的变革。与此同时，审计目标对审计人员的审计责任有着直接的影响，有什么样的审计目标，就有什么样的审计责任。例如，审计目标是揭弊查错，审计人员的审计责任就是揭露被审计单位的舞弊和差错。若被审计单位发生重大的舞弊和差错，审计人员由于种种原因未能查出，这就意味着审计人员的失职，对此应承担相

应的责任。"①上述文字非常清晰地解释了审计目标和审计责任的关系。审计失败是审计工作偏离了审计目标，是承担审计责任的前因。

三、审计失败的衡量

（一）审计是一个系统过程

审计是一个包括审计计划、取证、判断和报告的系统过程，判断审计是否失败不能像判断产品生产是否失败那样（仅仅依靠最终产品质量），只是依据审计的结果（审计报告）来判定。这是由审计的结果——审计报告——自身特征所决定的。作为审计工作产品的审计报告是高度抽象的，具有不可观察性、不可储存性，并不具备有形商品那种直接的、具体的外在表现形式，因此，审计产品的质量也很难用有形的尺子来衡量。另外，审计产品仅仅是构成审计过程的一个组成部分，它同审计过程中其他工作内容有着密切的联系。因此，考察一项审计活动的成败，"不能仅仅局限于该项活动的结果，而应当将形成其结果的整个活动过程联系起来进行分析，只有这样，才能更全面和更深层次地去认识该项审计活动满足社会需求的程度"。

（二）衡量审计失败不应"只看结果，不看过程"

对审计失败的衡量应当与在判定会计信息真实性时将其划分为结果真实与程序真实一样，审计失败包括结果失败与过程失败两个方面。过分偏向二者中的任何一个都是不正确的，必须二者兼顾。

（三）审计准则是规范审计行为的权威性标准，是判别审计过程是否失败的标准

审计准则不仅体现着社会公众对于审计结果（目标）的要求，而且规范审计师执业过程行为。审计准则是由政府部门或会计师职业团体制定的，用以规定审计人员应有的素质和专业资格，规范并指导其执业行为，衡量和评价其工作质量的权威性标准。由此可见，审计准则是审计人员在执行审计工作时应遵循的规范。审计准则的主要内容大多来自审计实务，是在审计实践中逐步形成并为大多数审计人员所认可、接受并执行的惯例，其规范的内容除了包括审计人员素质要求外，还涉及审计整个过程。因此以一般公认审计准则作为衡量审计失败的标准就顺理成章了。

第二节　审计失败与相关概念解析 ▋

引发审计失败的原因有多种，这些不同来源的因素相互交织，使得我们难以迅速识别审计失败的真相。与审计失败密切相关的下述三组概念有助于我们撩起审计失败纷繁的"面纱"，认识审计失败的真实"面貌"。

一、会计责任和审计责任

根据《中国注册会计师审计准则第1111号——就审计业务约定条款达成一致意见》（2022年修订），审计业务约定条款应当包括注册会计师的责任和管理层的责任等事项。《中国注册会计师审计准则第1101号——注册会计师的总体目标和审计工作的基本要求》（2022年修订）明确指出，注册会计师按照中国注册会计师审计准则执行财务报表审计工作，针对财务报表整体发表审计意见。管理层和治理层（如适用）认可并理解其应当承担

---

① 详见：徐政旦，等. 审计研究前沿［M］. 2版. 上海：上海财经大学出版社，2011：61.

下列责任：①按照适用的财务报告编制基础编制财务报表，并使其实现公允反映（如适用）；②设计、执行和维护必要的内部控制，以使财务报表不存在由于舞弊或错误导致的重大错报；③向注册会计师提供必要的工作条件，包括允许注册会计师接触与编制财务报表相关的所有信息（如记录、文件和其他事项），向注册会计师提供审计所需的其他信息，允许注册会计师在获取审计证据时不受限制地接触其认为必要的内部人员和其他相关人员。管理层和治理层（如适用）认可与财务报表相关的责任，是注册会计师执行审计工作的前提，构成注册会计师按照审计准则的规定执行审计工作的基础。财务报表审计并不减轻管理层或治理层的责任。《中华人民共和国会计法》第一章"总则"第四条明确规定："单位负责人对本单位的会计工作和会计资料的真实性、完整性负责。"

实例 13-1

美国共同基金
管理股份有限
公司案例

由上述审计准则和法律要求可知，保证会计资料的真实、合法、完整是被审计单位的会计责任。按照独立审计准则的要求出具审计报告，保证审计报告的合法性、公允性是审计师的审计责任。审计责任不能替代、减轻或免除会计责任。

二、审计失败与经营失败

经营失败是指被审计单位破产或者无力偿还债务①。经营失败可能是诱发审计失败的导火索②。综观中外审计失败案件，大多数审计失败案件都是在经营失败不可避免的情况下，由管理层被迫对外披露；或者因管理舞弊行为被曝光而引发利益相关人对审计师和会计师事务所提起诉讼，从而形成审计失败。③因此，审计失败通常是伴随着经营失败的出现而出现，并最终以审计师或者会计师事务所败诉而告终。

经营失败和审计失败的原因各不相同，见表 13-1。一旦经营失败，社会公众就会将审计失败和经营失败相提并论，认定经营失败等同于审计失败甚至认为审计失败引发经营失败。事实上，审计师并不是也不能为企业持续经营提供担保，也不应单独地揭示这方面问题，审计师只能对企业管理层财务报告中持续经营相关因素揭示的公允性表示专家意见（包括在持续经营假设不成立的情况下，即企业进入破产清算阶段）。审计师只能合理保证揭示持续经营能力的相关因素真实与公允。

表 13-1　　　　　　　　　审计失败和经营失败的区别

类型	主体	原因	结果
审计失败	审计师或（和）会计师事务所	审计师的过失和欺诈，违反职业规范	审计师或（和）会计师事务所承担审计责任
经营失败	企业及其管理者	企业的巨额亏损、资不抵债而无法持续经营	企业管理者承担经营责任

尽管审计师无法也无力对被审计单位的持续经营提供担保，但是，需要指出的是，根据《中国注册会计师审计准则第1324号——持续经营》（2022年修订）的要求，注册会计

---

① 朱小平，叶友. 审计风险、商业风险、业务关系风险、经营失败与审计失败 [J]. 审计研究，2003（3）：8-13.

② 在资本市场比较完善的社会环境中，上市公司或者公众公司经营失败的后果波及面之广，影响之深远是先前社会环境所不及的。在众多利益相关者及媒体舆论和法官的聚光灯之下，独立审计这一制度安排的特殊作用（降低信息风险，优化信息披露质量），使得各方面关注的焦点集中在审计过程上，这样在审计中存在的问题就会更加凸现和明显，在"深口袋"的吸引下，审计师更是成为众矢之的。

③ 有关研究表明，几乎半数的指控审计失败的诉讼，都涉及经营失败，如安然事件以及国内出现的上市公司造假事件都验证了这一点。详见马兰，王延明. 经营失败、审计失败与审计风险——来自暂停上市公司历年审计报告的经验分析 [J]. 中国注册会计师，2003（3）：23-25。

师有责任就管理层在编制财务报表时运用持续经营假设的适当性获取充分、适当的审计证据并得出结论，并根据获取的审计证据就被审计单位持续经营能力是否存在重大不确定性得出结论。即使编制财务报表时采用的财务报告编制基础没有明确要求管理层对持续经营能力作出专门评估，注册会计师的这种责任仍然存在。因此，审计师在实施审计过程中应充分考虑企业持续经营能力信息披露的充分性与适当性，否则就可能真正发生审计失败。

三、审计失败与审计风险

审计风险有以下三种含义：

（1）未能察觉出重大错报的风险：最狭义的审计风险

这是指审计师错误地估计和判断了审计事项，乃至发表了与事实相悖的审计报告，使重大错报未能揭示出来而受到有关关系人指控并遭受某种损失的可能性。这是一种为广大审计人员普遍理解并为包括国际审计准则在内的大多数国家审计准则所接受的审计风险含义。

（2）发表了一个不适当的意见的风险：狭义的审计风险

从狭义上理解，审计风险应当包括财务报表没有公允揭示而审计人员却认为已经公允揭示的风险、财务报表总体上已公允揭示而审计人员却认为未公允揭示的风险。把客观上是正确的东西判断为错误，即 α 风险，即通常所说的误拒风险；把客观上是错误的东西判断为正确，即 β 风险，即通常所说的误受风险。通常情况下，前者与审计效率相关，会增加审计时间和样本量。而后者直接关系到审计效果与质量。

（3）审计职业风险：广义的审计风险

审计风险也可以理解为审计主体损失的可能性，这里特别包括了企业的营业风险。此处的营业风险指的是，尽管审计师为某一客户提供的审计报告正确无误，但审计人员（或承担审计的会计师事务所）却因委托关系而受到伤害的风险。营业风险不是审计过程中发生的失误行为，但它却对审计构成了风险，因而必须将其列入审计风险的范畴。

审计失败与审计风险的区别见表13-2。

表13-2   **审计失败与审计风险的区别**

类型	表现形式	成因	结果
审计失败	确定的事实	审计师的主观原因：过失或者欺诈	审计责任
审计风险	可能性，或然性	客观原因，审计师未能意识到的主观原因造成	损失的或然性

实例 13-2

潘·斯奎尔
银行审计案例

实例 13-3

上市公司跨境
业务审计问题
研究

第三节　审计失败的成因剖析

在厘清审计失败的含义及审计失败与其相关概念的区别之后，我们可以进一步认识审计失败的成因。审计活动是一个系统过程，因而要受到环境因素的影响。审计师及会计师事务所本身是审计活动的直接实施者，亦是审计成败的主要原因。

一、来自审计环境的因素

（一）政府行为

西方经济学中的管制效应理论、俘获理论和寻租理论从不同的角度批判了公共利益理论①的基本假设。它们认为管制不仅仅存在巨大的成本，还为寻租提供了条件。上述西方经济学理论具有普遍适用性。我国在转轨经济时期的政府管制是利弊兼存的。

我国的注册会计师审计制度真正恢复发展是从1980年起，自恢复重建开始，就一直处于政府部门的领导之下。政府依靠行政力量直接推动审计行业的重建，推动行业内整合重构，推动市场对于审计服务的需求。这种情况不可避免地存在诸多弊端。地方保护主义和行业保护主义的普遍存在也加剧了问题的激化。中国审计市场的产生具有自发的性质，但市场发展却是政府选择而非市场选择的结果。政府对会计市场的干预，主要是以"许可证"方式出现，其中一些干预能在一定程度上提高审计质量。但多数情况下的干预是一些部门和机构从地方保护主义和行业保护主义出发的。

（二）竞争环境

美国审计总署GAO（2003）针对美国审计市场上会计师事务所合并和竞争的研究报告指出，虽然大型公众公司一般不会由于价格因素而变更审计师，但是日益激烈的竞争和揽客行为却使得会计公司有必要持续地提供竞争性价格以留住其客户。"高度垄断的市场还是会引起我们的关注，因为在这个市场上会计公司可以动用其市场力量，而且高度集中的市场结构很容易诱发公开或私下的共谋"（GAO，2003）。事实也说明了审计市场的激烈而残酷的垄断竞争已经严重威胁了审计职业赖以生存的基础——独立性，审计失败在所难免。

当前我国审计市场竞争的激烈程度并不亚于美国，但我国的审计市场竞争中还存在两大突出问题：一是业务直接或变相指定；二是低价抢揽业务。在面对加入WTO后全面开放会计审计市场的新格局下，国际四大"压迫式"竞争使本土具有证券资格的会计师事务所逐渐流失高端客户。本土中小事务所只能在区域内以"火并"价格方式抢揽中小客户。"劣币驱逐良币"现象短时期内恐怕难以从根本上消除。

行业竞争状况对于审计失败影响最大的莫过于审计收费的价格竞争。低价位，可能带来多一些客户，增加一点收益。然而，低价格，必然导致低成本，即要求减少审计取证的数量，缩短审计程序的时间。因此，不正当的价格竞争必然使得会计师事务所为降低成本而偷工减料，因而也就可能不按审计准则的要求搜集充分适当的审计证据就提出审计报告，审计质量难以得到保障，审计失败也就在所难免了。

（三）法律环境

法律环境主要指的是诉讼制度安排，如举证责任、诉讼时效、损失补偿等。

1.高风险的美国审计市场

之所以称美国审计市场为高法律风险的环境，主要是由美国的诉讼制度所决定的。1933年公布的美国《证券法》将举证责任转移给审计师，个人投资者只要证明财务报表存在重大不实，就可以向法院提起诉讼，投资者不需要搜集获取证据证明审计师行为不当，也不需要证据证明财务报表不实是其利益受损的主要原因。这些证据的采集都由审计师完成（余玉苗等，1997）。这使得个人投资者提起诉讼的成本非常低，而提起诉讼的收

---

① 公共利益理论为整个管制理论的解释提供了一个基本的框架，先验性地强调了政府在市场失灵过程中的资源配置作用，先验地假定政府是万能的、恩惠者和全知的，在规范意义上强调了管制作为工具的最优方式，即"应该如何"，将管制的失灵问题视为"黑箱"，忽略了管制的代价，忽视了政府在制定和实施过程中的成本。

益非常高。在这种诉讼制度安排下，越来越多的利益团体或者个人因追求弥补投资损失向法庭提起诉讼，从而为审计"诉讼风暴"推波助澜。

2.我国的法律环境

我国的法律环境逐渐完善，法律体系逐步健全。首先，与会计审计行业密切相关的注册会计师法得到了修订。2014年8月31日，第十二届全国人民代表大会常务委员会第十次会议通过修正的《中华人民共和国注册会计师法》，新注册会计师法有利于发挥注册会计师在社会经济活动中的鉴证和服务作用，加强对注册会计师的管理，维护社会公共利益和投资者的合法权益，促进社会主义市场经济的健康发展。其次，相关的会计规则和证券市场虚假陈述侵权民事赔偿案件审理要求也处于不断修订完善之中，如2019年10月，财政部公布了《中华人民共和国会计法修订草案（征求意见稿）》，积极推动《中华人民共和国会计法》的修订工作；2022年1月21日，最高人民法院根据《中华人民共和国民法典》《中华人民共和国证券法》《中华人民共和国公司法》《中华人民共和国民事诉讼法》等法律规定，结合审判实践，颁布并实施了《最高人民法院关于审理证券市场虚假陈述侵权民事赔偿案件的若干规定》。然而，规则的滞后或缺失给审计工作带来了极大的不确定性，也给审计师的审计风险带来了极大的变数。最后，目前，针对会计师事务所和审计师诉讼的有效机制尚未完全建立，这在一定程度上宽容了审计失败的发生。

（四）民间审计制度安排的悖论

相关链接13-1

最高人民法院关于审理证券市场虚假陈述侵权民事赔偿案例的若干规定

民间审计源于受托责任。在财产所有权与经营权分离的情况下，财产所有者将财产委托经营者管理，后者对前者承担受托责任；为了解和考核经营者的业绩，财产所有者委托独立的第三方——审计师——对经营者的经营业绩和企业经营情况进行审查，审计师将审查结果报告给委托人。审计制度安排目的在于保证审计报告能够真实反映实际情况。其中，制度安排的关键是审计师必须独立于被审计对象（经营者），审计师与经营者之间不能够存在经济利益、组织关系上的关联关系。正因如此，独立性一直被视为民间审计的本质特征和灵魂。

但是，理论上的"超然独立"并不能保证实践中的"独立"。发生在审计实务中的近半数的审计失败案件都与独立性问题密不可分。失败症结是保证独立审计顺利实施、保证审计师独立性的制度并没有真正落实。从理论上讲，公司的财产所有者即股东是审计工作的委托方，审计师是全体股东的代理人；而在实践中，特别是完善的资本市场中，公众公司的股东往往虚化成为"橡皮图章"，实际的管理决策权力掌握在经营者手中，甚至可以建立"经理帝国"。这样，审计工作的实际委托方即为经营者，他们决定着聘请哪个审计师，审计公费的高低、审计和保证业务的项目结构。因此，审计师与经营者之间实际上是具有相关性的，审计师无法摆脱利益关系保持真正的超然独立。这种普遍存在于经营者与审计师之间的"固有利益关联"使得审计师难以"查错纠弊"，审计师在承接业务（生存发展）和承担社会责任（经济警察）的两极来回往复，这种两难的境地深刻影响了审计师独立客观地发表意见。正因为这个问题，审计行业以审计失败为代价支付了巨额成本。仔细反思，每一次重大的审计失败案件，都是难以摆脱上述制度悖论的结果。

二、来自客户的因素

（一）经营失败

上文中已说明经营失败对审计失败的影响，此处不再赘述。

（二）内控失灵

传统制度基础审计的理论是企业内部控制理论，对企业内部控制评价是审计程序设计的依据。但是，当管理层绕过内控进行舞弊时，传统制度基础审计就很难发现问题。"涉及审计师的诉讼案件，45%是由于客户内部控制失灵而导致舞弊存在。其中很多案例表明，客户有健全的内部会计控制，但高层管理人员可以逾越这些制度，内控未能发挥应有的功能。"传统审计方法不能满足现代审计目标的要求，这也是审计失败的原因之一。

（三）错误、舞弊和违反法规的行为

针对审计失败提起诉讼的最主要原因之一在于审计师未能发现财务报表中的错误、舞弊和违反法规的行为。

在承接业务时，如果审计师发现客户管理层缺乏正直品格，则发生差错和舞弊行为的可能性就大，审计失败的可能性就比较高，即使扩大审计测试的范围，审计师也难以使总体审计风险的水平降低到社会可接受的程度内，出现法律纠纷的可能性就比较大。

相关链接13-2

错误和舞弊

在实施审计的过程中，审计师能否查错纠弊又与其发现问题的能力、报告问题的概率相关。美国芝加哥大学 Merle Erickson 和威斯康星大学 Brian Mayhew 等人以著名的 Lincoln Savings and Loan（LSL）案为例，说明了传统制度基础审计的有限性，审计师对企业经营环境的了解和掌握在发现管理层舞弊中至关重要。该文认为"如果审计师对于 LSL 业务运作及行业基本情况有所了解，并运用这些知识审查 LSL 主要利润来源等；如果审计师将 LSL 销售额与该地区整个行业数据对比的话，就会发现 LSL 业绩好得令人难以置信"，从而提高查错纠弊能力，避免审计失败。

（四）日益复杂的经营环境和经济业务

实例13-4

美国权益基金公司审计失败案例

美国学者彼埃尔和安德逊调查了美国涉及会计师的129个案例，并撰写了《公共会计师涉及诉讼分析》，其中指出：某些业务复杂的行业容易引发麻烦，金融、房地产和建筑业仅占美国公司的15%，但涉及46%的案例。日益复杂的企业经营环境和经济业务不仅对审计师的专业素质提出挑战，要求审计师具备多方面的能力和知识，还对审计技术方法提出挑战，如果审计师不能适应这些环境及变化，审计失败的风险将大大增加。

三、来自审计师的因素

（一）违反职业道德的行为

因违反职业道德规定，审计师通常被指控存在下述两种行为：过失（包括普通过失、重大过失）、欺诈。

（1）过失，是指在一定条件下缺少应具有的合理谨慎。评价审计师的过失，是以其他合格审计师在相同条件下可做到的谨慎为标准的。当过失给他人造成损害时，审计师应负过失责任。通常将过失按其程度不同分为普通过失和重大过失。

①普通过失，或称"一般过失"，通常是指没有保持职业上应有的合理谨慎。审计人

员没有完全遵循专业准则的要求则存在普通过失。比如，未按特定审计项目取得必要和充分的审计证据就出具审计报告，这种情况可视为一般过失。

②重大过失，是指连起码的职业谨慎都不保持，对重要的业务或事务不加考虑，满不在乎。审计师根本没有按专业准则的基本要求执行审计，则存在重大过失。比如，审计不以具体审计准则为依据，视为重大过失。

此外，还有一种过失叫共同过失，即对他人过失，受害方自己未能保持合理的谨慎因而蒙受损失。比如，被审计单位未能向审计人员提供编制纳税申报表所必要的信息，反而又控告审计人员未能妥当地编制纳税申报表，这种情况可能使法院判定被审计单位有共同过失。再如，在审计中未能发现现金等资产短少时，被审计单位可以过失为由控告审计师，而审计师又可以说现金短少等问题是由于缺乏适当的内部控制造成的，并以此为由来反击被审计单位的诉讼。

（2）欺诈，又称舞弊，是以欺骗或坑害他人为目的的一种故意的错误行为。作案具有不良动机是欺诈的重要特征，也是欺诈与普通过失和重大过失的主要区别之一。对于审计师而言，欺诈就是为了达到欺骗他人的目的，明知被审计单位的财务报表有重大错报，却加以虚假陈述，出具无保留意见的审计报告。与欺诈相关的另一个概念是"推定欺诈"（constructive fraud），又称"涉嫌欺诈"，是指虽无故意欺诈或坑害他人的动机，但却存在极端或异常的过失。推定欺诈和重大过失这两个概念的界限往往很难界定，在美国许多法院将审计师的重大过失解释为推定欺诈，特别是近年来有些法院放宽了"欺诈"一词的范围，使得推定欺诈和欺诈在法律上成为等效的概念。这样一来，具有重大过失的审计师的法律责任就进一步加大了。

（二）违反独立性

审计的独立性是审计的基石。实践证明，很多诉讼案件都是由于审计师偏听客户的一面之词和屈从客户施加的各种压力（如"时间压力""成本压力"）而引起的。失去了审计的独立性，就很难做到不偏不倚，也就不可能进行适当的审计规划，并按规划实施审计，在审计报告的出具上也无法如实反映，审计失败也就难以避免。

实例13-5

澳大利亚1968年的Pacific Acceptance案

（三）缺乏适当的专业胜任能力

审计师应熟悉并掌握会计审计和计算机等知识技能，随时了解相关领域的前沿知识，并将掌握的知识有效地运用于研究和分析之中。审计师的专业知识欠缺可能导致审计失败，主要表现为：

（1）对新发布的会计、审计、税收等法规、准则及其他相关技术规范理解不透彻，缺乏必要的从业经验和适当的专业判断能力。

实例13-6

巨人零售公司案例

（2）对客户经营业务，尤其是特殊行业、特殊产业的业务缺乏了解。审计实践证明，在很多诉讼案件中，审计师之所以未能识别重大错误，一个重要原因就是他们不了解客户所在行业的情况及客户的业务。会计是经济活动的综合反映，不熟悉客户的经济业务和生产经营实务，仅局限于有关的会计资料，就可能没有办法了解到经济资料所反映的客观内容，也就可能发现不了其中的错误和舞弊。

实例13-7

月桂山谷地产公司案例

（四）未能严格按照审计准则要求执业

未能严格按照审计准则的要求执行业务具有多种表现形式。例如，审计师的审计程序欠妥；未能保持应有的职业谨慎、对交易事项缺乏应有的专业怀疑；过分信赖管理层，轻易接受企业管理层所做的解释；过度信赖他人工作，不切实际地减少自己的控制测试和实质性程序等。其他未能严格遵守审计准则的行为包括：所搜集的证据明显不足；未能将审计证据恰当地记录于工作底稿；对重大会计事项重视不够。

审计师发表正确审计意见的前提是必须遵循审计准则的要求，实施必要的审计程序，搜集充分适当的审计证据。如果审计师实施的审计程序不妥，则必然会导致审计失败。常见的不当审计程序见表13-3。

表13-3   常见的不当审计程序

序号	不当审计程序	说明
（1）	未能适当运用分析程序	在审计实务中，审计师应运用分析程序，通过研究不同财务数据之间以及财务数据与非财务数据之间的内在关系，对财务信息作出评价，如雅百特审计失败案例
（2）	询问技巧不足	审计师对于客户的了解或问题的澄清，都是通过询问方式进行的。而要达到询问的目的，就必须谨慎选择被询问者及注重询问技巧、善于察言观色，找出破绽或发现疑点
（3）	未能进行充分观察	观察是审计师对企业的经营场所、实物资产和有关业务活动及其内部控制制度的执行情况等进行的实地察看。有经验的审计师应能通过观察企业经营业务处理过程，发现其中的缺陷，从而决定采取适当的审计程序
（4）	函证程序运用不当	如根据中国证监会行政处罚决定书〔2020〕32号，在瑞华会计师事务所对千山药机的审计过程中，瑞华所未严格执行审计准则的相关要求实施函证程序、评价函证程序所获取证据的可靠性。2015年度及2016年度审计底稿中，千山药机部分客户的回函附带了一份"办理说明"，"办理说明"要求客户在回函前先传真或扫描发送至千山药机财务部。同时，"办理说明"中所留回函传真、扫描以及存在疑问进行核实的联系人、联系方式、电子邮箱等均为千山药机财务部工作人员的信息。会计师以附带"办理说明"的方式进行函证，函证程序缺乏独立性、函证证据缺乏充分性、适当性、可靠性
（5）	审计师使用错误的证据搜集方法，或证据使用的方法错误	如企业账上记录一笔未经正式订货程序的销货，销货单上的单价相当高且数量少，经由海运送交国外顾客。审计师检查运费单据，证明货物所有权已转移和存货已经出库，所以未能发现疑点。但如果审计师询问为什么选择以海运方式送交价高量少的货物，他就很有可能会怀疑这笔销货

四、来自会计师事务所的因素

（一）会计师事务所内部质量控制缺陷

会计师事务所的质量控制是事务所生存发展的关键因素之一，但由于种种原因，部分事务所质量控制往往形同虚设，为虚假审计报告的生产大开方便之门。审计失败也就屡见不鲜了。

（二）会计师事务所组织形式

会计师事务所业务特性及其"人合非资合"的特点决定其组织形式对于业务质量有重要影响。长期以来，审计职业界、法律界、社会公众一直就会计师事务所组织形式问题展开过多次讨论，但是，至今事务所组织形式仍然是困扰职业界的一个问题：合伙制下巨大的风险使得事务所"望而却步"，有限责任制下频发的审计失败使得社会要求采用合伙制的呼声日渐高涨，来自政府监管的政策导向也朝向合伙制方向发展。实践发现涉及上市公司审计造假的事务所"基本上都是有限责任事务所"。

（三）会计师事务所内部的激励机制

美国会计学专家 Zeff 教授认为，美国审计职业之所以会由一个高尚的职业沦为一个唯利是图的职业，其中，最为重要的原因是事务所内部激励机制。由于事务所以经营企业的理念来推动业务发展，所以那些能够招揽到更多客户的事务所员工会得到更快的升职和提拔，对于事务所合伙人的激励更是如此。激励机制的"错位"，使得事务所朝着有"钱途"的方向发展，从而形成"恶性循环"。这种以放弃会计行业信誉为代价、将会计行业沦为一种职业的激励机制正是审计失败案件层出不穷的最主要原因之一。

相关链接 13-3

会计师事务所
组织形式

第四节　审计失败的规避

尽管审计失败是客观存在的，但是从审计失败成因中，我们也可大致梳理出如何尽力规避审计失败的思路。

一、优化审计环境

优化审计环境是通过改良审计职业环境，避免因外界原因造成被动的审计失败。在现阶段应着力规范政府行为，实行适度监管政策；改革现行行业协会的组织体系，使其成为真正的"行业自律组织"；完善会计师事务所的聘用和更换机制；完善审计市场和审计职业的准入制度，规范审计市场竞争秩序；制定和完善执业准则和规则；强化事务所和审计师的法律风险，消除民事诉讼的前置程序。同时，也要注意加强与社会公众的沟通，消除"期望差距"带来的不利影响。审计职业界应能正视期望差距，积极与行业之外沟通：一方面应充分说明审计能够做什么，不能做什么；另一方面要协助公众提高区分会计责任和审计责任、审计失败与经营失败的能力。

二、增强审计师的风险管理能力

相关措施包括：增强审计人员的风险意识、重视风险评估、推行风险导向审计、聘请懂行的律师或法律顾问、建立审计风险管理制度。值得注意的是，投保充分适度的责任险也是风险管理的重要环节。

三、强化会计师事务所的内部质量管理

主要措施包括：谨慎选择客户；招收合格的人员，并予以适当培训和督导；恪守执业准则和职业道德规范；深入了解客户的业务；签订业务委托书；执行合格的审计程序；保持应有的职业关注；保持审计的独立性；建立健全质量控制制度等。

四、高度关注管理舞弊，避免审计失败

鉴于管理舞弊与审计失败有着极大的关联性，审计师应特别关注管理舞弊。当出现下列情况时，可能表明企业财务报表存在潜在的危险，审计师应当予以充分注意：

（1）未加解释的会计变化，尤其是经营很糟糕的时候。这表明管理人员正利用会计的随意性来粉饰财务报表。

（2）运用融资机制的倾向，如研究开发合作关系和出售带追索权的应收账款。这些协议都有一套动听的经营逻辑，还为管理层提供了隐瞒债务和夸大资产的机会。

（3）理由不充分的审计意见或会计师事务所的变更。

（4）关联方交易。这些交易缺少对市场的客观判断，而且管理人员对于这些交易所作出的会计估算可能比较主观并带有非公平交易的性质。例如，2006—2020年证监会处罚公告中对会计师事务所进行处罚的案件共有53例，其中涉及关联方审计失败而对会计师事务所及注册会计师进行处罚的案件有21例，占比39.62%。这些案例中，关联方审计失败不能简单地归咎于审计不力，管理层舞弊也是其中的重要原因。[①]

五、警惕客户经营失败

企业经营生生不息者固然存在，经营不善而失败者也属常见。如果企业在财务方面或经营方面存在影响持续经营的迹象时，审计师就应特别重视。

六、关注非法行为和其他重要事项

至于客户可能存在的违反法规行为，审计师更应密切关注。因为这些违反法规行为可能直接导致企业经营失败进而引发审计失败。

七、采用现代风险导向审计方法

现代风险导向审计将审计资源集中在高风险区域，采用"自上而下、自下而上"相结合的手段，便于审计师全面掌握企业可能存在的重大风险，有利于节省审计成本，相应地提高审计效率，避免因传统审计方法固有缺陷而导致的审计风险。

第十三章学习指南

---

① 郑璇. 关联方审计失败的原因及对策分析——基于2006—2020年证监会处罚决定书 [J]. 中国注册会计师，2022（1）：85-88.

第十四章　审计质量控制

第一节　审计质量控制概述

一、审计质量概述及其影响因素

审计质量通常指审计工作的规范程度和审计结果的总体质量，它包括审计工作质量和审计结果质量两个方面。其中，工作质量是结果质量的保证，没有工作质量的保证，审计结果的质量就无从谈起，而审计结果的质量又是审计工作质量的综合反映，是审计全过程工作质量的集中体现。审计报告的质量是审计质量最直观的评判标准，只要审计后的信息被认为是可以信赖的，客观地反映了被审计单位的经营成果及财务状况，则可以认为审计是高质量的。会计师事务所及其审计师要想保证审计结果的质量以赢得社会公众的认可，就必须控制审计工作的质量。

审计质量会受到许多因素的影响，概括来讲，这些因素主要分为两方面：外部因素和内部因素。

（一）外部因素

1.会计师事务所的组织形式

会计师事务所的组织形式直接影响审计师和会计师事务所承担相应审计责任的比例。在有限责任制下，审计师的责任与事务所的风险存在割裂，在巨大利益的驱动下，事务所的风险无法与审计师的个人责任形成有机结合。为了提高事务所的抗风险能力，就必须将审计师的无限责任纳入事务所的组织体制中。

2.审计环境

审计失败的原因可能不是审计技术方面而是审计师独立性受到威胁。审计环境的恶化其实是外在执业环境支持或者默认了造假。此外，现代企业制度和公司治理结构对审计师执业环境也存在影响。

3.注册会计师行业的处罚力度

自我国恢复注册会计师制度以来，注册会计师行业遭受处罚的力度依然较轻。

（二）内部因素

1.执业技术水平

在确认财务报告公允性方面，审计师需要运用更多的职业判断，而审计准则很难对职业判断的程度进行具体的说明，因此，审计质量的高低在很大程度上取决于审计师是否保持应有的职业关注，是否达到了专业人员的执业技术水平的要求。

2.职业道德

会计师事务所最大的执业风险来自执业人员的明知故犯和故意作假行为。国内外一些大案也与会计师事务所从业人员违反职业道德有关。强化从业人员自觉遵守职业道德守则的意识，才能消除因职业道德薄弱而导致明知故犯造成的出具不真实审计报告的后患。

二、审计质量的衡量标准

人们在评价"审计质量"时，有时是针对单项审计业务的质量，它具体体现为特定审计师和审计过程的质量，最终体现为特定审计报告的质量；有时是针对会计师事务所总体执业质量，它体现为特定会计师事务所在一定时期内所有审计业务的质量。这两者之间有联系，也有区别。一方面，会计师事务所总体执业质量取决于其一定时期内单项审计业务的质量；另一方面，通常情况，总体执业质量较高的事务所，公众预期其单项审计业务质量也较高。

与上述两个层次的含义相对应，评价审计质量时所采用的衡量标准也分为两个层次：评价单项审计业务质量的标准和评价会计师事务所总体执业质量的标准。正是由于审计质量及其衡量标准的两个层次之间彼此密切相关，因此，在现实中经常造成混淆，这在一定程度上加大了对审计质量及其衡量标准认识上的误区。

(一) 关于单项审计业务质量的衡量标准

应当以什么为尺度来衡量单项审计业务的质量，国内外理论界及实务界进行了很多探讨，主要的代表性观点有：

(1) Watts 和 Zimmerman（1981）、DeAngelo（1981）等认为，规模大的事务所执行的审计，其质量高于规模小的事务所执行的审计。Richard B. Carter 等（1998）则指出，具有较高声誉的事务所执行的审计，其质量高于其他事务所执行的审计。可见，可以运用事务所的规模、声誉等反映其总体执业质量的指示信号，来间接衡量该事务所执行的单项审计业务的质量。

(2) Schauer 和 Paul Christian（1999）认为，审计的功能在于降低被审计单位的信息不对称程度，而信息不对称程度能够通过股票买卖价差反映出来，因此，可以通过股票买卖价差来评价审计所发挥功能的大小，从而对审计质量的高低进行衡量。

(3) Donald R. Deis、Jr. Giroux 和 Gary A. Giroux（1992）提出，在没有直接的衡量标准的情况下，审计（所花费的）时间可以用来衡量审计质量的高低。

(4) 徐建新（2001）认为，审计质量衡量标准是一个体系，其各个组成因子及其关系如下：

①法规制度（最低衡量标准）；
②职业标准（现实衡量标准）；
③社会期望（最高衡量标准）。

(5) 北京市注册会计师协会监管部 1998 年 11 月至 1999 年 4 月对北京 17 家会计师事务所 1998 年度对外出具的法定业务报告进行后续检查时，制定了 7 条质量评价标准：①是否编制了相应的工作底稿；②报告和工作底稿是否逐级复核并有复核人签名记录；③是否与客户签订了符合独立审计准则要求的业务约定书；④是否编制了相应的审计计划；⑤是否实施了重要的审计程序；⑥是否取得了充分适当的审计证据支持审计意见；⑦报告的内容与格式是否符合准则要求。

(6) DeFond 和 Zhang（2014），从审计师胜任力和独立性两个维度测量审计质量；其中，以操控性应计（DA）衡量审计师胜任力，以非标准审计意见的概率（Maos）衡量审计师独立性。

此外，还有一些学者提出的衡量标准包括：盈余反应系数（Krisnhnan，2002）、重要性原则、后续审计、会计师事务所的总体质量水平和审计质量控制制度的完善程度（王英姿，2001）、操纵性应计利润（刘文军，2016；龙小海等，2016）、审计收费占总资产比重（许建伟等，2020）、结合中国实情并采用修正应计利润的计算方式后再按 Dechow 等的方法采用截面修正琼斯模型估算可操纵性应计利润（陈武朝等，2020）等。

（二）关于会计师事务所总体执业质量的衡量标准

关于会计师事务所总体执业质量的衡量标准，国内外理论界和实务界也提出了很多观点，有代表性的观点包括：

（1）Watts 和 Zimmerman（1981）、DeAngelo（1981）等认为，事务所规模可以用来衡量审计质量的高低。根据 DeAngelo（1981）的证明，事务所的规模越大，与每一特定客户相联系的准租占事务所整个准租总和的比重越小，该事务所以机会主义动机行事的可能性就越小，可预期的该事务所的审计质量就越高。

（2）Richard B. Carter 等（1998）指出，可以用事务所声誉来衡量其执业质量的高低。具有较高声誉的事务所一旦发生审计失败，所付出的代价（包括现有客户以及与之联系的准租、失去凭借声誉收取较高审计费用的能力）更大，因而它们更有动机保持较高的审计质量。

（3）Palmrose 和 Z-V.（1988）、Teo Eu-Jin 和 Keith A. Houghton（2000）等指出，可以运用审计诉讼指标来衡量会计师事务所的执业质量。他们认为，在会计师事务所涉及的法律诉讼活动与该事务所执业质量之间存在负相关关系。

（4）Mark L. Defond（1992）认为，事务所规模、品牌声誉、行业专长、独立性这些指标单独作为衡量审计质量的标准都不够理想，将这些指标结合起来则能够更好地衡量审计质量。

（5）王英姿（2001）提出，将事务所规模、事务所从业人员的质量、是否为国际会计公司（或合作所）的成员、事务所拥有的行业专长水平、事务所质量控制制度本身的完善程度和执行情况、事务所的业务培训和信息沟通情况、事务所拥有的客户的更换频繁程度、负面因素等八方面作为衡量会计师事务所总体执业质量的标准。

（6）王振林（2002）认为，高质量的事务所通常收取的审计费用高于其他事务所。因此，审计收费水平可以用来衡量事务所执业质量的高低。

此外，还有学者提出，以行业专长（Shockley 和 Holt，1983）、来自某一特定客户审计公费收入占该事务所整个公费收入总和的比重（Cohen Report）等来衡量会计师事务所执业质量的高低。

第二节 会计师事务所质量控制制度体系

一、会计师事务所质量控制体系概述

审计质量控制体系是指会计师事务所为了保证其审计质量目标的实现，按照既定的审计质量标准对审计质量进行管理而制定和运用的一系列审计质量控制政策和程序所组成的有机整体。它使会计师事务所的审计质量完全处于一种监控、评估的动态过程，并把会计师事务所的质量控制与经营管理活动紧密结合在一起，确保经营管理活动朝着既定的目标前进。从某种意义上说，会计师事务所的质量控制体系就是会计师事务所为了确保它的服务质量而确立的"内部控制制度"，只不过这种"内部控制制度"是紧紧围

绕着"提高审计质量"这个中心目标的,审计质量控制体系的确立涉及会计师事务所的方方面面,其中包括事务所的经营理念、组织结构、各机构职责的设定、审计师工作的标准与程序等。

质量控制体系的构建是会计师事务所防范经营风险的一种有力手段,同时也是事务所风险管理框架下的一个重要子系统。

(一)会计师事务所质量控制体系构建原则

会计师事务所质量控制体系的构建应符合以下原则:

1.兼容性原则

质量控制体系的构建不应该凌驾于事务所的经营管理活动之上,而是与其紧密地结合在一起,要与经营活动同时进行,才能确保质量控制体系作用的有效发挥。

2.系统性原则

质量控制体系的构建应是针对审计工作的各个方面以及每个审计业务的全过程,是一种横向控制与纵向控制的交织结合,因此应具有较强的系统性,是对审计业务的系统控制。

3.灵活性原则

质量控制体系的构建是与事务所的许多具体相关因素密不可分的,不同的事务所具有不同的规模、组织结构、客户类型等,这些都会对质量控制体系的构建产生影响。

4.动态性原则

质量控制体系的构建应该考虑到外界环境的不断变化,通过信息的传递和反馈了解自身的缺陷与不足,使质量控制体系本身不断趋于完善。

5.成本效益原则

会计师事务所质量控制体系的构建要考虑到它的构建成本,也要对构建后所产生的质量成本及收益进行预测评估,某些不符合成本效益原则的质量控制制度应该舍弃,试图寻找更经济的控制方式。

6.有效性原则

质量控制体系的构建要使事务所审计质量管理,既对提高审计工作质量有直接效果,又对审计工作发挥更大的社会作用有积极影响。

7.整体性原则

要清楚认识到质量控制体系不只是一些条条框框的制度或政策的集合,它更是与事务所所有经营管理活动结合在一起的并需要事务所全体员工执行的有机整体活动。质量控制体系条文制度的制定只是体系构建的基础环节,只是一小部分的工作而已,整个体系构建效果的好坏不仅仅取决于制度设计的本身,更多地取决于控制的执行过程。

(二)会计师事务所质量控制体系构建的框架

对会计师事务所来说,质量控制体系的构建不仅仅只是某些部门、某些人的事情,也不仅仅只是针对某些审计业务程序和活动,而是会计师事务所整体构建的一个不可分割的部分,它关系到会计师事务所所有的经营管理活动及业务活动,也关系到事务所中的所有部门及其成员,它与整个会计师事务所的经营活动有机地紧密结合在一起,质量控制的理念应渗透到事务所的所有部门及成员,成为会计师事务所经营理念及指导思想中不可缺少的一部分。

具体来说，质量控制体系的构建需要在会计师事务所内部建立许多相关的子系统，质量控制体系能否得以贯彻实施并有效运作有赖于这些子系统的支持，这些子系统有些可能专门为质量控制系统的构建而成立，有些可能本就已存在，但由于质量控制体系的构建而被赋予了新的职能。这些子系统包括：

1.事务所组织结构层次上建立审计质量的组织结构控制系统

会计师事务所的组织结构是整个专业服务中维护质量控制的基础。组织结构是一系列保证对审计工作实施质量控制的政策和程序的组合。组织结构反映了事务所中关于质量控制的权力、责任、专业服务的执行和管理等各方面的关系。有效的组织结构可以界定关于质量控制活动领域的责任和权利，并反映其相互关系，为事务所的质量管理、建立质量控制目标以及制定质量控制政策和程序提供有效和足够的组织保证，并能够创造一种有利于执行质量控制计划、评估质量管理活动，并对审计质量问题作出有效反映的氛围。

每个事务所可以根据各自的实际情况，不断优化事务所的组织结构，建立健全审计质量的组织控制系统。有条件的事务所可以在事务所的管理委员会下设立质量控制管理委员会，专门负责质量控制制度的设立及执行，并确定事务所的长远和近期质量目标，制定审计质量标准，通过一定程序对各业务部门的质量管理提出要求，并进行经常的检查监督，统一组织质量，控制信息的沟通等。一般建议质量控制管理委员会直接设立在首席合伙人之下，并定期向其作出审计质量状况报告。

2.事务所内部建立关于质量控制信息的传达和反馈系统

有关审计质量信息的传达及反馈是整个质量控制体系有效运行的关键环节。审计师质量意识的贯彻、质量控制标准的传达、审计质量问题的咨询与处理以及关于审计质量控制责任的授权与委托都依赖于信息系统。同时也要加强质量控制信息系统的反馈机制的建设，增强系统工作的主动性。这方面事务所可以采用审计回访、审计项目抽查、审计质量考评方法，定期搜集质量控制信息，分析审计工作中存在的主要质量问题，并找出主要原因和关键的质量控制点，及时反馈给相关决策者，迅速采取相关措施，加强审计质量控制。值得注意的是，信息传达和反馈渠道应避免不必要的干扰，以防止影响信息传递的及时性及正确性。建议事务所针对质量控制信息建立专门的输入输出机制，并安排相关人员定期对信息系统的有效性进行评估。

3.建立有关质量控制责任的考核评估系统

这个系统主要有两个方面的任务。

第一，负责建立健全事务所内部的审计质量标准体系及审计质量责任体系。为顺应经济社会和信息技术发展对会计师事务所管理提出的新要求和新挑战，提高会计师事务所的质量管理能力，2020年11月，中国注册会计师协会修订发布了会计师事务所质量管理系列准则，具体包括《会计师事务所质量管理准则第5101号——业务质量管理》（2020年修订）、《会计师事务所质量管理准则第5102号——项目质量复核》（2020年修订）和《中国注册会计师审计准则第1121号——对财务报表审计实施的质量管理》（2020年修订）。本次修订的重大变化是将内部控制理论运用于会计师事务所质量管理，要求会计师事务所采用风险导向质量管理体系①。前两项准则从会计师事务所层面上进行规范，适用于包括鉴证业务在内的各项业务；第三项准则从执行具体审计项目的层面进行规范，仅适用于财务报表审计业务。这三个准则联系紧密，前两项是第三项的制定依据，第三项是前两项的具体化。这是国内会计师事务所制定审计质量标准所必须遵循的基本依据。依据这三者建立了有关事务所的质量控制标准后，根据质量控制标准的要求，还要建立健全相关的具有辅助性的各项规章制度。注册会计师应当遵守质量控制准则以及本所制定的质量控制制度。审计质量责任体系的真正建立需要将实施审计质量控制及提高审计质量的责任落实到各个部门及人员，实现人尽其才、全员控制。在实施具体审计项目时，各级人员都要明确各自的质量控制责任，实现审计业务的全过程控制。

相关链接14-1

内部控制与风险导向质量管理的逻辑关系

第二，建立健全质量控制责任的考核评估体系。这个体系建立在审计质量控制责任体系上，并以此为基础主要负责建立质量控制责任的考核机制、审计项目质量责任追究制度及质量责任完成情况的评估汇报机制，为事务所质量控制体系提供运行机制上的有力保障。具体形式可以表现为设立一系列的奖优罚劣制度来提高全事务所的质量意识，例如，对负有质量控制责任而没有按照质量标准执行工作的审计师可以采取告诫、批评、通报或取消某些评审资格等一系列惩罚措施，同时也对能够很好地履行相关的质量控制责任的职员实行一系列的奖赏激励措施，确保质量控制工作能够落到实处，否则这些制度只会犹如一纸空文，毫无实际意义。

4.针对具体审计项目建立审计业务流程的质量控制系统

这是在事务所的审计技术层面上建立相关的质量控制制度，也是事务所质量控制体系构建的最为重要的环节。在每个具体的审计项目的业务流程上建立有效的质量控制措施，会为事务所提高审计质量、避免审计风险提供最强有力的技术保障。根据审计业务流程质量控制实施的时间，它可以分为以下三个方面的内容：

（1）建立审计业务质量的事前控制系统

审计质量的事前控制，是指审计工作进行前的审计质量控制，是对审计质量控制的总体规划，是整个审计业务流程质量控制系统的起点和首要环节。在审计业务的前期做好各项质量控制，不仅能从开始确保审计质量，降低审计风险，而且可以大大节约具体审计过程的时间和成本，提高事务所的收益，获得声誉与利润的"双赢"。它主要包括以下几方面的工作：

第一，做好业务承接方面的质量控制。首先，应决定是否接受新客户或继续与老客户合作。为了降低与缺乏正直性的客户打交道的风险，要深入了解客户的情况，评估客户的内在风险，谨慎承接审计业务，防止客户的风险转移，这是搞好审计业务质量控制的前提。在了解客户相关事项的同时，也要对自身的独立性和专业胜任能力进行评估，做到量力而行。其次，在决定了接受客户后，进入商谈审计收费及审计业务承办的具体细节阶段。在这个阶段，要防止具体执业人员为了能够承接业务，而在收费及业务标准上作出违背质量标准的让步，迁就客户，加大审计风险。可以实施业务承接与具体审计业务执业人

---

① 何芹，高前善，袁琳. 会计师事务所质量管理体系的内涵创新与风险定位［J］. 中国注册会计师，2022（8）：24-29；3.

员相分离的政策，加强质量控制。最后，上述事项结束之后，要按照相关质量控制要求签好业务约定书，业务约定书中关于业务的范围、职责等方面的规定一定要明确，避免含糊，并注明客户要向事务所提供真实、完整、合法的会计账簿及资料，承担相应的法律责任。

第二，业务约定书签订后，要根据具体的审计项目和审计目标，依据审计工作和质量标准的规范要求，并结合所了解到的客户经营及所属行业的基本状况和相关信息资料，研究制订出相应的审计计划和审计程序，并对审计风险及项目的重要性作出合理评估，从而作出合理的工作委派。

第三，进行审计工作的委派，选择合适的人员组织成高质量、高素质的审计工作组，并给每个成员分配相应的审计质量控制责任，这是整个事前质量控制的关键。选择人员时，要根据项目的性质和复杂程度、客户规模的大小进行派遣，并要考虑到具体项目的特殊情况，是否需要特殊领域的专门人员，同时也应注意到派遣人员的独立性问题。分清重点的同时，对一般的项目也要加强控制，并安排经验丰富的审计师进行督导以加强质量控制制度的落实与实施。

（2）建立审计业务质量的事中控制系统

审计质量的事中控制是指在执行审计业务中对所实施的各项具体的审计程序进行控制，是整个审计过程质量保证的核心，对保证审计质量、降低审计总体风险具有重大作用。

第一，具体实施审计程序时，要建立外勤审计工作的管理制度规定，严格外勤审计工作程序。明确审计项目合伙人和各级审计人员的质量控制责任，规范相关审计程序，严格执行三级复核程序，层层把关，级级负责，确保每一个审计环节都符合审计质量控制标准。

第二，把好审计证据的质量关。审计证据质量的好坏直接影响到审计结论的正确与否，搜集相关可靠的审计证据是提高审计质量、降低审计风险的重要手段之一。规范各级审计人员对审计工作底稿的编制，在工作底稿上反映出其专业判断的过程和工作轨迹，同时可以推行审计日记制度，以审计日记为载体加强质量控制，并重视审计计划和审计总结的编制，对其必备内容应作出详细明确的规定。

第三，注意采用科学有效的审计方法。科学的审计方法应贯穿于审计的全过程，在审计前就要进行调查分析，以确定在审计中应采用的审计方法。审计检查和取证过程乃至审计方案和审计报告的编制都需要有科学有效的审计方法。应注意吸取国内外同行的有益做法，总结整理出适合自身的审计方法。

第四，完善督导机制，加强督导控制。在具体执行审计业务的过程中，为了保证工作中的判断和所得出结论的恰当性，应当对助理人员进行认真的指导、监督及复核，这是质量控制的决定环节。

第五，加强对审计报告的相关控制。审计报告的质量直接关系到审计目标的实现和审计风险的转化，作用十分重要。做到如实报告，是对审计师起码的职业准则要求。审计报告必须如实、客观、恰当地反映审计成果，应该建立审计报告的签发制度，对报告的起草、签发、盖章等各个环节都要作出具体的规定。

（3）建立审计业务质量的事后控制系统

审计质量的事后控制是指在审计业务结束后，做好审计后的各项相关工作，总结相关的审计经验，复查审计过程中使用过的审计程序和方法，这对考核评价审计质量控制责任及提升以后的审计质量具有重大作用。具体来说要做好以下几项工作：

第一，及时总结审计工作。每一个审计项目结束后，项目合伙人都应对本次审计项目进行总结，从中发现审计工作中所存在的对审计质量造成损害的重大隐患问题以便在将来的工作中作出改进。除对不同的审计项目进行总结外，会计师事务所还应对不同行业、系统的审计工作进行总结。审计总结是会计师事务所的宝贵财富，对今后的工作有极强的借鉴和指导意义，有利于提高审计质量，降低审计风险。

第二，加强对审计档案的管理。审计档案是审计项目的重要载体，也是会计师事务所审计工作的重要历史资料，对降低审计风险、化解潜在的诉讼具有特殊作用，应当妥善管理和保管。会计师事务所应当根据业务的具体情况，确定适当的业务工作底稿归档期限。对财务报表审计和审阅业务、其他鉴证业务，业务工作底稿的归档期限为业务报告日后六十天内。

以上三个系统相互联系、相互制约，共同构成一个完整的针对审计业务流程的质量控制体系，是审计质量的自我监督、自我完善的体系。

5.需要针对审计质量控制构建相应的人力资源管理系统

会计师事务所建立人力资源管理系统主要是为了控制会计师事务所内的审计人员的素质标准。因为对会计师事务所来说，整个质量控制体系的构建，最终的落脚点还是在对审计人员的行为进行控制。审计质量的提高不仅要借助各项规章制度的制定和实施，还取决于全体审计人员的共同努力。这就要求不仅要在思想上加强对审计人员进行质量教育，强化质量意识，也要在业务上加强培训和技术考核，挑选那些精通业务的人员执行审计任务，才能从根本上保证审计的高质量。

在现实工作中，由于审计覆盖面越来越广，审计项目越来越多，由此而来的压力也越来越大，许多审计人员应付思想比较突出，审计风险意识淡薄，质量意识不强，这都为审计失败埋下了隐患。同时，也应该意识到会计师事务所的经营理念是"人合"而不是"资合"，必须把人力资源的开发与管理放在首要地位，一方面需要提高会计师事务所成员的素质，另一方面需要实现人力资源的优化配置，最大限度地发挥现有成员的作用。提高成员素质首先就要把好招聘关，注重聘任人员的德才兼备，并把他配置到能够发挥其最大作用的团队中去。其次，注重员工的专业培训及其后续教育，加强知识的更新与经验的交流。当然，提高素质绝非朝夕之功，更应该值得注重的是对现有人力资源的合理调配，优化组合，实现对审计人力资源的整合。这就需要在向审计人员指派任务时要充分考虑到他们的特长、经验以及项目的特殊性，保证把工作指派给具有专业胜任能力的人员，在某些特别专业的领域，也可以考虑聘请专家或求助其他审计力量。同时人力资源管理系统也应与上述的审计质量责任考核评估系统相结合，建立审计人员的业绩评价指标体系与相应的激励机制，加强对人力资源的考核评估，这是保证审计质量的根本所在。

综上所述，会计师事务所质量控制体系的构建框架应由上述五个子系统组成，如图14-1所示。

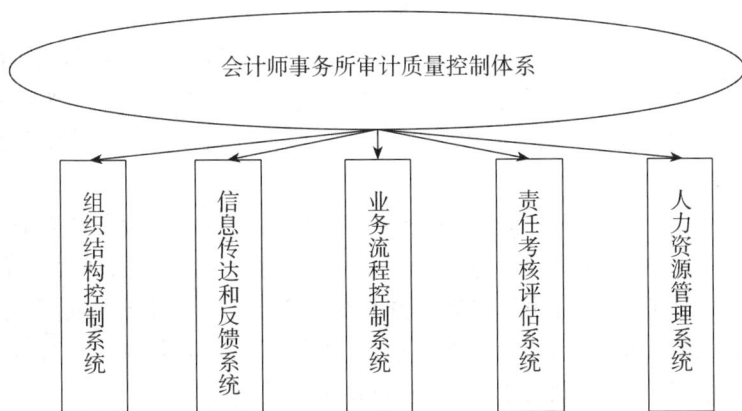

图 14-1 会计师事务所质量控制体系构建框架

这五个子系统相互结合，互为补充，共同为会计师事务所的审计质量控制这一目标服务。当然，会计师事务所质量控制体系的构建并没有一个通用的模式，它也必须根据不同的环境因素、不同的客观条件、不同的组织结构特点，并随着质量控制体系的实施开展而不断地深化和完善，因此，各会计师事务所要根据具体的实际情况开展审计质量控制体系的构建工作，做到因时、因地、因人而制宜。

二、会计师事务所质量控制制度

会计师事务所质量控制制度是指会计师事务所为遵循业务准则的要求出具恰当的报告而制定的政策，以及为执行政策和监控政策的遵守情况而设计的必要程序。《会计师事务所质量管理准则第 5101 号——业务质量管理》（2020 年修订）是用于规范会计师事务所设计、实施和运行有关财务报表审计业务、财务报表审阅业务、其他鉴证业务以及相关服务业务的质量管理体系。会计师事务所的目标是，针对所执行的财务报表审计业务、财务报表审阅业务、其他鉴证业务和相关服务业务，设计、实施和运行质量管理体系，为会计师事务所在下列方面提供合理保证：（1）会计师事务所及其人员按照适用的法律法规和职业准则的规定履行职责，并根据这些规定执行业务；（2）会计师事务所和项目合伙人出具适合具体情况的报告。应对措施，就会计师事务所质量管理体系而言，是指会计师事务所为了应对质量风险而设计和实施的政策和程序。其中，政策是指会计师事务所为应对质量风险而作出的应当或不应当采取某种措施的规定，这种规定可能以成文的方式存在，也可能通过讯息予以明示，或者暗含于行动或决策中；程序是指为执行政策而采取的行动。

由于各个事务所所处的具体经营环境不同，事务所在制定质量控制政策和程序时，应当考虑自身规模和业务特征等因素。如果事务所经营规模较大，所执行业务的复杂程度较高、执业责任和风险较大，就需要制定更加复杂、有效的质量控制政策和程序。无论各个事务所的情况如何，其质量控制制度都应当针对以下八个要素制定控制政策和程序：

（一）会计师事务所的风险评估程序

会计师事务所应当设计和实施风险评估程序，以设定质量目标，识别和评估质量风险，并设计和采取应对措施以应对质量风险。会计师事务所应当设定明确规定的质量目标，以及会计师事务所认为对实现其质量管理体系的目标而言必要的其他质量目标。

会计师事务所应当识别和评估质量风险，为设计和采取应对措施奠定基础。在识别和评估质量风险时，会计师事务所应当了解可能对实现质量目标产生不利影响的事项或情况，包括相关人员的作为或不作为，以及这些事项或情况可能对实现质量目标产生哪些不利影响，以及不利影响的程度。

会计师事务所应当设计并采取应对措施，以应对质量风险。设计和采取应对措施的方式，应当根据并针对相关质量风险的评估结果及得出该评估结果的理由。在某些情况下，由于会计师事务所或其业务的性质和具体情况发生变化，可能需要设定额外的质量目标、评估额外的质量风险，也可能需要调整之前评估的质量风险或采取的应对措施。会计师事务所应当制定政策和程序，以识别表明存在这些情况的信息。

（二）治理和领导层

治理和领导层应当为质量管理体系的设计、实施和运行营造良好的环境，以为该体系提供支持。针对治理和领导层，会计师事务所应当设定下列质量目标：

（1）会计师事务所在全所范围内形成一种质量至上的文化，树立质量意识。这种文化认同和强调下列方面：

①会计师事务所有责任通过持续高质量地执行业务服务于公众利益；

②职业价值观、职业道德和职业态度的重要性；

③会计师事务所所有人员都对其执行业务的质量承担责任，或对质量管理体系中执行活动的质量承担责任，并且这些人员的行为应当得当；

④会计师事务所的战略决策和行动，包括会计师事务所在财务和运营方面对优先事项的安排，都不能以牺牲质量为代价。

（2）会计师事务所领导层对质量负责。

（3）会计师事务所领导层通过实际行动展示其对质量的重视。

（4）会计师事务所领导层向会计师事务所人员传递质量至上的执业理念，培育以质量为导向的文化。

（5）会计师事务所的组织结构以及对相关人员角色、职责、权限的分配是恰当的，能够满足质量管理体系设计、实施和运行的需要。

（6）会计师事务所的资源（包括财务资源）需求有计划，并且资源的取得和分配能够保障会计师事务所履行其对质量的承诺。

（三）相关职业道德要求

1.遵守职业道德的基本要求

针对相关人员按照相关职业道德要求（包括独立性要求）履行职责，会计师事务所应当设定下列质量目标：

（1）会计师事务所及其人员充分了解规范会计师事务所及其业务的职业道德要求，并严格按照这些职业道德要求履行职责；

（2）受职业道德要求约束的其他组织或人员，包括网络、网络事务所、网络或网络事务所中的人员、服务提供商，充分了解与其相关的职业道德要求，并严格按照这些职业道德要求履行职责。

2.遵守职业道德的具体措施

针对相关职业道德要求，会计师事务所应当制定下列政策和程序：

（1）识别、评价和应对对遵守相关职业道德要求的不利影响；

（2）识别、沟通、评价和报告任何违反相关职业道德要求的情况，并针对这些情况的原因和后果及时作出适当应对；

（3）至少每年一次向所有需要按照相关职业道德要求保持独立性的人员获取其已遵守独立性要求的书面确认。

会计师事务所应当按照相关职业道德要求，建立并完善与公众利益实体审计业务有关的关键审计合伙人轮换机制，明确轮换要求，确保做到实质性轮换，防止流于形式。会计师事务所应当完善利益分配机制，保证全所的人力资源和客户资源实现一体化统筹管理，避免某合伙人或项目组的利益与特定客户长期直接挂钩，影响独立性。会计师事务所应当定期评价利益分配机制的设计和执行情况。

针对公众利益实体审计业务，会计师事务所应当对关键审计合伙人的轮换情况进行实时监控，通过建立关键审计合伙人服务年限清单等方式，管理关键审计合伙人相关信息，每年对轮换情况实施复核，并在全所范围内统一进行轮换。

（四）客户关系和具体业务的接受与保持

会计师事务所在接受或保持某一客户关系或具体业务后知悉了某些信息，而这些信息如果在接受或保持该客户关系或具体业务之前知悉，将会导致其拒绝接受该客户关系或业务；根据法律法规的规定，会计师事务所有义务接受某项客户关系或具体业务。

会计师事务所应当在客户关系和具体业务的接受与保持方面树立风险意识，确保项目风险评估真实、到位。对于在客户关系和具体业务的接受与保持方面具有较高风险的客户，会计师事务所应当设计和实施专门的质量管理程序，如加强与前任注册会计师的沟通、与相关监管机构沟通、访谈拟承接客户以了解有关情况、加强内部质量复核等。对于从其他会计师事务所转入人员带来的客户，会计师事务所应当严格执行与客户关系和具体业务的接受与保持相关的程序，审慎承接新客户。

（五）业务执行

会计师事务所应当制定与内部复核相关的政策和程序，对内部复核的层级、各层级的复核范围、执行复核的具体要求以及对复核的记录要求等作出规定。

会计师事务所应当制定与解决意见分歧相关的政策和程序，包括下列方面：

（1）明确要求项目合伙人和项目质量复核人员（如有）复核并评价项目组是否已就疑难问题或涉及意见分歧的事项进行适当咨询，以及咨询得出的结论是否得到执行。

（2）明确要求在业务工作底稿中适当记录意见分歧的解决过程和结论。如果项目质量复核人员（如有）、项目组成员以外的其他人员参与形成业务报告中的专业意见，也应当在业务工作底稿中作出适当记录。

（3）确保所执行的项目在意见分歧解决后才能出具业务报告。

（六）资源

会计师事务所应当建立与专业技术支持相关的政策和程序，配备具备相应专业胜任能力、时间和权威性的技术支持人员，确保相关业务能够获得必要的专业技术支持。会计师事务所应当建立和运行完善的工时管理系统，确保相关人员投入足够的时间执行业务，并为业绩评价提供依据。

会计师事务所应当建立和完善与业务操作规程、业务软件等有关的指引，把职业准则的要求从实质上执行到位，避免执业人员仅简单勾画程序表格、未实质性执行程序、程序与目标不一致、程序执行不到位、业务工作底稿记录不完整等问题，确保执业人员恰当记录判断过程、程序执行情况及得出的结论。

（七）信息与沟通

针对获取、生成和利用与质量管理体系有关的信息，并及时在会计师事务所内部或与外部各方沟通信息，会计师事务所应当制定与下列方面相关的政策和程序：

（1）会计师事务所在执行上市实体财务报表审计业务时，应当与治理层沟通质量管理体系是如何为持续高质量地执行业务提供支撑的；

（2）会计师事务所在何种情况下向外部各方沟通与质量管理体系相关的信息是适当的；

（3）会计师事务所按照上述第（2）项的规定进行外部沟通时应当沟通哪些信息，以及沟通的性质、时间安排、范围和适当形式。

（八）监控和整改程序

会计师事务所应当建立在全所范围内统一的监控和整改程序，并开展实质性监控，以实现质量目标。

相关链接14-2

A会计师事务所项目质量控制复核（节选）

会计师事务所应当制定下列政策和程序：

（1）要求执行监控活动的人员具备有效执行监控活动所必需的胜任能力、时间和权威性；

（2）要求执行监控活动的人员具备客观性，这些政策和程序应当禁止项目组成员或项目质量复核人员参与对该项目的任何检查。

三、财务报表审计的质量控制制度

财务报表审计的质量控制从审计项目合伙人层面进行规范，仅适用于注册会计师执行财务报表审计业务。根据《中国注册会计师审计准则第1121号——对财务报表审计实施的质量管理》（2020年修订），项目合伙人应当实施会计师事务所质量控制制度中适用于单项业务的质量控制程序，包括管理和实现审计质量的领导责任、相关职业道德要求、客户关系和审计业务的接受与保持、业务资源、业务执行、监控与整改、对管理和实现高质量承担总体责任、审计工作底稿这八个方面。

（一）管理和实现审计质量的领导责任

项目合伙人应当对管理和实现审计项目的高质量承担总体责任，包括为审计项目组营造强调会计师事务所文化和审计项目组成员行为期望的环境。在此过程中，项目合伙人应当充分、适当地参与整个审计过程，从而能够根据审计项目的性质和具体情况，确定审计项目组作出的重大判断和据此得出的结论是否适当。

（二）相关职业道德要求

相关职业道德要求，就中国注册会计师审计准则而言，是指在执行财务报表审计业务时，应当遵守的职业道德原则和要求，包括独立性要求（如适用）。

项目合伙人应当了解适用于审计业务的性质和具体情况的相关职业道德要求，包括与独立性相关的要求。如果项目合伙人注意到某些事项，这些事项表明存在对遵守相关职业道德要求的不利影响，项目合伙人应当通过对照会计师事务所的政策和程序，利用来自会计师事务所、审计项目组或其他来源的相关信息，对这些不利影响作出评价，并采取适当行动。项目合伙人应当通过观察和必要的询问，在整个审计过程中对审计项目组成员违反相关职业道德要求或会计师事务所相关政策和程序的情形保持警觉。如果项目合伙人通过会计师事务所质量管理体系或其他来源获得的信息，注意到某些事项表明适用于审计业务的性质和具体情况的相关职业道德要求未得到遵守，项目合伙人应当在咨询会计师事务所相关人员后，立即采取适当行动。在签署审计报告之前，项目合伙人应当负责确定相关职业道德要求（包括与独立性相关的要求）已经得到遵守。

（三）客户关系和审计业务的接受与保持

项目合伙人应当确定会计师事务所就客户关系和审计业务的接受与保持制定的政策和程序已得到遵守，并且得出的相关结论是适当的。如果审计项目组在接受或保持某项客户关系或审计业务后获知了某些信息，并且，如果这些信息在接受或保持之前获知，可能会导致会计师事务所拒绝接受或保持该客户关系或审计业务，则项目合伙人应当立即与会计师事务所沟通该信息，以使会计师事务所和项目合伙人能够立即采取必要的行动。

（四）业务资源

项目合伙人应当结合审计项目的性质和具体情况、会计师事务所的政策和程序，以及在执行审计项目过程中可能发生的任何变化，确定充分、适当的资源已被及时分配给审计项目组用于执行审计项目，或使审计项目组能够及时获取这些资源。

（五）业务执行

项目合伙人应当负责对审计项目组成员进行指导、监督并复核其工作。项目合伙人应当确定指导、监督和复核的性质、时间安排和范围符合下列要求：按照适用的法律法规和职业准则的规定，以及会计师事务所的政策和程序进行计划和执行；符合审计项目的性质和具体情况，并与会计师事务所向审计项目组分配或提供的资源相匹配。

项目合伙人应当在审计过程中的适当时点复核审计工作底稿，包括与下列方面相关的工作底稿：重大事项；重大判断，包括与在审计中遇到的困难或有争议事项相关的判断，以及得出的结论；根据项目合伙人的职业判断，与项目合伙人的职责有关的其他事项。

相关链接14-3

指导、监督与复核

（六）监控与整改

项目合伙人应当负责下列方面：

（1）了解从会计师事务所的监控和整改程序获取的信息，这些信息可能是由会计师事务所提供的，也可能来自网络和网络事务所的监控和整改程序（如适用）；

（2）确定上述第（1）项提及的信息与审计项目的相关性及其对审计项目的影响，并采取适当行动；

（3）在整个审计过程中，对可能与会计师事务所的监控和整改程序相关的信息保持警觉，并将此类信息通报给对监控和整改程序负责的人员。

（七）对管理和实现高质量承担总体责任

在签署审计报告之前，项目合伙人应当确定其已对管理和实现审计项目的高质量承担责任。在此过程中，项目合伙人应当确定下列事项：

（1）项目合伙人充分、适当地参与了审计项目的全过程，以使其能够确定，根据审计项目的性质和具体情况，审计项目组作出的重大判断和据此得出的结论是适当的；

（2）在遵守《中国注册会计师审计准则第1121号——对财务报表审计实施的质量管理》的要求时，已考虑了审计项目的性质和具体情况、发生的任何变化，以及会计师事务所与之相关的政策和程序。

（八）审计工作底稿

注册会计师应当在审计工作底稿中记录下列事项：

（1）针对下列方面识别出的事项、与相关人员进行的讨论以及得出的结论：

①履行与遵守相关职业道德要求（包括与独立性相关的要求）相关的责任；

②客户关系和审计业务的接受与保持。

（2）在审计过程中进行咨询的性质、范围、得出的结论，以及这些结论是如何得到执行的。

（3）如果审计项目需要实施项目质量复核，则应当记录项目质量复核已经在审计报告日或之前完成。

相关链接14-4　　　质量控制为会计师事务所建立并保持一个良好的审计质量管理环境，如前文所述，这是事务所对各个业务环节及各方面全方位、全过程的管理，故称之为会计师事务所质量控制。相对而言，控制的政策是较易制定的，有效地执行才是控制能够实现的关键。为了将会计师事务所质量控制落实到各个

IAASB的
"七要素论"
具体审计项目中，事务所还需要制定相应的程序对各个审计项目的质量进行控制，确保在良好的质量控制环境中，每个审计项目的质量均符合中国注册会计师执业准则的要求。这两个层次的质量控制是相互联系、缺一不可的。

第三节　非审计服务与审计质量控制

会计师事务所向其客户提供非审计服务是否影响审计质量的问题，自从20世纪80年代以来就受到西方审计职业界以及相关管理层的关注。安然事件之后，这一问题再次引起世界各国更为广泛的关注与讨论。美国2002年通过的《萨班斯-奥克斯利法案》和美国证券交易委员会（SEC）在其通过的"加强委员会对审计师独立性的要求"中都对此问题予以高度的关注。

一、相关争论

在美国，SEC早就打算严格限制审计师非审计业务的范畴。1999年，当时的SEC主席阿瑟·利维特曾主张对会计师事务所同时提供审计鉴证和咨询服务给予限制，遭到AICPA和"五大"的激烈反对。职业界认为，开展管理咨询服务可以提高审计的效益和审计质量。首先，管理咨询有助于会计师了解客户的经营活动和交易情况，从而能够更好地选择审计程序，有助于提高审计工作的效率，节约审计成本；反过来，通过审计服务也能为管理咨询积累可靠的资讯。其次，与仅仅着眼于财务报表的审计有明显不同，管理咨询服务

是以市场需求为导向的，能为企业提供增值服务，因而深受客户欢迎，会计师事务所当然不会放过这一增加收入的新增长点，都积极扩展服务范围和领域，使事务所拥有更坚实和广阔的财务基础，从而更有能力承受失去某一个别客户造成的损失，从总体上说，更有利于在甄别审计客户中舍弃那些风险较大的不够诚信的客户，从而更有利于加强审计独立性。最后，审计工作需要优秀的审计师，同时也需要其他专家，包括贸易、金融、税收、保险精算、信息技术方面的专家。没有这些技术专家就无法提供有效且高质量的审计服务，多元化的管理咨询服务能够使审计师在审计上很方便地得到本所专家的技术支持，更有利于审计质量控制。显然，上述的论据都是以审计师和会计师事务所能勤勉尽责，独立、客观、公正地完成其社会责任为前提的，而实际情况绝非这样单纯和理想。

二、安然事件之后的情况

安然和安达信事件暴露后，形成了强大的新的冲击波，人们对同时兼营安然公司的审计和咨询业务的安达信提出了种种质疑和责难。公众认为，上市公司选择某一外部审计公司，可能就是为了使用其咨询业务，而管理咨询的巨额收入使审计师们失去了挑战管理层的勇气。以安达信为例，它向安然公司的收费在2000年度高达5 200万美元，其中一半以上（2 700万美元）为咨询收入。在世通和安达信事件中，2000年安达信向世通公司收取的费用中，咨询等费用接近1 200万美元，审计费仅为230万美元，非审计收费是审计收费的5.2倍。1999年普华永道只有40%的业务收入来自审计业务，其余收入大多源自管理咨询、税务咨询业务。由此可见，大型会计师事务所日益依赖非审计业务收入，已成为一个普遍现象。

对于这一现象，德勤的全球CEO科普兰反驳说，如果只看向会计师事务所支付的咨询和审计费比例，咨询费确实是一个很大的数目，但是如果考虑上市公司向外部购买专业服务的总费用，上市公司付给外部审计服务方面的咨询费仅占总费用很小的比例，例如，在审计和咨询分拆前，AT&T每年从外部购买的专业服务价值达20亿美元，其中，花费的咨询费仅为8 000万美元。因此他认为，咨询并不会影响审计的独立性。然而，公众的担心显然没有消除，在公众看来，咨询业务如此丰厚的回报，会计师事务所能在审计中以超然独立的立场发表不偏不倚的审计意见吗？甚或，事务所能不在咨询和审计服务中与客户沆瀣一气、共同造假吗？在一片哗然的谴责浪潮中，确保审计质量不受影响、提高审计师的审计独立性已成为对会计职业监管体制改革的当务之急、重中之重。

在这一背景之下，美国国会于2002年7月通过的《萨班斯-奥克斯利法案》（Sarbanes-Oxley Act of 2002）和SEC的新法规规定，审计师在向证券发行人提供审计服务的同时不得提供部分非审计服务。新法规允许审计行业保留部分税务服务，即在获得上市公司审计委员会批准的前提下，审计师可以继续提供依法纳税、纳税计划、纳税建议等税务服务。2002年1月，美国审计总署也宣布，禁止会计师事务所为政府部门和接受政府部门资助的私营组织同时提供审计和咨询服务。

在政府监管部门和资本市场的巨大压力下，上市公司处于两难的境地，要么只能使用某一事务所的咨询，要么只能聘用其审计。为了不令客户处于两难的境地，2002年1月，普华永道和毕马威率先表示，虽然不相信提供非审计服务会产生独立性问题，但为了重新赢得公众信心，维护行业的诚信，支持禁止为同一家审计客户提供IT咨询和内部审计服务，并主张拆分咨询服务。安永也随即表示支持这一决定。虽然起初德勤坚决反对这种禁止，还表示不会考虑拆分咨询业务，但仅在一周之后，德勤就改变了立场，表示愿意拆分咨询业务。

在面对要求注册会计师行业提高服务质量的巨大压力下，禁止同时对一家客户提供审计和其他咨询服务的趋势可能已不可避免。但目前美国的法规将同时提供审计与咨询服务的禁止范围只限定在上市公司，没有禁止事务所向非上市公司同时提供这两种服务。在我国，《中国注册会计师职业道德守则第4号——审计和审阅业务对独立性的要求》（2020年修订）中专门提出了"为审计客户提供非鉴证服务"的规定。业内外人士中有人认为，我国中介市场原本就已被分割过细，会计师事务所业务单一，过于集中在鉴证业务，审计师基本上只具备财务和会计的背景知识，使审计师对客户经营活动的了解极为有限，事务所业务的局限性和审计师知识和技能背景的局限性，反而会增加审计风险。因此他们主张，在我国不宜过早和过严地阻止会计师事务所业务多元化，适度开展咨询业务，有利于会计师事务所更了解客户，更好地把握审计风险。

相关链接14-5

中国注册会计师
职业道德守则
第4号

相关链接14-6

中国注册会计师
职业道德守则
问题解答

第四节　审计师轮换制度和同业复核制度

如何提高审计质量，保持审计师的独立性，一直是审计学领域的核心话题。审计师轮换制度和同业复核制度对于提高审计质量有着重要意义，长期以来一直是世界主要国家审计质量控制的重要手段。

一、审计师轮换制度

轮换审计制度就是指从事审计鉴证业务的会计师事务所不能为某一客户长期提供审计鉴证服务，接受审计鉴证服务的客户必须在一定期限后更换会计师事务所或合伙人，这样做主要是为了防止审计独立性的削弱导致的审计质量的下降。一些学者在研究后提出，会计师事务所长期为一家客户服务可能会影响审计师的独立性，使其丧失应有的职业怀疑态度与职业敏感。同时，会计师事务所长期为同一审计客户提供服务，容易导致审计师与审计客户的串通舞弊，使存在的财务问题长期隐藏而不被发现。因此，美国有立法者提议，为了避免会计师事务所和它所服务的公司因长期服务而结成密切的关系，有必要建立强制更换会计师事务所的制度，即要求上市公司每隔五年或七年更换会计师事务所。

但是，该主张一被提出，就遭到上市公司和审计界的反对，因为这种变化无疑会导致审计成本的增加，造成社会经济资源的浪费。

相关链接14-7

反对审计师
轮换的理由

相关链接14-8

各国对审计师
轮换的新政策

二、同业复核制度

同业复核是指审计师对某会计师事务所遵守其质量控制制度情况进行的检查。

美国注册会计师协会规定，加入证券交易委员会的会计师事务所，除必须实行轮换合伙人制度外，还必须实行强制性同业复核制度，如果某个会计师事务所没有同业复核，那么该所的所有成员将失去 AICPA 会员的资格。同业复核制度要求每个会计师事务所必须由另一合格的会计师事务所对其质量控制系统的健全性及其执行情况进行调查和评估，目的就是要借助业内审计师的技术和经验，对审计师的审计质量进行监督。仅仅从这个角度上看，同业复核制度具有其他制度所没有的优势：它具备检查审计师审计质量所应该具备的技术和经验，从而避免了注册会计师行业外部的监督不能深入检查的不足。

相关链接14-9

美国的同业
复核制度

三、审计师轮换制度和同业复核制度的局限与不足

轮换制度虽然可以降低审计师与客户之间的亲密程度，但它并不能消除审计师与客户合谋的可能性。而同业复核制度的局限性则主要存在于执行同业复核的会计师事务所与检查结果没有直接相关的利益冲突，并且进行同业复核的会计师事务所，它们之间存在着无限次重复博弈的问题，即会计师事务所之间检查与被检查的关系可以无限次轮换，如果一家事务所给予另一家不合格的结论，则另一家同样有机会进行报复。所以，在理性人的假设下，各会计师事务所必然达成协议（可能是一种默契），获得共谋带来的最大矩阵支付。这样，同业复核制度也必然会蜕化为会计师事务所抵挡其他利益集团压力，塑造公司审计质量声誉的工具，从而抑制它带来实质上的审计师审计质量的提高。这也是"四大"会计师事务所在同业复核中没有一次因出现问题而被不予通过的原因所在。比如，就在安然事件爆发前，安达信公司也顺利地通过了德勤会计师事务所的同业复核，德勤给安达信的审计开了"绿灯"。

正是由于审计师轮换制度和同业复核制度存在上述缺陷，人们逐渐意识到唯有会计师事务所自身建立良好的质量控制体系才能够从制度上提高审计执业质量。

第十四章学习指南

第十五章　审计责任

第一节　审计责任与治理层、管理层责任 ▌

从审计业务涉及的主体来看，审计人员、被审计单位的治理层和管理层分别负有不同的责任。在发生审计诉讼时，审计师、治理层和管理层因其承担的不同职责而负有不同的法律责任。

一、审计责任

在财务报表审计中，审计师的审计责任是对财务报表整体是否不存在由于舞弊或错误导致的重大错报获取合理保证，并出具包含审计意见的审计报告。审计师的审计责任具体包括：（1）按照审计准则执行审计工作，运用职业判断，并保持职业怀疑。（2）识别和评估由于舞弊或错误导致的财务报表重大错报风险，设计和实施审计程序以应对这些风险，并获取充分、适当的审计证据，作为发表审计意见的基础。（3）了解与审计相关的内部控制，以设计恰当的审计程序，但目的并非对内部控制的有效性发表意见。（4）评价管理层选用会计政策的恰当性和作出会计估计及相关披露的合理性。（5）对管理层使用持续经营假设的恰当性得出结论。如果存在重大不确定性，审计师在审计报告中提请报表使用者关注财务报表中的相关披露；如果披露不充分，注册会计师应当发表非无保留意见。（6）评价财务报表的总体列报（包括披露）、结构和内容，并评价财务报表是否公允反映相关交易和事项。（7）与治理层就计划的审计范围、时间安排和重大审计发现等事项进行沟通，包括沟通识别的值得关注的内部控制缺陷。（8）就已遵守与独立性相关的职业道德要求向治理层提供声明，并与治理层沟通可能被合理认为影响独立性的所有关系和其他事项，以及相关的防范措施。（9）对于上市实体财务报表审计，从与治理层沟通过的事项中确定哪些事项对本期财务报表审计最为重要，因而构成关键审计事项等。

二、治理层、管理层的责任

治理层是指对被审计单位战略方向以及管理层履行经营管理责任负有监督责任的人员或组织。治理层的责任包括监督财务报告过程。在某些被审计单位，治理层可能包括管理层，如治理层中负有经营管理责任的人员，或业主兼经理。管理层是指对被审计单位经营活动的执行负有经营管理责任的人员。在某些被审计单位，管理层包括部分或全部的治理层成员，如治理层中负有经营管理责任的人员，或参与日常经营管理的业主（业主兼经理）。

在财务报表审计中，管理层负责编制财务报表，治理层负责监督财务报表的编制过程。管理层对财务报表的责任包括：（1）按照适用的财务报告编制基础的规定编制财务报表，使其实现公允反映，并设计、执行和维护必要的内部控制，以使财务报表不存在由于舞弊或错误导致的重大错报；（2）评估本公司的持续经营能力和使用持续经营假设是否适当，并披露与持续经营相关的事项。治理层往往对公司的重大会计政策、与财务报告相关的内部控制、财务报告的信息披露、内部审计等进行审核和监督，并主导聘任和解聘外部审计师、与外部审计师进行沟通等。

三、审计责任与治理层、管理层责任的关系

在财务报表审计中，治理层和管理层认可并理解其承担的责任是审计师执行审计工作的前提和基础。管理层和治理层的责任包括：（1）按照适用的财务报告编制基础编制财务报表，并使其实现公允反映；（2）设计、执行和维护必要的内部控制，以使财务报表不存在由于舞弊或错误导致的重大错报；（3）向审计师提供必要的工作条件，包括允许审计师接触与编制财务报表相关的所有信息（如记录、文件和其他事项），向审计师提供审计所需的其他信息，允许审计师在获取审计证据时不受限制地接触其认为必要的内部人员和其他相关人员。

在审计报告中，通常会分别说明会计责任和审计责任，这里的会计责任包括了被审计单位治理层和管理层的责任。一般而言，审计报告中的会计责任表述为管理层责任，但是在特定国家或地区法律框架下，会计责任可能表述为治理层责任。会计责任和审计责任不能相互替代，财务报表存在重大错报或舞弊属于会计责任，未能查出重大错报或舞弊是审计责任。在审计报告中，一般会将管理层责任和审计师责任分为不同段落进行表述，以明确划分管理层对财务报表的责任和审计师对审计报告的责任，方便财务报告和审计报告的使用者区分二者的责任，避免混淆二者责任和对审计师责任作出不合理的期望。

第二节　注册会计师的职业责任和法律责任

莫茨和夏拉夫认为[①]，"作为一种职业，审计应对所有依赖其工作的人承担责任……审计只有接受这些社会责任，才会确立它作为一种职业的地位"。Tom Lee（1986）将审计责任分为法律责任、道德责任（按照法规要求对职业和同行所负责任）和道义责任（法规未要求其对使用了审计意见的第三方承担社会责任）。谢荣（1994）将审计责任分为审计职业责任和法律责任。

审计责任是审计师在执行审计业务时所履行的职业责任，以及因审计失误造成他人损失而承担的法律责任。审计职业责任是审计法律责任的基础。

一、注册会计师的职业责任

（一）职业责任

职业具有社会属性，职业活动是人的社会活动。职业责任是人们在从事职业活动时承担的特定责任，包括应当从事的职业工作和承担的义务。职业责任体现了社会分工，受到纪律和法律的约束和保护。职业责任是内在约束，强调自律，维系了职业界的生存和发展。

（二）审计职业责任

审计职业责任是指审计人员对审计工作结果和工作过程负责，在审计工作中应尽的责任和义务，以及应当遵守的职业道德要求。审计工作的结果是审计报告。审计工作过程是审计人员按照审计准则的要求，设计和实施审计程序，根据获取的审计证据发表审计意见的过程。在执业过程中，审计人员应当按照审计职业道德准则的要求，独立、客观、公正地开展审计工作。审计人员承担的职业责任未必是法律要求，但是不履行这些责任和义务会影响审计职业界的声誉和地位，甚至影响整个行业的生存和发展。因此，在以审计准则和职业道德准则为主的职业规范中应当明确审计人员的职业责任，以保障审计行业可持续发展。

---

① 莫茨，夏拉夫. 审计理论结构 [M]. 文硕，肖泽忠，等译. 北京：中国商业出版社，1990.

（三）审计职业责任的范围

审计职业责任范围是对从事审计工作负有的责任的界定。随着社会需求变化和审计行业的发展，审计职业责任范围也不断发生变化。从上述审计职业责任概念出发，审计职业责任范围从审计工作结果和审计工作过程两方面界定。审计工作结果是审计目标的实现，审计工作过程体现了审计技术方法。

1.以审计目标为基础的审计职业责任范围

审计目标是审查被审计对象所要达到的目的和结果，它是开展审计业务的最初动机。审计职业责任是按照审计准则的要求，运用适当的方法和程序，达成预定的审计目标。因此，审计目标的范围决定了审计职业责任的范围。

审计的产生和发展过程，经历了详细审计、资产负债表审计、财务报表审计三个阶段，每个阶段的审计目标不同，审计师负有的审计职业责任范围不同。

在详细审计阶段，审计目标为查错防弊，因此审计职业责任主要是通过证实会计账目的真实性，向股东证实管理层不存在盗窃、贪污和舞弊情况，管理层履行了保护企业资产的安全和完整的职责。

在资产负债表审计阶段，审计目标不仅有查错防弊，还有判断企业的信用状况。相应地，审计职业责任范围扩大了，从防范防护发展到公正性，通过审计资产负债表向债权人证实企业财务状况和偿债能力。

在财务报表审计阶段，审计目标是对财务报表是否按照会计准则要求编制，是否公允反映企业的财务状况和经营业绩发表审计意见。审计职业责任的公正性不再局限于股东和债权人，而是扩展到整个社会公众，并且还要对企业的经营管理提出改进建议。

2.以审计技术为基础的审计职业责任范围

审计工作过程是履行审计职业责任的过程，体现了审计人员所采用的技术和方法。在审计技术的发展历史上，审计模式的演变经历了账项基础审计、制度基础审计和风险导向审计三个阶段，在每个阶段审计人员通过实施与之相应的技术和方法来履行职业责任。

在账项基础审计阶段，审计人员通过详查法来履行职业责任，逐笔检查会计账簿记录，检查总账和明细账是否一致，核对会计凭证和会计分录，以获取审计证据。随着企业规模的逐渐增大，审计范围也不断扩大，详细审查会计账簿的审计成本越来越高，审计方法开始由详查法转向抽查法，从顺查法改为逆查法。审计程序在原来的检查、观察、询问、重新计算基础上，增加了监盘、函证和分析程序等。

在制度基础审计阶段，企业规模进一步扩大，企业通过建立内部控制制度来管理各项业务。审计人员仅围绕会计账表开展审计，成本高、风险大，审计人员开始通过验证内部控制的有效性来提升审计效率。审计职责的履行体现为了解内部控制、对内部控制进行测试，实施询问、观察、检查和穿行测试程序。

在风险导向审计阶段，企业的风险不断加大，仅以制度为基础开展抽样审计所导致的审计风险也在增加。为了应对风险，审计职业界开发了审计风险模型。审计风险模型分为传统模型和现代模型。在传统的审计风险模型中，审计风险由固有风险、控制风险和检查风险组成。审计职业责任的履行体现为：通过了解企业及其环境、评价内部控制，评估固有风险和控制风险，通过实施检查将审计风险控制在审计人员确定的、能够接受的低水平上。但是，近些年来，由于科学技术迭代加快，世界经济频繁波动，市场竞争日益激烈，企业所处的环境快速变化，企业内外部经营风险会迅速转化为财务报表错报风险。在传统审计风险模型下，审计职业责任的履行表现为将固有风险简单确定为高风险，只注重对账户余额和交易层次的风险进行评估，忽视了对企业及其环境的了解。这种履职方式造成审计师很容易受到蒙骗。在现代风险导向审计模型中，审计风险由重大错报风险和检查风险组成，审计职业责任的履行强调了解企业及其环境，全面掌握企业可能存在的重大风险，根据对重大错报风险的评估分配审计资源，做到有的放矢。

（四）审计准则对审计职业责任的要求

审计准则是对审计主体制定的行为规范和工作指南，是判定审计职业责任的标准。审计准则是审计职业界在总结长期审计实践过程中形成的公认审计惯例基础上，提炼并制定的、职业界能够承认和接受的规范。

审计准则是组织审计工作、衡量审计工作质量的标准。审计准则规定了审计师提供审计服务所应承担的责任，也规定了其违背审计准则应承担的责任。审计准则对审计职业责任所提出的要求受到社会环境和社会需求的影响。随着环境的变化，审计准则需要作出相应调整和修订。反之，如果审计工作没有满足社会需求，则会影响审计准则的权威性，会阻碍审计行业的发展。

在我国注册会计师审计中，审计总体目标准则和审计报告准则直接规定了审计职业责任，在其他准则中对审计职业责任进行了具体、详细的规定。

审计总体目标就是通过履行审计职业责任预期要达成的结果。《中国注册会计师审计准则第1101号——注册会计师的总体目标和审计工作的基本要求》规定了注册会计师为实现总体目标而需要执行审计工作的性质和范围，以及在执行财务报表审计业务时承担的责任。在执行财务报表审计工作时，注册会计师的总体目标是：（1）对财务报表整体是否不存在由于舞弊或错误导致的重大错报获取合理保证，使得注册会计师能够对财务报表是否在所有重大方面按照适用的财务报告编制基础编制发表审计意见；（2）按照审计准则的规定，根据审计结果对财务报表出具审计报告，并与管理层和治理层沟通。

履行审计职业责任达成的审计结果体现为审计报告。审计报告准则规定了要阐明审计报告的形成过程，也就是审计职业责任的履行情况。《中国注册会计师审计准则第1501号——对财务报表形成审计意见和出具审计报告》规定了注册会计师对财务报表审计的责任部分应当包括下列内容：（1）说明注册会计师的目标是对财务报表整体是否不存在由于舞弊或错误导致的重大错报获取合理保证，并出具包含审计意见的审计报告。（2）说明合理保证是高水平的保证，但并不能保证按照审计准则执行的审计在某一重大错报存在时总能发现。（3）说明错报可能由于舞弊或错误导致，如果合理预期错报单独或汇总起来可能影响财务报表使用者依据财务报表作出的经济决策，则通常认为错报是重大的；根据适用的财务报告编制基础，提供关于重要性的定义或描述。（4）说明在按照审计准则执行审计工作的过程中，注册会计师运用职业判断，并保持职业怀疑。（5）识别和评估由于舞弊或错误导致的财务报表重大错报风险，设计和实施审计程序以应对这些风险，并获取充分、适当的审计证据，作为发表审计意见的基础。由于舞弊可能涉及串通、伪造、故意遗漏、虚假陈述或凌驾于内部控制之上，未能发现由于舞弊导致的重大错报的风险高于未能发现由于错误导致的重大错报的风险。（6）了解与审计相关的内部控制，以设计恰当的审计程序，但目的并非对内部控制的有效性发表意见。（7）评价管理层选用会计政策的恰当性和作出会计估计及相关披露的合理性。（8）对管理层使用持续经营假设的恰当性得出结论。同时，根据获取的审计证据，就可能导致对被审计单位持续经营能力产生重大疑虑的事项或情况是否存在重大不确定性得出结论。如果我们得出结论认为存在重大不确定性，审计准则要求在审计报告中提请报表使用者注意财务报表中的相关披露；如果披露不充分，应当发表非无保留意见。（9）评价财务报表的总体列报（包括披露）、结构和内容，并评价财务报表是否公允反映相关交易和事项。（10）说明与治理层就计划的审计范围、时间安排和重大审计发现等事项进行沟通，包括沟通在审计中识别出的值得关注的内部控制缺陷。（11）对于上市实体财务报表审计，就已遵守与独立性相关的职业道德要求向治理层提供声明，并与治理层沟通可能被合理认为影响独立性的所有关系和其他事项，以及相关的防范措施（如适用）。（12）对于上市实体财务报表审计，从与治理层沟通过的事项中，确定哪些事项对本期财务报表审计最为重要，因而构成关键审计事项。注册会计师在审计报告中描述这些事项，除非法律法规禁止公开披露这些事项，或在极少数情形下，如果合理预期在审计报告中沟通某事项造成的负面后果超过在公众利益方面产生的益处，确定不应在审计报告中沟通该事项。

上述审计职业责任在其他审计准则中有更为具体和详细的规定，比如《中国注册会计师审计准则第1151号——与治理层的沟通》《中国注册会计师审计准则第1211号——通过了解被审计单位及其环境识别和评估重大错报风险》《中国注册会计师审计准则第1221号——计划和执行审计工作时的重要性》《中国注册会计师审计准则第1231号——针对评估的重大错报风险采取的应对措施》《中国注册会计师审计准则第1251号——评价审计过程中识别出的错报》《中国注册会计师审计准则第1503号——在审计报告中增加强调事项段和其他事项段》等。

（五）审计职业道德准则对审计职业责任的要求

在执业过程中，审计人员应当按照审计职业道德准则的要求开展审计工作。我国注册会计师职业道德基本准则对注册会计师的职业责任作出规定：注册会计师应当遵循诚信、客观公正、独立性、专业胜任能力和勤勉尽责、保密、良好职业行为的原则。

1.诚信责任

注册会计师应当遵循诚信原则，在所有的职业活动中保持正直、诚实守信。诚信是我国社会主义核心价值观的重要组成部分，是社会主义道德建设的重要内容，是构建社会主义和谐社会的重要纽带，同时也是社会主义市场经济运行的基础。对注册会计师行业来说，诚信是注册会计师行业存在和发展的基石，在职业道德基本原则中居于首要地位。

注册会计师如果认为业务报告、申报资料、沟通函件或其他方面的信息存在下列问题，不得与这些有问题的信息发生关联：（1）含有虚假记载、误导性陈述；（2）含有缺乏充分根据的陈述或信息；（3）存在遗漏或含糊其辞的信息，而这种遗漏或含糊其辞可能会产生误导。注册会计师如果注意到已与有问题的信息发生关联，应当采取措施消除关联。如果注册会计师按照职业准则的规定出具了恰当的业务报告（例如，在审计业务中，出具恰当的非无保留意见审计报告），则不被视为违反该条的规定。

2.客观公正责任

注册会计师应当遵循客观公正原则,公正处事,实事求是,不得由于偏见、利益冲突或他人的不当影响而损害自己的职业判断。如果存在对职业判断产生过度不当影响的情形,注册会计师不得从事与之相关的职业活动。

3.独立性责任

在执行审计和审阅业务、其他鉴证业务时,注册会计师应当遵循独立性原则,从实质上和形式上保持独立性,不得因任何利害关系影响其客观公正。独立性是鉴证业务的灵魂,是专门针对注册会计师从事审计和审阅业务、其他鉴证业务而提出的职业道德基本原则。会计师事务所在承接审计和审阅业务、其他鉴证业务时,应当从会计师事务所整体层面和具体业务层面采取措施,以保持会计师事务所和项目团队的独立性。

4.专业胜任能力和勤勉尽责责任

注册会计师应当遵循专业胜任能力和勤勉尽责原则。根据该原则的要求,注册会计师应当:(1)获取并保持应有的专业知识和技能,确保为客户提供具有专业水准的服务;(2)做到勤勉尽责。

注册会计师应当通过教育、培训和执业实践获取和保持专业胜任能力。注册会计师应当持续了解并掌握当前法律、技术和实务的发展变化,将专业知识和技能始终保持在应有的水平。在运用专业知识和技能时,注册会计师应当合理运用职业判断。注册会计师应当勤勉尽责,即遵守职业准则的要求并保持应有的职业怀疑,认真、全面、及时地完成工作任务。

注册会计师应当采取适当措施,确保在其授权下从事专业服务的人员得到应有的培训和督导。在适当时,注册会计师应当使客户或专业服务的其他使用者了解专业服务的固有局限。

5.保密责任

注册会计师应当遵循保密原则,对职业活动中获知的涉密信息保密。根据该原则,注册会计师应当遵守下列要求:(1)警觉无意中泄密的可能性,包括在社会交往中无意中泄密的可能性,特别要警觉无意中向关系密切的商业伙伴或近亲属泄密的可能性;(2)对所在会计师事务所内部的涉密信息保密;(3)对职业活动中获知的涉及国家安全的信息保密;(4)对拟承接的客户向其披露的涉密信息保密;(5)在未经客户授权的情况下,不得向会计师事务所以外的第三方披露其所获知的涉密信息,除非法律法规或职业准则规定注册会计师在这种情况下有权利或义务进行披露;(6)不得利用因职业关系而获知的涉密信息为自己或第三方谋取利益;(7)不得在职业关系结束后利用或披露因该职业关系获知的涉密信息;(8)采取适当措施,确保下级员工以及为注册会计师提供建议和帮助的人员履行保密义务。

在终止与客户的关系后,注册会计师应当对以前职业活动中获知的涉密信息保密。如果变更工作单位或获得新客户,注册会计师可以利用以前的经验,但不得利用或披露以前职业活动中获知的涉密信息。

在某些情况下,保密原则是可以豁免的。在下列情况下,注册会计师可能会被要求披露涉密信息,或者披露涉密信息是适当的,不被视为违反保密原则:(1)法律法规要求披露,例如为法律诉讼准备文件或提供其他证据,或者向适当机构报告发现的违反法律法规行为;(2)法律法规允许披露,并取得了客户的授权;(3)注册会计师有职业义务或权利进行披露,且法律法规未予禁止,主要包括下列情形:接受注册会计师协会或监管机构的执业质量检查；答复注册会计师协会或监管机构的询问或调查；在法律诉讼、仲裁中维护自身的合法权益；遵守职业准则的要求，包括职业道德要求；法律法规和职业准则规定的其他情形。

在决定是否披露涉密信息时，注册会计师需要考虑下列因素：（1）客户同意披露的涉密信息，法律法规是否禁止披露；（2）如果客户同意注册会计师披露涉密信息，这种披露是否可能损害相关人的利益；（3）是否已在可行的范围内了解和证实了所有相关信息，信息是否完整；（4）信息披露的方式和对象，包括披露对象是否恰当；（5）可能承担的法律责任和后果。

6.良好职业行为责任

注册会计师应当遵循良好职业行为原则，爱岗敬业，遵守相关法律法规，避免发生任何可能损害职业声誉的行为。注册会计师不得在明知的情况下，从事任何可能损害诚信原则、客观公正原则或良好职业声誉，从而可能违反职业道德基本原则的业务、职务或活动。如果一个理性且掌握充分信息的第三方很可能认为某种行为将对良好的职业声誉产生负面影响，则这种行为属于可能损害职业声誉的行为。

注册会计师在向公众传递信息以及推介自己和工作时，应当客观、真实、得体，不得损害职业形象。注册会计师应当诚实、实事求是，不得有下列行为：（1）夸大宣传提供的服务、拥有的资质或获得的经验；（2）贬低或无根据地比较他人的工作。如果注册会计师对其行为是否适当存在疑问，鼓励注册会计师向中国注册会计师协会咨询。

二、注册会计师的法律责任

法律责任是外部约束，强调他律，对职业界具有威慑力。根据法律责任的性质，法律责任分为民事责任、刑事责任和行政责任。对于三类法律责任，审计人员可能承担其一，也可能一并判处。民事责任是由相关方向司法部门提起民事诉讼，刑事责任和行政责任可由司法部门和国家行政机关主动追究。

（一）民事责任

审计的民事责任是指审计人员在提供专业服务过程中违反民事法律所应承担的法律责任，包括对客户的责任和对第三方的责任。民事责任多因违反合同义务而使得他人蒙受损失，要求对受损民事权利进行救济和恢复，因此审计人员会承担赔偿损失的责任。审计民事责任的追究多以审计结果为评价对象。在实务中，审计人员出具不实的审计报告会被追究民事责任，而向受害人提供经济补偿。

1.民法典规定

在民事责任中，《中华人民共和国民法典》规定了一般侵权责任、违约责任的构成及责任承担方式，是司法裁判的主要依据。

民法典第一百七十八条对连带责任人的责任份额进行了规定，即"二人以上依法承担连带责任的，权利人有权请求部分或者全部连带责任人承担责任。连带责任人的责任份额根据各自责任大小确定；难以确定责任大小的，平均承担责任。实际承担责任超过自己责任份额的连带责任人，有权向其他连带责任人追偿。连带责任，由法律规定或者当事人约定。"

民法典在第七编侵权责任中规定了存在过错应当承担责任。第一千一百六十五条规定："行为人因过错侵害他人民事权益造成损害的，应当承担侵权责任。依照法律规定推定行为人有过错，其不能证明自己没有过错的，应当承担侵权责任。" 第一千一百六十六条规定："行为人造成他人民事权益损害，不论行为人有无过错，法律规定应当承担侵权责任的，依照其规定。"

2.公司法规定

《中华人民共和国公司法》第二百五十七条规定，承担资产评估、验资或者验证的机构因其出具的评估结果、验资或者验证证明不实，给公司债权人造成损失的，除能够证明自己没有过错的外，在其评估或者证明不实的金额范围内承担赔偿责任。

3.证券法规定

《中华人民共和国证券法》第一百六十三条规定，证券服务机构为证券的发行、上市、交易等证券业务活动制作、出具审计报告及其他鉴证报告、资产评估报告、财务顾问报告、资信评级报告或者法律意见书等文件，应当勤勉尽责，对所依据的文件资料内容的真实性、准确性、完整性进行核查和验证。其制作、出具的文件有虚假记载、误导性陈述或者重大遗漏，给他人造成损失的，应当与委托人承担连带赔偿责任，但是能够证明自己没有过错的除外。

4.注册会计师法规定

在《中华人民共和国注册会计师法》第六章"法律责任"中，第四十二条规定："会计师事务所违反本法规定，给委托人、其他利害关系人造成损失的，应当依法承担赔偿责任。"

5.最高人民法院的司法解释

除了以上法律，对于会计师事务所从事的审计业务，我国最高人民法院发布的司法解释对审计责任作出了规定。

随着我国社会主义市场经济的不断发展，会计师事务所的法律责任问题引起了社会各界的普遍关注。1996年发布了《最高人民法院关于会计师事务所为企业出具虚假验资证明应如何处理的复函》（法函〔1996〕56号）①，对出具验资证明的会计师事务所应对委托人、其他利害关系人承担民事赔偿责任作出规定，并引发了"验资诉讼风暴"。1997年发布《最高人民法院关于验资单位对多个案件债权人损失应如何承担责任的批复》（法释〔1997〕10号）②，1998年发布了《最高人民法院关于会计师事务所为企业出具虚假验资证明应如何承担责任问题的批复》（法释〔1998〕13号）③，2002年发布《最高人民法院关于金融机构为企业出具不实或者虚假验资报告资金证明如何承担民事责任问题的通知》（法〔2002〕21号），2003年发布《最高人民法院关于审理证券市场因虚假陈述引发的民事赔偿案件的若干规定》（法释〔2003〕2号）④。以上五个法规为人民法院正确审理涉及

---

① 依据2013年1月14日发布的《最高人民法院关于废止1980年1月1日至1997年6月30日期间发布的部分司法解释和司法解释性质文件（第九批）的决定》，该法规已于2013年1月18日废止，由《最高人民法院关于审理涉及会计师事务所在审计业务活动中民事侵权赔偿案件的若干规定》（法释〔2007〕12号）代替。
② 依据2020年12月29日发布的《最高人民法院关于废止部分司法解释及相关规范性文件的决定》，该法规已于2021年1月1日废止。
③ 依据2020年12月29日发布的《最高人民法院关于废止部分司法解释及相关规范性文件的决定》，该法规已于2021年1月1日废止。
④ 依据2022年1月21日发布的《最高人民法院关于审理证券市场虚假陈述侵权民事赔偿案件的若干规定》（法释〔2022〕2号），法释〔2003〕2号废止。

会计师事务所民事责任案件提供了重要的法律适用依据。2007年6月11日发布的《最高人民法院关于审理涉及会计师事务所在审计业务活动中民事侵权赔偿案件的若干规定》（法释〔2007〕12号）对审判实践中出现的新情况、新问题作出符合法律精神并切合实际的规定。2022年1月21日发布的《最高人民法院关于审理证券市场虚假陈述侵权民事赔偿案件的若干规定》（法释〔2022〕2号），对新的证券市场环境下的虚假陈述引发民事赔偿问题作出司法解释。

最高人民法院法释〔2007〕12号根据法律法规的精神，从既保护投资者合法利益又要为注册会计师行业提供健康的发展空间的角度规定了注册会计师的法律责任，主要规定如下：

（1）关于利害关系人、执业准则和不实报告的规定

法释〔2007〕12号第二条规定："因合理信赖或者使用会计师事务所出具的不实报告，与被审计单位进行交易或者从事与被审计单位的股票、债券等有关的交易活动而遭受损失的自然人、法人或者其他组织，应认定为注册会计师法规定的利害关系人。

"会计师事务所违反法律法规、中国注册会计师协会依法拟定并经国务院财政部门批准后施行的执业准则和规则以及诚信公允的原则，出具的具有虚假记载、误导性陈述或者重大遗漏的审计业务报告，应认定为不实报告。"

（2）诉讼当事人的列置

法释〔2007〕12号第三条规定："利害关系人未对被审计单位提起诉讼而直接对会计师事务所提起诉讼的，人民法院应当告知其对会计师事务所和被审计单位一并提起诉讼；利害关系人拒不起诉被审计单位的，人民法院应当通知被审计单位作为共同被告参加诉讼。

"利害关系人对会计师事务所的分支机构提起诉讼的，人民法院可以将该会计师事务所列为共同被告参加诉讼。

"利害关系人提出被审计单位的出资人虚假出资或者出资不实、抽逃出资，且事后未补足的，人民法院可以将该出资人列为第三人参加诉讼。"

（3）关于归责原则和举证分配的规定

法释〔2007〕12号第四条规定："会计师事务所因在审计业务活动中对外出具不实报告给利害关系人造成损失的，应当承担侵权赔偿责任，但其能够证明自己没有过错的除外。

"会计师事务所在证明自己没有过错时，可以向人民法院提交与该案件相关的执业准则、规则以及审计工作底稿等。"

（4）关于会计师事务所与被审计单位的连带责任

法释〔2007〕12号第五条规定："注册会计师在审计业务活动中存在下列情形之一，出具不实报告并给利害关系人造成损失的，应当认定会计师事务所与被审计单位承担连带赔偿责任：（一）与被审计单位恶意串通；（二）明知被审计单位对重要事项的财务会计处理与国家有关规定相抵触，而不予指明；（三）明知被审计单位的财务会计处理会直接损害利害关系人的利益，而予以隐瞒或者作不实报告；（四）明知被审计单位的财务会计处理会导致利害关系人产生重大误解，而不予指明；（五）明知被审计单位的会计报表的重

要事项有不实的内容，而不予指明；（六）被审计单位示意其作不实报告，而不予拒绝。

"对被审计单位有前款第（二）至（五）项所列行为，注册会计师按照执业准则、规则应当知道的，人民法院应认定其明知。"

（5）关于过失责任和过失认定标准指引的规定

法释〔2007〕12号第六条规定："会计师事务所在审计业务活动中因过失出具不实报告，并给利害关系人造成损失的，人民法院应当根据其过失大小确定其赔偿责任。

"注册会计师在审计过程中未保持必要的职业谨慎，存在下列情形之一，并导致报告不实的，人民法院应当认定会计师事务所存在过失：（一）违反注册会计师法第二十条第（二）、（三）项的规定；（二）负责审计的注册会计师以低于行业一般成员应具备的专业水准执业；（三）制定的审计计划存在明显疏漏；（四）未依据执业准则、规则执行必要的审计程序；（五）在发现可能存在错误和舞弊的迹象时，未能追加必要的审计程序予以证实或者排除；（六）未能合理地运用执业准则和规则所要求的重要性原则；（七）未根据审计的要求采用必要的调查方法获取充分的审计证据；（八）明知对总体结论有重大影响的特定审计对象缺少判断能力，未能寻求专家意见而直接形成审计结论；（九）错误判断和评价审计证据；（十）其他违反执业准则、规则确定的工作程序的行为。"

法释〔2022〕2号第十三条对《中华人民共和国证券法》第八十五条、第一百六十三条所称过错区分为两种情形："（一）行为人故意制作、出具存在虚假陈述的信息披露文件，或者明知信息披露文件存在虚假陈述而不予指明、予以发布；（二）行为人严重违反注意义务，对信息披露文件中虚假陈述的形成或者发布存在过失。"法释〔2022〕2号第十八条对如何判断存在过错作出了规定，即"会计师事务所、律师事务所、资信评级机构、资产评估机构、财务顾问等证券服务机构制作、出具的文件存在虚假陈述的，人民法院应当按照法律、行政法规、监管部门制定的规章和规范性文件，参考行业执业规范规定的工作范围和程序要求等内容，结合其核查、验证工作底稿等相关证据，认定其是否存在过错。"

（6）关于抗辩事由（不承担民事赔偿责任）的规定

根据法释〔2007〕12号规定，会计师事务所可以提出抗辩，在能够证明事由成立的情况下，可以不承担民事赔偿责任。

第七条规定："会计师事务所能够证明存在以下情形之一的，不承担民事赔偿责任：（一）已经遵守执业准则、规则确定的工作程序并保持必要的职业谨慎，但仍未能发现被审计的会计资料错误；（二）审计业务所必须依赖的金融机构等单位提供虚假或者不实的证明文件，会计师事务所在保持必要的职业谨慎下仍未能发现其虚假或者不实；（三）已对被审计单位的舞弊迹象提出警告并在审计业务报告中予以指明；（四）已经遵照验资程序进行审核并出具报告，但被验资单位在注册登记后抽逃资金；（五）为登记时未出资或者未足额出资的出资人出具不实报告，但出资人在登记后已补足出资。"

法释〔2022〕2号第十九条对人民法院认定会计师事务所没有过错的情形进行了规定："会计师事务所能够证明下列情形之一的，人民法院应当认定其没有过错：（一）按照执业准则、规则确定的工作程序和核查手段并保持必要的职业谨慎，仍未发现被审计的会计资料存在错误的；（二）审计业务必须依赖的金融机构、发行人的供应商、客户等相关单位提供不实证明文件，会计师事务所保持了必要的职业谨慎仍未发现的；（三）已对发行人的舞弊迹象提出警告并在审计业务报告中发表了审慎审计意见的；（四）能够证明没有过错的其他情形。"

（7）关于减责事由的规定

法释〔2007〕12号第八条规定："利害关系人明知会计师事务所出具的报告为不实报告而仍然使用的，人民法院应当酌情减轻会计师事务所的赔偿责任。"

（8）关于无效的免责条款的规定

法释〔2007〕12号第九条规定："会计师事务所在报告中注明'本报告仅供年检使用'、'本报告仅供工商登记使用'等类似内容的，不能作为其免责的事由。"

（9）关于赔偿顺位和最高限额的规定

法释〔2007〕12号第十条规定："人民法院根据本规定第六条确定会计师事务所承担与其过失程度相应的赔偿责任时，应按照下列情形处理：（一）应先由被审计单位赔偿利害关系人的损失。被审计单位的出资人虚假出资、不实出资或者抽逃出资，事后未补足，且依法强制执行被审计单位财产后仍不足以赔偿损失的，出资人应在虚假出资、不实出资或者抽逃出资数额范围内向利害关系人承担补充赔偿责任。（二）对被审计单位、出资人的财产依法强制执行后仍不足以赔偿损失的，由会计师事务所在其不实审计金额范围内承担相应的赔偿责任。（三）会计师事务所对一个或者多个利害关系人承担的赔偿责任应以不实审计金额为限。"

（10）关于会计师事务所与分所的连带责任的规定

法释〔2007〕12号第十一条规定："会计师事务所与其分支机构作为共同被告的，会计师事务所对其分支机构的责任部分承担连带赔偿责任。"

（11）关于禁止擅自追加被执行人的规定

法释〔2007〕12号第十二条规定："本规定所涉会计师事务所侵权赔偿纠纷未经审判，人民法院不得将会计师事务所追加为被执行人。"

（二）刑事责任

刑事责任是审计人员对造成的严重社会危害而应承担刑法责任。刑事责任包括主刑和附加刑。主刑分为管制、拘役、有期徒刑、无期徒刑和死刑。附加刑分为罚金、剥夺政治权利和没收财产。我国对于审计刑事责任的规定体现在《中华人民共和国刑法》《中华人民共和国公司法》《中华人民共和国证券法》《中华人民共和国注册会计师法》等法规中。

2020年12月26日发布的《中华人民共和国刑法修正案（十一）》将规定"提供虚假证明文件罪"的《中华人民共和国刑法》第二百二十九条修改为："承担资产评估、验资、验证、会计、审计、法律服务、保荐、安全评价、环境影响评价、环境监测等职责的中介组织的人员故意提供虚假证明文件，情节严重的，处五年以下有期徒刑或者拘役，并处罚金；有下列情形之一的，处五年以上十年以下有期徒刑，并处罚金：（一）提供与证券发行相关的虚假的资产评估、会计、审计、法律服务、保荐等证明文件，情节特别严重的；（二）提供与重大资产交易相关的虚假的资产评估、会计、审计等证明文件，情节特别严重的；（三）在涉及公共安全的重大工程、项目中提供虚假的安全评价、环境影响评价等证明文件，致使公共财产、国家和人民利益遭受特别重大损失的。有前款行为，同时索取他人财物或者非法收受他人财物构成犯罪的，依照处罚较重的规定定罪处罚。第一款规定的人员，严重不负责任，出具的证明文件有重大失实，造成严重后果的，处三年以下有期徒刑或者拘役，并处或者单处罚金。"

《中华人民共和国公司法》第二百六十四条规定："违反本法规定，构成犯罪的，依法追究刑事责任。"

《中华人民共和国证券法》第二百一十九条规定："违反本法规定，构成犯罪的，依法追究刑事责任。"

《中华人民共和国注册会计师法》第二十条规定："注册会计师执行审计业务，遇有下列情形之一的，应当拒绝出具有关报告：（一）委托人示意其作不实或者不当证明的；（二）委托人故意不提供有关会计资料和文件的；（三）因委托人有其他不合理要求，致使注册会计师出具的报告不能对财务会计的重要事项作出正确表述的。"第二十一条规定："注册会计师执行审计业务，必须按照执业准则、规则确定的工作程序出具报告。注册会计师执行审计业务出具报告时，不得有下列行为：（一）明知委托人对重要事项的财务会计处理与国家有关规定相抵触，而不予指明；（二）明知委托人的财务会计处理会直接损害报告使用人或者其他利害关系人的利益，而予以隐瞒或者作不实的报告；（三）明知委托人的财务会计处理会导致报告使用人或者其他利害关系人产生重大误解，而不予指明；（四）明知委托人的会计报表的重要事项有其他不实的内容，而不予指明。对委托人有前款所列行为，注册会计师按照执业准则、规则应当知道的，适用前款规定。"第三十九条规定："会计师事务所、注册会计师违反本法第二十条、第二十一条的规定，故意出具虚假的审计报告、验资报告，构成犯罪的，依法追究刑事责任。"

（三）行政责任

行政责任是指审计人员违反行政法规，但尚未构成犯罪而承担的法律责任。行政责任分为行政处分和行政处罚。行政处分是对国家工作人员的行政违法行为作出的惩罚，包括警告、记过、降级、降职、撤职、开除等。行政处罚是指国家行政机关及法规授权的组织，对违反行政法规但尚未构成犯罪的公民、法人和组织实施的制裁措施，包括警告、罚款、没收违法所得、没收非法财物、责令停产停业、暂扣或者吊销许可证、暂扣或者吊销执照、行政拘留等。行政责任的目的是惩戒违法行为人，而不是实现义务。

《中华人民共和国公司法》第二百五十条规定："违反本法规定，虚报注册资本、提交虚假材料或者采取其他欺诈手段隐瞒重要事实取得公司登记的，由公司登记机关责令改正，对虚报注册资本的公司，处以虚报注册资本金额百分之五以上百分之十五以下的罚款；对提交虚假材料或者采取其他欺诈手段隐瞒重要事实的公司，处以五万元以上二百万元以下的罚款；情节严重的，吊销营业执照；对直接负责的主管人员和其他直接责任人员处以三万元以上三十万元以下的罚款。"第二百五十一条规定："公司未依照本法第四十条规定公示有关信息或者不如实公示有关信息的，由公司登记机关责令改正，可以处以一万元以上五万元以下的罚款。情节严重的，处以五万元以上二十万元以下的罚款；对直接负责的主管人员和其他直接责任人员处以一万元以上十万元以下的罚款。"

《中华人民共和国证券法》第一百九十三条规定："违反本法第五十六条第二款的规

定，在证券交易活动中作出虚假陈述或者信息误导的，责令改正，处以二十万元以上二百万元以下的罚款；属于国家工作人员的，还应当依法给予处分。"第二百一十三条规定："会计师事务所、律师事务所以及从事资产评估、资信评级、财务顾问、信息技术系统服务的机构违反本法第一百六十条第二款的规定，从事证券服务业务未报备案的，责令改正，可以处二十万元以下的罚款。证券服务机构违反本法第一百六十三条的规定，未勤勉尽责，所制作、出具的文件有虚假记载、误导性陈述或者重大遗漏的，责令改正，没收业务收入，并处以业务收入一倍以上十倍以下的罚款，没有业务收入或者业务收入不足五十万元的，处以五十万元以上五百万元以下的罚款；情节严重的，并处暂停或者禁止从事证券服务业务。对直接负责的主管人员和其他直接责任人员给予警告，并处以二十万元以上二百万元以下的罚款。"第二百一十四条规定："发行人、证券登记结算机构、证券公司、证券服务机构未按照规定保存有关文件和资料的，责令改正，给予警告，并处以十万元以上一百万元以下的罚款；泄露、隐匿、伪造、篡改或者毁损有关文件和资料的，给予警告，并处以二十万元以上二百万元以下的罚款；情节严重的，处以五十万元以上五百万元以下的罚款，并处暂停、撤销相关业务许可或者禁止从事相关业务。对直接负责的主管人员和其他直接责任人员给予警告，并处以十万元以上一百万元以下的罚款。"

《中华人民共和国注册会计师法》第三十九条规定："会计师事务所违反本法第二十条、第二十一条规定的，由省级以上人民政府财政部门给予警告，没收违法所得，可以并处违法所得一倍以上五倍以下的罚款；情节严重的，并可以由省级以上人民政府财政部门暂停其经营业务或者予以撤销。注册会计师违反本法第二十条、第二十一条规定的，由省级以上人民政府财政部门给予警告；情节严重的，可以由省级以上人民政府财政部门暂停其执行业务或者吊销注册会计师证书。"第四十条规定："对未经批准承办本法第十四条规定的注册会计师业务的单位，由省级以上人民政府财政部门责令其停止违法活动，没收违法所得，可以并处违法所得一倍以上五倍以下的罚款。"

《中华人民共和国审计法》第三十三条规定："社会审计机构审计的单位依法属于被审计单位的，审计机关按照国务院的规定，有权对该社会审计机构出具的相关审计报告进行核查。"第五十七条规定："审计人员滥用职权、徇私舞弊、玩忽职守或者泄露、向他人非法提供所知悉的国家秘密、工作秘密、商业秘密、个人隐私和个人信息的，依法给予处分；构成犯罪的，依法追究刑事责任。"

三、审计职业责任和法律责任的关系

（一）审计的职业责任和法律责任的联系

以技术标准和职业道德为基础的职业责任，如果没有法律责任作为强制约束，对舞弊和失信行为的约束力极其微弱，因此，法律责任是职业责任的坚强后盾。同时，职业责任决定了法律责任。如果没有明确界定审计师的职业责任，就很难分清审计师应当承担的法律责任。在审计诉讼案件中，审计师承担的法律责任常常以审计准则作为衡量审计工作质量的标准，审计准则中明确了审计师的职业责任，审计师通常以履行了审计准则中规定的职业责任为由进行抗辩。

（二）审计的职业责任和法律责任的差异

虽然审计的职业责任和法律责任紧密相连，但是二者并不对等。

首先，二者的依据不同，发展历程不同。职业责任由审计准则明确，法律责任由相关法规和判例明确。审计准则和相关法规及判例有着各自的演进历程，当审计准则滞后于相关法规和判例时，法律责任可能会超越职业责任；反之，职业责任可能会超越法律责任。从审计发展历史来看，在"诉讼爆炸"情况下，为了维护社会稳定和保护投资者的利益，法律责任超越职业责任的情况会发生，导致审计职业界的信任危机，并带来巨大的生存压力，从而通过修订审计准则和相关法规来平衡审计职业责任和法律责任的关系。在新兴业务领域，由于法律的缺位，职业界通过审计准则率先作出职业责任规定，则出现职业责任超越法律责任的现象。特别是在审计准则由行业自律组织制定的情况下，由于准则制定程序相对简便，审计准则调整的频率要快于法律调整的频率。

其次，二者的立场不同。审计职业责任偏重站在审计师的立场上维护自身利益，法律责任偏重站在经济社会立场上维护公众利益。因此，从某种意义上来说，审计的职业责任和法律责任存在一定冲突，这种冲突通过社会对审计的需求来调和。当审计师过于维护自身利益而忽视公众利益时，社会对于审计的需求就会减弱。

审计的职业责任和法律责任的关系是动态平衡过程，只有当二者较为接近或一致时，审计师才既能按照审计准则要求完成审计工作，又能有效避免法律诉讼，从而维护职业声誉，并将审计成本降至最低。

四、注册会计师法律责任的成因

对审计人员的责任认定，一般从违约、过失、欺诈等给委托人造成的损失来判定审计人员的民事责任、刑事责任和行政责任。其中，违约是指合同的一方或几方未能达到合同条款的要求。当审计人员违约给他人造成损失时，审计人员应承担违约责任。比如，会计师事务所在商定的时期内，未能提交纳税申报表，或违反了与被审计单位订立的保密协议等。过失和欺诈前文已述及，此处不再赘述。对于审计人员过失程度的大小没有特别严格的界定，甚至对于过失和欺诈，在实务中也往往很难界定。上述区别具体到每一个案例，则由法院根据具体情况给予解释。

第三节　注册会计师对利害关系人的民事责任 ■————

注册会计师对第三人的责任问题是审计民事责任的核心问题，又称为利害关系人问题。《中华人民共和国注册会计师法》第二十一条、第四十二条出现了"利害关系人"概念，第四十二条明确规定："会计师事务所违反本法规定，给委托人、其他利害关系人造成损失的，应当依法承担赔偿责任。"这里的"利害关系人"，在会计师事务所民事责任理论上通常被称为"第三人"。

尽管法函〔1996〕56号《最高人民法院关于会计师事务所为企业出具虚假验资证明应如何处理的复函》和法释〔1998〕13号《最高人民法院关于会计师事务所为企业出具虚假验资证明应如何承担责任问题的批复》都使用了"利害关系人"这个概念，但二份文件均未对这个重要概念进行界定。

对于"利害关系人"（第三人）概念和范围的界定，是确定注册会计师民事责任的基础。特别是对范围的界定，即是否涵盖所有第三人，审计职业界和法律界存在争论，形成"已知第三人"和"可预见第三人"两种学说。

一、利害关系人的范围标准学说

利害关系人范围问题涉及注册会计师对其执业瑕疵应当对多大范围内的第三人承担责任。对于如何划分利害关系人的范围，存在不同的划分标准，形成了利害关系人范围标准的三个学说，包括合同相对人标准（契约相对性标准）、已知第三人标准（侵权法重述标准）和可预见第三人标准（合理预见标准）。

（一）合同相对人标准

合同相对人标准也称为"契约相对性标准"或"厄特马斯标准（Ultramares standard）"，是由美国大法官 Cardozo 在 1931 年 Ultramares 案中提出而得名。该标准认为对于审计师的执业过失，审计师只对客户承担责任，不对没有合同关系的第三方承担责任。因为如果第三人无条件获准（向审计师）索赔的话，"因不经意的疏忽……就可能使审计师面临在无限制的期限内向无限制的群体负担没有数额限制的责任"，"注册会计师只是在这种意义上是公开的：他们的服务可以向雇用他们的任何人提供"，而不是"独立从业"，"如果界定如此宽的过失责任，任何一个无意识的疏忽或者大意，或者未能发现被欺骗性的会计分录所掩盖的偷窃或者捏造行为，都会将审计师推到一个极端的境地：在无法确定的时限内，对无以计数的第三人承担无法预知的责任"。"一个职业在这样的法律环境中执业的危险是如此之大，以至于人们不得不怀疑这样的法律规则本身是否有缺陷"[1]。Cardozo 法官表达了对无限责任的担忧，即如果对审计责任没有任何控制，将会摧毁脆弱的审计职业界。

（二）已知第三人标准

已知第三人标准又称为"已预见第三人标准"、"侵权法重述标准（restatement standard）"或"Hedley Byrne 规则"[2]，在英国和美国的司法案件都提出了该标准。该标准认为不实报告出具人对其已经知道会依赖其报告的第三人负有注意义务。该标准的法律基础在于"欺诈"与"诚实但有过失"之间的区别，即"欺诈"与"过失"情形下的不实报告出具人的主观恶性不同，违反的法律义务也不同。"欺诈"违反的是诚实义务，而"过失"是未能尽到必要的注意义务。

诚实义务是法律要求和公认的商业道德标准。人们可以合理预期审计师在提供专业报告的时候是诚实的，人们可以依赖审计师报告进行决策。因依赖不实审计报告而受到损失的人可以要求审计师承担责任，这是欺诈行为下审计师要对任何第三方承担责任的基础。

注意义务是审计师在执业活动中应了解和遵循特定的标准，如使用审计报告的目的和场合。如果审计师知道审计报告的用途，且打算为该用途提供信息时，则报告使用人可以合理预期审计师履行了注意义务。也就是说，审计师对其已经知道或已经预见到的会依赖和利用审计报告的第三人负有注意义务并承担相应的责任，但是这种注意义务不应扩展至审计师不知晓的第三人。

---

[1] Id. at 444 (a thoughtless slip or blunder…would expose accountants to a liability in an indeterminate amount for an indeterminate time to an indeterminate class). Cardozo 法官的考虑之一是，审计师的服务，主要是为其客户的利益提供的，第三人使用只是伴随性的次要的。转引自金勇军 2000 年 11 月发表的文章《会计师第三人责任问题——评最高人民法院的几则司法解释》，清华大学经济管理学院学术论文 No. 200021。

[2] 在英国，该标准是由 1964 年的 Hedley Byrne 案首先提出，故被称为"Hedley Byrne 规则"；在美国，美国法学会编纂的《侵权法重述》(II) 第 522 条界定了"不实信息侵权"的构成要件，在侵权人的注意义务范围问题上采纳已知第三人标准，因此该标准又被称为"侵权法重述标准"(restatement standard)。

（三）可预见第三人标准

可预见第三人标准又称为"合理预见第三人标准""合理预见标准（reasonably foreseeable standard）"，它认为审计师对任何可以预见将依赖其审计报告的第三人所遭受的损失承担责任。这极大地拓展了审计师对第三人注意义务的范围，将依赖经审计的财务报告进行的商业决策和有关监管机构的决策都纳入了注意义务范围。

该标准以产品责任为基础，认为审计师对第三人的责任与一般侵权行为的法律基础都是合理预见性，即损害的可预见性是考虑是否对受损者承担注意义务的决定因素。审计师作为审计报告的生产者，与产品生产者不应区别对待。审计报告存在缺陷，应与一般商品的制造商要对一切因产品缺陷而遭受损失的消费者承担赔偿责任一样，审计师需要向依赖其审计报告而遭受损失的第三人承担赔偿责任。

然而，可预见第三人标准引发了20世纪80年代对审计师的诉讼浪潮，对侵权责任无限扩展、将产品责任原理机械套用于审计责任的弊端也显现出来。审计报告与一般商品之间存在区别，生产者对产品的设计和生产具有绝对控制，而审计报告受制于被审计单位编制的财务报表；产品只由特定人使用，损失范围有限，而审计报告作为商业信息可以无限传播，进而导致损失范围可以无限扩展。一些西方国家和地区开始出现限制审计师对第三人法律责任的倾向，甚至回归到已知第三人标准。

二、法释〔2007〕12号的立场：侵权法律逻辑与公共政策考量[①]

在法释〔2007〕12号制定过程中，有观点主张：应当借鉴英美等国的立法，对"利害关系人"即第三者加以适当的规制：首先，会计师事务所故意出具不实报告，对已知或应知的特定利害关系人因信赖该报告造成损失的，应承担赔偿责任。其次，会计师事务所因重大过失或一般过失出具不实报告，对已知的利害关系人因信赖该报告造成损失的，应承担赔偿责任。最后，会计师事务所因轻微过失出具不实报告的，对利害关系人因信赖该报告造成损失的，一般不承担赔偿责任。

利害关系人（第三人）的界定及其范围问题，是至关重要的问题，其在司法实践中可谓审计师民事责任规则逻辑框架的起点[②]，关涉法释〔2007〕12号整体上需要考量的法律和政策因素。近40年来国外审计师法律责任规则的演变主要体现在该问题上。通过对西方发达国家会计师事务所民事责任的初步考察，可以发现，在过去的40多年间，普通法上关于会计师事务所对利害关系人的责任范围是不断变化的，并且以"十年"为一周期而循环往复。由最初的坚守合同相对性原则而拒不承认对第三人的民事赔偿责任，发展到需要对"已知第三人"承担责任，再发展至对任何"可合理预见的第三人"承担责任，时至20世纪90年代，又重新回归"已知第三人"标准。究其原因，主要是因为要确定审计师法律责任的合理边界，必须兼顾审计师执业活动的制度价值与内在局限两个方面，从而使会计师事务所民事责任问题演变成为法律逻辑与政策选择之间的考量问题。具体而言：

依照侵权行为法理论和法律逻辑，任何人应当就自己的过错给他人造成的损失承担责

[①]　本部分内容参见：最高人民法院民事审判第二庭.最高人民法院关于会计师事务所审计侵权赔偿责任司法解释理解与适用（重印本）〔M〕.北京：人民法院出版社，2015.

[②]　利害关系人的界定及其范围问题，并非单纯的赔偿范围或责任性质的问题，而是直接关系到如何认识审计职业的社会定位的问题。审计职业在这个问题上陷入了一个无法解脱的困局：一方面，为了提升职业的地位，需要不断强调审计以及其他服务对委托人之外的第三人、对整个社会所具有的价值；另一方面，为了减少现在的法律责任风险，又需要强调审计师不对第三人承担责任。在法庭内外，第三人的范围问题都成为审计师的一个软肋。

任，该责任并不以两者之间存在合同关系为前提。按照法律逻辑，会计师事务所对任何可能依赖或使用其审计意见的人都承担注意义务，也自然应对任何依赖其专业审计意见进行交易决策而遭受损失的第三人承担赔偿责任。但会计师事务所的不实报告又有别于一般的侵权行为，因为不实报告是一种信息，其具有传播范围的无限性，因信赖该信息并采取相关交易行动而导致损失的第三人可能不计其数，如果让其对所有第三人都承担赔偿责任，其责任显然远远超过其过错程度，责任认定明显不公平。会计师事务所民事责任的无限扩大，将导致两种结果：其一，大量的会计师事务所因民事责任过大而破产，或者会计师事务所因无法承受如此高的职业风险而拒绝提供审计服务或退出审计行业。其二，会计师事务所为最大限度地减少审计风险和规避法律风险而被迫进行"详细审计"，从而大幅提高审计成本，由此带来的高昂审计成本却最终将转移给作为委托人的股东或公众投资者。同时，审计时间的相应延长将难以适应瞬息万变的经济形势而使审计信息失去价值。应当看到，会计师事务所不是一般的中介机构，会计师事务所承担着为政府、金融机构、债权人和社会公众提供财经信息的制度功能。因此，上述两种结果都不是一个经济社会中政府和社会各界所期望的。因此，通过侵权行为法逻辑和框架来判断会计师事务所与第三人之间是否存在注意义务并施加责任的问题，本身存在一个公平问题。可以说，虽然侵权行为法通过"执业过失"来衔接会计师事务所与利害关系人，但其本质却是一个政策问题，并非一个纯粹的法律问题。

会计师事务所的侵权责任问题的实质是侵权法律逻辑与公共政策选择之间的较量和协调问题，是一个公平与效率的取舍和权衡问题。采取"已预知第三人标准"，在政策选择上意味着仅保护专业投资机构和经验丰富的商人，并可以防止因不可知的中小投资者的大量诉讼而导致司法成本激增，凸显出政策选择方面对经济效率和司法效率的追求，却以在一定程度上牺牲"保护公众投资人的司法正义"为代价。若采取"可预见第三人标准"，则意味着以公众投资人的保护和审计师执业行为质量的改进为主要政策考量，但却忽视了第三人采取自我保护措施的差别以及第三人范围的扩大化导致的诉讼急剧增加的后果（刘燕，2004）。因此，以公共政策观之，会计师事务所民事责任问题中始终贯穿着公平与效率之间的衡量。一方面是会计师事务所执业的能力以及审计活动自身的局限性，另一方面是社会公众日益增长的需求和依赖，司法部门的立场无论是稍微倾向于哪一方，都必然损害另外一方的利益，从而使会计师事务所侵权民事责任问题陷入了困境。为打破这种僵局，我们不应局限在现有的侵权行为法的框架下来解决会计师事务所民事责任的公平问题，会计师事务所的执业过失仅仅是分析其承担侵权责任的起点，它并未揭示出会计师事务所因执业过失而承担法律责任这一问题的全貌；必须跳出"会计师事务所-利害关系人"以及"执业过失=法律责任"的思维定式，应当对会计师事务所侵权责任的运作进行全盘的考量。

在对会计师事务所侵权责任进行全盘考量的思路中，民法上的公平原则发挥着挽救危局、脱离困境的重要作用。会计师事务所对利害关系人的侵权法律责任问题，归根结底是一个如何公平分摊商业活动中出现的资金损失问题。因此，损失的直接动因可能是利害关系人使用或信赖了会计师事务所出具的不实报告而进行了经济交易或商业决策，但损失的真正原因却是被审计单位内部存在的欺诈或经营失败，而会计师事务所的过错仅仅在于没有及时发现或披露出这些错弊。因此，会计师事务所的侵权责任案件通常都涉及被审计单位的经营失败和会计师事务所的审计失败两个方面，从而使被审计单位、会计师事务所与遭受损失的利害关系人形成了一个三角法律关系。根据民法公平原则来分担损失，就是要在被审计单位、会计师事务所、利害关系人之间分配因被审计单位经营失败或欺诈作弊、会计师事务所审计失败而导致的利害关系人的损失。在利害关系人无过错的前提下，根据民法公平原则，应当由被审计单位和会计师事务所根据各自的过错程度分别对利害关系人的损失承担责任，而非连带责任。因为除非会计师事务所与被审计单位恶意串通、共同作弊，否则会计师事务所仅应为自己的执业过失而向利害关系人承担赔偿责任；加之审计活动并不能保证全面消除利害关系人交易或经济决策的商业风险，故不应当要求会计师事务所充当商业决策或投资决策的担保人的角色，这也正是会计师事务所的责任绝非担保责任的理论依据之一。

综上所述，会计师事务所对利害关系人的侵权民事责任归根结底是：如何在侵权行为法的基本框架下，考虑社会公共政策因素，综合运用民法公平原则，通过合理的制度规则安排，来公平地分配商业活动中的损失问题。其中，需要考量三个重要因素：其一，利害关系人损失产生的真正原因。尽管在现实中，利害关系人的经济损失的直接动因是其依赖或使用了会计师事务所的审计报告并作出相关的交易决策，但损失产生的真正原因是被审计单位内部存在的错弊、欺诈或者经营失败。其二，会计师事务所的执业过错问题。会计师事务所的过错在于其在进行审计活动时，没有及时发现或者披露这些错弊、欺诈或失败等问题。其三，利害关系人的过错问题。如果利害关系人明知或者在损失的造成方面存在重大过失，那么应当免除或者相应地减轻会计师事务所的责任份额，也就是说，在界定会计师事务所责任时应当考量利害关系人是否善意无过失。这三个重要因素是界定利害关系人的范围和相关规定的理论和政策基础。

基于上述分析框架和三个考量因素，就基本可以从西方国家关于会计师事务所应当在多大范围内对利害关系人（第三人）承担赔偿责任的困境中脱逸出来。依据侵权行为法的逻辑，并根据审计活动的社会公共监督色彩，会计师事务所的专业审计报告可以为任何商业目的所使用，因此，会计师事务所应当对所有合理信赖或使用其所出具的不实报告而遭受损害的利害关系人承担侵权赔偿责任。同时，鉴于会计师事务所的过失程度以及其过失在损失因果链中的位置，会计师事务所仅应就其过错程度承担相应的赔偿责任，不应施加与其过错程度不成比例的担保责任。据此，在确定第三人的范围以及会计师事务所的民事责任承担方面实现一种相对公平的解决途径：会计师事务所应当对所有合理依赖或使用其出具的不实审计报告而受到损失的利害关系人承担赔偿责任；与利害关系人发生交易的被审计单位应当承担第一位的责任；会计师事务所仅应当对其过错及其过错程度承担相应的赔偿责任。这样不仅可以合理地界定利害关系人，而且可以通过以过错程度为基础的比例责任以及相应的责任顺位来公平认定会计师事务所及相关当事人的责任问题。

三、利害关系人的具体界定

法释〔2007〕12号第二条第一款将利害关系人界定为"因合理信赖或者使用会计师事务所出具的不实报告，与被审计单位进行交易或者从事与被审计单位的股票、债券等有关的交易活动而遭受损失的自然人、法人或者其他组织"。以证券审计业务为例，利害关系人是指那些与会计师事务所虽然没有直接的合同关系，但却使用经该会计师事务所出具鉴证报告的财务报告信息，以进行特定决策者。例如公司股东、发行证券的买卖者、债权人、信托人、供应商等。

在理解利害关系人的界定中，要对"合理信赖"进行适当阐释。所谓"合理信赖"，通常是指出具审计报告的会计师事务所应当始终与被审计单位之间保持独立性，其不仅与被审计单位之间存在委托关系，而且对社会公众担负着一定的社会责任，承担着社会公众对其赋予的应有信赖，在此预期下，与被审计单位进行交易的利害关系人无过失地对于该审计报告所持的信赖。应当说"合理信赖"是一个授权概念，其赋予法官一定的自由裁量权。一般而言，如果有会计师事务所能够举证证明利害关系人明知事务所出具的报告为不实报告而仍然使用，即能够证明利害关系人在使用报告时存在故意和重大过失的，则该利害关系人不属于"合理信赖"审计报告，由此决定会计师事务所可以不承担责任或者影响到利害关系人不能获得赔偿。

第四节　应有的审计关注

在判断审计师的审计责任时，审计师是否保持了应有的职业关注是会计界和法律界争论的焦点。

一、侵权法中的注意义务

现代侵权法理论认为，在确定行为人注意义务时，必须具体化和类型化，以探究行为人违反注意义务的实质基准。学理上将注意义务的内容区分为一般注意义务和特殊注意义务。一般注意义务是指在通常情况下，作为社会普通人应当达到的注意标准。特殊注意义务是指特殊主体在从事特殊行为时应当达到的注意标准。在确定特殊注意义务时，要考虑三个因素：（1）对于从事较高专业性、技术性活动的行为人要按照通常应有的注意标准提出要求。（2）根据行为人所影响的对象来决定注意义务的程度，如果受影响的对象缺乏自我保护能力，则行为人应具有更重的注意义务。（3）行为人的年龄、受教育程度、专业知识、工作经验、技术水平等影响其负有的注意义务（王利明，2004）。

二、审计师的注意义务

审计师具有专家责任，应当具有审计职业通常应有的注意为其特殊的注意义务内容。对于审计师的特殊注意义务内容，应当以一定的标准为依据加以确定，遵循了标准就表明已经履行了审计责任。

（一）学界对于是否履行特殊注意义务的观点

对于如何判断审计师是否已经履行了注意义务，学界有两种观点：

一种观点认为，只要审计师履行了审计准则所要求的程序，遵守了审计准则的要求，即使出具的审计报告事后被认定为与事实不符，也应认定审计师履行了自己的义务、没有过错，不应当承担责任。审计实务界对这种观点颇为推崇。

另一种观点认为，是否保持了应有的职业关注或职业审慎，是判断审计师是否勤勉尽责、是否存在过失的衡量标准。与遵守审计准则相比，应有的职业关注要求更高。这种观点受到审计理论界和法学界的推崇。

这两种观点的初衷都是采用一定的标准来判断审计师的特殊注意义务的内容，分歧在于标准不同。遵守审计准则和具有应有的职业关注都在我国的法规中有所体现，法释〔2007〕12号采用了第二种观点。

（二）国外审计师侵权责任诉讼中的注意义务

英美法系国家的法院在处理审计师侵权责任诉讼案件中形成了一些规则，在界定审计师的特殊注意义务方面值得借鉴。

在英美法系国家，普通法中判断审计师在执业过程中是否存在过失的基本规则为：（1）依照审计师在进行审计时所普遍遵循的标准来判断，避免事后诸葛亮。（2）审计师的职业判断出现失误，本身并不当然构成职业过失。（3）审计师必须具有本行业一般从业人员具有的专业知识，不具备这种专业胜任能力即可构成过失。（4）当存在多种普遍接受的审计实务时，法官偏好其中一种并不能当然推论采用了其他审计实务的审计师存在过失。（5）确定一个行业中具备通常技能的成员所持有的合理的、平均水平的注意程度，是法官的责任。法官在确定这一合理水平时，需考虑四个方面的因素：第一，审计师应保持的注意的标准不应低于其为完成与审计有关的法定职责及合同义务所必需的程度，即他们在审计中所保持的注意、所运用的技能足以使他们对公司财务报表是否真实而公允地反映了公司的财务状况发表意见。第二，专家证词也可以提供应适用的标准，但法官并不必然要接受专家证词所设定的标准。第三，会计师协会的专业准则构成了审计师与客户之间合同的一部分，同时也对人们如何期待一个合格的审计师履行职责提供具体指南。第四，特定会计师事务所内部审计守则或工作程序设定的注意义务标准也应该是从事审计活动的审计师认为合理并接受的标准（刘燕，2004）。

（三）法释〔2007〕12号对应有的注意义务的判断

应有的职业关注、职业谨慎、勤勉尽责等概念具有稳定性和权威性，同时又具有模糊性、多样性和动态性。因此，对这些概念进行界定较为困难，因为标准不是一成不变的，而是随着社会要求变化和审计能力的提高而改变的。在比较分析国内外学者和司法实践经验的基础上，法释〔2007〕12号认为判断审计师是否尽到了应有的职业关注、职业谨慎或勤勉尽责，可以从四个方面进行把握：

1.具有专业胜任能力

审计师应当具有专业胜任能力，拥有该职业所需要的一般知识并能与职业保持同步发展。审计师应能达到行业平均的技术熟练程度，能够采取一切手段获取对被审计单位情况的了解，能够根据时代的发展和变化，熟悉新的审计领域，不断更新审计技术，保证所采取的审计程序能最好地符合实务要求。审计师应当注意评价自己的能力、知识、经验和判断水平是否可以胜任工作，当审计师意识到自己的专业胜任能力可能存在不足时，应当考虑向专家咨询或者拒绝接受委托。

2.作出相当于社会平均水平的判断

审计师应当能够作出相当于社会平均水平的判断。具有充分的判断力是职业区别于非职业的特征之一。在审计工作中，处处离不开职业判断，如审计程序的恰当运用，审计风险和重要性水平的估计以及披露方式的适当选择等。谨慎执业者的判断是知识、经验和直觉作用于大脑思维的结果，而不是主观的盲断、武断。在运用其职业判断时，他能合理预见到可能给客户、报表使用人等利益相关者带来的危害，但审计师不承担纯粹由于判断失误而造成损失的责任。

3.人格方面代表但不超越社会一般水平

审计师应当在人格方面代表但不超越社会一般水平。谨慎的执业者能保证勤勉、认真地履行职责，力戒疏忽大意和言不由衷，知道盲目采取行动的风险。但他不是尽善尽美之人，"他会犯错误，他也自私自利，他还会害怕，但这些缺陷均体现了社会通常的行为标准。公共社会的任何方面均不一定反映称作慎重的东西。习惯本身也许就是过失。"[①]

4.实质性地遵守审计程序

审计师在审计业务活动中应当实质性地遵守审计程序。在审计计划的制定、评价内部控制制度和收集审计证据、编制财务报告的各个环节，审计师均应严格遵守职业技术规范和职业道德准则，以高度的职业敏感性理解经济业务的性质和内容，规划和协调审计业务的各项程序。

第十五章学习指南

---

① 莫茨，夏拉夫. 审计理论结构 [M]. 文硕，肖泽忠，等译. 北京：中国商业出版社，1990：171.

第四编
鉴证业务与相关服务

第十六章 鉴证服务概述

第一节 鉴证业务的产生与发展 ▌

"鉴证业务"（assurance service）也称"保证服务"、"认证业务"或"可信性保证业务"。它是20世纪90年代中后期国际审计职业界对审计鉴证性服务的一个新的概括和提法，既是审计专业服务产品向纵深开发的结果，也是审计专业服务从"审计"向"鉴证"的一次重大跨越。

一、鉴证业务产生与发展的历程

"鉴证业务"对应的英文原词是"assurance service"。我国审计界和学术界亦有将其译为"保证服务"、"认证业务"和"可信性保证业务"的。

最早有组织地致力于鉴证业务研究与开发的是美国注册会计师协会（AICPA）。早在1993年，AICPA在探讨审计未来发展方向时便指出其未来的发展方向是鉴证业务。此后，加拿大特许会计师协会（CICA）、澳大利亚会计职业组织、国际会计师联合会（IFAC）等也成立了相关机构进行鉴证业务的研究。

1993年5月，美国注册会计师协会（AICPA）在新墨西哥州圣达菲（Santa Fe）召开审计/鉴证会议。这次会议注意到了客户对审计和其他鉴证业务需求的下降，以及对鉴证业务范围和效用方面的不满，会议决定开发一项广阔的计划，重塑鉴证业务的未来，以增进其价值。为此，AICPA于1994年成立了以毕马威（KPMG）合伙人 Robert K. Elliott 为主席的临时性机构"鉴证业务特别委员会"（SCAS，通称为 Elliott 委员会）。1996年底，该委员会通过网站发布了翔实的研究报告（通称 Elliott 报告）。1997年，AICPA 成立了一个永久性的机构"鉴证业务执行委员会"（ASEC），Ronald S. Cohen、Robert L. Bunting、Susan C. Rucker 等先后担任主席，时任主席为 KPMG 合伙人 Thomas E. Wallance。特别值得一提的是，美国独立审计职业界于1998年发布的《CPA愿景报告：2011年及以后》在展望未来的五大核心服务领域时也将"鉴证与信息真实性服务"列为第一。

1995年8月，加拿大特许会计师协会（CICA）组建了以 KPMG 合伙人 Axel N. Thesberg 为主席的鉴证业务工作组（TFAS），旨在开发和实施一项拓展鉴证业务范围的计划，并确保独立审计师在鉴证业务领域的优势。TFAS 分别于1995年12月和1997年6月向 CICA 管理委员会（BOG）提交了中期报告，并于1998年1月提交了最终报告。CICA 根据最终报告的建议成立了鉴证业务发展委员会（ASDB）。

1997年，澳大利亚注册会计师协会（ASCPA）与澳大利亚特许会计师协会（ICAA）成立了以安永（Ernst & Young）合伙人 Stuart Alford 为主席的鉴证业务联合工作组（JASTF）。JASTF 于当年12月发布了一份报告，讨论了鉴证业务未来发展的一些关键问题，并提议成立研究与创新委员会（RIB）。RIB 于1998年7月成立，其持续至1999年4月 ASCPA 的退出。1999年6月，澳大利亚会计研究基金会管理委员会宣布将审计准则委员会（ASB）更名为审计和鉴证准则委员会（AUASB）。

国际会计师联合会（IFAC）也积极开展鉴证业务的研究工作。1997年8月，IFAC 下属的审计实务委员会（IAPC，IAASB的前身）为了识别信息使用者对不同鉴证对象日益增长的信息需求，提高信息可信性，满足决策者的需要，发布了一份名为《信息可靠性报告》（Reporting on the Credibility of Information）的征求意见稿。IAPC在对该征求意见稿进行修改之后，于1999年3月以《鉴证业务》为名重新发布了征求意见稿，并最终于2000年6月正式发布了ISAE 100《鉴证业务》。2002年11月，IAASB对注册会计师的业务类型进行重新划分，相应地，ISAE 100被分拆为两个文件——《鉴证业务的国际框架》（International Framework for Assurance Engagements）和ISAE 2000《鉴证对象为历史财务信息之外的鉴证业务》（Assurance Engagements on Subject Matters other than Historical Financial Information）。2003年，IAASB发布上述两个文件的征求意见稿，建议取代ISAE 100《鉴证业务》并废止ISA 120《审计准则的国际框架》。2005年1月，IAASB正式发布了《鉴证业务的国际框架》，其中定义并说明了鉴证业务的含义、要素和目标，确定了国际审计准则（ISAs）、国际审阅准则（ISREs）和国际鉴证业务准则（ISAEs）所适用的业务类型。2013年12月，IAASB更新、强化并发布了《国际鉴证业务准则第3000号（修订版）——除历史财务信息审核或复核之外的鉴证业务》（ISAE 3000），其中覆盖了广泛的鉴证业务，从内部控制有效性报告鉴证到可持续发展报告鉴证以及未来可能开展的综合报告鉴证业务。同时，IAASB还对相关准则进行了相应修订，包括《国际鉴证业务准则第3402号——服务性机构内控鉴证报告》（ISAE 3402）、《国际鉴证业务准则第3410号——温室气体排放声明鉴证业务》（ISAE 3410）以及《国际鉴证业务准则第3420号——招股说明书所含预测性财务信息编制情况报告的鉴证业务》（ISAE 3420）。

2006年，为了规范注册会计师执行鉴证业务，明确鉴证业务的目标和要素，确定适用中国注册会计师审计准则、中国注册会计师审阅准则、中国注册会计师其他鉴证业务准则的鉴证业务类型，中国注册会计师协会发布了《中国注册会计师鉴证业务基本准则》。2022年，为了持续提升审计质量和完善审计准则体系，保持准则体系的内在一致性，中国注册会计师协会发布了修订后的《中国注册会计师鉴证业务基本准则》。

二、鉴证业务产生与发展的原因

鉴证业务产生与发展的推动力主要来源于独立审计行业内外环境的变化。

（一）行业内部谋求进一步生存和发展的空间

从某种意义上来看，鉴证业务的产生和发展是职业界寻求进一步生存和发展空间的结果。因此，致力于鉴证业务研究与开发的初衷是着眼于独立审计行业的未来发展。

20世纪90年代以后，传统的财务报表审计已经成为一个相对成熟的服务产品，社会期望甚高，同业竞争激烈，诉讼风险加大，迫使审计师另辟蹊径，在咨询和鉴证方面进行拓展。市场对提高信息质量的需求和审计师自身的能力，很自然地促使审计师专业服务由审计向鉴证业务跨越，并将鉴证业务作为行业发展的方向。具体而言，促使AICPA开展相关研究与开发的是1993年审计/鉴证会议对独立审计师未来服务的探索和展望；CICA开展相关努力的一个重要背景则是其通过研究草拟的一份"愿景报告"（Vision Report）；英格兰和威尔士特许会计师协会（ICAEW）的报告《增值职业：2005年的特许会计师》也勾画了未来鉴证业务的蓝图。

美国鉴证业务特别委员会（SCAS）委员William Kinney教授在1998年的一次关于鉴

证业务的研讨会上一针见血地指出：会计行业成立鉴证业务特别委员会的根本动机只有一个——生存。Robert Elliott 在该委员会成立（1994年）致辞中谈道，美国在过去的七年中，来自传统审计业务的收入停滞在70亿美元左右。他预测，到2000年传统审计的总收入仍然只会接近这个水平，而来自其他鉴证业务的收入将增加到210亿美元（其中相当大的一部分当时被其他行业所赚取）。

（二）职业环境的变化是鉴证业务产生和发展的动力

Elliott 报告将变化的环境概括为七个方面：信息技术的变革；对受托责任（accountability）的更大的需求；资本提供者构成的变化；人口年龄分布的变化；组织结构的变化；供应商、客户和资本市场的全球化；教育。Elliott 正是以此为背景提出了一个新的鉴证业务架构。该报告比较全面地提出了影响鉴证业务产生和发展的主要因素。

具体而言，鉴证服务是审计师审计服务的延伸和发展。它的产生是审计服务自身内在的扩张动力和外部环境变化共同作用的结果。社会环境的迅速变化急剧地改变决策者对信息来源和信息质量的需求。会计信息（历史的、财务的、交易的信息）再也不是唯一的商业语言，许多非财务信息正变得对商业决策越来越重要。这一变化趋势将改变审计师在未来提供服务的内容。因此，正是信息技术、公司组织结构、受托责任、资本构成等一系列的变化，才形成了鉴证服务市场。

1. 信息技术

信息技术是产生、影响鉴证服务的最重要因素。现代信息技术的飞速发展及其对全社会的广泛和深远的影响，将重新定义企业的概念，将改变企业的组织结构，改变企业获取、转换、传递产品和服务的过程，改变企业、客户与鉴证者之间的关系等。这些变化将深刻地影响决策者对新型信息和相关性的鉴证服务的需求，由此促使审计师涉及信息系统可靠性认证、风险评价、企业业绩评价等领域。

2. 公司组织结构

公司组织结构的改变也为审计师提供了更多的服务机会。信息技术、竞争、人际关系的变化，控制风险的尝试已经导致新的组织结构产生，出现了更多的联营、合资和临时性组织。这些变化向审计师评价经济实体的财务状况和价值所采用的传统程序提出了挑战，如会计传统假设中的持续经营假设、主体假设等，又如面对面的交易现在变成了网上交易等问题。

因此，对审计师来说，公司组织结构的改变将意味着：

（1）新组织结构的实体将导致新的信息流动方式，决策过程和信息系统将会变得更分散。整个系统的设计必须保持信息的流动性，审计师可以为新实体开发保障和监控活动的处理方法，为管理分散的组织设计IT系统等。

（2）联营和合资企业的大量出现将创造出新的受托责任问题。如合伙一方对另一方提供机密信息的必要性，合资企业对另一方按新责任标准尽责，及时公告重大事项等，以及频繁地评价交易是否真实可靠等，审计师可以为合资企业建立有关控制、受托责任、业绩等标准，促进各方的交流，改善合作关系等。

（3）更多临时组织的出现，使得会计持续经营假设不再成立，会计分期不再重要，财务报告的重点将从分期报告转向多重目的报告。

（4）许多实体的使命可能更不清晰，上市公司与私人公司的区分、营利组织与非营利组织的区分将变得模糊，需要更多受托责任的履行与审计师的监督。

3.受托责任要求的增加

受托责任要求的增加促进了审计师服务范围的扩展。信息技术的进步降低了受托责任成本，也加大了不能履行责任的风险。信息的增量和信息的流动使得人们更难判断信息是否客观和可靠。由于受托责任成本降低，人与人之间的一般信任也降低了，为此需要更多的责任约束。因此，需要更多的审计师的鉴证服务。

4.资本构成的变化

资本构成的变化影响了未来鉴证服务的发展。无论是成熟还是不成熟的资本市场，都会对鉴证服务提出不同的要求和需求。在成熟的资本市场上，如美国，其机构投资者控制了证券市值的一半。一般情况下，个人投资者与被投资方仅仅存在间接关系，两者之间的联系往往需要通过一系列的中介机构，如经纪人、顾问公司等。虽然信息技术的发展降低了获取信息的成本，个人投资者能够更密切地关注被投资方，但前提是个人投资者能够掌握信息、能够自行处理。这对于所有个人投资者来说并不现实。因此，仍需要中介机构的服务，包括会计师事务所的鉴证服务。在不成熟的资本市场上，随着证券市场上个人投资者风险意识的提高，政府对证券市场监管力度的加大，其对鉴证服务的需求必然也会增加。

从鉴证服务的产生发展过程来看，其涉猎的范围具有广泛性，同时服务本身又要求专业性，这就导致鉴证服务市场存在竞争。对于一些新兴服务市场，如果审计师不去争取，其他职业就有可能去占领，从而影响会计师事务所的服务市场发展。所以，鉴证服务的提供者需要拥有实力，才能在鉴证服务业务竞争中占有一席之地。

第二节　鉴证业务的含义与要素

一、鉴证业务的含义

（一）两种有代表性的观点

关于鉴证服务概念，目前存在以下两种具有代表性的观点：

1.AICPA鉴证服务特别委员会（Special Committee on Assurance Services）制定的概念框架

该概念框架将鉴证服务（assurance services）定义为"是为决策者提供的、旨在改善信息质量或内容的独立的专业服务"。该概念框架进一步指出："信息"的范围包括财务信息与非财务信息、历史信息与未来信息、分散信息与系统信息、内部信息与外部信息等。"质量"是指信息的可靠性和相关性。"内容"是指信息的表达方式和使用信息的决策模式。"决策者"是指信息的使用者。"独立"是指审计师作为用户的受托人处于中立的地位。"专业服务"涉及审计师的专业判断，不能被任何软件或非专业竞争者所替代。

这一定义包括许多重要概念。第一，这个定义关注的是决策。要作出好的决策需要高质量的财务或非财务信息。第二，定义与提高信息质量及其内容有关。鉴证服务通过提高信息的可靠性与相关性来增强信息的可信度。内容可以通过信息呈报的形式加以改善。第三，定义涉及独立性。对鉴证服务来说，独立性仅与信息的质量或背景有关。第四，定义还包括了"专业服务"这样的术语，其中含有对职业判断的应用。

2. IFAC（2005）《鉴证业务的国际框架》（International Framework for Assurance Engagements）

2005年1月1日，国际会计师联合会发布了经修订后最新的《国际审计准则》，其中确立了《鉴证业务的国际框架》。本框架定义并说明了鉴证业务的含义、要素和目标，确定了国际审计准则、审阅业务的国际准则和鉴证业务的国际准则所适用的业务类型。本框架指出，鉴证服务是指审计师对鉴证对象信息提出结论，以增强除责任方之外的预期使用者对鉴证对象信息信任程度的一种业务。其中，鉴证对象信息是对鉴证对象按照标准进行评估和计量的结果，是将标准应用于鉴证对象所产生的信息。在财务报表审计中，鉴证对象信息是指企业对其财务状况、经营成果和现金流量按照企业会计准则和会计制度予以确认、计量、列报和披露而形成的财务报表认定。

（二）IFAC（2005）鉴证业务概念的解析

IFAC（2005）关于鉴证业务的定义可从以下几个方面加以理解：

（1）鉴证业务的用户是"预期使用者"，即鉴证业务可以被用来有效地满足信息使用者的需求。

（2）鉴证业务的目的是改善信息的质量或内涵，增强除责任方之外的预期使用者对鉴证对象信息的信任程度，即以适当鉴证或提高鉴证对象信息的质量为主要目的，而不涉及为如何利用信息提供建议。

可靠性和相关性是信息的两大属性，是鉴证服务的主要内容。首先，鉴证服务有助于提高信息的可靠性。鉴证服务可以获取信息，并对信息的可靠性进行评价。信息质量的改善并不意味着认证后的信息与认证前的信息有何不同，鉴证服务只是通过运用专业判断，提高鉴证信息的可信性，仅此而已。其次，鉴证服务能够增强信息的相关性，从而改进决策。因为鉴证服务是为预期使用者决策服务的，因而更加强调相关性，在某些情况下可能为了相关性而牺牲可靠性。

（3）鉴证业务的基础是独立性和专业性，通常由具备专业胜任能力和独立性的审计师来提供，审计师应当独立于责任方。

独立性是审计师职业的基石。由于信息提供者和预期使用者的利益可能不一致，所以信息提供者所提供的信息可能质量不高，不利于决策的制定。因此，预期使用者寻求审计师对信息加以认证以提高信息的质量，降低信息风险。显然，预期使用者要求审计师独立于信息提供者。

（4）鉴证业务的"产品"是鉴证结论，审计师要对鉴证对象信息提出结论，该结论应当以书面报告的方式予以传达。

（5）鉴证服务需要审计师的职业判断。鉴证服务是审计师提供的专业服务，需要审计师的专业判断。专业判断与独立性一起使审计师服务发挥增值作用。尽管信息技术的进步提高了数据的运算速度和分析质量，但技术不能替代人类的专业判断。目前，有些鉴证服务已有详细的执业标准和报告要求，但许多新的鉴证服务还没有，因此审计师要考虑在遵循一般准则的前提下灵活运用具体标准。

二、鉴证业务的要素

鉴证业务旨在增进某一鉴证对象信息的可信性。审计师通过搜集充分、适当的证据来评价某个对象是否在所有重大方面符合适当的标准，提出鉴证结论，从而提高该鉴证对象信息对预期使用者的有用性。

根据上面描述式的界定，可以看出，鉴证业务应该具备以下五项要素：

（1）三方关系。三方关系人分别是审计师、责任方和预期使用者。审计师对由责任方负责的鉴证对象或鉴证对象信息提出结论，以增强除责任方之外的信息预期使用者对鉴证对象信息的信任程度。

（2）鉴证对象。鉴证对象具有多种不同的表现形式，可能是财务或非财务的业绩或状况、物理特征、系统、过程或者行为，不同的鉴证对象具有不同的特征。

（3）标准。即用来对鉴证对象进行评价或计量的基准，当涉及列报时，还包括列报的基准。

（4）证据。审计师要通过一套系统的方法获取充分、适当的证据，以此作为提出结论的基础。

（5）鉴证报告。审计师要针对鉴证对象信息（或鉴证对象）在所有重大方面是否符合适当的标准，以书面报告的形式发表一个能够提供一定保证程度的结论。

三、鉴证业务的构成内容

鉴证服务的市场前景非常广阔，其服务种类也相当丰富。就其业务类型而言，存在以下两种划分方法：

IFAC（2005）《鉴证业务的国际框架》中指出，按照鉴证业务提供鉴证程度的不同，将鉴证业务区分为合理鉴证业务和有限鉴证业务两大类。合理鉴证业务的目标是审计师将鉴证服务风险降至该业务环境下可接受的低水平，以此作为以积极方式提出结论的基础；有限鉴证业务的目标是审计师将鉴证服务风险降至该业务环境下可接受的水平，以此作为以消极方式提出结论的基础。就财务报表的鉴证而言，合理鉴证业务称作审计，有限鉴证业务称作审阅。

美国注册会计师协会鉴证服务委员会制定的概念框架，将鉴证服务区分为审计业务和非审计业务的鉴证服务。除了审计业务之外，非审计业务的鉴证服务主要包括关于信息技术的鉴证服务和关于其他类型信息的鉴证服务两大类。前者主要涉及电子商务（electronic commerce），即为电子交易和信息传播的可靠性和安全性提供鉴证；后者涉及的业务则非常广泛，主要涉及经营业绩评价（business performance measurement services）、养老工作评价（eldercare plus）及风险评估（assessment of risks）等领域。实际上，对鉴证服务的范围并没有特别的限制，还存在很多其他的服务项目，诸如政策遵行（policy compliance）、合并与并购（mergers and acquisitions）认证、ISO 9000认证、年度环境审计（annual environmental audit）等。

第三节 鉴证业务与相关服务的比较

一、相关服务的构成

相关服务是相对于鉴证服务而言的，是指那些由审计师提供的除了鉴证服务以外的其他服务，主要包括对财务信息执行商定程序、代编业务、税务服务、咨询服务等。第十九章将择其要者详细阐述。

（一）对财务信息执行商定程序

对财务信息执行商定程序的目标是审计师对特定财务数据、单一财务报表或整套财务报表等财务信息执行与特定主体商定的具有审计性质的程序，并就执行的商定程序及其结果出具报告。审计师执行商定程序业务，仅报告执行的商定程序及其结果，并不提出鉴证结论。报告使用者自行对审计师执行的商定程序及其结果作出评价，并根据审计师的工作得出自己的结论。

（二）代编业务

代编业务的目标是审计师运用会计而非审计的专业知识和技能，代客户编制一套完整或非完整的财务报表，或代为搜集、分类和汇总其他财务信息。审计师执行代编业务使用的程序并不旨在也不能对财务信息提出任何鉴证结论。

（三）税务服务

会计师事务所的客户需要缴纳中央政府和地方政府规定的各种税收。会计师事务所的税务部门协助填写纳税申报单，提供有关税务筹划等方面的建议，代表客户接受税务部门和法庭有关纳税问题的质询。

（四）咨询服务

咨询服务是针对企业的组织、人事、财务、经营、体制以及其他活动提供建议和帮助的一种咨询活动。许多会计师事务所内部都设有独立的部门来提供这类服务，例如，小企业咨询、管理信息系统设计、法律援助服务、保险精算、养老评价服务。由于提供的服务性质各异，管理咨询服务部门的成员不仅有审计师，还有其他行业的专家。近年来，会计师事务所的管理咨询服务业务量增长迅猛。由于独立性以及其他一些原因，许多大型事务所都已经将其咨询业务与鉴证业务予以分离。

二、鉴证业务与相关服务的区别

相关链接16-1

咨询业务的
特征

鉴证业务和相关服务的区别主要体现在以下几个方面：

（1）业务涉及的关系人不同。相关服务通常只涉及两方关系人，即客户和提供相关服务的审计师；而鉴证业务通常涉及三方关系人，即责任方、信息预期使用者及提供鉴证业务的审计师。

（2）业务关注的焦点不同。相关服务关注的焦点主要是信息的生成、编制及对如何利用信息作出决策提供建议；而鉴证业务关注的焦点是适当保证和提高鉴证对象信息的质量，通常不涉及信息的利用。

（3）工作结果不同。相关服务的工作结果不对信息提供可信性保证；而鉴证业务的工作结果是审计师以书面形式提出结论，该结论能对鉴证对象信息提供某种程度的可信性保证。

（4）独立性要求不同。相关服务通常不对提供服务的审计师提出独立性要求；而鉴证业务要求审计师必须独立于鉴证业务中的其他两方。

审计师在确定某项业务是适合作为鉴证业务还是适合作为相关服务时，应当根据执业准则的要求，着重考虑客户寻求服务的目的。如果客户的要求只涉及信息的编制和利用或就某一事项寻求建议或意见，那么审计师将此业务作为相关服务是恰当的。但是，如果客户需要审计师对特定事项以书面报告的形式提供保证，则此业务应当作为鉴证业务。

表16-1以内部控制鉴证作为鉴证业务的代表，以代编财务信息、商定程序和管理咨询作为相关服务的代表，对两类业务进行比较。内部控制鉴证与代编财务信息、商定程序以及管理咨询的区别不止以下几个方面，此处的比较旨在区分鉴证业务与相关服务。

表16-1   鉴证业务与非鉴证业务的区别

比较项 \\ 业务类型	鉴证业务 （内部控制鉴证）	非鉴证业务 （代编财务信息、商定程序、管理咨询）
保证水平	对内部控制的有效性提供可信性保证	不对任何信息提供可信性保证
关系人	审计师、责任方（管理层）、信息预期使用者	代编财务信息和管理咨询只存在审计师和客户两方关系人，商定程序可能存在三方关系人
鉴证对象	被鉴证单位的内部控制	无
标准	内部控制的有效性标准，例如内部控制审计指引	代编财务信息的标准是会计准则和相关会计制度，商定程序的标准是相关准则规定和业务约定书的要求，管理咨询没有确定的标准
证据	获取足以支持所提出结论的充分、适当的证据	代编财务信息和管理咨询无须获取证据，商定程序需要获取证据，作为出具报告的基础
报告	以书面形式提供报告，并在报告中就内部控制的有效性提出鉴证结论	管理咨询可以以书面或口头形式报告咨询结果，代编财务信息和商定程序需要提供书面报告，但在报告中不提出鉴证结论

第四节   鉴证业务的重要分类

一、合理保证业务和有限保证业务

合理保证业务和有限保证业务是鉴证业务的一组重要概念。与之相关的"合理保证"和"有限保证"也是鉴证业务的一组重要概念。

（一）"合理保证"和"有限保证"概念的提出

1997年8月，国际会计师联合会（IFAC）下设的国际审计实务委员会（IAPC）在其发布的名为《信息可信性报告》的征求意见稿中提出了"不同水平保证"（a continuum of levels of assurance）的概念。

《信息可信性报告》的征求意见稿得到了理论界以及实务界的积极回应。绝大部分的反馈意见认为，有必要对审计师对不同业务提供保证水平的差异进行区分。然而，也有不少意见认为，"不同水平保证"的概念在实务中很难操作。虽然在理论上说，审计师可以像光谱一样对鉴证业务提供无数种不同水平的保证。但鉴证报告的使用者并不需要对其进行如此精确的区分，鉴证报告也很难精确传达审计师所提供的保证水平。在实务中，审计师执行的证据搜集程序以及出具的鉴证报告通常只对应两种截然不同的保证水平：审计水平（高水平保证）和审阅水平（中等水平保证）（IFAC，2002）。此外，如果使用"不同水平保证"的概念，由于它着重强调的是鉴证业务数量方面的特征，还可能会导致人们对"鉴证业务"概念的理解产生偏差，忽视其性质方面的特征。而实际上，后者也是十分重要的。例如，鉴证对象具有不同的特征，可能表现为定性或定量、客观或主观、历史或预测、时点或期间；证据搜集程序也会在性质、时间、范围等方面完全不同（IFAC，2003）。

为此，IAPC 对 1997 年的征求意见稿进行了修订，并于 1999 年 3 月以《鉴证业务》（Assurance Engagements）为名重新发布了新的征求意见稿。在 1999 年的征求意见稿中，IAPC 保留了对鉴证业务保证水平进行区分的做法，但是将保证水平限定为仅包括两种水平：一种是"合理保证"（reasonable assurance），一种是"有限保证"（limited assurance），合理保证提供的保证水平高于有限保证提供的保证水平。这样，IAPC 便正式提出了"合理保证"和"有限保证"概念。鉴证业务按其提供保证水平的高低，相应地被分为合理保证的鉴证业务和有限保证的鉴证业务。此后，IAPC 和 IAASB 发布的一系列征求意见稿以及最终发布的文件均采用了"合理保证"和"有限保证"的概念。我国于 2006 年发布的及 2022 年 1 月发布的修订后《中国注册会计师鉴证业务基本准则》同样如此。

（二）合理保证不等于绝对保证

正确理解鉴证业务准则中的保证概念，要将它们与"绝对保证"的概念进行区分。

这里，首先对绝对保证、合理保证和有限保证进行界定是有必要的。绝对保证是指审计师对鉴证对象信息整体不存在重大错报提供百分之百的保证。合理保证是一个与积累必要的证据相关的概念，要求审计师通过不断修正的、系统的执业过程，获取充分、适当的证据，对鉴证对象信息整体提出结论，它提供的是一种高水平但并非百分之百的保证。与合理保证相比，有限保证在证据搜集程序的性质、时间、范围等方面受到有意识的限制，它提供的是一种适度水平的保证。可以看出，三者提供的保证水平逐个递减，因此，区分的关键是绝对保证与合理保证。正确理解二者的关系，有助于减轻审计师承担的责任。

《中国注册会计师鉴证业务基本准则》（2022 年修订）明确指出，合理保证提供的保证水平低于绝对保证；将鉴证业务风险降至零几乎不可能，也不符合成本效益原则。

（三）合理保证和有限保证的确定标准

辨明合理保证与绝对保证后，需要进一步区分合理保证和有限保证。在这里，首先给出二者的定义是必要的。合理保证是指审计师将鉴证业务风险降至具体业务环境下可接受的低水平，以此作为以积极方式提出结论的基础。有限保证是指审计师将鉴证业务风险降至具体业务环境下可接受的水平，以此作为以消极方式提出结论的基础。合理保证提供的保证水平高于有限保证提供的保证水平。

相关链接16-2

变量相互
影响观与
工作努力观

实务中，对于一项具体的鉴证业务，其保证水平一般都是事先约定好的，而不是根据审计师的工作实施情况再确定是提供合理保证还是有限保证。这样，审计师承接业务时确定所提供保证水平的判断标准就成为一个关键的问题。对此，理论界一直存在争议。主要观点有两种，一种是"变量相互影响观"（interaction of variables view），另一种是"工作努力观"（work effort view）（IFAC，2002）。

（四）合理保证和有限保证的区别

在我们看来，二者的系统性差别主要可以体现在以下方面：

1. 目标不同

合理保证的目标是将鉴证业务风险降至具体业务环境下可接受的低水平，以此作为以积极方式提出结论的基础，并对鉴证后的信息提供高水平的保证。

有限保证的目标是将鉴证业务风险降至具体业务环境下可接受的水平，以此作为以消极方式提出结论的基础，对鉴证后的信息提供低于高水平的保证。但该保证水平应该是一种有意义的保证水平，即能够在一定水平上增强预期使用者对鉴证对象信息的信任。

2. 证据搜集程序不同

在合理保证的鉴证业务中，为了能够以积极方式提出结论，审计师应当通过一个不断修正的、系统化的执业过程，获取充分、适当的证据。其证据收集程序包括五个阶段：（1）了解鉴证对象及其他的业务环境事项，在适用的情况下也包括了解内部控制；（2）在了解鉴证对象及其他的业务环境事项的基础上，评估鉴证对象信息可能存在的重大错报风险；（3）应对评估的风险，包括制定总体应对措施以及确定进一步程序的性质、时间和范围；（4）针对已识别的风险实施进一步程序，包括实施实质性程序，以及在必要时测试控制运行的有效性；（5）评价证据的充分性和适当性。

与合理保证的鉴证业务相比，有限保证的鉴证业务在证据搜集程序的性质、时间、范围等方面是有意识地加以限制的，主要采用询问和分析程序获取证据。

3. 所需证据的数量和质量不同

审计师需要获取充分、适当的证据作为其对鉴证对象提供某种水平保证的基础。相对于有限保证的鉴证业务而言，合理保证的鉴证业务提供的保证程度相对较高，相应地，对证据数量和质量的要求也就更为严格。

4. 鉴证业务风险不同

鉴证业务风险通常体现为重大错报风险和检查风险。重大错报风险是指鉴证对象信息在鉴证前存在重大错报的可能性。对于同一个鉴证对象与鉴证对象信息，例如，内部控制鉴证，不管审计师提供的是合理保证还是有限保证，其重大错报风险均不存在差异。但检查风险则不然，它是指某一鉴证对象信息存在错报，该错报单独或连同其他错报是重大的，但审计师未能发现这种错报的可能性。检查风险的高低显然取决于审计师所实施证据搜集程序的性质、时间和范围。由于有限保证的鉴证业务的证据搜集程序在上述方面受到有意识的限制，因此，其检查风险高于合理保证的鉴证业务。相应地，提供有限保证的鉴证业务风险高于提供合理保证的鉴证业务风险。

5. 鉴证对象信息的可信性不同

与有限保证的鉴证业务相比，审计师在合理保证的鉴证业务中，实施的证据搜集程序更为系统和全面，搜集的证据更多，提供的保证水平更高，相应地，鉴证后的鉴证对象信息也更为可信。

相关链接16-3

合理保证和
有限保证区别
示例

6.提出结论的方式不同

合理保证和有限保证提供的保证水平不同，鉴证后鉴证对象信息的可信性也不同，为了使预期使用者能够清楚了解二者的区别，二者提出结论的方式也不同。合理保证的鉴证业务要求审计师以积极方式提出结论，有限保证的鉴证业务要求审计师以消极方式提出结论。

二、基于责任方认定的业务和直接报告业务

（一）基于责任方认定的业务和直接报告业务的含义

在基于责任方认定的业务中，责任方对鉴证对象进行评价或计量，鉴证对象信息以责任方认定的形式为预期使用者获取。责任方认定是责任方将适当标准应用至鉴证对象的结果。如在历史财务报表审计中，被审计单位管理层（责任方）对财务状况、经营成果和现金流量（鉴证对象）进行确认、计量和列报（评价或计量）而形成的财务报表（鉴证对象信息）即为责任方的认定，该财务报表可为预期报表使用者获取，审计师针对财务报表出具审计报告。

在基于责任方认定的业务中，审计师或针对责任方认定提出结论，或直接针对鉴证对象提出结论，无论采取何种方式提出结论，预期使用者都可以获取责任方认定。

在直接报告业务中，审计师直接对鉴证对象进行评价或计量，或者从责任方获取对鉴证对象评价或计量的认定，但该认定无法被预期使用者获取，预期使用者只能通过阅读鉴证报告获取鉴证对象信息。简而言之，直接报告业务是审计师直接应用适当的标准对鉴证对象进行评价并提出结论，预期使用者无法获取责任方认定。如在内部控制鉴证业务中，审计师可能无法从管理层（责任方）获取其对内部控制有效性的评价报告（责任方认定），或者虽然审计师能够获取该报告，但预期使用者无法获取该报告，审计师直接对内部控制的有效性（鉴证对象）进行评价并出具鉴证报告，预期使用者只能通过阅读该鉴证报告获得内部控制有效性的信息（鉴证对象信息）。

（二）基于责任方认定的业务和直接报告业务的区别

1.预期使用者获取鉴证对象信息的方式不同

在基于责任方认定的业务中，预期使用者可以直接获取鉴证对象信息（责任方认定），而不一定要通过阅读鉴证报告。

在直接报告业务中，可能不存在责任方认定，即便存在，该认定也无法为预期使用者所获取。预期使用者只能通过阅读鉴证报告获取有关的鉴证对象信息。

2.审计师提出结论的对象不同

在基于责任方认定的业务中，审计师提出结论的对象可能是责任方认定，也可能是鉴证对象。此类业务的逻辑顺序应当是：首先，责任方按照标准对鉴证对象进行评估和计量，形成责任方认定，并提交给审计师；然后，审计师根据适当的标准对鉴证对象进行再评价和再计量，将其结果与责任方认定进行比较；最后，审计师既可以针对责任方认定提出鉴证结论，也可以直接针对鉴证对象提出结论。

在直接报告业务中，无论责任方认定是否存在、审计师能否获取该认定，审计师在鉴证报告中都将直接对鉴证对象提出结论。

3.责任方的责任不同

在基于责任方认定的业务中，由于责任方已经将既定标准应用于鉴证对象，形成了鉴证对象信息（即责任方认定），因此，在此类业务中，责任方应当对鉴证对象信息负责，同时也对鉴证对象负责。例如，企业聘请审计师对企业自身的持续经营报告进行鉴证。在该业务中，鉴证对象信息为持续经营报告，由该企业的管理层负责，企业管理层为责任方。该业务的鉴证对象为企业的持续经营状况，它同样由企业的管理层负责。再如，某政府组织聘请审计师对企业的持续经营报告进行鉴证，该持续经营报告由该政府组织编制并分发给预期使用者。在该业务中，鉴证对象信息由该政府组织负责，该政府组织为责任方。该业务的鉴证对象为企业的持续经营状况，责任方——即该政府组织——却无须为它负责。

在直接报告业务中，无论审计师是否获取了责任方认定，鉴证报告中都不会体现责任方的认定，责任方仅需要对鉴证对象负责。例如，在内部控制鉴证中，审计师直接对内部控制的有效性进行评价并出具鉴证报告，该业务的鉴证对象是企业的内部控制情况，责任方就是对企业内部控制负责的组织或人员，即被鉴证企业的管理层。

4.鉴证报告的格式和内容存在差异

在基于责任方认定的业务中，鉴证报告的引言段通常会提供责任方认定的相关信息，进而说明鉴证业务的执行程序并提出鉴证结论，而在直接报告业务中，审计师直接说明鉴证对象、鉴证业务的执行程序并提出鉴证结论。下面将通过两类业务的报告直观地说明这种差异。

相关链接16-4

基于责任方认定的业务报告和直接报告业务报告区别示例

第五节　鉴证业务的法律责任

与提供审计服务一样，审计师提供鉴证服务也存在法律责任问题。就鉴证服务而言，虽然总体上其保证程度比审计服务低，但在某些特定环境下，某些鉴证服务品种的法律责任可能并不比审计服务减轻多少。因此，鉴证服务的法律责任问题非常值得重视。

在鉴证服务中，尤其以网誉认证和系统认证面临的潜在法律责任最为突出。网誉认证是为了验证电子商务的安全性和合法性的，不仅电子商务系统本身容易受到攻击，而且其用户的分布非常广泛，甚至遍及全球。因此，网誉认证的法律风险可能非常大。系统认证是为了验证电子计算机系统的可靠性的，从法律责任角度来说，与网誉认证相比，系统认证具有以下特征：（1）系统认证，无论是认证的内容、认证准则，还是实务开展，都更加成形。（2）系统认证与网誉认证都首先要保证计算机系统的安全可靠，面对的第三方都非常广泛。网誉认证面对的第三方用户主要是互联网用户，而系统认证的用户包括电子数据交换用户（EDI用户）、企业用户和互联网用户。

目前，各国及国际上尚未针对审计师鉴证服务制定专门的法律法规，因此，鉴证服务的法律责任只能比照审计师审计的法律责任。审计师在提供审计服务时，常常被当作"深口袋者"被客户或第三方告上法庭，并承担巨额的民事赔偿责任。审计师的鉴证服务，其保证程度总体上低于审计服务，因此，其承担的法律责任也不会高于审计的法律责任。但是，由于网誉认证和系统认证都与计算机网络有关，用户范围广泛，甚至包括全球范围内的互联网用户，因此其潜在的法律风险仍然比较大，甚至会产生国际争端。因此，美国注册会计师协会和加拿大注册会计师协会倡导的鉴证服务，一方面开拓了审计师的服务范围，另一方面也在一定程度上增加了审计师法律责任的不确定性。

一、鉴证服务面临的法律环境

目前提供鉴证服务的主要有美国、加拿大、英国、澳大利亚和新西兰五个国家，而且这五个国家的审计师同样面临较为严峻的法律环境。

上述五个国家，除美国以外其余四个都属于英联邦国家。虽然它们都属于判例法的国家，但英联邦国家的法律体系与美国又有所不同。在英联邦国家，最高法院具有最高的裁决权，地方各法院的裁决都要受到最高法院的约束。也就是说，在衡量审计师的职业责任时，英联邦国家往往以最高法院作出的决定为准。而美国各州都有立法权，各州对审计师法律责任的规定不同，各州法院对相同案件的审判结果也会出现较大的差异。另外，英联邦国家中，一个国家的审判案例可能会被其他国家采用。同时，英联邦国家也会引用一些美国的案例作为审判的依据。而在美国，虽然有些法院有时也会引用英联邦国家的案例，但其效力远不及国内案例，其通常都是先考虑美国国内案例。

虽然上述五国的审计师都已在提供鉴证服务，但到目前为止，尚未出现第三方专门针对审计师鉴证服务过错或舞弊的诉讼案例。但是，这些国家对审计师审计责任等的法律规定以及相关的诉讼案例，对审计师提供的鉴证服务无疑会产生重大影响，系统认证标准和认证报告都从不同角度反映出了标准制定者和执行者对责任因素的考虑。可以肯定的一点是，将来一旦出现鉴证服务诉讼案，这些国家的法院将会参照现有的审计诉讼案进行审判。

由于各国的法律环境存在差异，如果网誉认证、系统认证引发国际诉讼，也存在法律适用、诉讼执行等难题。因此，在现有法律环境下，系统认证等鉴证服务的法律责任一般不会超过审计师的承受能力。

二、关于审计师对第三方法律责任认定的不同规则

1.合约规则

严格意义上的合约规则是最具有限制性的法律标准。根据合约规则的要求，如果第三方要追究提供鉴证服务的审计师的法律责任，基本前提是其与审计师之间存在直接联系或合约关系。一般情况下，审计师提供鉴证服务通常只会与客户存在直接联系和合约关系，与第三方不会存在直接联系或合约关系。因此在这种情况下，只有客户才能追究审计师的法律责任，而其他任何方都不具有这种权利。

2.近似合约规则

近似合约规则要求，审计师对非客户第三方承担责任的前提是，审计师必须知道非客户第三方将因特定交易目的而依赖于其工作结果。就鉴证服务的特点而言，按照近似合约规则，审计师的责任范围也是非常有限的。

实例 16-1

近似合约规则

3.重编规则

根据这一规则，为客户编制财务信息或提供审计服务的审计师，不仅应对客户承担法律责任，而且要对财务信息第三方受益人中的任何个人或一组人中的某个人承担法律责任，只要第三方符合以下条件：①第三方在交易中合理地信赖了财务信息，该交易是审计师或其客户有意利用财务信息施加

影响的交易；②此种信赖导致第三方蒙受经济损失。但是，如果审计师不存在任何理由认为第三方应该得到该财务信息，或者第三方与客户的交易与审计师得知的情况相比，已发生变化并导致审计风险的实质增加，则审计师不应对第三方承担责任。

如果将重编规则应用于鉴证服务，提供鉴证服务的审计师虽然并不需要知道鉴证服务第三方用户的确切身份，但其必须对信赖鉴证服务报告的第三方承担法律责任。

4.合理可预见规则

合理可预见规则确立了最广泛的法律责任范围。如果适用这一原则，凡是应合理预见能够得到和信赖鉴证服务报告的关系人，都将视为在审计师应负责的范围。

三、防范法律责任的措施

1.根据美国注册会计师协会建议的鉴证服务诉讼风险模型（AICPA，1998）

为防范鉴证服务的法律责任，审计师首先要采取的措施就是要决定是否执行鉴证服务。会计师事务所合伙人应该考虑提供鉴证服务对事务所总体风险暴露程度以及事务所所坚持标准的影响。美国的会计师事务所在决定是否接受或保留某个客户时，一般是按照五大质量控制要素进行评价的。具体步骤包括：

①评价客户管理层的公正性；

②确认特殊环境和异常风险；

③评价事务所执行鉴证服务的专业胜任能力；

④评价独立性；

⑤确定审计师的职业谨慎能力；

⑥签订业务约定书。

2.应用保护性条款

会计师事务所在与客户签订书面的业务约定书时，要特别考虑运用保护性条款，这些条款主要有：

（1）损失限制条款。损失限制条款是指将客户对审计师的诉讼要求限制在一定数量范围内的契约条款。也有的将损失限制条款确定为客户对第三方向鉴证服务提供者提出的赔偿要求承担赔偿责任。总之，这种条款都是试图将事务所可能受到的损失限定在一定范围内。但如果提供鉴证服务的审计师属于重大过失或故意造假，那么这种条款就会自动失去法律效力。

（2）替代争端解决条款（alternative dispute resolution）。替代争端解决条款是指通过协议确立仲裁和调解方式，以避免未来出现争端解决方面的不确定性，节约解决时间，降低费用。不过，替代争端解决条款主要用于解决与客户的争端，而非第三方。

第十六章学习指南

第十七章 常见鉴证业务

常见鉴证业务是指除财务报表审计和审阅以外的鉴证业务。与审计和审阅业务相比，常见鉴证业务的鉴证对象信息不是历史财务信息。在国内，常见鉴证业务包括预测性财务信息审核、内部控制审计、基建工程预算结算决算审核、外汇收支情况表审核等业务。在美国和加拿大还包括网誉认证（WebTrust）和系统认证（SysTrust）。本章主要介绍预测性财务信息审核、内部控制鉴证和风险管理系统审计这三种其他鉴证业务。

第一节 预测性财务信息审核 ■

随着社会经济的发展和资本市场的兴起繁荣，投资者、债权人和管理层要想作出正确的决策，不仅需要依赖历史会计信息，还需要获取未来有效的会计信息。这就要求会计不仅提供历史信息而且要增加披露预测性信息。于是，编制预测性财务报表就成为现代企业会计的一项重要任务。一般来说，上市公司需要提供预测性财务报表。例如，中国证券监督管理委员会就要求上市公司在首次发行新股时编制和披露盈利预测，即对未来会计期间的经营成果进行预测和测算。此外，银行和其他金融机构在发放贷款时也要求借款企业或个人提供盈利预测，政府部门在确定发放政府补贴或企业在申请政府资助项目时也要求企业提供财务预测资料。

一、基本概念

（一）预测性财务信息的含义

预测性财务信息是以假设的条件为前提编制的，反映在假设条件下将要发生的经济业务和事项的结果。预测性财务信息可能包括财务报表整体（即包含资产负债表、利润表、所有者权益变动表、现金流量表以及财务报表附注在内的一套完整的财务报表）或财务报表的一项或多项要素（例如，其中的某一张财务报表，或者某一张财务报表中的一个或者多个项目等）。那些以一套完整的财务报表形式出现的预测性财务信息，通常被称为预测性财务报表。

预测性财务信息所涵盖的期间可以有一部分是历史期间（例如，在2022年4月编制2022年全年的预测性财务报表时，其中1—3月份的数据是已实现数），但不能全部是历史期间，必须至少有一部分属于未来期间。

由于预测性财务信息所涉及的是截至目前尚未发生的事项，因此不可避免地带有高度的主观性，并且在编制预测性财务信息过程中需要作出大量的估计和判断。这是预测性财务信息的一项重要特征。

（二）最佳估计假设和推测性假设

编制预测性财务信息所依据的假设可以分为两类：

（1）最佳估计假设。最佳估计假设是指截至编制预测性财务信息日，管理层对预期未来发生的事项和采取的行动作出的假设。

（2）推测性假设。推测性假设是指管理层对未来事项和采取的行动作出的假设，该事项或行动预期在未来未必发生。例如，企业尚处于营业初期，未来经营状况的不确定性较大；或者管理层正在考虑进行重大的业务转型，而该转型的效果尚有较大的不确定性等。

可以看出，最佳估计假设和推测性假设的主要区别在于管理层对于假设的事项或行动在未来发生的可能性的判断不同。预测性财务信息所依据的假设需要在这两类假设之间作出恰当的分类，这是由于假设的类别直接决定了以之为基础的预测性财务信息的分类，也决定了审计师评价假设时采用的审核程序以及是否需要获取支持性的证据。

（三）预测和规划

预测是指管理层在最佳估计假设的基础上编制的预测性财务信息。规划是指管理层基于推测性假设，或同时基于推测性假设和最佳估计假设编制的预测性财务信息。

规划信息多见于"如果……那么……"的分析中，即在给定的推测性假设下估算相关财务指标的可能结果。例如，假定市场占有率分别为5%、10%和20%，在此基础上分别推算各种情况下可能获得的净利润。这时，假定的市场占有率数据属于推测性假设，所预测的财务信息属于规划。

二、预测性财务信息审核的总体要求

审计师在执行预测性财务信息审核业务的过程中，应当在了解被审核单位的情况以及预测性财务信息涵盖期间的基础上，实施相应的审核程序，获取充分、适当的审核证据，作为形成审核结论和发表审核意见的基础。

在执行预测性财务信息审核业务时，审计师应当就下列事项获取充分、适当的证据：

（1）管理层编制预测性财务信息所依据的最佳估计假设并非不合理；在依据推测性假设的情况下，推测性假设与信息的编制目的是相适应的。

（2）预测性财务信息是在假设的基础上恰当编制的。

（3）预测性财务信息已恰当列报，所有重大假设已充分披露，包括说明采用的是推测性假设还是最佳估计假设。

（4）预测性财务信息的编制基础与历史财务报表一致，并选用了恰当的会计政策。

三、审阅范围与保证程度

（一）不对预测性财务信息的结果能否实现发表意见

预测性财务信息是被审核单位管理层对未来作出的预计和测算，在很大程度上受到主观判断的影响，所涉及的事项和行动通常并非如预期那样发生，并且变动可能重大，实际结果可能与预测性财务信息存在差异。所以，审计师不应对预测性财务信息的结果能否实现发表意见。

（二）对管理层采用假设的合理性提供有限保证

鉴证业务的保证程度分为合理保证和有限保证，有限保证的保证程度低于合理保证。审计师在对预测性财务信息所依据假设的合理性进行评价时，由于根据所能获取的支持性证据不能从正面判断假设的合理性，而只能判断有无任何证据表明假设不合理。因此，当对管理层采用的假设的合理性发表意见时，审计师仅提供有限保证。

（三）提供合理保证的事项

在预测性财务信息审核业务中，审计师需要对预测性财务信息是否依据假设恰当编制，并按照适用的会计准则和相关会计制度的规定进行列报发表意见。对这一事项，审计师通常提供合理保证。

因此，在同一份预测性财务信息审核报告中往往会出现两种保证共存的情况，即对于假设的合理性提供有限保证，同时对预测性财务信息的编制与假设的一致性以及是否按照适用的会计准则和相关会计制度的规定进行列报提供合理保证。审计师应当注意区分不同性质的保证及其各自的适用范围，避免混淆。

四、预测性财务信息审核的执行

我国已颁布了预测性财务报表鉴证准则，即《中国注册会计师其他鉴证业务准则第3111号——预测性财务信息的审核》。对于审计师执行预测性财务信息审核服务作出规范，该准则主要包括以下四部分内容：

（一）了解被审核单位情况

审计师应当充分了解被审核单位情况，以评价管理层是否识别出编制预测性财务信息所要求的全部重要假设。审计师了解被审核单位情况时应考虑的事项有：

（1）与编制预测性财务信息相关的内部控制，以及负责编制预测性财务信息人员的专业技能和经验。

（2）支持管理层作出假设的文件的性质。支持管理层作出假设的文件，主要是指管理层据以作出假设的支持性证据的信息来源，包括被审核单位的相关内部文档、行业分析报告、有关的外部公开资料等。这些文件的性质决定假设的性质（即最佳估计假设或推测性假设）及其合理性。

（3）运用统计、数学方法及计算机辅助技术的程度。

（4）形成和运用假设时使用的方法。

（5）以前期间编制预测性财务信息的准确性，以及其与实际情况出现重大差异的原因。

审计师在了解被审核单位过程中，应当考虑被审核单位编制预测性财务信息时依赖历史财务信息的程度是否合理。审计师通过了解被审核单位的历史财务信息来评价预测性财务信息与历史财务信息的编制基础是否一致，并为考虑管理层假设提供历史基准。

（二）执行审核程序

（1）审计师通过考虑重大错报的可能性、以前期间执行业务所了解的情况、管理层编制预测性财务信息的能力、预测性财务信息受管理层判断影响的程度、基础数据的恰当性和可靠性来确定审核程序的性质、时间和范围。

（2）审计师可以从内部或外部来源获取支持管理层作出最佳估计假设的充分、适当的证据。对推测性假设，审计师不需要获取支持性的证据，但应当确定这些假设与编制预测性财务信息的目的相适应，并且没有理由相信这些假设明显不切合实际。

（3）审计师应当通过检查数据的计算准确性和内在一致性等，确定预测性财务信息是否依据管理层确定的假设恰当编制。

（4）审计师应当关注变化特别敏感的领域，并考虑该领域影响预测性财务信息的程度。当接受委托审核预测性财务信息的一项或多项要素时，审计师应当考虑该要素与财务信息其他要素之间的关联关系。

（5）审计师应当就预测性财务信息的预定用途、管理层作出的重大假设的完整性、管理层认可对预测性财务信息的责任向管理层获取书面声明。

（三）评价预测性财务报表的编制情况

审计师在评价预测性财务信息的列报（包括披露）时，除考虑相关法律法规的具体要求外，还应当考虑下列事项：

（1）预测性财务信息的列报是否提供有用信息且不会产生误导。

（2）预测性财务信息的附注中是否清楚地披露会计政策。

（3）预测性财务信息的附注中是否充分披露了所依据的假设；是否明确区分最佳估计假设和推测性假设；对于涉及重大且具有高度不确定性的假设，是否已充分披露该不确定性以及由此导致的预测结果的敏感性。

（4）预测性财务信息的编制日期是否得以披露，管理层是否确认截至该日期，编制该预测性财务信息所依据的各项假设仍然适当。

（5）当预测性财务信息的结果以区间表示时，是否已清楚说明在该区间内选取若干点为基础，该区间的选择是否不带偏见或不产生误导。

（6）从最近的历史财务信息披露来看，会计政策是否发生变更、变更的原因及其对预测性财务信息的影响。

相关链接17-1

预测性财务报表
审核报告示例

（四）出具审核报告

审计师对预测性财务信息出具的审核报告应包括以下内容：

（1）标题。

（2）收件人。

（3）指出所审核的预测性财务信息。

（4）提及审核预测性财务信息时依据的准则。

实例17-1

（5）说明管理层对预测性财务信息（包括编制该信息所依据的假设）负责。

（6）适当时提及预测性财务信息的使用目的和分发限制。

（7）以消极方式说明假设是否为预测性财务信息提供合理基础。

今明会计师
事务所开拓
其他鉴证业务

（8）对预测性财务信息是否依据假设恰当编制，并按照适用的会计准则和相关会计制度的规定进行列报发表意见。

（9）对预测性财务信息的可实现程度作出适当警示。

（10）注册会计师的签名及盖章。

（11）会计师事务所的名称、地址及盖章。

（12）报告日期。报告日期应为完成审核工作的日期。

预测性财务报表的审核意见也可能是非无保留的，下列情况可能导致保留意见、否定意见和无法表示意见：①预测性财务信息的列报不恰当；②假设不能为预测性财务信息提供合理基础；③审核的范围受到限制。

第二节　内部控制审计

一、内部控制审计的含义与特征

内部控制是企业为了合理保证财务报告的可靠性、经营的效率和效果以及对法律法规的遵守，由治理层、管理层和其他人员设计和执行的政策和程序。内部控制作为企业各项管理工作的基础，是衡量企业管理水平的重要标志，良好的内部控制也是企业持续健康发展的可靠保证。

　　为了促进企业建立、实施和评价内部控制，规范会计师事务所内部控制审计行为，根据国家有关法律法规和《企业内部控制基本规范》（财会〔2008〕7号），财政部会同证监会、审计署、银监会、保监会制定了《企业内部控制应用指引第1号——组织架构》等18项应用指引、《企业内部控制评价指引》和《企业内部控制审计指引》，自2011年1月1日起在境内外同时上市的公司施行，自2012年1月1日起在上海证券交易所、深圳证券交易所主板上市公司施行，在此基础上，择机在中小板和创业板上市公司施行。执行《企业内部控制基本规范》及企业内部控制配套指引的上市公司和非上市大中型企业，应当对内部控制的有效性进行自我评价，披露年度自我评价报告，同时应当聘请会计师事务所对财务报告内部控制的有效性进行审计并出具审计报告。上市公司聘请的会计师事务所应当具有证券、期货业务资格；非上市大中型企业聘请的会计师事务所也可以是不具有证券、期货业务资格的大中型会计师事务所。

（一）内部控制审计的含义

　　内部控制审计，是指会计师事务所接受委托，对特定基准日内部控制设计与运行的有效性进行审计。内部控制审计的作用在于审计师通过调查了解被审计单位内部控制的建立和实施情况，并进行相关测试来对其健全性和有效性作出评价，据以确定实质性程序的性质、时间和范围。它可以减少对报表项目和相关账户的测试工作量，提高鉴证结论的可信度，保证鉴证工作质量，提高鉴证工作效率。同时，对内部控制的检查，还可以向管理层指出内部控制系统存在的薄弱环节，并提出纠正和完善的建议和措施。

（二）内部控制审计的特征

　　内部控制审计与审计师的审计业务相比有以下区别：

　　（1）内部控制审计是一项专门的鉴证业务。审计师执行审计业务时，也要对内部控制进行评价，其目的是评价控制风险，决定审计策略，是为完成审计目标服务的。与此不同，内部控制审计的目的是要专门研究内部控制的有效性，并在审计结束后发表审计意见。

　　（2）内部控制审计的范围限定于特定日期与财务报表相关的内部控制。一般来说，审计时对内部控制进行测试的范围更广泛，需要对内部控制的各个重要方面都进行评价。但在内部控制审计业务中，要评价的领域和期间通常经过审计师和委托企业的管理层双方讨论并确定下来，其审计范围直接取决于双方的约定。

　　（3）审计师提供审计业务时通过对内部控制的了解和测试，对财务报表总体得出结论。而内部控制审计则仅对内部控制的有效性发表意见，不需要对报表总体发表意见。

二、内部控制审计的执行

　　在我国，适用于内部控制鉴证的标准是2010年4月5日财政部、证监会、审计署、银监会和保监会共同发布的《企业内部控制审计指引》。依据指引，内部控制审计的程序和方法主要有以下几个步骤：

（一）计划审计工作

　　在计划审计工作时，注册会计师应当评价下列事项对内部控制、财务报表以及审计工作的影响：

（1）与企业相关的风险；

（2）相关法律法规和行业概况；

（3）企业组织结构、经营特点和资本结构等相关重要事项；

（4）企业内部控制最近发生变化的程度；

（5）与企业沟通过的内部控制缺陷；

（6）重要性、风险等与确定内部控制重大缺陷相关的因素；

（7）对内部控制有效性的初步判断；

（8）可获取的、与内部控制有效性相关的证据的类型和范围。

（二）实施审计工作

注册会计师应当按照自上而下的方法实施审计工作。自上而下的方法是注册会计师识别风险、选择拟测试控制的基本思路。注册会计师在实施审计工作时，可以将企业层面控制和业务层面控制的测试结合进行。

注册会计师测试企业层面控制，应当把握重要性原则，至少应当关注：

（1）与内部环境相关的控制；

（2）针对董事会、经理层凌驾于控制之上的风险而设计的控制；

（3）企业的风险评估过程；

（4）对内部信息传递和财务报告流程的控制；

（5）对控制有效性的内部监督和自我评价。

注册会计师测试业务层面控制，应当把握重要性原则，结合企业实际、企业内部控制各项应用指引的要求和企业层面控制的测试情况，重点对企业生产经营活动中的重要业务与事项的控制进行测试。注册会计师应当关注信息系统对内部控制及风险评估的影响。并且，注册会计师在测试企业层面控制和业务层面控制时，应当评价内部控制是否足以应对舞弊风险，应当测试内部控制设计与运行的有效性。

（三）评价控制缺陷

内部控制缺陷按其成因分为设计缺陷和运行缺陷，按其影响程度分为重大缺陷、重要缺陷和一般缺陷。

注册会计师应当评价其识别的各项内部控制缺陷的严重程度，以确定这些缺陷单独或组合起来，是否构成重大缺陷。

在确定一项内部控制缺陷或多项内部控制缺陷的组合是否构成重大缺陷时，注册会计师应当评价补偿性控制（替代性控制）的影响。企业执行的补偿性控制应当具有同样的效果。

表明内部控制可能存在重大缺陷的迹象，主要包括：

（1）注册会计师发现董事、监事和高级管理人员舞弊；

（2）企业更正已经公布的财务报表；

（3）注册会计师发现当期财务报表存在重大错报，而内部控制在运行过程中未能发现该错报；

（4）企业审计委员会和内部审计机构对内部控制的监督无效。

（四）完成审计工作

注册会计师完成审计工作后，应当取得经企业签署的书面声明。书面声明应当包括下列内容：

（1）企业董事会认可其对建立健全和有效实施内部控制负责；

（2）企业已对内部控制的有效性作出自我评价，并说明评价时采用的标准以及得出的结论；

（3）企业没有利用注册会计师执行的审计程序及其结果作为自我评价的基础；

（4）企业已向注册会计师披露识别出的所有内部控制缺陷，并单独披露其中的重大缺陷和重要缺陷；

（5）企业对于注册会计师在以前年度审计中识别的重大缺陷和重要缺陷，是否已经采取措施予以解决；

（6）企业在内部控制自我评价基准日后，内部控制是否发生重大变化，或者存在对内部控制具有重要影响的其他因素。

（五）出具审计报告

注册会计师在完成内部控制审计工作后，应当出具内部控制审计报告。标准内部控制审计报告应当包括下列要素：

（1）标题；

（2）收件人；

（3）引言段；

（4）企业对内部控制的责任段；

（5）注册会计师的责任段；

（6）内部控制固有局限性的说明段；

（7）财务报告内部控制审计意见段；

（8）非财务报告内部控制重大缺陷描述段；

（9）注册会计师的签名和盖章；

（10）会计师事务所的名称、地址及盖章；

（11）报告日期。

下面以标准内部控制审计报告为例来说明内部控制审计报告的格式和措辞。

相关链接17-2

内部控制
审计报告

实例17-2

内部控制审计否定
意见案例研究

第三节　风险管理系统审计

一、风险管理系统审计的含义和特征

（一）风险管理系统审计的含义

风险管理系统审计是由审计和风险管理两者融合发展而来的。1996年，国际内部审计师协会（IIA）研究基金会发布了《内部审计的未来：特尔菲研究》，报告指出内部审计

应当积极参与到风险管理与内部控制中去，为其有效性提供合理保证。2002年，美国SOX法案中404条款也在一定程度上使人们对风险管理审计有了进一步的认同。2004年，COSO发布的《企业风险管理整合框架》在全球范围内为风险管理提供了比较一致的解释和整体的框架。2005年，中国内部审计协会（CIIA）发布了《内部审计具体准则第16号——风险管理审计》，强调了内部审计人员对风险管理进行审查和评价的职责。该准则规定，风险管理是对影响组织目标实现的各种不确定性事件进行识别与评估，并采取应对措施将其影响控制在可接受范围内的过程。风险管理旨在为组织目标的实现提供合理保证。风险管理系统审计是指审计部门采取系统化、规范化的方法，评估企业风险管理系统的风险识别、分析、评价、管理和处理能力等内容的审核活动。它是对机构的风险管理、控制及监督过程进行评价，进而提高经营效率，帮助企业实现目标的活动。

（二）风险管理系统审计的特征

（1）审计工作重心开始转移。审计人员的审计工作由原来的内部控制审计扩展到所有风险管理技术审计，审计范围拓宽了很多。

（2）审计思路和观念发生根本性转变。账项基础审计注重具体交易事项的审查测试；制度基础审计注重内部控制的符合性测试；企业风险管理审计则注重确认和测试风险管理部门为降低风险而采取的方式和方法。

（3）企业风险管理审计的目的更加明确，在于揭示企业的各种风险因素，降低和防范各种风险，协助企业决策者和管理层达到预期的经营目标。

（4）企业风险管理审计的方法更科学、更先进。企业风险管理审计是利用战略和目标分析的结论，确定关键风险点，进行风险评估，采取必要的措施降低或消除风险。企业风险管理审计还广泛运用数学分析、统计分析和计算机等技术方法，使审计工作更加简单、快捷。

二、风险管理系统审计程序

（一）制订风险管理审计计划

审计机构根据单位的具体情况拟订审计计划，并报告单位领导审批后实施。审计计划可以促进审计人员及时、高效地完成审计工作，提高审计工作的效率与质量。审计人员要深入企业各部门、各环节，通过调查问卷、访谈、审阅相关文件记录、互联网搜集信息等方式获取相关资料，包括国家宏观政策、行业发展状况、企业管理情况等。对所收集到的资料进行分析，了解企业经营过程中面临的内、外部风险，确定审计的性质、范围和时间，并编写审计方案。外部风险是指外部环境中对组织目标的实现产生影响的不确定性，主要来源于以下因素：国家法律、法规及政策的变化；经济环境的变化；科技的快速发展；行业竞争、资源及市场变化；自然灾害及意外损失等。内部风险是指内部环境中对组织目标的实现产生影响的不确定性，主要来源于以下因素：组织治理结构的缺陷；组织经营活动的特点；组织资产的性质以及资产管理的局限性；组织信息系统的故障或中断；组织人员的道德品质、业务素质未达到要求等。

（二）实施风险管理审计

实施风险管理审计阶段是整个审计过程的重要环节。审计人员根据审计方案，采用适当的审计方法与技术，针对调查中发现的问题和缺陷进行深入分析，获取充分适当的审计证据，分析原因，评价这些问题和缺陷带来的风险，并提出改进措施。审计人员在实施风险管理审计过程中，需要运用专业知识识别出企业整体层面和具体业务层面所面临的以及潜在的风险（重心放在企业的现在和未来），并分析其成因及其影响，进而评估确定风险量值或程度，以评价企业风险管理机制、风险识别、风险评估、风险应对措施的适当性和有效性。

在风险评估过程中，可以采用定量的方法，具体运用数量方法评估并描述风险发生的可能性及其影响程度，比如建立计算机分析和统计分析模型，把所有可以定量测试的因素列示出来，按照重要性程度大小，分层、分步地综合各种因素，测试出每种因素对测试目标的影响程度和影响数值大小。当风险难以量化或者数据不可获取时，一般采用定性的方法，具体运用定性术语评估并描述风险发生的可能性及其影响程度，如调查问卷法、SWOT分析法等。在采用定性方法时，为提高评估结果的客观性，一般需要充分考虑相关部门和人员的意见。另外，风险的度量也可以采用定量与定性相结合的方法。

审计人员应当对管理层所采用的风险评估方法进行审查，并重点考虑以下因素：已识别风险的特征；相关历史数据的充分性与可靠性；管理层进行风险评估的技术能力；成本效益的考核与衡量等。

审计人员应当实施适当的审计程序，对风险应对措施进行审查。根据风险评估结果作出的风险应对措施主要包括以下几个方面：

①回避，是指采取措施避免进行可产生风险的活动；

②接受，是指由于风险已在组织可接受的范围内，因而可以不采取任何措施；

③降低，是指采取适当措施将风险降低到组织可接受的范围内；

④分担，是指采取措施将风险转移给其他组织或保险机构。

（三）出具风险管理审计报告

审计工作的最终结果表现为审计报告，报告阶段在整个审计过程中十分重要。风险管理审计报告应当主要反映整个审计的要点，既要肯定企业在风险管理过程中好的、高效的管理方式，又要针对其中的问题和漏洞进行分析，并提出改进的建议。审计人员需要对获取的审计证据进行分析和评价，复核审计工作底稿并撰写审计报告，与管理层和治理层进行沟通，最后下达审计意见，跟踪有关部门落实。

（四）进行后续审计

后续审计是对风险管理审计项目的情况进行追踪审计。审计人员对其所提出的改进措施是否得以实施、风险管理的效果如何进行追踪审计。

第十七章学习指南

第十八章　新兴鉴证领域

随着经济环境和社会环境的不断发展和变化，审计师业务逐渐向一些新兴鉴证领域拓展。本章主要介绍环境审计、领导干部自然资源资产离任审计、社会责任审计和信息系统审计这四种新兴鉴证业务。

第一节　环境审计

随着全球工业化社会的迅猛发展，许多国家发生了重大环境污染事件，环境保护问题成为世界可持续发展的核心问题，进而催生了对环境审计的需求。环境审计自20世纪60年代诞生以来，在世界各国得到普遍推广。1972年6月5日，联合国在瑞典首都斯德哥尔摩召开了人类环境工作会议，并通过了《人类环境宣言》。《人类环境宣言》的颁布标志着环境保护事业已成为全球性主题。1992年，世界最高审计机关国际组织（INTOSAI）成立了环境审计工作组（WGEA），倡导各国最高审计机关通过审计工作对国家环境政策施以影响，促进环境保护事业发展。1995年，最高审计机关国际组织发表了《开罗宣言》，并着手起草《从环境视角进行审计活动的指南》，旨在促使各国最高审计机关在行使审计职责时对环境问题进行考虑，并为开展环境审计提供指导。在我国，环境审计主要经历了四个发展阶段：第一阶段是1983—1997年，为探索阶段。该阶段尚未明确提出环境审计的概念，也未设置专门机构，但已经零星开展环境审计，且相关环保法律法规已陆续出台，如1989年颁布了《中华人民共和国环境保护法》等。第二阶段是1998—2002年，为起步阶段。该阶段审计署成立了农业与资源环保审计司，环境审计成为重要项目，且环保法律体系进一步完善，审计技术标准逐渐明确。第三阶段是2003—2012年初，为全面发展阶段。该阶段审计署成立了环境审计协调领导机构，从资源环境视角开展行业审计，包括土地资源、矿产资源、水环境、大气污染和工程建设环保审计等。第四阶段是2012年至今，为战略发展阶段。该阶段提出了"对领导干部实行自然资源资产离任审计"，并鼓励开展政府环境履责合规性审计、政府环境履责绩效审计和政府环境履责财务审计。

一、环境审计理论概述

（一）环境审计的动因

对于环境审计的动因，目前学术界主要存在以下四种观点：

1. 社会动因论

该种观点认为，环境审计产生于社会公众对环境利益的广泛关注和环保意识的提高，要求改善自身所处的环境状况，这种要求体现为要求政府履行环保责任，制定环保法律，加大对环境的监管。

2. 法规约束论

该种观点认为，随着环境法规体系的不断完善、环境处罚力度的加强和人们环保意识的不断增强，作为环境污染主体的企业逐渐认识到不能再采用以往污染环境的经营方式继续经营，因此企业采取了环境审计的方式降低其环境风险，环境审计是企业降低环境违规的一种管理工具。

3.商业反映论

该种观点认为，环境审计产生于企业解除环境责任、提升环境形象的需要，通过环境审计可以向政府、消费者和其他社会公众传达企业在环境方面诚实、绿色环保形象，增强企业产品的社会亲和度，降低被政府制裁和被消费者抵制的风险。

4.受托责任论

该种观点认为，环境审计产生于两权分离所形成的受托环境责任，是受托责任的延伸和发展。社会公众是环境影响的最终承担者和受害者，是环境保护和环境管理的终极委托人，而政府和企业则是环境责任的受托者。

（二）环境审计的内涵界定

20世纪70年代末，美国和加拿大的企业开始进行环境审计；20世纪80年代，环境审计扩展到欧洲，而后亚太地区国家也开始重视环境审计。20世纪90年代，西方各主要市场经济国家普遍完善了环境法规，强化了环境审计制度。20世纪90年代以来，随着我国环境问题的日益加剧、政府审计工作的逐步探索，以及受国外环境审计研究的影响，我国环境审计的研究迅速增加。

1.相关组织对环境审计的概念认识

环境审计由于其产生时间较晚，还处于发展阶段，目前相关组织对其具体概念的认识仍不统一。

最高审计机关国际组织（INTOSAI）于1995年在开罗举行第十五次国际审计大会，首次以环境审计为主题，指出环境审计与政府审计开展的一般审计无重大差别，但有别于内部机构专业性更强的环境审查，指出环境审计是对相关实践活动是否符合预期标准进行的独立而客观的审查，是对环境管理的某些方面进行检查，并意味着某种检验和核实，可包括各种类型（财务、合规、绩效）审计。国际标准化组织（ISO）认为，环境审计是客观地获取证据并予以评价，以判定特定的环境活动是否符合审计准则的一个验证过程。美国环境保护总局（EPA）认为，环境审计是为确保达到环境要求而由受管制主体对设备的使用和操作进行的系统的、有记录的、定期的和客观的检查，包括评估已经实施的环境管理系统的效果或评估物资和业务的风险。国际会计师联合会（IFAC）和澳大利亚会计研究基金会（AARF）在1995年联合发布的《审计职业与环境》中指出环境审计应包括场地污染的评估、计划投资项目的环境影响评估、环境尽职调查审计、公司环境绩效报告审计、经济主体环境法律法规遵循审计。国际内部审计师协会（IIA）指出，环境审计是环境管理系统的一个组成部分，管理部门据此可确定组织的环境管理系统，确保组织的经营活动在符合有关规章和内部政策的要求上是否充分。国际商业学会（ICC）将环境审计界定为：系统地、有记录地、定期地、客观地对环境组织、管理和设备效果进行评估的管理活动，该活动通过评价组织对公司政策（包括满足管理要求的政策）的遵从来促进环境实务的管理控制。中华人民共和国审计署（NAOPRC）提出，资源环境审计是审计机关落实绿色发展理念，促进"五位一体"总体布局和"四个全面"战略布局的实施，对政府和企事业单位有关自然资源开发利用管理和生态环境保护情况实施的审计监督。

2.学术界对环境审计的内涵的探讨

国内外学者在对环境审计概念的认识上也存在差异。De等（2005）认为，环境审计可以定义为一种管理工具，包括对环境组织、管理和设备执行情况进行系统的、有记录的、定期的和客观的评价。Todea等（2011）认为环境审计是对企业环境影响的系统分析。雷达·卡林（2013）认为，环境审计是一个环境评估和审核过程，涉及分析、测试和确认，以审查公司、单位或某些机构部门在多大程度上符合法律要求。国内学者张以宽（1997）认为环境审计是对被审计单位的环境管理和经济活动真实性、合法性和效益性进行的独立系统监督活动。耿建新（2004）认为环境审计是独立的审计人员，根据国家环保法律法规，以会计信息反映的与环境相关的经济活动对各经济主体进行监督、鉴证和评价的活动。李雪和杨智慧（2004）认为环境审计是为了确保环境受托责任的有效履行，而由审计主体依据环境审计准则对被审计单位环境履职公允性、合法性和效益性情况进行的审计。

随着经济的发展和审计职能的扩大，环境审计内容在不断丰富，国内外文献研究环境审计定义框架中主要包括环境合规性审计、环境财务审计和环境绩效性审计（赵璐等，2017）。综上所述，本文将环境审计定义为由审计部门组织实施的对相关单位落实生态文明领域决策部署、执行环境保护政策法规、资源环境改善修复情况、履行环境保护责任以及资源环境相关资金的项目使用等方面的成效进行评价和监督。

（三）环境审计的主体

由于国内外环境审计的发展程度不同，对其范围的界定也存在差异，从而使得各国对环境主体的界定也不同。表18-1列示了国外相关环境审计的主体及其共有特点。

表18-1　　　　　　　　　　　**国外环境审计主体概述**

国家	审计体制类型	环境审计主体	实施主体共有的特点
美国	议会制	审计总署（GAO）、环境保护总局（EPA）	①国家审计机构的高独立性 ②制度的完善 ③权力分配、奖惩严厉执行 ④国家环境保护相关法律、法规的配套 ⑤社会公众的环境保护意识较强
加拿大	议会制	国家审计公署、环境审计师协会（CEAA）	
澳大利亚	议会制	审计署、社会审计	
日本	独立型	日本会计监察院、社会中介、企业	
德国	独立型	德国联邦审计院、经济审计协会	
荷兰	独立型	荷兰审计院、环境监察局、中介机构	

资料来源：李雪.环境审计研究［M］.上海：立信会计出版社，2016.

关于我国环境审计主体的研究，主要有以下四种观点：一是以政府审计为主导；二是国家环境审计、社会环境审计、内部环境审计共同执行，不分主次；三是国家审计机关作为环境主体的主体力量，环保部门配合国家审计机关的工作，为环境审计提供技术和法律支持；四是注册会计师成为环境审计的重要主体。

（四）环境审计的目标

环境审计目标是环境审计活动的出发点和落脚点，环境审计目标又取决于环境审计本质和特定的审计环境。环境审计在不同发展阶段存在差异，这导致环境审计的目标也在不断地发展变化。当前学术界关于环境审计目标主要有以下三种观点：

1. 一元目标论

一元目标论是指那些通过列举方式来研究环境审计的目标。代表性的观点如张以宽（1997）和刘力云（1997）。

2. 二元目标论

二元目标论认为环境审计目标包括两个层次，即最终目标和直接目标，或最终目标和具体目标，或总体目标和具体目标，或一般目标和具体目标。代表性的观点如陈汉文和池晓勃（1997）、陈淑芳和李青（1998）、李雪和杨智慧（2004）。

3. 三元目标论

三元目标论把环境审计目标分为三个层次，即最终目标、直接目标和具体目标。代表性的观点如魏顺泽（2000）、蔡春和陈晓媛（2006）。

（五）环境审计的内容

环境审计的对象主要是各级政府中承担自然资源管理和生态环境保护的自然资源（含林草）、生态环境、水利、住房和城乡建设、海洋、农业农村等行政主管部门和财政、发展改革等部门，以及使用资源环境相关财政资金，从事资源勘查、开发、利用、保护或会对生态环境产生直接影响的企事业单位。

环境审计主要包括污染防治、监督、保护和改善环境及相关资金征管情况等方面的内容，如水污染防治审计、大气污染防治审计、固体废弃物污染防治审计、重金属污染防治审计、污染物减排审计等。环境审计的具体内容如下：

①生态文明领域重大决策部署、资源开发利用和生态环境保护重大事项审批以及规划（计划）的落实情况；

②土地、水、森林、草原、矿产、海洋等自然资源资产的管理开发利用情况；

③大气、水、土壤等环境保护和环境改善情况；

④森林、草原、荒漠、河流、湖泊、湿地、海洋等生态系统的保护和修复情况；

⑤各地区、相关部门遵守自然资源资产管理和生态环境保护法律法规情况、完成自然资源资产管理和生态环境保护目标情况、履行自然资源资产管理和生态环境保护监督责任情况；

⑥自然资源资产和生态环境保护相关资金征管用和项目建设运行情况；

⑦其他与自然资源资产管理和生态环境保护相关的事项。

二、环境审计的特征

（一）审计视角独特

环境审计以落实节约资源和保护环境基本国策为目标，以维护环境安全、发挥审计在促进节能减排措施落实以及在资源管理与环境保护中的积极作用为宗旨，注重从政策法规、体制机制制度层面进行归纳分析，提出改进建议，在完善国家环境治理方面发挥重要作用。近几年，审计署多次组织开展矿产、土地、水环境、天然林保护等方面的环境审计，通过检查政府、企事业单位环境保护履责情况，查看资源环境开发项目的运营情况，查处浪费、破坏资源环境等问题，确保环保政策方针有效落实，强化资源管理，促进节能减排。

（二）审计范围广泛

环境审计范围广泛，审计领域涉及大气、水、土地、矿产、森林、草原、野生动物等，并延伸到企业生产环境、居民生活环境、社会经济生活发展环境、国家资源开发环境、生态平衡环境等方面。审计范围包括政府部门及相关企事业单位落实中央环保政策的情况，各级政府对资源的开发利用管理和生态环境保护情况，环境资产及运营绩效情况。

（三）审计内容专业

环境审计是多个学科交叉融合而成的，涉及审计学、环境经济学、法学、管理学、社会学、地理学等多方面知识。审计手段不仅仅局限于传统的财务审计，还扩展到运用自然科学技术，比常规审计具有更高的科学技术含量。从事环境审计的人员不仅要具备财务审计、绩效审计等方面的能力，还要具备一定的资源、环境、法律、管理、信息技术等方面的知识，专业能力和培训等方面的要求比传统财务审计更高、更严格。

三、环境审计方法

（一）检查记录和文件

在对资源开发利用、环境治理保护资金的筹集、管理、使用过程中，特别是资金的流向审计，以及资源环境保护法规、制度的建立、健全性审计，以及有关资源环境开发、保护的决策情况审计，必须对有关账册、法规、文件、记录进行查阅。

（二）检查有形资产

在环境审计中，检查有形资产主要是检查用于开发、保护资源环境的各种设施、设备数量上是否满足要求、运转是否良好。

（三）观察

现场观察资源环境状况是否良好，采取的有关措施、手段是否产生了效果，以及被审计单位从事资源环境工作的人员的业务活动或执行的程序是否符合相关规定。

（四）询问

主要采取调查问卷和座谈询问的方式，比如对环境保护情况的调查，向长期生活在该区域内的有关人员进行问卷或座谈了解，结果可能更真实、真切。

（五）重新执行

有关资源环境保护的方法、措施，由审计人员（专业人员）再执行，对结果进行再检验。比如，在对水环境质量进行审计时，不能只依赖环保部门提供的数据，而应由审计人员现场取样后，由第三方重新执行检测程序，以查证水体质量。

（六）分析程序

信息技术已在环境审计领域普遍使用，有关部门的业务数据库都能提供资金结算、能源消费、环保统计、在线监测等数据，审计人员可以研究各种数据之间，特别是财务数据与非财务数据之间的内在关系，进而对资源环境开发和保护情况作出评价。这一方法还包括调查识别出的、与其他相关信息不一致或与预期数据严重偏离的波动和关系。

四、环境审计程序

环境审计同其他类型审计一样，在审计的过程中都需要经历准备阶段、实施阶段、报告阶段及后续工作阶段。

（一）准备阶段

环境审计的准备阶段是指从确定环境审计任务开始，到环境审计工作之前的整个准备过程。环境审计准备阶段应做好以下工作：①编制环境保护审计项目计划；②编写环境保护审计方案；③配备环境保护审计人员。

（二）实施阶段

环境审计的实施阶段是详细审核与环境有关的经济活动、管理活动及其相关资料的阶段。实施阶段的工作包括：①对环境管理系统的测试和评价；②实施实质性测试程序；③召开环境保护审计情况介绍会，与被审计单位管理部门进行沟通。

（三）报告阶段

审计人员在完成环境审计工作后，应当出具环境审计报告。

环境审计报告是对环境报告或环境状态的证实，特别是环境危害产生损失或治理业绩的数据，以及有关会计信息的真实、合规和体现效益所作的鉴证。

环境审计报告作为环境审计的最终产品，是国家审计机关、内部审计机构或社会审计组织依据环境法规和环境审计准则对被审计单位或项目实施了必要的审计程序后出具的，用来对其受托环境责任的履行情况发表审计意见的书面文件。

环境审计报告一般有项目报告和期间（如年度或几年）报告。政府审计的主要报告提交政府；内部审计的报告提交本单位的管理当局和地区环保部门；社会审计是接受委托所作的项目报告，提交委托审计的管理当局并可向社会公布。

相关链接18-1

环渤海地区生态环境保护审计结果

环境审计报告应包括标题、编号、审计报告的主送单位、正文、出具单位以及报告日期。其中，正文应包括引言段、责任段、评价段和处理意见段等。

（四）后续工作

在完成审计报告后，审计人员可根据情况安排跟踪审计。环境审计的跟踪审计应集中于对环境审计项目完成后效果的评价方面。

第二节　领导干部自然资源资产离任审计

随着经济高速发展带来的资源短缺、生态破坏以及环境污染问题日益突出，自然资源的可持续发展问题得到广大学者及社会各界的普遍关注。2013年11月12日，中国共产党第十八届中央委员会第三次全体会议在《中共中央关于全面深化改革若干重大问题的决定》中明确提出探索编制自然资源资产负债表，对领导干部实行自然资源资产离任审计，建立生态环境损害责任终身追究制。2015年4月，中共中央、国务院印发的《关于加快推进生态文明建设的意见》第二十五条提出"对领导干部实行自然资源资产和环境责任离任审计"。2015年9月，中共中央、国务院印发的《生态文明体制改革总体方案》第五十条提出"对领导干部实行自然资源资产离任审计"。2015年11月8日，国务院办公厅印发《编制自然资源资产负债表试点方案》。2016年11月，审计署发布《2016年领导干部自然资源资产离任审计试点工作方案》，制定了2016年领导干部自然资源资产离任审计的系列操作方法。2017年6月，中央全面深化改革工作领导小组会议审议通过了《领导干部自然资源资产离任审计规定（试行）》，规范了相关审计目的与对象、内容与重点、评价与结果运用等基本事项，标志着一项全新的、经常性的审计制度正式建立。2018年，中华人民共和国自然资源部成立，领导干部自然资源资产离任审计由审计试点进入到全面推开阶段。

开展领导干部自然资源资产离任审计，是贯彻落实党中央关于加快推进生态文明建设要求的具体体现，对于领导干部牢固树立绿色发展和绿水青山就是金山银山的理念，坚持节约资源和保护环境的基本国策，推动形成绿色发展方式和生活方式，促进自然资源资产节约集约利用和生态环境安全，完善生态文明绩效评价考核和责任追究制度，推动领导干部切实履行自然资源资产管理和生态环境保护责任具有十分重要的意义。

一、领导干部自然资源资产离任审计理论概述

（一）领导干部自然资源资产离任审计的内涵界定

近些年来，与自然资源资产离任审计相关的研究如火如荼，就其名称来说，有"自然资源资产离任审计"（张宏亮等，2014）、"领导干部自然资源资产离任审计"（林忠华等，2014）、"领导干部离任环保审计"（华金秋和胡宁，2014）、"领导干部资源环境责任审计"（于文波，2014）等提法。这些提法虽然不同，但都研究审计机关如何对承担受托自然资源资产责任的领导干部责任履行情况进行监督、评价和鉴证的行为。因此，在本书的阐述中，与国家有关文件保持一致，统一称为"领导干部自然资源资产离任审计"。

《领导干部自然资源资产离任审计规定（试行）》（2017）规定，领导干部自然资源资产离任审计是指审计机关依法依规对主要领导干部任职期间履行自然资源资产管理和生态环境保护责任情况进行的审计。自然资源资产管理和生态环境保护责任，是指主要领导干部任职期间依法依规对本地区、本部门（单位）以及主管业务领域的以下工作应当履行的责任：①土地、水、森林、草原、矿产、海洋等自然资源资产的管理开发利用；②大气、水、土壤等环境保护和环境改善；③森林、草原、荒漠、河流、湖泊、湿地、海洋等生态系统的保护和修复；④其他与自然资源资产管理和生态环境保护相关的事项。

根据上述定义，我们可以从以下几个方面加以把握：

（1）审计主体，即审计机关，包括审计署及其派出机构和地方审计机关。

（2）审计客体，即党政主要领导干部，他们是自然资源资产管理和生态环境保护的主要责任者，因此也称责任方，主要包括地方各级党委、政府、审判机关、检察机关，中央和地方各级党政工作部门、事业单位和人民团体等单位的党委（含党组、党工委，以下统称党委）正职领导干部和行政正职领导干部，包括主持工作一年以上的副职领导干部。

（3）预期使用者，是指各级人大、党政部门及其他利害相关者。

（4）审计对象，即领导干部受托自然资源资产管理和生态环境保护责任的履行情况，主要包括土地、矿产、森林、水等重要资源的开发利用管理和保护治理责任履行情况；水、大气、土壤、固体废物等污染防治责任履行情况；重点生态建设工程和生态脆弱地区生态保护责任履行情况。

（5）审计标准，指相关法律法规、政策规定、规划计划、考核制度，如《中华人民共和国环境保护法》《中华人民共和国土地管理法》《国家生态保护红线——生态功能基线划定技术指南（试行）》等。

（6）审计证据，指审计人员用来确定审计对象信息是否与既定标准相一致的资料。获取和评价证据是审计的中心环节，客观地获取和评价证据要求对审计客体（责任方）所作的申明的基础加以查核，并对结果加以公正的评估，不因支持或反对作此申明的个人或单位而有所偏差或带有任何偏见。

（7）审计结果，是经过对证据的收集与评价而得出的对审计对象信息与审计标准一致程度的评价。审计结果的具体形式包括审计报告、审计建议、审计处理决定等。

根据审计类型的不同，领导干部自然资源资产离任审计类型分为三种，包括财务审计、绩效审计以及合规审计。财务审计主要反映相关财政资金预算编制、拨付方式以及实际使用等方面是否科学、及时与合法；绩效审计主要针对被审计对象如地方领导干部开展的资产管理与保护等经济活动的效率性、效果性以及经济性进行评价；合规审计主要评估被审计对象开展相关管理活动或工程项目招投标与建设等环节是否遵守国家相关政策及法律制度。

（二）领导干部自然资源资产离任审计的主体

领导干部自然资源资产离任审计的审计师究竟由谁来担任？理论界存在下列三种不同的观点：

1.一元主体论

该种观点认为，国家审计机关是领导干部自然资源资产离任审计的主体。这种观点（如安徽省审计厅课题组、戴克柱，2014）认为：（1）从自然资源的自然属性和社会属性来看，我国自然资源资产具有公有性质，中央政府和地方政府作为全体人民的受托人，负有对自然资源资产开发、利用、保护等责任。（2）从各审计主体的职责权限来看，具有对政府及其领导干部审计的机关只有国家审计机关。（3）自然资源资产的使用结果事关全局，社会审计等审计组织无力承担。

2.多元主体论

该种观点认为，国家审计机关、内部审计机构和社会中介组织均可能成为领导干部自然资源资产离任审计的主体。这种观点（如陈献东等，2014）认为：（1）从自然资源资产保护的责任主体来说，这不仅仅是政府的责任，凡是跟自然资源资产保护相关的主体都属于这个范围，因此审计主体也应是多元的。（2）国家审计机关、内部审计机构和社会中介组织均可通过不同的方式成为审计主体。

3.一元主体为主，多元主体参与

该种观点认为上述两者均可，具体可以根据审计的具体情况而定（蔡春、毕铭悦，2014；彭巨水，2014）。

我们认为，审计主体的确定需要考虑国家法律的相关规定或者委托人的授权。在法定审计下，审计师由国家法律明确规定；而在委托审计下，审计活动由委托人授权的审计师实施。就领导干部自然资源资产离任审计来说，它属于国家法定审计。依据《中华人民共和国宪法》第九十一条和《中华人民共和国审计法》第二十四条，国家审计机关有权对中央政府、各级人民政府以及相应职能部门负责人进行审计。可见，领导干部自然资源资产离任审计的审计主体是国家审计机关。当然，在审计过程中，可能会利用注册会计师、内部审计部门以及专家（如环境保护部门、国土资源部门、水利部、林业部门等自然资源管理职能部门）的工作，但因为最终出具报告、得出审计意见、作出处理决定并对审计结果负责的是国家审计机关，因此，我们认为领导干部自然资源资产离任审计活动的审计主体是国家审计机关。依据《中华人民共和国宪法》，国家审计机关包括审计署及其派出机构和地方审计机关。

（三）领导干部自然资源资产离任审计的客体

领导干部自然资源资产离任审计的客体是探讨审计活动中"审计谁"这一问题的，当前主要存在以下两种观点：

1.基于责任方认定业务的客体分析

黄溶冰、赵谦（2015）等认为作为领导干部自然资源资产离任审计内容的一部分，可以单独开展自然资源资产负债表审计。因为自然资源资产负债表可以反映不同自然资源增加、减少的特有方式及其变动情况，是领导干部自然资源资产离任审计的重要证据。单独针对自然资源资产负债表的审计属于基于责任方认定业务，其审计客体就是对自然资源资产负债表编制负责的组织或人员。

2.基于直接报告业务的客体分析

陈波、卜璠琦（2014）等将领导干部自然资源资产离任审计定位为直接报告业务，其主要责任方是承担自然资源开发、利用和保护责任的相关部门、各级政府及其负责人，可能包括地方政府党政负责人、自然资源主管部门负责人以及资源性国有企业负责人等。他们认为领导干部自然资源资产离任审计的实质就是对领导干部在自然资源资产开发、利用和保护方面的履职行为进行审计，其中也包括对相关信息（如自然资源资产负债表）的审计。

本书认为，将领导干部自然资源资产离任审计定位于直接报告业务是合适的，其审计客体，即责任方为承担自然资源管理和生态环境保护责任的相关领导干部。

首先，从领导干部自然资源资产离任审计这种制度安排的根本目的来看，其根本目的在于完善生态文明绩效评价考核制度，推进生态文明建设，领导干部自然资源资产离任审计需要客观评价领导干部履行自然资源资产管理和生态环境保护责任的情况。借鉴美国联邦政府自然资源资产核算的相关资料，对于具有不同属性的自然资源资产，有着不同的信息管理方法，比如可以反映在资产负债表上，也可以通过附注的形式披露，还可以采用管理报告的形式。因此，我国实施领导干部自然资源资产离任审计不只依赖自然资源资产负债表这一信息载体。

进一步地，在我国现行的行政体制下，从中央人民政府到基层的乡镇人民政府，从国务院相关部、委、行、署到市县的职能局、办，它们都承担相应的自然资源资产保护责任。此外，我国还实行党委领导下的行政首长负责制，如国务院实行总理负责制，各部委由部长、主任负责；地方各级政府实行省长、市长、县长、区长、乡长、镇长负责制。这样，这些领导干部作为承担受托保护自然资源责任的人格化核心主体，顺理成章成为领导干部自然资源资产离任审计中的具体责任方。

因此，结合中共中央办公厅、国务院办公厅印发的《党政主要领导干部和国有企事业单位主要领导人员经济责任审计规定》第四条，我们认为领导干部自然资源资产离任审计的审计客体是自然资源资产管理和生态环境保护的主要责任者，主要包括地方各级党委、政府、审判机关、检察机关，中央和地方各级党政工作部门、事业单位和人民团体等单位的党委（含党组、党工委，以下统称党委）正职领导干部和行政正职领导干部，包括主持工作一年以上的副职领导干部。

（四）领导干部自然资源资产离任审计的内容

根据《领导干部自然资源资产离任审计规定（试行）》（2017）规定，领导干部自然资源资产离任审计对象包括：一是各级党委和政府主要领导干部；二是国务院和地方各级发展改革、国土资源、环境保护、水利、农业、林业、能源、海洋等承担自然资源资产管理和生态环境保护工作部门（单位）的主要领导干部。

领导干部自然资源资产离任审计内容主要包括：

①贯彻执行中央生态文明建设方针政策和决策部署情况；

②遵守自然资源资产管理和生态环境保护法律法规情况；

③自然资源资产管理和生态环境保护重大决策情况；

④完成自然资源资产管理和生态环境保护目标情况；

⑤履行自然资源资产管理和生态环境保护监督责任情况；

⑥组织自然资源资产和生态环境保护相关资金征管用和项目建设运行情况；

⑦履行其他相关责任情况。

审计机关应当充分考虑被审计领导干部所在地区的主体功能定位、自然资源资产禀赋特点、资源环境承载能力等，针对不同类别自然资源资产和重要生态环境保护事项，分别确定审计内容，突出审计重点。

二、领导干部自然资源资产离任审计特征

领导干部自然资源资产审计不同于一般财政财务收支审计或专项审计，其审计方式主要是依靠审计人员深入湖泊、林地、矿山，从多个现场实地勘查取证，从而了解水、土、气、林、矿等自然资源资产情况。领导干部自然资源资产离任审计有如下特征。

（一）审计范围广泛

领导干部自然资源资产离任审计一般会涉及城区、乡镇、村等多个分散的点，包括水、土、气、林、矿五个方面的内容，同时还要审计相关资金征管用、项目建设运行情况、生态环境保护法律法规执行情况等，涉及面非常广。

（二）审计内容专业

领导干部自然资源资产离任审计需要结合运用常规审计方法与环境科学、自然资源法律、自然资源监测等专业知识，才能取得客观充分的审计证据。因此，审计人员不仅需要具备审计专业知识，还需要掌握生态学、动物学、植物学、社会学、工程学等方面的相关知识。

（三）审计评价较难

目前我国尚未建立起完整系统的自然资源资产负债表，自然资源资产的管理也缺乏有效的监督管理指标体系，因此领导干部自然资源资产离任审计的评价，主要用"好、较好、一般、较差、差"等笼统定性标准，没有一个量化的评价标准和完整的评价体系，导致审计评价较难。

三、领导干部自然资源资产离任审计方法

（一）常规审计方法

常规审计方法一般包括检查法、访谈法、实地检查法、比对分析法等。年初，审计机关综合计划部门制定年度审计项目计划，相关责任处室对被审计对象下发审计通知书，审计组深入被审计单位内部开展审计工作。一方面，了解政策落实、会议纪要、预算及决算、财政收支、政策法规等内容。另一方面，也可采用与不同审计对象分层次交谈，掌握宏观政策措施实施情况以及实际工作遇到的问题等，如与当地资源主管部门基层工作人员进行交谈，掌握自然资源业务流程及工作程序，做好审计记录工作。

（二）数据关联分析法

发挥各级审计机关大数据审计资源和技术优势，打破层级界限，统一采集各类数据，集中分类、处理、建模、分析，与相关地理信息中心合作，组成数据分析团队，制定数据分析方案，建立审计模型。统一采集数据、下发疑点，组织现场核实，有效提高审计机关的审计效率和效能。例如，以省级为主，省、市、县三级联动的数据采集机制，从相关业务主管部门采集土地、森林、矿产、水、大气等数据。随后，专业分析团队会从中获得违法占地、侵占破坏各类保护区等疑点线索，再将这些数据切块下发给相关审计组现场核实，最终帮助快速发现问题、促进生态修复。

（三）地理信息技术审计方法

地理信息技术（GIS），又被称为3S技术，它是现代信息技术、计算机技术、空间技术、通信技术的一种结合。使用GIS进行审计时，图层叠加分析是基本的操作方法。在领导干部自然资源资产离任审计中，采用地理信息技术系统将不同时点、不同标准或规范的影像进行叠加分析得到疑点数据，通过进一步查看相关政策文件、规划图表、审批手续等，并进行实地核查后确定问题。例如，在矿产资源方面，将相关采矿权分布坐标同保护区、水源地坐标范围进行叠加，核实采矿位置是否位于保护区、水源地、主体功能区的禁止开发区、基本农田等范围内。取得现场实际开采作业面的位置坐标数据，与批复的采矿权影像叠加分析，核实是否在规定范围内采矿。将相关矿产资源规划和环境功能区划对比叠加，找出重合区域，分析是否存在违反生态规划开采的情况。将卫星遥感图和国土部门的矿产开采区位对比，核实是否存在越界开采破坏地表植被等情况。

（四）其他新兴审计方法

如采用"审计眼"、无人机等技术手段，对河（湖）长制执行情况、采砂点规划治理情况、耕地规划保护情况等进行重点抽查和现场核实，有效推动审计全覆盖和审计质量提升。

四、领导干部自然资源资产离任审计程序

领导干部自然资源资产离任审计作为新兴的审计模式，目前尚未有明确的规章制度对其实施程序进行要求，但根据《中华人民共和国国家审计准则》和《领导干部自然资源资产离任审计规定（试行）》的相关规定，领导干部自然资源资产离任审计一般包括准备阶段、实施阶段、报告阶段及结果运用阶段。

（一）准备阶段

首先要提前确定好年度领导干部自然资源资产离任审计方向；然后确定审计方案，其

中就涵盖了审计目标、范围及具体的内容。

（二）实施阶段

首先，审计部门要提前设立审计组组长，再寻找符合标准的审计人员并打造专门的审计组，所有人都应当遵守与审计工作相对应的规章制度以及指导精神。其次，要拟定并下发审计通知书，确保审计工作开展的前三天被审计部门能够收到，如果其间发生意外情况，可以由地方政府批准直接开始审计。再次，要全面调查被审计部门的情况，分析其或许会涉及的问题以及出现问题的概率，从而明确审计处理方案。还得拟定总体的审计计划，涉及具体的审计目标、范围、内容等相关内容。最后，去被审计部门开展审计工作，根据审计详情记录审计底稿。

（三）报告阶段

在审计实施完成后审计组需要先根据本次审计详情拟定审计报告，再征集被审计部门的观点，然后根据搜集的相关信息对审计报告进行再次复审，在复审报告后仍须审理、审定、签发审计报告，最后下达决定书。

相关链接18-2

海南省2020年度4市县领导干部自然资源资产离任（任中）审计结果报告

（四）结果运用阶段

一是审计移送处理；二是出具审计整改报告；三是审计结果报告；四是审计宣传。

审计机关实施领导干部自然资源资产离任审计后，应当向被审计领导干部及所在地区、部门（单位）出具审计意见。与领导干部经济责任审计统筹实施的审计项目，应当将有关自然资源资产管理和生态环境保护责任方面的情况单独反映，向被审计领导干部及其所在地区、部门（单位）出具审计意见。审计意见应当提交委托审计的组织部门。

第三节　社会责任审计 ▉——

企业社会责任概念的出现最早可追溯至1924年，但直到1953年美国经济学家Howard R. Bowen在《商人的社会责任》一书中，才完整提出了企业社会责任的概念，同时提出应针对社会责任实施相应的审计（姜虹，2009）。20世纪70年代初期，社会责任审计在西方各国逐渐得到发展，主要对政府社会经济责任进行监督，检查政府公共支出是否节约、合理、合规，审查财政资金使用的经济性、效率性和效果性。20世纪80年代初期，亚洲各国也纷纷效仿，1985年在日本举行的最高审计机关亚洲组织第三次会议通过的《东京宣言》，明确提出公共经济责任是指受托管理公共资源的机构（或个人），应报告管理这些资源及其有关的规划、控制、财务方面所承担的责任，亚洲国家审计机关及审计人员应积极推进对公共经济责任的审计工作。目前全球获得普遍认可使用的社会责任报告认证准则或标准，主要包括由具有重大影响力的国际审计与鉴证准则理事会（IAASB）发布的《国际鉴证业务准则第3000号——历史财务信息审计或审阅以外的鉴证业务》（ISAE 3000），以及由英国Account Ability组织（AA）公布的AA 1000保证标准。其中，ISAE 3000是一套原则性的准则，适用于非历史财务信息的认证，使专业人员（以下称为认证第三方）在执行非历史财务信息的认证工作时，针对社会责任报告中所揭露之非历史财务信息进行认证，有一套高品质、具有效率及效益的准则可以遵循。在我国，国家电网有限公司在

2006年3月正式对外发布了中央企业的第一份企业社会责任报告。接着，深交所、银监会、国资委和上交所相继正式发布《深圳证券交易所上市公司社会责任指引》、《关于加强大型商业银行社会责任的意见》、《关于中央企业履行社会责任的指导意见》和《关于加强上市公司社会责任承担工作的通知》，对有条件的上市公司提出披露社会责任信息的要求。并且，中国注册会计师协会于2007年发布的《中国注册会计师其他鉴证业务准则第3101号——历史财务信息审计或审阅以外的鉴证业务》，对社会责任审计的开展发挥指导作用。

一、社会责任审计的理论概述

（一）社会责任审计的内涵界定

目前国内外关于社会责任审计的含义并未统一，代表性的主要有以下四种观点：

（1）第一种观点基于企业的角度展开。如日本审计学家三泽一认为，社会责任审计"是一种检查企业履行社会责任情况的审计，社会责任审计既然要检查企业履行社会责任情况，就要检查其社会事项和其他事项，但主要是检查企业的社会责任事项"。英国丁·桑托克认为社会责任审计是对一个组织的社会意识所进行的独立而客观的审查和评价。这种意识反映在企业除对业主——股东——以外，接受社会责任。

（2）第二种观点认为社会责任审计是指以社会经济效益为目标的审计，它标志着现代审计进入一个新的阶段。在社会责任审计中，要检查环境、人力、人类行为、组织行为和政府行为对社会经济效益的影响。该观点是基于审计的目标提出的，并未阐明主体和客体。

（3）第三种观点认为社会责任审计是指研究公司政策或政府政策的社会影响，以及这些政策如何实现公众的期望并受公众期望的影响。该观点仅把社会责任审计局限于"研究"范畴。

（4）第四种观点认为社会责任审计是由审计人员接受委托或授权，按照相关法规和一定的标准，运用一定的方法对政府和企业应履行的社会责任情况进行审查、分析和评价的过程。该观点认为，社会责任审计按照审计对象的不同，可以划分为政府社会责任审计和企业社会责任审计两部分。从审计内容上看，社会责任是指政府和企业对民众所承担的社会责任。

（二）社会责任审计的主体

关于社会责任审计的主体应该由谁担任，理论界的主要观点可以概括为"一元主体为主，多元主体参与"。

如陆建桥（1993）认为，可以先由国家审计机关实施社会责任审计工作，当生产力和社会民主发展到一定阶段，政府、企业对社会责任审计有内在要求时，再大力推进内部审计机构和社会审计机构开展社会责任审计工作。阳秋林和李冬生（2004）、刘长翠和陈增雷（2006）、叶陈刚和罗水伟（2009）认为，针对社会责任审计范围广泛、审计人员知识结构要求全面的实际，实施社会责任审计需建立由审计人员与社保、财税、法律、环保等专家构建的联合审计机制。黄溶冰和王跃堂（2008）则认为，注册会计师是现阶段开展社会责任审计的理想主体。方堃（2009）从企业性质入手，认为对国有企业、事业单位开展社会责任审计的主体，可以是审计机关或社会审计机构；对非国有企业开展社会责任审计应由社会审计机构进行。

（三）社会责任审计的内容

由于政府和企业主体不同，其经济活动内容不同、发挥的作用不同。

政府社会责任审计的内容一般包括：

（1）文教、科学、卫生事业经费支出。

（2）抚恤和社会福利救济费支出。

（3）科技三项费用、国防费和行政管理费。

（4）环境治理费。

（5）就业水平。

企业社会责任审计的内容一般包括：

（1）企业对股东、债权人权益保障的审计。主要包括企业是否完善公司治理、是否制定长期和相对稳定的利润分配政策和办法、是否充分保障债权人的合法权益、是否保障公司资产、资金安全等方面的审计。

（2）企业对职工权益保护的审计。主要包括是否依法保护职工的合法权益、是否建立和完善包括薪酬体系与激励机制等用人制度、是否保障职工依法享有劳动权利和履行劳动义务、是否尊重职工人格、是否建立健全劳动安全卫生制度、是否建立职业培训制度等方面的审计。

（3）企业对供应商、客户和消费者权益保护的审计。主要包括是否虚假宣传和广告、有无预防产品危害的措施、有无程序防范商业贿赂、是否使用或转售个人信息以牟利、有无良好的售后服务等方面的审计。

（4）企业环境保护的审计。主要包括是否制定环保政策、是否为环保政策提供必要的人力、物力以及技术和财力支持、生产过程中资源利用程度如何、排污投入情况以及环境污染治理情况等方面的审计。

（5）企业公共关系和社会公益事业的审计。主要包括是否确实参加环保、教育、文化、科学、卫生、社区建设、扶贫济困、灾区建设等社会公益活动，其捐款是否确实到位等方面的审计。

值得注意的是，由于各行业有别，因此，不同行业企业的社会责任重点不同，审计内容的重点也会因行业不同而有所区别。

二、社会责任审计评价体系

与传统财务审计相比，社会责任审计所涉及的内容更为广泛。因此，在进行审计评价时，不仅需要从定量的角度去反映被审计单位履行社会责任的情况，还需要从定性的角度去考量被审计单位履行社会责任的情况。

（一）定量评价

社会责任审计的定量评价一般包括以下内容：

（1）人力资源的评价。主要涉及员工薪酬、健康、安全、职业发展培训方面。相关指标包括是否使用童工、是否执行最低工资标准、是否依法组建工会、未成年工占职工比例、人均薪酬额、小时工资率、人均培训支出、社会保险费缴付率、工伤事故率等。

（2）环境责任状况的评价。主要是分析被审计单位对环境污染的控制、环境保护和改善状况，以及资源的利用情况。主要指标包括"三废"排放量、单位收入排放量、"三废"循环利用率、环保支出收入比率、环保设备投资率、主要能源消耗量等。

（3）社区和公益责任状况的评价。主要包括被审计单位参与社区的援建和服务，社会慈善捐助等情况。主要指标包括捐赠收入比、员工志愿服务人次比、社区纠纷次数等。

（4）法律法规遵守状况的评价。遵守法律法规是被审计单位的基本义务，也是被审计单位应履行的社会责任。主要指标包括纳税总额、纳税收入率、债务诉讼及赔偿支出、违规处罚支出等。

（二）定性评价

社会责任审计的定性评价一般包括以下内容：

（1）社会责任认知状况。从被审计单位目标实现角度对被审计单位社会责任状况进行评价。被审计单位领导和员工是否积极倡导履行社会责任，并在被审计单位使命和价值观中进行陈述或表达。

（2）社会责任管理系统评价。从被审计单位内部管理系统方面对其社会责任状况进行评价。即被审计单位是否存在相应的社会责任政策、社会责任方面的管理和控制系统，被审计单位是否制定了社会责任的计划，被审计单位是否存在相关的组织机构并进行了明确的职责分工、定期审查改进社会责任政策，被审计单位社会责任各个方面的具体政策、内部控制的检查等。

（3）被审计单位的社会美誉度。主要是从被审计单位外部系统对被审计单位的社会责任状况进行评价。被审计单位的社会美誉度与被审计单位社会责任以及和谐社会构建紧密相连。被审计单位的社会美誉度是一个反映被审计单位形象的外部认知的综合概念，也是对企业社会责任管理系统是否有效执行的验证。

三、社会责任审计程序

社会责任审计程序一般分为四个阶段：准备阶段、实施阶段、报告阶段及后续阶段。

（一）准备阶段

通过询问、观察、调查等手段，了解公司的宗旨、利益相关者、内部控制等，这是审计工作的基础环节，然后确定审计计划和目标。为了使社会责任审计能够保质保量完成审计目标，审计人员应该在具体实施审计时制订合理的审计计划，包括研究相关法律法规、确定审计范围和重点内容，设定审计标准、制定审计方案、确定审计人员。

（二）实施阶段

审计人员根据审计目标，按照审计计划，广泛收集资料，选择有效的、可靠的审计查核程序，对资料作出相关的评价和鉴定，初步得出试验性的结论。其中，收集证据并整理资料是较烦琐的工作，可以从三方面进行：①对利益相关者调查的结果；②对部门提供的文件信息进行对比、分析；③与企业内部人员进行审计座谈。例如，被审计单位在社会责任报告中披露了大量的有关企业履行社会责任的信息，审计人员应当运用查询和函证的方式，综合运用观察法和对比分析法对利益相关者进行调查，大量搜集信息资料，将收集到的信息和数据同相关标准相比较，也可以同其他同类单位情况相比较，然后对得出的比较结果进行分析，以发现问题。审计人员在所收集的基础数据的基础上，可以通过计算有关比率来剖析问题，获取审计证据。

相关链接18-3

南京银行股份
有限公司
2020年社会
责任报告独立
鉴证报告

（三）报告阶段

社会责任审计的报告阶段分以下两个步骤进行：撰写审计报告草稿，供被审计单位相关部门以及有关专家讨论和评价并发布最终社会责任审计报告。审计人员起草审计报告，并在初稿完成后交审计小组讨论、补充修改。在正式的审计报告出来之前，初稿应发给被审计单位，并留出足够的时间供他们表达看法。社会责任审计报告应该与传统报告一样包含标题、收件人、正文、附件、签章和日期。

（四）后续阶段

社会责任审计作为一个持续性的概念，其重点在于监督被审计单位社会责任的履行情况与改进情况。如果被审计单位未进行整改，则审计部门应及时提醒被审计单位进行改正。

第四节　信息系统审计

互联网的普及导致了信息系统审计的形成。自2001年以来，美国的安然、世界通信等国际大公司相继曝出假账丑闻，严重打击了投资者的信心。安然公司利用复杂的关联企业网，通过电子商务交易平台进行虚假的关联交易，形成虚假利润，误导公众，并最终导致了公司破产。为了挽回公众对资本市场的信心，美国发布了SOX法案，规范企业电子数据的保存、鉴证和问责等问题，赋予了信息系统审计前所未有的功能定位。为了规范信息系统审计，国际上唯一的信息系统审计专业组织——信息系统审计与控制协会（ISACA）——颁布和实施了国际信息系统审计准则，规范了信息系统审计师的工作。我国也颁布了相关准则，如中国内部审计协会颁布了《第2203号内部审计具体准则——信息系统审计》（准则自2014年1月1日起施行）和《第3205号内部审计实务指南——信息系统审计》（自2021年3月1日起施行），明确了信息系统审计的相关内容。

一、信息系统审计理论概述

（一）信息系统审计的内涵界定

由于信息系统审计（ISA）仍处于不断发展变化之中，目前还没有一个统一的定义。下面主要介绍几种有代表性的定义。

日本通产省情报处理开发协会信息系统审计委员会（1996）认为，信息系统审计是为了信息系统的安全、可靠与有效，由独立于审计对象的信息系统审计师，以第三方的客观立场对以计算机为核心的信息系统进行综合的检查和评价，向信息系统审计对象的最高领导层，提出问题与建议的一连串的活动。

信息系统审计领域的著名专家威伯（Ron Weber）（1999）认为，信息系统审计是收集并评估证据，以判断一个计算机系统（信息系统）是否有效做到保护资产、维护数据完整、完成组织目标，同时最经济地使用资源。该定义既体现了信息系统的外部审计的鉴证目标，即对被审计单位的信息系统保护资产安全及数据完整的鉴证，又体现了内部审计的管理目标，即被审计信息系统保护资产安全、数据完整性以及信息系统的有效性目标。该定义得到较为广泛的流传，印度审计署颁布的IT审计手册也采用了该定义。

国际上，信息系统审计与控制协会（ISACA）认为，信息系统审计是一个获取并评价证据，以判断计算机系统是否能够按照保证资产的安全、数据的完整以及有效率地利用组织的资源并有效果地实现组织目标的过程。同时，该协会还提出，信息系统审计的主要内容包括：①信息系统审计程序；②IT治理（信息技术治理）；③系统和基础设施生命周期管理；④IT服务的交付与支持；⑤信息资产的保护；⑥灾难恢复和业务连续性计划。也就是说，信息系统审计紧紧围绕信息系统这个中心展开审计工作，其各个部分以及相互之间的关系如图18-1所示。

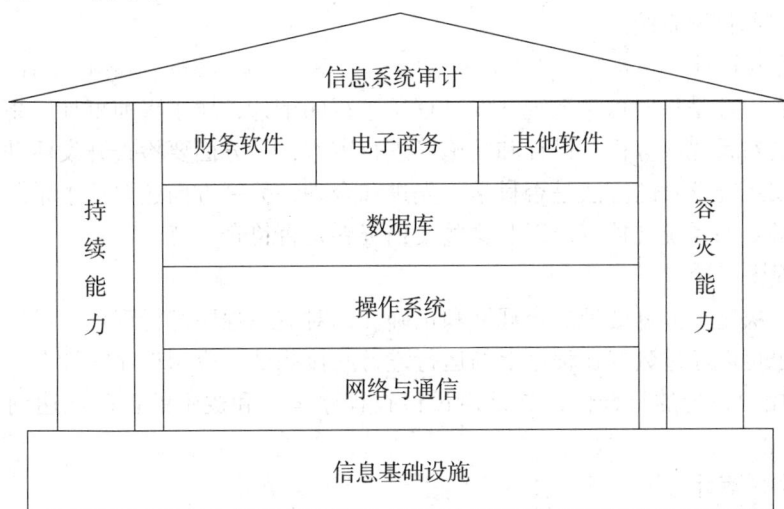

图18-1　信息系统审计的各个部分的关系

中华人民共和国审计署于2012年颁布的计算机审计实务公告第34号《信息系统审计指南》认为，信息系统审计是指国家审计机关依法对被审计单位信息系统的真实性、合法性、效益性和安全性进行检查监督的活动。中国内部审计协会于2013年颁布的《第2203号内部审计具体准则——信息系统审计》中指出，信息系统审计是指内部审计机构和内部审计人员对组织的信息系统及其相关的信息技术内部控制和流程所进行的审查与评价活动。

综上所述，信息系统审计至少包括以下几个要素：

1.信息系统审计的主体

信息系统审计的主体是有胜任能力的信息系统独立审计机构或人员。其中，独立的审计机构应包括政府审计机关、内部审计机构、会计师和审计师事务所以及独立的信息化鉴证咨询等中介组织。

2.信息系统审计的对象

信息系统审计的对象是被审计的信息系统，包括由计算机软硬件组成的信息系统和信息输入输出相关的活动。信息系统审计的对象具有多样性、复杂性、特殊性和高技术性等特征，并且随着信息技术的发展而不断扩展。

3.信息系统审计的目标

信息系统审计的目标是对信息系统等资产的保护，对信息系统的真实性、完整性、合法合规性、有效性等发表审计意见。

相关链接18-4

各机构组织
信息系统审计
概念的比较
分析

（二）信息系统审计的内容

1.内部控制系统审计

信息系统的内部控制系统由两个子系统构成：一个是一般控制系统，它是系统运行环境方面的控制，为应用程序的正常运行提供外围保障；另一个是应用控制系统，它是针对具体的应用系统和程序而设置的各种控制措施。对信息系统的内部控制系统进行审计，有两个目的：一是在内部控制审计的基础上对信息系统的处理结果进行审计；二是加强内部控制，完善内部控制系统。

2.系统开发审计

系统开发审计是指对信息系统开发过程所进行的审计，属于事前审计。系统开发审计要求审计人员对系统的分析、设计和实施等进行审查，一方面要检查开发活动是否受到恰当的控制以及系统开发的方法是否科学、先进和合理，另一方面还要检查系统开发过程中是否产生了必要的系统文档资料以及这些文档资料是否符合规范。

3.应用程序审计

应用程序决定了数据处理的合规性和正确性，对应用程序进行审计，可以对程序直接进行审查，也可以通过数据在程序上的运行进行间接测试。应用程序审计有两个目的：一是测试应用控制系统的符合性；二是通过检查程序运算和逻辑的正确性达到实质性测试目的。

4.数据文件审计

数据文件审计是对信息系统中各种凭证、账簿及报表中的数据等进行审计。数据文件审计有两个目的：一是对数据文件进行实质性测试；二是通过数据文件的审计，测试一般控制或应用控制的符合性。

二、信息系统审计的特征

（一）审计范围的广泛性

在信息系统审计中，要确定信息系统的合法性、效益性，系统输出结果的真实性，不仅要对输出数据、系统的工作人员、打印输出的资料进行审查，而且要对计算机的硬件、系统软件、应用程序和机内的数据文件进行审查。并且，除了要对投入使用后的信息系统进行事后审计外，审计人员还要对系统进行事前审计和事中审计。随着信息技术的发展，还应包括联网审计、电子商务审计、网站审计等。因此，信息系统审计的范围比较广泛。

（二）审计线索的隐蔽性

在信息系统审计中，需要跟踪的审计线索，大部分存储在不可见的介质上，这些线索既容易被更改、隐匿，也容易被转移、销毁和伪造。在审计中，如果操作不当，很可能破坏系统的数据文件和程序，进而导致审计线索销毁，甚至干扰被审计系统的工作。因此，信息系统审计的线索具有隐蔽性。

（三）审计取证的动态性

在信息系统审计中，一般是在系统运行过程中进行审计取证，审计人员一方面要及时完成审计任务，另一方面又要不妨碍和干扰被审计系统的正常工作。因此，信息系统审计的取证具有动态性。

（四）审计技术的复杂性

在信息系统审计中，审计人员要对计算机的硬件和软件系统进行审计，各种机型功能不一，配备的系统软件各异，这增加了审计技术的复杂性。并且，由于不同被审计单位的规模和性质不同，所采用的数据处理及存储方式也不同，针对这些差异，审计所采用的方法、技术也不同。因此，信息系统审计的技术具有复杂性。

相关链接18-5

信息系统审计
准则的国际
比较

三、信息系统审计方法

（一）常规审计方法

信息系统审计中，也会用到观察法、问询法、函证法、查阅法和复核法等，但在内容上与传统审计存在差别。例如，在运用观察法时，审计人员到被审计单位的经营场所、信息系统使用部门以及计算机机房等有关场所进行实地察看，来证实审计事项。但是，由于信息系统的特殊性，观察法获得的信息是有限的，如观察提供的审计证据仅限于观察发生的时点，并且在相关人员已知被观察时才是有效的。

（二）数字取证方法

数字取证是指为了揭示与数字产品相关的犯罪行为，利用一切科学、合法、正确的计算机技术与工具，对计算机系统中的数据进行检查、识别、收集、分析、提取、保存的活动。数字取证的方法主要包括以下六类。

（1）识别类方法。识别类方法是用于判定可能与断言或与突发事件时间相关的项目、成分和数据的一种数字取证方法。识别类方法中使用到的典型技术有事件检测、签名处理、配置检测、误用检测、系统监视以及审计分析技术等。

（2）保全类方法。保全类方法是用于保证证据状态的完整性的一种数字取证方法。保全类方法中使用的典型技术有镜像技术、证据链监督技术、时间同步技术等。

（3）收集类方法。收集类方法是用于提取或捕获突发事件的项及其属性的一种数字取证方法，该类方法与调查人员为在数字环境下获取证据而使用的特殊手段和产品相关。收集类方法中使用到的典型技术有复制软件、无损压缩以及数据恢复技术等。

（4）检查类方法。检查类方法是用于对突发事件的项及其属性或特征进行仔细检查的一种数字取证方法。检查类方法涉及从收集来的数据中进行检查并识别和提取潜在的证据。检查类方法中典型的技术有追踪、过滤技术、模式匹配、隐藏数据发现以及隐藏数据提取等。

（5）分析类方法。分析类方法是为了获取结论而对数字证据进行融合、关联和同化的一种数字取证方法。分析类方法中典型的技术有追踪技术、统计分析技术、协议分析技术、数据挖掘技术、时间链分析技术等。

（6）呈堂类技术。呈堂类技术是用于客观、清晰、准确地报告舞弊事项的一种数字取证方法。证据呈堂过程中可能用到的主要技术有证据链监督技术、数字摘要技术、数字签名技术、数字时间戳技术等。

（三）测试数据法

测试数据法是指由审计人员将预先设计好的测试数据（包括正常的、有效的业务数据和不正常的、无效的业务数据）输入被测试程序加以处理，并将处理结果与事先计算的结果进行对比分析，从而验证有关应用程序处理逻辑和控制的有效性、可靠性和完整性的方法。

（四）综合测试工具法

综合测试工具是应用程序在系统的开发过程中设计的一个或多个模块，它的原理是在应用系统中嵌入 ITF 模块处理审计测试数据，然后将测试结果与预期结果进行对照分析，从而核实处理过程的真实性、正确性和完整性，它能够使审计人员在应用程序的正常操作过程中测试程序的内部逻辑和控制。

（五）系统控制审计评审文件法

系统控制审计评审文件法也称为嵌入审计程序法，是指预先在应用系统的重要控制点上嵌入审计软件对系统中的事务进行连续监控，收集有关系统事务及其处理的重要信息，并存放在一个特殊的审计文件——SCARF 主文件——中，审计人员通过审查该文件提取审计证据从而判断被审计程序的处理和控制功能的可靠性。

（六）快拍技术

快拍技术也称为程序追踪法，是指在应用系统中的重要处理点嵌入可以"拍照"的审计程序，当事务流经应用系统时嵌入式审计软件可以"捕获"事务的前映像和后映像，检验前映像和后映像及其转换情况，据以评价应用系统事务处理的真实性、正确性和完整性。快拍技术一般可用来测试被审计程序的控制功能执行情况或检查程序的正确性，但嵌入审计程序段的位置可能影响被审计单位正常业务的执行效率。

（七）平行模拟法

平行模拟法就是由审计人员编写一个具有被审计程序的关键特征和相同处理控制功能的模拟程序，用它来重新处理以前已经由被审计程序处理过的各种交易，并将从模拟审计程序中获得的处理结果与原始程序的结果进行比较，从而评价被审计程序是否可靠的方法。平行模拟法能有效地检查出舞弊编码，但需要审计人员编写设计一套模拟程序，因此成本较高并且要求审计人员具有较高的计算机专业知识和技能。

四、信息系统审计程序

（一）准备阶段

信息系统审计的准备阶段是整个审计程序的起点，主要包括以下几个方面的工作。

（1）审前调查。了解被审计单位和被审计信息系统的基本情况。

（2）成立审计小组。根据任务的繁重程度，配备信息系统审计人员。

（3）编制信息系统审计方案。确定信息系统审计的范围、重点、时间安排、审计方式、人员分工、审计方法以及相关注意事项等。

（4）下发审计通知书。审计通知书中应明确被审计单位的名称、审计范围、审计内容、审计时间和审计方式、审计组长及成员名单，以及对被审计单位配合工作的要求。

（二）实施阶段

实施阶段的主要任务是：按照信息系统审计方案中确定的具体要求，采用相应的审计方法，查明情况，对取得的各种证据，进行鉴别、分析，判明是非和问题的性质，作出客观公正的评价。该阶段的主要环节有：

（1）对被审计系统的内部控制制度进行调查和符合性测试。对内部控制制度的测试应在调查的基础上进行，审计人员一般可以通过与被审计单位有关人员座谈、实地考察、查阅系统的文档资料，并跟踪业务处理的全过程，了解被审计信息系统的处理过程和内部控制，并进行描述。

（2）对账表单证或数据文件的实质性审查。实质性审查的重点和范围由审计人员对被审计系统内部控制制度的审查和评价决定。审计人员可通过审计软件或被审计信息系统的查询、分析等模块进行实质性审查。

（三）终结阶段

终结阶段是总结审计工作，写出审计报告，出具审计意见书，作出审计决定的阶段。一般包括以下内容：

（1）整理归纳审计资料。将计算机输出资料和审计小组的工作底稿以及旁证材料，按审计项目、内容进行整理，并进行分析，作为编写审计报告的依据。

（2）撰写审计报告。审计报告中应着重说明采用了哪些 IT 审计技术，发现了哪些问题，并建议被审计单位进行改进。

（3）发出审计结论和决定。这是审计单位对审计报告经审计会议审定后，向被审计单位及其主管部门发出的指令性的文件，被审计单位应按审计决定的要求，作出改进处理、并将改进结果报告审计单位。

（4）审计资料的归档和管理。

相关链接18-6

专项审计调查结果
公告示例

第十八章学习指南

第十九章 相关服务

许多公司并不需要审计师提供财务报表审计、审阅或预测性财务信息审核等鉴证业务，而只需要利用其会计等专业知识提供的记账、代编财务信息、对财务信息执行商定程序、税务咨询、管理咨询等服务。该类服务称为相关服务。相关服务主要是审计师利用其会计等专业知识代客户搜集、分类、汇总、编制财务或非财务信息，不提出任何鉴证结论，与鉴证业务有着本质的区别。

规范相关服务业务率先从美国开始，美国注册会计师协会下设的会计与复核委员会（Accounting and Review Committee）发布《会计与复核业务准则公告》，约束审计师为非上市公司编制未审定财务报表。中国注册会计师体制自恢复以来，随着经济体制改革的深入，也逐渐在客户的要求下，开始从事相关服务业务，但前期财政部和中国注册会计师协会未予以规范。在会计准则、审计准则国际趋同的要求下，财政部于2010年11月颁布的于2012年1月1日正式施行的中国注册会计师执业准则中对审计师执行相关服务业务作出了规范。本章主要介绍三类相关服务：对财务信息执行商定程序、代编财务信息、财务尽职调查。

第一节 对财务信息执行商定程序

对财务信息执行商定程序（以下简称商定程序）是指审计师接受委托，对特定财务数据、单一财务报表或整套财务报表等财务信息执行与特定主体商定的具有审计性质的程序，并就执行的商定程序及其结果出具报告。商定程序既不是审计和审阅业务，也不是其他鉴证业务，它并不提出鉴证结论，只是一项服务业务。为了维护审计师职业形象，审计师执行商定程序业务，应当遵守相关职业道德规范，恪守客观、公正的原则，保持专业胜任能力和应有的关注，并对执业过程中获知的信息保密。中国注册会计师执业准则对商定程序业务不提出独立性要求，但如果业务约定书或委托目的对审计师的独立性提出要求，审计师应当从其规定。如果审计师不具有独立性，应当在商定程序业务报告中说明这一事实。审计师执行商定程序业务时应当考虑《中国注册会计师相关服务准则第4101号——对财务信息执行商定程序》的规定和业务约定书的要求。

一、商定程序的目标

（一）商定程序目标的含义

对财务信息执行商定程序的目标是指审计师对特定财务数据、单一财务报表或整套财务报表等财务信息执行与特定主体商定的具有审计性质的程序，并就执行的商定程序及其结果出具报告。

上述目标主要考虑以下几个方面：

（1）商定程序业务执行的程序是与特定主体协商确定的。审计师执行商定程序业务的前提是与特定主体协商需要执行哪些程序，以达到某一特定的目的。与审计业务的明显差别是：审计中执行的程序是由审计师按照审计准则的要求和职业判断确定的，为实现审计目标，审计师可以使用各种审计程序；而商定程序业务中执行的程序，是由审计师与特定主体协商确定的。

（2）执行商定程序的对象是财务信息。财务信息涉及的范围很广，通常包括特定财务数据、单一财务报表或整套财务报表等。特定财务数据通常包括财务报表特定项目、特定账户或特定账户的特定内容。特定财务数据可能直接出现在财务报表或其附注中，也可能是通过分析、累计、汇总等计算间接得出的，还可能直接取自会计记录。

（3）审计师就执行的程序及其结果出具报告。商定程序业务报告只报告所执行的商定程序及其结果，不发表任何鉴证意见。

（二）特定主体的含义

特定主体是指委托人或业务约定书中指明的报告致送对象。

委托人是委托审计师执行商定程序业务并与会计师事务所签订业务约定书的一方，是审计师报告的致送对象。委托人与被执行商定程序的主体可能是同一主体，也可能不是同一主体。

商定程序业务报告的致送对象除了委托人之外，可能还有其他人。例如，企业为满足其债权人的需要，委托审计师对该企业的有关财务信息执行商定程序，报告致送对象不仅包括企业，还包括企业的多个债权人。需要注意的是，除委托人之外的其他报告致送对象仅指业务约定书中所指明的报告致送对象。

（三）商定程序业务与审计、审阅业务对比分析

审计和审阅业务属于对历史财务信息的鉴证业务，商定程序业务属于相关服务业务，三者之间存在显著差异，具体差异见表19-1。

表19-1　　　　　　　　　审计、审阅与商定程序业务差异

比较项＼业务种类	审计	审阅	商定程序业务
证据搜集程序的性质和范围	不断修正的、系统化的证据搜集过程	一般限于询问和分析程序	取决于商定结果
保证程度	合理保证	有限保证	不提供保证
结论表达方式	积极方式	消极方式	不提供保证，仅报告工作
报告分发	普遍	普遍/限制	限制

二、商定程序业务约定书

（一）商定程序业务约定书的基本前提

鉴于商定程序业务的特点，在接受业务委托前，审计师应当与特定主体就拟执行的程序、相关责任等业务约定事项进行沟通，协商拟执行程序的性质、时间和范围等，确保双方都已经清楚地了解拟执行的商定程序。如果执行商定程序的报告除提供给委托人外，还要提供给业务约定书中指明的其他的致送对象，审计师还应当与这些报告使用人沟通。

审计师接受商定程序业务委托的前提条件包括：

（1）审计师和特定主体清楚地了解拟执行的程序。

（2）审计师与特定主体就拟执行的程序达成一致意见。

（3）商定程序业务的对象（财务信息）存在明确、合理的评价或判断标准，且具有一定的事实证据，以使审计师能够据以执行商定程序和报告执行程序得出的结果。当需要运用重要性原则时，审计师还应根据委托目的与特定主体预先商定重要性水平。

（4）报告的分发和使用仅限于特定主体。

（二）与特定主体沟通的事项及业务约定书的内容

审计师应当就下列事项与特定主体沟通，并达成一致意见：

（1）业务性质。包括说明执行的商定程序并不构成审计或审阅，不提出鉴证结论。为区别于审计、审阅业务，审计师在业务约定书中，应当说明执行的商定程序并不构成审计或审阅，不发表审计或审阅意见。

（2）委托目的。商定程序业务的委托目的取决于委托人的需要。不同的委托人会有不同的需求，因而不同委托项目的委托目的可能千差万别。由于委托目的的不同，审计师执行商定程序的对象、执行的程序、报告的内容等均会有所不同。审计师在签约前必须弄清委托人的要求和委托目的，并应在业务约定书中予以明确。

（3）拟执行商定程序的财务信息。执行商定程序的对象（财务信息）因委托目的的不同而不同，需要审计师在业务约定书中指明拟执行商定程序的具体财务信息。

（4）拟执行的具体程序的性质、时间和范围。审计师执行商定程序业务，最为重要的是要与特定主体协商需要执行哪些程序，并确定程序的性质、时间和范围。不同特定主体的需求可能差别很大，所商定的程序在性质、时间和范围等方面差异也会很大。业务约定书中必须详细列明拟执行的程序以及执行程序的时间和范围。在描述程序时，不应使用含糊的词语。

（5）预期的报告样本。由于商定程序业务的特殊性，审计师执行的程序、出具的报告等与审计业务存在差异。为了使委托人及其他特定主体了解商定程序业务与审计业务的区别以及商定程序业务报告的格式，审计师在向委托人递交业务约定书时，应当附送一份预期的报告样本，以免特定主体对审计师的工作及报告产生误解。

（6）报告分发和使用的限制。审计师执行的商定程序是与特定主体协商确定的，而其他人由于不了解为什么要执行这些程序，可能会对审计师报告的结果产生误解，所以商定程序业务的报告应仅限于同意执行商定程序的特定主体依据委托目的的使用，不能用于其他目的及分发给其他单位或个人。如果报告除提供给委托人使用外，还需要分发给其他特定使用人，应当在业务约定书中予以指明。

上述与特定主体沟通的事项是业务约定书的主要内容，但并非业务约定书应当包括的全部内容，业务约定书还应当包括签约双方的名称、签约双方的责任、出具报告的时间要求、报告的使用责任、业务收费、约定书的有效期间、违约责任和签约时间等。

（三）与特定主体的沟通方式

通常，审计师应当就拟执行的程序直接与每一报告致送对象（特定主体）进行讨论。如果无法与所有的报告致送对象直接讨论拟执行的商定程序，审计师应当考虑采取下列措施：

（1）与报告致送对象的代表讨论拟执行的商定程序；

（2）查阅来自报告致送对象的相关信函和文件；

（3）向报告致送对象提交报告样本。

如果接受委托，审计师应当与委托人就双方达成一致的事项签订业务约定书，以避免双方对商定程序业务的理解产生分歧。

签订业务约定书旨在确定委托、受托关系，明确委托目的、业务性质、双方的责任以及报告的用途、分发范围和使用责任等。

三、商定程序的执行

（一）计划商定程序工作

审计师应当合理制订工作计划，以有效执行商定程序业务。

执行商定程序业务与执行审计业务一样也应编制工作计划，对商定程序工作作出合理安排，以有效执行商定程序。

（二）程序的类型

执行商定程序业务运用的程序通常包括：（1）询问和分析；（2）重新计算、比较和其他核对方法；（3）观察；（4）检查；（5）函证。

审计师执行的商定程序与审计程序基本相同。但需要注意的是，实际执行商定程序业务时，可能仅执行上述程序中的一种或几种或某种程序中的一部分，究竟执行哪些程序取决于审计师与特定主体商定的结果。

另外，由于商定程序具有灵活性，审计师可执行的程序也不一定限于上述五种程序，可能会因特定主体的特殊需要执行上述程序以外的其他程序。

当执行商定程序受到客观条件的限制时，审计师应当征得特定主体的同意来修改程序。如果得不到特定主体的同意（例如，程序是监管机构规定的，不能修改），审计师应在报告中说明执行程序所受到的限制，或者解除业务约定。

（三）商定程序业务对程序和证据的要求

审计师应当执行商定的程序，并将获取的证据作为出具报告的基础。

审计师只有按照业务约定书的要求，全部完成商定程序后，才能就执行商定程序的结果出具报告。如果应当执行的程序没有执行或执行不充分，报告的结果就会缺少合理的依据。虽然审计师执行商定程序的性质、时间和范围取决于与特定主体商定的结果，但在与特定主体协商时，审计师不应同意执行过于主观并可能因此产生多种理解的程序。

证据是支持审计师报告的基础。审计师只有通过执行商定的程序，获取适当的证据，才能据以得出恰当的工作结果。但是，审计师不需要为了获取额外的证据，在委托范围之外执行额外的程序。为了便于理解该要求，下面列举了一些恰当和不恰当程序的例子。

（1）恰当的程序。①在商定相关的参数后，进行抽样；②检查能证明某些交易的文件或检查交易的详细情况；③向第三方函证特定信息；④将文件、清单或分析的结果与特定的实际情况相比较；⑤就他人进行的工作（如内审人员的工作）执行特定程序；⑥进行计算。

（2）不恰当的程序。①只查阅某一财务报表认定或某特定信息就据以出具报告；②只查阅他人的工作结果就据以出具报告，或者将他人的工作结果直接作为自己的工作结果进行报告；③解释审计师专业知识范围以外的信息。

（四）工作记录

审计师应当记录支持商定程序业务报告的重大事项，并记录按照《中国注册会计师相关服务准则第4101号——对财务信息执行商定程序》的规定和业务约定书的要求执行商定程序的证据。审计师在编制工作底稿时可以参照《中国注册会计师审计准则第1131号——审计工作底稿》的规定执行。会计师事务所在管理工作底稿时应当遵照《会计师事务所质量管理准则第5101号——业务质量管理》的有关规定执行。

四、商定程序的报告

审计师执行商定程序业务，仅报告执行的商定程序及其结果，并不提出鉴证结论。报告使用者自行对审计师执行的商定程序及其结果作出评价，并根据审计师的工作得出自己的结论。

商定程序业务报告应当详细说明业务的目的和商定的程序，以便使用者了解所执行工作的性质和范围。

商定程序业务报告应当包括下列内容：（1）标题；（2）收件人；（3）说明执行商定程序的财务信息；（4）说明执行的商定程序是与特定主体协商确定的；（5）说明已按照执业准则的规定和业务约定书的要求执行了商定程序；（6）当审计师不具有独立性时，说明这一事实；（7）说明执行商定程序的目的；（8）列出所执行的具体程序；（9）说明执行商定程序的结果，包括详细说明发现的错误和例外事项；（10）说明所执行的商定程序并不构成审计或审阅，审计师不提出鉴证结论；（11）说明如果执行商定程序以外的程序，或执行审计或审阅，审计师可能得出其他报告结果；（12）说明报告仅限于特定主体使用；（13）在适用的情况下，说明报告仅与执行商定程序的特定财务数据有关，不得扩展到财务报表整体；（14）审计师的签名和盖章；（15）会计师事务所的名称、地址及盖章；（16）报告日期。

上述16项基本内容构成了商定程序业务报告的内容，审计师编制报告时应当予以充分关注。以下几点需要特别注意：（1）标题。与审计报告不同，准则并未要求商定程序业务的报告必须统一标题。审计师在出具商定程序业务报告时，可以根据实际需要自行确定报告的标题，如"对××执行商定程序的报告"。（2）收件人。商定程序业务报告的收件人应当是特定主体，一般是委托人，也可以包括业务约定书中指明的其他的报告致送对象。（3）在对特定财务数据执行商定程序业务时，说明报告仅与执行商定程序的特定财务数据有关，不得扩展到财务报表整体。（4）报告日期。是指审计师完成商定程序的日期。（5）审计师应当仅报告对特定财务信息执行商定程序的结果及发现的问题，而不应对该财务信息发表鉴证意见或者提供可信性保证。（6）审计师应当报告其执行程序所发现的一切问题。执行商定程序业务一般不使用重要性原则，除非与特定主体商定了重要性水平的范围。如果运用了重要性原则，审计师应当在报告中说明所商定的重要性水平。（7）审计师应当避免在报告中使用模棱两可的词语。如审计师对"在某一日期的银行存款余额调节表中找出未付款支票，查看在随后一个月的银行对账单中这些支票是否已结清"执行的商定程序，对工作结果的恰当描述应当是："除了以下情况，银行存款余额调节表中所有未付款的支票都在随后一个月的银行对账单中表明已结清：（列出例外的情况）"，对工作结果的不当描述是："执行该程序并未发现任何情况"。

商定程序业务报告仅限于参与协商确定程序的特定主体使用，以避免不了解商定程序的人对报告产生误解。

相关链接19-1

对应收账款明细表执行
商定程序示例

相关链接19-2

与并购计划相关的商定
程序报告示例

第二节　代编财务信息

代编财务信息（以下简称代编业务）是指审计师接受客户委托，运用会计而非审计的专业知识和技能，代客户编制一套完整或非完整的财务报表，或代为搜集、分类和汇总其他财务信息。代编业务既不是审计和审阅业务，也不是其他鉴证业务，不包含任何保证成分，是一项服务业务。但以审计师名义执行时，应当遵守相关职业道德规范，恪守客观、公正的原则，保持专业胜任能力和应有的关注，并对执业过程中获知的信息保密。对代编业务不提出独立性要求，但审计师如果不具有独立性，应当在代编业务报告中说明这一事实。在任何情况下，如果审计师的姓名与代编的财务信息相联系，审计师应当出具代编业务报告。

一、代编业务的目标

代编业务的目标是审计师运用会计而非审计的专业知识和技能，代客户编制一套完整或非完整的财务报表，或代为搜集、分类和汇总其他财务信息。审计师执行代编业务使用的程序并不旨在也不能对财务信息提出任何鉴证结论。

根据代编业务的目标可知，代编业务既非审计业务也非审阅业务，不包含任何保证成分，因此不属于鉴证业务。代编业务与鉴证业务存在显著的区别，具体见表19-2。

表19-2　　　　　　　　　　　　代编业务与鉴证业务的区别

区别 \ 业务类型	代编财务信息	鉴证业务（以财务报表审计为例）
业务关系人	只涉及审计师和责任方两方关系人	涉及审计师、被审计单位和预期使用者三方关系人
业务关注的焦点	财务信息的搜集、分类和汇总	财务信息的质量
保证程度	不对财务信息提供任何程度的保证	对财务报表不存在重大错报提供合理保证
独立性的要求	不对独立性提出要求，但如果不独立，应当在代编业务报告中说明这一事实	要求审计师从实质上和形式上独立于被审计单位
对象	可能是历史财务信息，也可能是预测性财务信息	历史财务信息，通常是历史财务报表
标准	客户指定的编制基础，可以是法定的，也可以是非法定的	适用的会计准则和相关会计制度
证据	对证据未提出要求	获取足以支持审计意见的充分、适当的证据
报告	如果审计师的姓名与代编财务信息相关联，需要出具代编业务报告，但在报告中不提出鉴证结论	以书面形式提供审计报告，并在报告中就财务报表整体是否不存在重大错报发表审计意见

二、业务约定书

（一）签约前的工作

审计师应当在代编业务开始前，与客户就代编业务约定条款达成一致意见，并签订业务约定书，以避免双方对代编业务的理解产生分歧。

具体地说，审计师应当在代编业务开始前与客户就以下事项进行沟通：

（1）委托目的。在接受委托前，审计师应当与客户进行沟通，告知鉴证业务与代编业务的区别，识别出客户的真实需求，明确客户委托的目的，以避免双方对代编业务的理解产生分歧。

（2）代编业务的性质。无论是在客户还是信息使用者的印象或认识中，往往都将审计师与信息保证联系在一起。即便客户明确地提出代编服务的要求，也可能暗含对某种保证的期待。因此，审计师必须在业务承接前明确地向客户指明代编业务的性质，即代编业务既非审计也非审阅，代编业务的程序不用于、也无法用来对代编的财务信息提出任何鉴证结论。同时，客户也不能依赖审计师的代编服务来揭露可能存在的错误、舞弊以及违反法规的行为，或者内部控制存在的薄弱环节。通过与客户沟通，明确代编业务的性质。

（3）客户责任。审计师应当与客户进行沟通，明确客户提供信息的范围、性质以及对其所提供信息承担的责任。例如，在代编符合合同条款要求的财务信息时，客户提供的信息应当包括合同条款的原始信息，以及其他经营管理方面的信息，当然，还应当包括已有的会计记录，这样才能确保编制的财务信息符合合同要求。

（4）编制基础。编制基础，是指按照一定的标准，对信息进行搜集、分类和汇总，以编制满足使用者需求的财务信息。编制基础既可以是法定的，也可以是非法定的。法定的编制基础可以是适用的会计准则和相关会计制度，也可以是政府监管部门颁布的、特殊的财务信息要求。非法定的编制基础可能是客户治理层或管理层制定的考核要求和计算规则、金融机构制定的贷款条款等。目前常见的编制基础有财务报表编制基础、计税基础、收付实现制基础等。

审计师应当就客户采用的编制基础与客户进行沟通，并向客户指明：①采用的编制基础将在代编的财务信息中进行披露，如在财务报表附注中予以说明；②如果审计师出具了代编业务报告，报告中也将相应地说明采用的编制基础。

同时，审计师还应向客户说明，如果代编财务信息存在与选定编制基础背离的情形，也将在代编财务信息和代编业务报告中予以披露。例如，某小企业客户选择《企业会计制度》作为代编财务信息的基础，根据《企业会计制度》的规定，开办费用自正式生产经营之日起一次性摊销，而客户一定要在三年内摊销，则审计师应当在编制的财务报表和出具的代编业务报告中予以说明。

在这一点上，代编业务也与鉴证业务有所不同：如果客户坚持偏离选定的编制基础，执行代编业务的审计师只需在代编财务信息和代编业务报告中对此予以说明；如果是鉴证业务，则审计师要说明这一偏离对鉴证对象信息的影响，并提出鉴证结论。

就客户采用的编制基础进行的沟通还包括将编制基础与客户的委托目的相结合，判断两者是否一致。如果编制基础与委托目的不一致，审计师应当提请客户采用与委托目的相适应的编制基础。

（5）代编信息的预期用途、分发范围和代编业务报告。审计师在承接业务时，还需要就代编财务信息的预期用途、分发范围，以及可能出具的代编业务报告与客户进行沟通。

一旦审计师知道自己的名字将与代编的财务信息发生联系，就必须出具代编业务报告。例如，外商投资企业在给国外股东的财务报告中可能说明"本财务报表是委托××会计师事务所按照国际财务报告框架编制的"。为了避免信息使用者产生误解，以为经过审计师之手，就有某种保证，审计师应当出具代编业务报告，说明执行的业务既非审计也非审阅，因此不对代编的财务信息提出鉴证结论。审计师应当将代编业务报告与代编的财务信息一并提供给客户。

（二）业务约定书的内容

业务约定书应当包括下列主要事项：（1）业务的性质，包括说明拟执行的业务既非审计也非审阅，审计师不对代编的财务信息提出任何鉴证结论；（2）说明不能依赖代编业务揭露可能存在的错误、舞弊以及违反法规行为；（3）客户提供的信息的性质；（4）说明客户管理层应当对提供给审计师的信息的真实性和完整性负责，以保证代编财务信息的真实性和完整性；（5）说明代编财务信息的编制基础，并说明将在代编财务信息和出具的代编业务报告中对该编制基础以及任何重大背离予以披露；（6）代编财务信息的预期用途和分发范围；（7）如果审计师的姓名与代编的财务信息相联系，说明审计师出具的代编业务报告的格式；（8）业务收费；（9）违约责任；（10）解决争议的方法；（11）签约双方法定代表人或其授权代表的签字盖章，以及签约双方加盖的公章。

审计师与客户就沟通事项达成一致意见之后，应当签订业务约定书，以明确双方对委托事项的理解和达成的约定，保护双方的利益。业务约定书的格式可以是合同式，也可以是信函式。

三、计划、程序与记录

（一）制订代编业务计划

审计师在与客户签订业务约定书之后，应当制订代编业务计划，详细计划代编业务的程序、时间和人员安排等事项，以便能够将资源合理分配到代编业务的重要领域，有效率地完成代编业务。代编业务计划随着委托项目的规模、复杂程度、审计师与客户的交往经验以及对客户业务的熟悉程度的不同而不同。

（二）了解客户

审计师应当了解客户的业务和经营情况，熟悉其所处行业的会计政策和惯例，以及与具体情况相适应的财务信息的形式和内容；了解客户业务交易的性质、会计记录的形式和财务信息的编制基础。审计师通常利用以前经验、查阅文件记录或询问客户的相关人员，获取对这些事项的了解。

（三）代编业务程序

如果注意到管理层提供的信息不正确、不完整或在其他方面不令人满意，审计师应当考虑执行下列程序，并要求管理层提供补充信息：（1）询问管理层，以评价所提供信息的可靠性和完整性；（2）评价内部控制；（3）验证任何事项；（4）验证任何解释。

如果管理层拒绝提供补充信息，审计师应当解除该项业务约定，并告知客户解除业务约定的原因。

（四）发生重大错报的情形及其处理

审计师应当阅读代编的财务信息，并考虑形式是否恰当，是否不存在明显的重大错报。重大错报包括下列情形：（1）错误运用编制基础；（2）未披露所采用的编制基础和获知的重大背离；（3）未披露审计师注意到的其他重大事项。

审计师应当在代编财务信息中披露采用的编制基础和获知的重大背离，但不必报告背离的定量影响。

如果注意到存在重大错报，审计师应当尽可能与客户就如何恰当地更正错报达成一致意见。如果重大错报仍未得到更正，并且认为财务信息存在误导，审计师应当解除该项业务约定。

（五）获取管理层声明书

审计师应当从管理层获取其承担恰当编制财务信息和批准财务信息的责任的书面声明。该声明还应当包括管理层对会计数据的真实性和完整性负责，以及已向审计师完整提供所有重要且相关的信息。

（六）工作记录

审计师应当记录重大事项，以证明其已按照代编业务准则的规定和业务约定书的要求执行代编业务。

重大事项通常包括：（1）业务约定书；（2）代编业务计划；（3）执行的代编程序；（4）发现的重大错报；（5）客户管理层声明书；（6）代编财务信息的最终成果；（7）出具的代编业务报告（如果适用）。

四、代编业务报告

代编业务报告应当包括以下内容：（1）标题；（2）收件人；（3）说明审计师已按照《中国注册会计师相关服务准则第4111号——代编财务信息》的规定执行代编业务；（4）当审计师不具有独立性时，说明这一事实；（5）指出财务信息是在管理层提供信息的基础上代编的，并说明代编财务信息的名称、日期或涵盖的期间；（6）说明管理层对审计师代编的财务信息负责；（7）说明执行的业务既非审计，也非审阅，因此不对代编的财务信息提出鉴证结论；（8）必要时，应当增加一个段落，提醒注意代编财务信息对采用的编制基础的重大背离；（9）审计师的签名及盖章；（10）会计师事务所的名称、地址及盖章；（11）报告日期。

审计师应当在代编财务信息的每页或一套完整的财务报表的首页明确标示"未经审计或审阅""与代编业务报告一并阅读"等字样，从而可以让信息使用者知晓审计师提供的是会计专业知识和技能的服务，并明确告知使用者，审计师在代编服务中不提出任何鉴证结论。

相关链接19-3

代编财务报表业务报告

相关链接19-4

代编财务报表业务报告
（增加段落）

第三节　财务尽职调查 ▌

财务尽职调查，是指在投资、并购重组等资本运作活动中，财务尽调机构对委托人拟了解的目标公司的基本情况、业务情况、财务情况或估值情况等事项进行审慎性调查，并出具财务尽职调查报告的行为。编制财务尽职调查报告，应当符合《中华人民共和国注册会计师法》和《中华人民共和国民法典》等有关法律法规的规定。

一、财务尽职调查的基本要求

财务尽调机构接受委托执行财务尽职调查业务并出具财务尽职调查报告，应当选派具备相关的专业知识和实践经验、具有专业胜任能力的人员。财务尽调机构专业人员在执行尽职调查业务时应自觉遵循客观、公正、诚信原则，勤勉尽责，遵守应有的职业道德。财务尽调机构及其专业人员应按照委托人的相关要求，明确尽职调查的内容和范围、选择适当的程序和方法、执行调查程序和编制工作底稿，出具尽职调查报告。

财务尽职调查报告应当充分反映调查结果，内容应当结构清晰、语言精练、重点突出，便于报告使用人准确理解报告所披露信息，避免出现误导性陈述。财务尽职调查报告的详略程度可以根据委托人要求结合调查对象的复杂程度合理确定，其内容与格式非标准化。鉴于财务尽职调查业务的特殊性，财务尽职调查报告是在委托人要求基础上编制的，报告内容并未进行审计或高度可靠性验证，其内容的可靠性不及审计。财务尽调机构在承接业务时就该事项应与委托人充分沟通一致，并在报告中进行充分提示。

二、财务尽职调查的基本程序和方法

财务尽职调查实施通常包括业务承接和计划、执行财务尽职调查程序和出具财务尽职调查报告三个阶段。

（一）业务承接和计划阶段

财务尽职调查业务承接和计划阶段，需要考虑的事项通常包括以下方面：

（1）明确调查目的；

（2）明确调查内容和范围，包括调查期间和截止日；

（3）了解目标公司的基本情况；

（4）明确调查的时间和人员安排计划；

（5）开展调查小组讨论会；

（6）明确主要的调查程序；

（7）拟定财务尽职调查资料清单；

（8）签订业务委托合同。

（二）执行财务尽职调查程序阶段

执行财务尽职调查程序阶段，对目标公司基本情况、业务情况和财务情况调查的主要程序可以参照审计工作，通常包括：

（1）审阅文件资料：审阅目标公司基本资料，如工商登记信息、财务资料、业务合同、法律文本等；

（2）查询收集外部资料：收集第三方相关资料，可以考虑的信息渠道，如网络、专业数据库、行业杂志、研究报告、证券市场、其他载体信息等；

（3）访谈内部相关人员：与目标公司内部各层级人员进行充分沟通交流；

（4）考察实地：实地查勘目标公司工艺流程、生产经营状况，并对厂房、土地、设备、存货等实物资产进行监盘；

（5）走访外部机构：走访相关中介机构、供应商和客户，通过第三方机构如银行、税务、行业协会、监管机构等了解目标公司相关情况；

（6）分析和讨论：通过对相关业务和财务数据的结构、趋势对标比较，进行分析复核，并进行项目组内部或外部专家讨论。

财务尽职调查履行调查程序时与财务报表审计执行审计程序时有较大的区别，主要体现在以下方面：

（1）目的：财务尽职调查通常根据历史财务信息，分析目标公司可持续财务状况和盈利能力，但并非确保历史财务信息的真实与公允；

（2）范围：财务尽职调查通常把财务以及非财务信息相结合，通过分析目标公司运营历史数据、行业竞争力、业务环境等，多方面综合评价潜在的财务影响，并不仅限于历史财务信息；

（3）方法：财务尽职调查通常依据委托受托双方确定的原则开展调查，如委托人无特别要求，一般情况下不需要进行系统测试、审查会计凭证或执行函证；

（4）资料：财务尽职调查通常按照与委托人及目标公司的沟通结果，来确定调查人员要求的尽职调查资料。

财务尽职调查中与估值相关的调查主要程序可以参照评估工作，通常包括：估值的方法和途径、估值的前提和假设、估值计算过程和估值结论的确定。

（三）出具财务尽职调查报告阶段

出具财务尽职调查报告阶段，需要根据委托人要求，结合尽职调查履行的程序以及所获取的重要信息和数据，在与委托人充分沟通后，编制财务尽职调查报告。

三、财务尽职调查报告

财务尽职调查报告的内容根据委托人要求确定。

财务尽职调查报告的内容通常包括下列要素：（1）声明；（2）目录；（3）标题；（4）报告文号；（5）收件人（一般为委托人）；（6）绪言；（7）基本情况；（8）业务情况；（9）财务情况；（10）关联方及关联方交易；（11）提醒关注事项；（12）尽职调查机构落款；（13）报告日期。

财务尽职调查报告内容根据委托人要求可以选择增加部分特殊要素，如：（1）行业情况；（2）财务报表相关的内部控制；（3）税收政策及风险；（4）估值过程及分析。

财务尽职调查报告的声明通常包括以下内容：（1）尽职调查所基于的目的及不当使用报告的免责声明；（2）尽职调查所依据的资料来源和各相关当事方的责任；（3）尽职调查所受的时间、调查程序和资料提供等方面的限制情况；（4）尽职调查并非按照相关准则进行的审计或者资产评估的相关声明。

财务尽职调查报告的标题通常为：×××（目标公司）财务尽职调查报告。财务尽职调查报告的报告文号通常为：××（尽职调查机构简称）财务尽调字（年度时间）第×号。财务尽职调查报告的收件人通常为：×××（委托人名称）。财务尽职调查报告的绪言通常概括列示委托人、目标公司名称、调查期间、调查目的及主要调查内容、责任等。财务尽职调查报告中目标公司基本情况通常反映以下内容：（1）简介：公司名称、注册资本、实收资本、成立时间、法定代表人、统一社会信用代码、公司类型、住所、营业范围。（2）历史沿革：历次股权变动及股权结构演变情况。（3）组织架构。（4）对外投资架构。（5）委托人拟了解的其他事项，例如，实际控制人、董监高、核心技术人员等；历次出资及股权方面存在的法律问题，例如，出资瑕疵、股份代持、对赌协议、股权质押冻结及诉讼等；历次股权变动是否涉及股份支付。

财务尽职调查报告中目标公司业务情况通常包括以下内容：（1）主营业务涉及的资质或特许经营情况；（2）主要产品（或服务）及用途、特点；（3）销售模式、渠道及主要客户；（4）生产模式、工艺流程及产能利用情况；（5）采购模式及主要供应商；（6）技术与研发。

财务尽职调查报告中目标公司行业情况通常包括以下内容：（1）行业概况，如行业政策、行业周期和行业发展趋势等；（2）行业上下游情况；（3）目标公司在行业中的地位及特点；（4）目标公司主要竞争对手及竞争优劣势。

财务尽职调查报告中目标公司财务情况通常包括以下内容：

（1）报表情况，包括资产负债表、利润表、现金流量表等；

（2）主要财务指标分析，包括营运能力、偿债能力、盈利能力及行业对比分析；

（3）主要会计政策，包括重要的会计政策如收入确认、成本计量、减值计提、折旧摊销等；

（4）销售方面，包括主要客户、信用政策及收款情况、产品退货和销售返利、收入分析等；

（5）采购与付款、生产与仓储循环方面，包括主要供应商、信用政策及付款情况、存货情况、生产成本分析等；

（6）期间费用，包括销售费用、管理费用、财务费用、研发费用等；

（7）资产情况，包括货币资金、应收票据、其他应收款、固定资产、在建工程、无形资产等；

（8）负债情况，包括借款、应付票据、其他应付款等；

（9）重大承诺及或有事项，包括资产受限情况、对外担保等。

财务尽职调查报告中关联方及关联方交易通常包括以下情况：（1）关联方基本情况，包括关联方及关联方关系；（2）关联方交易，包括采购、销售、租赁、担保、资金拆借等。

财务尽职调查报告中内部控制通常包括以下情况：（1）销售相关的内部控制；（2）采购与存货相关的内部控制；（3）成本费用相关的内部控制；（4）资金相关的内部控制；（5）其他。

财务尽职调查报告中税收政策及风险通常包括以下内容：（1）涉税情况；（2）税收优惠政策；（3）尽调期间纳税奖罚情况；（4）税收风险。

财务尽职调查报告中估值过程及分析通常包括以下内容：（1）估值假设和前提；（2）估值的方法和途径；（3）估值的计算过程；（4）估值结论。

相关链接19-5

××公司财务
尽职调查报告

提醒关注事项通常包括尽职调查实施过程中发现的目标公司财务核算和规范方面存在的问题及与交易行为相关的重大风险情况等。财务尽职调查中的估值调查可以根据委托人的要求单独出具尽职调查报告，报告的要素和内容根据估值对象的特点和委托人要求合理确定。

第四节 其他相关服务

一、管理会计咨询服务

2014年10月，财政部在《关于全面推进管理会计体系建设的指导意见》中提出"要积极培育管理会计咨询服务市场，支持、指导、规范包括注册会计师行业在内的会计服务机构开展管理会计咨询服务业务"。管理会计咨询服务作为现代服务业的重要组成部分，是管理会计4+1体系中确保其他四大任务顺利实施推进的外部支持。随着财务共享、财务机器人等技术的引入，企业数字化、智能化水平逐渐提高。围绕财务转型、管理转型和高质量发展，管理会计咨询服务需求日趋多元化和个性化。

（一）管理会计咨询服务的主要类型

1.围绕《管理会计应用指引》等开展的咨询服务

该类服务一般以《管理会计应用指引》《企业内部控制应用指引》《注册会计师业务指导目录》等为参照，具体内容包括战略管理、全面预算管理、成本管理、投融资管理、营运管理、内部控制、风险管理与合规管理、绩效管理、管理会计信息系统和管理会计报告等。

2.围绕公司管控开展的咨询服务

该类服务主要围绕公司管理控制展开，既包括传统的管理模式优化，制度流程优化，也包括新技术的应用，如供应链金融等；既包括顶层设计（如混合所有制改革），也包括业务领域管控。该类咨询服务主要包括商业模式设计、管理模式优化、制度流程优化、混合所有制改革、供应链管理、尽职调查、客户关系管理、管理创新、对标世界一流企业咨询等。

3.围绕数字化转型开展的咨询服务

该类咨询服务围绕数字化转型展开，一般需要对业务流程进行梳理和优化，主要包括实施财务共享、财务机器人、商务智能、云ERP、管理信息化项目蓝图设计与需求分析、风险预警系统研发、大数据分析、IT咨询等。

4.围绕基础管理开展的咨询服务

该类服务主要包括编制会计核算办法、会计信息质量管理、资金安全管理、账卡物一致性检查、税务管理、内部审计和档案数字化管理等。

（二）管理会计咨询服务的流程

管理会计咨询服务主要包括五个阶段，分别是前期工作、准备阶段、外勤阶段、报告阶段和售后服务。

（1）前期工作。主要包括与客户初步接触、拟定项目建议书、明确咨询工作的范围、签订业务约定书。本阶段的重难点在于了解客户需求，并确定管理咨询工作的范围。

（2）准备阶段。主要包括编制工作方案（含资料清单），编制调研资料（含调研计划、访谈提纲或调查问卷），团队培训，研读相关法规、行业案例及信息资料等基础性工作。

（3）外勤阶段。主要包括召开进点会（含培训宣贯）、访谈调研（尤其要访谈管理层）、进一步明确并细化客户需求、明确工作内容和预期成果框架、发放调查问卷、组织会议讨论、研读制度和内部报告、查阅会计凭证、检查信息系统、设计模型（含数据处理）、编制工作底稿、阶段性汇报等工作。

（4）报告阶段。主要包括提交咨询报告审议稿（或其他成果形式）、交换意见及成果修改、项目汇报等工作。

（5）售后服务。主要包括成果修改完善、跟踪项目落地情况、后续咨询或其他运维服务等工作。

二、税务服务

（一）税务服务的种类

税务服务通常包括以下类别：编制纳税申报表、为编制会计分录计算税额、税务筹划或其他税务咨询服务、协助解决税务纠纷。

（二）决定不利影响严重程度的因素

会计师事务所向审计客户提供某些税务服务，可能因自我评价和过度推介产生不利影响。不利影响存在与否及其严重程度主要取决于下列因素：

（1）税务机关采用的税收核定和征管系统，以及会计师事务所在该过程中的角色；

（2）税收法律法规的复杂程度，以及应用时进行判断的程度；

（3）业务的具体特征；

（4）客户员工的税务专业水平。

（三）编制纳税申报表

会计师事务所为审计客户可能提供编制纳税申报表的服务，包括：

（1）编制信息，以协助客户履行纳税申报义务，例如计算应向税务机关缴纳的税额；

（2）对已发生交易的纳税申报处理方法提供建议；

（3）代表审计客户向税务机关提供所要求的附加信息和分析。

由于纳税申报表须经税务机关审查或批准，如果管理层对纳税申报表承担责任，会计师事务所提供此类服务通常不对独立性产生不利影响。

（四）计算当期所得税或递延所得税负债（或资产）

1.计算当期所得税或递延所得税负债（资产）对独立性的影响

基于编制会计分录的目的，为审计客户计算当期所得税或递延所得税负债（或资产），将因自我评价产生不利影响。不利影响的严重程度主要取决于下列因素：

（1）税收法律法规的复杂程度，以及应用时进行判断的程度；

（2）客户员工的税务专业水平；

（3）税额对于财务报表的重要性。

2.对不利影响的防范措施

会计师事务所应当在必要时采取防范措施消除不利影响或将其降低至可接受的水平。

防范措施主要包括：

（1）由审计项目组以外的专业人员执行此类业务；

（2）如果审计项目组成员执行此类业务，由审计项目组以外的合伙人或高级管理人员复核税额的计算；

（3）向外部税务专业人员咨询。

3.禁止或允许计算当期所得税或递延所得税负债（或资产）

在审计客户属于公众利益实体的情况下，除非出现紧急或极其特殊的情况，并征得相关监管机构的同意，会计师事务所不得计算当期所得税或递延所得税负债（或资产），以用于编制对被审计财务报表具有重大影响的会计分录。

如果遇到紧急或极其特殊的情况，审计客户无法作出其他安排，经相关监管机构同意，会计师事务所可以在下列情况下，提供本章不允许提供的以编制会计分录为目的的税额计算服务：

（1）只有该会计师事务所拥有服务资源，熟悉客户的情况，能够协助客户及时计算当期所得税或递延所得税负债（或资产）。

（2）如果限制会计师事务所提供这些服务将对客户造成严重困难，如导致客户无法向监管机构提供报告。

在上述情况下，会计师事务所只能安排审计项目组成员以外的专业人员在短期内一次性提供这些服务，并且应当就此事项与治理层讨论。

（五）税务筹划或其他税务咨询服务

1.税务筹划或其他税务咨询服务的种类

税务筹划或其他税务咨询服务有多种类型，例如，向审计客户提供如何节税，或如何运用新的税收法律法规的建议。

2.不利影响严重程度的决定因素

如果税务建议影响财务报表所反映的事项，可能因自我评价产生不利影响。不利影响存在与否及其严重程度主要取决于下列因素：

（1）在确定如何在财务报表中对税务建议进行处理时涉及的主观程度；

（2）税务建议的结果是否对财务报表产生重大影响；

（3）税务建议的有效性是否取决于会计处理或财务报表列报，以及是否对会计处理或财务报表列报的适当性存有疑问；

（4）客户员工的税务专业水平；

（5）税务建议是否具有相应的税收法律法规依据；

（6）税务处理是否得到税务机关的认可。

3.不对独立性产生不利影响的税务筹划或其他税务咨询服务

在提供税务筹划和其他税务咨询服务时，如果此类服务具有法律依据，或得到税务机关的明确认可，通常不对独立性产生不利影响。

会计师事务所应当评价税务建议产生不利影响的严重程度，并在必要时采取防范措施消除不利影响或将其降低至可接受的水平。

防范措施主要包括：

（1）由审计项目组以外的专业人员提供此类服务；

（2）由未参与提供此类服务的税务专业人员向审计项目组提供服务建议，并复核会计处理和财务报表列报；

（3）向外部税务专业人员咨询；

（4）得到税务机关的预先认可。

4.对独立性产生不利影响的税务筹划或其他税务咨询服务

如果税务建议的有效性取决于某项特定会计处理或财务报表列报，并且同时存在下列情况，将因自我评价产生非常严重的不利影响，导致没有防范措施能够消除不利影响或将其降低至可接受的水平：（1）审计项目组对于相关会计处理或财务报表列报的适当性存有疑问；（2）税务建议的结果或执行后果将对被审计财务报表产生重大影响，会计师事务所不得为审计客户提供此类税务建议。例如，在某些国家或地区，将租赁支出作税前扣除的税务建议的有效性，取决于在编制财务报表时将租赁作为经营性租赁进行会计处理。如果在这种情况下，审计项目组对该经营性租赁的会计处理的恰当性存有疑问，则不得为该审计客户提供此类税务服务。

5.基于纳税申报或税务筹划目的的评估业务

在向审计客户提供税务服务时，会计师事务所可能应审计客户的要求提供评估服务，以协助客户进行纳税申报或税务筹划。如果评估结果将对财务报表产生直接影响，会计师事务所应当按照关于评估服务的规定处理。

如果评估服务仅为满足税务目的，其结果对财务报表没有直接影响（即财务报表仅受有关涉税会计分录的影响），且间接影响并不重大，或者评估服务经税务机关或类似监管机构外部审查，则通常不对独立性产生不利影响。

如果评估服务未经税务机关或类似监管机构审查，并且其对财务报表的影响重大，会计师事务所应当评价所产生不利影响的严重程度。不利影响存在与否及其严重程度主要取决于下列因素：

（1）评估方法是否具有明确的税收法律法规依据，以及评估固有的主观程度；

（2）基础数据的可靠性和范围。

会计师事务所应当评价不利影响的严重程度，并在必要时采取防范措施消除不利影响或将其降低至可接受的水平。

防范措施主要包括：

（1）由审计项目组以外的专业人员提供该服务；

（2）由其他专业人员复核审计工作或税务服务的结果；

（3）得到税务机关的预先认可。

（六）帮助解决税务纠纷

如果会计师事务所代表审计客户解决税务纠纷，一旦税务机关通知审计客户已经拒绝接受其对某项具体问题的主张，并且税务机关或审计客户已将该问题纳入正式的法律程序，则可能因过度推介或自我评价产生不利影响。不利影响存在与否及其严重程度主要取决于下列因素：

（1）引起税务纠纷的事项是否与会计师事务所的建议相关；

（2）税务纠纷的结果对被审计财务报表产生重大影响的程度；

（3）该事项是否具有明确的税收法律法规依据；

（4）解决税务问题的程序是否公开；

（5）管理层在解决税务纠纷时所起的作用。

会计师事务所应当评价不利影响的严重程度，并在必要时采取防范措施消除不利影响或将其降低至可接受的水平。

防范措施主要包括：

（1）由审计项目组以外的专业人员提供该税务服务；

（2）由其他未参与提供该税务服务的税务专业人员，向审计项目组提供服务建议，并复核会计处理；

（3）向外部税务专业人员咨询。

在提供税务服务时，如果会计师事务所人员在公开审理或仲裁的税务纠纷中担任审计客户的辩护人，并且所涉金额对被审计财务报表影响重大，将因过度推介产生非常严重的不利影响，导致没有防范措施能够消除不利影响或将其降低至可接受的水平。会计师事务所人员不得在为审计客户提供税务服务时担任辩护人。在公开审理或仲裁期间，会计师事务所可以继续为审计客户提供有关法庭裁决事项的咨询。例如，协助客户对具体问题作出回复，提供背景材料或证词，或分析税收问题。

三、信息技术系统服务

信息技术系统可用于积累原始数据，构成与财务报告相关的内部控制的组成部分，或生成影响会计记录或者财务报表的信息。信息技术系统也可能与审计客户的会计记录、财务报告内部控制和财务报表无关。会计师事务所提供信息技术系统服务是否因自我评价产生不利影响，取决于服务和信息技术系统的性质。

（一）不对独立性产生不利影响的信息技术系统服务

如果会计师事务所人员不承担管理层职责，则提供下列信息技术系统服务不被视为对独立性产生不利影响：

（1）设计或操作与财务报告内部控制无关的信息技术系统；

（2）设计或操作信息技术系统，其生成的信息不构成会计记录或财务报表的重要组成部分；

（3）操作由第三方开发的会计或财务信息报告软件；

（4）对由其他服务提供商或审计客户自行设计并操作的系统进行评价和提出建议。

（二）向不属于公众利益实体的审计客户提供有关信息技术系统服务

如果出现下列情形之一，会计师事务所向不属于公众利益实体的审计客户提供有关信息技术系统的设计或操作服务，将因自我评价产生不利影响：

（1）信息技术系统构成财务报告内部控制的重要组成部分；

（2）信息技术系统生成的信息对会计记录或被审计财务报表影响重大。

如果存在上述情形，提供信息技术系统服务将因自我评价产生非常严重的不利影响，只有通过采取适当的防范措施以确保同时满足下列条件，会计师事务所才能提供此类服务：

（1）审计客户认可自己对建立和监督内部控制的责任；

（2）审计客户指定具有胜任能力的员工（最好是高级管理人员）作出有关系统设计和

操作的所有管理决策；

（3）审计客户作出与系统设计和操作过程有关的所有管理决策；

（4）审计客户评价系统设计和操作的适当性及结果；

（5）审计客户对系统运行以及系统使用或生成的数据负责。

根据审计工作对某项特定信息技术系统的依赖程度，会计师事务所应当确定该非鉴证服务是否只能由审计项目组以外的、不同业务主管领导下的人员提供。会计师事务所应当评价剩余不利影响的严重程度，并在必要时采取防范措施消除不利影响或将其降低至可接受的水平。可采取的防范措施包括由其他专业人员复核已执行的审计或非鉴证工作等。

（三）向属于公众利益实体的审计客户提供有关信息技术系统服务

在下列情况下，会计师事务所不得向属于公众利益实体的审计客户提供或设计与信息技术系统相关的服务：

（1）信息技术系统构成财务报告内部控制的重要组成部分；

（2）信息技术系统生成的信息对会计记录或被审计财务报表影响重大。

第十九章学习指南

第五编
其他类型的审计

第二十章　国家审计

第一节　国家审计性质与目标

一、国家审计的产生与发展

国家审计是人类社会发展到一定阶段的产物。在国家审计产生和发展过程中，审计环境起着决定性的作用。审计环境是由多元变量组成的有机整体。在影响国家审计的环境因素中，技术进步与制度变迁是两大关键变量。技术进步为国家审计的发展奠定了技术基础，提供了能力提升空间，提升了国家审计的供给能力；制度变迁为国家审计发展明确了目标和方向，引致了人类对国家审计需求的演化。供给与需求的均衡决定了不同国家不同时期国家审计的时代特征。根据不同时期国家审计的特征，我们可以将国家审计粗略地划分为古代审计、近代审计、现代审计三个历史阶段。

古代审计基本涵盖了奴隶社会和封建社会的国家审计。众所周知，从政治制度上看，古代社会是以专制为特征的社会。在"君权神授"的观念下，最高统治者的权力来源于神或上天的赋予，国家权力是绝对的私人所有，王权处于权力金字塔的顶端；下属机构和官员的权力来源于国王或皇帝授予，国王或君主对下属官员与臣民拥有绝对的支配权。国王或君主对虚拟的神或上天负责，下属官员与臣民则对国王或君主负责。这种权力和责任的制度安排，决定了建立国家审计制度的初衷在于维护王朝的专制统治，审计目标是查错纠弊，审计对象是王朝的财政收支，审计结论向国王或君主报告。国家审计的监督权呈现出垂直向上的结构，最后集中于一人或几人之手。国家审计只是国王或君主维护其专制统治的工具。

在国家审计由古代审计向近代审计跃迁的过程中，政治制度的演进起着十分重要的作用。可以毫不夸张地说，近代国家审计是在王权与民权的斗争中确立，在专制与民主的斗争中发展的。当时，专制社会叛逆者们向封建专制制度发起了猛烈进攻，逐步形成了"主权在民"的思想，并在此基础上逐步形成了民主政治。在民主政治下，国家对政府的监督权下移，呈现出一种向下负责的结构，为之服务的国家审计的监督权也呈垂直向下的结构。国家审计不再是国王或君主维护专制统治的手段，而是代表人民对政府或官员进行监督的工具。国家审计目标是政府财政收支活动的合法合规性，审计对象是政府的财政收支活动，审计结果向代表人民的权力机关报告。

近代国家审计取得的成就是巨大的，它为东西方国家审计带来了以人民为主体的审计思想，留下了以人民为主体实现人民对政府监督的国家审计的制度遗产，对世界国家审计的影响是广泛而深远的。

如果说，近代国家审计的特征在于确立了以民为本的国家审计制度，实现了国家审计管理体制的革命，那么，现代审计的标志则在于拓展了以民为本的审计目标，实现了国家审计对象与内容的革命。

20世纪40年代，凯恩斯主义的推行，导致美国公共部门支出大幅度增加，引起了社会公众对公共资源使用效率与效果的关注，人们要求对受托管理这些资源的政府官员所负经济责任进行审查。这样，产生了绩效审计。1945年，美国通过《联邦公司控制法案》，该法案要求当时的美国会计总署不仅应直接评价公营企业的合规性，而且应对其管理效率和内部控制系统的有效性进行评价。这标志着国家审计的一种新兴类别——绩效审计——的出现。绩效审计的产生和确立是近代国家审计与现代国家审计的分水岭。绩效审计的出现和推行，直接将国家审计由财务审计阶段推进到绩效审计阶段。

20世纪70年代以后，美国、英国、加拿大、澳大利亚等国纷纷开展以绩效审计为中心的国家审计，绩效审计已经成为国家审计的潮流。绩效审计兴起的宏观政治背景和历史背景[①]，也是国家审计演变的历史与逻辑。

二、国家审计的内涵与种类

（一）国家审计的内涵

国家审计是由国家审计机关进行的审计，是国家治理体系的重要组成部分。在我国，国家审计是指国家审计机关以相关的法律、法规和其他有关规定为依据对被审计单位的财政收支、财务收支以及有关经济活动的真实、合法和效益情况，其主要负责人履行经济责任、自然资源资产管理和生态环境保护责任情况进行监督、鉴证和评价的活动，其目的在于维护国家经济安全，推进民主法治，促进廉政建设，保障国家经济和社会健康发展。

关于国家审计的内涵，我们可以从以下几个方面来把握：

（1）国家审计是国家治理体系的重要构成部分，在中国，国家审计是党和国家监督体系的重要组成部分。

国家审计是国家治理体系的重要构成部分已成为全球共识。2013年10月26日，世界审计组织第二十一届大会在北京召开，会议通过了《北京宣言》。《北京宣言》明确提出，最高审计机关是国家治理的重要组成部分，应当继续致力于维护民主法治、提高政府效能、预防并打击腐败、保障国家安全、促进改善民生和推动透明问责，以促进国家良治，实现社会、经济和环境的可持续发展。

党的十八大以来，我国一直致力于构建全党统一领导、全面覆盖、权威高效的监督体系。2021年10月23日，我国对《中华人民共和国审计法》进行了第二次修正。修正后的《中华人民共和国审计法》明确提出，国家实行审计监督制度，坚持中国共产党对审计工作的领导，构建集中统一、全面覆盖、权威高效的审计监督体系。2023年2月，中共中央办公厅、国务院办公厅发布《关于进一步加强财会监督工作的意见》提出，到2025年，构建起财政部门主责监督、有关部门依责监督、各单位内部监督、相关中介机构执业监督、行业协会自律监督的财会监督体系；基本建立起各类监督主体横向协同、中央与地方纵向联动，财会监督与其他各类监督贯通协调的工作机制；财会监督法律制度更加健全，信息化水平明显提高，监督队伍素质不断提升，在规范财政财务管理、提高会计信息质量、维护财经纪律和市场经济秩序等方面发挥重要保障作用。我们有理由相信，随着人民监督政府和党内自我革命的机制的进一步完善，中国的国家审计在推进中国式现代化的进程中发挥更加重要的作用。

（2）国家审计的主体是国家审计机关。国家审计管理体制是国家审计主体范畴研究的

---

① 文硕. 世界审计史［M］. 北京：中国审计出版社，1990.

重要内容。不同的国家，因国家审计的环境不同而存在不同的国家审计管理体制。总体来看，世界各国的国家审计管理体制大体包括立法型、司法型、行政型和独立型四种。现阶段，我国正在发展完善在中国共产党领导下的集中统一、全面覆盖、权威高效的审计监督体系。

（3）国家审计的审计对象包括被审计实体和审计内容两个方面。被审计实体涉及国家审计的实体边界。根据现行《中华人民共和国审计法》及其他相关规定，我国国家审计现行实体包括国家机关、人民团体、国家事业组织、国有或国有资本占控股地位或主导地位的企业（含金融机构），其他管理、分配和使用公共资金、国有资产、国有资源的单位以及其主要负责人；国家审计的内容涉及国家审计的内容边界。按现行《中华人民共和国审计法》及其他相关规定，国家审计的内容包括被审计单位的财政收支、财务收支以及有关经济活动的真实、合法和效益情况，其主要负责人履行经济责任、自然资源资产管理和生态环境保护责任情况。

（4）国家审计的作用在于通过对被审计单位财政收支或者财务收支的情况及其主要负责人经济责任的履行情况的监督，维护国家财政经济秩序，提高公共资金、国有资产、国有资源的使用效益，促进经济高质量发展，促进全面深化改革，促进权力的规范运行，促进廉政建设，保障国民经济和社会健康发展。

（5）国家审计的技术与方法随着时代的变化而逐步演化。数字化是我们这个时代的时代特征。国家审计的技术方法应适应数字化的要求，构建以审计基本技术为基础，融合现代信息技术（特别是现代新型信息技术）的、能满足微观问责和国家宏观治理需要的国家审计技术体系是数字化时代对国家审计的必然要求。为此，我们需要探索互联网技术、物联网技术、云计算技术、大数据技术、可视化技术和人工智能在国家审计中的运用，以构建起以现代信息技术为支撑的新型的国家审计技术体系，实现国家审计技术的变革。

（6）国家审计标准是国家相关的法律、法规和其他有关规定。

（二）国家审计的种类

根据不同的标准可以将国家审计划分为不同的类别。

按国家审计客体不同，可将国家审计分为行政单位审计、事业单位（含人民团体）审计、国有或国有资本控股企业（含金融机构）审计、其他公共资源管理主体审计和领导干部经济责任审计等。按国家审计的内容不同，可以将国家审计分为公共资金审计、国有资产审计和国有自然资源审计等。按目标和内容的不同，可以将国家审计分为以真实性审计、合法合规性审计为主的财务审计，以经济性、效率性、效果性为主的绩效审计，以领导干部任期经济责任为主的经济责任审计等。

三、国家审计的目标

（一）国家审计目标的内涵与意义

国家审计目标就是国家审计机关开展审计工作所要达到的境界或目的。我们认为，从结构上看，国家审计目标具有层次性，它是由多层次目标构成的一个有机整体，包括总体目标、一般目标和具体目标。国家审计的总体目标是体现国家审计本质功能的目标。一般目标是以总体目标为依据，从各类具体审计活动中抽象出的具有普遍意义的目标。具体目标是各类具体审计活动的目标。国家审计的总体目标是最高层次的目标，是确定一般目标和具体目标的前提和基础，具有相对稳定性；一般目标是总体目标在一定时间和空间内的具体化，是总体目标的分解与实现形式，也是各类审计活动具体目标的抽象化，因此具有动态性；具体目标是在各类具体的审计活动中以一般目标为依据根据工作要求确定的审计目标，对审计工作要求不同，审计种类不同，具体审计目标也就不同，因而具体目标具有复杂多变性。

审计目标是国家审计系统的导向机制，是国家审计系统建立与运行的出发点，是国家审计系统整体功能的集中体现，也是国家审计系统运行效果的衡量标准。在国家审计系统中，其他要素必须围绕审计目标运行。审计目标影响审计主体，审计目标不同，对审计主体的专业胜任能力的要求就不一样；审计目标制约着审计对象中的审计内容，不同的审计目标，就会有不同的审计内容；审计目标决定了审计所采用的技术方法，审计技术方法是实现审计目标的手段；审计准则是在实现审计目标过程中应当运用的规范，是审计目标实现的质量保证；审计报告是审计目标的最终体现，审计报告质量的高低及其运用效果的好坏是审计目标实现程度的衡量标准。

从理论上说，国家审计目标是国家审计基本理论的组成部分；从实务上讲，国家审计目标是国家审计活动的出发点和落脚点。因此，研究国家审计目标具有重要的理论意义和实践意义。

（二）国家审计目标定位的不同观点及评述

1.关于国家审计总体目标定位的不同观点

关于我国国家审计总体目标的定位，学术界进行了大量的研究。从现有的研究文献来看，关于国家审计目标定位的主要观点有公共受托责任论、权力制约与监督论、公共资金管理与控制论和鉴证信息论等。这些关于国家审计目标定位的观点，从不同的视角研究了国家审计总体目标。

公共受托责任论认为，国家审计的总体目标在于检查、评价公共受托责任的履行情况，其最终目的在于强化公共责任。从国内来看，最早提出这种观点的是杨时展教授。赞成这种观点的学者包括秦荣生（1994）、安亚人（1998）、孙保厚（1999）、蔡春（2001）和沈国平（2003）等；从国外来看，最高审计机关国际组织（INTOSAI）规定，最高审计机关的总体目标在于帮助政府改善业绩状况，提高透明度，强化公共受托责任，倡导"三E或五E审计"，造福于人民；2004年7月7日，美国会计总署更名为政府责任署（Government Accountability Office，缩写依旧为GAO），强调更加关注公共责任。美国政府责任署（GAO）认为，政府审计总体目标在于保证政府所负公共受托责任的履行；加拿大总审计长公署（OAG）认为，国家审计总体目标是对联邦政府运作过程进行审计，并向国会提供独立的信息、建议和保证服务，以帮助联邦政府承担应有的公共受托责任；法国审计法院（CA of French）认为，国家审计总体目标是对国家财政收支和预算执行情况进行审计，揭示问题，并提出改进建议，以利于政府机构在决策参考之需和被审计单位改善管理等。

权力制约与监督论认为，国家审计总体目标在于制约与监督政府的公共权力。例如，李金华（2003）认为，国家审计战略目标在于加强对权力的制约与监督，实现国家审计对象由"民"到"官"的转变，促进民主与法治建设，维护国家经济安全；廖洪（2005）认为，国家审计总体目标在于权力制衡。这里公共权力指在一定的公共范围内，受公众委托或同意，由一定公共事务管理组织行使的权力，它与私人权力一起构成社会的总体权力。国家或政府的公共权力是最重要的形式，但并不等同于全部的公共权力。国家或政府之外的其他公共组织也是公共权力的拥有者。这里应该注意，政府层面的公共权力有狭义和广义之分，狭义的政府公共权力特指政府行政权（现在习惯称公共管理权）；广义的政府公共权力除了包括行政权之外，还包括立法权和司法权。公共权力的制约与监督指对公共权力的监察、督促与纠偏。无论是决策权、执行权，还是监督权，一旦被授予，公共权力部门就有可能利用其强制性、扩张性和相对独立性而滥用权力，其后果是不仅可能导致各种腐败现象，而且会导致公共资源配置的低效率。加强对公共权力的制约与监督，是清除腐败、提高资源配置效率和实现全社会可持续发展的根本保障。杨肃昌（2018）认为，审计监督的本质是对公共权力的监督与制约。①

公共资金管理与控制论认为，国家审计总体目标在于管理与控制好公共资金。例如，英国审计署（NAO of UK）的职责是向议会报告公共资金的使用情况；德国联邦审计院（CA of Germany）的职责在于检查联邦政府的公共账目，以决定公共财政资金是否被适当、有效地管理。《中华人民共和国审计法》将国家审计的目标定位于对财政收支或者财务收支的真实、合法和效益，依法进行审计监督。

鉴证信息论认为，国家审计总体目标在于向委托人提供相关、可靠的鉴证信息。这可以从各国的国家审计实践中找到根据。在国际上，许多国家或地区的最高审计机关主要通过提供审计报告等途径向立法机关、司法机关和行政机关提供有价值的信息。例如，美国政府责任署（GAO）的综合报告和专项审计报告，英国审计署（NAO of UK）的年度报告，加拿大总审计长公署（OAG）的年度报告和特别报告，法国审计法院（CA of French）的预算法执行报告、年度公共报告和社会安全系统报告，以及中国国家审计机关的中央（或地方）预算执行和其他财政收支的审计工作报告。这些项目审计报告或年度审计报告的核心功能是提供有关公共资金、公共资源和公共账目相关情况的鉴证信息。

2.关于国家审计目标定位观点的简要评析

我们认为，这些关于国家审计目标定位的观点，从不同的视角研究了国家审计的总体目标。公共受托责任论是从国家行政机关承担的受托责任的角度来研究国家审计的总体目标，而权力制约与监督论是从行政机关受托权力的角度来研究国家审计的总体目标。公共受托权力是与公共受托责任相对应的范畴，它们是一个事物的两个方面。加强对权力的制约与监督和公共受托责任论，它们两者并不矛盾，只是看问题的视角不同。有了公共受托权力，才有公共受托责任，对公共权力的监督与制约体现了现代国家审计产生的本源。公共资金管理与控制论是从公共资金的管理与控制的角度研究国家审计目标的。公共资金是公共权力与公共责任的共同指向，是政府行使公共权力的物质基础。鉴证信息论从审计提供鉴证信息的角度研究国家审计总体目标，提供审计报告是任何形式的审计必须完成的任务。

① 杨肃昌. 改革审计管理体制 健全党和国家监督体系 [J]. 财会月刊, 2018 (1): 3-7.

(三) 国家审计总体目标

1.国家审计的角色定位

国家审计的角色定位是国家审计总体目标定位的基础。

国家审计是国家治理体系的重要组成部分。国家审计的组织地位和国家审计特点决定了国家审计与国家治理的基本关系。一方面,国家审计一切制度安排服从于国家治理的总体要求;另一方面,国家审计以其组织特质有效作用于国家治理。二者相辅相成,实现国家的良治。

要充分发挥国家审计在现代国家民主政治进程、经济社会发展中的作用,必须将国家审计从经济监督领域拓展到政治、社会生活领域,从微观层面上升到国家宏观经济社会调节和公共权力运行层面,寻求国家审计嵌入国家经济社会管理、持续服务国家治理的运行机制,实现国家审计与国家治理的协同运作。国家审计是深化改革的"催化剂"、政策落实的"督察员"、经济发展的"安全员"、反腐败的"利剑"、经济发展的"助推器"。

国家审计是宪法和法律确立的制度安排,是权力制衡机制的重要方面,是监督控制系统的组成部分[①]。我们认为,在角色定位上,国家审计应承担起对公权力监督制约的重任,以保证站在不同立场、抱有不同目标的委托人和代理人的行为能够统一在共同的目标之下,使政府不辜负公民对其行使公共权力的美好期望;国家审计在执行过程中应推动政府办事程序的信息、政府官员任免的信息、政府官员履职效果的信息和政府财政收支的信息的公开;国家审计在行使经济监督职能时,应通过承载更多的权威来发挥其在监督体系中最基本、最重要的作用。

2.国家审计总体目标的定位

国家审计的总体目标应当定位为促进国家治理的"善治"。具体来说就是,通过权力制衡,协调各利益主体的目标;通过查错防弊,减少各利益主体的利益冲突;通过真实披露和全面揭示审计信息,缓解公共领域的信息不对称。

3.国家审计总体目标定位的依据

我们认为,应将国家审计的定位放在中国式现代化的背景下来讨论,放在国家治理体系和治理能力现代化的背景下来讨论。

在推进中国式现代化的进程中,我们一方面要进一步完善人民监督政府的体制机制;另一方面,还应进一步完善党自我革命的体制与机制,健全国家治理体系,提高国家治理能力。国家审计是国家治理体系的重要组成部分。政府是运用公共权力的关键主体。根据主权在民的理论,政府的公共权力来源于公民权利,公共权力作为公民权利的一种让渡,对公民权利的保障与公民福祉的实现是其存在的价值和目的所在。不管是权力的配置还是权力的运行都应当遵从体现人民意志的法律,公共权力配置的合理性与运行的规范性是当然的要求,唯有如此,政府公共权力运行的结果才能真正符合公民权利让渡的目的,权力的正当性、合法性与合理性才能得以实现。

只要存在国家的统治或治理,就必然离不开公共权力的配置和运行。公共领域的治理

---

① 刘家义. 国家治理现代化进程中的国家审计:制度保障与实践逻辑 [J]. 中国社会科学,2015 (9):64-83; 204-205.

变革与创新在深层次上，实质是公共权力的运用和规制①。要保证公共权力的合理配置和规范运行，就必须在确权、用权、评权和督权环节对公共权力进行规制，形成决策权、执行权、监督权既相互制约又相互协调的权力结构和运行机制，确保有权必有责，用权受监督。在权力配置和运行过程中，国家通过法律形式把公共资源、公共财产、公共资金等的配置、管理和使用的权力和责任，授予某些公共权力机构及其具体执行人，又通过法律授予另外一些独立机关对公共权力的运行予以监督和制衡。其中，国家审计是承担权力制衡职能的一个重要方面。从这个意义上讲，对政府公共权力的制衡是国家审计产生的初衷，也是国家审计发展的基础。国家审计就是作为权力制衡的重要工具而产生的，其核心要义正是通过对权力的配置和运行进行监督控制和反馈信息来制衡政府的公共权力，"将权力关进制度的笼子"，以维持国家系统的良好运行，从而满足国家"善治"的需求。

因此，实现对政府公共权力的制约，对政府公共权力配置的合理性和运行的规范性进行审计是国家审计的根本目标。

人民将公共权力委托给政府，政府有责任将公共权力配置和运行的结果向人民报告。这就需要建立公共权力的配置和运行过程和结果的信息公开制度。信息公开制度要求行政权力配置与运行的依据、过程、结果及救济途径等必须公开，这对促进行政权力的合理配置与规范运行发挥着前提或基础性的作用，是实现行政权力合理配置与规范运行极为重要的制度支持。只有信息公开、透明，才能"让权力在阳光下运行"，才能让"人民监督权力"，才能建立有效的人民参与制度。因此，国家审计在执行过程中应通过真实披露和全面揭示审计信息，缓解公共领域的信息不对称，为建设透明政府服务。

公共资金、国有资产和国有自然资源是政府公共权力配置和运行的物质基础，是政府公共权力与公共责任的共同指向。对公共资金、国有资产和国有自然资源运用真实性、合法性、公平性、合理性、有效性和环保性进行审计是对公共权力合理配置和规范运行进行监督和制约的重要依托和抓手。因此，国家审计在行使经济监督职能时，应通过承载更多的权威来发挥其在监督体系中最基本、最重要的作用，完善科学的监督体系，通过查错防弊，减少各利益主体的利益冲突。

（四）国家审计一般目标的定位

从某种意义上讲，国家治理就是为了公共利益，在公共责任的约束下，公共权力主体运用公共权力对公共资源（含公共资金、国有资产、国有资源等）进行管理、配置和使用以提供公共产品和非公共产品的过程。公共利益是运用公共权力的终极目标，公共资源和公共资金是公权力运行的物质基础，公共责任是对公共权力运行的约束，公共产品是公共权力运行的最终结果。没有公共权力的授予，何来公共责任的承担？没有公共权力的行使，何来公共资源的配置？没有公共权力的运用，何来公共产品的提供？没有公共权力的行使，何来公共利益的实现？因此，在公共利益、公共权力、公共资源、公共产品、公共责任中，公共权力居于核心地位。

根据委托代理理论，现代政府与公民之间是一种委托代理关系。公民将权力委托给代议机构，代议机构再授权给各级政府为公共利益服务。这种委托代理关系中，因为激励不

---

① 胡税根，翁列恩. 构建政府权力规制的公共治理模式 ［J］. 中国社会科学，2017（11）：99-117.

相容、信息不对称等，受托人可能会用民众授予的权力（公共权力）谋求自己的利益，也有可能在行使公共权力的过程中不尽职尽责，这就需要确立激励和约束（含问责）机制来实现对受托人运用公共权力的监督。因此，从客体上看，国家审计的对象应该是那些公共权力行使者。具体来说，国家审计的客体应包括国家机关、人民团体、国家的事业组织、国有和国有资本占控股地位或者主导地位的企业（含金融机构），其他管理、分配和使用公共资金、国有资产、国有资源的单位，以及其主要负责人。

国家审计的根本目标在于通过对公共权力配置的合理性和运行的规范性进行审计，实现对公共权力的制约。对公共权力的监督是一项复杂的系统工程，从目前来看，我国已初步建立了分工明确又相互配合的较为系统的公共权力监督体系，国家审计是该体系的重要组成部分。与其他权力监督形式相比，国家审计具有综合性、独立性和专业性的特点。鉴于公共权力监督对象的广泛性和内容的复杂性，国家审计不可能包揽对公共权力监督的全部工作，而是应当从自身的目标和特点出发界定国家审计监督的内容。

党的二十大提出了中国式现代化的宏伟目标。在推进中国式现代化的进程中，在统筹推进经济建设、政治建设、文化建设、社会建设、生态文明建设时，公共权力的运行是必不可少的。公共资源是公共权力运行的物质基础，也是公共权力行使者所承担公共责任的依托，是公共权力和公共责任的共同指向。公共资源包括公共资金、国有资产、国有自然资源等。公共资源的管理、配置和使用等环节直接影响着公共利益。因此，我们认为，国家审计的一般目标可以定位为：对公共权力行使主体在公共资源管理、配置、使用中相关活动的真实性、合法性、效益性、公平性和环保性进行审计，以实现对公共权力运行的监督。

第二节　国家审计与国家治理 ▌

一、什么是国家治理

（一）什么是国家

社会契约论认为，国家起源于人民根据自由意志所缔结的社会契约。在原始社会，人们生活在无政府、无法律的状态中，由于这种状况妨碍社会的安宁与秩序，于是人们聚集在一起，缔结契约，组织政府，这样国家就得以产生。霍布斯指出，在国家出现之前人类处于自然状态之中，由于人类的利己本性，产生"每一个人对每个人的战争"。为摆脱这种人人自危的状态，人们彼此相互订立契约，把自己的权力转让给契约的掌握者，由此形成国家。卢梭认为，人民在制订契约的时候，必须把自己的全部权力转让给一个道德的与集体的共同体，即国家。这时人们服从国家，实际上也"只不过是在服从自己本人，并且仍然像以往一样地自由"。从这些界定中，我们不难看出，国家的公共权力实际上来源于人民的授予，国家一旦产生，人们就通过自愿或者非自愿的方式，将个人的权力委托给国家，通过国家行使公共权力来最终实现个人的公民权利。

（二）什么是国家治理

治理（governance），表面上看，似乎是最近一二十年才兴起的一场对传统统治（government）的"革命"。罗西瑙（J. N. Rosenau）在《没有政府统治的治理》中指出，与传统的政府统治不同，治理指的是一种由共同的目标支持的活动，这些管理活动的主体未必是政府，也无须依靠国家的强制力量来实现。罗茨（R. Rhodes）说得非常清楚，治理意味着"统治的含义有了变化，意味着一种新的统治过程，意味着有序统治的条件已不同于从前，或是以新的方法来统治社会"。让·彼埃尔·戈丹（Jean-Pierre Gaudin）认为："治理从头起便须区别于传统的政府统治概念。""治理"更加强调政府与社会、市场之间的分权乃至与私人之间的合作。总而言之，"治理是各种公共的或私人的个人、机构管理其共同事务的诸多方式的总和。它是使相互冲突的或不同的利益得以调和并且采取联合行动的持续的过程"。

"治理"的精义或者说它与传统意义上的"统治"（或行政管理）的根本分野在于，统治的建立以绝对的支配为基础，而治理则以合作为前提；统治的主体只能是一元的，即维护一个中心，因而它只能是集权的，而治理的主体则是多元的，各种组织（无论是政府组织还是非政府组织）、各种个体以及各种组织内部的各种层级之间都有各自的权限，至少从法律意义上而言大家都是平等的。

二、为什么要治理国家

（一）国家行使公共权力过程中的委托代理关系

国家的存在本身就是一种委托代理关系的最高层次的体现，在这里公民是委托人，国家是代理人。在行使公共权力的过程中，国家这个虚位的代理人，又将权力委托给具有实体性的政府[①]。不过，政府是一个庞大的机构，横向来看，它由立法、司法和行政三部分组成，纵向来看，由多个层次的上下级机关延伸展开。在这样纵横交错的运作机制中，委托代理关系也进一步丰富。首先，政府委托政治家来代理国家公共权力的运行，而政治家又委托行政机关和官员，也就是专业官僚来代理国家的日常管理，在专业官僚的体系里，每一层级的行政机关和官员又向下一层级的管理者进一步委托。这种委托代理关系发展的终极层次是，每个公民终有机会成为某一层级的代理人。也就是说，最初的委托人是公民，最终的代理人也是公民，因而国家行使公共权力的过程也就是通过不断的委托代理关系，实现了取之于民、还之于民的闭合通路。不过，在这个复杂的多重委托代理关系中，代理人所处层级的不同，其因"道德风险"和"逆向选择"带来的影响也不同。代理人所处的层级越高，掌握的资源就越多，其资源配置的效率和效果就会引发更为强烈而深远的连锁反应。

综上所述，从无归属个体到国家的演进，是委托代理的开始；当国家权力所有者机构将国家公共权力进一步委托给专业官僚，以行使国家权力对社会个体的管理时，专业官僚就拥有了国家权力的使用权，据此各个层级的行政机关和官员通过国家权力的使用权对社会个体实施管理职能。

（二）公共权力委托代理关系引发的问题

国家从形成到发展，其运行机理都离不开委托代理关系，并因此也受制于委托代理关系内生的一系列障碍与羁绊。我们从私营部门和公众利益公司的治理经验中看到，委托代理关系的存在会产生的问题主要有目标不一致、信息不对称和利益冲突，这些问题在国家治理中同样存在。因此，在国家治理这个多方协力的复杂过程中，首要并且也是最基本的任务，就是解决因公共权力的委托代理关系而产生的问题。

---

① 政府的概念一般有广义和狭义之分，广义的政府是指行使国家权力的所有机关，包括立法、行政和司法机关；狭义的政府是指国家权力的执行机关，即国家行政机关。本处使用的是广义的概念。

1. 目标不一致

公共选择理论运用理性"经济人"假设将政治与经济领域的活动加以统一，认为在政治领域活动的主体同样遵循"经济人"假设，追求自身利益最大化。根据公共选择理论，官员是理性"经济人"，在政策制定和执行的过程中具有自身的利益取向。官员与人民的目标并不完全一致。社会公众作为第一委托人，他们的目标是国泰民安。而代理人（政府官员）的目标，除了国泰民安之外，还有自我价值的实现、经济利益的增进、个人职位的升迁、舒适生活的追求等。

2. 信息不对称

在信息经济学中，有两种性质的信息：一种是所有局中人都知道的信息，即对称信息；另一种是并非所有局中人都知道的信息，称为不对称信息，即某些局中人拥有而另一些局中人不拥有的信息。不对称信息又可以分成外生性不对称信息和内生性不对称信息。外生性不对称信息，即由个体（信息提供者）从事的工作本身所具有的技术禀赋、内涵、性质特征等决定的，而不是由个体（信息提供者）的主观意识造成的；内生性不对称信息，是个体（信息提供者）利用信息使用者对其行为事前无法预测、事中无法观察和监督、事后无法验证而造成的信息不对称。在我国当前的公共政策领域，外生性信息不对称和内生性信息不对称都普遍存在，但后者表现得更加突出。

信息不对称理论指出，在市场经济活动中，各类人员对有关信息的了解是有差异的；掌握信息充分的人员，往往处于比较有利的地位，而掌握信息贫乏的人员，则处于比较不利的地位。信息不对称造成了市场交易双方的利益失衡，容易导致"道德风险"和"逆向选择"，影响到社会的公平、公正以及市场配置资源的效率。

3. 利益冲突

利益冲突是指政府官员在公共行政的过程中，受到其私人利益因素的干扰，导致价值判断和政策取向偏离公共利益的要求，发生私人利益与公共职责相抵触。在本质上，利益冲突是公共权力的非公共使用，包括公共权力的递延化和期权化，是公共权力发生腐败的重要根源。

根据"理性经济人"假设，政府官员执行公务，可能从个人的私利出发作出决策，从而腐蚀和异化公共权力，从而产生利益冲突。利益冲突与特定的公共职位、公共权力、公共责任和公共利益相联系。利益冲突发生在政府官员的公共角色范围之内。利益冲突不是政府官员的私人利益与其他社会成员的个人利益之间的矛盾，而是违背公共职责的私人利益干扰公共行政的公正性。

三、国家治理的核心

基于上述对公共权力委托代理关系的剖析，国家治理的目标应包括：（1）建立一个相互制约机制，解决目标不一致问题；（2）建立一种科学监督机制，解决利益冲突问题；（3）建立一种信息传递机制，解决信息不对称问题；（4）树立一种道德文化理念，宣扬社会公平。

（一）政府内权力的相互制约

政府内权力相互制约是为了保证站在不同立场、抱有不同目标的委托人和代理人能够统一在共同的目标之下，即不辜负公民赋予其行使公共权力的美好期望。政府内权力相互制约的关键，是在政府内不能一权独大，一权凌驾于其他权力之上。如果出现了一权独大，出现了一个不受其他权力制约的权力，一个可以不与其他权力协商就可以独断专行的权力，那么，腐败和利用政府权力侵蚀民众利益的事情就会不可避免地要发生。有效相互制约的前提是分权。如果权力是一体的，你用自己身体的这个部分去监督身体的另一个部分，是不会产生作用的。

（二）完善科学的监督体系

完善科学的监督体系旨在对利益冲突背景下各级委托人与代理人的行为进行监控，可以分为专业监督和政治监督。

政治监督在我国是由人民代表大会来完成的。在发达市场经济国家则是由普通民众组成的非政府组织或者市民志愿者组成的专业委员会来完成的。这种监督的最大特点就是民众对于政府运作的全程参与，从预算制定、审查、执行到验收完成。这种参与，既是政府取信于民的重要举措，也是民众授权于政府后的自主权利要求。而且，民众参与的范围越广，政府的公信力就越强，其财政和政策的执行力也就越强。

专业监督按照监督的内容，又可以分为行政监督、经济监督、法治监督和文化监督。其中，国家审计是经济监督体系中最基本、最重要的组成部分。

（三）政府运作的公开透明

政府运作的公开透明是改善信息不对称的最直接有效的方式。政府的权力来自人民的授予，所以，将政府信息公开，使政府运作透明化是人民对政府的基本要求，也是对一个负责任政府的最基本要求。"阳光"政府带给公民的不仅仅是可以用来制约和监督公共权力运行的信息，更是体现政府践行"公共权力，公平运行"的诚意。因此，需要公开的信息应包括四个方面：政府办事程序的信息、政府官员产生的信息、政府官员履职效果的信息、政府财政收支的信息。

四、国家审计在国家治理体系中的角色

国家审计是国家治理体系中不可分割的组成部分，但人们对国家审计在国家治理体系中担当何种角色的认识并不完全相同。

监督假说（monitoring assumption）认为，审计产生于委托代理关系中委托人对代理人进行监督的需要，审计是一种监督手段。在有效市场环境下，若代理成本由代理人承担，那么代理人也有自愿聘请审计师监督以降低自己代理成本的需要。

信息假说认为，审计可以降低信息不对称的成本和可能性，具有提高信息的可靠性进而帮助决策者进行决策的功能。

冲突理论认为，审计的产生源于各个不同利益主体之间存在利益冲突，尤其是信息提供者和信息利用者之间的利益冲突，可能会使得信息带有倾向性。在这种情况下，因为对信息的质量不能信赖，需要与两者之间的利益冲突没有关系的第三者履行证明职能。

受托责任理论认为审计作为一项独立的经济监督活动，因受托经济责任的产生而产生，并伴随着受托经济责任的发展而发展。审计的作用在于评价受托责任的履行情况。

综上所述，无论是从监督假说、信息假说，还是从受托责任理论或冲突理论的视角考察，审计产生和发展的动因都是委托代理关系的存在，是对目标不一致、信息不对称和利益冲突等问题的一种解决之道。那么国家审计在国家治理中的角色又是什么？让我们对下列可能的角色进行辨析，而后从中找出答案。

（一）权力制衡器

权力制衡，是指在公共政治权力内部或者外部，存在着与权力主体相抗衡的力量，这些力量表现为一定的社会主体，包括个人、群体、机构和组织等，他们在权力行使过程中，对权力施以监督和制约，确保权力在运行中的正常、廉洁、有序、高效等，并且使国家各部分权力在运行中保持总体平衡。这些制衡有利于保证社会沿着公正合理的方向发展，以及实现社会的整体性目标。如果将国家审计的角色定位为国家治理中的权力制衡器，那么国家审计应当具有"与权力主体相抗衡的力量"。

（二）国家"经济警察"

如果说国家审计是国家的"经济警察"，那么国家审计就应该预防、制止和侦查经济违法违规犯罪活动，维护经济秩序，制止危害经济秩序的行为。

（三）国家免疫系统

如果说国家审计在国家治理中发挥的是免疫系统的角色与作用，那么在这种格局下，国家审计的地位，较前述的权力制衡器和国家"经济警察"而言，层次更高。国家免疫系统需要发挥揭示、抵御、改进和预防等"免疫"功能。如果这是国家治理背景下国家审计的应然角色，那么这种定位意义在于维护民主法治，保障国家安全，推动落实责任、透明、法治、廉洁、公平和正义等原则和理念，改善国家治理，进而实现国家的可持续发展。

综上所述，国家审计在国家治理背景下的角色与作用，是在国家审计传统职能上的延伸与发展。不论是权力制衡器、国家"经济警察"，还是国家免疫系统的角色，都是政府审计向国家审计的过渡，呼应着政府治理向国家治理的转变，任何一种角色的发挥与作用完善都还需要来自国家治理整体性、系统性的支持与联动。

第三节　国家审计管理体制 ▐

一、国家审计管理体制的内涵与种类

（一）国家审计管理体制的内涵

国家审计管理体制是指国家审计的领导和组织制度，涉及"国家审计机关的设置、领导与监督，审计机关在国家机构中的地位，审计机关的基本职责，中央与地方审计机关的关系，审计机关负责人的任免等。"[①]

（二）国家审计管理体制的种类

现代国家审计作为国家基本政治制度之一，已在全球160多个国家建立实施，但由于国情的不同，各国的国家审计管理体制也呈现出多样性的特点。根据国家审计机构性质及其在国家权力体系中的地位，国家审计管理体制主要可以分为立法型、司法型、行政型和独立型等四种。

1.立法型国家审计管理体制

立法型国家审计管理体制以英国、美国为主要代表。这是一种被广泛采用的国家审计

---

① 董大胜. 深化审计基本理论研究　推动审计管理体制改革［J］. 审计研究，2018（2）：3-6.

管理体制。以英国和美国为例，该体制的特点在于国家审计机关依据法律赋予的权力独立行使审计监督权，直接对议会负责，并向议会报告工作。国家审计的核心工作是监督国家财政收支情况，旨在保证国家预算、决算的合法性和有效性。

在立法型国家审计管理体制中，国家最高审计机关隶属于立法机关，平行于行政部门，具有较强的独立性。在立法型国家审计管理体制下，国家审计机关并不直接干预其他各部门的决策，但它对公共资金使用情况的建设性批评往往会对议会宏观决策产生积极的影响，并能通过审计结果的公开化对资金使用人产生有效的约束，因此这种体制下的国家审计机关服务宏观管理的职能较强。

立法型国家审计管理体制所倡导的立法和行政权力分配和制约有利于加强经济责任和监督力度，它在世界范围内有较大的影响。但是，由于国家审计机关在实施审计过程中，只有调查权和建议权，没有处理权，国家审计制衡权往往会受到一定程度的影响；当立法机关需要进行广泛调查和收集大量信息时，国家审计机关可能会因人、财、物等资源的不足而难以承受。另外，建立立法型国家审计管理体制的前提是国家必须拥有强有力的立法机构和完善的立法程序，否则国家审计的职能作用将很难发挥。

2.司法型国家审计管理体制

司法型国家审计管理体制的典型代表是法国和西班牙。该体制的特点是：国家设立审计法院，审计法院具有调查权和司法权；在隶属关系上，审计法院是介于行政机关和立法机关之间的独立机构，对总统负责并报告工作，但总统无权强制审计法院进行某项审计工作，同时，审计报告也应及时送交议会，但议会只有建议审计权；在审计职权上，审计法院拥有调查决定权，可以自行制订审计计划，审计官拥有审查和追究当事人财务责任并根据审计结果进行判决的权力；在中央与地方审计机关的关系上，审计法院可以对地方审计法庭的判决作出终审判决，能够保证地方审计法庭有效地行使职权，并保证审计的高质量和判决的合法性。

在司法型国家审计管理体制下，国家最高审计机关以审计法院的形式存在，不仅拥有调查权，而且拥有司法权，国家审计具有很强的权威性，可以对违法或造成损失的事件进行审理和处罚，以维护法律的严肃性，并能够根据经济责任的履行情况奖惩各级政府官员。虽然它也向议会提供报告，但与立法型国家审计管理体制相比，司法型国家审计管理体制更侧重于审查和追究当事人的财务责任，因此，司法型国家审计管理体制更侧重服务于微观追责。

司法型国家审计管理体制的缺陷主要表现在两个方面：其一，国家审计机关拥有司法权，审计官享有司法地位，虽然加强了国家审计的权威性，但国家审计集调查权与裁判权于一身，如同裁判员与运动员合为一体，有失公平，如何监督监督者是亟须解决的难题。其二，随着公民的民主意识的增强，需要对行政部门公共权力的运行进行严格监督和控制。社会公众不仅要求国家审计从事财政财务收支审计，而且要求国家审计开展政府绩效审计，仅以事后审计和裁决为特征的司法型国家审计管理体制束缚了国家审计服务宏观管理的职能的充分发挥。

3.行政型国家审计管理体制

行政型国家审计管理体制以瑞典、挪威等国为代表。该体制的特点是：在隶属关系上，最高国家审计机关隶属于政府行政部门，是政府的一个职能部门，根据政府所赋予的职责权限实施审计，并对政府负责；在审计职权上，它只审计政府其他行政管理部门和下属机构，对于国会的审计，由专门的国会审计师实施，对于内阁的审计，由专门监察委员会实施；在中央与地方关系上，审计署与地方审计机构是领导与被领导的关系。

　　一般而言，在行政型国家审计管理体制下，审计机关的独立性和权威性都比较弱。随着公民的民主意识的增强，在政治权力分权化的现代社会，行政型国家审计管理体制的缺陷日显突出。因此，许多采用行政型国家审计管理体制的国家正在进行变革，力求向立法型国家审计管理体制转变。

　　4.独立型国家审计管理体制

　　独立型国家审计管理体制以德国和日本为代表。该体制的特点在于：在隶属关系上，国家审计机关独立于立法机关、司法机关和行政机关，不隶属于任何权力部门。独立型国家审计只服从于宪法、法律，审计机关往往超脱于立法、司法、行政"三权"之外，按照法律赋予的职责独立开展工作，采用会计检察院或审计院的组织形式，同时向立法机关和行政部门提供服务。这种模式从形式上看是独立于"三权"之外的，但在这样一个"三权分立"的政治体制中，国家审计的绝对独立是不可能的，实际上它更偏重服务立法部门。

　　独立型国家审计管理体制避免了审计机关卷入立法部门内部的意见分歧，使审计机关能够不受立法部门的政治影响，独立发挥监督职能，同时又能为审计机关与立法部门和政府行政部门的合作创造条件。但是，对审计机关而言，"独立于三权之外"只是形式上的、相对的。由于审计机关只服从于法律，而法律恰恰是由议会拟定的，所以从实质上看，它还是服务立法机构的。与立法型国家审计管理体制一样，其服务宏观管理的职能较强。另外，由于法律是一个比较固定的规范，它不会轻易随经济环境的需要而改变，独立型国家审计管理体制下工作缺乏相应的灵活性，从而无法应对变化的社会经济环境，无法及时为管理者提供必要的信息。

二、国家审计管理体制的决定因素

　　一个国家的国家审计管理体制受其国情的影响，国情不同，国家审计管理体制也不一样。决定国家审计管理体制的国情主要包括政治、经济、法律、历史文化等因素。

（一）政治因素的影响

　　诺思（1991）认为，制度环境是一个社会最基本的制度规则，是决定其他制度安排的基础性制度。国家审计管理体制是一个国家政治体制的构成部分，国家审计的运行过程实质上是一个政治过程。任何国家的国家审计管理体制必然体现本国政治的要求。在民主政治的诸多因素中，政治体制对国家审计管理体制的影响处于主导地位。选择立法型、司法型或独立型国家审计管理体制的国家，一般是实行"三权分立"政治制度的国家。这些国家设置审计机关的目的在于从公共权力监督的角度，为分立的权力体系构造一个相互制衡的机制。而行政型国家审计管理体制则往往与非"三权分立"的政治制度相伴而生。这种模式下的国家审计本质上是一种上级权力系统对下级权力系统的监督和管理。因此，行政型国家审计管理体制一般是同"中央集权"的制度相适应的。

（二）经济因素的影响

　　经济是基础，政治是经济的集中体现。经济制度对国家审计管理体制存在着重要影响。在西方实行市场经济的国家，由于生产资料私有，国家对经济的干预程度相对较弱，政权均采用"三权分立"的形式，而将国家审计作为权力的一种制衡机制，他们大多选择立法型、司法型或独立型国家审计管理体制。而在国有经济占较大比重的国家，或实行生产资料公有制以及原来实行计划经济的国家，政府具有更多的经济管理职能，大多选择行政型国家审计管理体制。如瑞典，其国有企业在公用事业、交通运输和采矿业中均占有较大的比重，同时是西方国家社会福利水平最高的国家之一；由于社会福利设施不断增加，瑞典政府财政支出占国内生产总值的比重也越来越大。

（三）法律因素的影响

法是体现统治阶级意志，由国家制定或认可，并以国家强制力保证实施的行为规范的总和。广义的法包括各种法律、规章和制度。国家审计及其管理作为一种社会行为，必然要受到法律规范的约束。

一个国家法律制度的完善程度直接影响着国家审计管理体制的选择。法律制度完善才能从最高层次上保证国家审计机关的独立性，保证国家审计人员不受任何外在威胁和影响，独立地履行自身的职责。因此选择立法型、司法型或独立型国家审计管理体制的国家往往是法律制度完善程度相对较高的国家。

（四）历史文化因素的影响

新制度经济学认为，历史是至关重要的，人们过去作出的选择决定了他们现在可能的选择，制度变迁存在严重的"路径依赖"。

一国的历史会深刻影响国家审计管理体制的选择。美国受英国政治、文化的影响，继承了英国的国家审计管理体制。20世纪以后，美国经济的发展推进了审计的繁荣，使英国传统的立法型国家审计管理体制得以发扬光大并趋于成熟。一些深受法国影响的国家如希腊等，则采用了司法型国家审计管理体制。日本奉行"模仿就能发展，综合就是创新"的原则，借鉴了联邦德国的国家审计制度，并结合本国国情发展和完善了独立型国家审计管理体制。苏联作为社会主义国家样板，强调生产资料的公有制和国家行政机构的协调配合，建立行政、经济监督为一体的监督体系，形成了党政监督合一的国家监察体系。

三、中国特色社会主义国家审计管理体制

（一）中国特色新型国家审计管理体制

2018年3月，中共中央印发了《深化党和国家机构改革方案》。方案提出，为加强党中央对审计工作的领导，构建集中统一、全面覆盖、权威高效的审计监督体系，更好发挥审计监督作用，组建中央审计委员会，作为党中央决策议事协调机构。

中央审计委员会的主要职责是：研究提出并组织实施在审计领域坚持党的领导、加强党的建设方针政策，审议审计监督重大政策和改革方案，审议年度中央预算执行和其他财政支出情况审计报告，审议决策审计监督其他重大事项等。全国审计领域重大事项，由中央审计委员会决定，地方各级审计委员会贯彻中央审计委员会的决定，审议决定本行政区域的审计工作的重大事项，审计委员会办公室设在同级审计机关。

中央审计委员会的成立标志着新型的中国特色社会主义国家审计管理体制的正式形成。

习近平总书记担任中央审计委员会主任，中央政治局常务委员会、各级地方审计委员会的规格也与中央审计委员会保持了一致。中央审计委员会领导架构层级之高、权威性之强，凸显了党中央对国家审计监督前所未有的重视。

（二）国家审计管理体制改革的创举：中央审计委员会领导下的国家审计管理体制

我国传统的国家审计管理体制是依照宪法于1983年确立的。按照宪法规定，国务院设立审计署，在国务院总理领导下，主管全国的审计工作；县级以上地方人民政府设立审计机关，在本级政府和上一级审计机关的领导下，负责本行政区域内的审计工作。审计业务以上级审计机关领导为主，而行政则接受本级政府首长的领导。这说明我国传统的国家审计管理体制是一种典型的行政型管理体制。

应当承认，这种国家审计管理体制的形成，有着深刻的历史和社会背景，具有一定的合理性。但在该体制下国家审计也存在着地位低下、独立性欠缺、权威性不高、透明度不够、审计难和审计处理更难等问题，影响到国家审计效能的发挥。

在中国特色社会主义进入新时代、中国式现代化加速推进的时代背景下，中国传统的国家审计管理体制与统筹推进"五位一体"总体布局、协调推进"四个全面"战略布局的要求还不完全适应，同实现国家治理体系和治理能力现代化的要求还不完全适应，与中国式现代化的要求还不能完全适应。改革传统的国家审计管理体制，理顺审计机关与各方面的关系，进一步明确国家审计机关的职责与权限，一度成为人们关注的焦点。

学术界与实务界对此进行了大量的研究，经过文献梳理，我们发现至少有八种国家审计管理体制改革的思路。这些观点对探索国家审计管理体制的改革具有重要的启发意义。但总体来看，这些改革的观点均存在这样或那样的缺陷，无法从根本上解决中国国家审计所面临的问题。

设立中央审计委员会，构建新型国家审计管理体制是党中央对国家审计管理体制前瞻性思考、全面性谋划、整体式推进的成果，是国家审计改革的伟大创举，是我国审计改革和发展的重要里程碑，是推进国家治理体系和治理能力现代化的一场深刻变革。新型国家审计管理体制将党内监督权与国家（政府）监督权既一分为二，又合二为一，从理论上回答了中国国家审计与党的领导之间的关系，厘清了长期困扰人们思想的理论难题，实现了国家审计管理体制的理论创新；同时，新型国家审计管理体制为坚持中国共产党对审计工作的领导，构建集中统一、全面覆盖、权威高效的审计监督体系提供了制度支撑和组织保障，实现了国家审计管理体制的制度创新。从这个意义上讲，建立中央审计委员会领导下的国家审计管理体制是国家审计改革的创举，对于实现国家治理体系与治理体系的现代化具有重大意义，也为进一步推进中国式现代化奠定审计监督体系的制度基础。

（三）新型国家审计管理体制依据的探讨

一个国家的国家审计管理体制主要受该国政治、经济、法律、文化和历史因素的影响。不论采取何种国家审计管理体制以及国家审计管理体制如何演变，都是为了达到权力制衡的目的和增强审计的独立性和权威性以提高国家审计的效能。我们应当从中国的国情出发，在借鉴他国经验的基础上，站在中国式现代化建设的高度，对国家审计体制进行改革，探索出符合中国国情且有利于中国式现代化推进的国家审计管理体制。

我们认为，构建由中央审计委员会领导的国家审计管理体制有充分的理论依据、制度依据、历史依据和现实依据。

1.理论依据

构建由中央审计委员会领导的国家审计管理体制有其充分的理论依据。这可以用马克思主义权力观与中国特色社会主义民主政治理论来解释。

（1）马克思主义权力观

国家是由一定疆域内的人民组成的。关于国家公共权力，任何权力观都必须回答两个基本问题，即国家公共权力来源是什么？国家公共权力的归属是什么？对这两个问题的不同解答形成了君权神授和主权在民的思想。

根据主权在民和权力让渡理论，人民将一部分权力让渡给国家，就形成用来管理和控制社会秩序的公共权力，正如洛克所言："政治权力，就是每个人把他在自然状态中拥有的权力交给政治社会，从而由政治社会掌握的这种权力"。

中国共产党人继承和发展了马克思的权力观，形成了符合中国特色社会主义实践的马克思主义权力观。习近平总书记指出："马克思主义权力观概括起来是两句话：权为民所赋，权为民所用。"前一句话指明了权力的根本来源和基础，后一句话指明了权力的根本性质和归宿。

国家治理的本质是要建立起一整套有机结合的体系，以保证人民让渡的权力和以税收形式形成的政府收入，能够真正用到人民需要的地方去，提高人民的福利水平，实现国家"善治"。国家公共权力的合理配置和有效运行是实现国家"善治"的基础。要保证公共权力的合理配置和有效运行，就必须设立某种制衡机制，解决目标不一致的问题；设立某种监督机制，解决利益冲突问题；设立某种信息传递机制，缓解信息不对称的问题。

根据权力让渡理论，人民在将权力让渡给国家的同时，保留着对公共权力配置和运行的监督权。习近平总书记指出："国家之权乃是'神器'，是个神圣的东西。公权力姓公，也必须为公。只要公权力存在，就必须有制约和监督。不关进笼子，公权力就会被滥用。"①因此，要健全权力运行制约和监督体系，让人民监督权力，让权力在阳光下运行，把权力关进制度的笼子，依法设定权力、规范权力、制约权力和监督权力，做到有权必有责，失职要问责，违法要追究，保证人民赋予的权力始终用来为人民谋利益。对公共权力进行制约和监督正是国家审计产生的动因。在国家治理的视角下，国家审计就是为解决因公共权力委托代理关系而引发问题的一种制度安排。

（2）中国特色社会主义民主政治理论

公共权力委托代理理论从一般意义上回答了国家审计产生的动因及国家审计在国家治理中的功能和角色。而一国的国家审计采用何种管理体制则是由这个国家的国情决定的，特别是与其政治制度安排有密切关联。

我国民主政治与西方国家的民主政治存在本质区别，这就决定了我国国家审计管理体制必然具有中国特色。

党的二十大报告指出，人民民主是社会主义的生命，是全面建设社会主义现代化国家的应有之义。全过程人民民主是社会主义民主政治的本质属性，是最广泛、最真实、最管用的民主。

---

① 2018年12月13日，习近平在十九届中央政治局第十一次集体学习时的讲话。

党的领导、人民当家作主、依法治国是我国民主政治的基本要素。中国共产党是中国特色社会主义事业的坚强领导核心，党的领导是实现人民当家作主和依法治国的根本保证；人民当家作主是社会主义民主政治的本质和核心，党的领导和依法治国都是为了实现人民当家作主；依法治国是党领导人民治理国家的基本方略，是党的领导和人民当家作主的法治保障。党的领导、人民当家作主、依法治国是内在统一、不可分割的整体。离开了党的领导，人民民主和依法治国就会失去主心骨；离开了人民当家作主，党的领导和依法治国就会失去民意基础；离开了依法治国，党的领导和人民民主就会失去法理依据。

中华人民共和国的一切权力属于人民。国家审计正是人民行使对公共权力监督权的一种方式。人民对公共权力的制约和监督不可能自动实现，这就需要有一个强有力的组织来代表人民来行使监督权。中国共产党是人民根本利益的忠实代表，其根本宗旨是全心全意为人民服务。中国革命、建设和改革的历史都证明，只有中国共产党能够把人民群众动员起来、组织起来、团结起来，带领人民群众为维护、发展、实现自己的利益而奋斗，保证和支持人民当家作主。

习近平总书记在党的十九届六中全会第二次全体会议上指出："我们党历史这么长、规模这么大、执政这么久，如何跳出治乱兴衰的历史周期率？毛泽东同志在延安的窑洞里给出了第一个答案，这就是'只有让人民来监督政府，政府才不敢松懈'。经过百年奋斗特别是党的十八大以来新的实践，我们党又给出了第二个答案，这就是自我革命。"构建中央审计委员会领导的国家审计管理体制，本质上是让人民来监督政府的一种举措，是对公共权力的监督体系的构成部分，国家审计由党来领导更能体现人民的意志，符合主权在民的思想；同时，构建由中央审计委员会领导的国家审计管理体制也是中国共产党"自我革命"的一种体制机制安排。

2. 制度依据

一个国家采取何种国家审计管理体制是由该国的国情决定的。立法型、司法型和独立型国家审计管理体制建立的基础是"三权分立"。《中华人民共和国宪法》规定，中华人民共和国的国体是人民民主专政，中华人民共和国的政体是人民代表大会制度，社会主义制度是中华人民共和国的根本制度，中国共产党领导是中国特色社会主义最本质的特征。这就决定了在党和国家机构设置和职能配置基本框架中，党总揽全局、协调各方的领导体系是居于统领地位的，是全覆盖、全贯穿的，各级人大、政府、政协、监察机关、审判机关、检察机关，人民团体，企事业单位，社会组织等在党的统一领导下，各就其位、各司其职、各尽其责、有序协同，保证中央和地方各级政令统一、运行顺畅、执行高效、充满活力。

将国家审计置于国家行政机关，实行双重领导体制，国家审计缺乏独立性与权威性；将国家审计置于全国人大，从形式上看是增强了国家审计的独立性，实质上是降低了国家审计的权威性；实行由中央审计委员会领导的国家审计管理体制既可以保证国家审计的独立性，又可以保证国家审计的权威性，能更好地坚持党对审计工作的领导，有利于构建集中统一、全面覆盖、权威高效的审计监督体系。

3. 历史依据

中国共产党自成立以来，一直重视党对审计工作的领导。

1925年6月，省港罢工委员会设立审计局，负责审核委员会各机关的开支账目。

1933年9月，中华苏维埃共和国临时中央政府成立审计委员会（独立于财政委员会），由中央人民委员会直接领导，监督检查各项财政收支的执行情况。1934年，设立中央审计委员会，与中央人民委员会、中央革命军事委员会、临时最高法庭并列，由中央执行委员会直接领导，其成员由中央执行委员会主席团委任。地方建立了审计委员会（或分会），隶属于中央审计委员会。

抗日战争和解放战争时期，审计作为根据地政权建设和财政经济管理的一个重要方面，受到党中央高度重视，在各抗日根据地、解放区和军队系统内，大多建立了审计组织，实行审计监督制度。

从上面的回顾可以看出，接受监督、保持自身廉洁是中国共产党的红色基因，党领导审计工作是中国共产党的传统，构建中央审计委员会领导的国家审计管理体制有其历史依据。

4.现实依据

构建由中央审计委员会领导的国家审计管理体制是完善党和国家治理体系，增强治理能力的需要，有利于形成党统一指挥、全面覆盖、权威高效的审计监督体系。

构建由中央审计委员会领导的国家审计管理体制是党的自身建设和全面从严治党的需要，有利于贯通党内监督、审计监督与其他监督，从而增强监督合力。

构建由中央审计委员会领导的国家审计管理体制是加强党对国家审计工作的领导的需要，有利于加强全国审计工作统筹，优化审计资源配置，做到应审尽审、凡审必严、严肃问责，更好发挥审计在党和国家监督体系中的重要作用。

构建由中央审计委员会领导的国家审计管理体制是确保党和国家重大决策部署贯彻落实的需要，有利于解决原有审计监督覆盖范围过窄、审计监督独立性不足、权威性不强、体制机制不畅等突出问题，使得国家审计不仅能满足微观追责的需要，而且能够满足国家宏观管理的需要。

第四节　政府绩效审计与经济责任审计

一、政府绩效审计

（一）政府绩效审计的概念

在绩效审计产生初期，各国对它的称呼并不相同。美国称之为"三E审计"，英国称之为"价值为本的审计"，加拿大称之为"综合审计"等。为了结束术语混乱的局面，1986年4月16日，在澳大利亚举行的第十二届国际会议上，最高审计机关国际组织（INTOSAI）在《关于绩效审计、公营企业审计和审计质量的总声明》中提出了"绩效审计"的概念。

最高审计机关国际组织认为，政府绩效审计是一种对被审计单位使用资源以及履行其职责的经济性、效率性、效果性的审计。

美国《政府审计准则》认为，政府绩效审计是对照客观标准，客观、系统地收集和评价证据，对项目的绩效和管理进行独立评价，对前瞻性问题进行评估或对有关最佳实务的综合信息或某一深层次的问题进行评估。

英国《国家审计法》认为，政府绩效审计是对任何组织（政府部门或其他相关组织）为履行其职能而使用所掌握资源的经济性、效率性和效果性进行的检查。

我们认为，政府绩效审计就是由审计机关及其审计人员，依据有关法律法规和其他相关标准，对被审计单位管理和使用公共资金或公共资源的经济性、效益性和效果性进行的检查和评价，提出建议，促进改善经营管理，提高效益的一种独立性的经济监督活动。

（二）绩效审计与财务审计的区别

财务审计与绩效审计是国家审计两类十分重要的审计类别，两者有着相通之处，但也存在不同点。

（1）审计目标不同。从审计目标上看，财务审计的目标是查错防弊，它通过对被审计单位财务收支活动的真实性和合法合规性的检查和评价，维护财经法纪；而绩效审计的目标是对被审计单位相关活动的经济性、效率性和效果性进行审计。绩效审计强调未来的改进，将工作重点放在经济性、效率性和效果性方面。经济性侧重于资源使用的投入方面，它强调在目标既定的前提下所耗资源最少；效率性侧重于产出方面，强调投入与产出的对比关系；效果性是侧重于目标的实现程度，是一个相对综合的指标。

（2）审计对象不同。从审计对象上看，财务审计的对象是被审计单位的财政财务收支活动；而政府绩效审计的对象是运用公共权力使用公共资金或公共资源的单位或个人的经营活动和管理活动。

（3）审计标准不同。财务审计的审计标准是会计准则、相关的法律法规和制度，这些标准具有固定性、约束性和强制性；而政府绩效审计的标准主要来源于有关法律法规和规章制度、党和国家的方针政策、行业标准、ISO标准、国际公约等，这些标准具有相对性和灵活性。

（4）审计方法不同。从审计方法上看，财务审计的方法包括询问、观察、检查、函证、重新计算、重新执行、分析程序等；而政府绩效审计的方法除了采用传统的审计方法外，还可能采用回归分析法、蒙特卡罗模拟法、层次分析法、模糊综合评价法、头脑风暴法等分析评价的方法。

（5）审计证据不同。从审计证据上看，财务审计的证据主要表现为反映财务收支活动的会计资料；而政府绩效审计的证据除了会计资料外，还包括反映经营活动和管理活动过程及结果的经营资料、管理资料和其他相关资料。

（6）所起的作用不同。财务审计主要是保护公共资金或公共资源使用真实性和合法性，使其不受不法侵害。财务审计所起的作用可以认为主要是防护性的。政府绩效审计不仅要监督公权力的运用者财务收支活动的真实合法，而且要全面检查评价其经济活动是否经济、有效，揭示影响绩效的因素，提出改进建议，因此，政府绩效审计所起的作用主要是建设性的。

（三）政府绩效审计的发展历程

从国家审计的演化历史来看，政府绩效审计萌芽于20世纪40年代，发展于20世纪70年代，完善于20世纪90年代。当今世界，国家审计正处于以绩效审计为中心的现代审计阶段。

1.政府绩效审计的萌芽期（20世纪40年代—20世纪60年代）

政府绩效审计的产生与政府职能的扩张有关。1929—1933年的经济危机意味着以市场自由经济为中心内容的马歇尔主义走向衰落，主张全面干预社会经济生活的凯恩斯主义的兴起。针对市场失灵，政府通过财政政策和货币政策进行宏观调控，公共支出在国内生产总值中的占比大幅度上升。随着公共开支的日益增加及公营企业的大量涌现，大量的财政资金被占用了，纳税人的负担增加了，这势必引起公众对公共资源节约和效益的关注。人们要求对政府受托管理的经济资源使用的经济性、效率性和效果性进行审计，这就产生了政府绩效审计。美国是最早开始探索政府绩效审计的国家。早在1945年，美国就通过了《联邦公司控制法案》，这是美国最早的绩效审计方面的规范。该法案不仅要求美国会计总署对公营公司的合规性进行评价，而且要对其管理效率和内部控制的效率进行评价。20世纪60年代，美国会计总署将注意力转向政府部门使用公共资金的经济性、效率性和效果性方面。美国在政府绩效审计方面取得的成就产生了广泛而深刻的影响，其经验推动了世界范围内的政府绩效审计的发展。

2.政府绩效审计的发展期（20世纪70年代—20世纪80年代）

在这一时期，由于政府绩效审计在监督政府方面取得了巨大的成就，西方各国的国家审计部门纷纷把焦点由财务审计转向政府绩效审计。英国、加拿大、澳大利亚、挪威等西方国家纷纷仿效美国，构建了自身的政府绩效审计，政府绩效审计成为国家审计的重点。这一阶段政府绩效审计发展的另一个重要标志是政府绩效审计的制度化和法治化。瑞典于1973年颁布《国家审计法》、加拿大于1977年颁布《审计法》、英国于1983年颁布《国家审计法》等。这些国家通过法律的形式，明确了政府绩效审计的法律地位。

3.政府绩效审计的鼎盛期（20世纪90年代至今）

在这一阶段，西方发达国家的国家审计机关均将政府绩效审计作为审计工作的重点，政府绩效审计得以在世界范围内广泛推行。许多国家的国家审计工作中，政府绩效审计占相当大的比重，而且呈不断增长的趋势。政府绩效审计的理论与实务均取得了丰硕的成果，绩效审计准则不断完善，政府绩效审计在对公共权力的监督方面的作用越来越大。政府绩效审计成为发达国家审计工作的中心，国家审计成为对政府行为的真实性、合法性、经济性、效率性和效果性进行监督的有力工具。

（四）绩效审计演化的动因

政府绩效审计成为西方国家的国家审计的中心，有其深刻的历史背景和内在根源。

1.公共部门的支出不断增加

1929—1933年的经济危机爆发后，以市场自由经济为中心内容的马歇尔主义开始走向破产，而主张国家干预的凯恩斯主义风靡西方世界。第二次世界大战以后，政府在整个社会经济活动中所发挥的作用及承担的责任迅速增大，公共支出在国内生产总值中所占比重直线上升。由于纳税人的负担加重，社会公众十分关心公共支出的经济有效性。正如1981年曾担任美国会计总署审计长的爱尔默·斯塔茨所言，"在过去几年内，我们看到人们对政府部门的审计工作空前关心。无论是公职人员、立法人员，还是平民百姓，他们都不仅要了解政府款项是否处置得当，是否遵守了相关法律法规，而且需要了解政府机构是否正在达到批准执行这些计划项目的预定目标，执行这些计划项目所需款项的使用是否经济、有效。"为了满足社会公众的期望，一些发达国家的国家审计机关开展了绩效审计。

2.公民民主意识的增强

随着公民民主意识的增强，对管理公共资源的个人或实体应负公共责任的要求日益明确，因此，需要确立责任程序并使其行之有效。由于公共资金的来源主要是纳税人所缴纳的税款，因此，纳税人有权了解有关公共部门使用资金的经济性、效率性和效果性方面的信息。这样就产生了以经济性、效率性、效果性为目标的政府绩效审计。

3.新公共管理运动的推动

自20世纪70年代末，西方各国掀起了一场声势浩大且旷日持久的政府改革运动，这就是新公共管理运动。其核心内容是对绩效和责任的关注。重塑政府的新公共管理运动为绩效审计的产生提供了良好的外部条件。首先，新公共管理运动为绩效审计创造了良好的政治环境。在新公共管理运动中，政府绩效和责任成为西方各国政府改革的核心内容，建设一个优质、高效、经济、更负责任的政府成为国家、政府和民众的共识。正是国家、政府和民众对政府绩效的高度关注产生了对绩效审计的政治需求。来自国家、政府和民众的这种政治需求就是政府绩效审计的目标与任务，也是绩效审计的意义所在。其次，新公共管理运动为绩效审计的产生提供了良好的管理环境。由于公共部门具有垄断性、目标多元性和目标弹性，这就决定了公共部门绩效衡量的困难性。如果绩效评价的指标无法确定，国家审计机关就会因缺少绩效评价的依据而无法进行绩效审计。新公共管理运动以后，一些国家对公共部门绩效评价进行了深入研究和不懈努力，在理论和实践方面都取得了积极的成果，使得绩效审计不仅是必要的，而且成为可能。

4.相关理论和方法的支撑

政府绩效审计是公共部门改革实践的产物。它既是传统财务审计在逻辑上的延伸，是传统审计与其他领域的理论、技术和方法相结合的产物，又是相关学科理论整合的结晶。

政治学的公共管理理论、公共管理绩效与现代预算制度等，经济学中的委托代理理论、资源配置理论、外部性理论，管理学中的成本管理理论、预算管理理论，计算机科学、行为科学理论等都为绩效审计提供了理论和技术上的支撑。

（五）绩效审计的内容、程序与方法

1.政府绩效审计的内容

（1）公有企业经营绩效审计

公有企业经营绩效审计是指对供产销等经营活动的经济性、效率性和效果性进行的审计。其主要内容包括：对企业的经营目标及经营计划的合理性进行审查，对经营目标及经营计划完成情况作出评价；对企业各项经济资源利用的经济性、效率性和效果性进行审查；对经营的各环节活动的组织情况进行审查，分析评价影响经营环节有效性的主要因素；对企业整体的经营活动的绩效进行评价等。

（2）公有企业管理绩效审计

对公有企业管理活动的经济性、效率性和效果性进行审计，主要内容包括对受托管理责任的履行情况及管理活动的经济性、效率性和效果性进行审查，对管理职能的确定和履行、对管理部门设置的合理性和运行的有效性进行审查，对管理人员的素质及管理水平进行审查和评价等。

（3）公共部门绩效审计

公共部门绩效审计与公有企业的绩效审计存在不同之处。公共部门绩效审计主要是对政府公共部门使用、管理公共资金和公共资源的经济性、效率性和效果性进行审查，以揭露违法违规、公共资金和公共资源的浪费、公共决策失误等问题，以提高公共部门的管理水平及资源使用的效率与效果。例如水污染防治绩效审计、市政建设项目审计、涉农资金绩效审计等。

2.绩效审计程序与方法

绩效审计一般要经过项目立项阶段、审计准备阶段、审计实施阶段、审计报告阶段和后续整改阶段等。政府绩效审计所采用的方法除了传统的审计方法外，还可以采用回归分析法、蒙特卡罗模拟法、层次分析法、模糊综合评价法、头脑风暴法等。

二、经济责任审计

（一）经济责任审计的内涵

经济责任，是指领导干部在任职期间，对其管辖范围内贯彻执行党和国家经济方针政策、决策部署，推动经济和社会事业发展，管理公共资金、国有资产、国有资源，防控重大经济风险等有关经济活动应当履行的职责。

经济责任审计是指由独立的审计机构和审计人员依据党和国家的方针、政策，财经法令、法规、制度以及计划、预算、经济合同等，对经济责任关系主体的经济责任的履行情况监督、评价和建议的活动。经济责任审计的主要目的是分清经济责任人任职期间在本部门、本单位经济活动中应当负有的责任，为组织人事部门和纪检监察机关及其他有关部门考核使用干部或者兑现承包合同等提供参考依据。

经济责任审计是一项中国特色国家审计类别。它以党政领导干部、国有企业领导人员为审计对象。这些领导者是当权者，他们掌握着各类活动的决策权、执行权等，掌握着公共资源与公共资金，是国家公共权力的主要行使者。对党政领导干部、国有企业领导人员行使国家审计监督权，抓住了监督公权力运行的"牛鼻子"。经济责任审计制度与党内监督制度、民主监督制度、司法监督制度、群众监督制度、舆论监督制度等相互配合，协同作用，成为对权力运行进行制约和监督的重要制度安排，是党和国家监督体系中的重要制度工具。

（二）经济责任审计的分类

对经济责任审计进行适当的分类，有助于从各种经济责任审计的不同特点出发，加强经济责任审计的针对性，以便突出重点，抓住主要矛盾，客观公正地作出审计评价，分清被审计人的经济责任。

按照审计的内容、审计的时间、被审计单位的性质，可以将经济责任审计分成如下几类：

1.按照审计的内容分类

按照审计的内容，我们可以将经济责任审计分为目标经济责任审计和破产经济责任审计。

目标经济责任审计，就是对经济责任人完成其承担的承包目标、租赁目标、任期目标等目标责任情况进行的审计。这类审计主要是根据经济责任人与上级主管部门、发包（或出租）单位或者本级政府部门所签订的承包、租赁合同或目标责任进行审计。审计内容在合同中有明确规定，审计目标、范围明确，重点突出。

破产经济责任审计是根据《中华人民共和国民法典》的规定，主要审查和确认企业破产的原因；确定对企业破产应当承担责任的主要责任人；监督破产企业的财产物资，包括破产清算时资产、负债项目的确认，资产价值的评估，破产资财的变卖和分配等。这种经济责任审计可以全面地对企业整个破产过程进行审计，确认责任人应当承担的经济责任，保证破产清算的顺利进行。

2.按照审计的时间分类

按照审计时间的不同，我们可以将经济责任审计分为事前经济责任审计、事中经济责任审计和事后经济责任审计。

事前经济责任审计，是指在经济责任关系确立之前，对经济责任关系主体的资产、负债、损益的真实、合法、效益情况进行审计，以保证经济责任关系各方合法、合理、正确地确定有关方案和合同，以保证经济责任的合理性、有效性，维护有关经济责任关系各方的合法权益。

事中经济责任审计，一般指在经济责任人任职期间对其进行的审计。在经济责任的履行过程中，审计机构可以根据需要对领导干部或经济责任人的经济责任的履行情况进行审查和评价，以检查机关的财务收支、企业的生产经营活动是否存在差错或舞弊行为，督促责任人正确履行经济责任，以便及时发现问题，防患于未然，保障国有资产的安全、完整和保值、增值。事中经济责任审计包括例行的年度审计和不定期的临时性审计。

事后经济责任审计，是指在终止经济责任关系或者领导干部调离所在部门、单位后，对其履行经济责任情况进行的审计。如承包、租赁经营合同期满时，对经济责任关系主体的经济活动和经营成果的合法性、真实性、有效性进行审查和评价，确认经济责任履行情况，以解脱责任人所负的经济责任。

3.按照被审计单位的性质分类

按照被审计单位性质的不同，我们可以将经济责任审计分为党政领导干部任期经济责任审计和国有企业领导人员任期经济责任审计。

党政领导干部任期经济责任审计，主要是指对党政机关、审判机关、检察机关、群众团体和事业单位的党政正职领导干部的任期经济责任审计。

国有企业领导人员任期经济责任审计，主要是指对国有独资企业、国有资产占控股地位或者主导地位的股份制企业的法定代表人（董事长或总经理）的任期经济责任审计。

将经济责任审计分为党政领导干部任期经济责任审计和国有企业领导人员任期经济责任审计，主要是从政企分开的改革思路出发，充分考虑到党政机关与国有企业在工作性质、工作内容、管理体制和运行机制等方面的不同特点，以便审计机关能够分层次、有重点地对党政机关和国有企业实施审计。

（三）经济责任审计的特点

经济责任审计的特点主要表现在审计目标、审计对象、组织协调机制、审计内容、审计评价、审计报告及审计结果的运用等方面。

1.经济责任审计的审计目标

经济责任审计的目标不同于财务审计和绩效审计。财务审计是对财务收支活动的真实性、合法性进行的审计，绩效审计是对公共资金或公共资源管理使用的经济性、效率性和效果性进行的审计。而经济责任审计的主要目的则是分清经济责任人任职期间在本部门、本单位经济活动中应当负有的责任，为组织人事部门和纪检监察机关及其他有关部门考核使用干部，加强对干部的管理提供参考依据。

2.经济责任审计对象

从审计对象上看，经济责任审计的对象是比较特殊的。经济责任被审计实体是党政主要领导干部和国有企事业单位的领导人，包括：地方各级党委、政府、纪检监察机关、法院、检察院的正职领导干部或者主持工作1年以上的副职领导干部；中央和地方各级党政工作部门、事业单位和人民团体等单位的正职领导干部或者主持工作1年以上的副职领导干部；国有和国有资本占控股地位或者主导地位的企业（含金融机构，以下统称国有企业）的法定代表人或者不担任法定代表人但实际行使相应职权的主要领导人员；上级领导干部兼任下级单位正职领导职务且不实际履行经济责任时，实际分管日常工作的副职领导干部；党中央和县级以上地方党委要求进行经济责任审计的其他主要领导干部。这些领导者是运用公共权力的"关键少数"。

3.经济责任审计组织协调机制

经济责任审计的组织协调机制独特，需要建立健全经济责任审计工作联席会议制度。根据中共中央办公厅、国务院办公厅的规定，各级党委和政府应当加强对经济责任审计工作的领导，建立健全经济责任审计工作联席会议制度。联席会议由纪检监察机关和组织、机构编制、审计、财政、人力资源社会保障、国有资产监督管理、金融监督管理等部门组成，召集人由审计委员会办公室主任担任。联席会议在同级审计委员会的领导下开展工作。联席会议下设办公室，与同级审计机关内设的经济责任审计机构合署办公。办公室主任由同级审计机关的副职领导或者相当职务层次领导担任。联席会议主要负责研究拟订有关经济责任审计的制度文件，监督检查经济责任审计工作情况，协调解决经济责任审计工作中出现的问题，推进经济责任审计结果运用，指导下级联席会议的工作，指导和监督部门、单位内部管理领导干部经济责任审计工作，完成审计委员会交办的其他工作。

4.经济责任审计的内容

经济责任审计是一项具有中国特色的审计制度，在审计内容上具有涉及面广、综合性强的特点。它基本上涵盖了财务审计、绩效审计、内部控制审计、风险管理审计、战略管理审计、信息系统审计、经济安全审计、公共政策审计等方面的内容。

经济责任审计应当以领导干部任职期间公共资金、国有资产、国有资源的管理、分配和使用为基础，以领导干部权力运行和责任落实情况为重点，充分考虑领导干部管理监督需要、履职特点和审计资源等因素，依法依规确定审计内容。

地方各级党委和政府主要领导干部经济责任审计的内容包括：贯彻执行党和国家经济方针政策、决策部署情况；本地区经济社会发展规划和政策措施的制定、执行和效果情况；重大经济事项的决策、执行和效果情况；财政财务管理和经济风险防范情况，民生保障和改善情况，生态文明建设项目、资金等管理使用和效益情况，以及在预算管理中执行机构编制管理规定情况；在经济活动中落实有关党风廉政建设责任和遵守廉洁从政规定情况；以往审计发现问题的整改情况。

党政工作部门、纪检监察机关、法院、检察院、事业单位和人民团体等单位主要领导干部经济责任审计的内容包括：贯彻执行党和国家经济方针政策、决策部署情况；本部门、本单位重要发展规划和政策措施的制定、执行和效果情况；重大经济事项的决策、执行和效果情况；财政财务管理和经济风险防范情况，生态文明建设项目、资金等管理使用和效益情况，以及在预算管理中执行机构编制管理规定情况；在经济活动中落实有关党风廉政建设责任和遵守廉洁从政规定情况；以往审计发现问题的整改情况。

国有企业主要领导人员经济责任审计的内容包括：贯彻执行党和国家经济方针政策、决策部署情况；企业发展战略规划的制定、执行和效果情况；重大经济事项的决策、执行和效果情况；企业法人治理结构的建立、健全和运行情况，内部控制制度的制定和执行情况；企业财务的真实、合法、效益情况，风险管控情况，境外资产管理情况，生态环境保护情况；在经济活动中落实有关党风廉政建设责任和遵守廉洁从业规定情况；以往审计发现问题的整改情况。

5.经济责任审计的审计评价

审计评价是经济责任审计的核心环节。经济责任审计要在建立健全审计评价体系的基础上，坚持定量与定性评价相结合的原则，对主要负责人在任职期间经济责任的履行情况及其应承担的责任作出明确的评价。

审计委员会办公室、审计机关应当根据不同领导职务的职责要求，在审计查证或者认定事实的基础上，综合运用多种方法，坚持定性评价与定量评价相结合，依照有关党内法规、法律法规、政策规定、责任制考核目标等，在审计范围内，对被审计领导干部履行经济责任情况，包括公共资金、国有资产、国有资源的管理、分配和使用中个人遵守廉洁从政（从业）规定等情况，作出客观公正、实事求是的评价。

审计评价应当有充分的审计证据支持，对审计中未涉及的事项不作评价。

对领导干部履行经济责任过程中存在的问题，审计委员会办公室、审计机关应当按照权责一致原则，根据领导干部职责分工，综合考虑相关问题的历史背景、决策过程、性质、后果和领导干部实际所起的作用等情况，界定其应当承担的直接责任或者领导责任。

领导干部对履行经济责任过程中的下列行为应当承担直接责任：

（1）直接违反有关党内法规、法律法规、政策规定的；

（2）授意、指使、强令、纵容、包庇下属人员违反有关党内法规、法律法规、政策规定的；

（3）贯彻党和国家经济方针政策、决策部署不坚决、不全面、不到位，造成公共资金、国有资产、国有资源损失浪费，生态环境破坏，公共利益损害等后果的；

（4）未完成有关法律法规规章、政策措施、目标责任书等规定的领导干部作为第一责任人（负总责）事项，造成公共资金、国有资产、国有资源损失浪费，生态环境破坏，公共利益损害等后果的；

（5）未经民主决策程序或者民主决策时在多数人不同意的情况下，直接决定、批准、组织实施重大经济事项，造成公共资金、国有资产、国有资源损失浪费，生态环境破坏，公共利益损害等后果的；

（6）不履行或者不正确履行职责，对造成的后果起决定性作用的其他行为。

领导干部对履行经济责任过程中的下列行为应当承担领导责任：

（1）民主决策时，在多数人同意的情况下，决定、批准、组织实施重大经济事项，由于决策不当或者决策失误造成公共资金、国有资产、国有资源损失浪费，生态环境破坏，公共利益损害等后果的；

（2）违反部门、单位内部管理规定造成公共资金、国有资产、国有资源损失浪费，生态环境破坏，公共利益损害等后果的；

（3）参与相关决策和工作时，没有发表明确的反对意见，相关决策和工作违反有关党内法规、法律法规、政策规定，或者造成公共资金、国有资产、国有资源损失浪费，生态环境破坏，公共利益损害等后果的；

（4）疏于监管，未及时发现和处理所管辖范围内本级或者下一级地区（部门、单位）违反有关党内法规、法律法规、政策规定的问题，造成公共资金、国有资产、国有资源损失浪费，生态环境破坏，公共利益损害等后果的；

（5）除直接责任外，不履行或者不正确履行职责，对造成的后果应当承担责任的其他行为。

审计评价时，应当把领导干部在推进改革中因缺乏经验、先行先试出现的失误和错误，同明知故犯的违纪违法行为区分开来；把上级尚无明确限制的探索性试验中的失误和错误，同上级明令禁止后依然我行我素的违纪违法行为区分开来；把为推动发展的无意过失，同为谋取私利的违纪违法行为区分开来。对领导干部在改革创新中的失误和错误，正确把握事业为上、实事求是、依纪依法、容纠并举等原则，经综合分析研判，可以免责或者从轻定责，鼓励探索创新，支持担当作为，保护领导干部干事创业的积极性、主动性、创造性。

6.经济责任审计结果的运用的特点

根据中共中央办公厅、国务院办公厅《党政主要领导干部和国有企事业单位主要领导人员经济责任审计规定》，各级党委和政府应当建立健全经济责任审计情况通报、责任追究、整改落实、结果公告等结果运用制度，将经济责任审计结果以及整改情况作为考核、任免、奖惩被审计领导干部的重要参考。

经济责任审计结果报告以及审计整改报告应当归入被审计领导干部本人档案。

第五节　国家审计的最新进展

人类已经开始迈进数字化时代。当今世界正面临着人类百年未有之大变局。在这样的时代背景下，国家审计的理论和实务已经发生或正在发生深刻的变化。

一、国家审计本质职能的新认识

国家治理体系和治理能力现代化的目标是构建透明政府、法治政府、廉洁政府和责任政府。越来越多的人认识到，国家的良政善治、公共资金管理的持续改善有赖于透明政府和责任政府的建设。加强国家问责机制的建设，促进政府的公开透明成为解决问题的关键之一。而这些目标的实现的关键在于构建一整套能保证这些目标实现的机制。最高审计机关国际组织认为，国家审计是主权国家问责环境下治理体系不可分割的一部分。尽管各国最高审计机关的法定职责、组织方式各不相同，开展工作的形式各异，但它们都有一个共同的目标，即保证政府的透明与问责①。这表明，国家审计问责是国家问责机制的重要构成部分。国家审计不仅要注重审计本身，更要注重审计结果的运用，这就需要构建国家审计的问责机制。

近年来，许多国家采取了多种举措以加强国家审计问责机制的建设，2004年，美国将美国会计总署（U.S. General Accounting Office）改为政府问责总署（U.S. Government Accountability Office）。这种改变不仅是美国国家审计机构名称的变化，而且表明了人们对国家审计本质特征的认识发生了深刻的变化，强调国家审计是政府问责机制的重要组成部分，凸显了国家审计对政府问责机制的重要性。2010年，最高审计机关国际组织进行了一项调查，调查结果表明，世界大多数国家都将审计问责机制作为推进国家治理现代化的工具。2021年，中国对《中华人民共和国审计法》进行修订，也强调审计结果运用机制的构建。

二、国家审计目标的新发展

国家审计是为统治阶级服务的工具。在专制时代，国家审计其实只是国王或君主维护其统治的工具。在民主政治的初期，在王权与民权的斗争中，人民只是要求国家取之于民的资源必须有一定的限度，至于取得后的资源用于何处，民众并不关心。随着民主意识的增强，人民不仅要求取之于民的资源有度，而且需要取之于民的资源必须用之于民；不仅要求政府所取得的资源用之于民，而且要求政府取之于民的资源应经济有效地用之于民。不仅要有效地用之于民，而且要用得环保，用得公平。这样，国家审计的目标就从传统的目标演变成真实性、合法性、经济性、效率性、效果性、环保性和公正性。国家审计的重心向政府绩效审计转移，绩效审计也由过去的"三E审计"转向"五E审计"。

三、国家审计内容的新领域

国家审计是国家治理体系的有机构成部分，这已经成为全世界的共识。要充分发挥国家审计在经济建设、政治建设、文化建设、社会建设和生态文明建设中的作用，必须寻求国家审计嵌入国家经济社会管理、持续服务国家治理的运行机制，实现国家审计与国家治理的协同运作。为此，国家审计内容需要实现两个拓展：其一，审计领域的拓展，即国家审计要从经济建设领域向政治建设、文化建设、社会建设和生态文明建设领域拓展；其二，审计层次的拓展，即从公共权力运行的微观层面向公共权力运行的宏观层面拓展。

从微观层面讲，就是要强化审计的监督作用，通过对微观层面的公共权力行使主体运用公共权力对公共资源管理、配置和使用的过程和结果的监督，促进其依法行政、依法办事，推进廉政建设，推动履职尽责。从宏观层面来说，就是要发挥国家审计在促进国家重大决策部署落实中的保障作用，推动政策措施贯彻落实，促进公共资源安全高效使用，维护国家经济安全，促进改善民生和生态文明建设，推动深化改革。

具体来说，从微观层次看，国家审计除了要对公共权力在经济领域的运行进行监督制约外，还应对公共权力在政治、文化、社会和生态文明领域的运行进行监督与制约，其内容包括合法合规审计、廉政审计、领导干部经济责任审计和领导干部自然资源资产离任审计。

---

①　审计署国际合作司. 世界审计组织全球调查报告集［M］. 北京：中国时代经济出版社，2020.

从宏观层次看，国家审计公共权力在经济领域的运行进行监督制约外，还应对公共权力在政治建设、文化建设、社会建设和生态文明建设领域的运行进行监督与制约。为了使国家审计能服务国家宏观治理，需要开展公共政策审计、公共资金审计、经济安全审计、民生工程和项目审计、生态文明建设审计及制度合理性审计。

四、国家审计的新技术

人类正在迈进数字化时代。将新型信息技术运用于国家审计，可以极大地拓展国家审计的活动空间和时间，为实现国家审计监督空间上和时间上的全覆盖提供了技术支撑。联网审计和持续审计通过审计技术的变革，使大数据处理、跨区域处理和实时审计成为现实。同时，基于大数据的趋势分析和统计分析，还能够在一定程度上帮助国家审计预测审计风险的变化。这一系列技术方法的重构，与经济责任审计、环境审计、国家经济安全审计以及公共政策审计相结合，创造出了精确式和前瞻式的国家审计，可以强化国家审计的经济监督职能。

通过在国家审计中运用新型信息技术，形成在审计基本方法基础上融合现代信息技术的国家审计技术方法体系，是新时代对国家审计理论工作者和实务工作者的要求。

第二十章学习指南

第二十一章 内部审计

第一节 内部审计的性质、目标与角色

近年来，内部审计引起了理论界和实务界持续广泛的关注。人们逐步认识到，内部审计与外部审计、董事会所属审计委员会、管理层一起构成公司治理的"四大"基石（IIA，2002），内部审计是增加企业价值的重要因素，是企业目标实现的重要推手，内部审计的好坏直接关系到企业的兴衰成败。内部审计的重要性日益凸显，内部审计的地位不断提升。

一、内部审计产生和发展的历程

内部审计的产生和发展经历了一个漫长的历史过程，至今已经历了古代内部审计、近代内部审计和现代内部审计三个发展阶段。

古代内部审计涵盖了奴隶社会和封建社会的内部审计。中国西周，西方的古罗马、古希腊都出现过有关内部审计的记录。这一时期，内部审计思想开始萌生，出现了一批专职的内部审计人员，对官厅内部的财政收支，对寺院、行会、银行和庄园的财务收支进行审计，目的在于查错防弊。

近代内部审计伴随着工业革命的出现而诞生。如果说古代内部审计是以官厅内部审计为主导的，那么近代内部审计则是以企业内部审计为主导的。工业革命不仅带来生产力的巨大发展，而且引起了企业组织形式的深刻变化。随着工业革命的进展，股份公司越来越普及、企业规模越来越大、管理层次越来越多。这些因素使得分权管理成为企业经营管理的重要特征。分权管理就会形成因授权和受权而产生的委托代理关系。

为了有效维系分权基础上形成的委托代理关系，加强企业内部管理，一些企业开始设立专门的内部审计机构，配备内部审计人员，实施内部审计工作。总体来看，近代内部审计的特征主要有以下几点：

其一，在整个内部审计格局中，企业内部审计逐步取代官厅内部审计而成为内部审计的主导。

其二，内部审计主要是通过检查会计资料进行财务收支审计，其目标在于保护公司资产的安全完整、检查会计记录的差错、揭示舞弊或者其他违反法律法规的活动。

其三，尽管有些公司的内部审计开始向经营管理领域延伸，但只是偶尔为之，并不是主流现象。对公司内部各部门及各单位的经营管理的过程和结果进行审计并提出改进建议没有成为内部审计制度化、常态化的内容。

其四，在许多公司，此时内部审计的独立性不强、组织地位不高、权威性不足，内部审计还只是为外部审计提供协助，不过是外部审计的一个附庸。

现代内部审计始于20世纪40年代的美国。1941年，国际内部审计师协会（IIA）在纽约成立。该协会是致力于推动内部审计和内部审计人员向前发展的国际组织。它的成立标志着内部审计师已经成为一门专业职业。1941年，Victor Z. Brink 在其博士学位论文中对内部审计的性质、内容、地位等理论问题进行了深入的探讨。Victor Z. Brink 指出，内部审计应该作为公司管理层的服务者，而不是作为外部审计的助手。凭借这篇突破性的研究成果，

Victor Z. Brink 成为美国"内部审计"这个学科的"开山鼻祖"。1942年，Victor Z. Brink 出版了美国第一部全面、系统地论述"内部审计"的著作——《内部审计的原理和实务》。该著作的出版标志着内部审计已形成系统的理论和方法。在现代内部审计形成的初期，尽管理论界已经形成系统的内部审计理论，出现了经营审计、管理审计的思想，但在实务上，内部审计还是停留在集中于检查会计资料和财务报告的真实性、合法性的财务审计。

20世纪五六十年代，工商企业等组织的规模不断扩大，业务的复杂程度越来越高，管理层次日渐增多，业务日趋多元化和国际化。西方国家企业管理进入现代管理时代。工商企业等组织的新发展对内部审计提出了新要求。管理层希望内部审计能为公司目标的实现作出更多的贡献。为了加强企业内部经营管理，许多企业设置了内部审计机构，并且配备了内部审计人员，内部审计的内容迅速从财务审计转向经营管理审计，且经营审计、管理审计成为内部审计制度化、常态化的内容。审计目标由单纯的查错揭弊转向针对公司存在的问题提出建设性的意见，以帮助各级管理人员更加有效地履行自身的职责。内部审计从此迈入经营管理审计阶段。

20世纪70年代以来，公司财务舞弊案件层出不穷，企业面临的风险进一步增加。人们在思考如何加强企业内部控制以减少财务舞弊案的发生，如何提升企业风险管理水平。为了满足企业加强内部控制建设、提高企业风险管理水平的需要，内部审计的内容转向内部控制审计、风险管理审计、公司治理审计等。随着人们越来越关注人类生存的环境，关注企业承担的社会责任，如何控制环境污染、如何让企业承担与其地位相应的社会责任成为人们关注的焦点。与此相适应，内部审计出现了环境审计和社会责任审计。

从现代内部审计发展过程中可以看出，现代内部审计的主要特征表现在以下几个方面：

（1）内部审计在企业中的地位上升、独立性增强、权威性提高，逐步摆脱了附庸于外部审计的地位，走上了一条以自身的方式、发挥自身的职能为企业创造价值，帮助企业实现其目标的征程；

（2）审计目标由查错防弊转向为企业实现其战略目标和经营目标服务；

（3）审计对象由财务收支转向风险管理、内部控制及治理过程；

（4）审计内容从财务审计逐步向其他领域延伸，先后经历了经营管理审计阶段，内部控制与风险管理审计阶段，以及包括社会责任审计、环境审计在内的综合审计阶段；

（5）内部审计的方法日渐成熟，逐步形成了能满足现代内部审计需要，适合内部审计特点的现代内部审计技术方法体系；

（6）内部审计的作用逐步从防护性为主转向建设性为主，内部审计越来越受到重视。

二、内部审计的性质

什么是内部审计？这是一个内部审计一经产生人们就试图弄清的问题。学术界和实务界对此进行了不懈的探索。

1947年，国际内部审计师协会（IIA）首次对审计的概念作了系统的论述，认为内部审计是建立在审查财务、会计和其他经营活动基础上的独立的评价活动。它为管理层提供保护性和建设性的服务，处理财务与会计问题，有时也处理涉及经营管理的问题。内部审计主要为管理人员服务。

从1947年至2001年，国际内部审计师协会（IIA）已经先后七次对内部审计的定义进行了更新。这些更新反映了理论界和实务界对内部审计认识不断深入的过程，也反映了不同时期社会公众对内部审计职能的期待。

1999年，国际内部审计师协会（IIA）发布了《国际内部审计专业实务框架》。在这份文件中，国际内部审计师协会给出了内部审计的定义。国际内部审计师协会认为，内部审计是一种独立、客观的确认和咨询活动，旨在增加组织的价值和改善组织的营运。它通过运用系统、规范的方法，评价并改善风险管理、控制及治理过程的效果，帮助组织实现其目标。

这是一个关于内部审计的经典定义。任何新的概念都需要经过时间的考验才能彰显价值。尽管国际内部审计师协会曾多次对内部审计规范的其他内容进行了修改完善，但该定义一直被保留着。

改革开放以来，中国十分重视内部审计工作。内部审计的理论与实务取得了长足的进步。2013年，中国内部审计协会发布了新版的内部审计准则。2023年，中国内部审计协会对《第1101号——内部审计基本准则》进行了修订。中国内部审计协会认为，内部审计是一种独立、客观的确认和咨询活动，它通过运用系统、规范的方法，审查和评价组织的业务活动、内部控制和风险管理的适当性和有效性，以促进组织完善治理、增加价值和实现目标。

对比以上两个定义可以发现，中国内部审计协会关于内部审计的定义基本上借鉴了国际内部审计师协会关于内部审计的定义，两者并无实质上的差异。关于内部审计的定义，我们可以从以下几个方面来把握。

1.内部审计的主体

人们可能以为，内部审计的主体一定是组织内部审计机构和审计人员。其实这是一种误解。在国际内部审计师协会对内部审计的新定义中，并没有界定内部审计必须是由内部审计机构和人员来进行的。换言之，在新定义中，内部审计是组织内部的审计业务，是一种范围性概念，不同于"由内部审计机构和审计人员从事的审计业务"的主体性概念。虽然有一些人认为"内部"这个概念是内部审计职业最重要的特质，然而在理论上保留这一概念是有缺陷的。这一措辞试图使内部审计职业垄断所有相关的服务，执行所有职能，试图阻止外部人参与内部审计服务的竞争。而且随着服务范围的扩展，在企业内部拥有所有需要的技术变得不经济，这也造成了许多企业从外部购买服务，即所谓的内部审计外部化。"内部"这一概念唯一有价值的地方在于内部审计服务仍应由企业内部进行管理，而不应完全放权给外部。企业完全可以将内部审计外包给其他专业中介机构。

2.内部审计的目标

内部审计的审计目标是内部审计的导向机制，它对内部审计的其他要素均会产生重大影响。从定义中可以看出，内部审计的目标是增加组织的价值，帮助组织实现组织的目标。定义中将内部审计目标纳入组织的目标中。这表明，内部审计的目标已经从单纯的查错揭弊转向帮助组织实现组织目标。

3.内部审计的职能

从定义中可以看出，内部审计的职能不再被定位为评价与监督，而是定位为确认与咨询。这表明现代内部审计的指导思想已经发生重大变化，内部审计应以发现并解决问题为新理念，内部审计应从问题揭露型转向持续改进型。[①]内部审计应通过确认与咨询职能，

---

① 秦荣生. 内部审计学 [M]. 北京：中国人民大学出版社，2022.

改善风险管理、内部控制和公司治理过程，为组织提供增值服务，帮助组织实现其目标。

4.内部审计的对象与内容

在定义中，内部审计的对象不再是财务收支活动及反映财务收支活动的会计资料，而是组织的风险管理、内部控制和治理过程。这一变化直接受内部审计目标定位的变化及当今世界的时代背景的影响。

我们正处于一个急剧变革的时代。经济全球化和逆全球化的趋势并存，科学技术飞速发展，全球资本市场动荡不安，"黑天鹅""灰犀牛"事件层出不穷。企业面临着外部环境的巨大不确定性，其治理风险、经营风险和财务风险等普遍增大。企业风险管理、内部控制及治理过程成为应对风险的关键因素，这些机制能否有效地发挥作用，关系到企业的生存与发展，关系到事业的兴衰成败。组织管理层迫切需要内部审计通过一套系统、规范的方法来评价和改进风险管理、内部控制及治理过程的效果。组织环境的变化以及内部审计目标的层次的提高，有必要在定义中提升和拓展内部审计的对象与内容的层次，将内部审计的对象与内容界定为风险管理、内部控制和公司治理过程是一个必然的选择。

5.内部审计的特征

内部审计确认和咨询具有独立性和客观性。国际内部审计师协会的《内部审计职业实务准则》规定，内部审计活动应具有独立性，内部审计师在执行他们的工作时应是客观的。内部审计机构的独立性是指首席审计官在组织内应向能使内部审计活动实现其职责的阶层报告，即内部审计机构组织地位上独立。内部审计活动在确定审计范围、实施审计程序和提供审计报告时应不受干扰。客观性是指内部审计人员应有公正的态度，避免利益冲突，在精神状态上保持独立。独立性可以使内部审计人员提出公正和不偏不倚的判断意见，而客观性要通过内部审计机构组织地位的独立性来获得。内部审计师的客观性在很大程度上取决于内部审计机构的独立性。

一般认为，"独立性"是内部审计的重要特征，是保证内部审计质量的一个重要条件。然而，1999年，在国际内部审计师协会（IIA）对内部审计新定义的草拟过程中，指导任务小组最初并未使用"独立"这一概念，也没打算界定它。他们认为含义更广的"客观"是内部审计职业的显著特点。而"独立"的要求，则对内部审计人员造成了不必要的约束，它限制了由谁来提供服务以及可以提供哪些服务。而且把"独立"凌驾于其他概念之上，会使内部审计部门在提供服务时相对于外部服务提供者处于竞争的劣势，因为后者往往处于"独立"的位置上。

从本质上说，客观是一个更为根本和广泛的概念。内部审计部门能为企业增加价值就是因为他们对改进经营与控制的分析与建议是客观的。独立是为了保证客观，是一种手段，而客观才是最终的目标。

三、内部审计的目标

（一）内部审计目标的内涵及演变

内部审计目标就是内部审计工作所要达到的境界或目的，包括总体目标、一般目标和具体目标。内部审计的总体目标是增加组织的价值、帮助组织实现其目标，这体现了内部审计的本质功能。内部审计的一般目标是组织风险管理、内部控制和治理过程的真实性、合法性和有效性。具体审计目标则因内部审计工作要求的不同而不同。

这表明，内部审计的目标已经发生了深刻的变化。内部审计的目标不再是仅仅局限于较为狭窄的财务收支真实性、合法性，而是拓展到组织的内部控制、风险管理和治理过程这些层次更高、内容更广泛领域相关活动的有效性。值得指出的是，内部审计目标的演变，不是对以前审计目标的摒弃与替代，而是对以前审计目标的深化和拓展，是审计重点的转移。

回顾内部审计发展历程，我们不难发现，国际内部审计师协会早期将内部审计目标定位为"查错防弊"，其实质也是增加组织的价值，帮助公司实现其目标，因为"查错防弊"也是组织的目标之一。只不过这一目标未能站在全局的立场上，从战略高度看待内部审计。将内部审计的目标局限于对财务收支的查错防弊，未能拓展到风险管理、内部控制和治理过程的有效性，使得内部审计的内容过于狭窄，高度不够，深度不足。而将内部审计的目标定位为增加组织价值，帮助组织实现其目标，除了强调内部审计的直接价值外，更加关注由于内部审计职能的存在帮助组织预防错弊、减少失误、优化制度等带来的间接价值或隐性价值。

（二）内部审计目标定位的依据

"增加组织的价值、帮助组织实现组织的目标"的提出，使得内部审计这一职业充满前所未有的活力。在传统概念下，内部审计在很大程度上是为了降低代理成本而设计的，人们不关心它对企业经营管理的作用、不关心它对企业价值创造的贡献，而且这种贡献往往是无形的。而在如今的高度竞争且成本"敏感"的市场上，各大公司纷纷将其业务流程分为增值过程和非增值过程，然后尽可能地压缩非增值过程，期望公司内每一个人都为其创造价值。归根到底，一个组织只有具有价值才有存在的必要，也才能够存在下去，否则在社会上必无立足之地。因此任何活动，只有为企业创造或者增加价值，才能为组织所重视，才能存在下去。内部审计如果还固守过去的阵地，只能被淘汰出局。新的角色定位要求内部审计积极参与价值创造活动，这样才能为自己的继续存在争得一席之地。内部审计如果不以增加组织价值为目的，则为组织所不容。内部审计在参与价值创造的同时，要向世人昭示其在价值创造过程中的贡献，让公司的管理部门、董事会及其他利害关系人了解其存在的必要性和重要性，这样才能保持和提高职业地位。但需要注意的是，不应把成本降低的幅度或效率增长的幅度等作为衡量内部审计工作绩效的标准，这样做会削弱其工作的客观性。因为内部审计工作对价值创造的贡献往往是间接的。

同时，内部审计关注的活动也因此提升至组织整体的层次，而不再是过去针对个人或某一部门的活动。其目标的核心定位于帮助一个企业达到战略目标，即增加价值，还将内部审计与企业的核心业务流程和关键成功因素联结在一起。将内部审计目标定位于帮助企业增加价值，使得内部审计关注的活动从企业的局部提升至企业整体。关注层次的提升，使得内部审计从局部思维转向整体思维。内部审计必须从价值链整体的角度来考虑问题和提出解决方案，从全局、长期着眼，促成各个部门各个方面的有效合作。

四、内部审计的角色

内部审计在组织中扮演的角色，涉及关于组织性质以及内部审计性质和特点的认识。下面我们以企业为例来说明内部审计在企业中的角色。

权力分散是现代企业管理的基本特征之一。只要存在分权管理，就会存在委托代理关系。在这种因授权与受权产生的委托代理关系中，委托者与代理方均有着自身的权利与义务。这种权利与义务既包括财务方面的权利与义务，也包括非财务方面（或管理方面的）

的权利与义务。这些权利与义务的实现是维系委托代理关系的基础。而有效的委托代理关系是企业生存与发展的基础。这就需要在企业制度上设计一种机制来维系这种委托代理关系，使之处于良性状态。内部审计就是维系良好的委托代理关系的重要机制之一。

授权者有对受权者是否忠实履行自身的职责进行检查确认的需求，从这个意义上讲，内部审计充当的首要角色就是受权者职责履行情况的确认者。在传统的观念中，内部审计被定位为监督评价者。因此，内部审计担负着经济监督者的角色，承担着"确认"这一职责。与此同时，授权者不仅需要对受权者的职责履行情况进行确认，更要从价值创造的角度，对企业改进风险管理、内部控制和治理过程提出建设性的意见，以便帮助企业实现其目标。从这个意义上讲，内部审计仅充当职责确认者的角色是不够的，还应担当持续改进的咨询者的角色。

国际内部审计师协会（IIA）赋予了内部审计以确认和咨询的职能。这意味着内部审计在企业价值创造和帮助企业实现其目标的过程中扮演着确认者和咨询者的双重角色。确认服务是独立评估组织的治理、风险管理和控制过程而对证据进行的客观检查，例如财务、绩效、合规性、系统安全和尽职调查等业务；咨询服务是指咨询及相关的客户服务活动，其性质和范围须与客户协商确定，目的是在内部审计师不承担管理职责的前提下，为组织增加价值并改进组织的治理、风险管理和控制过程提供咨询服务，顾问、建议、推动、培训等均属于咨询服务。

确认职能强调的是事后的监督与评价；咨询职能强调的是事中和事前的顾问、建议与推动。确认的目的是评价被审计活动做得对不对、好不好，体现的是传统的查错纠弊需求；咨询的目的是帮助组织少犯错误、不犯错误以提升决策的科学性、执行过程的规范性和执行结果的有效性。

第二节 内部审计与公司治理

一、公司与公司治理

（一）公司的性质

从发展历史来看，企业制度经历了古典企业制度和现代企业制度两个时期。古典企业制度以独资企业和合伙企业为代表，现代企业制度以公司制为代表。公司是以营利为目的，运用各种生产要素向市场提供商品或服务，实行自主经营、自负盈亏、独立核算的具有法人资格的社会经济组织。

契约理论认为，从本质上而言，企业是一系列契约的联结。公司因分权而形成的委托代理关系其实是一种契约关系。在公司中，委托代理关系包括因所有权与经营权分离以及因授权与受权而产生的委托代理关系。科斯认为，企业是为了节约市场交易费用或降低交易成本而产生的，企业本质特征是作为市场机制或价格机制的替代物。

（二）公司委托代理关系引发的问题

权力分散是现代公司管理的基本特征之一。只要存在分权管理，就会存在委托代理关系。在现代公司中，因分权产生的委托代理关系主要包括两个层次：其一，因所有权与经营权分离产生的委托代理关系；其二，因授权与受权关系而产生的委托代理关系。在这两类委托代理关系中，委托者与代理人是两个不同利益主体，他们各自的利益并不完全一致，由此引发了一系列的问题。这些问题包括委托者与代理人的目标不一致、信息不对称和利益冲突等。为了解决这些因委托代理关系存在而引发的问题，企业需要建立起一整套有机结合的体系或机制，主要包括建立一种相互制约的机制，以解决目标不一致问题；建立一种科学监督的机制，以解决利益冲突问题；建立一种信息传递的机制，以解决信息不对称问题等。

（三）公司治理及其实质

公司治理概念最早是在 20 世纪 80 年代出现在经济学文献中的，在这之前，威廉姆森提出的"治理结构"概念，可以说与公司治理的概念已相当接近。

Hart 等认为，只要存在以下两个条件，治理就必然在一个组织中产生。第一是代理问题，或者说是组织成员之间存在利益冲突；第二是交易费用之大使得代理问题不可能通过契约解决。Hart 等所指出的这两个条件是同时存在的，而满足这两个条件的企业形态就是公司制。因此，公司治理的产生与公司制这种企业组织形态是紧密地联系在一起的，并且随着以股份有限公司和有限责任公司为主要形式的现代企业制度形成而越来越受到人们的重视。

公司治理通过一套包括正式或非正式的、内部或外部的制度或机制来协调公司与所有者及其他利益相关者之间的利益关系，以保证公司决策的科学化，从而最终维护公司各方面的利益。①

所有权与经营权的分离是公司制的重要特征之一。所有者和经营者是两个不同的利益主体，所有者追求利润的最大化或股东权益的最大化，经营者追求工资及工资衍生品的最大化，公司经营者在控制了公司之后，有可能以损害股东利益为代价追求个人目标的实现。因此，对经营者的行为进行适当的控制，充分保证剩余和企业价值最大化，成为公司治理的目标之一。现代公司的股权分散，每个股东只拥有公司很小比例的股份，他们既没有能力也没有激励对经理的行为进行监管，因此需要一套法律和制度上的设计来保护投资者的利益。

因此，从经济学的角度看，公司治理起源于所有权和经营权的分离，其实质是解决因所有权与控制权的分离而产生的代理问题。公司治理的目的是减少代理成本，实现企业价值的最大化。

二、内部审计与公司治理的关系

（一）内部审计与公司治理关系的性质

1.内部审计是公司治理的制衡机制

在因所有权与经营权分离和因管理层分权产生的委托代理关系中，委托者与代理方均有着自身的权利与义务。这种权利与义务随着时代的变化而变化。这些权利与义务的恰当实现是维系良好委托代理关系的基础。为了维系委托代理关系有效运转，需要建立报告制度和问责制度。无论是报告制度还是问责制度，都需要内部审计的确认与咨询。通过内部审计，参与方的权利得以维护、义务得到履行。从这个意义上讲，内部审计是维系委托代理关系良性运转的重要制度安排，是确保委托代理关系中参与方权利与义务履行的控制机制，是组织治理结构中形成权力制衡机制并促进其有效运行的一个有效手段，内部审计是公司治理的基石，有利于解决委托人与代理人的目标不一致问题。

---

① 李维安.公司治理学［M］.北京：高等教育出版社，2005.

2.内部审计是公司治理的监督机制

内部审计要对风险管理、内部控制进行审计。风险管理和内部控制又是组织有效治理的关键要素，这就决定了内部审计要在组织治理、风险管理和内部控制中发挥作用。内部审计的视野和角色，也由传统的"为管理进行审计"转变为"对管理进行审计"；内部审计人员由作为管理者的"耳目"转变为组织治理的"守门员"、风险管理和内部控制的确认者和咨询者。内部控制作为进行风险管理的重要工具，是否有价值由其帮助组织掌控风险的程度所决定。从这个意义上讲，内部审计是公司治理的一种监督机制，有利于解决委托人与代理人之间的利益冲突问题。

3.内部审计是公司治理的信息传递机制

内部审计也是一种信息传递机制。内部审计要进行审计沟通，要对公司风险管理、内部控制和治理过程进行确认，并将发现的问题和改进建议反馈给公司治理层、董事会、管理层等利益相关方。从这个意义上讲，内部审计是一种信息传递机制，有利于缓解委托人与代理人之间的信息不对称问题。

（二）内部审计与其他治理主体的关系

公司治理的建立和完善，是公司健康、稳定、可持续发展的保障。国际内部审计师协会认为，有效的公司治理，是建立在有效的董事会所属审计委员会、管理层、外部审计和内部审计基础之上的。它们四者各司其职、相互配合、良性互动是建立有效的公司治理体系的基础。

从内部审计作用于公司治理的路径来看，内部审计是通过协助和协调其他三个基本主体（董事会所属审计委员会、管理层、外部审计）的工作，从而在公司治理中发挥重要作用的。公司治理的四个主体之间的职能关系如图21-1所示。

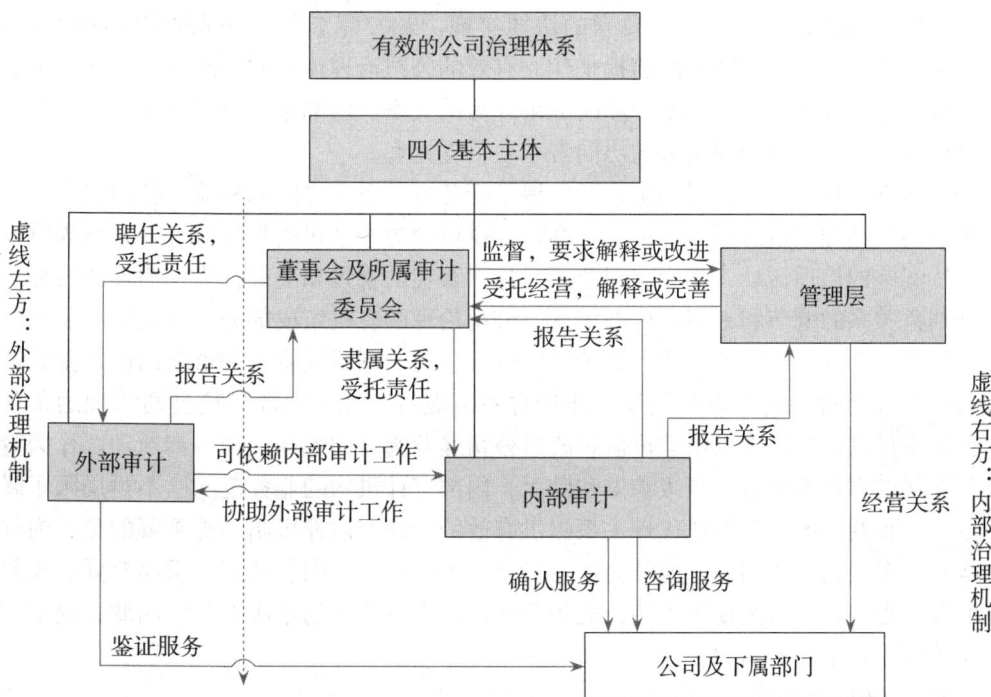

图21-1　公司治理的四个主体的职能关系

首先，内部审计与董事会所属审计委员会的协作关系，体现在：内部审计隶属于董事会所属审计委员会，内部审计部门成为董事会所属审计委员会的日常办事机构，有助于提高内部审计的独立性，同时受托监督管理层对公司的财务、业务履行情况，行使确认之职；就董事会审计委员会而言，或出于监督目的，或为提高其有效性，董事会所属审计委员会对内部审计的需求包括：控制确认，含高层基调的独立评估；会计实务与程序的独立评估；会计控制和财务报告风险分析。其次，内部审计与管理层的协作关系，体现在：报告关系，内部审计应向管理层报告公司内部审计的结果，积极与管理层沟通；就管理层而言，无论是出于遵循外部管制之需，还是出于向委托人表明受托责任履行情况之要，管理层都需要进行内部审计，管理层对内部审计的需求包括：控制的独立评价并帮助编制控制报告，内控有效性的评价。最后，内部审计与外部审计的协作关系体现在依赖和协助关系。

（三）内部审计与公司治理的相同点

内部审计是公司治理中一项重要的制度安排，从产生和发展的动因、目标和理论基础上看，内部审计与公司治理具有一致性。

1.动因同源

内部审计与公司治理都是因为解决因委托代理而引发的问题而产生的，也因为委托代理问题的演化而发展，两者的动因具有同源性。内部审计就是用来检查委托代理契约各自权利与义务的履行情况的制度安排，委托代理契约中的权利与义务的内容决定了内部审计的职责范围与业务内容。

2.目标相同

良好的公司治理依赖于四大要素的协同实现。2002年7月，国际内部审计师协会指出，健全完善的公司治理结构的前提是建立有效的公司治理体系的协同关系，即董事会所属审计委员会、管理层、外部审计和内部审计等的关系。内部审计机构有责任协同四大要素的内部关系，做公司治理关系的协同者和项目支持者。

公司治理的目标是为公司的生存和发展平衡各方关系人之间的利益，包括股东、债权人、董事会、经理、政府部门、员工、客户、供应商等。公司治理是通过一系列规章、程序、方法实施的治理活动，是为实现公司目标而存在的管理和决策行为，治理的目标最终是一种利益关系的调节和平衡。内部审计是公司治理的有机组成部分，也是提高公司治理有效性的重要手段。没有完善的内部审计制度，公司治理系统将失去重要的微观基础。缺乏完善的公司治理，内部审计制度的作用也不可能得到充分发挥。从公司治理的角度来看，内部审计已经发展为以增加价值和改进公司经营为目的的确认和咨询活动。作为董事会及其下属的审计委员会的高级参谋和助手，内部审计机构的业务范围已不再局限于降低代理成本、查错防弊、为委托代理关系提供有效的管理和监控机制，更重要的是，内部审计机构服务于公司整体利益，能够为信息安全、风险管理、内部控制、重要合同、投资决策、财务规划等诸多方面提供支持，成为公司治理不可或缺的组成部分。因此，内部审计与公司治理的目标是相同的。

3.理论基础一致

公司的股东、其他利益相关者、董事会和管理层处于信息不对称状态，为平衡其利益关系，需要制定约束机制，达成合约关系。公司治理主要是经营管理者的活动，是上述理论机制的框架基础提供者，而内部审计主要是上述理论的控制手段。公司的内部审计，正是为了解决股权广泛分散情况下所有权和经营权分离的公司监督和管理问题而产生的。内部审计是公司内部委托代理关系的产物，它的产生和发展，首先是满足独立、客观、公正地确认和评价公司经营活动及内部控制活动的需要，其次是满足公司改善经营管理、实现经营目标的需要。因此，内部审计是公司内部控制体系与公司治理结构的重要基石。委托代理理论是内部审计与公司治理的共同理论基础。

（四）内部审计与公司治理之间的相互作用

尽管内部审计与公司治理具有许多共同点，但两者毕竟处于公司不同层面，遵循运行规则不同，所起的作用各异。就两者的关系而言，公司治理和内部审计相辅相成，互为补充，互相促进。

1.内部审计对公司治理的作用

内部审计对公司治理的作用表现在以下几个方面：

（1）内部审计能够优化公司治理结构。在公司运行中，内部审计通过不断发现公司治理方面存在的问题，完善公司治理系统的微观基础，促使公司完善现代公司治理体系，从而优化公司治理结构。

（2）内部审计有利于公司董事会对管理层的确认和评价。由于公司治理中委托代理关系的存在以及信息不对称，董事会为防止管理层的道德风险和违约风险，需要实施各种约束机制以达到监督目的，同时，需要对管理层的绩效进行考评，予以奖励或惩罚。公司董事会为达到上述目的，就必须设立有效的内部审计制度。内部审计独立于管理层，因而内部审计的评价结果具有较高的说服力，是对管理层绩效评价的重要手段。

（3）内部审计是内部控制设计与运行有效性的重要保证。从广义上讲，内部控制是公司治理的构成部分。内部审计的职责之一，就是检查和评价公司内部控制的有效性。因此，内部审计评价内部控制的有效性是检验公司治理是否有效的关键，是公司治理的重要内容之一。

（4）内部审计还可以通过对反舞弊程序进行确认与评价，为舞弊事件调查提供线索和建议；通过接触并了解公司内部各专业或技术领域的特征，可以为人力资源部门的薪酬治理提供咨询服务；对财务治理流程进行审计，确认公司是否有足够的财务治理原则和操作标准，揭露违规现象、分析误报原因、建议防范措施，从源头防范财务造假和暗箱操纵；帮助管理层评估各战略发展阶段的重要决策或举措的前景，检查监督决策过程，确保战略举措的可行性和计划的可操作性；在评估治理绩效的准确性和可靠性方面发挥重要作用等。

2.公司治理对内部审计的作用

作为公司内设机构，内部审计机构受到公司治理状况的影响。公司治理的环境直接影响到内部审计机构的设置及是否能有效运行。公司治理环境决定着内部审计机构的实施环境，只有在正确的治理理念和完善的治理机制下，内部审计机构才能发挥最大效用，其作用才会得到认同和支持。而公司治理环境恶劣，会直接限制内部审计机构作用的发挥，对内部审计人员的情绪和积极性产生消极影响。

第三节 内部审计与内部控制、风险管理 ▮

一、内部审计对象跃迁的历史与逻辑

(一) 内部审计对象跃迁的历程

从历史的角度看，内部审计对象发生了四次跃迁。第一次是由财务收支向经营活动和管理活动跃迁，第二次是由经营活动和管理活动向内部控制跃迁，第三次是由内部控制向风险管理跃迁，第四次是风险管理向风险管理、内部控制和公司治理跃迁。

纵观四次跃迁的过程和结果，我们发现，内部审计对象的跃迁表现为层次的跃迁、广度的跃迁和深度的跃迁三个方面。层次的跃迁是指内部审计对象从业务层面转向公司整体层面；广度的跃迁是指内部审计对象从单项活动转向综合性活动；深度的跃迁是指内部审计对象从浅层表面内容转向深层底层内容。

(二) 内部审计对象跃迁的逻辑

1.内外环境变化是内部审计对象跃迁的根本原因

内部审计的演化是内外环境变化的结果，内部审计的内外环境是内部审计对象跃迁的根本原因。环境的变化决定了内部审计的职能角色的变化。内部审计的职能角色的变化决定了审计目标的变化。审计对象是由目标决定的，当审计目标发生了变化，内部审计的对象也必然发生变化。

内部审计的本质是保证委托代理关系中参与方权利和义务履行的控制机制。内部审计是组织治理的组成部分。内部审计作为一种控制机制，发挥反馈作用，能够为董事会、监事会、高级管理层提供信息，是缓解信息不对称的一个有效措施，是组织治理结构中形成权力制衡机制并促进其有效运行的一个有效手段，是组织治理过程中不可缺失的重要组成部分。

2.委托代理关系的演化是内部审计对象跃迁的直接原因

现代公司的典型特征是所有权与经营权的分离以及公司内部分权管理。委托代理关系是公司中普遍存在的关系。在委托代理关系中，委托者与代理方均有着各自的权利与义务。这种权利与义务的内容是复杂多样的，既包括财务方面的权利与义务，又包括非财务方面的权利与义务；既在一定时期具有稳定性，又会随着时代的发展而变化。作为一种保证委托代理关系中参与方权利和义务履行的控制机制，内部审计对象理所当然随着环境的变化而演进。

在财务审计阶段，人们对财务收支活动更为关注，委托代理关系的权利与义务重点体现为财务收支活动。随着时代的发展，人们逐步认识到，财务收支活动是由经营活动和管理活动所决定的，经营活动和管理活动才是财务活动的直接导因，内部审计只关心财务活动是不够的，还必须将重点转移到经营活动和管理活动。此时，委托代理关系的权利与义务的重心演化并体现为企业的经营活动和管理活动，内部审计进入经营管理审计阶段。当今世界，随着制度变迁和技术进步，企业环境发生了重大变化。变化的环境使人认识到，企业经营管理是在风险管理、内部控制和公司治理的基础上展开的，风险管理、内部控制与公司治理是一个有机整体，它们相互联系、相互依存，共同保障着公司目标的实现。要保证公司目标的实现，就必须确保风险管理、内部控

制和公司治理的有效性。此时，风险管理、内部控制和公司治理成为委托代理关系的权利与义务的焦点，内部审计进入以风险管理、内部控制和公司治理为审计对象的综合审计阶段。

3.职业界的努力是内部审计对象跃迁的推手

内部审计在建立之初，其主要目标是检查会计记录和财务报告，以防止错误和舞弊行为。美国世界通信公司会计舞弊案的出现，使得世界各国政府以及证券监管部门提高了对内部审计评价和监督职能的关注程度。

内部审计能否适应环境的变化事关内部审计职业的生存与发展，职业界对此高度关注。长期的研究表明，内部审计要生存和发展，就必须将自身的目标与公司的目标统一起来，关注企业价值创造，关注帮助公司实现其目标。公司治理、风险管理和内部控制是实现公司目标的关键。公司治理是保证公司健康稳定发展的制度安排，包括外部治理与内部治理；面对环境的不确定性，公司应进行风险管理，风险管理是公司治理的重要组成部分；内部控制是公司应对风险的体系，是风险管理的构成部分。将内部审计对象定位为风险管理、内部控制与公司治理，抓住了解决问题的"牛鼻子"。内部审计是公司治理的重要机制，内部审计在公司治理中处于不可或缺的地位；内部审计通过对公司风险管理政策的恰当性、风险管理程序的有效性进行审计，从而对公司进行评价并提出改进建议；内部审计通过对内部控制设计和执行的有效性进行审计，为董事会、管理层改善内部控制、提高内部控制的有效性服务。

国际内部审计师协会（IIA）在其1999年制定的内部审计定义将风险管理和内部控制、公司治理并列作为内部审计的工作对象；2001年修改的《内部审计实务标准》明确要求内部审计参与风险管理和公司治理过程；2009年再次修订《国际内部审计专业实务框架》时又做了有关说明。中国内部审计准则也充分考虑了将风险评估作为内部审计中的一个核心概念。2013年IIA发布风险管理的三道防线，2017年对其进行了修订。正是理论界和职业界的不懈努力，推动了内部审计对象的跃迁。

4.其他学科的发展是审计对象跃迁的技术保障

现代科学技术为内部审计对象的跃迁提供了方法与手段。系统论、信息论、控制论为内部审计提供了全面系统的分析理论。信息技术飞速发展，移动互联网技术、物联网技术、云计算技术、大数据技术、可视化技术、人工智能正以前所未有的方式影响着人类社会生活。将这些新型信息技术运用于内部审计极大地拓展了内部审计的活动空间和时间。随着科技的进步，联网审计、大数据审计、云审计、区块链审计、智能审计等在内部审计中开始运用，极大地提升了人们拓展内部审计对象的能力。

二、内部审计与风险管理

（一）风险管理

2017年，COSO发布的《企业风险管理——与战略和业绩的整合》认为，风险管理是组织在创造、保持和实现价值的过程中，结合战略的制定和执行，进行风险管理的文化、能力与实践。

中国内部审计协会认为，风险管理是对影响组织目标实现的各种不确定性事件进行识别与评估，并采取应对措施将其影响控制在可接受范围内的过程。

关于风险管理的理解，可以从以下几个方面进行：

风险管理是一种文化、能力和实践，是组织在创造、保持和实现价值的过程中，结合战略制定与执行，进行风险管理的过程。

风险管理不仅是风险管理委员会或者管理层的职责，还需要所有员工的参与，体现风险管理的全员性。

风险管理的目的并不一定是不惜一切代价降低风险，而是尽可能地使风险降低至可以接受的水平，体现了收益与风险平衡的观点。

风险是无法完全消除的，风险管理仅仅是对经营目标的实现作出合理而非绝对的保证，体现了风险客观存在的观点。

一般认为，风险管理经历了单一风险管理阶段、局部风险管理阶段和全面风险管理阶段。现阶段我们正处于全面风险管理阶段。全面风险管理的核心思想是：一个公司的风险来自很多方面，比如，一个保险公司可能会面对由需求变化、利率变化、资产价格变化等带来的种种不同风险，最终对公司产生影响的不是某一种风险，而是所有风险联合作用的结果，所以只有从公司整体角度进行的风险管理才是最有效的。

在全面风险管理阶段，公司应在考虑其外部环境和内部环境的基础上，从公司的全局出发对风险进行管理。全面风险管理阶段里程碑是国际标准化组织 2009 年颁布的三个用于风险管理的标准：ISO 31000：2009《风险管理——原则与指南》、ISO 指南 73：2009《风险管理——术语》、ISO 31010：2009《风险管理——风险评估技术》。国际标准化组织三个标准的发布是风险管理领域的重大进展。

2017 年，COSO 发布了《企业风险管理——与战略和业绩的整合》。新的企业风险管理框架从企业的使命、愿景和价值观出发，目标是提升企业的价值和业绩，强调风险管理应嵌入企业管理业务活动和核心价值链。新的风险管理框架与内部审计的目标完全一致，即为企业创造价值，能更好地发挥内部审计机构和人员作为管理咨询、顾问的作用。

COSO 的新框架基于这样一个基本假设：每个企业存在的目的都是为利益相关者提供价值，但在价值的追求过程中，会面临着不确定性。"不确定性"一词被定义为未知事项，而风险则被定义为该不确定性对制定和执行业务战略以及实现业务目标造成的影响。因此，新框架认为，管理层面临的一大挑战是确定企业准备接受和能够接受多少不确定性或风险。有效的企业风险管理能够使管理层在权衡风险和机遇的同时，提升企业创造、保护和最终实现价值的能力。

全面风险管理的基本原理是以企业价值最大化、股东财富最大化为目标，将企业整体的经营活动和管理活动作为对象，综合分析企业可能面临的所有风险。全面风险管理包括五个要素，即治理与文化；风险、战略与目标设定；风险管理的执行；审查与修订；信息、沟通与报告。

（二）内部审计在风险管理中的职责

在全球化、信息化程度不断加深的时代背景下，经济社会中不确定性因素越来越多，全球范围内经营风险不断加剧，组织面临的风险也在加剧，影响了组织目标的实现。内部审计和风险管理在这种加剧中共同发展。内部审计参与风险管理的实质就是协助公司的高层管理人员做如下工作：系统鉴别组织所面临的风险；评估这些风险对组织的潜在影响；制定控制风险的策略；评价风险管理的过程；就风险应对措施的合理性、风险监控的及时性、恰当性、有效性等信息进行有效的交流和沟通。风险管理是管理层的一项主要职责，而对组织的风险管理过程进行评估和报告通常是内部审计工作的一项主要内容。内部审计的职责是运用风险管理方法和控制措施，对风险管理过程的充分性和有效性进行检查、评价和报告，提出改进意见，为管理层和审计委员会提供帮助。

IIA多年来一直积极倡导内部审计参与风险管理，它认为内部审计为组织提供价值的两个非常重要的途径是对风险管理的充分性和对风险管理及内部控制框架的有效性提供确认服务。IIA在2009年最新修订颁布的《国际内部审计专业实务框架》中说明，内部审计活动应帮助组织发现并评价重要的风险因素、帮助改进风险管理与控制体系。IIA实务公告指出内部审计在风险管理过程中的作用是，"通过检查、评价、报告风险管理过程的充分性和有效性并提出改进建议来协助管理人员和审计委员会的工作"。

IIA在对美国国会关于《萨班斯–奥克斯利法案》的意见陈述书中表述：内部审计、外部审计、董事会所属审计委员会、管理层被称为有效的公司治理的四大基石。内部审计的作用是监控、评估和分析组织的风险，审查信息及公司对法律法规的遵守情况，负责向董事会所属审计委员会以及管理层提供保证——风险已被分散、公司治理是有效的。内部审计以企业内部信息使用者为中心，聚焦于控制、风险管理等关键问题，通过帮助组织管理风险和提高管理效率，来增加组织的价值和改善公司的经营。在企业风险管理过程中，内部审计承担了监督、分析、评价、检查、报告和改进等任务，是不可或缺的组成部分。就世界范围看，风险管理已成为内部审计的主要内容。

内部审计与风险管理相结合是将风险作为内部审计的对象，打破了原来的内部审计只关心内部控制有效性的局面，在评价内部控制的基础上，对企业所面临的各种风险进行识别和分析。从另一个角度来讲，内部审计更加注重企业的未来，从影响企业目标实现的各种系统风险和非系统风险出发，就内部控制是否健全、关键的控制点是否有效控制薄弱的环节以及改进措施是否有效提出认定，来评价风险管理与控制对组织目标实现的影响程度。以风险为对象的审计在风险管理基础上又进了一步。风险基础审计就是在风险管理的基础上，审计主体通过对组织风险识别、风险评价等工作的审计，侧重对风险管理进行鉴证。因此，内部审计参与风险管理不仅为内部审计自身提供了发展契机，而且作为企业内的一种独立、客观的确认工具发挥作用。

内部审计在企业风险管理中的作用是一个逐步变化和延续发展的过程。在组织缺乏风险管理程序的情况下，内部审计可以向管理层提出建立企业风险管理机制的建议；在组织实施风险管理的初期，内部审计能够发挥更大的协调作用，内部审计人员甚至可以直接担任项目经理；而当企业风险管理逐步成熟，运作稳定以后，内部审计就从建议者、协调者转化为监督者和咨询者。内部审计的报告关系也会影响其在企业风险管理中的角色，报告关系层次越高，独立性越强，内部审计就越能够从全局和战略角度参与企业风险管理；反之，则从局部和流程角度参与企业风险管理。

为保证其独立性，内部审计并不对建立企业风险管理体系承担主要责任，风险管理责任应由管理层承担。内部审计可以对企业风险管理提供建议、咨询和支持，但不能设定风险容量、强制实行风险管理流程、对风险提供管理保证、对风险问题进行决策和对风险实施管理职责的行动，内部审计对于企业风险管理的责任应当在审计章程中写明并经审计委员会批准。此外，在实践中，应注意处理确认服务和咨询服务的关系。只要内部审计执行的任务涉及履行管理职责，就应该认为与此相关领域的审计客观性受到了损害，内部审计不能就其直接协调和指导的风险管理事项提供确认服务。

内部审计和风险管理在组织的正常运作中并不是泾渭分明的两条线，而是从组织的不同层面，结合风险的特点和内部控制流程，有效地整合在一起。在内部审计实务中，一般先从企业整体的战略目标着手，分析战略目标与企业实践的差距，明确造成差距的风险有哪些，进而分析风险的产生部门、风险的类别及其性质。因此，内部审计应当与企业的各级风险管理部门相互配合，开展全面风险管理。例如，在建立了三级风险管理组织的企业中，由企业高管层组成的风险控制委员会是公司风险管理的最高决策机构，审计委员会领导下的内部审计是中间一级，各个业务部门是专职的风险监管部门。内部审计部门通过常规审计及专项审计评估公司风险，对公司风险管理制度进行设计以及对各业务部门执行风险控制制度情况进行定期检查，及时提示和报告潜在风险，并提出防范风险及改进工作的建议。对具体项目进行审计时，内部审计要参与事先、事中和事后三个阶段的全过程风险审查。

三、内部审计与内部控制

（一）内部控制

内部控制是由公司董事会、监事会、经理层和全体员工实施的旨在实现控制目标的过程。内部控制的目标包括战略目标、经营目标、遵循目标、报告目标和资产安全目标。内部控制的要素包括内部环境、风险评估、控制活动、信息与沟通、内部监督。

一般认为，内部控制经历了内部牵制、内部控制制度、内部控制结构、内部控制整体框架和企业风险管理整合五个阶段。

20世纪40年代以前，内部控制处于内部牵制阶段。内部牵制的基本思想是将同一任务分为不同环节，将不同环节交由不同的人或部门处理，使这些人员或部门之间互相联系、相互制约，以降低错弊发生的概率。一般来说，牵制的方式主要包括实物牵制、机械牵制和簿记牵制等。

现代意义上的内部控制出现在20世纪。20世纪40年代末期，股份有限公司迅速发展，市场竞争日趋激烈，企业迫切需要在管理上采用更为完善、有效的控制方法。此外，为了适应股权分散的需要和保护投资人的利益，西方国家纷纷以法律的形式强制要求企业披露真实的会计信息。此时，传统的内部牵制已无法满足企业管理和会计信息披露的需要，真正意义上的内部控制的产生成为必然。

1938年，美国发生了一件震惊全国的商业丑闻——麦克森-罗宾斯公司造假案，对该案件的调查结果促使美国会计师协会组建了审计程序委员会（CPA）。该委员会在1949年出版的专著中对内部控制首次进行了定义："内部控制包括组织机构的设计和企业采取的所有相互协调的方法和措施，这些方法和措施都用于保护企业的资产，检查会计信息的准确性，提高经营效率，推动企业坚持执行既定的管理政策"。这个定义是有关内部控制的第一个比较权威的定义，但是过于宽泛，不便于指导外部审计师对被审计企业内部控制的关注。后来，该委员会在《审计程序公告第 29 号》、《审计程序说明第 33 号》中对该定义进行了修订和阐述，并规定注册会计师主要考虑与会计有关的内部控制。由此可见，内部控制以一种系统或制度的概念最早形成于审计界，主要目的是满足审计需要。

20 世纪 70 年代，美国发生"水门（Watergate）事件"，随着调查的不断深入，国会发现不但众多的美国公司存在贿赂行为，而且承担独立审计职能的注册会计师也深陷其中。为此，美国国会在 1977 年全票通过《反国外贿赂法》，该法案将未能保持充分内部会计控制系统的情形视为违法，并使内部控制不再隶属于会计部门，而是由董事会负责。美国《反国外贿赂法》的颁布不但使内部控制研究重点逐步从一般含义向具体内容深化，而且使内部控制由制度阶段正式向结构阶段转变。

20 世纪 80 年代，美国新一轮财务失败事件导致大量的金融机构破产。调查发现，几乎所有的案件都与注册会计师的失职有关。为此，美国组建了"全美反舞弊财务报告委员会"（即 Treadway 委员会），专门研究舞弊的财务报告对财务报告真实性的破坏程度。该委员会在 1987 年发布的一份极具影响的报告中指出，虚假财务报告的形成，50% 是由于内部控制的失效所致，并建议整合各种各样的内部控制理论和解释。1992 年，Treadway 委员会下属的"发起组织委员会"（COSO）发布具有里程碑意义的《内部控制——整体框架》，并于 1994 年进行了修改完善。

21 世纪初，随着安然、世通等一连串财务舞弊事件的爆发，美国强力推出了以公司治理和内部控制为核心内容的 SOX 法案。为配合该法案的实施，COSO 在审视 1994 年修订发布的《内部控制——整体框架》的基础上，于 2004 年 9 月正式推出《企业风险管理——整合框架》。

从上述内部控制的发展历程可以看出，内部控制起源于企业财务舞弊、财务失败事件的不断发生，内部控制的发展与美国公司会计造假、破产倒闭事件周期性的发生有着密不可分的关系，每一轮的公司财务舞弊、破产倒闭事件都促进了内部控制理论的发展。内部控制发展到今天，已经演变成一种过程，内化于企业的各个流程、各个环节，与企业的各类人员相联系，但从内部控制的对象和目标来看，其本质并没有发生变化，依然是一种风险控制活动。在内部控制制度阶段，内部会计控制的目的是防止财产损失和财务舞弊风险。在内部控制结构阶段，内部控制的目的除了防止财产损失和财务舞弊风险外增加了防止效率低下风险。在内部控制整体框架和企业风险管理整合框架阶段，内部控制的目的是控制企业全面风险。

（二）内部审计与内部控制的关系

内部审计与内部控制具有相同之点，也有不同之处。

1.内部审计与内部控制的相同点

（1）动因同源

内部审计与内部控制同样都是因为解决因委托代理引发的问题而产生的，也因为委托代理问题的发展而发展。两者的动因具有同源性。

（2）理论基础相同

内部控制和内部审计虽然在概念上及实践中皆有所区别，并发展形成了不同的理论框架，但二者原始的理论基础主要都是委托代理理论和信息经济学。在委托代理关系中，股东与管理层在目标和利益方面并不完全一致，又由于双方存在着信息不对称的问题，管理层拥有大量的机会为自己谋取利益，而牺牲股东利益。所以，委托人为了使代理人作出符合委托人利益的行为，就会采取一整套方案对代理人进行激励、约束、监督与惩罚，公司治理就是这种方案的一种制度安排，而内部控制正是这种制度安排的重要组成部分。而内部审计的监督、控制、评价、服务职能有利于内部控制目标的达成，内部审计有利于强化公司风险管理，有利于实现委托人对代理人的监督，有利于委托人对代理人的绩效进行有效评价，从而进行激励惩罚。因此，委托代理理论和信息经济学是内部控制和内部审计的共同理论基础，内部审计和内部控制都是公司治理的内在需求，都是基于公司运行需要而产生的必要管理手段。

（3）最终目标一致

内部审计的目标是实现内部控制系统的目标，二者的最终目标是一致的，都是为了管理风险，提升管理效率，确保组织目标的顺利实现。公司内部控制不断推动内部审计的发展，将公司内部审计推向风险管理审计阶段，使内部审计与内部控制的目标具有高度一致性——实现公司价值增值，且以减少公司风险带来的损失和利用风险带来的机会作为实现公司目标的手段。无论是从理论上还是从实践上看，内部审计都是内部控制的一个重要环节，是对其他内部控制环节的再控制，内部控制是内部审计的基础。

2.内部审计与内部控制的相互关系

内部审计与内部控制之间呈现出相互依存、相互促进的关系。一方面，内部控制离不开内部审计，内部控制本质上是公司为了达到一定目标所采取的一系列行动和过程，而内部审计的主要目的之一是评价公司内部控制，它通过对内部控制的设计和运行的有效性进行评价，揭露公司潜在的风险，其本身又是内部控制的重要组成部分。没有健全的内部控制作为基础，内部审计就无法开展。另一方面，内部审计也离不开内部控制，没有内部审计对内部控制设计和运行的有效性的确认与咨询，内部控制事实上无法有效运行。内部控制与内部审计之间存在一种相互依赖、相互促进的内在联系。

（1）内部审计对内部控制的作用

内部审计对内部控制的促进作用可以概括为以下几点。

首先，内部审计是内部控制系统的重要组成部分。

1986年4月，最高审计机关国际组织（INTOSAI）在第十二届大会上发表的《关于绩效审计、公营企业审计和审计质量的总声明》对内部控制作了权威性解释：内部控制作为完整的财务和其他控制体系，包括组织结构、方法程序和内部审计。它是由管理当局根据总体目标建立的，目的在于帮助公司的经营活动合法化，具有经济性、效率性和效果性，保证管理决策的贯彻，维护资产和资源的安全，保证会计记录的准确和完整，并提供及时、可靠的财务和管理信息。该解释将内部审计作为内部控制的一个重要组成部分。

由于内部审计与内部控制之间具有相互依赖、相互促进的内在联系，在公司不断健全、完善内部控制制度的过程中，强化内部审计已成为不可或缺的组成部分，其作用越来越重要，主要体现在评价内部控制，参与重大控制程序的制定与修订、监督内部控制的运行以及提供管理咨询方面。

其次，内部控制是内部审计的工作对象。

公司内部控制涵盖范围很广，涉及公司管理活动各个方面，公司内部审计处在公司内部，置身于公司内部控制环境中，对公司内部控制最熟悉，因而也最有能力对内部控制进行评价和提出改进建议。公司内部审计具体参与内部控制评审主要包括以下内容。

①内部审计参与内部控制的风险评估。在我国，根据《企业内部控制基本规范》及其配套指引，控制活动的开始是进行风险评估。风险评估过程包括确立公司的目标；识别公司目标相关的风险；评估识别出的风险的后果和可能性；针对风险评估的结果，考虑适当的控制活动。从上述过程可以看出，只有评估了风险点，才能设计有针对性的控制程序。实行全面的风险评估，对于公司的健康发展越来越重要。内部审计人员具有丰富的衡量公司实现财务目标的盈利能力及公司生产经营管理的经验，也有审计公司信息系统的经验，由内部审计参与内部控制的风险评估是较为便利的工作。

②内部审计参与内部控制的完善。内部控制是一个庞大的系统，其设计是一个复杂的过程，通常包括总体设计与具体设计两种类型。虽然内部控制制度的制定经历了"编写初稿—汇总—修改—实施"的过程，但并非到此结束，因为内部控制是一个动态的过程。它是一个在实施中发现问题、解决问题，再对系统不断删除和更新的过程。而内部审计正处在内部监督中，对公司的各个方面都比较熟悉，又直接面对各种缺陷与舞弊，正好可以适应这种不断循环运动的特点。因此，公司在完善内部控制时，内部审计人员作为主要参与人员，可以起到事半功倍的效果。

③内部审计监督内部控制的运行。内部控制是由一系列控制政策、制度与程序组成的整体系统，该系统充分体现了董事会和经理的管理理念、管理风格和对管理目标的追求。为了确保这些政策与程序得到全面、准确的执行，必须进行监督，而内部审计的主要工作就是监督内部控制的有效运行。

内部审计履行监督职能，其直接目标是确保内部控制的有效运行，以使内部控制的目标得到实现，有效的内部控制将合理保证公司的经营管理活动，具体包括遵守国家法律法规的规定；保证公司经营与公司对营运效率、效果的追求目标相一致；保证资产的完整性与财务报表的可靠性。内部审计将对公司内部组织与个人违反政策、程序事件及时作出纠正或处理，以相对独立人的身份向公司董事会提出报告。

④内部审计评价内部控制的有效性。2008年，我国颁布的《企业内部控制基本规范》及随后颁布的3项配套指引，要求公司内部审计机构对内部控制的有效性作出评价，为公司董事会评价内部控制的有效性提供评价报告。该规范和配套指引中直接提到了内部审计，明确内部审计具有评价内部控制的责任。内部审计在内部控制评价中承担的角色包括：确认关键业务流程，记录其内部控制，并对这些控制开展适当的测试；将其评价结果作为外部审计人员的支持资源；与公司其他相关部门和外部审计合作参与内部控制评价和审计工作。

最后，内部审计造就良好的内部控制环境。公司内部审计通过对内部控制制度的评价，提供纠正错弊、完善内部控制的建议，促进良好控制环境的营造，进而有效地促进公司控制目标的实现。

（2）内部控制对内部审计的作用

内部控制对内部审计发展的推动作用，主要表现在以下方面：

首先，内部控制融合了内部审计发展。公司内部控制融合内部审计的发展主要表现在：一方面，随着公司之间竞争日益激烈，传统内部审计仅仅局限于以查错防弊为目标已经不能适应公司生存的需要，内部审计理论和实践都日益强调依赖内部控制的功效和成果，关注公司的风险。另一方面，有效的内部控制早就融入了有关审计的信息传送、传导这些自我监控与自我评估的重要内容，并把内部审计机制和审计风险纳入了内部控制的综合系统。

其次，内部控制推动内部审计发展。内部审计作为公司内部管理和控制系统的组成部分，在董事会和经理关注的领域应该有所作为。在内部控制发展的不同时期，国际内部审计师协会对内部审计不同时期的定义体现了这一演进过程。

在内部牵制阶段，公司内部审计处于财务审计阶段，内部牵制推动内部审计的发展是以内部牵制、相互制衡为主要控制思想，控制的目的是保证财产的安全性。

在内部控制制度阶段，内部控制推动内部审计的发展是引进了科学管理的思想，以会计控制和管理控制为基本内容，控制的目的是保证财产的安全、会计资料的真实可靠，这大大提高了内部审计的地位。

在内部控制结构阶段，内部控制推动内部审计的发展是以内部牵制和系统管理为主要控制思想，以控制环境、会计制度、控制程序为基本结构，控制的目标是确保公司业务与管理政策的一致，保护资产，确保记录的完整性。此时，内部审计已由财务审计转向管理审计，内部审计成为公司管理不可或缺的一部分。

在内部控制整体框架阶段，内部控制推动内部审计的发展是将内部牵制与管理理论有机结合，以控制环境、风险评估、控制活动、信息传递和监督为基本要素，以财务报告的可靠性、营运的效率性和效果性，法律法规的遵循性为控制目标，将内部审计由管理审计推向风险管理审计阶段。

可见，内部控制重心的变化，引发了内部审计内容的变化，同时也造成了内部审计工作重心的转移，内部控制的发展对内部审计的工作内容产生了决定性影响，使得内部审计由财务审计发展到管理审计以至风险管理审计。

第四节　内部审计的最新发展 ■

一、内部审计功能和作用将得到进一步的发挥与提升

从世界范围来看，存在许多制约内部审计功能和作用有效发挥的因素，这些因素成为内部审计功能和作用实现的障碍。主要表现在，内部审计理论和实务发展脱节，不能充分实现理论和实务之间双向促进发展的目标；企业决策层缺乏内部审计战略意识与思维，使得内部审计不能充分为决策者提供建议；内部审计与战略管理的契合机制尚未明确，导致内部审计不能直接被融入战略管理；内部审计增值功能的具体发挥路径以及内部审计增值

的具体衡量方式需要得到深入研究，以期实现内部审计具体目标与企业最终目标之间的一致。此外，随着内部审计信息化的发展，复合型人才资源匮乏也是阻碍内部审计进一步发展的原因。随着市场运营的全球化和信息化，企业的运行风险更加复杂多样、不易控制，组织的利益相关者更多，而且可能分散在全球不同的地点，借助信息化条件，企业家们加强管控企业各风险点的诉求将变为现实。

二、内部审计外部化可能会成为一股潮流

随着内部审计的发展以及外界对内部审计要求的不断提高，内部审计外部化将可能是一种潮流。内部审计外部化的优势体现在以下几个方面：

（1）获得规模经济。外部审计组织不仅在组织规模上，而且在业务规模上都是经济的。高额的服务成本费用可在大量的客户那里得到补偿或分摊，因此能够实现等效服务下的成本最低，或成本相同下的更高效服务。大部分审计业务是要由人来完成的，但有些部分要用到计算机辅助技术和管理分析技术，这些技术中的软硬件成本不是一般单位愿意承担或能够承担的，但一流的会计公司却能够也愿意承担，因为这些固定成本可以分摊到大量的客户中去。

（2）降低总成本。组织如果建立一个自己的内部审计部门，就需要支付员工的薪金、培训费和管理费用，内部审计外部化则能节省这些费用，而且企业可以只在需要时聘用，以保持支出控制的灵活性。也就是说，将设立内部审计部门所需的固定成本转换为变动成本，将不可控成本变为管理部门的可控成本。同时，如果由外部审计人员承担内部审计工作，内部审计的方法和程序就可以与外部审计保持高度的一致性，这意味着外部审计人员能更多地依赖内部审计工作，企业也可因少支付审计费用而获益。

（3）保持适当的组织规模。几乎每家企业都能从内部审计职能中受益，但对中小规模的企业来说，设置一个只有一两个人的内部审计部门很难招募到顶尖人才，也无法建立足够的专家意见数据库。会计师事务所则可对风险进行有效的分析并提供菜单化的专业服务，以在不同的时间满足客户的不同需求。

（4）使管理层关注核心竞争力。内部审计部门的日常审计往往是低效的，还可能会分散管理层的精力。如果实行内部审计外部化，企业就可腾出管理时间和管理资源，使管理层能够专注于核心竞争力领域，集中精力追求更具战略意义的目标，而不是将大量精力耗费在低回报的日常管理中。

（5）组织在外购内部审计服务时，占有主动权。组织在决定外购内部审计服务时，可按照本组织的具体情况，结合不同会计师事务所的优势进行选择，在很大程度上掌握主动权。在接受服务的过程当中，企业可以通过董事会和审计委员会对内部审计工作进行监督，可评估外部审计人员的服务质量，确定合约的完成情况。如果对外购的服务不满意，由于市场上还有其他可提供内部审计服务的外部人员，企业可以与受聘者签订长期价格协议或考虑重新引入内部审计机构。

（6）外部审计组织具有先进的审计技术，丰富的审计经验，而且部分一流的会计公司还拥有独特的质量控制与保障制度。

三、内部审计领域将进一步拓展

进入21世纪以后，人类开始更加关注自身的生存环境，对破坏环境的不良行为大为不满。社会公众要求政府加强立法与管制，督促公司采取直接、富有成效的措施来纠正公司的不良行为。社会公众的期待和法律的要求给公司管理层带来了新的压力。管理层应顺应历史潮流，关注社会责任，关注公司对环境的保护情况，更加重视遵守高水准的经营标准和更好的会计政策，建立更加有效的内部控制，使公司行为符合更高的社会道德标准。环境的变化促使内部审计的内容向更高层次发展，环境审计、社会责任审计由理论探讨变成公司的具体实践。可以预计，在不久的将来，中国的环境审计、社会责任审计也会成为公司内部审计的重要内容。

四、内部审计内容将进一步深化

内部审计对象的范围极广，必须对之加以细化、深化和结构化，以利于内部审计作用的充分发挥。从 IIA 推出的风险管理的工具——"三线模型"——中可见一斑。

2013 年，国际内部审计师协会（IIA）推出的三道防线模型（three lines of defense model），在全球许多企业得到应用，并逐步得到企业界的认可和信任。三道防线分别是运营管理防线、风险和合规性监督防线以及内部审计防线。

但随着世界经济的快速发展和技术进步，人们发现该模型在适用性、灵活性或延展性以及风险管控观念等方面还需要加以提升和改进。为帮助组织进一步明确及整合组织各关键职能的职责及相互关系，以实现更有效的协调、协作、问责，实现组织目标，由 IIA 牵头组织，对"三道防线模型"进行了修订，其最新成果"三线模型"（three lines model）于 2020 年 7 月正式发布。

三线模型旨在帮助组织确定最能帮助它实现目标并促进强有力的治理和风险管理的结构和流程。所谓三线即管理层第一、二线职能、内部审计第三线职能。

新的"三线模型"清晰地定义了治理机构、执行管理层和内部审计各自扮演的角色和应当履行的职责，并且没有局限于风险管理，而是将关注范围拓展到了组织的整体治理，强调能够有力地支持价值保护和价值创造。新版模型增列了 6 项原则，提出内部审计的独立性不意味着完全孤立的观点，强调治理机构的职责和作用以及与内部审计之间的关系等。

IIA 认为，组织是一项人类的事业。其运行环境充满了不确定性，越来越复杂多变且相互关联。在通常情况下，公司会有许多利益相关方，他们之间存在复杂多样、不断变化、有时甚至是相互冲突的利益关系。利益相关方将组织监督权授予组织治理机构，治理机构将资源和权力分配给管理层，再由管理层执行具体的措施，例如进行风险管理。

由于一系列的原因，组织在加强治理和风险管理能力的同时，还要建立有效的组织结构和流程来完成组织的目标。当治理机构收到来自管理层有关组织活动、成果和未来发展预测的报告时，治理机构和管理层则依赖内部审计部门为其提供有关上述事项的独立客观的确认与咨询，从而推动和协助组织的创新与发展。治理机构对治理活动承担最终的责任，而组织治理是通过治理机构、管理层和内部审计共同努力达成的结果。三线模型中各主体的职责及相互关系如图 21-2 所示。三线模型的提出，不仅为公司治理、风险管理提供了遵循，而且为内部审计建设提供了参照。

IIA 三线模型

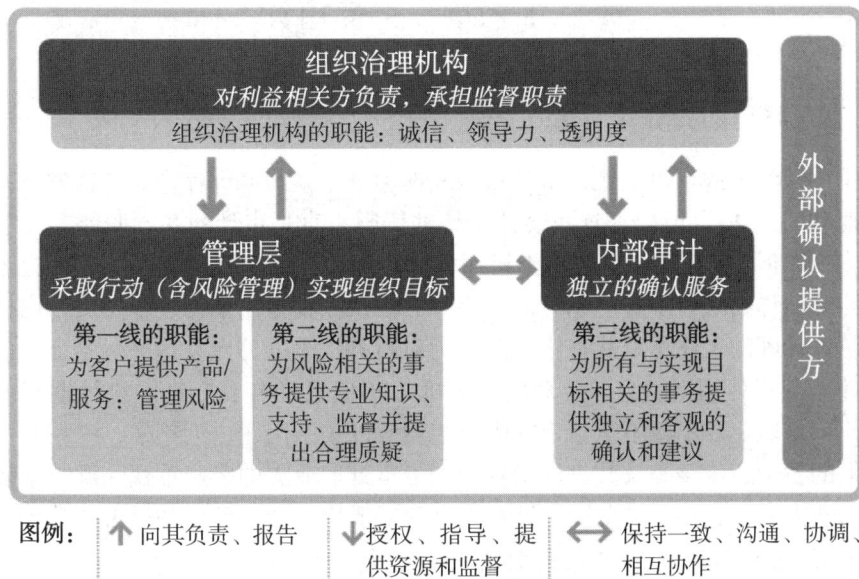

图21-2　三线模型图示

五、内部审计技术向数字化、智能化转型

数字化是我们这个时代的时代特征。内部审计的技术方法应适应数字化的要求，构建以审计基本技术为基础，融合现代信息技术（特别是现代新型信息技术）的能满足信息化社会需要的内部审计技术体系是数字化时代的必然要求。智能化技术促进了内部审计的智能化发展，为提高内部审计工作效率提供了手段。在数字经济时代，内部审计技术方法的数字化和智能化是必然趋势。

第二十一章学习指南

第二十二章 舞弊审计

第一节 舞弊和舞弊审计

舞弊是审计学中的永恒主题，审计自从其诞生开始就与舞弊存在着紧密的联系。从古埃及法老时代直到20世纪初，查找会计系统的舞弊一直是审计的基本职能。在蒙哥马利《审计学——理论与实务》一书中将查错纠弊确定为审计的主要目标。随着社会经济环境的变迁，传统的详细账目审查已不可能，审计方法从账项导向审计逐步发展为内控导向审计。此时，审计师的工作重点从查错防弊转为对财务报表的公允表达进行鉴证。但是，舞弊现象的蔓延使审计师不断陷入公众信任危机。20世纪60年代后期，审计期望差距逐渐拉大，促使审计职业界不得不重新审视审计与舞弊的关系问题。近年来，一系列重大公司管理舞弊案的发生，使舞弊及其审计问题受到了审计职业界的普遍重视。舞弊审计成为审计职业界的热点问题之一。在美国，针对白领阶层滥用资产、挪用和侵占公款等舞弊现象的屡屡发生，还专门成立了全美注册舞弊审核师协会（National Association of Certified Fraud Examiners），建立了注册舞弊审核师考试制度。近年来，针对企业舞弊的侦查与防范，一门"舞弊审计学"（fraud auditing）应运而生。

一、舞弊的定义及种类

有关舞弊的定义有多种。美国密歇根州刑法的定义为："舞弊是一个总括的概念，它包括多种多样人类独创的欺骗方法——个体用它从他人处得到利益。"美国注册会计师协会（AICPA）在其2002年发布的第99号《审计准则公告》中对舞弊的定义是："舞弊是一种有意识的行为，通常涉及故意掩藏事实。"澳大利亚新南威尔士州反腐败独立委员会（ICAC）认为："舞弊是一种用欺骗性手段、不诚实地获取财物或其他利益的犯罪行为，这种利益可能是直接的，也可能是间接的。"国际内部审计师协会（IIA）在其1993年发布的《内部审计实务标准》中将舞弊定义为："舞弊包含一系列故意做的不正当和非法欺骗行为，这种行为是由一个组织外部或内部的人来进行的。"2005年，IAASB发布了第240号审计准则《审计师在财务报表审计中关于舞弊考虑的责任》。该准则指出，舞弊是指被审计单位的管理层、治理层、雇员或第三方使用欺诈手段获取不当或非法利益的故意行为。《中国注册会计师审计准则第1141号——财务报表审计中与舞弊相关的责任》对舞弊的定义与IAASB发布的国际审计准则中的定义一致。

对于独立审计而言，舞弊通常指的是公司舞弊。

综合上述定义，可以将公司舞弊划分为以下几类：

（一）管理层舞弊（management fraud）与雇员舞弊（employee fraud）

按涉及舞弊人员在公司内部的级别，可以将舞弊划分为管理层舞弊与雇员舞弊。管理层舞弊是管理层蓄谋的舞弊行为，它主要通过发布带有误导性或严重歪曲事实的财务报告来欺骗投资者、债权人、政府及社会公众等外部利益团体。雇员舞弊是公司的内部雇员以欺骗性手段不正当地获取组织的钱财或其他财产的行为，如挪用、盗窃、索取回扣等，这种舞弊一般使公司利益受到了损害。

（二）财务报告舞弊（fraudulent financial reporting）与侵占资产（misappropriation of assets）舞弊

按舞弊是否涉及财务报告，可以将舞弊分为财务报告舞弊和侵占资产舞弊。财务报告舞弊对财务信息作出虚假报告，可能源于管理层通过操纵利润误导财务报表使用者对被审计单位业绩或盈利能力的判断。对财务信息作出虚假报告的动机主要包括：

（1）迎合市场预期或特定监管要求；

（2）牟取以财务业绩为基础的私人报酬最大化；

（3）偷逃或骗取税款；

（4）骗取外部资金；

（5）掩盖侵占资产的事实。

简而言之，财务报告舞弊是管理层为了欺骗财务报告使用者而对财务报告中列示的数字或其他解释进行的有意识的错报，涉及故意谎报某些财务价值、增加获利能力的假象等。财务报告舞弊一般与管理层舞弊有关。公司高级管理人员进行财务报告舞弊，希望能从舞弊中得到个人的好处。

侵占资产是指被审计单位的管理层或员工非法占用被审计单位的资产，其手段主要包括：

（1）贪污收入款项；

（2）盗取货币资金、实物资产或无形资产；

（3）使被审计单位为虚构的商品或劳务付款；

（4）将被审计单位的资产挪为私用。

侵占资产通常伴有虚假或误导性的文件记录，其目的是隐瞒资产缺失或未经适当授权使用资产的事实。简而言之，侵占资产舞弊是指非法占用被审计单位的资产。

（三）组织舞弊（organizational fraud）与职务舞弊（occupational fraud）

按舞弊的性质，可以将舞弊分为组织舞弊和职务舞弊。组织舞弊是由组织进行的损害外部利益团体的舞弊行为，如偷逃税、发布虚假财务信息、窃取商业机密、虚假广告等，目的是为企业谋取利益，因而属于管理层舞弊的范畴，常用的手段是编制舞弊性财务报告；职务舞弊则是指由组织内员工利用工作机会并针对组织自身或组织外部的舞弊，如贪污、挪用公款等，是为谋取个人利益而损害企业利益的行为，常用的方式一般是侵占资产，但也常常涉及舞弊性财务报告。

二、舞弊审计的概念

对舞弊审计的概念，各国审计准则都没有作出明确界定。从社会公众对舞弊审计的需求看，舞弊审计可以分为以下三个层次：

（一）内部控制审计（internal control auditing）

内部控制审计属于舞弊防范的范畴，因为内部控制是企业反舞弊机制的重要组成部分，内部控制的薄弱提供了滋生舞弊的企业环境。内部控制审计是指审计师接受专门委托，对被审计单位特定日期的内部控制设计和运行的有效性进行审计，并发表审计意见。内部控制审计可区分为两种情况：（1）审计和报告被审计单位与财务报表相关的内部控制；（2）执行商定的与内部控制效果有关的其他程序。内部控制审计的目的是评估内部控制的设计与运行效果，可以帮助管理层从源头上制止舞弊。

（二）舞弊关注审计（fraud awareness auditing）

2002年10月15日美国的《审计准则第99号——财务报表审计中对舞弊的关注》（SAS No. 99）发布以后，理论界对舞弊审计的讨论大多是围绕SAS No. 99或以其为根据进行的。关于审计师对舞弊的责任，SAS No. 99中指的是财务报表审计中对舞弊的审计责任。所以，舞弊关注审计是指审计师在接受委托执行财务报表审计时，应当关注舞弊发生的可能性，从而对财务报表不存在重大错报提供合理保证。舞弊关注审计是财务报表审计必不可少的组成部分，它的目标是确定舞弊对审计风险的影响以及对财务报表合法性和公允性的影响，以保证发表正确的审计意见。

（三）舞弊专门审计（fraud specific auditing）

严格说来，舞弊专门审计应该属于商定程序的范畴。商定程序一般是指由委托人和会计师事务所之间商讨确定的、由审计师实施的一些程序。在舞弊专门审计中，审计师接受委托对特定信息执行与委托人或业务约定书中所指明的其他报告使用人商定的程序，并就执行的商定程序及其结果出具报告。舞弊专门审计的审查范围和提供保证的程度都取决于商定的结果。舞弊专门审计具体可分为两种情形：（1）后馈性舞弊审计（reactive fraud auditing），或称舞弊审核（fraud examination），是指审计师（或舞弊审核师）依据法律、犯罪学以及各种组织舞弊或职务舞弊的知识，设计相应的审核程序以证实或解除舞弊怀疑（或称舞弊断言，fraud predication）。舞弊断言是指经过专业训练的审核师认为舞弊已经、正在或将要发生的情形（比如抱怨、迹象、短缺等）。舞弊审核通常涉及司法诉讼。（2）前馈性舞弊审计（proactive fraud auditing），是指在并未发现舞弊迹象的情况下进行的审计。这通常涉及两个过程：对企业舞弊风险进行识别和评估；经批准就已识别的舞弊开展舞弊调查，确认舞弊事实并出具审计意见。舞弊专门审计是这两个过程的结合和扩展，不仅需要识别和评估舞弊风险（包括内部控制评估），还需要进行舞弊调查，通常也涉及司法行动的协助和内部控制的建议。

舞弊关注审计和舞弊专门审计都不同于一般的财务报表审计，将舞弊审计和财务报表审计完全割裂开来的观点也是错误的。舞弊关注审计是财务报表审计的必要组成部分，舞弊专门审计是建立在财务报表审计基础上的。财务报表审计是以公允性为目的，按照独立审计准则设计并执行相关的审计程序，而舞弊审计是以发现舞弊行为为目的的。一般说来，只要严格遵守审计准则，执行充分的审计程序，审计师是能够揭示舞弊行为的。但是，由于公司舞弊水平的不断提高和舞弊人员反侦查意识的不断增强，按照一般财务报表审计要求执行的审计程序在日益复杂和隐蔽的舞弊行为面前有时又显得无能为力。关于舞弊审计中有效的程序和技巧将在后面的内容中专门介绍。同时，在审计的思维方式、对审计师素质的要求等方面，舞弊审计也不同于一般的财务报表审计，比如，舞弊审计要求审计师恰当运用心理学的知识，并具备较高的舞弊侦查技能。

鉴于近年来频发的审计失败案件给社会造成的巨大损失，以及由此导致的信任危机，各个国家和国际审计准则制定机构和组织纷纷加强审计师在财务报表审计中对于舞弊的考虑要求。例如，IAASB No. 240准则要求审计师在整个审计过程中以职业怀疑态度计划和实施审计工作，充分考虑由于舞弊导致财务报表发生重大错报的可能性。在财务报表审计中充分利用舞弊审计的思维和技术，保持高度的职业怀疑态度将更加有助于实现审计目标，舞弊审计融入财务报表审计中已成为大势所趋。

第二节　关注和识别舞弊风险因素

为了更有效地揭示舞弊，必须分析舞弊产生的原因，即产生舞弊风险的因素。国际审计准则和美国审计准则都强调了审计师应该特别关注舞弊产生的主要条件及根源，并要求在审计计划阶段，审计小组成员集体讨论管理层舞弊的可能性，就被审计单位最有可能在哪些方面发生舞弊以及最有可能以何种方式舞弊交换意见，并在整个审计过程中始终保持职业怀疑态度，识别和评估舞弊导致重大错报的可能性。在整个审计过程中，审计小组成员应当持续交流对舞弊可能导致的重大错报的风险评估及其应对程序的信息。

相关链接22-1

舞弊理论

一、了解舞弊发生的信号

利用舞弊动因理论，审计师可从以下方面考虑舞弊的发生：（1）舞弊的动机或压力；（2）舞弊的机会；（3）对舞弊行为的合理化解释。IAASB No. 240将审计师在了解被审计单位及其环境时识别的、表明存在舞弊动机及压力或机会的事情或情况称为舞弊风险因素。实务中，舞弊风险因素有着不同的称谓和各种表现形式，难以穷尽。无论如何，如果在审计过程中发现类似情形，审计师应当予以高度关注。以美国"五大"（现为"四大"）会计师事务所之一的Coopers & Lybrand为例，该公司列举了29个警讯，以提醒审计师及公司监察人的注意。其中比较重要的一些警讯如下：

（1）现金短缺、负的现金流量、营运资金及/或信用短缺，影响营运周转；

（2）融资（包括借款及增资）能力降低，营业扩充的资金来源只能依赖盈余；

（3）为维持现有债务的需要必须获得额外的担保品；

（4）订单显著减少，预示未来销售收入的下降；

（5）成本增长超过收入或遭受低价进口品的竞争；

（6）对遭受严重经济压力的顾客，收回欠账有困难；

（7）发展中或竞争产业对新资金的大量需求；

（8）对单一或少数产品、顾客或交易的依赖；

（9）夕阳工业或濒临倒闭的产业；

（10）因经济或其他情况导致的产能过剩；

（11）现有借款合约对流动比率、额外借款及偿还时间的规定缺乏弹性；

（12）管理层严格要求主管达成预算的倾向；

（13）迫切需要维持有利的盈余记录以维持股价；

（14）管理层不向审计师提供为澄清及了解财务报表所需的额外资料；

（15）主管有不法前科记录；

（16）存货大量增加超过销售所需，尤其是高科技产业的产品过时的重大风险；

（17）盈余品质逐渐恶化，例如，折旧由年数总和法改为直线法而欠缺正当理由。

舞弊审计中，管理层舞弊和财务报告舞弊具有典型性和代表性，表22-1列示了在这两类舞弊审计中，审计师应当高度关注的舞弊信号。

表 22-1 管理层舞弊和财务报告舞弊的舞弊信号

	管理层舞弊
（1）管理层	①管理层过度关注保持或提高公司股价或收益趋势。当管理层关注的焦点是利润或股价而不是企业核心竞争能力时，说明可能存在虚增业绩或操纵股价，财务报告舞弊的可能性显著增加 ②管理层对内控认识不足，企业决策的制定由一个人或少数几个人垄断或把持，公司治理结构流于形式，管理层约束机制失效。管理层理应重视建立有效的内控和监督机制，如果过分忽视内部控制和监督的作用，可能会导致舞弊行为或者是为了更好地掩饰舞弊行为 ③管理层与当前或前任审计师关系紧张。例如，频繁更换审计师且不作充分的信息披露；要求在极短时间内完成审计，限制审计师接触有关人员、资料；不尊重审计师等。这些情况与管理层舞弊存在很大的相关性 ④管理层的诚信存在明显问题。例如，管理层对询问事项予以防备或狡辩；股东与管理层的诉讼；管理层曾经有不诚实的记录或在业界的声誉不佳；管理层经常从事内幕交易；管理层倾向于采用不稳健的会计政策和不适当的冒险做法 ⑤高管层低报酬甚至不领取报酬。从表面上看高管层低报酬与舞弊无关，事实上往往是因为政企不分，或者上市公司与控股公司不分，这样的公司舞弊可能性较高
（2）经营或财务	①组织机构复杂或不稳定，且复杂的程度不合理。从已公布的上市公司舞弊案来看，设立为数众多的分支机构是多数舞弊公司的共同特点 ②存在重大的异常交易。关联方交易、非常交易、资产重组业务等都是管理舞弊非常重要的手段。这些业务的交易过程往往非常复杂，交易的真实性和计价的公允性很难确定，舞弊风险非常高 ③与同行业对比增长过高或存在非常收益。琼民源是这方面的典型，1996年与1995年相比，销售额增长3.62倍，利润总额和净利润却分别增长848倍和1 290倍，超常增长的背后必然存在舞弊 ④经营净现金流量为负，净收益为正或持续上升。这说明企业利润质量极低，很可能是玩弄资产重组、关联方交易而取得巨额非经营收益的结果，其报告的可信性值得怀疑 ⑤存在筹资等动机或巨大压力。为获得信用机构的信贷资金或其他供应商的商业信用，财务状况和经营业绩欠佳的企业可能需要对财务报表进行粉饰。对上市公司来说，为满足法定发售新股或增配股的条件以达到融资目的、避免被ST或PT、摘掉ST或PT的帽子，有粉饰财务报表的动机是非常可能的 ⑥财务方面出现了可能导致持续经营能力受到重大影响的迹象。比如，累计经营性亏损数额巨大；资不抵债；营运资金出现负数、经营活动产生的现金流量净额为负数；存在因对外巨额担保等或有事项引发的或有负债等。出现上述这些情况时，企业的正常生产经营很可能会受到影响，如果影响巨大，势必会关系到企业能否正常经营或存续，此时管理层舞弊的倾向会明显增强 ⑦行业竞争异常激烈或公司利润率迅速下滑

财务报告舞弊

①分析程序揭示财务数据出现重大波动，但这种波动无法得到合理解释。例如，异常的账户金额、实际存货数量异常变动、异常的存货周转率

②未加解释的提高利润的业务。例如，当经营状况恶化时，企业可能着手资产负债表业务（如出售资产或将负债资本化）以实现阶段性的利润

③引起销售增长的应收账款非正常增长。这表明公司可能放松其信用政策或人为地塞满销售渠道，以记录当期收入

④引起销售增长的库存非正常增长。如果库存的增加是由产成品存货增加而引起的，那么这是企业产品需求量下降的信号，表明企业可能被迫削价（即减少盈利）或减记库存价值。如果原材料增加，那么表明生产和采购的效率低下，将导致销售货物的成本增加（即减少盈利）

⑤企业披露的收入和营业现金流量之间的差距扩大。若权责发生制会计数据与现金流量不一致是正常的，那么公司会计政策保持不变时，两者之间的关系通常是稳定的。所以，利润和营业现金流量之间的关系发生任何变化时，都可能表明企业应计项目细微的变化。比如，一家履行大型建设合同的企业可能使用完工百分比法记录收益。对这家企业来讲，收益和现金流量是不等的，它们彼此之间应当保持一种稳定的关系。现在假设企业通过采用一种激进的完工百分比法，使一个阶段的收益得到增长，则企业的利润上升了，但现金流量没有受到影响

⑥企业会计利润与应纳税所得额之间的差距扩大。只要税法允许，企业对财务会计和税务会计实行不同的会计政策就是非常合理的。但是，财务会计与税务会计之间的关系在一定时期内要保持连续性，除非税务规则和会计准则发生显著的变化。这样，企业会计利润与应纳税所得额之间差距的扩大表明企业提供给股东的财务报告变得越发激进了。例如，假设保修费用在财务报表中是根据权责发生制估算的，但在税务报表中却是根据收付实现制记录的。除非企业的产品质量发生很大变化，这两个数据之间的关系就应当是稳定的，所以，这种关系若发生变化，则表示产品质量变化很大或财务报告估算正在发生变动

⑦未预计到的大量资产注销。这表明管理部门在将变化的经营环境并入企业会计核算过程中，动作缓慢。对经营环境的变化未能充分预计也会造成资产注销

⑧资产负债表日前后的交易或账项调整。企业年度报告由外部审计师进行审计，但中期报表通常仅是复核一下而已。如果企业管理层不愿意在中期报表中作出恰当的会计估算（比如估计无法收回的应收账款额），那么不得不迫于外部审计师的压力在年终作出调整，所以，经常性的第四季度调整表明企业在中期报告中激进的倾向

⑨会计政策与会计估计变更。上市公司利用会计政策与会计估计变更操纵利润的做法相当普遍，尤其是经营状况恶化时，比较典型的是改变长期股权投资的核算方法和财务报表的合并范围

二、管理层舞弊的主要手段

管理层舞弊通过粉饰经营业绩或者财务状况，实现财务报表的粉饰，并以粉饰过的财务报表误导财务信息使用者。审计师应当首先关注财务报表错报的高风险领域，以识别可能存在管理层舞弊的区域。从我国目前上市公司的情况看，下列业务往往是财务报表错报风险非常高的领域：

（一）关联方交易

某些上市公司通过关联方交易将巨额亏损转移到不需审计的关联企业，从而隐瞒其真

实的财务状况。还有一些上市公司则与其关联企业杜撰一些复杂交易，单从会计方法上看，其利润的确认过程完全合法，但它却永远不会实现。例如，已受处罚的琼民源公司，其5.4亿元的非常收益和6.57亿元的新增资本公积金就是通过关联方交易取得的。

实例22-1

振隆特产招股说明书造假签字会计师遭警告处罚

（二）非常交易

不少上市公司为避免三年亏损摘牌或为达到规定的配股条件，常常采用非常交易，如转让股权、经营权或土地使用权，年末发生非常销售业务，收取政府补贴等，从而获取非常收益，以期公司业绩得到一次性改观。

（三）非货币性交易

有许多上市公司的交易是非货币性的，如转让土地、股权等巨额资产，没有现金流入，只是借记"应收账款"，同时确认转让利润。还有一些公司通过非法渠道将资金拆借出去，或者将资金投入子公司，这些资金或资本实际上已难以收回，也没有现金流入，却仍在以此确认利息收入或投资收益。如果审计师发现公司的主要收入来源于非货币性交易，其正常的生产经营能力和获利能力就应当受到怀疑。

（四）资产重组

近年来，上市公司的资产重组行为越来越多，不可否认重组在企业扩大经营规模、改善资产结构等方面的积极作用，但一些上市公司实施了"突击重组"的战略，或者说是"报表重组"，重组后上市公司业绩在短期内会大幅度改善，但实际上"改善"只是"业绩幻觉"。"琼民源"事件就是假借重组实现利润的转移，虚构业绩，这为审计师敲响了警钟。另外，资产重组审计是一项复杂的业务，涉及许多问题，例如，股权变更的标志是什么，如何确定重组购买日，重组相关公司的优质资产、不良资产的计价标准是否一致，资产置换、注入优质资产、剥离不良资产、剥离非经营性资产的会计处理是否合法和公允，被购并方的债权、债务是否真实，是否存在或有负债或损失，对关联方、关联方交易的界定是否准确，对关联方交易的计价和会计处理是否正确等。这些问题的存在，大大增加了审计师的执业难度和风险。

（五）会计政策与会计估计变更

上市公司有时也会利用会计政策或会计估计变更来操纵利润，比如改变长期股权投资的处理方法及合并报表范围。

（六）期后事项与或有事项

审计师应对上市公司期后事项及或有事项保持高度的职业敏感，不可轻易放过任何"蛛丝马迹"。这方面的问题包括：上市公司期后投资决策出现较大失误，投资效益很差，连续出现巨额亏损或营运资本减损，使公司持续经营能力受到怀疑；存在重大不确定因素，如所得税减免无法估计、法律诉讼等；资产负债表日发生了诸如合并、清算等重大事件；存在应收票据贴现、应收账款抵押、融通性票据和其他债务担保；上市公司披露的相关资料与审计附送资料不一致等。

此外，复杂的控股关系、跨地区交易、非法或非规范的融资行为、所审客户的股票在二级市场的异常波动都容易产生审计风险，应受到审计师的特别关注。

了解高风险的区域之后，审计师应当知晓财务报表粉饰的主要手段。例如：

（1）虚列存货价值。例如，采用不适当方法计算存货成本，或利用材料成本差异账户任意调节存货成本，从而降低或增加销货成本，虚增虚减利润；或故意虚列存货，以隐瞒存货的短缺或毁损。

（2）虚列应收账款。例如，为了虚增销售收入而虚列应收账款，或通过少计坏账准备而虚增应收账款净值。

（3）虚列固定资产。例如，通过少提折旧、将收益性支出列为资本性支出、将短期利息进行资本化处理，或将本应资本化的利息列作当期费用、毁损固定资产不清理等手段达到虚列固定资产的目的。

（4）任意递延费用。主要通过将短期借款利息、广告费用、经常性的设备维护费用等期间费用列为长期待摊费用，以减少当期费用，虚增当期利润。

（5）漏列负债。例如，通过漏列预收账款、漏列应付账款，少计应计利息、少估应付费用等手段来粉饰财务状况。

（6）虚增销售收入。例如，通过混淆会计期间，提前确认销售收入，或错误运用会计政策，将非销售收入列为销售收入，或虚列关联方交易、虚列销售业务等手段增加销售利润。

（7）虚减销货成本。为增加当期销售利润，虚增期末存货价值，从而导致销货成本随之虚减。

（8）潜亏挂账。例如，待处理资产损失挂账，长期无法收回的应收账款和长期积压的存货有可能导致潜在亏损。

（9）利用"其他应收款"和"其他应付款"账户调节利润。这两个账户被审计师戏称为"垃圾桶"和"聚宝盆"，因为"其他应收款"往往被用于隐藏潜亏，"其他应付款"往往被用于隐藏利润。

实例22-2

（10）隐瞒重要事项。隐瞒本应在财务报表附注中揭露的期后事项、关联方交易、或有损失与或有负债、会计政策与会计估计变更等重要事项。

艾迪舞弊案

第三节　舞弊审计的方法和程序

舞弊审计的方法和程序不是独立于一般财务报表审计的方法和程序而存在的，财务报表审计的方法和程序在舞弊审计中同样适用，而且舞弊审计通常要和财务报表审计结合起来进行。但是，由于舞弊的复杂性和隐蔽性，舞弊审计的思维方式和审计策略与一般的财务报表审计又有着很大的区别。这里要介绍的就是舞弊审计中特别强调的审计方法和程序。

一、保持职业怀疑态度

职业怀疑态度是指审计师以质疑的思维方式评价所获取审计证据的有效性，并对相互矛盾的审计证据，以及对引起对文件记录或管理层和治理层提供的信息的可靠性产生怀疑的审计证据保持警觉。审计师应该保持强烈的好奇心及敏锐的观察力，对于看似无关却可疑的迹象或线索能够提出"合理疑问"，并能锲而不舍地追查下去，以确定其是否导致财务报表重大不实表述，排除合理怀疑。

一直以来审计职业界对职业怀疑态度的理解都是：既不能盲目地认为每一个公司的管理层都是不诚实的，也不能不假思索地认为管理层是绝对诚实的。但在舞弊审计中，对职业怀疑态度的这种中性理解显然不利于舞弊的查找。SAS No. 99突出强调了对审计师"职业怀疑态度"的要求，AICPA前主席Barry C. Melancon指出，该准则试图使审计师在审计每个项目时都保持高度的职业怀疑态度，不能推测管理层是诚实可信的，审计师首先要考虑是否有舞弊的嫌疑。要求审计小组全体成员在审计计划阶段，集中讨论因舞弊导致的财务报表重大错报的风险，就被审计单位财务报表可能会怎样舞弊或最有可能在哪些方面舞弊等交换意见，并将讨论记录于工作底稿。IAASB No. 240要求审计师在整个审计过程中保持职业怀疑态度，考虑管理层凌驾于控制之上的可能性，并应当意识到，在已识别舞弊导致的重大错报风险的情况下，仅实施旨在发现错误的审计程序是不适当的。

具体而言，保持职业怀疑态度要求在审计计划阶段，审计小组成员应该就客户财务报表中存在重大舞弊的可能性展开讨论，互相交换意见。在审计实施阶段，审计师要利用职业判断能力捕捉重大舞弊的蛛丝马迹、分析重大舞弊的可能性，不能过分信赖管理层的陈述和声明，如果审计师就重要问题难以搜集到充分适当的审计证据，应当推定存在财务报告舞弊的嫌疑，即所谓的"有错推定"假设。SAS No. 99要求审计师在一些高风险的审计领域实行"有错推定"假设，如果审计师没有充分、适当的审计证据证明该交易事项或账户余额是真实的，则推定存在问题，包括收入确认、存货数量、会计估计等。在审计完成阶段，审计师还应该关注管理层不披露或不诚实披露重大期后事项与或有事项的可能性。

职业怀疑态度还体现在审计证据的评价上。对通过常规审计程序获取的证据特别是内部证据，审计师应该设计额外或追加的审计程序来获得更多和不同来源的可靠信息，以互相印证；通过第三方，进一步确认管理层对重大事项的解释或说明；利用专家的工作，或询问企业内部或外部的其他人员，来验证具有独立来源的文件。

例如，常规的函证程序存在局限性，审计师一般是根据管理层提供的函证地址寄发询证函，若提供的地址不真实，则函证程序就可能完全失效。为此，审计师在取得管理层提供的函证地址时，应保持应有的职业谨慎。对应收款项，审计师应将管理层提供的客户名称、地址与有关记录（如销售发票上的记录）相互核对，还可自行通过其他途径（如Internet等）获取被函证单位的地址、电子邮箱地址、传真、电话等，并与管理层提供的相关函证地址进行核对。一定要索取书面回函，保留回函信封作为审计证据，并充分关注回函来源。获取银行对账单等单证是审查银行存款的一项标准取证程序。然而，随着现代造假手段越来越"高明"，加之银行单证属于在被审计单位内部流转过的外部证据，其可靠性应被审慎评价，切不可为貌似真实的印章签字和电脑记录所蒙蔽。对重大银行存款余额的确认应当以函证程序为主。为保证函证的有效性，避免被审计单位利用高科技手段篡改、变造和伪造银行对账单等单证，对于重要和异常的银行账户，审计师应当寻求被审计单位的配合，亲自前往银行函证。

实例22-3

瑞华所及会计师"未勤勉尽责"听证申辩

职业怀疑态度还要求审计师在执行某些审计程序时要出其不意。传统的审计程序一般存在着程序标准化的问题，一是不能对症下药，二是使审计师无法突破客户预先设置的障碍或防范措施。审计师对可能存在的重大错报应该采用出其不意的审计程序，如盘点存货时不通知客户。

二、充分运用分析程序

分析程序是指审计师通过研究不同财务数据之间以及财务数据与非财务

数据之间的内在关系，对财务信息作出评价。分析程序还包括在必要时对识别出的、与其他相关信息不一致或与预期数据差异重大的波动或关系进行调查。分析程序是揭露舞弊的重要工具，尤其是在管理层舞弊的识别上具有明显的作用。其理论基础在于，管理层可以操纵某些财务或非财务信息，但不可能操纵全部业务信息。由于不同信息之间往往存在一定的相关性，有效的分析程序有助于审计师识别影响财务报表的异常交易、事项、金额、比例、趋势以及在细节测试中不易察觉的舞弊迹象。

分析程序主要用作审计师的风险评估程序，以了解被审计单位及其环境，并且审计师在审计结束时运用分析程序对财务报表进行总体复核。审计师也可将分析程序用作实质性程序。分析程序不仅是对财务数据进行分析，也包括对非财务数据进行分析。

相关链接22-2

分析程序

分析程序一般包括下列几个步骤：①选定适当的数据关系；②分析数据关系；③识别异常的数据关系和波动；④调查异常的数据关系和波动；⑤得出结论。因此，分析程序的核心就是审计师查找是否存在异常波动。

在实施分析程序时，审计师应当将财务信息与下列各项信息进行比较：

（1）以前期间的可比信息；

（2）被审计单位的预期结果或者审计师的预期数据；

（3）所处行业或同行业中规模相近的其他单位的可比信息。

如果审计师发现财务信息与上述信息存在不一致或者异常波动的情况，则可能表明财务报表存在重大错报风险。审计师应当结合其他审计程序的实施，进一步分析这些不一致或者异常波动的情况，以查明财务报表是否存在重大错报风险。可见，"异常波动"并非仅指财务数据存在重大的波动，"异常波动"和"与合理预期的差异"不能截然分开，"异常波动"应该是指审计师的"合理预期"与数据关系存在重大差异，比如，预期增长（或下降）而财务数据显示并未增长（或下降）。当然异常并不意味着一定存在重大错报。审计师应该寻求"异常波动"的合理解释。在核实这些可能的解释之后，一些"异常波动"可能被认为并非异常，但审计师也有可能从中发现更多的异常。

"异常波动"的分析可以通过以下几种途径进行：

（1）横向分析。一般是同业比较，找到行业平均数与竞争者数据，所选择的参照物一定要有可比性。

（2）纵向分析。前后期财务数据进行比较，不能是简单地进行上下年度的比较，至少要3～5年，当然要考虑前后期的可比性，如果该公司已进行重大重组，则上下年度的数据可能都不可比。

（3）非财务数据与财务数据比较。财务成果是经营的反映，经营数据（非财务数据）直接决定财务数据，如果财务数据与经营数据发生冲突，则要充分关注。

（4）财务信息构成要素之间比较。财务信息本身也是关联的，这里面当然存在逻辑关系，如财务报表本身有很强的勾稽关系，财务报表项目之间的联动关系，以及财务报表年度内的可比关系（同一年内的月度报表、季度报表之间的对比）。

当然，审计师不能简单地把同业数据、前期数据、非财务数据等直接与财务数据进行比较。审计师的专业水平体现在对这些数据的修正上，这需要审计师不但要有专业的会计和审计知识，还必须具备足够的商业知识。对"异常波动"的判断还有赖于审计师是否形成了"合理预期"。审计师要识别影响预期的因素，还要对因素进行预期修正。审计师形成"合理预期"是分析程序有效的关键。

实例22-4

甲公司舞弊案例

合理预期并不只是单纯对财务数据的预期，还包括对会计政策、会计估计的预期，特别是会计估计，由于其强烈的主观性，审计师必须对客户会计估计的合理性作出正确判断。会计估计上的差错不仅仅是客户在专业判断上存在问题，还常常是客户的一种舞弊手段，比如，通过提前确认收入、推迟确认费用、计提秘密准备、费用资本化、资本费用化、资产收入化（将企业的资产转为收入）、少计预计负债、多计预计负债等行为操纵利润。

三、深入了解被审计单位及其环境

相关链接22-3

关注被审计单位的经营风险

公司的经营状况不佳，管理层可能会产生舞弊的动机或压力，公司的经营风险可能会转化为财务报告舞弊的风险，因此，审计师应当从多个角度了解被审计单位及其所处环境，包括被审计单位的目标、战略以及相关经营风险。

了解被审计单位的经营风险情况应该从内外两个方面进行。内部因素包括业务类型、经营特点、管理状况、财务结构、经营绩效等；外部因素包括行业特点、竞争状况、经济环境、与供应商的关系等。深入了解客户的经营风险能够使审计师站在更高的层面看问题，发现潜在的舞弊动机，评估财务报告舞弊的可能性，从而更有效地发现舞弊。而且，分析程序中分析的对象和方法，特别是审计师的"合理预期"的形成，都离不开对其经营风险的分析。

审计实务中，审计师应当从以下方面了解被审计单位及其环境：①相关行业状况、法律环境和监管环境及其他外部因素，包括适用的财务报告编制基础。②被审计单位的性质，包括经营活动、所有权和治理结构、正在实施和计划实施的投资（包括对特殊目的实体的投资）的类型、组织结构和筹资方式。了解被审计单位的性质，可以使注册会计师了解预期在财务报表中反映的各类交易、账户余额和披露。③被审计单位对会计政策的选择和运用，包括变更会计政策的原因。注册会计师应当根据被审计单位的经营活动，评价会计政策是否适当，并与适用的财务报告编制基础、相关行业使用的会计政策保持一致。④被审计单位的目标、战略以及可能导致重大错报风险的相关经营风险。⑤对被审计单位财务业绩的衡量和评价。⑥被审计单位的内部控制。

四、执行询问程序

实例22-5

佳兆业债务危机

舞弊从其本质上看是易于隐藏而难以被发现的，尽管隐藏的方式多种多样，但还是会存在蛛丝马迹。查找舞弊的最佳线索不是账面资料而是相关人员，审计师对企业管理层和雇员的询问是发现舞弊行为的重要路径。比如，对管理层舞弊而言，一般都是CEO指使他人舞弊，CEO身边的人员因而通常会知道该舞弊行为。审计师应该掌握询问的技巧，避免单刀直入而使有关人员无法接受，审计师还要运用心理战术，在询问中察言观色。

一般而言，舞弊询问的对象包括企业管理层、审计委员会或类似机构、内部审计师及其他人员。有些审计师怀疑舞弊审计（特别是管理层舞弊审计）中询问管理层的作用。实际上，询问管理层，尤其是CEO、CFO及其助手，可以为审计师提供线索，当然前提是审计师必须注意询问的内容和方式。审计师必须事先拟好要询问的内容、方式直至步骤，并从易到难、步步深入。询问的内容诸如：是否知道已经发生的任何指控或怀疑存在舞弊行为；管理层对企业内部舞弊风险的认识，以及对会计记录、分类、交易中可能存在的舞弊风险的判断；管理层用以减少舞弊风险的计划和控制措施；如何监督及实施为消除已经发生的舞弊风险或者为预防、阻止和发现舞弊而设置的内部控制；是否向审计委员会或类似机构报告内部控制；是否建立监督分支机构的政策和程序；是否存在某个特定经营场所或业务部门更容易发生舞弊的情形。

审计委员会在监督企业舞弊风险评估及相应的内部控制方面负有重要责任。因此，审计师应当了解审计委员会（如果存在的话）如何行使监督职责，了解审计委员会开展工作的范围，直接向审计委员会主席询问其对舞弊风险的看法以及是否获知现存或可疑的舞弊行为。

对设有内部审计部门的企业，审计师应当向适当的内部审计师询问：对企业舞弊风险的认识，本期是否实施了任何识别或发现舞弊的程序，管理层对通过内部审计程序发现的舞弊是否采取了适当的应对措施，是否知道或怀疑存在任何舞弊事实、舞弊嫌疑或舞弊指控。

此外，审计师还应该向财务报告过程以外的人员询问企业是否存在舞弊或具有值得怀疑的舞弊迹象，这种询问对审计师可能更有帮助，可能为审计师提供独特的视角，从非财务角度印证管理层提供的信息，或提供管理层逾越内部控制的信息。审计师可以向下列人员询问：不直接涉及财务报告过程的经营管理人员；负责生成、处理或记录复杂、异常交易的人员及其监督人员；企业内部不同职权层级的员工；企业内部的法律顾问以及负责法律事务、道德事务、处理舞弊指控的人员。

五、实地调查和利用专家工作

从我国目前情况看，审计师对财务报表合法性和公允性的审查，大多数采用从报表向总账、明细账、记账凭证以及原始凭证追索审查的方法，但是，重大财务报告舞弊常常涉及虚构经济业务，企业往往会伪造销售合同甚至销售发票等业务凭证。此时，局限于账证资料的审计至多只能发现会计差错而不是财务报告舞弊。

审计师扩大实地调查程序必然能够为发现舞弊提供有意义的线索。调查工作可以从内外两方面进行。审计师应该深入企业生产、管理现场，观察生产经营过程，并询问相关工作人员，如采购员、销售员、保管员、生产工人等，可以获得有关企业内部控制、生产经营实际情况的重要信息，许多管理漏洞和生产经营中存在的问题也不难被发现。如果有必要，还应该进行外部调查，如对供货商、代理商、消费者甚至同行业企业的调查。比如，对于虚构收入的舞弊审计，观察供产销过程、函证供货商及客户可以提供多条线索。当然，审计师要真正实施广泛的内查外调还须法律法规赋予相应的权限，并需要执业环境的整体改善。在银广夏事件中，如果审计师已发现舞弊迹象，在分析其收入结构的基础上，到天津广夏亲自考察，到其生产线观察其生产过程，询问供产销人员，分析发货与销售回款情况，增加函证直至向提供重要单据的部门直接调查，其简单的舞弊手法不可能逃过专业审计师的眼睛。

审计师不是万能的，如果审计业务涉及的特殊技能和知识超出了审计师的能力范围，审计师可以利用专家协助执行鉴证业务。审计学领域的专家，是指除会计、审计之外的某一特定领域中具有专门技能、知识和经验的个人或组织。专家可以是被审计单位或会计师事务所的员工，也可以是被审计单位或会计师事务所从外部聘请的个人或组织。银广夏事发后《财经》记者采访了几位萃取专家和业内人士，得出三个结论：第一，以天津广夏萃取设备的产能，即使通宵达旦运作，也生产不出其所宣称的数量；第二，天津广夏萃取产品出口价格高到近乎荒谬；第三，银广夏对德出口合同中的某些产品，根本不能用二氧化碳超临界萃取设备提取。假设审计师及时征求了专家的意见，公司又不能提供合理的解释，也许银广夏的骗局会早些被揭开。

六、针对管理层逾越内控行为执行专门程序

由于管理层的特殊地位，他们能够通过越过内部控制，操纵会计记录或编制舞弊财务报告。特别是上市公司，由于投资者始终关注其经营形势、财务状况及经营成果，管理层达到某种财务绩效的压力或动机始终存在。管理层的地位使其便于逾越内部控制、串通舞弊、伪造文件，仅依靠审计师执行传统的审计程序，这些舞弊行为是很难被察觉的，所以，审计师必须针对管理层逾越内部控制的风险执行专门的实质性程序。

（一）检查特殊分录及其他调整

舞弊财务报告常常涉及对财务报告过程的操纵，如做不恰当或未经批准的账簿记录；对报表项目进行调整（如合并抵销、重分类调整等）。为了有效地执行这个程序，审计师需要很好地了解公司的财务报告过程，以选择和确认需要测试的账簿记录和调整业务。比如，了解明细账记录和调整业务需要哪些授权程序，以发现未经授权的业务；了解谁有条件和资格接触账簿以操纵账簿记录和调整业务，确认哪些人有舞弊的机会，然后再分析这些人是否有舞弊的动机和自我合理化的能力。

审计师需要通过检查账簿记录来确认要测试的特殊分录和调整业务，并进一步审核支持这些业务的相关资料，即使在控制测试认为内部控制执行有效的情况下，对特殊分录和调整业务的检查也是必要的。

（二）复核重大会计估计

舞弊财务报告常通过重大会计估计的故意错报而实现。管理层的会计估计常涉及诸多的判断或假设，这些判断或假设对资产价值、具体交易（如收购、重组或处置）的认定、重要应计负债等会计估计会产生重大影响，所以审计师应该关注管理层判断或假设的合理性及其对会计估计的影响，考虑会计估计与其支持证据的差异，利用审计师自行作出的独立估计或从其他渠道获取的独立估计与管理层作出的会计估计进行比较，复核能够证实会计估计的期后事项，分析财务报告舞弊的可能性。下列各项属于常见的需要进行估计的项目：坏账、存货陈旧过时或遭受毁损、固定资产的耐用年限与净残值、无形资产的受益期、长期待摊费用的分摊期间、或有损失、收入确认中的估计等。

此外，审计师应对以前期间财务报表中反映的重大会计估计进行追溯复核，利用事后数据确定与之相关的管理层假设和判断是否存在倾向性，判断管理层是否存在故意操纵行为。这种复核可能向审计师提供额外信息，预示管理层本年是否存在类似的操纵。

（三）评估重大非经常性交易的合理性

复杂的经营结构及交易安排，特别是涉及特定目的个体或关联方的恶意交易安排，是财务报告舞弊的常用手法。如果审计师注意到重大非经常性交易与正常经营不符，或者审计师对企业及其经营环境的了解不符，审计师就应该了解重大非经常性交易的实质，评价它的内在合理性，分析它是否符合商业常规，并分析交易是否预示着存在财务报告舞弊。应当特别注意是否涉及未曾了解的关联方。就本身而论，关联方交易并不构成财务报告舞弊，但如果这些交易没有经过适当的授权，或管理层没有向审计师提及这些交易，那么这些交易就可能是管理层掩饰财务报告舞弊的迹象。

实例22-6

"中钢"跌出世界500强：败于风险控制

第四节　洗钱交易的审计技巧

一、洗钱和反洗钱概述

（一）洗钱和反洗钱的定义

洗钱（money laundering）是一种行为，与洗钱行为、洗钱活动是同义语。洗钱是通过掩盖与犯罪活动相关的财产以逃避处罚的行为。国际公约对洗钱行为进行了界定，如《联合国打击跨国有组织犯罪公约》[①]第六条"洗钱行为的刑事定罪"规定："各缔约国均应依照其本国法律基本原则采取必要的立法及其他措施，将下列故意行为规定为刑事犯罪：（一）1.明知财产为犯罪所得，为隐瞒或掩饰该财产的非法来源，或为协助任何参与实施上游犯罪者逃避其行为的法律后果而转换或转让财产；2.明知财产为犯罪所得而隐瞒或掩饰该财产的真实性质、来源、所在地、处置、转移、所有权或有关的权利；（二）在符合其本国法律制度基本概念的情况下：1.在得到财产时，明知其为犯罪所得而仍获取、占有或使用；2.参与、合伙或共谋实施，实施未遂，以及协助、教唆、促使和参谋实施本条所确立的任何犯罪。"

《〈中国注册会计师审计准则第1633号——电子商务对财务报表审计的影响〉应用指南》将洗钱定义为"洗钱是指将毒品犯罪、黑社会性质的组织犯罪、恐怖活动犯罪、走私犯罪、贪污贿赂犯罪、破坏金融管理秩序犯罪、金融诈骗犯罪的违法所得及其产生的收益，通过各种手段掩饰、隐瞒其来源和性质，使其在形式上合法化的行为。"

关于反洗钱，《中华人民共和国反洗钱法》[②]第二条规定："本法所称反洗钱，是指为了预防通过各种方式掩饰、隐瞒毒品犯罪、黑社会性质的组织犯罪、恐怖活动犯罪、走私犯罪、贪污贿赂犯罪、破坏金融管理秩序犯罪、金融诈骗犯罪等犯罪所得及其收益的来源和性质的洗钱活动，依照本法规定采取相关措施的行为。"

各国对洗钱和反洗钱的定义不一致，但有时会把反洗钱和反恐怖融资并列，因为打击恐怖主义是全球一致的目标，所以在学理上将反洗钱和反恐怖融资统称为反洗钱。

（二）反洗钱相关法律法规

1.国外反洗钱法律法规

涉及反洗钱的国际公约和文件包括《联合国禁止非法贩运麻醉药品和精神药物公约》

---

① 2003年8月27日第十届全国人民代表大会常务委员会第四次会议决定：批准2000年11月15日第55届联合国大会通过、同年12月12日中国政府签署的《联合国打击跨国有组织犯罪公约》。
② 《中华人民共和国反洗钱法》于2006年10月31日第十届全国人民代表大会常务委员会第二十四次会议通过。

（又称《维也纳公约》）、联合国《制止向恐怖主义提供资助的国际公约》、《联合国打击跨国有组织犯罪公约》、《联合国反腐败公约》、FATF[①]《打击洗钱、恐怖融资和扩散融资的国际标准：FATF建议》（简称新《40条建议》）等。

美国的反洗钱法规包括1970年《银行保密法》、1986年《洗钱控制法》、1992年《阿农齐奥·怀利反洗钱法案》、2001年《爱国者法案》等。英国的反洗钱法规包括2002年《犯罪收益法》、2007年《反洗钱条例》等。

2.我国的反洗钱法律法规

我国的反洗钱法律法规包括《中华人民共和国反洗钱法》《中华人民共和国刑法》、《中华人民共和国中国人民银行法》《中华人民共和国治安管理处罚法》《中华人民共和国反恐怖主义法》等法律，以及《金融机构反洗钱规定》《金融机构大额交易和可疑交易报告管理办法》《金融机构报告涉嫌恐怖融资的可疑交易管理办法》《金融机构客户身份识别和客户身份资料及交易记录保存管理办法》《中国人民银行关于进一步加强金融机构反洗钱工作的通知》《中国人民银行关于明确可疑交易报告制度有关执行问题的通知》《支付机构反洗钱和反恐怖融资管理办法》《金融机构洗钱和恐怖融资风险评估及客户分类管理指引》《金融机构反洗钱和反恐怖融资监督管理办法》等法规和部门规章。

（三）反洗钱审计相关法律法规

1.国外反洗钱审计法律法规

反洗钱国际组织和各个国家对开展反洗钱审计提出了明确要求。FATF的新《40条建议》的建议15（释义）要求金融机构应建立"独立的审计功能，以测试系统的有效性"；建议1要求金融机构和特定非金融行业和职业识别、评估，并采取有效措施降低洗钱和恐怖融资风险。美国的《银行保密法/反洗钱检查手册》要求银行必须对反洗钱工作开展独立审计，独立审计可以由内部审计部门、外部审计师或其他有资质的独立实体承担，建议每12—18个月实施一次。美国《爱国者法案》规定，金融机构对反洗钱程序的测试可以由内部审计部门执行，也可以委托外部机构来执行。审计职业界也制定了反洗钱审计规范，比如《英格兰与威尔士注册会计师协会关于识别与处理洗钱的指南》等。

2.我国反洗钱审计法律法规

我国的反洗钱审计法规包括了反洗钱管理部门和审计组织的反洗钱规范。《金融机构反洗钱规定》第十七条规定，"金融机构应当按照中国人民银行的规定，报送反洗钱统计报表、信息资料以及稽核审计报告中与反洗钱工作有关的内容。"《金融机构客户身份识别和客户身份资料及交易记录保存管理办法》第四条规定，"金融机构应当根据反洗钱和反恐怖融资方面的法律规定，建立和健全客户身份识别、客户身份资料和交易记录保存等方面的内部操作规程，指定专人负责反洗钱和反恐融资合规管理工作，合理设计业务流程和操作规范，并定期进行内部审计，评估内部操作规程是否健全、有效，及时修改和完善相关制度。"《中国人民银行关于进一步加强金融机构反洗钱工作的通知》要求，"金融机构应加强反洗钱方面的审计，并根据反洗钱工作需要，及时完善反洗钱内部操作规程，进一步整合和优化内部业务流程，落实反洗钱相关法律规定的各项要求。"

---

① 反洗钱金融行动特别工作组（Financial Action Task Forces on Money Laundering，FATF）。

在我国，中国注册会计师审计执业准则为注册会计师参与反洗钱工作提供了基础，其中，《中国注册会计师审计准则第1633号——电子商务对财务报表审计的影响》规定，注册会计师应当考虑被审计单位是否已恰当处理与电子商务环境密切相关的反洗钱法律法规问题。

二、洗钱交易的审计

（一）审计主体

洗钱交易的审计主体包括组织的内部审计机构、会计师事务所和政府审计机关。在我国法规中，组织的内部审计和会计师事务所作为审计主体具有明确的规定，但是政府审计机关的审计主体尚不明确。

金融机构是反洗钱的主要责任主体，因此，反洗钱交易的审计主体主要为金融机构。会计师事务所作为外部审计组织，在审计过程中需要防范洗钱风险。政府审计机关虽然涉及反洗钱工作，但审计署和地方审计厅没有建立有关反洗钱的审计法规和工作制度，政府审计机关的反洗钱工作需要上报中国人民银行，由其进行处理。有学者认为，国家审计所具有的综合性、全面性、穿透性、独立性等优势，能够在防范和打击洗钱犯罪中起到重要作用，应当将国家审计纳入反洗钱监管体系中（王家华、赖才林，2021）。

（二）审计过程

1.准备阶段

（1）组成审计工作组。根据审计任务配置适当人员组成反洗钱审计工作组，并考虑是否引入信息技术人员、是否借助专家开展反洗钱工作。

（2）制定审计方案。在了解被审计单位及其环境的基础上，初步识别风险，研究和制定审计方案，明确审计目标、重点风险领域、审计重点、审计方式和方法，审计工作步骤，人员分工等。

（3）准备相关资料。根据审计方案，制定各类审计表格、工作记录、审计工作底稿的模板、交接手续等。搜集相关信息资料，如与被审计单位相关的法律法规、行业资料和以前年度审计资料等。

（4）审前培训。对审计工作组的成员进行有针对性的培训，了解反洗钱相关法律法规和政策，了解被审计单位的有关情况，掌握审计实施方案、反洗钱审计技术、现场审计注意事项等。

（5）发送审计通知书。制作审计通知书，将审计目的、审计要求、审计内容、审计时间、审计工作组成员等信息发送给被审计单位，并要求被审计单位做好各类资料的准备工作。

2.实施阶段

在审计实施阶段，审计人员应当对被审计单位的洗钱风险进行评估，确定被审计单位容易出现洗钱风险的产品和服务、业务环节，以及相关业务部门。根据风险评估的结果，确定进一步的审计应对措施，以明确控制测试和实质性程序的性质、时间和范围。审计人员通过询问、观察、检查、分析程序、重新执行、重新计算、函证等程序，收集与洗钱交易相关的充分、适当的审计证据，并对证据进行整理和分析，以得出审计结论。

在审计过程中，需要关注和查证反洗钱主体的反洗钱制度是否能够完整覆盖业务管理和操作并适时更新；反洗钱工作方案、反洗钱的工作机制、组织架构、职责分工和人员配备情况；反洗钱组织开展反洗钱工作、履行反洗钱义务的情况；反洗钱组织针对洗钱交易建立和实施的内部控制的有效性；反洗钱报告的报送情况；反洗钱培训的计划和实施情况；了解员工的反洗钱意识等。需要查证的资料包括被审计反洗钱主体的组织架构、管理层职责、规章制度、反洗钱报告、工作记录和档案、反洗钱培训记录等。

3.终结阶段

审计人员汇总和整理审计证据和审计工作底稿，从总体上复核重点审计领域的审计发现，复核审计证据的充分性和适当性，撰写审计报告，并提出审计意见，作出审计决定。针对发现的审计问题，向反洗钱组织提出整改要求和整改建议。

（三）审计重点

洗钱交易的审计，既包括对洗钱交易本身的审计，也包括对负有反洗钱责任主体的审计，在下面的内容中不作严格的区分。

洗钱交易审计的审计重点包括反洗钱组织的合规性审计、客户身份识别审计、大额和可疑交易审计等。反洗钱组织的合规性审计，主要是对反洗钱组织依据法律法规建立反洗钱制度、风险管理和内部控制机制等方面进行审计。这些制度、风险管理和内部控制机制在具体的反洗钱领域，如客户身份识别、大额和可疑交易中也会得到具体体现。

1.反洗钱总体合规性审计

反洗钱总体合规性审计主要包括对反洗钱的治理结构、制度建设、风险识别与评估、信息系统与沟通、监督机制等方面进行审计。

（1）反洗钱的制度建设和治理结构

《中华人民共和国反洗钱法》第十五条规定，"金融机构应当依照本法规定建立健全反洗钱内部控制制度，金融机构的负责人应当对反洗钱内部控制制度的有效实施负责。金融机构应当设立反洗钱专门机构或者指定内设机构负责反洗钱工作。"《金融机构反洗钱规定》第八条规定，"金融机构及其分支机构应当依法建立健全反洗钱内部控制制度，设立反洗钱专门机构或者指定内设机构负责反洗钱工作，制定反洗钱内部操作规程和控制措施，对工作人员进行反洗钱培训，增强反洗钱工作能力。金融机构及其分支机构的负责人应当对反洗钱内部控制制度的有效实施负责。"

审计人员应审查反洗钱组织的制度是否全面，是否及时更新和完善。审计人员通过查阅反洗钱组织内部制度、内控制度、风险管理制度、操作规程与控制措施，对照反洗钱相关法律法规，分析反洗钱组织规章制度是否健全、是否合规。审计人员通过访谈相关人员，了解制度的具体执行情况。

审计人员应审查反洗钱组织架构、人员构成等资源配备情况。这主要涉及是否设立反洗钱领导小组，成员包括反洗钱业务、技术部门的工作人员，明确反洗钱牵头部门，反洗钱工作职责是否清晰，工作流程和相关报告汇报路径是否合理。审计人员可以调阅反洗钱组织相关制度和组织结构图、职责分工文件等，访谈公司管理层、反洗钱相关部门和人员，了解该组织的实际工作职责履行情况，以评价和判断是否配备了相应的人力资源、能否有效预防和降低洗钱风险，以及对各自工作职责和权限的执行情况。

（2）洗钱风险识别和评估

审计人员对反洗钱组织的洗钱风险识别方法的适当性和有效性进行评估。审计人员应当关注：反洗钱组织是否对本组织的洗钱风险进行了全面评估；在总部或集团层面是否建立了统一的洗钱风险政策，是否存在例外情况；反洗钱组织建立了反洗钱治理结构和专门人员负责洗钱风险评估工作，分支机构、各业务条线部门充分参与风险评估；客户洗钱风险管理政策是否经董事会或其授权的部门审核通过，并由高级管理层专人负责；反洗钱组织是否根据洗钱风险等级合理配置反洗钱资源；对客户、地域、产品或服务、行业等进行了全面的洗钱风险评估，涵盖了每一位客户；反洗钱组织对客户是否开展了尽职调查，并依据调查结果评定客户洗钱风险等级等。审计人员可以依据《金融机构洗钱和恐怖融资风险评估及客户分类管理指引》等法规对反洗钱组织的风险评估进行评价。

（3）信息沟通

审计人员应了解反洗钱组织内部各职能部门之间，以及与外部机构之间的合作与信息沟通机制，以评价是否能够确保反洗钱法规的执行、洗钱线索的追踪、反洗钱信息的有效传递。审计人员应检查反洗钱组织的信息沟通制度，信息收集、处理和传递程序，评价在符合保密要求的情况下，信息是否能够及时、准确、完整地传递。审计人员应评价组织内部对重大事项报告制度、反洗钱合规部门与相关业务部门的洗钱风险管理情况；与监管部门、反洗钱监测分析中心、洗钱犯罪调查等外部机构之间的信息交流情况等，如大额和可疑交易报告制度，向中国人民银行报送反洗钱工作报告和报表，配合公安机关等机构的反洗钱调查等。

（4）反洗钱意识和培训

审计人员通过访谈反洗钱组织具体业务部门的工作人员，如银行柜台服务人员，了解和评价员工的反洗钱意识、与自身工作相关的洗钱风险、最新的法规要求和对承担的责任的熟悉程度，对客户身份识别、大额和可疑交易识别的能力等。

依据《中华人民共和国反洗钱法》第二十二条规定，"金融机构应当按照反洗钱预防、监控制度的要求，开展反洗钱培训和宣传工作。"《金融机构反洗钱规定》第八条要求，"金融机构及其分支机构应当依法……对工作人员进行反洗钱培训，增强反洗钱工作能力。"审计人员通过查阅反洗钱组织的培训和宣传资料，对其反洗钱培训工作的有效性进行评估，评价该组织员工是否掌握了必要的知识和技能，反洗钱岗位人员对自身职责的认识和履职情况等。

2.客户身份识别和资料保存审计

反洗钱组织负有客户身份识别义务和客户身份资料和交易记录保存义务。客户身份识别是反洗钱工作的第一道防线，是反洗钱工作的基础。由于不法分子希望通过隐藏自己的身份开展洗钱交易，从而避免被调查，因此，反洗钱组织进行客户身份识别有助于遏制不法分子的洗钱企图，为回溯调查洗钱交易和可疑交易提供基础。客户身份资料和交易记录保存是客户身份识别的延续，目的也是确保对交易行为的回溯调查。

（1）客户身份识别

客户身份识别是指反洗钱组织在与客户建立业务关系或出现法定情形时，对客户及客户的相关方的个体特征信息、业务等进行核实、调查和确证。

国外反洗钱法规将客户身份识别和客户尽职调查并用，会采用"身份识别""身份确认""身份核实""客户尽职调查"等术语。例如，在FATF《40条建议》中采用了"客户尽职调查"和"识别或核实客户身份"，在美国《爱国者法》中采用了"身份的核实"。在我国反洗钱法规中，客户身份识别和客户调查并存。从理论上来看，由于客户尽职调查的对象、范围和采用的方法更为多样化，客户尽职调查比客户身份识别更广泛、更深入。根据交易的不同内容、目的和形式，法规对客户身份识别的要求级别会不同，客户尽职调查是客户身份识别的强化措施，客户身份识别要求更为常见。

对于客户身份识别义务，《中华人民共和国反洗钱法》第十六条规定："金融机构应当按照规定建立客户身份识别制度。金融机构在与客户建立业务关系或者为客户提供规定金额以上的现金汇款、现钞兑换、票据兑付等一次性金融服务时，应当要求客户出示真实有效的身份证件或者其他身份证明文件，进行核对并登记。客户由他人代理办理业务的，金融机构应当同时对代理人和被代理人的身份证件或者其他身份证明文件进行核对并登记。与客户建立人身保险、信托等业务关系，合同的受益人不是客户本人的，金融机构还应当对受益人的身份证件或者其他身份证明文件进行核对并登记。金融机构不得为身份不明的客户提供服务或者与其进行交易，不得为客户开立匿名账户或者假名账户。金融机构对先前获得的客户身份资料的真实性、有效性或者完整性有疑问的，应当重新识别客户身份。任何单位和个人在与金融机构建立业务关系或者要求金融机构为其提供一次性金融服务时，都应当提供真实有效的身份证件或者其他身份证明文件。"

《金融机构反洗钱规定》第九条规定："金融机构应当按照规定建立和实施客户身份识别制度。"《金融机构客户身份识别和客户身份资料及交易记录保存管理办法》第二章"客户身份识别制度"第七条规定："政策性银行、商业银行、农村合作银行、城市信用合作社、农村信用合作社等金融机构和从事汇兑业务的机构，在以开立账户等方式与客户建立业务关系，为不在本机构开立账户的客户提供现金汇款、现钞兑换、票据兑付等一次性金融服务且交易金额单笔人民币1万元以上或者外币等值1 000美元以上的，应当识别客户身份，了解实际控制客户的自然人和交易的实际受益人，核对客户的有效身份证件或者其他身份证明文件，登记客户身份基本信息，并留存有效身份证件或者其他身份证明文件的复印件或者影印件。如客户为外国政要，金融机构为其开立账户应当经高级管理层的批准。"该法规第八条规定："商业银行、农村合作银行、城市信用合作社、农村信用合作社等金融机构为自然人客户办理人民币单笔5万元以上或者外币等值1万美元以上现金存取业务的，应当核对客户的有效身份证件或者其他身份证明文件。"

审计人员通过观察业务人员的工作行为，对相关业务人员进行访谈，对相关业务进行大数据分析，查阅业务操作流程、业务办理凭证等，识别被审计单位的客户身份信息识别不到位，未对高风险及禁止客户采取管控措施，未经上级机构审批向高风险客户发放贷款等风险。审计人员需要具体关注：①被审计单位是否依据规定对开立账户的个人或单位客户进行身份识别，阻止匿名、冒名办理业务。②被审计单位是否有效开展客户风险分类，对高风险客户开展尽职调查。③被审计单位在各项业务办理过程中，是否对高风险客户实施更为严格的准入和风险控制措施。④被审计单位是否对高风险客户开展贷后检查。⑤被审计单位是否按照规定的频率对客户身份信息进行重新审核、识别和更新。⑥被审计单位是否持续对客户身份信息进行识别，对客户身份证件的有效期进行监控等。

（2）客户身份资料和交易记录的保存

客户身份资料是在与客户建立和保持业务关系时获取的客户本人及与其相关方的身份信息、资料和其他载体，也包括交易背景方面的信息和资料。交易记录是记载交易双方信息和交易本身信息的业务凭证、账簿、报表、电子数据等资料及其载体。

FATF新《40条建议》第10条建议提出，各国应当要求金融机构将所有必要的国内和国际交易记录至少保存五年，以便金融机构能迅速提供主管部门所要求的信息。这些信息必须足以重现每一笔交易的实际情况（包括所涉金额和货币类型），以便在必要时提供起诉犯罪活动的证据。各国应当要求金融机构在业务关系终止后，或者一次性交易之日起至少五年内，继续保留通过客户尽职调查措施获得的所有记录（如护照、身份证、驾驶执照等官方身份证明文件或类似文件的副本或记录），账户档案和业务往来信函，以及所有分析结论（如关于复杂的异常大额交易的背景和目的的调查情况）。法律应当要求金融机构保存交易记录和通过客户尽职调查措施获取的信息。经过适当授权，本国主管部门应当可以查阅交易记录和通过客户尽职调查措施获取的信息。

《中华人民共和国反洗钱法》第十九条规定："金融机构应当按照规定建立客户身份资料和交易记录保存制度。在业务关系存续期间，客户身份资料发生变更的，应当及时更新客户身份资料。客户身份资料在业务关系结束后、客户交易信息在交易结束后，应当至少保存五年。金融机构破产和解散时，应当将客户身份资料和客户交易信息移交国务院有关部门指定的机构。"《金融机构反洗钱规定》第十条规定："金融机构应当在规定的期限内，妥善保存客户身份资料和能够反映每笔交易的数据信息、业务凭证、账簿等相关资料。"《金融机构客户身份识别和客户身份资料及交易记录保存管理办法》第三章"客户身份资料和交易记录保存"第二十七条规定："金融机构应当保存的客户身份资料包括记载客户身份信息、资料以及反映金融机构开展客户身份识别工作情况的各种记录和资料。金融机构应当保存的交易记录包括关于每笔交易的数据信息、业务凭证、账簿以及有关规定要求的反映交易真实情况的合同、业务凭证、单据、业务函件和其他资料。"第二十九条对保管期限作出了规定："金融机构应当按照下列期限保存客户身份资料和交易记录：（一）客户身份资料，自业务关系结束当年或者一次性交易记账当年计起至少保存5年。（二）交易记录，自交易记账当年计起至少保存5年。如客户身份资料和交易记录涉及正在被反洗钱调查的可疑交易活动，且反洗钱调查工作在前款规定的最低保存期届满时仍未结束的，金融机构应将其保存至反洗钱调查工作结束。同一介质上存有不同保存期限客户身份资料或者交易记录的，应当按最长期限保存。同一客户身份资料或者交易记录采用不同介质保存的，至少应当按照上述期限要求保存一种介质的客户身份资料或者交易记录。法律、行政法规和其他规章对客户身份资料和交易记录有更长保存期限要求的，遵守其规定。"

审计人员通过实施审计程序以发现是否存在以下风险：①客户身份信息记录不完整、不准确，客户身份信息已过有效期限。②多名客户预留相同的住宅信息及联系方式，但不存在亲属关系。③同一客户在多个系统、多个记录介质上的信息不一致。④同一日同一客户在短时间内、连续发生多笔小额交易，累计达到一定金额以上的现金汇款、现钞兑换、票据兑付、现金存取业务等。⑤客户身份信息和交易记录保存期限不符合规定等。

　　3.大额和可疑交易审计

　　反洗钱组织应当履行大额交易和可疑交易报告义务，向主管部门提交相关报告。虽然反洗钱组织也负有对客户信息和客户交易信息保密的义务，但是为了平衡对私权利的保护和对公共利益的保护，反洗钱组织与政府部门分享相关信息，同时政府豁免在此情形下反洗钱组织对客户承担的保密义务。

　　FATF新《40条建议》第26条建议提出，各国应当建立全国性金融情报中心（FIU），负责接收和分析下列信息：（1）可疑交易报告（STRs）；（2）其他与洗钱、相关上游犯罪和恐怖融资相关的信息，并负责移送分析结果。金融情报中心应当能够从报告机构获取补充信息，以及为更好地履职获取必要的金融、行政和执法信息。

　　《中华人民共和国反洗钱法》第二十条规定："金融机构应当按照规定执行大额交易和可疑交易报告制度。金融机构办理的单笔交易或者在规定期限内的累计交易超过规定金额或者发现可疑交易的，应当及时向反洗钱信息中心报告。"《金融机构反洗钱规定》第十一条规定："金融机构应当按照规定向中国反洗钱监测分析中心报告人民币、外币大额交易和可疑交易。" 第十六条规定："金融机构及其工作人员依法提交大额交易和可疑交易报告，受法律保护。"

　　我国《金融机构大额交易和可疑交易报告管理办法》第三条规定："金融机构应当履行大额交易和可疑交易报告义务，向中国反洗钱监测分析中心报送大额交易和可疑交易报告，接受中国人民银行及其分支机构的监督、检查。"第四条规定："金融机构应当通过其总部或者总部指定的一个机构，按本办法规定的路径和方式提交大额交易和可疑交易报告。"

　　关于大额交易报表标准，《金融机构大额交易和可疑交易报告管理办法》第五条规定："金融机构应当报告下列大额交易：（一）当日单笔或者累计交易人民币5万元以上（含5万元）、外币等值1万美元以上（含1万美元）的现金缴存、现金支取、现金结售汇、现钞兑换、现金汇款、现金票据解付及其他形式的现金收支。（二）非自然人客户银行账户与其他的银行账户发生当日单笔或者累计交易人民币200万元以上（含200万元）、外币等值20万美元以上（含20万美元）的款项划转。（三）自然人客户银行账户与其他的银行账户发生当日单笔或者累计交易人民币50万元以上（含50万元）、外币等值10万美元以上（含10万美元）的境内款项划转。（四）自然人客户银行账户与其他的银行账户发生当日单笔或者累计交易人民币20万元以上（含20万元）、外币等值1万美元以上（含1万美元）的跨境款项划转。累计交易金额以客户为单位，按资金收入或者支出单边累计计算并报告。中国人民银行另有规定的除外。"

　　与大额交易报告标准由法规明确规定不同，可疑交易的监测标准由各反洗钱组织自行定义。《金融机构大额交易和可疑交易报告管理办法》第十一条规定："金融机构发现或者有合理理由怀疑客户、客户的资金或者其他资产、客户的交易或者试图进行的交易与洗钱、恐怖融资等犯罪活动相关的，不论所涉资金金额或者资产价值大小，应当提交可疑交易报告。"第十二条规定："金融机构应当制定本机构的交易监测标准，并对其有效性负责。交易监测标准包括并不限于客户的身份、行为，交易的资金来源、金额、频率、流向、性质等存在异常的情形，并应当参考以下因素：（一）中国人民银行及其分支机构发布的反洗钱、反恐怖融资规定及指引、风险提示、洗钱类型分析报告和风险评估报告。（二）公安机关、司法机关发布的犯罪形势分析、风险提示、犯罪类型报告和工作报告。（三）本机构的资产规模、地域分布、业务特点、客户群体、交易特征，洗钱和恐怖融资风险评估结论。（四）中国人民银行及其分支机构出具的反洗钱监管意见。（五）中国人民银行要求关注的其他因素。"第十四条规定："金融机构应当对通过交易监测标准筛选出的交易进行人工分析、识别，并记录分析过程；不作为可疑交易报告的，应当记录分析排除的合理理由；确认为可疑交易的，应当在可疑交易报告理由中完整记录对客户身份特征、交易特征或行为特征的分析过程。"

审计人员应当关注的大额及可疑交易风险包括：（1）反洗钱报告的业务覆盖范围未满足监管要求，监测范围不全面，交易监测指标或预警阈值设置不合理。（2）大额及可疑交易报告的流程不合规。（3）未及时、准确、完整地报送大额及可疑交易。（4）未及时处理反洗钱监测中心下发的信息。（5）对于预警提示信息处理不及时，未能深入调查，忽视预警信息。（6）未建立纠错机制或纠错机制未有效执行等。

对于具有下列特征的交易应当特别予以关注，并实施进一步审计程序：（1）短期内资金分散转入、集中转出或者集中转入、分散转出，与客户身份、财务状况、经营业务明显不符。（2）短期内相同收付款人之间频繁发生资金收付，且交易金额接近大额交易标准。（3）法人、其他组织和个体工商户短期内频繁收取与其经营业务明显无关的汇款，或者自然人客户短期内频繁收取法人、其他组织的汇款。（4）长期闲置的账户原因不明地突然启用或者平常资金流量小的账户突然有异常资金流入，且短期内出现大量资金收付。（5）与来自贩毒、走私、恐怖活动、赌博严重地区或者避税型离岸金融中心的客户之间的资金往来活动在短期内明显增多，或者频繁发生大量资金收付。（6）没有正常原因的多头开户、销户，且销户前发生大量资金收付。（7）提前偿还贷款，与其财务状况明显不符。（8）客户用于境外投资的购汇人民币资金大部分为现金或者从非同名银行账户转入。（9）客户要求进行本外币间的掉期业务，而其资金的来源和用途可疑。（10）客户经常存入境外开立的旅行支票或者外币汇票存款，与其经营状况不符。（11）外商投资企业以外币现金方式进行投资或者在收到投资款后，在短期内将资金迅速转到境外，与其生产经营支付需求不符。（12）外商投资企业外方投入资本金数额超过批准金额或者借入的直接外债，从无关联企业的第三国汇入。（13）证券经营机构指令银行划出与证券交易、清算无关的资金，与其实际经营情况不符。（14）证券经营机构通过银行频繁大量拆借外汇资金。（15）保险机构通过银行频繁大量对同一家投保人发生赔付或者办理退保。（16）自然人银行账户频繁进行现金收付且情形可疑，或者一次性大额存取现金且情形可疑。（17）居民自然人频繁收到境外汇入的外汇后，要求银行开具旅行支票、汇票或者非居民自然人频繁存入外币现钞并要求银行开具旅行支票、汇票带出或者频繁订购、兑现大量旅行支票、汇票。（18）多个境内居民接受一个离岸账户汇款，其资金的划转和结汇均由一人或者少数人操作等。

第五节　舞弊审计报告 ▌

对舞弊关注审计和舞弊专门审计而言，舞弊关注审计属于财务报表审计的组成部分，所以不需要出具专门的舞弊审计报告，它是审计师只需要根据被审计单位对已发现舞弊事项的调整或披露情况发表恰当意见的财务报表审计报告，并考虑是否在审计报告中揭示已发现的舞弊事实。此处重点介绍的是舞弊专门审计的审计报告。

一、比较与借鉴

对舞弊审计报告，首先应明确两点。其一，舞弊审计的直接目的是查出舞弊事实，而不是对管理层就舞弊问题的陈述发表意见。因此，简短的审计意见并不能满足信息使用者的需要。其二，舞弊审计的终极目标是防范类似舞弊的再次发生，而不是仅仅追究当前舞弊者的责任，因此，舞弊审计报告中不仅需要说明当前存在的问题，还需要附加对防范类似问题再次出现提出的建议。目前我国对舞弊审计报告既没有职业准则的明确规定，也还没有形成实务中的规范格式，因此，有必要借鉴其他国家的舞弊审计报告。这里以美国和澳大利亚舞弊审计报告为例。

在美国、澳大利亚等国，新闻媒体经常会对政府机构提出舞弊指责。作为回应，议会往往会聘请审计师对其进行舞弊调查并出具审计报告。比如，2000年3月，美国税收联合委员会（The Joint Commission on Taxation）就国内税收署（IRS）处理出口事项问题向国会提交了一份报告。报告中包括了如下内容：报告摘要；舞弊断言简介；调查发现的事实，分别不同项目进行了阐述；调查的方法，包括了解背景信息、文档审核、会谈和现场调查、其他资料审核等；IRS处理出口事项的具体细节；图表与附录。

1998年，澳大利亚国会要求国会经济参考委员会（Senate Economics Reference Committee）就税收总署（ATO）公平对待纳税人、大型企业与国际部的绩效以及涉嫌组织犯罪问题进行了调查，随后委员会任命了四位审计师进行了审计，并于2001年提交了报告。报告分为三部分：摘要与建议，包括报告摘要、背景资料、审核目标与范围、总体结论、主要事实与建议；审计发现及结论，分别就不同问题按照导言、背景资料、调查事实、审计目标与范围、审计方法进行了阐述；附录，主要列明审计师认为需要补充说明的相关信息。

虽然两份报告都属于政府部门舞弊审计范畴，格式也不大相同，但都具有如下特点：要素基本一致，都包括摘要、背景资料、审计结论、审计目标与范围、审计方法、详细事实、附录等；表述顺序大致相同，原则是先简后繁、先结论后事实，易于读者迅速了解报告内容。

二、舞弊审计报告的要素

（一）一般要素

一般要素是指所有审计报告都包括的内容，比如报告对象、责任区分、审计的目的和范围、审计师签章、会计师事务所地址、报告日期等。在舞弊审计报告中，要强调如下要素：

（1）管理责任与审计责任。审计报告中应当对如何区分管理责任与审计责任作出说明，因为一方面舞弊专门审计通常不属于财务报表审计的范畴，在法规或准则中没有对舞弊审计责任的明确规定，因此必须在审计报告中作出相应界定；另一方面，如同财务报表审计一样，舞弊审计中审计师只能提供合理保证，如果不明确管理责任和审计责任，报告使用人可能会认为审计师提供的是绝对保证，所以在报告中对双方的责任予以说明，既可以提醒报告使用人合理使用报告，也可以在一定程度上保护审计师。

（2）审计目标与范围。在报告中说明审计目标与范围，可以便于阅读者理解和适当解释审计结论，避免对信息使用者产生误导。审计报告中对审计目标与范围的表述十分重要，理论界和实务界没有就舞弊审计的目标达成共识，所以审计师需要在审计报告中作出说明。审计范围一般通过明确被审计主体、被审计的事项以及审计涵盖的期间予以限定。此外，审计师应该考虑在报告中说明是否存在任何审计范围上的限制、限制的程度如何，因为这是发表公正意见的基础。

（二）特殊要素

特殊要素是指舞弊审计报告所具有的区别于财务报表审计报告的要素，具体包括三项：

（1）审计程序与方法。舞弊审计除了采用通常的财务报表审计程序，比如检查书面资料、查询及函证、询问相关人员、内部控制测试等以外，一般还有自身独特的程序，如获取证人证词和嫌疑人陈述等，审计师应该在报告中加以表述。

（2）审计发现的事实。财务报表审计报告中无须列举审计发现的事实，对于不符合公认会计原则的事项一般要求被审计单位调整。当被审计单位拒绝调整时，审计师应当视问题的性质考虑其对审计意见的影响。而在舞弊审计中，审计师的结论必须建立在充分的证据基础上，对所取得的主要证据应当加以列示。

（3）审计结论与建议。舞弊审计结果的概括就是审计结论，目的是说明舞弊存在与否、舞弊者及舞弊金额等。为发挥舞弊审计的建设性作用，审计师的建议是必不可少的。

三、舞弊审计报告的格式

在财务报表审计中，审计报告一般采用标准格式。舞弊审计报告目前还没有规定的或通行的格式，一般按一定的逻辑顺序进行安排，比如，直接按审计工作发展顺序来组织报告的内容；按照重要性来编排资料，即先简单阐述审计结果，再引述充分的证据进一步证实结论。由于舞弊审计涉及一系列的舞弊证据，篇幅通常较长，因此按重要性来编排资料比较合适。就审计报告正文而言，其内容可按三个部分进行组织：摘要与建议、舞弊事实阐述、审计具体建议。

（一）摘要与建议

为了给报告使用者直观的印象，舞弊审计报告正文中应当首先列示出摘要与建议，具体包括：①背景资料。比如，实施该项舞弊审计的原因，是例行的审计，还是因为舞弊断言；审计对象与企业的关系，是属于某一部门、某一层次雇员，还是企业整体（如企业管理舞弊）。②审计的目标与范围。审计报告中必须载明委托人与审计师事先约定的审计目标，通常的目标是舞弊风险评估、查出舞弊者与舞弊事实、提出审计建议。受审计技术的限制，舞弊审计不可能是万能的，审计报告中需要列明审计范围，比如，检查了书面资料、相关企业雇员提供了证词、获取了嫌疑人证言等。③审计结论。通过归纳和整理所搜集的审计证据，审计师应当发表审计意见：是否存在舞弊行为；如果存在，列明舞弊的类型、舞弊者及舞弊金额。审计结论必须简明扼要、观点正确，还必须列明审计师判断舞弊存在与否的依据。④审计建议要点。审计师的建议通常包括如何完善内部控制、是否应当起诉舞弊者等。

（二）舞弊事实阐述

审计报告中必须分项列出涉及舞弊的人员、舞弊的手段与方法、舞弊的具体金额。此外，审计师还应当分别说明通过执行不同审计程序所获得的证据。比如，针对某项雇员挪用现金舞弊案，审计报告中应当列明：①书面资料审查的结果，如发现嫌疑人涂改原始凭证、伪造报销单据或者收款不入账；②证人证词，如另一位雇员提供证词证实其帮助嫌疑人进行凭证涂改；③嫌疑人陈述，如嫌疑人在审计师出示相关证据后承认自己挪用了公司现金。

（三）审计具体建议

审计师的建议可能有两种，即完善内部控制和起诉舞弊者。①内部控制的完善。揭露舞弊并不是舞弊审计的最终目的，舞弊审计应当是舞弊防范体系的一部分。如何在未来避免相同或类似舞弊行为的发生更具有实际意义。通过舞弊审计，审计师不仅可能揭露出所存在的舞弊行为，也可能会发现舞弊是如何形成的，从而能够发现企业内部控制系统的重要缺陷。审计师有责任将这些缺陷告知企业管理层直至企业最高决策机构。②起诉舞弊者。在现实中，如果企业发现其雇员存在舞弊行为，尤其是高级管理层舞弊，往往允许其辞职，而低层雇员常被起诉。事实上，高级职员的舞弊（白领犯罪）所造成的损失通常高于蓝领工人舞弊的损失。企业这样做的目的有些是出于诉讼成本的考虑，有些则是担心诉讼会影响企业的形象。尽管这样做自有其道理，但却可能带来负面影响，比如其他人可能会认为舞弊获益会远远高于其风险，因而会诱使其他人从事舞弊行为。因此，审计师应当建议企业起诉舞弊者。

第二十二章学习指南

第二十三章 前沿审计技术

大数据技术是大数据审计和智能审计的基础，人工智能技术是智能审计在大数据基础上进行智能分析，区块链审计是一种特殊的信息技术审计方式。大数据审计部分主要介绍大数据审计产生的背景（包括审计信息化的过程），大数据审计的内涵和大数据审计的流程，以及大数据审计中常用的Benford定律和网络爬虫技术。智能审计部分主要介绍人工智能，以及数据采集和智能分析技术，这里的数据采集方式同样适用于大数据审计。区块链技术是一种信息技术，可以应用于审计领域。

第一节 大数据审计

一、大数据审计产生的背景

20世纪以来，信息技术对以查账为主的传统审计方法带来了冲击。审计对象的信息化要求审计人员掌握计算机技术以开展审计工作。

（一）我国审计信息化发展历程

在信息技术时代，国家行政机关、事业单位和企业广泛运用计算机、数据库、网络等信息技术，在很多业务场景中建立和运用各类信息系统。为了适应审计环境的变化，我国审计信息化是从20世纪末开始的，以审计署作为主导推动"金审工程"为标志，逐步建立和发展了计算机审计、联网审计、电子数据审计和信息系统审计。

1.金审工程

1988年审计署在分析了信息化条件下审计面临的挑战后，向国务院提出建设审计信息化的建议并得到充分肯定，1999年12月审计署上报《审计信息化系统建设规划》。2002年7月国家计划委员会正式批准"金审工程"。2002年8月，《国家信息化领导小组关于我国电子政务建设指导意见》（中办发〔2002〕17号）将"金审工程"列入国家"十五"期间首先启动的12个"金"字号电子政务重大工程之一。目前"金审工程"一期和二期已经完成，三期工程正在进行中。

2.联网审计

在金审工程一期中，"预算跟踪+联网核查"审计模式采用了联网审计，并进行了试点。2004年科技部审批了审计署申请的"863"计划——计算机审计数据采集与处理技术研究课题。该课题针对网络环境下有效履行审计监督所涉及的审计组网模式、数据采集技术、清理技术、转换技术、存储技术、分析处理技术、各技术模型的工程化实现等进行了探索，为金审工程二期建设联网审计提供了技术支持。

3.电子数据审计

电子数据审计是面向数据、分析电子数据的审计技术，是我国目前开展审计信息化的重点。2014年，审计署增设了电子数据审计司，主要职责为组织开展审计业务电子数据的采集、验收、整理和综合分析利用，组织对有关部门和国有企事业单位网络安全、电子政务工程和信息化项目以及信息系统的审计。2018年5月23日，习近平主持召开中央审计委员会第一次会议指出，各地区各部门特别是各级领导干部要及时、准确、完整地提供同本单位本系统履行职责相关的资料和电子数据，不得制定限制向审计机关提供资料和电子数据的规定，已经制定的要坚决废止。对有意设置障碍、推诿拖延的，要进行批评和通报；造成恶劣影响的，要严肃追责问责。

4.信息系统审计

信息系统审计是对信息系统和相关资源的审计。我国发布了一系列与信息系统审计相关的法规。

中国注册会计师协会1999年发布《独立审计具体准则第20号——计算机信息系统环境下的审计》，2006年发布《中国注册会计师审计准则第1633号——电子商务对财务报表审计的影响》（2022年修订）。

中国内部审计协会2008年发布《内部审计具体准则第28号——信息系统审计》，2013年发布修订后的《第2203号内部审计具体准则——信息系统审计》，2020年发布《第3205号内部审计实务指南——信息系统审计》。

我国审计署2012年发布了《信息系统审计指南——计算机审计实务公告第34号》。

证监会2014年发布《证券期货业信息系统审计规范》，2016年发布的《证券期货业信息系统审计指南》分别对证券交易所、期货交易所、证券登记结算机构、其他核心机构、证券公司、基金管理公司、期货公司作出了规定。

（二）国外审计信息化发展情况

国外对审计信息化的研究已经开展了几十年，从早期对电子数据处理（electronic data processing, EDP）系统的审计，到目前对计算机信息系统的审计。1955年提出了"通过计算机审计"的概念。20世纪60年代中期，一些国际会计师事务所开发了能够提高审计工作效率的审计管理软件。1987年加拿大 ACL Services Ltd. 推出了第一个商品化的审计软件 ACL（auditing command language）。软件公司开始研制通用的审计软件。审计软件能够方便审计人员访问和获取数据，并具有报告功能，在很多国家得到广泛应用。国际四大会计师事务所有自己的信息化部门负责审计软件的开发。1969年，在美国洛杉矶电子数据处理审计师协会（EDP Auditor Association, EDPAA）成立，于1994年更名为信息系统审计与控制协会（Information Systems Audit and Control Association, ISACA，目前中文翻译为"国际信息系统审计协会"）。

（三）信息化对审计的影响

信息技术的广泛运用实现了审计的管控职能，扩大了审计的范围和内容，改变了审计对象、审计方法、审计模式、审计证据的形式等。

1.实现了审计的管控职能

传统审计以财务报表、财务收支审计为主，以查错防弊为主。信息技术的运用，实时监控风险和预警模型的建立，将审计核查职能扩展到管控职能，使得审计成为企业治理和国家治理的一部分。

企业内部审计通过对日常运营数据的采集和分析，识别风险并及时采取措施有效控制风险，辅助企业决策，在企业治理中发挥着管控和监督的作用。我国国家审计开展的"金审工程"对于建设审计综合作业平台，全面检查被审计单位的经济活动，发挥了重要作用。

2.扩大了审计对象的范围和审计内容

随着信息技术的广泛应用，审计对象从传统审计的账本，扩展到与财务数据相关的业务数据，以及存储和运行数据的数据库和信息系统，进而从经济领域拓展到了经济安全和信息安全领域。

传统审计的审计内容以财务信息为主，包括审查原始凭证、记账凭证、分类账和总账、财务报表等，评估财务报表的重大错报风险，实施进一步审计程序以应对风险，获取充分、适当的审计证据，并据此发表审计意见、出具审计报告。

财务信息化之后，证、账、表中的数据存储在数据库中，运营于信息系统中。审计人员不仅需要利用数据库查询和分析数据，还需要对数据库本身的数据结构设计、算法和模型进行审核，以确认数据库的可靠性，进而确保数据的真实和完整。

证、账、表之间的勾稽关系一般由信息系统预先设定，审计人员需要审查信息系统的设计的合理性和系统的运行控制的有效性。信息系统的运行控制一旦设定，则证、账、表之间的勾稽关系通常不易发生非故意的差错，即便试图舞弊也需要通过修改系统参数和系统代码才能实现，并且会留下修改痕迹。审计人员可以通过审查日志等，发现信息系统的控制缺陷和漏洞。

传统审计侧重于经济领域，发挥着经济监督的作用。在信息化时代，信息、信息系统和关键信息基础设施的安全也成为审计的关注领域。审计人员通过检查物理设备和设施、存储介质、系统、网络、数据库、代码等，确定信息管理制度是否健全、信息资产是否安全，以评价组织的信息安全是否满足合规性要求。

3.改变了审计方法和审计模式

在传统审计中，审计人员一般实施现场审计，会亲自到被审计单位的经营场所进行审计，审计资源投入大，派出的人员较多、检查时间较长、人力成本和差旅费开支大。即便如此，还可能因为被审计单位经营场所分散、天气异常、交通不便等，审计人员无法亲临现场开展审计工作。在信息化环境下，审计人员可以通过与企业的信息系统建立联系，利用分析工具对企业数据进行联网审计、远程审计。通过数据分析发现异常和线索，审计人员据此到被审计单位实施进一步的现场审计，能够节省人力物力的成本，提高审计的效率和效果。

传统审计主要是针对财务报表进行审计，也就是对历史财务信息进行审计。常见的年度财务报表审计一般会在接近年末或下年年初开始实施，主要是事后审计。半年报审计、季报审计、特定时点或时期的审计也一般都在半年度、季度、特定时间或时期结束之后开始实施。从决策有用性角度看，能够对经营决策、投资决策产生影响的经审计的财务信息、审计报告的时效性相对滞后。在信息化环境下，审计人员能够开展在线审计、实时审计、持续审计，系统设置预警机制，审计人员能够及时发现异常和违规行为，将事后审计转为事中和事前审计。

4.改变了审计证据的形式

传统审计获取的审计证据主要是纸质证据，比如检查纸质的合同、发票、凭证、账本，发送纸质函证等，这些都属于有形证据。在信息化背景下，大量使用电子发票、电子凭证、数据库和信息系统，审计人员需要使用结构化和非结构化的查询和分析方法、检查电子日志等，获取以电子形式存在的证据。并且，审计人员还需要获取数据完整性、可用性和机密性等信息安全方面的证据。

二、大数据审计的内涵

随着信息技术的发展，获取和积累的数据量越来越大，"大数据"概念和相关理论逐渐形成。在大数据时代，大数据技术逐步深入到社会生活的各个领域。对不同来源的海量数据进行处理和分析，可以从中获得新发现，创造新价值。在管理实践中，人们运用大数据进行实时监控，能够发现运营业务和数据的异常点，以规避风险。大数据正在改变着审计环境，对审计技术和方法产生了重要影响。

（一）大数据的概念

1. 大数据的发展历程

大数据的历史可以追溯到 19 世纪 80 年代人们开始用电动器来读取卡片上的洞数来统计人口普查数据。1944 年图书管理员弗莱蒙特·雷德预见了大数据时代的到来，估计未来图书馆的图书数量会快速增长，图书编目和清查、数据的存储和管理会越来越重要。2003—2006 年 Google 发表 3 篇论文，第一次提出了针对大数据分布式处理的可重用方案。2008 年美国 Nature 杂志首次正式提出了"大数据"的概念。2011 年 Science 杂志专刊讨论如何管理大数据，麦肯锡发布了报告《大数据：下一个创新、竞争和生产力的前沿》。Gartner 把大数据技术列入全球未来 5 年十大关键技术趋势之一。2012 年，世界经济论坛发布报告《大数据，大影响》，认为数据已经成为一种新的经济资产类别，美国政府公布了大数据研究与发展计划。2013 年大数据技术开始向商业、科技、医疗、政府、教育、交通、物流等多个领域渗透，2013 年被称为"大数据元年"。

我国也非常重视大数据的发展，在政府文件中陆续出台了有关促进大数据发展的要求。2014 年大数据首次被写入政府工作报告，2015 年国务院发布《促进大数据发展行动纲要》，2016 年国家大数据战略首次写入五年规划中，2016 年工业和信息化部印发《大数据产业发展规划（2016—2020 年）》。在学界，2012 年中国计算机学会、中国通信学会成立了大数据专家委员会，2013 年中国计算机学会第一届大数据学术会议召开，2014 年第一届中国国际大数据大会召开，我国的大数据研究与创新进入蓬勃发展时期。如今，大数据影响着社会经济生活的各个方面。

2. 大数据的概念和特点

2011 年 6 月，麦肯锡公司发布了《大数据：下一个创新、竞争和生产力的前沿》（Big data: The next frontier for innovation, competition, and productivity），认为大数据指的是大小超出常规数据库工具获取、存储、管理和分析能力的数据集。Gartner 认为大数据是具有大容量、快速和（或）多样性等特点的信息资产，为了能提高决策水平、加强洞察发现能力和优化流程，这种信息资产需要新形式的处理方法。《贵阳市大数据安全管理条例》（2018）规定，大数据是指以容量大、类型多、存取速度快、应用价值高为主要特征的数据集合，是对数量巨大、来源分散、格式多样的数据进行采集、存储和关联分析，发现新知识、创造新价值、提升新能力的新一代信息技术和服务业态。

关于大数据的特点，IBM 在 2013 年发布了对大数据的调研白皮书《分析：大数据在现实世界中的应用》，概括了大数据的四个特点：（1）大量（volume）：不同于以往的数据，大数据来自各个领域，数据的规模非常庞大，超过了 GB、TB 级，达到了 PB、EB 级，甚至更大数量级。（2）多样（variety）：数据来源广泛导致大数据形式多样化，包括但不限于从生活中直接采集的数据和计算机导出的中间数据。（3）高速（velocity）：大数据的更迭速度非常快，与之相应的数据获取、存储、计算等的速度要求更快。（4）真实

（veracity）：无论是游戏娱乐还是出行购物数据都来自真实生活，都是真实产生的数据，而非虚拟数据。

（二）大数据审计的概念

以审计信息化为基础，随着大数据技术的发展，大数据审计应运而生。国内外实务界和学术界高度关注大数据技术在审计中的运用，推动大数据环境下的审计信息化建设。

1.大数据审计发展历程

（1）国外大数据审计发展情况

国际内部审计师协会2011年8月发布全球技术审计指南《数据分析技术》，对分类分析、重号分析、断号分析、Benford定律等审计数据分析技术进行阐释。美国注册会计师协会（AICPA）很重视大数据审计，于2014年8月发布了白皮书《在数字世界里重构审计》（Reimagining Auditing in a Wired World），分析大数据对审计工作的影响，认为大数据可以作为被审计数据的辅助数据，通过发现其与审计数据的关联找到审计线索。

美国证券交易委员会（SEC）使用大数据分析来确定内幕交易和会计欺诈，比如利用自然语言处理程序和网络分析来识别违规交易活动。美国联邦住房管理局（FHA）运用大数据分析协助预测违约率、偿还率和索赔率，通过利用大数据建立现金流模型以计算维持正向现金流所需的保费。美国社会保障局（SSA）运用大数据技术分析海量的非结构化伤残索赔数据，高效处理医学分类和预期诊断，重塑决策过程，识别可疑的虚假索赔。

英国审计署（NAO of UK）大数据审计的重点是增加价值、减少成本，借助开源工具R语言、Shiny软件和可视化软件，应用统计、机器学习、文本挖掘和可视化等技术开展大数据审计。印度主计审计长公署（CAG）于2016年9月设立了数据管理和分析中心，广泛使用来自主计审计长公署内部、被审计单位和第三方的各类数据，采用统计、可视化等技术开展大数据审计。巴西联邦审计署（TCU）审计信息管理办公室自2006年以来一直注重审计数据的采集与应用工作，已采集了巴西56个最重要的政府部门相关数据库，汇总了7TB的审计数据，审计部门可以根据需要使用这些数据开展审计。审计人员可以使用SQL、审计软件ACL、R语言等软件与工具开展数据分析。奥地利审计法院（ACA）对简单的数据分析使用Microsoft Excel，对于复杂的数据分析、建模和大数据审计则采用R语言进行，对文本分析采用云技术。芬兰审计署（NAOF）高度重视大数据审计的应用，目前芬兰所有的国家部门和机构都使用相同的会计系统，审计人员已使用CAATs相关分析工具开展电子数据审计，审计的对象包括传统的财务数据、电子邮件、社交媒体、视频、声音等，他们计划把机器人技术、可视化技术应用于审计之中。

在学术研究方面，学者们强调了将大数据分析纳入审计工作的重要性，以及带来的挑战；分析了利用审计信息标准框架评估大数据技术应用于审计工作的可行性；提出了远程数据审计方案，以验证云计算中数据的完整性。Anna M. Rose（2017）以四大会计师事务所中两家的高级审计师为实验研究对象，研究新兴技术对审计人员证据评估和专业判断的影响。

（2）我国大数据审计的发展情况

在审计信息化的基础上，我国积极探索大数据技术在审计工作中的运用。2015年12月8日，中共中央办公厅、国务院办公厅印发《关于实行审计全覆盖的实施意见》，要求构建大数据审计工作模式，适应大数据审计需要，构建国家审计数据系统和数字化审计平台，积极运用大数据技术。北京市审计局在大数据分析的支撑下全面评价部门预算执行和管理，设定了资金投向、行政成本、财务核算3大类评价指标。青岛胶州市审计局开展自然资源资产离任审计，运用大数据技术对森林、水、海洋等资源数据进行分析，建立综合评价指标体系。审计署固定资产投资审计司关联分析发改、财政、统计、住建、国土等部门的数据，对投资项目开展总体分析。审计署企业司利用电力、财务、增值税、工商等数据开展大数据关联分析，发现多项体制机制性问题，促进健全完善相关制度。①

国内学者认为大数据对审计理论与实务产生了重大影响。秦荣生（2014）认为云计算、大数据对会计、审计带来巨大挑战。章柯（2018）提出从理论、法规、管理、技术和安全方面对大数据审计路径进行创新。袁野（2020）指出了新时代大数据审计的工作路径。裴文华（2017）指出财政大数据审计管理的分析思路和方法。刘国城（2017）将大数据技术全面融合于大数据的全生命周期，由单一目标决策转换为高度融合的全系列目标决策，从而在顶层设计方面对大数据审计进行规划。

2.大数据审计的概念和特点

（1）大数据审计的概念

大数据审计内容包括大数据环境下的电子数据审计（如何利用大数据技术审计电子数据、如何审计大数据环境下的电子数据）和大数据环境下的信息系统审计（如何利用大数据技术审计信息系统、如何审计大数据环境下的信息系统）两方面（陈伟，2020）。

大数据审计既是一种审计技术，也是一种审计模式。大数据审计作为一种审计技术，是将大数据分析的技术嵌入原有审计实施阶段开展的审计分析，流程并未发生根本性的变化，只是在传统纸质审计的基础上加入数据采集和数据分析，从这个意义上来说，大数据审计并非审计，而只是一种技术。大数据审计作为一种模式，是指在审计环境发生了翻天覆地的变化的情况下，如何在大数据环境下开展审计工作的研究，这不仅是将大数据作为一种技术，而且是一种智能化、数据化的审计模式，是在传统审计模式和审计流程上的一种全新的审计模式。②

大数据审计是随着大数据时代的到来以及大数据技术的发展而产生的一种新的计算机审计（审计作业信息化）方式。大数据审计是指审计机关以充分发挥审计职能、提升审计能力为目的，利用审计职责范围内的数量巨大、来源分散、格式多样的大数据资源，遵循大数据理念，运用大数据技术、方法和工具，开展审计大数据获取、存储、管理和分析的系列生命周期活动，以及支持该活动开展的基础设施、组织方式、制度规范等多要素的集成复杂系统。③

大数据审计与数据分析审计具有很大程度的交集，但是二者存在区别。大数据审计是考虑全要素，对二源以上数据进行分析，以发现数据之间的相关性，锁定异常情况进而开展进一步审计工作。数据分析审计是对部分要素或单源数据分别分析，不对二源以上数据进行分析或者二源以上数据不具有相关性，也可以发现异常，就没必要牵强附会为大数据审计。④

（2）大数据审计的特点

大数据审计具有数据特征、技术特征和应用特征。

① 中国审计学会. 审计署重点科研课题研究报告（2019—2020）[M]. 北京：中国时代经济出版社，2021：300-305.
② 中国审计学会. 审计署重点科研课题研究报告（2018—2019）[M]. 北京：中国时代经济出版社，2020：52-53.
③ 中国审计学会. 审计署重点科研课题研究报告（2019—2020）[M]. 北京：中国时代经济出版社，2021：294.
④ 中国审计学会. 审计署重点科研课题研究报告（2018—2019）[M]. 北京：中国时代经济出版社，2020：55.

①数据特征。审计中所采用的大数据是政务、社会、民生发展等众多领域的数据集合，具有海量、多源异构、处理难度大、管理难度大的特征。

②技术特征。大数据审计技术是对被审计单位数据进行采集、清洗、分类、存储、分析、挖掘和可视化等处理的具体技术和方法，以用于发现审计线索。这些技术方法形成于技术水平高的审计人员，固化在大数据审计平台中，分享给更多审计人员使用。

③应用特征。大数据审计的运用需要采用相应的审计模式，包括审计资源的组织方式、审计计划管理等，由上至下沟通信息和共享信息。在不同的审计应用场景中调整审计资源的配置，协调审计内外环境中各组织之间的合作关系，以科学合理采用大数据审计技术。

三、大数据审计的流程

大数据审计流程是构建在传统审计流程的基础上，将大数据技术对审计工作的影响从审计流程上加以总结和改进，以提高审计效率、实现审计成果最大化。大数据审计流程包括三类：大数据相关比对判断审计流程、大数据统筹融会贯通审计流程、大数据综合分析利用审计流程。①

（一）大数据相关比对判断审计流程

大数据相关比对判断审计是指，依据单个审计项目下的数据进行横向对比分析，通过现场审计采集审计项目的相关数据后进行比对分析得出审计思路和问题的方式，这种审计类型对数据要求程度最低，但必须到现场采集数据并分析，然后进行比对判断（如图23-1所示）。

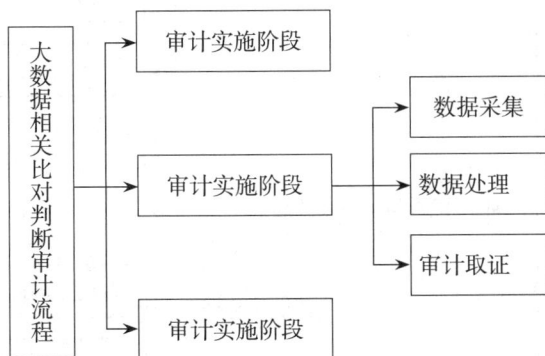

图23-1 大数据相关比对判断审计流程

（1）数据采集。大数据审计的总体思路是比对不同部门数据，筛选出一点线索。审计数据采集流程包括：一是审计数据采集方案的制定，制定客观合理的数据采集方案，并确定数据采集的主要方法。二是完成数据采集，根据所制定数据采集方案从被审计单位内部、外部采集所需数据。三是验证数据，对采集得到的数据进行审查，保证数据符合要求，并获取被审计单位对所提供电子数据真实性予以确认的声明。

（2）数据处理。对电子数据进行转换、清理和验证后，通过相关性分析发现疑点和问题。将被审计单位的数据信息，与不同类型、不同部门、不同单位的信息进行关联和分析，查找异常情况。

（3）审计取证。电子证据和纸质证据相结合，并进行实地核实。

---

① 中国审计学会. 审计署重点科研课题研究报告（2018—2019）[M]. 北京：中国时代经济出版社，2020：61.

（二）大数据统筹融会贯通审计流程

　　大数据统筹融会贯通审计是指审计师通过构建大数据分析系统或者平台，发现疑点线索后再实地核实，是总体数据分析和现场实地分析相结合的方式（如图23-2所示）。

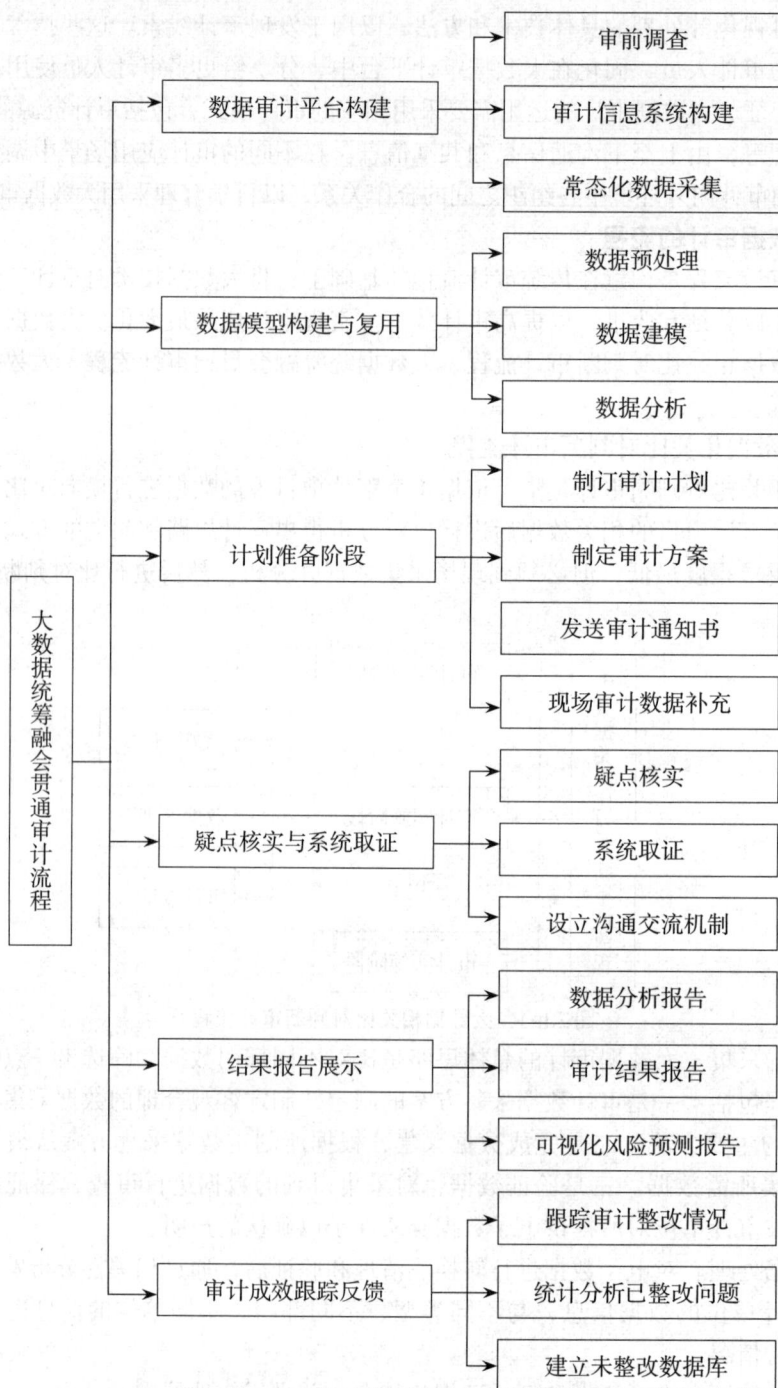

图23-2　大数据统筹融会贯通审计流程

（1）数据审计平台构建。大数据审计模式下的审前调查涉及了解所处行业的基本情况，了解行业的重大风险，确定需要的数据和门类。审计信息系统构建是支撑审计平台开展数据分析的基础。常态化数据采集是确定采集模式和方式，并确定数据接口标准。

（2）数据模型构建与复用。在确定常态化数据采集模式之后，针对采集的常态化数据建立数据模型模块，以进行常规分析，方便审计人员调用所需功能模块。

数据预处理模块：对电子数据进行转换、清理和验证，以满足审计数据质量要求。

数据建模模块：根据审计人员的需要建立用于各类分析的数据模型，包括系统分析、类别分析、个体分析建模。

数据分析模块：对获取的数据开展各类分析，以便找到审计线索。

（3）计划准备阶段。该阶段包括制订审计计划、制定审计方案、发送审计通知书、现场审计数据补充。

（4）疑点核实与系统取证。根据数据分析发现的审计线索进行延伸审计，多渠道获取审计证据，并与被审计单位建立沟通交流机制。

（5）结果报告展示。对数据模型和分析模块生成的数据处理结果进行汇总、总结，将能够由审计证据支持的审计结论反映在审计报告中，并通过可视化的方法反映出问题的现状和未来的发展趋势。

（6）审计成效跟踪反馈。针对审计问题的整改情况进行跟踪，统计已经整改的问题，对于未整改问题建立数据库，以便进一步落实整改。

（三）大数据综合分析利用审计流程

大数据综合分析利用审计是处于高度智能化环境下的审计类型，采用智能化的数据采集方式，数据质量非常高（数据满足完整性、及时性和真实性要求），数据分析采用人工智能的方式代替人工方式去核实（如图23-3所示）。该流程应用人工智能、机器学习等技术，从大数据中挖掘知识，构建智能分析模型，对被审计对象进行半实时或全实时的审计监督，从人机交互转变为人机协同，真正实现审计全覆盖。在该流程中不再印发审计通知书，也不需要审计计划，审计流程的各个阶段是同步进行的，甚至可能没有现场审计。

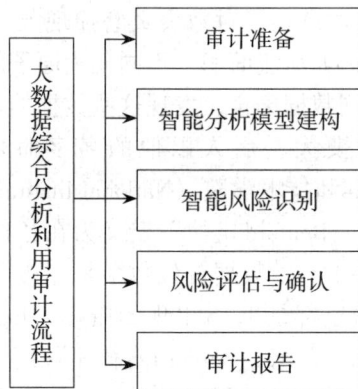

图23-3 大数据综合分析利用审计流程

（1）审计准备。由于数据的实时性，数据准备是在已有数据基础上采集被审计单位的增量数据，并进行标准化处理。定期审计计划变为审计计划动态管理，智能风险识别和评估系统利用实时数据及时推演被审计单位的风险，确定重点审计领域，为审计计划提供制定依据。

（2）智能分析模型建构。除了利用审计人员的经验构建分析模型（直接建模）之外，还可以从大数据挖掘中，学习新知识，构建新的分析模型（数据挖掘建模）。新建分析模型经过测试和验证，不断进行迭代，逐渐提高分析的准确性。

（3）智能风险识别。智能分析模型进行半实时或全实时、自动化的大数据分析，将人机交互转变为人机协同，风险识别由系统自动完成。审计人员的工作是添加智能分析模型、设置分析规则，收集风险识别结果，最终定位异常点，以便进一步核实。

（4）风险评估与确认。采用人工评估和智能评估相结合的方式评估风险大小和风险的性质。智能评估可以依据审计人员的经验事先设定数量、金额等标准，将其固化到风险评估模块中进行评估，也可以运用深度学习技术进行评估。

（5）审计报告。根据智能风险识别模型的实时风险识别和评估结果，及时开展进一步审计，获取审计证据，会形成定期或不定期审计报告。审计报告采用可视化技术形成报告模板，自动生成报告内容。

四、Benford定律在大数据审计中的应用

大数据审计的对象是电子数据，需要通过大数据技术对数据进行分析，以发现审计线索，进而获取审计证据。大数据分析方法除了常用的统计最大值、最小值、平均值、中位数、正负值，分层、分类等统计分析方法之外，还有一些特殊的分析方法。这里将主要侧重对Benford定律技术、网络爬虫技术进行介绍。

（一）Benford定律概述

Benford定律，又称为本福特定律、第一数字定律。Benford定律最早是美国天文学家Simon Newcomb于1881年发现的，他观察到图书馆的对数表手册的书页磨损情况存在规律，即较小页码的书页比较大页码书页磨损更为严重，并推断研究人员在查阅对数表手册时，查阅以"1"开头的数字的机会比以"2"开头的数字多，"2"比"3"多，以此类推。在此基础上，他推断以"1"开头的数字比以其他开头的多。美国通用电气公司的科学家Frank Benford在1938年也注意到了对数表页磨损现象，并认为较低数字开头的数值被处理的频率较大。他搜集了诸如河流面积、不同元素原子的质量、杂志和报纸中出现的数字等多种来源的20 229类不同数据集合，发现这些数据的首位数字出现较小数字的可能性比出现较大数字的可能性要大，后人以他的名字命名这种规律——Benford定律（Benford's Law）。美国国家标准和技术学院（National Institute of Standards and Technology，NIST）在其网站上的词典中将"Benford定律"定义为在各种统计数据中，首位数字是数字d，其出现的概率为$\log_{10}(1+1/d)$。数据首位数字是左边第一位非零数字，例如，数据3 456、3.456、0.3456的首位数字都是3，3出现的概率为$\log_{10}(1+1/3)$。首位数字出现的概率见表23-1，如图23-4所示。后来，Benford定律不仅用于选取数据的首位数字（第一位数字），也被用于对第二位、第三位、第四位数字，以及前两位数字、后两位数字的分布概率的分析。

表23-1　首位数字出现的概率

首位数字	1	2	3	4	5	6	7	8	9
出现的概率	0.3010	0.1761	0.1249	0.0969	0.0792	0.0669	0.0580	0.0512	0.0458

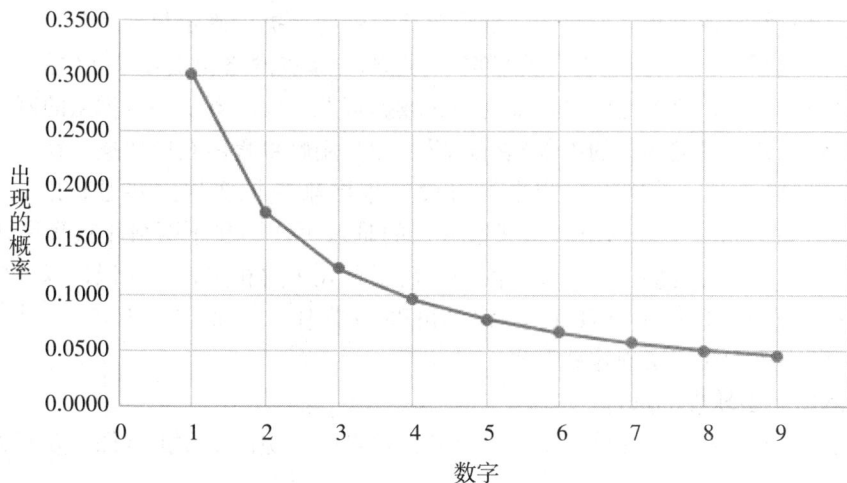

图23-4　首位数字出现的概率

（二）Benford定律在审计中的应用

Benford定律在会计和审计领域主要用于数据分析，即分析程序，当被审计单位的数据不符合Benford定律时，表明可能存在异常数据，进而进行财务预警或发现审计线索。在国内外审计领域，Benford定律被用于侦查财务舞弊数据。Nigrini（1997）研究Benford定律的适用条件，认为Benford定律适用的三个经验条件：（1）被审计数据量具备一定规模，能够代表所有样本。一般而言，应用Benford定律进行分析的数据集规模越大，分析结果越精确。（2）被审计数据没有人工设定的最大值和最小值。（3）目标数据受人为的影响较小。张苏彤（2005）将Benford定律作为一种舞弊审计的额数值分析方法进行了尝试，对购货发票进行了分析。张苏彤（2007）以我国上市公司财务数据为对象，验证了Benford定律。许存兴等（2010）发现标准无保留意见的上市公司的财务数据更符合Benford定律。刘薇、许池东（2020）挑选了接连被证监会处罚的H会计师事务所，并运用Benford定律分析了其承接审计业务的309家公司的财务数据，检测出被证监会处罚的Y公司的财务数据质量确实存在异常问题。

关于第一位数字或前两位数字的获取方法，一些学者用数据抓取技术（如Python），也有学者用审计软件。陈伟、吴正、刘海（2017）自主研发了审计软件以实现基于Benford定律的大数据审计方法，并以某税收征收数据为例，对"实纳税额"字段进行分析。对"实纳税额"字段第一位数字的分析结果为：基本符合Benford定律。对"实纳税额"字段的前两位数字的分析结果为：一些数字不符合Benford定律，且偏离较大。以这些偏离数据为线索，进一步开展详细审查，落实虚假的"实纳税额"数据3例。

五、网络爬虫技术在大数据审计中的应用

（一）网络爬虫技术概述

网络爬虫（又称为网页蜘蛛），是一种在网页上自动抓取信息的程序或脚本。大数据审计所需的"大数据"可以通过网络爬虫技术获取。通过网络爬虫技术获取"大数据"的步骤包括：（1）确定抓取数据的目的。确定要获取哪些数据，确定数据来源，也就是抓取的目标网站、网页。（2）分析网页的内部执行逻辑。通过网络爬虫技术获取的"大数据"可能来自内部数据库，也可能来自外部的公共数据资源。要实现从特定类型的网页中抓取数据，需要首先分析该类网页的内部执行逻辑。（3）用爬虫程序获取数据。在弄清网页内部执行逻辑的基础上，采用网络爬虫语言设计程序来模拟实现这些逻辑以获取数据。（4）对数据进行分析。实现网络爬虫获取数据的难点可能不在于网络爬虫程序代码的编写，而在于分析网页的内部执行逻辑。因为这需要首先了解相关背景知识，以分析该类网页的内部执行逻辑，比如了解 HTTP 的 GET 和 POST 操作、Cookie、HTML、字符编码等，然后用网络爬虫语言模拟实现这些逻辑。

（二）网络爬虫软件的选择

目前比较成熟的网络爬虫软件多达上百种，常见的开源网络爬虫软件主要有如下五种（陈伟，2020）。

（1）Python 爬虫，如 Scrapy、PyRailgun、QuickRecon 等。

（2）Java 爬虫，如 Ex-Crawler、Arachnid、crawlzilla、Heritrix、ItSucks、hey Dr、JSpider、jcrawl、webmagic 等。

（3）C++爬虫，如 Methabot、larbin 等。

（4）C#爬虫，如 Sinawler、NWebCrawler、WebCrawler 等。

（5）PHP 爬虫，如 ThinkUp、OpenWebSpider、PhpDig 等。

常用五种网络爬虫软件的主要优缺点分析见表23-2。

表23-2　　　　　　　　　　　　常用五种网络爬虫软件的主要优缺点分析

网络爬虫软件	主要优缺点分析	
	优点分析	缺点分析
Python爬虫	能实现各种爬虫框架，能方便高效地下载网页；多线程、进程模型成熟稳定，能优化程序、提高效率，提升整个系统下载和分析的能力	对于不规范的 HTML，适应能力差
Java爬虫	对于开发一个复杂的爬虫系统非常有用	重构成本比较高，相对于脚本语言来说，开发起来比较有难度
C++爬虫	运行效率和性能很强	
C#爬虫	使用简单	
PHP爬虫	PHP语言比较简单；各种功能模块齐全，如网页下载、文档解析等	并发处理能力较弱，对多线程、异步支持不够好

注：来源于陈伟. 大数据审计理论、方法与应用［M］. 北京：科学出版社，2020：119.

（三）Python

1.概述

作为英文单词的Python，是巨蟒、蟒蛇的意思，在计算机领域指的是一种计算机语言。在荷兰的阿姆斯特丹，Guido van Rossum参与设计了一种教学语言ABC，这种语言是专门为非专业程序员设计的，语言非常优美和强大，但是没有成功。Guido van Rossum认为ABC的非开放性造成了失败。1989年圣诞节，Guido van Rossum为了打发圣诞节假期的无趣决心开发一个新的脚本解释程序，作为ABC语言的继承。在给这个信息脚本解释程序起名字时，由于Guido van Rossum是巨蟒剧团①（Monty Python）的忠实"粉丝"，所以就把该计算机语言称为Python。虽然被称为"蟒蛇"，并以交织在一起的蓝黄两色蟒蛇作为logo，但Python语言本身并不"吓人"，然而用"凶猛"来形容其语言功能的强大也不为过。

在1991年，Python第一个公开发行版发布了。此后，由于语言的优美和强大，Python得到了广泛应用，国外一些知名大学和研究机构都采用Python进行教学和科研工作。Python是开源编程语言，其他开源软件也提供了调用Python的接口，因此适合科研人员处理实验数据、制作图表，开发科学计算程序。Python可以从其官网https：//www.python.org上免费下载。

2.Python的特点

（1）简单易学

Python有相对较少的关键字，结构简单；有一个明确定义的语法，学习起来更加简单。

（2）免费、开源和可移植性

使用者可以免费从Python官网下载，自由地使用和分发Python的拷贝，阅读它的源代码，对它做改动，把它的一部分用于新的自由软件中。由于Python的开源性，它能够在不同平台上运行，例如Linux、Windows、Macintosh、Solaris、OS/2等。因为不同平台中的Python环境，有对应的Python解析器，该解析器会把Python代码解析成可以在当前平台下运行的代码并运行，因此可移植性好。

（3）易于维护和阅读，能够快速开发

Python代码定义清晰，源代码相当容易维护。Python是一种脚本语言，不是编译型语言，因此无须用编译器编译源代码，只需要普通文本文件就可以直接运行了，因此省去了编译步骤，能够快速开发，特别适合原型开发。但是，从性能上来说，与C、C++等语言相比，Python的性能不是特别强。这是因为C、C++等语言是编译型语言，它们更加面向底层，程序运行速度快，所以开发代码的时间相对长。此外，Python是一种"胶水语言"，具有很强的黏合能力，支持很多框架和接口，允许Python与很多其他语言之间相互调用。因此，可以采用其他语言实现核心性能，然后将该部分整合到Python程序内。

（4）有丰富的库

Python语言本身自带标准库，功能丰富、强大，并且还有数据量巨大的第三方库函

---

① 巨蟒剧团，是始于20世纪70年代而后风靡全球的一个英国六人喜剧团体。

数。Python标准库庞大，可以帮助处理各种工作，包括正则表达式、文档生成、单元测试、线程、数据库、网页浏览器、GUI（graphical user interface，图形用户界面）等。除了标准库以外，还有许多其他高质量的库，如Python图像库等。由于愿意使用Python的用户越来越多，很多人把使用Python时积累的库函数贡献了出来，形成了数量众多且功能强大的第三方库函数。科研人员在使用Python时，可以从内置的Python库或第三方Python库中寻找可以实现想要功能的工具，无须"白手起家"，不必从无到有地编写全新的代码，省事而高效。

（5）连接各种类型的主流商业数据库

Python提供所有主要的商业数据库接口，可以连接各种类型的主流商业数据库。

（6）在科学计算方面优于Matlab

Matlab是一款商用软件，而Python完全免费。Matlab主要专注于工程和科学计算，而Python有着丰富的扩展库，可以轻易完成各种高级任务，开发者可以用Python实现完整应用程序所需的各种功能。

3.审计人员用Python采集数据，并进行数据分析

审计人员利用Python工具，可以实现各种大数据分析。用Python开发工具采集数据，可以采集多种类型的数据，如文本文件CSV、Web抓取数据；数据库数据，如Oracle、Microsoft Access、MySQL等数据库中的数据；电子表格数据，如Microsoft Excel数据等。

审计人员对Python采集的数据进行数据分析，如社会网络分析等大数据智能分析；文本数据分析；柱状图、折线图、饼图、散点图、气泡图、雷达图、地区分布图、树地图、热力图等分析。

第二节 智能审计

智能审计中的"智能"主要体现在审计中采用了人工智能技术，以此为技术手段采集数据和分析，并作出审计判断，为开展进一步审计工作提供线索。

一、人工智能

（一）人工智能概述

人工智能（artificial intelligence，AI）是20世纪50年代兴起的学科，是计算机科学的一个分支。对人工智能的研究建立在信息论、控制论、自动化、语言学、仿生学、生物学、神经生理学、心理学、数学、医学、哲学、伦理学等多学科基础上。近几年，人工智能快速发展，在文字识别、图像识别、语音识别、机器翻译、语音合成、人机对话、人机对弈、机器学习、机器人、自动驾驶等领域，提供多样化的智能产品和服务。

智能是学习、理解和思考事物，应对新环境和解决问题的能力。自然智能是人类和动物所具有的智力和行为能力。人类智能是人类以知识为基础的智力和行为能力。相对于人类智能，人工智能是人造智能，用人工的方式在计算机上实现人类智能，使计算机具有看、听、说、写等感知和交互能力，能够具有联想、推理、理解、学习等思维能力。

（二）人工智能的发展和应用

人工智能的历史悠久。传说我国西周时期制造了歌舞机器人，东汉张衡发明的指南车是世界上最早机器人的雏形。在西方，古希腊时期记载了机器卫士和玩偶的出现。18世

纪瑞士钟表匠制造了能写字、绘画和演奏风琴的机器玩偶。

在近代计算机技术发展的基础上，1956年8月在美国的达特茅斯学院，几位在数学、神经生理学、心理学和计算机科学领域从事教学和科研工作的学者讨论如何模拟人类智能，第一次使用了"人工智能"的概念，开创了人工智能研究学科。1960年，麦卡锡（McCarthy）开发了LISP语言，是人工智能程序设计语言的里程碑。1969年召开了第一届国际人工智能联合会议（International Joint Conference on AI，UCAI），1970年《人工智能国际杂志》（International Journal of Artificial Intelligence）创刊，标志着人工智能作为一门独立学科登上了国际学术舞台。1975年美国斯坦福大学开发了MYCIN医学诊断模拟决策系统。1980年美国卡内基梅隆大学研制出XCON专家系统。1997年IBM制造的"深蓝"战胜了国际象棋世界冠军卡斯帕罗夫。谷歌DeepMind公司研发的围棋机器人AlphaGo在2016年战胜了世界围棋冠军李世石，2017年战胜了排名世界第一的围棋大师柯洁。

随着计算能力的大幅提高，人工智能算法越来越复杂，大数据为人工智能的发展提供了基础，使得人工智能在制造、家居、教育、医疗、金融、零售、交通等行业得到广泛应用。在制造业领域，人工智能应用于工业机器人设备、产品智能设计、生产过程智能监控等。在家居领域，人工智能应用于物联网、智能家电、智能家装等。在教育领域，人工智能应用于批改作业和试卷、辅助教学、答疑解惑等。在医疗领域，人工智能应用于药物研发、医疗影像识别、医学诊断、疫病预测等。在金融领域，人工智能应用于智能信贷审批、大数据风控、金融理财服务、量化投资等。在零售行业，人工智能应用于无人便利店、无人仓储和物流、无人机配送等。在交通领域，人工智能应用于交通状况的实时监控、拥堵信息推送、调度管理、交通违章行为监控等。

人工智能技术主要包括OCR技术、图像识别技术、语音识别技术、语音合成技术、自然语言处理技术、机器学习、RPA技术、社会网络分析技术等。这些人工智能技术为开展智能审计提供了基础。

二、智能审计的概念

智能审计往往会采用大数据技术，并且会在此基础上增加人工智能的分析技术。智能审计是指利用网络、大数据、云计算、人工智能等先进信息技术，实现审计作业、审计判断、审计决策和审计管理的智能化，从而提高审计效率和效果。

智能审计往往建立在审计信息系统中。在该系统中，不仅会植入业务规则以检测异常数据，而且可以设置审计专家系统，把审计人员的经验量化输入系统中，还可以基于机器学习训练系统预测和发现新的舞弊模式。

三、智能审计数据采集

审计人员可以通过图像识别技术来识别纸质材料从而完成数据采集，通过语音识别技术采集数据，通过嵌入式技术采集仪器仪表数据，通过网络爬虫技术采集数据库和网络数据（参见大数据审计，这里不再赘述）。

（一）图像识别技术

图像识别是通过计算机对图像进行处理和分析，对识别对象进行判断和比较，为下一步信息处理提供基础。图像识别中常见的是OCR文本识别、人脸识别和商品识别，还有对自然资源等进行的识别。

OCR（optical character recognition，光学字符识别）是通过扫描仪、手机、数码相机等电子影像设备，对纸质材料上的文字进行识别，转化为电子文本。OCR文字识别技术在办公自动化中的应用非常普遍，比如识别发票信息、文件信息，并转化为电子格式存储于办公系统中。OCR技术还应用于汽车收费站和停车场的车牌自动识别，用手机识别身份证信息、图文信息等领域。

图像识别技术能够识别：（1）发票信息，如销售发票、火车票、出租车票、汽车票、行程单、通信费发票等发票的发票号码、开票日期、开票金额、销售方和购买方名称和纳税人识别号、商品名称等。（2）证件信息，如身份证、护照、银行卡等材料中的身份证号、姓名、性别、出生日期、住址、有效期等信息。（3）文件信息，如政策法规、会议记录、办公签批文件和材料、合同和协议、财务报表等。将这些信息转化为电子数据是审计的基础工作之一。

人脸识别主要运用在安全检查、身份核验与移动支付中。在审计中，通过调取人脸识别信息核验出入控制的有效性，以及支付账户的真实性。

商品识别主要运用在商品流通过程中，特别是无人货架、无人配送、智能零售柜等领域。在审计中，商品识别信息与订货单、发货单和验货信息进行核对，以确认交易是否真实发生。

在审计中，对自然资源的识别主要应用于确认动植物的种类和数量、生存状况，池塘、湖泊、山林的面貌，土地资源的利用等方面，在一定程度上替代审计人员到现场查看。

（二）语音识别技术

语音识别（speech recognition）技术是将人类语言转化为电子数据。通常会采用自动语音识别技术，将录音和实时传送的语音转化为计算机能够处理的电子格式输入，从而与机器进行语音交流。语音识别技术在办公和日常生活中应用广泛，将会谈录音转成电子文本，将外语语音实时翻译成中文，语音点播歌曲（如小米音箱），语音开关窗帘和灯，语音输入搜索地址等。在审计中，运用语音识别技术可以将访谈和会议资料转化为电子文本，以及与计算机程序进行人机对话、下达操作指令。

（三）嵌入式技术

嵌入式技术是计算机控制的、为了执行特定功能而在设备或系统中植入的固化软件。由于终端用户很难修改该固件，从而达到计算机控制设备或系统的目的。嵌入式技术广泛应用于物联网、工业传感器、工业机器人、高端智能硬件（手机、平板电脑、机顶盒）、车载系统等领域。

运用嵌入式技术，可以收集仪器仪表的数据，比如电表、水表、燃气表、血压仪、血糖仪、红外线传感器、亮度传感器、温/湿度传感器、加速度传感器、气体和大气压传感器等。这些多方来源的大数据，为审计人员判断被审计单位的业务开展情况提供了基础。在信息系统审计中，也会采用嵌入式审计软件。

四、智能审计数据分析

对于采集的数据，审计人员需要进行分析进而作出审计判断。智能审计数据分析可以采用传统的统计分析方法、前述大数据审计方法，以及人工智能技术中的自然语言处理技术。这里主要介绍文本分析技术。

（一）自然语言处理技术概述

自然语言处理（natural language processing，NLP）是语言学、逻辑学、计算机科学、人工智能等计算机和人类（自然）语言交叉的研究与应用领域，它主要研究如何实现人与计算机之间用自然语言进行有效通信的各种理论和方法。它是文本分析技术中自动化程度最高的类型。

NLP以语言为对象，利用计算机技术模拟人类如何理解和处理语言，包括自然语言理解和自然语言生成，关注计算机和人类语言相互作用的领域。NLP考虑单词或文字的先后顺序，可以标记句子中单词的词性（如名词、形容词等），将文档从一种语言翻译成另一种语言，甚至能使用句子的上下文来阐明词语的词义。NLP是一个完全计算机自动化的过程，不需要人类的理解或解释，具有丰富的用途，如采用深度学习和多模式等尖端技术进行情感分析。NLP在计算机科学、信息科学、语言学、心理学等多个领域被用作文本分析工具，可采用软件Python中的nltk实现（刘云菁等，2021）。

NLP主要有词嵌入（word embedding）、长短期记忆网络（long short-term memory）、深度自注意力网络（transformer）、基于语义理解的深度双向与训练模型（bidirectional encoder representation from transformers，BERT）等算法。NLP的优点在于计算机自动化程度高，系统性强，能够分析语义，且执行速度快；局限性在于，大多数模型是个黑箱，可理解性差，模型训练比较耗时。

（二）自然语言处理技术类型

自然语言处理技术的典型类别如下：

（1）词性标注（part-of-speech tagging，POS）。词性标注又称词类标注或者简称标注，即确定句子中每个词的词性，如名词、动词、形容词、副词等。

（2）词干提取。词干提取就是将词语去除变化或衍生形式，转换为词干或原形形式的过程。

（3）词形还原。词形还原就是将一组词语还原为词源或词典的词目形式的过程。

（4）句法分析（syntactic analysis）。句法分析的主要任务是自动识别句子中包含的句法单位，以及这些句法单位相互之间的关系，即句子的结构。

（5）命名实体消歧。命名实体消歧就是对句子中提到的实体进行识别的过程。一般来说，命名实体要求有一个实体知识库，能够将句子中提到的实体和知识库联系起来。

（6）命名实体识别。命名实体识别就是识别一个句子中有特定意义的实体并将其区分为人名、机构名、日期、地名、时间等类别的任务。

（7）语义文本相似度分析。语义文本相似度分析是对两段文本的意义和本质之间的相似度进行分析的过程。

（8）文本摘要。文本摘要就是通过识别文本的重点并使用这些重点创建摘要来缩短文本的过程。文本摘要的目的是在不改变文本含义的前提下最大限度地缩短文本。

（9）情感分析。情感分析就是使用自然语言处理技术来识别客户评论的语义情感、语句表达的情绪正负面以及通过语音分析或书面文字判断其表达的情感等。

（10）机器翻译（machine translation）。机器翻译是利用计算机把一种自然源语言转变为另一种自然目标语言的过程，也称自动翻译。

自然语言处理技术目前对于大数据审计来说，可以起到一定的总体辅助分析作用，但尚不能精确地直接发现审计证据。对于大数据审计来说，文本分析技术具有很高的应用价值。

（三）文本数据分析技术

1.文本分析概述

审计中的分析程序常用的账表比率分析、数据查询、统计分析、数值分析等主要是对结构化数据进行分析，但是对非结构化数据分析并不十分有效。非结构化数据包括政策法规、管理制度、会议纪要、办公文件、文档、图片、音频、视频信息等。其中，审计人员最常接触到的是文本信息，比如上市公司披露的文本信息、媒体报道、社交网络文本信息等。大数据审计涉及的文本查询、浏览和筛选需要采用文本数据分析技术。文本分析（textual analysis）是指以文本数据为分析对象，运用特定技术手段挖掘文本的相似度、可读性、情绪等特征，通过可视化的方法呈现文本数据的重点内容、快速理解文本的主要内容。

2.国内外研究

国际上对文本分析的研究起步较早，成果也较为丰富。Antweiler 和 Frank（2004）首次使用网络信息平台预测股票市场，以雅虎财经网络论坛留言板上关于 45 家公司的 150 万条信息为样本，发现股票留言板的信息包含与股票定价相关的信息。Das 和 Chen（2007）用摩根士丹利高科技股指数（MSH）中 24 只科技股公告板上的所有信息，构建了投资者情绪指标。关于上市公司披露类文本，许多学者以 10-K、10-Q 文件为研究对象，考察产品描述不符、MD & A 中的前瞻性陈述、文本可读性、风险因素披露部分、财报复杂性、文本语调、融资约束以及文本主题等。也有很多研究聚焦管理层电话会议，探究 CEO 和 CFO 的语言特征、语调分散度、语言复杂性、极端语言等内容。还有不少文献选取股东报告、CEO 日志文本、盈余公告等作为文本来源开展研究（刘云菁等，2021）。

国内学者近年来也开始对文本数据开展研究。饶育蕾等（2010）收集 2000—2007 年中国上市公司在新华网、人民网等 77 家网络媒体的新闻报道，基于新闻条数构建了媒体注意力指数。王雄元等（2018）基于 2007—2016 年上市公司年报 MD & A 中与风险有关的信息，从文本相似度视角研究年报风险信息披露与审计费用的关系。李晓冬等（2020）以 21 份精准扶贫政策落实跟踪审计结果公告文本揭示的问题为依据，研究发现精准扶贫政策落实跟踪审计陷入未能实现对"跟踪审计"完全覆盖的实践困境。廖义刚、杨雨馨（2021）以 2017—2018 年我国 A 股上市公司为样本，研究了由分析师盈利预测与审计师收益预期之间的差距所衍生的分析师预测风险信号对关键审计事项语调的影响。

3.文本分析技术[①]

文本分析技术主要包括主题分析、词典法、词袋法、监督学习、无监督学习与自然语言处理技术等。

（1）主题分析

主题分析（thematic analysis）是一种专家方法，需要有经验的人员基于自身经验和理

---

① 刘云菁，张紫怡，张敏. 财务与会计领域的文本分析研究：回顾与总结 [J]. 会计与经济研究，2021（1）：1-21.

解，对研究数据进行挖掘。主题分析一般与扎根理论方法相结合，基于专家自身经验和对世界的理解产生对数据的见解，从而构建新理论。主题分析是一个反复迭代的过程，在分析开始前研究人员尚不知道文本所属类别，需要对文献和数据不断进行比较，通常从参与者自己的语言开始（一阶编码），将相似编码归为一类（二阶编码），从而开发出一系列源自文本的编码和类别。主题分析常见于社会学与管理学领域，NVivo、ATLAS.ti 等计算机软件能够简化相关过程，但文本分类仍主要依赖人类编码，计算机自动化程度较低。

主题分析的优点在于使用参与者自身的认知来挖掘数据，对少量文本的理解更为深入。局限性在于它属于时间、劳动密集型任务，不适合大规模样本，同时由于编码人员的经历和偏好不同，编码标准不统一。

（2）词典法

词典法（dictionary analysis）是一种运用词典对特定文本的词语（或词组）的词频统计计数，将定性的文本数据压缩成定量的词组频数的文本分析技术。运用词典法的关键是具备成熟且适合所研究领域的词典，否则需要研究者根据研究问题与文本数据，结合领域的相关专业知识构建适配的词典并加以验证。国外已先后形成多部比较成熟的英文文本词典，如 Henry 词典（Henry Word Lists）、LM 词典（Loughran and McDonald Word Lists）、哈佛大学通用调查词典（Harvard General Inquirer Word Lists）、文辞乐观与悲观词典（Diction Optimism and Pessimism Word Lists）等。国内大多数学者在参考英文词典及其他词库的基础上，针对中文文本构建自己的词典并展开研究，如中国的台湾大学 NTUSD 简体中文情感词典、知网 Hownet 情感词典、清华大学李军中文褒贬义词典等。一旦拥有适配的词典，则可以采用计算机软件（如 LIWC、DICTION、Nvivo、ATLAS.ti、Python 等）协助文本内容分析，计算机自动化程度较高，人工工作量较低。词典法通常被用于管理学领域，如计算分析文本的语调情感等。

与主题分析相比，词典法的优点在于能够对所研究的文本信息进行定量分析，既提高了文本处理的效率，又加深了读者对文本含义或性质的理解与把握，同时还增强了研究的可复制性。词典法的局限性在于针对特定文本构建词典时，需要相关领域的专业知识，因而可能导致构建的特定词典与其他文本适配度不高。另外，词典法会忽略文档的上下文关系。

（3）词袋法

词袋法（bag-of-words）建立在文字词组语序不重要的假设之上，是一种将文本看作若干词语的集合，只计算每个词语出现次数的文本向量化的表示方法，可将非结构化的定性文本数据转换成计算机能理解和直接使用的向量。词袋法是计算科学领域对文本数据的简化和压缩方法，后续可以据此进行进一步监督学习和无监督学习，常被用于管理学领域，如计算分析文本相似度等。词袋法同样可以采用计算机软件（如软件 Python 中的 scikit-learn、gensim、nltk 或软件 R 中的 topicmodels、stm 等）协助文本内容分析，计算机自动化程度较高，人工工作量较低。

词袋法主要包括独热表示法（one-hot representation）和词频-逆文档频率法（term frequency-inverse document frequency，TF-IDF）。独热表示法将多个文档组织成一个文档特征矩阵，矩阵中每行代表一个文档，每列代表一个特征词，每个元素衡量每个文档中对应特征词的出现频数。词频–逆文档频率法的主要思想是：如果某个词或短语在一篇文章中出现的频率高，但在其他文章中很少出现，则认为该词或短语具有很好的类别区分能力，适合用来分类。TF–IDF等于TF×IDF，TF为词频，指某一给定词语在文档中出现的频率；IDF为逆向文档频率，某一特定词语的IDF可以由包含该词语的文档数占总文档数的比例取对数得到。

词袋法的编码过程忽略了词语的先后顺序，因而无法反映上下文的含义，牺牲了文本的很多信息，变通性弱，文本分析深度不足；当文档中词语数量过多时，向量维度过高，则可能产生维度"灾难"。词袋法的优点在于编码标准稳定统一，具有统计学特性与强扩展性。

（4）监督学习

监督学习（supervised learning）是指将输入数据x和对应标签y作为训练集，以建立合适的模型来学习两者之间的关系，并使用确定的模型来预测未知样本。监督学习中预设的标签可以明确分类目标，而算法则可映射输入与输出之间的联系。监督学习常被用于计算机科学、政治学与管理学领域，可采用软件Python中的scikit-learn、gensim、nltk或软件R中的topicmodels、stm等实现。衡量监督学习模型预测效果可采用以下评价指标：准确率、查准率、查全率、F得分、AUC等。监督学习算法包括支持向量机、线性回归、逻辑回归、朴素贝叶斯、线性判别分析、决策树、K–近邻等。其中，朴素贝叶斯和支持向量机技术是文本分析中常用的监督学习算法（刘云菁等，2021）。

朴素贝叶斯是一种基于贝叶斯理论的监督机器学习算法，其基本原理如下：根据贝叶斯条件概率公式计算已知文档属于不同文档类别的条件概率，并将该文档归为具有最大后验概率的文档类别。朴素贝叶斯的优点在于算法较为稳定，缺点为数据集的属性之间往往存在相互关联，导致数据之间的独立性要求无法得到满足，进而影响分类效果。

支持向量机建立在统计学习理论和结构风险最小原理等基础理论之上。支持向量机的目标是最大化分类间隔，基本思想是求解能够正确划分训练数据集且几何间隔最大的分离超平面。支持向量机不仅能解决非线性分类问题，还能有效避免维度"灾难"的发生，在解决小样本、非线性及高维模式识别中表现出诸多特有优势。支持向量机的局限为分类结果对核函数的选择较为敏感。

监督学习的优点是允许研究者事先定义编码规则，逻辑简单，目标明确，同时可用于海量数据的研究，精确度较高。局限性在于，不仅需要有高质量的标签变量，且训练的模型由于特征词太多容易导致过拟合。

（5）无监督学习

无监督学习（unsupervised learning）是指根据类别未知（没有被标记）的训练样本解决模式识别中的各种问题。与监督学习相比，无监督学习不需要为数据贴标签，缺乏具有明确目的的训练方式，无法提前预知结果，也很难量化预测的效果。无监督学习常被用于计算机科学、政治学与管理学领域，可采用软件Python中的scikit-learn、gensim、nltk或软件R中的topicmodels、stm等实现。聚类和降维技术是文本分析中常用的无监督学习算法。

聚类的关键是计算相似度，目的在于将相似的东西聚在一起，具体又可分为划分和层次两种方法。划分聚类通过优化评价函数将数据集分割为 K 个部分，需要 K 作为输入参数，如 K-means 算法、K-medoids 算法、CLARANS 算法等。层次聚类由不同层次的分割聚类组成，层次之间的分割具有嵌套关系，不需要输入参数，但是终止条件必须具体指定，如 BIRCH 算法、DBSCAN 算法、CURE 算法等。

常用的文本降维方法是隐含狄利克雷分布（latent Dirichlet allocation，LDA）主题模型。LDA 是一种文档主题生成模型，包含词、主题和文档三层结构，可以用来识别大规模文档集或语料库中潜藏的主题信息。LDA 认为一篇文章的每个词都是通过"以一定概率选择了某个主题，并从这个主题中以一定概率选择某个词语"这样一个过程得到。LDA 模型的优势在于不需要研究者为划分类别预先指定相应的规则和关键词，文本主题分类精确；局限性在于预设主题个数仍具有主观性。

无监督学习能加速数据的标注与分类，降低人工工作量。缺点为"标注"是机器按照数字特征进行的分组，需要研究者解读才可以赋予"标注"的意义，同时训练过程需要大量的调参。

4.文本分析技术在审计中的运用

陈伟（2020）在某地扶贫项目审计中采用了文本分析技术，对该地 2014—2017 年的扶贫项目内容相似度分析结果（见表 23-3）显示，2014 年、2015 年、2016 年项目内容相似度较高，2017 年项目内容变化较大。由此可见，该地 2017 年扶贫项目内容发生了重大变化，值得审计人员进一步关注。

表 23-3　　　　　　　某地 2014—2017 年扶贫项目内容相似度分析结果

年份	2014	2015	2016	2017
2014	1	0.86039114	0.76040006	0.4888998
2015	0.86039114	1	0.8516427	0.4902559
2016	0.76040006	0.76040006	1	0.5320882
2017	0.4888998	0.4902559	0.5320882	1

在扶贫项目内容相似度分析的基础上，为了进一步了解该地 2014—2017 年扶贫项目的主要内容，掌握扶贫政策的变化情况，审计人员可以采用标签云对采集来的扶贫项目数据进行综合分析，总体掌握扶贫项目内容情况，以及某一时期内扶贫项目内容的变化情况，从而帮助审计人员判断被审计单位的扶贫政策执行情况。分析结果表明，与前文的相似度分析结果一致，该地 2017 年扶贫项目内容发生了变化。例如，建档立卡等工作成为 2017 年扶贫项目关注的重点，从而表明被审计单位有效地执行了国家的扶贫政策。对扶贫资金使用情况的文本分析结果表明，该被审计单位一部分扶贫资金用在餐费、高尔夫、中介费、烟酒等方面。根据这一分析，审计人员可以对这些扶贫资金数据做进一步的详细分析，查找所有含有"餐费""高尔夫""中介费""烟酒"等方面的支出，从而发现审计线索。

五、审计机器人（RPA）

（一）智能财务机器人

RPA（robotic process automation，机器人流程自动化）最初是工业领域生产装配自动化技术，目前是以人工智能为基础模拟人的行为的自动化处理机制。RPA 技术能够根据设定的规定，替代人工进行重复的、大量的机械操作，并且可以 7×24 小时不间断工作，大幅提高了工作效率。2016 年德勤开发了实现智能财务的"小勤人"，用于处理标准化、模式化的常规类的财务事项。此后，安永、普华永道、毕马威也相继推出了智能财务机器人。智能财务机器人能够做关账和开立账项、录入信息，账项审核、合并数据，汇总统计等数据处理工作，还能专门处理物料需求计划、能源消耗和采购、付款安全保护、外汇支付、订单管理、理赔、项目时间表管理等功能。目前在企业管理中，智能化不仅体现在财务领域，还以业财融合为目的连接生产设备自动化，延伸应用于人力资源、供应链和信息技术等领域。在财务领域的智能化进程推动了智能审计的发展。

（二）智能审计机器人

与智能财务机器人相匹配的是智能审计机器人。早期的嵌入式审计模块（embedded audit module，EAM）也是一种审计自动化处理机制。嵌入式审计模块是在应用系统中固化一个审计模块，可以定期或实时检查系统中输入的数据，并识别其中异常的数据和事项，以便审计人员针对这些数据和事项开展进一步审计调查。

人工智能技术在审计领域应用产生了智能审计、智能审计机器人。

1. 自动采集数据

审计机器人可以自动采集被审计单位的财务数据，并与外部网络相连自动抓取相关信息，以形成多来源的数据库。自动采集功能将上述图像识别技术、语音识别技术和嵌入式技术，以及大数据技术等集成在功能模块中。比如，运用 OCR 技术自动扫描纸质发票和电子发票中的发票号码、发票代码、开票日期、商品详情信息等，并自动登录税务机关网站，输入发票信息，查验发票的真伪，以及是否重复报销。再如，通过网络爬虫技术搜集关于被审计单位的媒体报道信息。

2. 智能分析

审计机器人对采集得到的结构化数据和非结构化数据进行分析，并将分析结果以可视化的方式呈现出来。审计机器人运用事先设定的统计模型、业务规则、专家经验，以及机器学习等对数据进行分析，检测数据是否超出合理范围、是否违反业务规则、是否不符合经验和规律。

在机器学习方面，智能审计机器人可以采用监督学习和非监督学习的方式，训练分析模型以用于更准确地预测和判断。比如，在监督学习模式下，通过决策树、K-近邻算法、朴素贝叶斯算法等，对训练数据进行处理，找到分类结果、最邻近类别、概率最大的输出值（最优的类别猜测结果）等，形成输入和输出结果之间的关系，在此基础上，输入新的数据，计算机可以根据前述关系判断新数据的特征并贴上分类标签。审计人员可以将统计模型、业务规则和专家经验植入训练数据，形成输入和输出的最初关系，以用于对新输入数据进行分析。

非监督学习没有训练数据，而是让计算机运用聚类算法、降维算法、强化学习和迁移学习方法得到数据之间的关系。审计人员运用聚类算法，对发票中的商品明细信息进行归类，以判断其是否属于报销范围。审计人员运用降维算法将复杂的风险因素（如与经营风险相关的数据和信息）归结为几个主要风险因素（主成分分析）。在强化学习中，审计人员在机器人识别出问题时给予奖励，未准确识别问题时给予惩罚，进而不断提高审计机器人的学习能力。在迁移学习中，审计人员将机器人已具备的识别某类业务的能力（识别财务数据问题），应用于类似业务（识别人力资源问题）。

在经过智能分析之后，审计机器人通过可视化方式提供多窗口、交互式的界面，更好地展现分析结果。可视化技术包括条形图、折线图、饼图、散点图、气泡图、雷达图、地区分布图、树地图、热力图、文字云等。

3.审计项目管理

（1）审计资源管理

不同审计项目的审计内容、被审计单位所处行业、对审计人员的专业性要求、审计时间等会存在差异。为了能够更合理地、科学地配置审计资源，审计机器人会从系统中自动挑选与项目匹配的审计人员的行业专长、项目经验、近期的项目时间安排等信息，提供给审计项目负责人进行具体安排，并为其配备相关的助理人员。

（2）审计文书编写

在审计过程中需要编写工作底稿和相关文书，审计机器人根据项目特点，选择需要的文书模板，比如审计中常用的审计通知书、审计实施方案、审计计划、审计报告、审计工作底稿等。

第一，收集被审计单位信息。审计机器人根据具体审计项目的内容，从被审计单位采集相关信息，比如公司简介、主要经营业务情况、财务报表、年度报告、工作总结、风险分析报告、以前年度的财务审计报告、经济责任审计报告、资产评估报告、验资报告、被上级和相关部门处理处罚的决定等。

第二，制定审计方案。在这些信息的基础上，编制审计通知书、制定审计实施方案，制订审计计划，提示审计人员需要重点关注的风险领域。

第三，取证并形成审计工作底稿。根据智能分析发现的审计线索，查找相关凭证和单据，依据法规库、业务规则库、审计专家经验库的判别标准，自动生成初步的审计结果，形成审计证据和审计工作底稿。

第四，根据审计发现的问题，审计机器人编写审计报告初稿，供审计人员审核。

（3）审计档案管理

将审计项目形成的各类文件、文本资料、图片、音频、影像等电子资料进行分类和归档，并进行档案信息的登记、清点，提供档案的查询、借阅和归还功能。

（三）应用场景：应收账款和函证程序审计机器人

程平、黄鑫（2021）和程平、钱涂（2021）纵观前人文献，发现对应收账款实质性程序的研究主要集中在分析程序和函证程序；由于实施门槛高，"互联网+"、区块链技术尚未应用于函证程序，处于探索阶段；而RPA技术的适用性广、成本适当，可以推广使用。这几位学者以A会计师事务所为例，研究了RPA技术在应收账款审计和函证中的具体应用。

1.应收账款实质性程序审计机器人

应收账款实质性程序包括：编制应收账款明细表、汇率折算检查表、余额及发生额分析表、账龄分析表、函证结果汇总表、函证结果调节表、替代结果汇总表、替代测试表、坏账准备计算表。因此，应收账款审计机器人有六个：明细表编制机器人、分析程序机器人、函证机器人、替代测试机器人、坏账准备检查机器人、列报检查机器人（见表23-4）。

表23-4 应收账款实质性程序审计机器人的应用关键点描述

序号	机器人名称	输入	规则/主要工具	输出	主要操作描述
1	明细表编制机器人	应收账款明细表（未审）、序时账、资产负债表、关联方及关联方交易清单等	预先设定好的规则、Excel自动化、Web自动化等	应收账款明细表（已审）、汇率折算检查表	自动筛选科目、分类汇总，做横向、纵向比较
2	分析程序机器人	公司赊销政策、往年财务指标、利润及分配表、明细表、以前年度账龄分析表等	预先设定好的规则、Excel自动化等	余额及发生额分析表、账龄分析表	自动计算财务指标，筛选科目、分类汇总，做横向、纵向比较；自动计算账龄结构，并分析是否合理
3	函证机器人	客户信息表等	预先设定好的规则、Excel自动化、E-mail自动化等	函证结果汇总表、函证结果调节表	自动生成并发送询证函，录入函证结果，分析差异产生的原因
4	替代测试机器人	应收账款明细表（未审）、序时账、被审计单位与客户之间的往来邮件、销售合同、销售单等	预先设定好的规则、图像自动化、Excel自动化等	替代结果汇总表、替代测试表	自动比对原始凭证与会计分录
5	坏账准备检查机器人	应收账款明细表、资产负债表	预先设定好的规则、Excel自动化等	坏账准备计算表	自动检查坏账的转回和冲销是否正确
6	列报检查机器人	年报报表附注	预先设定好的规则、Word自动化等		检查应收账款的列报和披露是否正确

在审计过程中，上述机器人需要采集结构化、半结构化、非结构化数据，以进行数据输入并进行操作，最终输出结果，其中：（1）结构化数据，包括应收账款、坏账准备、主营业务收入等，这些数据来源于被审计单位提供的应收账款明细表、序时账、财务报表等Excel文件。（2）半结构化数据，包括外币资产负债表日的即期汇率和同行业应收账款周转率等半结构化数据，主要由机器人从外部网页采集获得。（3）非结构化数据由审计人员整理后放入指定文件夹，机器人自动对其进行识别。

2.函证机器人

对于函证机器人，A会计师事务所将手工函证的流程——函证前、函证中、函证后，在采用RPA技术构建函证程序机器人时改变为四个环节——核查函证对象信息、填写询证函、跟踪物流轨迹、统计回函信息。

（1）RPA技术的使用

函证机器人采用的是RPA开发平台，没有编程基础的审计人员也可以开发使用，审计人员只需要在主界面添加相应的活动块，将函证自动化流程的代码封装成一个个可视化活动。以UiBot开发平台为例，用户通过调用该平台上的自动化组件，快速创建命令，搭建自动化流程，使机器人能够模拟用户的键盘、鼠标操作，自动完成选取函证样本、核查函证对象信息、制作询证函等一系列工作。自动化组件主要包含Web自动化技术、Word自动化技术、Excel自动化技术、E-mail自动化技术。

（2）函证机器人的操作流程

函证机器人的四个操作流程包括：核查函证对象信息、填写询证函、跟踪物流轨迹、统计回函信息。

第一，核查函证对象信息。机器人根据指令自动在企业信息查询平台上检索被询证单位的信息，并将获取到的信息与被审计单位提供的信息进行比对，核对函证对象信息是否准确，再将核对结果记录在审计工作底稿中，审计人员可以据此进一步调查核对结果存在异常的原因。

第二，填写询证函。机器人按照指令从发函清单中读取函证所需信息，并填入询证函模板中。

第三，跟踪物流轨迹。首先，机器人根据发函单号在网上查询发函物流轨迹，并在审计工作底稿中记录发函的物流状态；其次，机器人根据回函单号在网上查询回函的物流始发地，验证回函的可靠性，并将结果记录在审计工作底稿中，以提示审计人员回函存在的风险。

第四，统计回函信息。机器人根据设定将回函信息记录在应收账款函证记录表中，并生成机器人运行工作日志。

第三节 区块链审计

一、区块链的概念

区块链（blockchain）是一种数据以区块（block）为单位产生和存储，并按照时间顺序首尾相连形成链式（chain）结构，同时通过密码学保证不可篡改、不可伪造及数据传输访问安全的去中心化分布式账本。"账本"按照一定的格式记录流水等交易信息（在数字货币中，交易内容就是各种转账信息），其作用与传统的账本基本一致。

在我国工信部2016年10月18日发布的《中国区块链技术和应用发展白皮书（2016）》中，对于区块链的概念进行了界定。简单来说，区块链是分布式数据存储、点对点传输、共识机制、加密算法等计算机技术在互联网时代的创新应用模式。从狭义上来说，区块链是一种按照时间顺序将数据区块以顺序相连的方式组合成的一种链式数据结构，并以密码学方式保证的不可篡改和不可伪造的分布式账本。从广义上来说，区块链技术是利用块链式数据结构来验证与存储数据、利用分布式节点共识算法来生成和更新数据、利用密码学的方式保证数据传输和访问的安全、利用由自动化脚本代码组成的智能合约来编程和操作数据的一种全新的分布式基础架构与计算范式。

二、区块链技术

区块链涉及的技术领域主要包括分布式数据存储、点对点传输、共识机制、加密算法、安全算法、隐私保护等技术。以下对区块链的核心技术哈希算法、数字签名、共识算法、智能合约等进行介绍。

(一) 哈希算法

哈希算法（hash algorithm），又称为散列算法、数据摘要、消息摘要，它是把任意长度的信息输入通过一定的算法模式，生成一个固定长度的字符串（称为哈希值）。哈希算法的目的是防篡改，验证信息是否被修改过，而不是对消息进行加密。

哈希（hash）在英文中的意思是切碎，哈希计算就是把输入的信息切碎，再混合成（输出）能够代表原始信息特征的字符串（哈希值）。在对比收到的信息与原始信息是否一致时，不必直接将两条信息对比，而是分别对收到的信息和原始信息进行哈希计算，比较得到的两个哈希值是否一致即可。并且，哈希计算基本不可逆，很难通过哈希值倒推原始信息。

区块链账本数据主要是通过父区块（上一个区块）哈希值组成链式结构来保证不可篡改。区块链中的区块包括区块头和区块主体两部分。区块头由父区块哈希值（previous hash）、时间戳（timestamp）、默克尔树根（Merkle tree root）等信息构成。区块主体包括一串交易的列表。每个区块头包含了上一区块数据的哈希值，这些哈希层层嵌套，将所有区块串联起来，形成区块链。如果想要篡改区块链中的数据（已记账），就需要把这之后产生所有区块的父区块哈希全部篡改一遍，需要进行大量的运算，这将很难实现。因此，哈希运算形成的链式结构实现了防篡改。

(二) 数字签名

数字签名类似于现实世界中的签字、盖章，是在计算机世界中实现签章的技术。区块链使用数字签名来识别交易发起者的合法身份，数字签名作为额外信息附加在原消息中，以证明消息发送者的身份。数字签名技术解决抗抵赖（验明身份）问题，但不解决机密性问题。

数字签名包括签名和验签两种运算。数据经过签名后就不可抵赖了，验签需要使用与签名配套的方法。数据签名通常采用非对称加密算法，即包括公钥和私钥的一对密钥（非对称密钥）。签名者拥有私钥，验证签名时使用公钥，所有人都能获取公钥。

在区块链中每个节点都拥有一对密钥（公钥和私钥）。节点在发送交易之前，先用自己的私钥对交易内容进行签名，将签名附加在交易中发送。其他节点收到广播的消息后，用公钥对交易中附加的数字签名进行解密，在校验消息未篡改和发送者身份之后，该交易才会进行后续处理。

(三) 共识算法

区块链是一个去中心化的系统。在中心化系统中，以中心节点记录的数据为准，其他节点复制中心节点的数据结果，就能够达成共识。但是，在去中心化系统中，所有节点是平等的，不存在权威的中心节点，如何对记账达成一致就成为共识问题。换句话说，共识算法的核心是所有节点竞争记账权，记账权的取得在于节点能够解出待记账的区块中附加的难题。

在区块链中，新的交易会向全网进行广播，这个即将被记账的交易中附加了一个难题，每个节点都将收的这个新交易信息纳入一个区块，每个节点都不断通过试图解决难题来产生自己的区块（尝试挖出区块）并将自己的区块追加在现有区块链上。当某个节点成功解决难题完成了出块，就向全网进行广播。其他节点通过共识算法规则认同该区块的有效性，并表示自己接受该区块（将该区块作为父区块哈希值纳入下一个区块中），从而制造新区块、延长链条。节点始终将最长的链条视为正确的链条，并持续延长它。

常用的共识机制主要有工作量证明法（proof of work，PoW）、权益证明法（proof of stake，PoS）、委托股权证明法（delegated proof of stake，DPoS）、拜占庭容错共识法（practical byzantine fault tolerance，PBFT）等。

1.工作量证明法（PoW）

工作量证明是节点通过消耗计算机的算力，找到附加在消息中的随机数（nonce）。每个可出块节点通过不断猜测随机数，使得该数值拼凑上所出块中包含的交易内容的哈希值满足一定条件。由于哈希值不可逆，除了反复猜测数值，进行计算验证外，目前还没有有效方法倒推出符合条件的随机数。这也是比特币挖矿消耗计算机算力的原因。

工作量证明法是区块链平台采用最多的共识算法，且可靠性得到大量验证。但是该算法依赖机器进行数学运算获取记账权，每次达成共识需要全网共同参与运算，效率比较低，资源消耗比其他共识算法要高。

2.权益证明法（PoS）

鉴于工作量证明法的大量消耗资源问题，权益证明法的核心思想是节点记账权的获得难度与节点持有的权益（财产证明）成反比。工作量证明法通过计算算力来获得记账权，而权益证明法是通过财产证明（币龄）来获得记账权，即节点拥有的币龄越多，获得记账权的概率就越大。权益证明法仍然是基于哈希运算竞争获取记账权的方式，因此还是需要挖矿，但是根据币龄降低了挖矿难度，加快了寻找随机数的速度，从而减少了计算机算力的消耗。

3.委托股权证明法（DPoS）

委托股权证明法在本质上是一个中心化的共识机制，与权益证明法的区别在于节点选举若干代理人，由代理人验证和记账。网络中的所有节点依据其持有财产数量（比如代币数量）来分配对应的投票权重，所有节点进行投票，选出一定数量的区块生产者进行新区块的生产与协商。每期选举出固定数目的区块生产者，这些区块生产者之间建立直接连接从而保证通信的可靠及快速，从而达成共识。该方法与权益证明法的资源消耗相类似。

4.拜占庭容错共识法（PBFT）

拜占庭容错共识法的思想起源于拜占庭将军问题。拜占庭将军问题讨论的是密码学中的关键问题——如何在一个某些人可能叛变的环境中交换信息。拜占庭容错共识法的目的在于解决区块链去中心化之后，当存在破坏者的时候，如何在容许一定差错的情况下，让众多参与的节点达成共识并传递信息。

在区块链中，尽管有破坏者存在（硬件错误、网络拥堵、恶意攻击等不可预料情况），拥有最多算力的链即可认定为主链，因为做叛徒（发布虚假区块）的成本和竞争难度非常大，以至于几乎不可能。拜占庭容错共识算法的核心是少数人服从多数人，即便出现"叛徒"也能够达成一致。

（四）智能合约

在区块链领域中，智能合约是以数字形式定义的能够自动执行条款的合约。智能合约是开发者在区块链平台上开发出来的、能够实现预设规则的可执行代码，当满足触发条件时，合约内容自动执行，即以计算机指令的方式实现了传统合约的自动化处理。智能合约内的规则及数据对外部可见，具有公开透明性。在以太坊上使用的程序就是智能合约。以太坊对区块链底层技术进行了封装，为区块链应用开发者提供了开发智能合约的平台。

三、区块链的特点

如前所述，区块链是在多种已有技术上的集成和创新，能够实现多方信任和高效协同，具有透明可信、防篡改、隐私安全和系统可靠的特点。

（一）透明可信

在区块链的去中心化系统中，所有节点是平等的，每个节点都能够收发网络中全部消息、观察系统中节点的全部行为，并对观察到的活动进行记账，因此每个节点的活动都是透明的。通过共识算法，保证每个节点对交易的确认是一致的，因此每个节点的账本能够与其他节点的账本保持一致。

（二）防篡改

通过共识算法，在全网系统中，交易一旦发布，并经过验证、产生新的区块，并添加到区块链上，很难被修改或删除。因为修改或删除所需要消耗的算力极大（篡改者为了购买算力会投入大量资金），且修改过程会被全网见证，当大家发现区块链系统已被篡改者控制以后，就不会再信任这个系统，篡改者的投入会无法收回。

防篡改不等于不允许编辑区块链系统上已经记录的内容，"编辑"过程会以类似"日志"的形式完整记录下来，这个日志也是不能被修改的。防篡改能够为区块链上的交易提供完整的历史记录，因此提供可追溯的功能。

（三）隐私安全

区块链中的任意节点都能够对区块进行校验，不需要依赖其他节点完成交易确认，即节点之间不需要互相公开身份，不需要根据其他节点的身份进行交易有效性判断。这是通过前面的数字签名技术实现的。区块链中的用户以自己的私钥作为唯一的身份标识来参与各类交易。区块链只记录私钥持有者进行了哪些交易，不关注谁持有私钥，也不记录私钥和人的匹配关系，因而保护了用户隐私。

（四）系统可靠

区块链 P2P 网络架构。P2P（peer-to-peer，对等计算机网络），将网络所有参与节点视为对等者（peer），由用户群共同维护，单一或少量的节点故障不会影响这个网络的运转。据此原理，区块链采用的分布式记账方法，即在区块链中每个节点平等参与记账，支持拜占庭容错，即使某个节点出现问题，其他节点也不会受到影响，整个系统还是能够正常运行。

四、区块链分类

根据网络设计和参与节点的不同，区块链可以分为公有链、私有链和联盟链。

（一）公有链（public blockchain）

公有链的"公有"是指任何人可以自由加入和退出网络，参与链上数据的读写和维护，任意节点均可接入，不存在中心化的服务端节点，运行时以扁平的拓扑结构互联互通。公有链的典型应用是比特币。

（二）私有链（private blockchain）

与公有链相对的是私有链，参与的节点数目远小于公有链。私有链的"私有"体现在仅有授权的客户节点可以接入，各个节点的写入权限收归内部控制，而读取权限可视需求有选择性地对外开放。私有链仍然具备区块链多节点运行的通用结构，适用于特定机构的内部数据管理与审计。私有链的典型应用是企业内部的票据管理、财务管理、供应链管理等系统。

（三）联盟链（consortium blockchain）

联盟链的各个节点通常有与之对应的实体机构组织，这些组织之间相互已知身份且具有相关的利益联系，通过授权后才能加入与退出网络，由与业务相关的节点进行记账，其他不相关节点只可以访问数据但不介入记账。联盟链的典型应用是多个银行之间的支付结算、多个企业之间的物流供应链管理等。

五、区块链审计方法

随着区块链技术应用场景的不断拓展，审计领域也尝试采用区块链技术改进审计业务模式。

（一）区块链技术在审计中的应用

国际四大会计师事务所开始研究区块链技术在审计和咨询业务中的应用。德勤2015年设立了区块链技术办公室，开发出的Rubix平台可以接入公司的数据库，实现实时审计。普华永道2016年与Blockstream合作对加密货币和区块链技术进行评估。安永2017年开发了Ops Chain区块链平台，企业可以通过该平台管理业务合作伙伴，并共享采购、库存、物流、发票和客户管理流程。毕马威2017年与微软合作建立区块链节点工作实验室，采用了微软云平台Azure上的BaaS（Blockchain as a Service）产品，在短时间内可以创建智能合约的私有区块链。

（二）基于区块链的审计模式

关于区块链技术在审计中的应用和对审计模式的影响，学者和实务界专家进行了探讨和尝试。

秦荣生（2017）认为区块链可以应用于可追溯的自主审计；会计、审计流程自动化；交易审核和认证；追踪资产所有权；实施智能合约；资产的注册和库存管理系统。陈波、邬培琴（2019）分析了区块链技术对审计抽样、常规取证程序、审计测试流程和审计报告时效性等形成的巨大冲击，但是由于区块链技术本身的局限性和相关法规制度的不完善，他们认为断言区块链技术将颠覆审计行业为时尚早。吴勇等（2019）分析了区块链技术对现有审计模式的影响：（1）时间戳机制：每条数据都打上时间戳并储存在区块链上，且永远不会被删除，能够对数据进行确认和追溯，因此有效遏制了会计舞弊，能够持续追踪审计整改和问责落实。（2）哈希运算和默克尔树机制：默克尔树机制将哈希运算层层"提炼"为根哈希，通过验证根哈希就能验证涉及的所有数据的真实性，提升了审计效率、降低了审计成本。（3）共识机制：防篡改，解决了信任危机，实现实时审计。（4）智慧合约机制：实时自动侦测异常数据，提升了审计效率，遏制了管理层舞弊。

房巧玲等（2020）构建了基于双链架构的混合审计模式，即审计方以审计客体区块链和审计主体区块链的双链架构为基础，通过链上智能审计程序和链下人工审计程序的协调配合，对被审计方经济业务事项进行透明化、自动化、实时化审计的一种审计组织方式。

徐超、陈勇（2020）从审计数据质量、审计组织管理、审计流程以及审计过程中的风险控制等四个方面分析了区块链技术的逻辑运用方法，认为目前区块链审计存在资源算力不足、安全性有待加强、数据标准不统一以及物证难协同等问题。

（三）基于区块链的审计平台

基于区块链技术搭建审计平台，是区块链技术改变审计模式的应用场景。朱渊媛等（2019）以公有链和联盟链相结合的方式，构建了区块链审计应用平台，包括审计网络架构、审计智能记录功能、审计智能分析功能、审计智能报告功能。

1.审计网络架构

在被审计单位与外部组织（如银行、税务、供应商、物流公司等）之间建立公有链，各方作为节点参与经济活动的验证。在被审计单位内部各部门之间（如生产、仓储、财务等）建立联盟链。业务活动发生时在公有链和联盟链中进行广播，并附加数字签名，为审计工作提供了不可篡改、可追溯的业务活动证据。

2.审计智能记录功能

以智能合约和智能审计（RPA）技术为基础预先设计审计智能合约，在区块记录业务活动并验证的同时触发自动化实时审计（执行审计智能合约），并生成审计测试结果，作为附件一起打包在区块中，通过共识机制生成新的区块（上链）。区块链技术保证了审计测试结果的不可篡改和可追溯性，因此这些审计测试结果也可以用来评估审计质量。

3.审计智能分析功能

将审计测试结果传入审计工作底稿系统中，智能审计机器人进行初步分析，形成审计疑点清单，以便审计师开展进一步的人工审计，如存货监盘、现场查看固定资产等。

4.审计智能报告功能

根据智能审计机器人和人工审计的结果，自动整理审计资料，在审计报告功能模块中筛选合适的审计报告模板，实时提供审计报告，也可以根据需要提供个性化定制的审计报告。

第二十三章学习指南

参考文献

［1］BELL T B. When judgment counts：Implications for improving analytical procedures practices ［EB/OL］.（1997-11-01）. https：//www.journalofaccountancy.com/issues/1997/nov/audit.html.

［2］DEFOND M，ZHANG J. A review of archival auditing research ［J］. Journal of Accounting and Economics，2014，58（2）：275-326.

［3］GOLD A，GRONEWOLD U，POTT C. The ISA 700 auditor's report and the audit expectation gap：Do explanations matter? ［J］. International Journal of Auditing，2012，16（3）：286-307.

［4］NIGRINI M J，MITTERMAIER L J. The use of Benford's law as an aid in analytical procedures ［J］. Auditing：A Journal of Practice and Theory，1997，16（2）：52-67.

［5］PORTER B. An empirical study of the audit expectation - performance gap ［J］. Accounting and Business Research，1993，24（93）：49-68.

［6］ROSE A M，SANDERSON K A. When should audit firms introduce analyses of big data into the audit process ［J］. Journal of Information Systems，2017，31（3）：81-99.

［7］SIKKA P，PUXTY A，WILLMOTT H，et al. The impossibility of eliminating the expectations gap：Some theory and evidence ［J］. Critical Perspectives on Accounting，1998，9：299-330.

［8］SOOKHAK M，GANIA A，KHAN M K，et al. Dynamic remote data auditing for securing big data storage in cloud computing ［J］. Information Sciences，2017，380（2）：101-116.

［9］毕华书，刘明辉. 注册制下注册会计师审计制度的定位思考和完善路径 ［J］. 中国注册会计师，2021（6）：74-78.

［10］蔡春，李江涛，刘更新. 政府审计维护国家经济安全的基本依据、作用机理及路径选择 ［J］. 审计研究，2009（4）：7-11.

［11］曹洪泽，唐志豪. 信息系统审计准则国际经验与启示 ［J］. 财会通讯，2013（31）：114-116.

［12］曹越，李晶，伍中信. 中国国家审计制度变迁：历史与逻辑勾画 ［J］. 财经理论与实践，2016（1）：89-93.

［13］陈波，邬培琴. 区块链技术会颠覆审计行业吗? ——对于区块链环境下审计模式的探讨 ［J］. 中国注册会计师，2019（11）：110-114.

［14］陈春艳. 会计师事务所涉税清算鉴证业务研究 ［J］. 中国注册会计师，2021（7）：111-113.

［15］陈耿，李婷婷，韩志耕. ISACM：现代信息系统审计模型及其方法体系 ［J］.

会计之友，2019（9）：125-129.

［16］陈骏，吴青川. 政府职能转型背景下的国家审计治理功能［J］. 审计与经济研究，2009（1）：22-27.

［17］陈嵩洁，薛爽，张为国. 可持续发展报告鉴证：准则、现状与经济后果［J］. 财会月刊，2023，44（13）：12-23.

［18］陈伟，吴正，刘海. 基于Benford定律的大数据审计方法研究与实现［J］. 中国注册会计师，2017（9）：80-84.

［19］陈毓圭. 从审计理论模型看高质量审计的实现路径［J］. 中国注册会计师，2022（8）：70-72.

［20］陈毓圭. 关于风险导向审计方法由来与发展的认识［J］. 中国注册会计师，2004（4）：8-12.

［21］程平，黄鑫. 基于RPA的应收账款实质性程序审计机器人研究［J］. 财会月刊，2021（6）：105-111.

［22］程平，钱涂. 基于RPA的函证程序审计机器人研究［J］. 财会月刊，2021（8）：1-6.

［23］董大胜. 财政审计大格局思考［J］. 审计研究，2010（5）：6-11.

［24］杜珊. 上市公司审计失败的破窗效应分析——以辉山乳业事件为例［J］. 中国注册会计师，2017（12）：87-90；2.

［25］房巧玲，高思凡，曹丽霞. 区块链驱动下基于双链架构的混合审计模式探索［J］. 审计研究，2020（3）：12-19.

［26］傅欣，龙云. "欧亚农业"事件再探——对异常财务数据的分析［J］. 财务与会计，2003（3）：13-15.

［27］高诚，徐泓. 我国企业社会责任审计体系构建［J］. 甘肃社会科学，2015（3）：142-145.

［28］高丽霞. 风险导向审计视角下的收入审计失败案例研究——以雅百特为例［J］. 中国注册会计师，2022（1）：118-123.

［29］郝春旭，葛察忠，董战峰，等. 中国环境审计制度建设框架与路线图［J］. 中国注册会计师，2018（3）：85-89；3.

［30］何柯吟. 针对函证不当导致审计失败的反思［J］. 中国注册会计师，2020（12）：112-114；2.

［31］何芹，高前善，袁琳. 会计师事务所质量管理体系的内涵创新与风险定位［J］. 中国注册会计师，2022（8）：24-29；3.

［32］黄世忠，黄晓鞾. 商业模式的角色地位亟待明确：从商业模式对会计的影响谈开去［J］. 商业会计，2018（21）：6-8.

［33］黄世忠，叶丰滢. 美国HPL技术公司财务舞弊案及其启示［J］. 财务与会计，2003（2）：10-13.

［34］黄世忠，张胜芳. 美国废品管理公司财务舞弊案例剖析（上）——"垃圾中的黄金"还是"黄金中的垃圾"［J］. 财务与会计，2004（6）：15-18.

［35］黄世忠，张胜芳．美国废品管理公司财务舞弊案例剖析（下）——舞弊的根源及其反思［J］．财务与会计，2004（7）：13-15.

［36］黄世忠．审计期望差距的成因与弥合［J］．中国注册会计师，2021（5）：66-73.

［37］蒋楠．论大数据时代国家审计变革与发展［J］．财会月刊，2022（4）：113-117.

［38］冷静．超越审计纠纷：中概股危机何解？［J］．中国法律评论，2021（1）：179-193.

［39］李洪．审计失败与注册会计师职业化思考［J］．中国注册会计师，2019（11）：77-78；2.

［40］李莫愁．审计准则与审计失败——基于中国证监会历年行政处罚公告的分析［J］．审计与经济研究，2017，32（2）：56-65.

［41］李若山．中国注册会计师行业生存窘境分析及对策［J］．财会月刊，2020（14）：3-9.

［42］李晓冬，马元驹，南星恒，等．精准扶贫政策落实跟踪审计：理论基础、实践困境与路径优化——基于审计结果公告文本分析的证据［J］．理论月刊，2020（8）：51-63.

［43］李媛媛，郑石桥．内部控制鉴证取证模式：逻辑框架和例证分析［J］．会计之友，2017（22）：125-130.

［44］梁海林，何永达．上市公司预测性财务信息披露制度研究［J］．财会研究，2011（4）：49-51.

［45］廖冠民，吴溪．收入操纵，舞弊审计准则与审计报告谨慎性［J］．审计研究，2013（1）：103-112.

［46］廖义刚，杨雨馨．审计师能识别分析师预测传递的风险信号吗——基于关键审计事项语调的文本分析［J］．当代财经，2021（1）：137-148.

［47］刘国城，王会金．大数据审计平台构建研究［J］．审计研究，2017（6）：36-41.

［48］刘家义．积极探索创新，努力健全完善中国特色社会主义审计理论体系［J］．审计研究，2010（1）：3-8.

［49］刘明辉，毕华书．论审计职业怀疑的合理边界［J］．会计研究，2007（8）：76-80；96.

［50］刘明辉，何敬．审计期望差距的心理学分析［J］．审计研究，2010（3）：82-88.

［51］刘明辉，孙冀萍．领导干部自然资源资产离任审计要素研究［J］．审计与经济研究，2016，31（4）：12-20.

［52］刘明辉，汪寿成．改革开放三十年中国注册会计师制度的嬗变［J］．会计研究，2008（12）：15-23；93.

［53］刘明辉，王恩山．我国审计需求的异化及制度成因［J］．审计与经济研究，2011，26（4）：3-12.

［54］刘明辉，薛清梅．注册会计师审计产生动因的观点述评［J］．中国注册会计师，2000（9）：11-13．

［55］刘明辉．守正创新，开创新时代中国特色社会主义会计理论研究新局面［J］．会计之友，2021（20）：2-13．

［56］刘明辉．会计越发展政治越文明——论会计审计的政治环境及其在政治文明建设中的作用［J］．会计研究，2014（7）：3-11；96．

［57］刘明辉．新公共管理背景下的绩效审计研究［J］．财政监督，2006（5）：34-37．

［58］刘明辉．政府审计结果公开机制评析［J］．审计研究，2005（4）：26-30．

［59］刘薇，许池东．基于Benford定律的会计师事务所业务承接研究［J］．中国注册会计师，2020（4）：61-66．

［60］刘云菁，张紫怡，张敏．财务与会计领域的文本分析研究：回顾与展望［J］．会计与经济研究，2021（1）：3-21．

［61］娄权．管理会计咨询服务的关键点及其控制［J］．中国注册会计师，2021（2）：105-108．

［62］陆建桥．关于建立我国社会责任审计的探讨［J］．财经问题研究，1993（12）：49-52．

［63］罗艳梅，程新生．公司治理与风险管理角色冲突中的内部审计研究［J］．审计与经济研究，2013（3）：35-42．

［64］毛洪涛，张正勇．社会责任审计理论研究述评——根据国内1993年至2009年研究的分析［J］．审计与经济研究，2010，25（5）：47-53．

［65］潘琰，朱灵子．连续业务关系中审计失败的心理学分析［J］．中国注册会计师，2018（7）：70-75；3．

［66］裴文华，成维一．大数据环境下财政审计数据分析研究［J］．审计研究，2017（3）：53-58．

［67］裴晓宁，王姝蓉．国外信息系统审计发展动态及启示［J］．电子政务，2016（10）：114-120．

［68］彭振威．企业经济责任审计若干问题的探析［J］．审计研究，2005（2）：85-88．

［69］秦荣生．大数据、云计算技术对审计的影响研究［J］．审计研究，2014（6）：23-38．

［70］秦荣生．区块链技术在会计、审计行业中的应用［J］．高科技与产业化，2017（7）：64-67．

［71］饶育蕾，彭叠峰，成大超．媒体注意力会引起股票的异常收益吗？——来自中国股票市场的经验证据［J］．系统工程理论与实践，2010（2）：287-297．

［72］任家虎．注册会计师从事财务尽职调查业务探讨［J］．中国注册会计师，2019（4）：108-111．

［73］史永，鲁清仿，许国艺．国家审计机关指导和监督内部审计路径研究［J］．财

会月刊，2020（11）：106-111．

[74] 宋传联，齐晓安．中国环境审计制度历史沿革及成效 [J]．税务与经济，2015（2）：53-57．

[75] 孙晓燕，王亚茹．注册会计师环境审计体系构建研究 [J]．会计之友，2021（20）：109-115．

[76] 涂建明，李宛．会计师事务所开展碳鉴证和碳管理咨询业务的探讨 [J]．中国注册会计师，2018（8）：100-104．

[77] 汪寿成，刘明辉，陈金勇．改革开放以来中国注册会计师行业演化的历史与逻辑 [J]．会计研究，2019（2）：35-41．

[78] 汪寿成，刘明辉．论经营风险分析的审计意义 [J]．中国注册会计师，2007（10）：69-72．

[79] 汪寿成，刘明辉．论现代审计学的风险概念体系 [J]．会计之友，2008（21）：8-11．

[80] 王兵，刘力云．中国内部审计需求调查与发展方略 [J]．会计研究，2015（2）：73-78；94．

[81] 王广明，沈辉．试论供给导向的风险基础审计 [J]．会计研究，2001（12）：51-54．

[82] 王海兵，赵李丽，杜娟．环境资源保护审计体系构建研究 [J]．财会通讯，2019（3）：90-95．

[83] 王晖好．会计师事务所项目质量控制复核研究——以A会计师事务所为例 [J]．财会通讯，2022（17）：136-141．

[84] 王家华，赖才林．新形势下反洗钱审计策略与协同治理 [J]．审计月刊，2021（7）：8-10．

[85] 王鹏程．可持续发展信息鉴证服务的发展机遇与战略应对 [J]．财会月刊，2022（16）：83-89．

[86] 王雄元，高曦，何捷．年报风险信息披露与审计费用——基于文本余弦相似度视角 [J]．审计研究，2018（5）：98-104．

[87] 王泽霞，张龙平．美国独立注册会计师揭露舞弊财务报告的研究成果及启迪 [J]．审计研究，2003（3）：24-29．

[88] 王泽霞．论风险导向审计发展创新——管理舞弊导向审计 [J]．会计研究，2004（12）：49-54．

[89] 王章礼．注册会计师开展管理会计咨询服务策略研究 [J]．中国注册会计师，2020（5）：87-91．

[90] 韦玮，洪范，朱大鹏．上市公司财务造假、审计师职业怀疑与审计失败——以康得新为例 [J]．财会研究，2020（7）：64-67．

[91] 沃巍勇，罗联玥．浅析函证不当导致审计失败的原因及其应对措施 [J]．中国注册会计师，2018（5）：81-83．

[92] 吴溪，陈梦．会计师事务所的内部治理：理论、原则及其对发展战略的含义

[J]. 审计研究，2012（3）：76-82.

[93] 吴勋，王彦. 证券市场审计失败与审计监管——基于证监会2001—2016年处罚公告的分析 [J]. 中国注册会计师，2017（7）：86-91.

[94] 吴勇，周才力，何长添，等. 基于区块链技术的审计模式变革研究——一个整合性分析框架 [J]. 中国注册会计师，2019（3）：85-91.

[95] 谢荣，吴建友. 现代风险导向审计理论研究与实务发展 [J]. 会计研究，2004（4）：47-51.

[96] 谢荣. 试论民间审计的职业责任 [J]. 会计研究，1993（3）：53-58.

[97] 徐超，陈勇. 区块链技术下的审计方法研究 [J]. 审计研究，2020（3）：20-28.

[98] 徐薇，陈鑫. 生态文明建设战略背景下的政府环境审计发展路径研究 [J]. 审计研究，2018（6）：3-9.

[99] 许存兴，张芙蓉，王大江. 基于Benford定律的上市公司审计意见实证分析 [J]. 财会通讯：综合（下），2010（7）：88-90.

[100] 杨博文. 环境责任下我国碳审计与鉴证制度框架的构建 [J]. 南京审计大学学报，2017，14（6）：75-84.

[101] 杨明增. 头脑风暴法在舞弊审计中的运用研究：回顾与启示 [J]. 审计研究，2011（4）：94-99.

[102] 易琼. 解决审计独立性矛盾的新设想：财务报表保险制度 [J]. 中国注册会计师，2004（4）：54-57.

[103] 袁野. 推进新时代大数据审计工作的思考 [J]. 审计研究，2020（1）：3-6.

[104] 原红旗，张楚君，孔德松，等. 审计失败与会计师事务所声誉损失：来自IPO审核的证据 [J]. 会计研究，2020（3）：157-163.

[105] 张加学，李若山. 存货的奥秘——美国法尔莫公司会计报表舞弊案例分析 [J]. 财务与会计，2002（2）：40-43.

[106] 张连起. 舞弊行为与舞弊审计 [J]. 财务与会计，2002（9）：8-12.

[107] 张龙平，李长爱，邓福贤. 国际审计风险准则的最新发展及其启示 [J]. 会计研究，2004（12）：76-81.

[108] 张庆龙. 中国内部审计发展中的几个现实问题思考 [J]. 会计之友，2014（3）：4-8.

[109] 张苏彤，康智慧. 信息时代舞弊审计新工具——奔福德定律及其来自中国上市公司的实证测试 [J]. 审计研究，2007（3）：81-87.

[110] 张苏彤. 奔福德定律：一种舞弊审计的数值分析方法 [J]. 中国注册会计师，2005（11）：70-72.

[111] 张薇. 我国环境审计制度变迁：解读与展望 [J]. 财会月刊，2018（17）：141-145.

[112] 章轲，张冬辨，梁轩瑞，等. 大数据审计中要做到的"三个把握" [J]. 审计研究，2018（5）：30-34.

［113］赵宇鹏，赵丽生．上市公司披露制度：预测性财务信息的问题与对策［J］．会计之友，2014（12）：50-52．

［114］郑石桥，吕君杰．领导干部资源环境责任审计鉴证：理论框架和例证分析［J］．会计之友，2018（19）：138-144．

［115］郑伟，徐萌萌，戚广武．内部审计质量与控制活动有效性研究——基于内部审计与内部控制的耦合关系及沪市上市公司经验证据［J］．审计研究，2014（6）：100-107．

［116］郑璇．关联方审计失败的原因及对策分析——基于2006—2020年证监会处罚决定书［J］．中国注册会计师，2022（1）：85-88．

［117］周维培．从"鉴证"到"问责"——全球视野下国家审计服务国家治理的路径分析［J］．审计研究，2019（4）：3-10．

［118］朱渊媛，涂建明，庞琦．基于区块链审计平台构建的审计范式变革［J］．中国注册会计师，2019（7）：67-73．

［119］《银行境外内部审计指南》编写组．银行境外内部审计指南［M］．北京：中国时代经济出版社，2019．

［120］《银行内部审计理论与实务》编写组．银行内部审计理论与实务［M］．北京：中国时代经济出版社，2019．

［121］《银行内部审计实务与案例》编写组．银行内部审计实务与案例［M］．北京：中国时代经济出版社，2019．

［122］KNECHEL W R. Auditing: Assurance and risk［M］. Cincinnati, OH: South-Western College Publishing，2001．

［123］KONRATH L F. Auditing concepts and applications: A risk analysis approach［M］. 2nd ed. Minneapolis/St. Paul：West Pub. Co.，1993．

［124］阿伦斯，埃尔德，比斯利．审计学——一种整合方法［M］．谢盛纹，译．北京：中国人民大学出版社，2013．

［125］阿伦斯，洛布贝克．审计学——整合方法研究［M］．石爱中，李斌，柳士明，译．北京：中国审计出版社，2001．

［126］波特．竞争优势［M］．陈小悦，译．北京：华夏出版社，1997．

［127］蔡春，赵莎．现代风险导向审计论［M］．北京：中国时代经济出版社，2006．

［128］查特菲尔德．会计思想史［M］．文硕，董晓柏，王骥，等译．上海：立信会计出版社，2017．

［129］常勋，黄京菁．会计师事务所质量控制［M］．大连：东北财经大学出版社，2004．

［130］陈耿，韩志耕，卢孙中．信息系统审计、控制与管理［M］．北京：清华大学出版社，2014．

［131］陈汉文，韩洪灵．审计理论与实务［M］．北京：中国人民大学出版社，2019．

［132］陈伟．大数据审计理论、方法与应用［M］．北京：科学出版社，2020．

［133］陈伟．信息系统审计［M］．北京：高等教育出版社，2020．

［134］反洗钱岗位培训标准系列教材编委会．金融机构洗钱风险管理［M］．北京：

中国金融出版社，2014.

[135] 冯均科. 注册会计师审计质量控制理论研究 [M]. 北京：中国财政经济出版社，2002.

[136] 格雷，曼森. 审计流程：原理、实践与案例 [M]. 吕兆德，等译. 北京：中信出版社，2003.

[137] 郭咸纲. 西方管理思想史 [M]. 北京：经济科学出版社，1999.

[138] 国际会计师联合会. 中小会计师事务所质量控制指南 [M]. 3版. 北京：中国财政经济出版社，2014.

[139] 韩丽荣，高瑜彬，胡玮佳. 审计理论研究 [M]. 北京：清华大学出版社，2014.

[140] 何敬. 审计期望差距研究 [M]. 大连：东北财经大学出版社，2011.

[141] 胡春元. 风险基础审计 [M]. 大连：东北财经大学出版社，2001.

[142] 胡泽君. 中外国家审计比较研究 [M]. 北京：中国时代经济出版社，2019.

[143] 黄世忠. 会计数字游戏——美国十大财务舞弊案例剖析 [M]. 北京：中国财政经济出版社，2004.

[144] 卡迈克尔. 审计概念与方法 [M]. 刘明辉，译. 大连：东北财经大学出版社，1999.

[145] 科菲. 看门人机制：市场中介与公司治理 [M]. 黄辉，等译. 北京：北京大学出版社，2011.

[146] 拉卡托斯. 科学研究纲领方法论 [M]. 兰征，译. 上海：上海译文出版社，1986.

[147] 李金峰. 上市公司财务舞弊的机理研究 [M]. 北京：经济管理出版社，2015.

[148] 李金华. 中国审计史（第一卷）[M]. 北京：中国时代经济出版社，2004.

[149] 李若山. 注册会计师：经济警察吗？[M]. 北京：中国财政经济出版社，2003.

[150] 李维安. 公司治理学 [M]. 北京：高等教育出版社，2005.

[151] 李晓慧. 审计学原理与案例 [M]. 2版. 北京：中国人民大学出版社，2018.

[152] 李雪. 环境审计研究 [M]. 上海：立信会计出版社，2016.

[153] 利特尔顿. 1900年前会计的演进 [M]. 宋小明，等译. 上海：立信会计出版社，2014.

[154] 林钟高. 独立审计理论研究 [M]. 上海：立信会计出版社，2002.

[155] 刘桂春. 内部控制、会计信息与审计质量 [M]. 上海：立信会计出版社，2013.

[156] 刘家义. 中国特色社会主义审计理论研究 [M]. 北京：中国时代经济出版社，2015.

[157] 刘明辉. 高级审计研究 [M]. 3版. 大连：东北财经大学出版社，2018.

[158] 刘明辉. 审计 [M]. 7版. 大连：东北财经大学出版社，2019.

[159] 刘明辉. 审计学 [M]. 北京：首都经济贸易大学出版社，2007.

［160］刘明辉．审计与鉴证服务［M］.北京：高等教育出版社，2007.

［161］刘明辉．数豆者的跨界生涯［M］.北京：中国财政经济出版社，2020.

［162］刘汝焯．计算机审计质量控制模型［M］.北京：清华大学出版社，2016.

［163］刘燕．会计师民事责任研究：公众利益与职业利益的平衡［M］.北京：北京大学出版社，2004.

［164］毛岩亮．民间审计责任研究［M］.大连：东北财经大学出版社，1999.

［165］莫茨，夏拉夫．审计理论结构［M］.文硕，肖泽忠，等译．北京：中国商业出版社，1990.

［166］诺斯．经济史中的结构与变迁［M］.陈郁，罗华平，等译．上海：上海三联书店，上海人民出版社，1994.

［167］秦荣生．内部审计学［M］.北京：中国人民大学出版社，2022.

［168］尚德尔．审计理论［M］.汤云为，吴云飞，译．北京：中国财政经济出版社，1992.

［169］审计署国际合作司．世界审计组织全球调查报告集［M］.北京：中国时代经济出版社，2020.

［170］施利特．财务骗术［M］.吴谦立，译．上海：上海远东出版社，2003.

［171］世界审计组织环境审计工作组．国际资源环境审计实务研究［M］.陈基湘，编译．北京：中国时代经济出版社，2020.

［172］孙宝厚，等．国家审计理论专题研究［M］.北京：中国时代经济出版社，2019.

［173］孙冀萍．自然资源资产离任审计政策后果研究［M］.北京：经济管理出版社，2020.

［174］SAWYER L B，DITTENHOFER M A，SCHEINER J H.索耶内部审计：现代内部审计［M］.北京：中国财政经济出版社，2005.

［175］李 T.企业审计［M］.徐宝权，张立民，译．天津：天津大学出版社，1991.

［176］金 T A.会计简史［M］.周华，吴晶晶，译．北京：中国人民大学出版社，2018.

［177］汪寿成．现代风险导向审计［M］.大连：东北财经大学出版社，2009.

［178］王光远.管理审计［M］.北京：中国人民大学出版社，1996.

［179］王利明．侵权行为法归责原则研究［M］.2版．北京：中国政法大学出版社，2004.

［180］王文彬，林钟高．审计基本理论［M］.上海：上海三联书店，1994.

［181］王晓霞.企业风险管理审计［M］.北京：中国时代出版社，2005.

［182］文硕．世界审计史［M］.北京：中国审计出版社，1990.

［183］徐政旦，谢荣，朱荣恩，等．审计研究前沿［M］.上海：上海财经大学出版社，2002.

［184］许萍，吴雯彦．自然资源资产审计问题研究［M］.北京：经济科学出版社，2020.

［185］杨志国. 加强版审计报告：理论与应用［M］. 北京：中国财政经济出版社，2018.

［186］杨志国. 风险导向审计——方法与案例［M］. 北京：中国财政经济出版社，2017.

［187］伊斯特布鲁克，等. 公司法的逻辑［M］. 黄辉，编译. 北京：法律出版社，2016.

［188］游春晖. 环境审计制度创新研究［M］. 广州：暨南大学出版社，2019.

［189］俞雅乖. 环境审计理论框架和评价体系［M］. 北京：社会科学文献出版社，2016.

［190］张连起. 会计师事务所质量控制［M］. 上海：上海财经大学出版社，2003.

［191］中国审计学会. 中国审计学会2019年度合作课题研究报告选编［M］. 北京：中国时代经济出版社，2020.

［192］中国审计学会. 审计署重点科研课题研究报告（2018—2019）［M］. 北京：中国时代经济出版社，2020.

［193］中国审计学会. 审计署重点科研课题研究报告（2019—2020）［M］. 北京：中国时代经济出版社，2021.

［194］中国注册会计师协会. 审计［M］. 北京：中国财政经济出版社，2022.

［195］朱锦余，陈红. 审计报告理论与范例［M］. 大连：东北财经大学出版社，2012.

［196］奚晓明，最高人民法院民事审判第二庭. 最高人民法院关于会计师事务所审计侵权赔偿责任司法解释理解与适用（重印本）［M］. 北京：人民法院出版社，2015.

［197］朱围光. 审计报告模式重构对审计期望差距影响的研究［D］. 济南：山东财经大学，2018.

［198］BELL T B，MARRS F O，KPMG LLP，et al. Auditing organizations through a strategic-systems lens［R］. KPMG LLP，1997.

［199］HUMPHREY G，MOIZER P，TURLEY S. The audit expectations gap in the United Kingdom［R］. ICAEW Research Board，1992.

［200］AICPA. Codification of statements on auditing standards（including statements on standards for attestation engagements）Numbers 1 to 82［S］. 1997.

［201］国际内部审计师协会（IIA）. 内部审计职业实务准则［S］. 1999.

［202］审计署. 中华人民共和国国家审计准则［S］. 2010.

［203］浙江省注册会计师协会. 财务尽职调查报告编制指引（试行）［S］. 2019.

［204］中共中央办公厅，国务院办公厅. 关于进一步加强财会监督工作的意见［S］. 2023.

［205］中国内部审计协会. 第1101号——内部审计基本准则［S］. 2023.

［206］中国内部审计协会. 内部审计具体准则［S］. 2013—2021.

［207］中国注册会计师协会. 中国注册会计师审计准则［S］. 2010—2022.

［208］中国注册会计师协会. 其他鉴证业务准则［S］. 2006.

［209］中国注册会计师协会. 中国注册会计师相关服务准则［S］. 2006.

［210］中国注册会计师协会. 中国注册会计师职业道德守则［S］. 2020.